Annemarie Gethmann-Siefert · Lu de Vos ·
Bernadette Collenberg-Plotnikov (Hrsg.)
Die geschichtliche Bedeutung der Kunst und die Bestimmung der Künste

NEUZEIT & GEGENWART

Philosophie in Wissenschaft und Gesellschaft

Schriftenreihe mit Unterstützung der FernUniversität Hagen

herausgegeben von
Annemarie Gethmann-Siefert
zusammen mit
Klaus Düsing, Volker Gerhardt,
Carl Friedrich Gethmann, Jürgen Mittelstraß,
Otto Pöggeler, Ludwig Siep

Annemarie Gethmann-Siefert · Lu de Vos ·
Bernadette Collenberg-Plotnikov · Hrsg.

Die geschichtliche Bedeutung der Kunst und die Bestimmung der Künste

Wilhelm Fink Verlag

Gedruckt mit Unterstützung der Fritz Thyssen Stiftung

Umschlagabbildung:
Paul Klee, Wo auch Dante vorüberkam, 1939, 509 (AA 9)
20,8 x 29,5 cm, Bleistift auf Papier mit Leimtupfen auf Karton
Schenkung LK, Klee-Museum, Bern
© VG Bild-Kunst, Bonn 2005

Bibliografische Information Der Deutschen Bibliothek

Die Deutsche Bibliothek verzeichnet diese Publikation in der Deutschen Nationalbibliografie; detaillierte bibliografische Daten sind im Internet über http://dnb.ddb.de abrufbar.

Gedruckt auf umweltfreundlichen, chlorfrei gebleichtem und alterungsbeständigem Papier ∞ ISO 9706

Alle Rechte, auch die des auszugsweisen Nachdrucks, der fotomechanischen Wiedergabe und der Übersetzung, vorbehalten. Dies betrifft auch die Vervielfältigung und Übertragung einzelner Textabschnitte, Zeichnungen oder Bilder durch alle Verfahren wie Speicherung und Übertragung auf Papier, Transparente, Filme, Bände, Platten und andere Medien, soweit es nicht §§ 53 und 54 URG ausdrücklich gestatten.

© 2005 Wilhelm Fink Verlag, München
Jühenplatz 1, D-33098 Paderborn
ISBN 3-7705-3715-7

Internet: www.fink.de

Einbandgestaltung: Evelyn Ziegler, München
Gesamtherstellung: Ferdinand Schöningh GmbH, Paderborn

Inhaltsverzeichnis

Vorwort 9

Einleitung 11

I. Grundlagen der philosophischen Ästhetik

Wolfram Hogrebe
    Kunst, Freiheit, Geschichte.
    Bemerkungen zu Schelling mit Blick auf Hegel 27

Lu De Vos
    Die Bestimmung des Ideals.
    Vorbemerkungen zur Logik der Ästhetik 41

Brigitte Hilmer
    Kunst als verkörperte Bedeutung 53

Dietmar Köhler
    „Kunst und Spekulation sind in ihrem Wesen der Gottesdienst"
    Die Transformation der frühidealistischen Kunstauffassung Schellings
    in Hegels Entwicklung zur ‚Phänomenologie des Geistes' 67

Beate Bradl
    Die Autonomie des Schönen – Die systematische Bestimmung der Kunst
    in den Enzyklopädiefassungen 77

Walter Jaeschke
    Kunst und Religion.
    Überlegungen zu ihrer geistesphilosophischen Grundlegung 97

Elisabeth Weisser-Lohmann
    „Tragödie" und „Sittlichkeit"
    Zur Identifikation ästhetischer und praktischer Formen bei Hegel . . . 109

Erzsébet Rózsa
   Hegel über die Kunst der „neueren Zeit" im Spannungsfeld zwischen
   der „Prosa" und der „Innerlichkeit" 121

II. Hegels Phänomenologie der Kunst

Klaus Düsing
   Griechische Tragödie und klassische Kunst in Hegels Ästhetik 145

Jeong-Im Kwon
   Hegels Bestimmung der „formellen Bildung" und die Aktualität der
   symbolischen Kunstform für die moderne Welt 159

Annemarie Gethmann-Siefert
   Drama oder Komödie? Hegels Konzeption des Komischen und des
   Humors als Paradigma der romantischen Kunstform 175

Francesca Iannelli
   Hegels Konzeption der nicht-mehr-schönen Kunst in der Vorlesung von
   1826 189

Karsten Berr
   Hegels Bestimmung der Landschaftsmalerei in den Berliner Ästhetikvorlesungen 205

Otto Pöggeler
   Hegel und Caspar David Friedrich 227

Bernadette Collenberg-Plotnikov
   Die Funktion der Schönheit in Hegels Bestimmung der Malerei.
   Zum Stellenwert eines Grundbegriffs der Hegelschen Ästhetik 245

Alain Patrick Olivier
   Schweigen und Verwandtschaft: Hegels Stellung zu Beethoven 269

III. Die Aktualität der Hegelschen Ästhetik

Jean-Louis Vieillard-Baron
    La «vérité de l'art» dans l'esthétique de Hegel et son influence sur la philosophie de l'art d'André Malraux 283

Klaus Vieweg
    Heiterer Leichtsinn und fröhlicher Scharfsinn – Zu Hegels Verständnis von Komik und Humor als Formen ästhetisch-poetischer Skepsis . . . 297

Gabriella Baptist
    Das Wesen der Poesie und die Zukunft des Denkens 311

Giovanna Pinna
    Solgers Konzeption der Ironie 325

José Mª Ripalda
    Zum Ende der Kunst in der Postmoderne 337

IV. Anhang

Die Autoren 345

Vorwort

Das wissenschaftliche Kolloquium über „Die geschichtliche Bedeutung der Kunst und die Bestimmung der Künste" wurde – gefördert durch die Fritz Thyssen Stiftung – im Rahmen des forum philosophicum an der FernUniversität in Hagen durchgeführt. Für die Mitarbeit am Kolloquium bedanken sich die Herausgeber dieses Bandes insbesondere bei Professor Dr. Henning Bock (Berlin) für einen öffentlichen Vortrag über „Evolution und Revolution in der deutschen Architektur um 1900" sowie bei Professor Dr. Cyrus Hamlin (New Haven) für seinen Vortrag über „Hegels Theorie des Charakters in der ‚Ästhetik' und ihre Folgen für das Verständnis der Literatur unter besonderer Berücksichtigung Shakespeares". Die Autoren des vorliegenden Bandes haben sich dankenswerterweise auf das Abenteuer eingelassen, Hegels Ästhetik nicht mehr unter Rückgriff auf die nach Hegels Tod publizierte Druckfassung der *Ästhetik* zu interpretieren, sondern sich in Vorträgen und Diskussionsbemerkungen mit den Nachschriften zu Hegels Berliner Vorlesungen über Philosophie der Kunst auseinanderzusetzen. Durch die Orientierung an diesen, bislang noch zu wenig beachteten Quellen zur Ästhetik entstand ein in sich geschlossener Band, dessen einzelne Beiträge Grundlagen und Facetten der systematischen Ästhetik in einer Weise diskutieren, die den Charakter einer Monographie zu Hegels ursprünglicher Philosophie der Kunst gewinnt.

Im Namen der Teilnehmer des oben genannten Kolloquiums danken wir der Fritz Thyssen Stiftung nicht nur für die Förderung des Kolloquiums und die Ermöglichung einer weltweiten wissenschaftlichen Kooperation, sondern auch für die Unterstützung der Drucklegung der Forschungsergebnisse in diesem Band.

A. Gethmann-Siefert

Einleitung

Hegels Berliner Ästhetikvorlesungen.
Zum Verhältnis von enzyklopädischem System und geschichtlicher Bedeutung der Künste

Durch die Publikation exemplarischer Quellen zu Hegels Berliner Vorlesungen über Philosophie der Kunst oder Ästhetik aus den Jahren 1820/21, 1823 und 1826[1] gewinnt die philosophische Auseinandersetzung mit Hegels Ästhetik nicht nur an Aktualität, sondern die philologische Forschung eröffnet auch eine neue Dimension der systematischen Ästhetik, die es erlaubt, die historische Analyse an die Gegenwartsdebatten der Ästhetik anzuschließen. Die Beiträge dieses Bandes orientieren sich daher statt an der allseits bekannten postum erschienenen Hegelschen *Ästhetik* an den bislang noch wenig beachteten Vorlesungsnachschriften zu seinen Berliner Vorlesungen über Ästhetik sowie an Hegels eigenen Publikationen, für die er (im Gegensatz zur Edition der *Ästhetik* durch Heinrich Gustav Hotho) selbst verantwortlich zeichnet. Diese historisch-philologische Neuorientierung ermöglicht Interpretationen, die – von vielen Ungereimtheiten und Verfremdungen der Druckfassung der *Ästhetik* befreit – sowohl ein genaues Bild der Hegelschen Kunstphilosophie vermitteln als auch eine differenzierte Auseinandersetzung mit ihrer systematischen Grundlage und der exemplarischen Diskussion der unterschiedlichen Künste sowie einzelner Werke.

Die Interpretationen, die auf einem internationalen wissenschaftlichen Kolloquium über die „Geschichtliche Bedeutung der Kunst und die Bestimmung der Künste" diskutiert wurden, gehen von einer Grundlagendiskussion aus, die zunächst den Ansatz und die Entwicklung der systematischen Ästhetik im Blick auf die diese motivierende Auseinandersetzung mit Schelling, dann ihre eigenen Grundbegriffe analysiert.

---

[1] Vgl. G. W. F. Hegel: *Vorlesung über Ästhetik*. Berlin 1820/21. Eine Nachschrift. I. Textband. Hrsg. von H. Schneider. Frankfurt a. M. 1995; ders.: *Vorlesungen über die Philosophie der Kunst*. Berlin 1823. Nachgeschrieben von Heinrich Gustav Hotho. Hrsg. von A. Gethmann-Siefert (G. W. F. Hegel: Vorlesungen. Ausgewählte Nachschriften und Manuskripte. 2). Hamburg 1998 (diese Vorlesung ist inzwischen als Studienausgabe verfügbar: *G. W. F. Hegel: Vorlesung über die Philosophie der Kunst [1823]*. Hamburg 2003 [PhB 550]); *Philosophie der Kunst oder Ästhetik. Nach Hegel. Im Sommer 1826* (Mitschrift Hermann von Kehler). Hrsg. von A. Gethmann-Siefert und B. Collenberg-Plotnikov unter Mitarbeit von F. Iannelli und K. Berr. München 2004 (Reihe jena-sophia); *Philosophie der Kunst. Berlin 1826* (Nachschrift von der Pfordten). Hrsg. von A. Gethmann-Siefert, J.-I. Kwon und K. Berr. Frankfurt a. M. 2004 (in Vorb.).

W. Hogrebe entwickelt in seinen „Bemerkungen zu Schelling mit Blick auf Hegel" unter dem Thema *Kunst, Freiheit, Geschichte* die wesentlichen Perspektiven der Ästhetik, die Hegel durch die Auseinandersetzung mit Schelling gewonnen hat. Eine vorderhand divergente Bestimmung der Bedeutung des Symbolischen für die Darstellung des Absoluten in der Konvergenz von Sinn und Sein bzw. Gestalt eröffnet die Perspektive auf Schellings Bestimmung des Mythos, damit auf das für seine Spätphilosophie relevante Geschichtsverständnis. Den Anfang wie das Ende des Geschichtsprozesses markiert das Symbolische. Damit ist Geschichte wesentlich Zwischenzeit, der Geschichtsraum ein semantischer Raum. Geschichtlichkeit gründet in einer ontosemantischen Störung, welche das ursprüngliche Gleichgewicht von Sinn und Sein verletzt, und damit Freiheit in die Welt setzt. Der Kunst nun kommt sowohl die autonome Gestaltung, die Vermittlung des Absoluten durch die Erschaffung eines neuen Mythos zu als auch die symbolische Repräsentation des Zusammenspiels von bewusster Setzung durch den Künstler und vorbewußt-medialem Gesetztsein.

Obgleich Hegel ebenso wie Schelling den Prozeß der Geschichtlichkeit der Kunst als semantischen Prozeß versteht, divergieren ihre Konzeptionen erheblich. In Hegels Unterscheidung der symbolischen, klassischen und romantischen Kunstform entspricht der symbolischen im Sinne Schellings die klassische Hegels. Symbolische Kunst im Sinne Hegels, welche grenzflüchtig, nur andeutend und suchend ist, hat Schelling in seiner Konzeption nicht vorgesehen. Jedoch kann diese Kunstform – auf die aktuelle Kunstsituation angewendet – Hegels Annahme der strukturellen Synthese von autonomer subjektiver Innerlichkeit und symbolischer Repräsentation an Phänomenen der „romantischen Kunstform" verifizieren, die sich bis in die Gegenwart fortschreiben. In den Werken Beuys' – so Hogrebe – verkörpert sich eine erneuerte, „postmoderne" symbolische Kunstform. Womit man mit Hegel über Hegel hinausgehend zu der These gedrängt wird, dass sich der Kreislauf der Kunstformen auf neuem, höherem Niveau wiederholt.

Der Versuch Hogrebes, die Kunst nicht als „aparte Leistung", d. h. ein von der kulturellen Lebenswelt gänzlich getrenntes und zu trennendes Phänomen dazustellen, sondern als Moment des menschlichen Natur- und Geschichtsverständnisses, eröffnet eine Diskussion um die philosophische Begründung des geschichtlichen Phänomens, ihre phänomenologische Prüfung und Bewährung und zugleich die Perspektive der Aktualität jener in den Anfängen der idealistischen Philosophie entwickelten Bestimmung der Kunst und der Künste.

D. Köhler zeichnet in seinen Überlegungen zur *Transformation der frühidealistischen Kunstauffassung Schellings in Hegels Entwicklung zur ‚Phänomenologie des Geistes'* die hier eröffnete Perspektive historisch verorteter, aber systematisch interessierter Auseinandersetzung weiter aus. Er stellt Hegels Überlegungen zur Kunst dar, die von einer anfänglichen kritischen Absetzung von Schelling in der *Differenz*-Schrift bis zur systematischen Skizze der *Phänomenologie*, und damit zur – wie O. Pöggeler gegen H.-G. Gadamer bereits in den 60er Jahren des 20. Jahrhunderts nachgewiesen hat – Festlegung der Grundkonzeption der

Ästhetik führen, die der *Enzyklopädie* wie den Ästhetikvorlesungen fundierend vorausliegen. Schellings anfänglicher Einschätzung der Kunst als „Organon" der Philosophie, damit als zureichende Repräsentation des Absoluten, setzt Hegel die Trias von Kunst, Religion und spekulativer Erkenntnis (Reflexion der Reflexion im Medium des Begriffs) entgegen. Hegels „Depotenzierung" der Anschauung hinsichtlich der Möglichkeit, das Unendliche zu fassen, führt einerseits zu einer eindeutigen Hierarchisierung von Kunst, Religion und Spekulation, andererseits aber – im Gegensatz zu Schelling, der in seinen späteren Schriften die Kunst gänzlich aus der systematischen Reflexion ausblendet – zu einer zunehmend historisierenden Auffassung der Kunst.

Die Verknüpfung der systematischen und phänomenologisch-geschichtsphilosophischen Perspektive der Philosophie der Kunst entwickelt L. De Vos in einer Analyse der *Bestimmung des Ideals* und der in den Vorlesungen von Hegel angeführten Definition des Ideals als „Dasein", „Existenz" bzw. insbesondere „Lebendigkeit der Idee" durch eine auf den Begriff des „Lebens" zentrierte „Logik der Ästhetik". Hegel gelangt im Lauf der Vorlesungen über seine Bestimmung des Schönen als Darstellung des Wahren in einer freien, lebendigen Gestalt (1820/21) zur Identifikation der als „Lebendigkeit" gefassten (Vernunft-)Idee mit dem Schönen (1823), dann zur systematischen Bestimmung der Zugehörigkeit des Kunstschönen zum absoluten Geist (1826, in Vorbereitung der *Enzyklopädie*fassung von 1827) sowie (1828/29, nun im Blick auf die zweite, 1830 publizierte Bearbeitung der *Enzyklopädie*) zur abschließenden Bestimmung der Kunst als das (geschichtlich) existierende Wahre und damit als das „Leben". In der Analyse des Begriffs des Lebens im Sinn der *Wissenschaft der Logik* ergibt sich eine fruchtbare Alternative zu der bislang üblichen, an Hothos Definition des Ideals als „sinnliches Scheinen der Idee" orientierten Fundierung des Kunstverständnisses durch die Logik des Scheins.

Wesentliche Elemente der Bestimmung des Ideals als „Lebendigkeit" der Idee sind die Bestimmung der Handlung und des Künstlers, damit verbunden eine geschichtliche Perspektivierung der Bedeutung und Funktion der Kunst, die De Vos abschließend an der Analyse der „Kunstformen" als Formen der Verwirklichung des Ideals erhärtet. In der Gewichtung der Künste der „romantischen Kunstform" in der letzten Ästhetikvorlesung von 1828/29, die zwar nicht die klassische Schönheit, damit die anschauliche Präsentation des Ideals qua Ideal, sondern seine Auflösung dokumentiert, manifestiert sich zugleich die Möglichkeit einer anschaulichen Darstellung des „Höheren", eine adäquate Fassung des Geistigen in der Anschauung.

Diese Möglichkeit der Kunst motiviert Hegel in den überarbeiteten Fassungen der *Enzyklopädie* von 1827 und 1830 – so B. Bradl in ihrer Analyse der *systematischen Bestimmung der Kunst in den ‚Enzyklopädie'fassungen* – zu einer eigenständigen Gewichtung der Philosophie der Kunst. Bradl weist dies anhand der Bestimmung des „Ideals der Schönheit" als Zeichen bzw. genauer: als Ausdruck der Idee in den beiden Berliner Fassungen der *Enzyklopädie* nach, und gewinnt damit die Basis für eine Festlegung der Rolle der Erkenntnis in der philosophischen Bestimmung der Kunst.

In der Analyse von *Kunst und Bedeutung* erweitert B. Hilmer diese These zu einer Bestimmung des Ausdrucks bzw. der Bedeutung im Sinn der – an der Konzeption A. C. Dantos bzw. N. Goodmans orientierten – Exemplifikation. Im Sinn von Dantos Definition der Kunst als „embodied meaning" analysiert Hilmer „in der Differenzierung der Kunstformen, in denen die unterschiedlichen Verhältnismöglichkeiten von Gehalt und Gestaltung Thema sind", jenen Begriff von Bedeutung, der in der klassischen Kunstform kulminiert, denn ein klassisches Kunstwerk ist dadurch gekennzeichnet, dass es sich selbst exemplifiziert. Offensichtlich lässt sich dadurch eine Vermittlung zwischen Dantos Bestimmung der Kunst als „Darstellung von etwas" und Goodmans Konzeption der Exemplifikation, d. h. der Darstellung von „etwas als etwas" verknüpfen. Ebenfalls unter Rückgriff auf eine aktuelle Konzeption sieht Hilmer die interessantere Aufgabe, die der Kunst nach Hegel zukommt, darin, im Sinne der Vermittlung von Bedeutung ein Explizitmachen (Brandom) impliziter Begriffe zu realisieren. Intendiert ist in dieser Verknüpfung von aktueller und traditioneller Ästhetik der Versuch, von der „Logik der Verkörperung" über eine „Logik der Exemplifikation" einen differenzierten Bedeutungsbegriff zu gewinnen und zugleich die Anknüpfungsmöglichkeit Hegelscher Überlegungen an die aktuelle Diskussion zu entdecken.

Ergänzt werden die Überlegungen zu der Grundlagen durch Analysen zum thematischen Kontext der Ästhetik. Hier legt sich zunächst der von W. Jaeschke dargestellte Konnex von *Kunst und Religion* nahe. Anhand einer Gegenüberstellung von Hegels und A. W. Schlegels Deutung der Kunst zeigt Jaeschke, dass Hegel mit seiner Theorie des absoluten Geistes eine Unterordnung der Kunst unter die Religion, die in Schlegels einseitiger Auszeichnung der Religion als der einzigen Quelle der Kulturinhalte vorgenommen wird, explizit abwehren will. In der Interpretation ist eine solche Anerkennung der gleichrangigen Behandlung von Kunst und Religion, wie sie in Hegels Philosophie des Geistes zu finden ist, keineswegs selbstverständlich. Um Stärken und Schwächen dieser Interpretation gegen den Mainstream der Deutung herauszustellen, greift Jaeschke zunächst die Entwicklungsgeschichte des Hegelschen Denkens auf, geht mit der *Enzyklopädie* einerseits auf die grundlegende Gleichbehandlung von Kunst, Religion und Philosophie als den drei Formen des absoluten Geistes ein und weist auf Schwierigkeiten der Nach- und Unterordnung der Kunst gegenüber Religion und Staat hin. Es ist zumindest nicht selbstverständlich, die fortschreitende Emanzipation der Kunst von der Religion (näherhin von Inhalten der christlichen Religion) von der Deutung abzusetzen, die Religion behalte als höhere Form des Geistes immer eine Vorrangstellung gegenüber der Kunst. Blickt man aber auf den zeitgenössischen Diskussionskontext – mit Jaeschke auf die Bedeutung, die die Religion im Denken der Spätromantik gewinnt –, so zeigt sich die Fortschrittlichkeit ebenso wie die Seltenheit der von Hegel vorgenommenen Trennung der beiden Kulturphänomene. Bei geteilter Annahme, dass die Kunst eines Inhaltes bedarf, und zwar eines über die Zeiten und die individuellen Interessen hinweg gültigen (absoluten) Inhaltes, vollzieht Hegel die religiöse Kehre der Romantik nicht mit. Während für die Romantiker jegliche Form der Mythologie bis hin zur christlichen Religion die einzige Quelle menschlicher Kultur darstellt, die Kunst damit eindeutig unter die Botmäßigkeit der Religion gestellt wird, macht Hegels Deutung der Kunst wie der Religion als Moment des absoluten Geistes deutlich, dass die für vormoderne Kulturen gültige enge Bindung der Kunst an die Religion in der modernen Welt aufgehoben, durch eine Befreiung der Kunst von der Mythologie – letztlich der christlichen Religion – ersetzt wird. Jaeschke geht hier von seiner in früheren Abhandlungen belegten These aus, dass Hegel mit der enzyklopädischen Systematik auch ein Ende der Religion annimmt, die – wie die Kunst – nicht mehr die höchste Form des Ausdrucks des absoluten Geistes darstellt. Gleichzeitig wird aber die Möglichkeit der Symbolisierung des Absoluten durch die Kunst nicht nur festgehalten, sondern erneuert und erweitert durch Hegels in den Ästhetikvorlesungen entwickelte „neue Gestalt des Ideals". Diese „neue Gestalt des Ideals" legitimiert und definiert die Bedeutung der Kunst in der modernen Welt. Charakteristisch für diese neue Gestalt des Ideals ist die Konzentration auf das Menschliche, den humanus als den „neuen Heiligen", die dadurch möglich und notwendig werdende Koexistenz einer Pluralität der Inhalte sowie die diesem neu gewonnenen Bedeutungsspektrum und diesen Inhalten entsprechende Variabilität der Kunstgestaltung über das Erhabene, Schöne zum Charakteristischen bis hin zum Hässlichen.

In seiner Analyse schließt Jaeschke aus der Tatsache, dass die Kunst für Hegel ihren absoluten Inhalt nicht mehr allein durch die Religion, sondern letztlich durch die Vernunftforderung der Moderne erhält, zunächst nur auf die Autonomie der Kunst trotz ihrer Verortung im absoluten Geist. In der näheren Betrachtung der geschichtlichen Bedeutung der Künste, d. h. im Blick auf die phänomenologische Bestimmung der Kunst und der Welt der Künste und auf die Aktualität der Hegelschen Ästhetik wird die nähere Ausgestaltung dieser „neuen Gestalt des Ideals" bzw. der Bedeutung der Künste für die moderne Welt näher analysiert. Zunächst bleibt aber die zweite, ebenfalls mit den *Enzyklopädie*überarbeitungen vorgenommene Differenzierung, nämlich die zwischen Kunst und modernem Staat nachzutragen, auf die Hegel zu Beginn seiner letzten Vorlesung eigens eingeht, um diese Überlegungen dann in der *Enzyklopädie* von 1830 zu systematisieren.

In ihrer Abhandlung *Zur Identifikation ästhetischer und praktischer Formen bei Hegel*, die sich mit Hegels Bestimmung der „Tragödie im Sittlichen" als dem ästhetischen Schlüssel zu seiner politischen Philosophie befasst, zeichnet E. Weisser-Lohmann in Parallele zu den Überlegungen zur Religion diese andere Ablösungsgestalt der Kunst im Rahmen der Konzeption des absoluten Geistes nach. Für Hegel gilt – dies stellt er mit der *Enzyklopädie*fassung von 1827 und abschließlich 1930 dar – nicht nur die Religion, sondern auch der moderne Staat als ein „nach" der Kunst relevantes Moment humaner Kultur. Allerdings ist auch dies ein Moment des Absoluten, das die Kunst nicht als überflüssig depotenziert, sondern ihr zugleich eine im Rahmen des modernen Staates unverzichtbare, wenngleich eingeschränkte („partiale") Rolle zuweist. Der Schlüssel zur Differenzierung zwischen Aufhebung im Sinne von Ablösung und differenzierter Bedeutungszuweisung liegt in Hegels Bestimmung der „Tragödie im Sittlichen", die sich als ästhetischer Schlüssel zu seiner politischen Philosophie erweist. Während in Hegels frühen Überlegungen die antike Tragödie Grundmuster und Struktur des Politischen vorgibt, entwickelt Hegel später in seiner Theorie der „bürgerlichen Gesellschaft" eine Konzeption der (politischen) Interaktion, in der das antike Tragödienbeispiel als Muster menschlichen Handelns zugunsten einer differenzierteren Analyse der gesellschaftlichen Verhältnisse aufgegeben wird.

Durch die entwicklungsgeschichtliche Analyse erschließt sich die Bedeutung der *Enzyklopädie*-These, dass die Kunst auch im modernen Staat eine Ablösung finde, nun in dem Sinn, dass die staatlichen Institutionen ihren Ausweis als Realisationsformen der Sittlichkeit nicht durch die Kunst bzw. die in der Tragödie dargestellte Form innerstaatlicher Interaktion, sondern durch Reflexion finden. In der Rekonstruktion sittlicher Lebensformen im Blick auf die *Grundlinien der Philosophie des Rechts* zeigt Weisser-Lohmann, dass Hegel ausgehend von den Begriffen „Person" und „Subjekt" die Strukturprinzipien der bürgerlichen Gesellschaft als Gestalten reflektierter substantieller Sittlichkeit entwickelt. Mit der Rechtsphilosophie wird deutlich und eindeutig das 1802 im *Naturrechts*-Aufsatz gewählte Modell der „Tragödie im Sittlichen" als Strategie der Konfliktbewältigung abgelöst. Die einzig mögliche – vernunftgemäße – Strategie der Konfliktbewältigung ist nach Hegel das Konzept der Bildung. An die Stelle der Versöhnung unterschiedlicher „Zonen der Sittlichkeit" – im Beispiel der griechischen Tragödie sind dies der Bereich des Rechts bzw. der Polis und das Prinzip der Familie bzw. des Oikos – durch überendliche (göttliche) Festsetzung begrenzter Gültigkeit tritt damit eine spezifische moderne Bewältigungsstrategie für die auf der Partikularisierung der Interessen beruhenden Konflikte der bürgerlichen Gesellschaft.

Auf der Basis dieser Analyse kann Hegel sowohl die Frage negativ entscheiden, ob eine Erneuerung der antiken Tragödie für die Gegenwart möglich, d. h. hinreichend sei, um die derzeitige Funktion einer Versöhnung im Sittlichen zu gewährleisten. Zugleich kann Hegel – auch dies gibt die Analyse des ästhetischen Schlüssels zu Hegels politischer bzw. Rechtsphilosophie vor – das moderne Drama im Rahmen der Konzeption der „formellen Bildung", näherhin hier der formellen Bildung durch Kunst, sowohl in seiner maßgeblichen Rolle für die Orientierung der Konstitution der Sittlichkeit als auch in seiner eingeschränkten Leistungsfähigkeit analysieren.

Die Konsequenzen dieser Überlegung im Blick auf die Kunst und Hegels Wirklichkeitskonzept stellt E. Rózsa in einer die Analyse der Erneuerung der Inhalte der Kunst (der „Prosa" menschlicher Lebenswelt), des Prinzips der Kunst, der „subjektiven Innerlichkeit" und der die sozial-geschichtliche Umwelt einbeziehenden strukturellen Bestimmung der Kunst dar. Die Integration dieser Momente macht Hegels Philosophie der Kunst aus, d. h. in der Integration von Inhalt, Vollzugsmodus sowohl der Produktion wie Rezeption (der „subjektiven Innerlichkeit") und kultureller Situation definiert sich die „neue Gestalt des Ideals" im Rahmen der romantischen Kunstformen. Rózsa wählt mit Hegels exemplarischer Analyse der Bedeutung der niederländischen Malerei nicht – wie es in der üblichen Interpretation gedeutet wird – ein Beispiel der vollendet schönen Kunst der Moderne, sondern eben jenes Beispiel, in dem sich die strukturell-systematische Bestimmung erfüllt. Hier wird das „Gemüt", das durch Arbeit gewonnene bürgerliche Selbstbewußtsein, zum Inhalt der Kunst, exemplarisch vermittelt und tradiert im schönen Schein der Alltäglichkeit. Durch die Verknüpfung der Prosa der Welt und der Innerlichkeit realisiert sich in diesen Kunstwerken eine Übereinstimmung von Form und Inhalt, die einen Kulminationspunkt der Kunst der romantischen Kunstform darstellt – einen Kulminationspunkt freilich, den Hegel in seinen Überlegungen selbst historisch relativiert: Er ist „für uns" nur in historischer Reflexion als solcher erkennbar, kann daher ebensowenig wie die griechische Tragödie als Muster moderner Kunstgestaltung gelten, sondern muss als Exempel möglicher Realisationsformen des Ideals durch weitere Gestaltungsweisen ergänzt werden.

Die Überlegungen zum thematischen Kontext der Ästhetik, nämlich zu Kunst, Religion, Politik und modernem Staat, bereiten damit den Horizont der Auseinandersetzung mit der strukturellen Bestimmung der Kunstformen, damit mit Hegels phänomenologischer Definition der Geschichtlichkeit der Kunst sowie mit der Welt der Künste vor.

K. Düsing fundiert seine Überlegungen über „Geschichtlichkeit und Paradigmencharakter der klassischen Kunst" durch die Analyse des Kulminationspunktes der klassischen Schönheit, der griechischen Tragödie. Er greift auf Pöggelers zunächst an der *Phänomenologie* des Geistes gewonnene Deutung der griechischen Tragödie zurück, wenn er das Tragische als Phänomen der griechischen Sittlichkeit charakterisiert, damit die Tragödie selbst als Exempel für die „Dialektik der Sittlichkeit" sowie die „Krise des Polytheismus". In eindeutiger Absetzung gegen die zum Klassizismusvorwurf motivierende Einschätzung der Bedeutung des Klassischen bei Hegel zeigt Düsing, dass dieser die klassische Kunst als eine geschichtlich transitorische Realität betrachtet, die gleichwohl – durch die Verknüpfung von Kunst und Sittlichkeit – paradigmatischen Charakter behält.

Eine nähere Definition dieser geschichtlichen Bedeutung vergangener Kunst für die gegenwärtige Welt stellt J.-I. Kwon durch die Analyse der Hegelschen Konzeption der „formellen Bildung" dar. Ihr Exempel ist die symbolische Kunstform, damit – ebenso wie in den folgenden Überlegungen zu *Drama oder Komödie* von A. Gethmann-Siefert und zur *Konzeption der nicht-schönen Kunst* von F. Iannelli – der Konterpart zur schönen Kunst, nämlich das Erhabene, das nicht mehr Schöne und das Hässliche.

Zunächst setzt Kwon sich mit Hegels These vom „Vergangenheitscharakter" der Kunst auseinander, die sie durch die Analyse der Bildungskonzeption in unterschiedlichen Hegelschen Schriften – so der *Philosophie der Weltgeschichte*, den Vorlesungen über Rechtsphilosophie bzw. Textpartien der *Nürnberger Schriften* – verfolgt. Für diese Konzeption der Bildung durch Kunst ist eine Bereicherung der Selbst- und Welterfahrung der Moderne charakteristisch, fundiert letztlich durch die in der Kunst (insbesondere der Kunst der orientalischen Welt) vermittelten alternativen Lebensformen. Hegel umreißt mit der „formellen Bildung" eine geschichtliche Funktion der Kunst, die der neomarxistischen Bestimmung der Kunst als Gesellschaftskritik nahekommt. Kunst als Bildung zur Reflexion, als Stimulans eines distanziert-reflexiven Welt- und Selbstverhältnisses sowohl im Komischen und im Humor als auch in den Formen nicht mehr schöner Künste skizziert die spezifisch-modernen, damit auch für die gegenwärtige Diskussion aktuellen Momente der Hegelschen Ästhetik. Damit bestätigen sich diese Überlegungen in der Bestimmung einzelner Künste – hier exemplarisch dargestellt von O. Pöggeler in seinen Überlegungen zu *Hegel und Caspar David Friedrich*, von B. Collenberg-Plotnikov in der Frage nach der *Funktion der Schönheit in Hegels Bestimmung der Malerei* und von A. P. Olivier in seiner Analyse von *Hegels Stellung zu Beethoven*, die er unter den Titel *Schweigen und Verwandtschaft* setzt. Es zeigt sich jeweils, dass Hegel seine Stellungnahme zu einzelnen Künsten bzw. einzelnen Künstlern und Werken nicht allein als ästhetische Kritik, sondern jeweils als Charakteristik der Künste im Blick auf ihre gegenwärtige – damit gegebenenfalls auch für unsere heutige Situation noch aktuelle – kulturelle Leistungsfähigkeit entwickelt. So zeigt Pöggeler, dass das in Hegels Überlegungen nur in einer Ausarbeitung einer Vorlesung von 1820/21 grundsätzlich negative Urteil über Caspar David Friedrich letztlich ein breiteres Fundament als das der ästhetischen Ablehnung hat. Der Streit um die Kunst C. D. Friedrichs wurde zum Zeitpunkt von Hegels (verspätetem) Urteil bereits über ein Dutzend Jahre ausgetragen. Friedrichs radikale Modernität stieß nicht nur bei Hegel auf große Skepsis. Allerdings – dies zeigt Pöggeler unter Hinweis auf zahlreiche Details aus der Hegelschen Biographie – geht es Hegel nicht allein um ein Kunstverständnis, sondern zugleich um die politische Haltung des Künstlers und um die politische Relevanz des Inhalts der Werke, die bei Hegel auf Ablehnung stoßen musste. Während Hegel die beginnende ideologische Gefährdung der Romantik, i. e. die Konzentration auf die Innerlichkeit des Gefühl und die ideologische Religionsemphase ankreidet, tritt die ästhetische Beurteilung in den Hintergrund. Diese im zeitgenössischen Streit virulente ästhetische Skepsis weicht erst über hundert Jahre nach Friedrichs Tod einer Anerkennung seiner epochalen Bedeutung.

B. Collenberg-Plotnikov weist in einer Analyse von Hegels Bestimmung der Schönheit auch hinsichtlich der Malerei nach, dass die invariante strukturelle Beurteilung der Kunst nicht auf die klassische Schönheit begrenzt ist. Vielmehr muß Hegels Schönheitsbegriff differenziert werden: Auf einer systematischen Ebene bestimmt er Schönheit als Kunstschönheit und legt damit eine Charakterisierung der Kunst allgemein vor. Davon zu unterscheiden ist der engere Begriff der klassischen Schönheit, der nur *eine* Manifestation der Kunstgestaltung neben anderen, gleichermaßen legitimen Formen der Kunst bezeichnet. Indem er hier einen pluralistischen – aber nicht ‚offenen' – Kunstbegriff entwickelt, vermeidet Hegel die gerade heute wieder aktuellen Schwierigkeiten, die sowohl vom Standpunkt der Normativität als auch dem eines fortgesetzten Relativismus aus bei der Verständigung über Kunst entstehen: Mit dem Begriff des Kunstschönen bzw. des Ideals leistet Hegel die Herstellung eines (transzendentalen) Begründungszusammenhangs, der die Möglichkeit vernünftiger Kommunikation über Kunst fundiert. Die Fokussierung der historischen und kulturellen Alterität der Epochen erlaubt es ihm aber zudem, diesen Aspekt der Identität mit dem der Varianz zu verknüpfen. D. h. Hegel versucht, die Kunst in gerade ihrer Varianz aus ihrer identischen geschichtlichen Funktion, ihrem ‚Gebrauchs-‘ bzw. Handlungszusammenhang heraus, zu verstehen.

In der Malerei bestätigt sich die Überlegung F. Iannellis für die Poesie, dass nämlich der Schönheit in der modernen Welt eine fundamental andere Wirkung zugeschrieben wird als im Bereich der klassischen schönen Kunst: Schönheit motiviert zur Reflexion statt zur Kontemplation.

In der Untersuchung über *Hegels Bestimmung der Landschaftsmalerei* geht K. Berr der Frage nach, welche kulturelle Rolle Hegel der eher marginal behandelten Landschaftsmalerei beimißt. Dabei zeigt sich, daß Hegel das Naturschöne, das er aus der Ästhetik ausschließt, in Gestalt der Landschaft, d. h. als bereits geistig Vollzogenes, in seine Philosophie der Kunst zu integrieren vermag. Doch Hegels Stellungnahme ist ambivalent: Eine Vollzugsform der Natur als Landschaft wird skeptisch, eine zweite positiv beurteilt; eine mögliche dritte kommt nicht eigens zur Sprache. So stellt das Landschaftsbild als Rückspiegelung einer Empfindung zwar schon einen geistanalogen Vollzug dar, unterliegt aber Hegels grundsätzlicher Kritik der „romantischen Innerlichkeit", d. h. einem substanzlosen Subjektivismus. Das Landschaftsbild als Selbstanschauung eines kulturellen Selbstverständnisses eines Volkes in der Auseinandersetzung mit Natur qua Darstellung einer Kulturlandschaft kann Hegel hingegen deshalb würdigen, weil hier – das Beispiel sind die Niederländer des 17. Jahrhunderts – Natur als Landschaft von vornherein als gestaltete Landschaft aufgegriffen wird. Einen möglichen ‚Triumph der Natur über Kultur' thematisiert Hegel in seinen Ästhetikvorlesungen nicht.

A. P. Olivier räumt in der Auseinandersetzung mit Hegels zugegebenermaßen problematischstem Teil der Ästhetik, nämlich der Musikästhetik, in einer Weise mit Vorurteilen bzw. Mutmaßungen auf, die nur durch die Auseinandersetzung mit den Quellen zu Hegels Berlinervorlesungen möglich wird. Zwar kann auch auf der Basis der Nachschriften nur schwer entschieden werden, ob Hegel sich mit Beethovens Musik auseinandergesetzt hat. Hier nun aber von einem „beredten Schweigen" über Beethoven zu reden, wie es C. Dahlhaus vorschlägt, ist wenig erhellend. Zudem lässt sich aus der Druckfassung der *Ästhetik* eine positive Beethoven-Kritik erschließen, die sich aber in den Nachschriften zu den Berliner Vorlesungen nicht bestätigt. Dennoch – so zeigt Olivier – kann man davon ausgehen, dass Hegel durch die von ihm nachweislich rezipierten musikjournalistischen und -theoretischen Diskussionen seiner Zeit Beethovens Bedeutung kaum verkannt haben kann. Überdies findet sich in der letzten Vorlesung im Rahmen der Bestimmung der Instrumentalmusik eine Überlegung zu den großen Solisten, durch die Hegel sich dieses ihm schwer zugängliche (in seiner Kritik: das möglicherweise nur an den Kenner gerichtete) Gebiet der Instrumentalmusik zu erschließen trachtet.

Olivier verfolgt daher die Möglichkeiten einer Aktualisierung dieser Überlegungen über Versuche des 19. Jahrhunderts, im Anschluss an Hegels Logik eine

Musiktheorie zu entwerfen bis hin zu Adornos Behauptung, Beethoven und Hegel stellten zwei Weisen dar, den Weltgeist im Element der Musik bzw. der Philosophie zu begreifen.

Mit solchen und ähnlichen Überlegungen zu Hegels Bestimmung der einzelnen Künste ist bereits jeweils die abschließende Frage nach der Aktualität der Hegelschen Ästhetik verknüpft, die in den Schlussüberlegungen des vorliegenden Bandes eigens in Formen der Hegelrezeption in der Kunst bzw. im Vergleich der Hegelschen Überlegungen mit zeitgenössischen Alternativen geprüft wird.

J.-L. Vieillard-Baron analysiert die Parallele der Bestimmung der Wahrheit der Kunst bei Hegel und A. Malraux, der neben H. Taine als der am stärksten durch Hegel beeinflusste französische Kunsttheoretiker gelten kann. Weder für Hegel noch für Malraux reduziert sich der Gehalt der Kunst auf historisch kontingente Inhalte, wie etwa die Intentionen der Künstler. Die Kunst hat vielmehr eine universelle Bedeutung, die die philosophische Reflexion zu erheben hat. Die Eigentümlichkeit der Wahrheit der Kunst erschließt sich – auch dies will Malraux im Anschluss an Hegel zeigen – auf einem Mittelweg zwischen empirischer Kennerschaft und abstrakter Systematik.

Soweit die Parallelen: Auch für Malraux ist die Kunst in all ihren Formen wesentlich Ausdruck des Kampfes des Menschen gegen die Zeit. Hegels Idee der Schönheit allerdings kann er nicht von einer platonisierenden Konzeption lösen, damit nur skeptisch betrachten. Er selbst zielt mit seinen ästhetischen Reflexionen auf die subjektive Dimension des Imaginären Museums, das er als das Gut eines jeden kultivierten Menschen bestimmt wissen will. Hier lässt sich Hegels Konzeption der Kunstformen als Verknüpfung der allgemeinen Idee der Kunst mit der Historizität des Kunstphänomens retten. Malraux betrachtet sie wie Hegel als Weltanschauungsweisen, die aufgrund jeweiliger historischer und kultureller Bedingtheit variieren müssen. Den zureichenden Standpunkt einer Vermittlung zwischen Petrifizierung der Künste durch Konzentration auf das Allgemeine und Ewige und historischer Relativierung sieht er in seiner subjektiven Gegenwärtigkeit der Kunst im Imaginären Museum. Hier ist die Kunst in ihren Meisterwerken, wenngleich historisch bedingt, überzeitlich. Allerdings wird dieser Standpunkt der Kunstbetrachtung – so Malraux – erst in der Gegenwart durch ihre technischen Reproduktionsmöglichkeiten erreicht.

Die Überlegungen von K. Vieweg zu *heiterem Leichtsinn und fröhlichem Scharfsinn*, die Hegels Verständnis von Komik und Humor als Formen ästhetisch-poetischer Skepsis analysieren, verlegen allerdings diese Reflexivität von Überzeitlichkeit und Geschichtlichkeit in Hegels ureigene Bestimmung der Kunst. Bei Sterne, Hippel, Jean Paul findet Hegel Bezugspunkte für die Integration der antiken Skepsis mit dem Prinzip der Freiheit des Selbstbewusstseins. In der Kombination Schillerscher und Goethescher Überlegungen gewinnt Hegel seine Konzeption des „objektiven Humors", also eine mögliche Einstellung zur Kunst, die das Imaginäre Museum vom Odium der Heiligkeit, Größe und Unantastbarkeit radikal befreit und die Kunst – eben im Sinne der von Kwon skizzierten „formellen Bildung" als Element der modernen Kultur ausweist.

Diese Verknüpfung von *Poesie und Zukunft des Denkens* verfolgt auch G. Baptist in einer entwicklungsgeschichtlichen Analyse der Hegelschen Verbindung von Kunst, Spekulation und Religion. In dieser Verknüpfung findet sie einen roten Faden, der über die in der Jenaer Zeit entwickelten Reflexionen zur Kunst, die erste Fassung der *Enzyklopädie* zu den endgültigen *Enzyklopädie*fassungen, zur *Wissenschaft der Logik* und nicht zuletzt zu den Berliner Vorlesungen führt. Die Poesie ist darum paradigmatisch, weil sie sowohl eine Kunst an der Grenze der Kunst ist als auch eine Kunst, in der die Grenzen der Kunst über Kunst hinausgeführt werden.

Wieweit sich Hegels systematische Ästhetik selbst phänomenologisch und damit gestützt durch geschichtliche Einsichten entwickelt und infragestellen lässt zeigt G. Pinna an *Solgers Konzeption der Ironie*. Komplementär zu Hegels Konzeption des „objektiven Humors" entwickelt Solger in der Konzeption der Ironie nicht nur ein Stilprinzip, sondern ganz im Sinne der Hegelschen kritischen Vorbehalte gegen die Bedeutung der Ironie – eine Art des Sich-Offenbarens des Absoluten. Betrachtet man mit Solger das Kunstwerk als exemplarische Darstellung einer solchen Offenbarung des Absoluten in der sinnlichen Welt, so gewinnt man im Gegensatz zu Solger, der das Schöne als die „Einheit des Wesens und der Erscheinung in der Erscheinung" wie in der wahrgenommenen Erscheinung sieht, eher in Hegels Charakteristik des Hässlichen und seiner Bedeutung für das moderne Drama eine Entsprechung. Auch hier könnte Solgers Konzeption der tragischen Ironie eine verschwiegene aber gleichwohl wirkmächtige Voraussetzung der Hegelschen Bestimmung des modernen Dramas und seines Gestaltungsprinzips, des Hässlichen, sein.

Im Sinne eines Ausblicks auf das *Ende der Kunst in der Postmoderne* spielt J. M. Ripalda einige Möglichkeiten der Hegelschen These vom Vergangenheitscharakter der Kunst durch. Er orientiert sich zwar zunächst an Peter Weiß' *Ästhetik des Widerstands*, man könnte und müsste ohne weiteres diese Überlegungen aber um A.C. Dantos und H. Beltings Überlegungen zum Ende der Kunst und zum Ende der Kunstgeschichte erweitern. Auch hier geht es um Gestaltungsmöglichkeiten der Künste nach dem „Ende der Kunst" bzw. um die Unmöglichkeit, die Kunstentwicklung im Sinne einer Historie festzuschreiben. Auch hier wird die bereits bei Hegel reflektierte Identifikation von Kunst und Alltäglichkeit zu einem Stimulans für die Ubiquität der Kunst – Kunst ist überall gegenwärtig: in Werbung, Populärkultur, Design, Events der Demokratischen Massenkunst – und dennoch lässt sich der Kunstcharakter nicht mit dem der Alltagswelt und ihrer Gegenstände identifizieren. Es bleibt die von N. Goodman definitorisch festgelegte Bedeutung des Kunstwerks als Darstellung von „etwas als etwas", wie sie Danto durch den institutionellen Rahmen der „Kunstwelt", Kritiker und alternative Ansätze aber durch die in den Künsten anschaulich transportierte Bedeutung im Prozeß der Kunstrezeption, im Bezug der Kunst auf die Lebenswelt, in ihrer Bedeutung „für uns", sehen.

Durch den Rückgriff auf Hegels eigene Überlegungen zur Kunst, die in der *Enzyklopädie* systematisch ausgewertet und in den Berliner Vorlesungen über Philosophie der Kunst oder Ästhetik phänomenologisch erschlossen werden, erweist sich die durch Hegel repräsentierte idealistische Ästhetik als fraglos aktuell, da in vielen Überlegungen kompatibel, in vielen kritisch zur gegenwärtigen Diskussion – ante diem – Stellung bezogen wird. Insbesondere Beispiele der Integration von Kunstgestaltung und Reflexion, wie sie sich in Hegels bislang nur unzureichend berücksichtigter Solger-Rezeption, in der Neubestimmung der Bedeutung des Schönen, in der Rehabilitierung des Hässlichen als adäquater Integration von Form und Inhalt darstellen, zeigen einen neuen, in vielen Überlegungen überraschenden philosophischen Zugriff auf die Künste, den man Hegel in der bisherigen Interpretation kaum je zugetraut hatte. Der Grund für die Aktualität, besser vielleicht die Basis für eine unvoreingenommene Auseinandersetzung um die Möglichkeiten, Weiterungen und die bleibende Bedeutung der Hegelschen Ästhetik liefert die historisch-philologische Erschließung der Berliner Ästhetikvorlesungen. Diese erweisen sich nämlich als plausible umfassend strukturierende und in ihrem Bezugspunkt gegenwartkritische Bestimmung der Bedeutung der Kunst „für uns", der Bedeutung der Künste im Rahmen der menschlichen Kultur. Wo die nach Hegels Tod publizierte Druckfassung der *Ästhetik* vom Bürger des modernen Staates die uneingeschränkte Hochachtung vor der schönen Kunst mit christlichem Inhalt anscheinend im Namen Hegels verbindlich macht, findet sich in den Vorlesungen eine Diskussion über die invariante grundlegende Ausrichtung – bis hin zur Bestimmung der gegenwärtigen kulturellen Rolle der Kunst im Sinne der „formellen Bildung" – und die Akzeptation einer Gestaltungsfreiheit, die man dem Hegel der Druckfassung der *Ästhetik* aufgrund des Textbestandes zurecht abgesprochen hat. Es wäre reizvoll gewesen, hätte aber den Rahmen dieser Dokumentation gesprengt, hätte man die zeitgenössischen Kritiken der Hegelschen Ästhetik zugleich mit den gegenwärtigen Auseinandersetzungen publiziert. Eine solche Kombination von heutiger und zeitgenössischer Kritik möchte naheliegen, weil beide Formen der Auseinandersetzung mit der Hegelschen Ästhetik auf der gleichen Basis argumentieren, nämlich im Rückgriff auf jene Gedanken, die Hegel in seinen Schriften und in den Berliner Ästhetikvorlesungen entwickelt hat. Auch den Zeitgenossen erschienen Hegels Ästhetikvorlesungen zumindest in der Weise fruchtbar, dass sie – so bei Theodor Mundt – unter Umdeutung der These vom Ende der Kunst zur Grundlage einer eigenen systematischen Ästhetik gewählt wurden oder dass die eigene Mitschrift oder Ausarbeitung der Hegelschen Vorlesung sorgfältig gebunden der eigenen Bibliothek einverleibt wurde. Zudem gibt es zumindest zur Zeit des Erscheinens der Druckfassung der *Ästhetik* noch zaghafte Proteste gegen diese Form der „Vollendung" der Hegelschen Gedanken, die mit den eigenen Notizen aus den Vorlesungen nur sehr wenig gemein zu haben scheint. Auch ohne diese Stützung zeitgenössischer Hegelkritik und Integration Hegelscher Gedanken in eigene Überlegungen sollte es aber möglich sein, die vorliegenden Auseinandersetzungen mit Hegel als Motivation zur eigenen, weiterführenden Diskussion mit Hegel zu akzeptieren. Letztlich lässt sich der Nachweis der „Aktualität" der

Hegelschen Gedanken zur Kunst nur in einer solchen fortgesetzten Diskussion erbringen, zu der die hier vorgelegten Abhandlungen motivieren möchten.

A. Gethmann-Siefert

I.

Grundlagen der philosophischen Ästhetik

Wolfram Hogrebe

Kunst, Freiheit, Geschichte.
Bemerkungen zu Schelling mit Blick auf Hegel

In seinen Reflexionen bemerkt Kant gelegentlich: „Die freyheit ist eine subiective Gesetzlosigkeit. (...) Sie verwirret also."[1] In der Tat: Überall da, wo die Instinktbindung zurücktritt, die natürliche Gesetzlichkeit gesprengt ist, beginnt zunächst ein Zustand subjektiver, individueller Anarchie, ein Zustand der Verwirrung, einer völligen Ratlosigkeit oder teleologische Bewußtlosigkeit. In dieser erst beginnenden und zunächst verwirrenden Freiheit eines nur ‚ich'-stotternden Ichs kann niemand auf Dauer leben, aus diesem Taumel an subjektiven Möglichkeiten eines zwar entfesselten, aber bloß manischen Selbst, aus dieser *Automanie* befreit uns von dieser unerträglichen Form beginnender Freiheit nur eine Selbstgesetzgebung, befreit uns nur *Autonomie*. Nur sie macht jene anarchische Freiheit erträglich, von der Kant mit großer psychologischer Sensibilität sagte, daß sie, als subjektive Gesetzlosigkeit gefaßt, verwirrt.

Wenn wir diesen Befund nun als hermeneutische Matrize verwenden, dann können wir in sie hinein einen Schelling stellen, der das Freiheitsgeschehen geradezu als einen universellen Selbstdomestizierungsprozeß begreiflich macht, der in allen strukturgenerierenden Milieus wiederzufinden ist.[2] Wo überhaupt etwas ist, was sich in eine Gestalt fängt, ein Selbst wird, geschieht dies im Prozeß einer Autonomisierung, in unterschiedlichen Milieus mit unterschiedlichen Abweichungsspielräumen. Unsere Selbstgesetzgebung kann ja immer wieder kollabieren, der Taumel eines entfesselten Selbst kann stets wieder aufbrechen, die

---

[1] I. Kant, *Reflexion 6960*. In: Kant's gesammelte Schriften. Hrsg. von der Preußischen Akademie der Wissenschaften (= Akademieausgabe). Bd. XIX. Dritte Abtheilung: handschriftlicher Nachlaß. Bd. VI. Moralphilosophie, Rechtsphilosophie und Religionsphilosophie. Dritter photomechanischer Nachdruck. Berlin/Leipzig 1971, S. 214.

[2] Vgl. hierzu die reich differenzierende Studie von S. Peetz, *Die Freiheit im Wissen*. Eine Untersuchung zu Schellings Konzept der Rationalität. Frankfurt a.M. 1995. Peetz zeigt sehr deutlich, wie Schelling versucht, sein Identitätssystem durch eine ‚natural fundierte Wahlfreiheit' zu begründen, um mit Jacobi, Spinoza und Fichte fertig werden zu können. Gerade dadurch handele sich Schelling jedoch Folgeprobleme ein, die sich in seinen durch die innere Duplizität gekennzeichneten Systementwürfen fortsetzen und letztlich nicht befriedigend gelöst werden können, sofern das Wesen der Rationalität nicht geradezu positiv aus einer duplikén Selbstdifferenzierung verständlich gemacht wird. – Zur Literatur zum Freiheitsproblem bei Schelling vgl. zuletzt die *Einleitung* von Th. Buchheim in F.W.J. Schelling, *Philosophische Untersuchungen über das Wesen der menschlichen Freiheit*. Eingeleitet, hrsg. und mit Anmerkungen versehen von Th. Buchheim. Hamburg 1997.

Autonomie des Handelns auf das Niveau bewußtloser Automanie zurückfallen. In anderen Strukturmilieus ist dieser Abweichungsspielraum so extrem nicht gegeben. Physikalische Strukturprozesse mögen unter Umständen gar keine Abweichungsspielräume, manchmal immerhin statistisch greifbare aufweisen. Aber auch dieser Bereich bleibt nach unserer hermeneutischen Matrize und mit Schelling bedroht: auch hier ist aufs Ganze gesehen eine Implosion des gesamten Strukturniveaus möglich, ein Rücksturz ins Chaotische und Regellose. Das Anomische bleibt ein Lauerndes im Universum und nach Schelling muß das auch so sein, weil es sonst überhaupt keine Strukturen gäbe: Was die Energie für Strukturbildungen bereitstellt, ist zugleich das, was den Strukturbestand bleibend gefährdet sein läßt. Als dieses Risiko ist nach Schelling Freiheit auch in das Universum eingebaut. Wir können auch sagen: als Index der Strukturfähigkeit des Universums ebenso wie als Index seiner Endlichkeit. Jede Struktur des Universums erscheint so als Versuch, die singuläre Autonomie zu realisieren, sie zu kopieren, was leider nur auf Zeit und auf unterschiedliche Weise gelingt bzw. gelingen kann. Und wenn wir das Autonome anders das Eine nennen, dann ist die Zeit der Dinge ihr Sein zum Einen. Immer glüht in jedem Muster dieses Universums, d.h. in allem, was ist, der Sinn des Autonomen auf, und zollt im Verlöschen der Unerschöpflichkeit dieses Sinns Respekt. Das Universum liefert aus dieser Perspektive in jeder Gestalt und Struktur ein semantisches Modell der Autonomie, unterschiedlich der Art nach, aber doch immer wieder als Versuch, ein eigengesetzliches Selbst zu sein. Das Universum ist der Realisierungsversuch einer Semantik der Autonomie, vom Molekülverbund bis zur Galaxie, von der Amöbe bis zum Menschen, von der Silbe bis zum Satz, vom Werkzeug bis zum Kunstwerk.

Aber nur im Kunstwerk geschieht es, daß die Autonomie auch quasi autonom zur Erscheinung kommen kann. In seiner Darstellung kann der Künstler ein Niveau erreichen, wo ihm gleichsam die Selbstgesetzlichkeit des Dargestellten selbst die Hand führt. The magic hand of chance erweist sich als magic hand of hidden necessity. Er ist dann von seinem Werk „selbst überrascht und beglückt", wie Schelling im *System* von 1800 schreibt.[3] Das Kunstprodukt als Selbstinszenierung der Autonomie, ein Geschehen, für das der Künstler gewissermaßen nur Medium ist, gibt den letzten Rest der anfänglich automanischen, d. h. verwirrenden Freiheit an eine Instanz zurück, die als autonom erscheinende Autonomie geradezu ein Dementi der Freiheit zu sein scheint, „gewissermaßen der Freiheit entgegen" ist, wie Schelling schreibt.[4] Es ist dieses Moment eines anonymen Gelingens, das die Objektivität des Kunstwerks sicherstellt, denn im Gelingen bekundet sich ein Geschehen über unsere angestrengte Kalkulation hinaus. Durch den Künstler hindurch – „gleichsam ohne sein Zuthun"[5] – vollstreckt sich das Schicksal der Formung in der finalen Aura einer anonymen Notwendigkeit, wie sie sonst und anders z. B. in der Logik erreicht wird. Was einen Beweis,

---

[3] F.W.J. Schelling, *System des transzendentalen Idealismus (1800)*. In: Ders., Ausgewählte Werke. Bd. 2: Schriften von 1799–1801. Darmstadt 1967, S. 615.
[4] A.a.O., S. 616.
[5] A.a.O., S. 617.

einen Schluß, eine Ableitung gültig macht, hängt zuletzt nicht von mir ab, sondern ist ebenso ein Beispiel für eine anonyme Notwendigkeit. Eben deshalb wird die Logik seit Aristoteles auch Werkzeug, Organon der Philosophie genannt, nur mit ihrer Hilfe erreichen die Sätze der Philosophie den Glanz anonymer Notwendigkeit, der über alles nur Menschliche hinausweist. Weil im Kunstgeschehen aus Schellings Sicht in reicherer Weise am gelingenden Ende der nämliche Glanz anonymer Notwendigkeit erstrahlt, tritt für ihn die Kunst die Erbschaft der Logik an, Organon der Philosophie zu sein. Denn sie ist über die Logik hinaus zugleich Beweisstück und Dokument des Umstandes, daß in kreativen Prozessen Bewußtes und Unbewußtes in ihrer Tiefe ununterscheidbar sind. Tatsächlich zeichnen sich hier bei Schelling Konturen einer Theorie der Kreativität ab, die genau genommen nicht auf das Kunstgeschehen fixiert bleibt, sondern universal veranschlagt werden muß. Trotzdem bleibt das Kunstgeschehen für Schelling insofern ein ausgezeichnetes Beispiel, weil hier ein Geschehen geradezu sinnfällig wird, das ansonsten und in allen kreativen Kontexten zwar auch vorhanden, aber doch immer erst begrifflich erschlossen werden muß.

In diese knappen Koordinaten zum Thema Freiheit und Kunst bei Schelling möchte ich nun einige Bemerkungen zu gewissen semantischen Aspekten der Kunstphilosophie Schellings hineingestellt sehen, die sich nur gelegentlich mit dem Problem der Freiheit berühren, obwohl sie im Innersten von ihr zehren, gerade auch da, wo ich vielleicht etwas allzu aparte Verständniszugänge zu Schelling beizubringen versuche. Um heute von Schelling, auch von Hegel, systematisch noch profitieren zu können, muß man wohl manchmal sehr weit von ihrem Buchstaben zurücktreten. Erst dann gewahrt man, wenn man Glück hat, Intuitionen, die hinter ihren Konstruktionen stehen. Natürlich geht man auf diese Weise das Risiko ein, selber bloß der Illusion einer Intuition zu erliegen, die man selber in die historische begriffliche Kulisse hineinkonstruiert hat. Gleichwohl geht es dem Interpreten manchmal so, wie dem Betrachter eines Regenbogens: Wer zu nahe herangeht, dem entschwindet er, wie ebenso Eurydike dem sich vergewissernd umsehenden Orpheus[6]. Die rechte, d. h. phänomenrettende Distanz zu wahren, ist also eine Maxime für Interpreten, die zu befolgen auch mißlingen kann.

In seiner Jenaer Vorlesung vom Wintersemester 1802/03 über die *Philosophie der Kunst* betont Schelling gleich in der Einleitung, daß für diejenigen, die sein „System der Philosophie kennen", die nachfolgende „Philosophie der Kunst nur die Wiederholung derselben" sein werde und zwar „nur die Wiederholung derselben in der höchsten Potenz".[7] Im ersten oder allgemeinen Teil dieser Philosophie der Kunst liefert Schelling z. T. sehr holzschnittartige ‚Konstruktionen' der Idee der Kunst und des Kunstwerkes überhaupt, deren Resultat die Formel auswirft, daß die Philosophie der Kunst in ihrer wohlverstandenen Tiefe nichts anderes als die „Construktion des Universums in der Form der Kunst"

---

[6] Vgl. W. Hogrebe, *Orphische Bezüge*. Jena/Erlangen 1997.
[7] F.W.J. Schelling, *Philosophie der Kunst*. Darmstadt 1980, S. 7.

sei.[8] In dieser ‚timaiosischen' Zuspitzung erhält die Ästhetik bei Schelling eine kosmologische Einbindung, wie sie für den Schelling, der sich über die Transzendentalphilosophie hinaus die Natur als Vergangenheit des Geistes erorbert hatte, charakteristisch ist. Ein rechtes Verständnis der Kunst erreicht die Philosophie hiernach nicht als eine Theorie der Zivilisation oder Kultur, sondern als philosophische Kosmologie, die das Kunstgeschehen schon da wirksam werden läßt, wo das Schöpferische noch natürlich ist.

In Natur, Kunst und Philosophie kommt nun gleichermaßen, aber je verschieden, das Absolute zur Darstellung und zwar je verschieden als der gemeinsame Entlassungshintergrund von Gestalten. Ebenso wie wir Gestalten nur konturiert, d. h. auf einem Hintergrund als Kontrastfolie wahrnehmen können, ebenso sind uns semantische Konturen nur gegen das greifbar, wovon sie sich verneinend abheben. Was sie nicht ist, verleiht der semantischen Figur erst die Kontur, was sie nicht ist, bleibt das Negativ, das ein semantisches Positiv erst hervortreten läßt. Die letzte Kontrastfolie, aus der sich ultimativ Gestalt und Figur entbinden, ist nun diejenige, die sich gegen keinen weiteren Hintergrund mehr kontrastieren läßt. Dieser ultimative Hintergrund, der alle Vordergründe szenisch freigibt, ist das, was Schelling als ultimative und völlig diaphane Identität, als das Indifferente, als die Indifferenz bezeichnet. Es ist der nicht selber mehr konturierbare, durch keinen Kontrast mehr definierte Hintergrund aller Kontraste und als solcher in seiner völligen Kontrastfreiheit das Absolute. Dieses wird uns im semantischen Milieu da zugänglich, wo der semantische Gehalt vollkommen verbleicht, wo wir nur noch behelfsweise mit Worten operieren, mit denen wir uns den transdefinitorischen Hintergrund zu vergegenwärtigen versuchen, vor dem unsere semantischen Definitionsversuche Konturen gewinnen. Die Bezeichnungen für diesen ultimativen semantischen Hintergrund sind z. B. das Sein, das Nichts, das Eine, Sinn, En-sof etc., aber sie sind im Grunde belanglos, da sie nichts mehr regulär bezeichnen, sondern nur noch *unbestimmt anzeigen, wovor wir nur bezeichnen können*. Dieses letzte *Wovor* ist ebenso ein letztes *Woher* und ein letztes *Wohin*. Denn wovor alles Konturen gewinnen kann, ist ebenso das, woher sich alles in Konturen fängt und wohin wir es, alle Konturen übersteigend, zurückbeziehen. Wir nehmen so ein Anfängliches in Anspruch *vor* dem und *aus* dem und *zu* dem sich alles fängt bzw. so dimensioniert gefangen ist. Was ist, ist es nur in diesem Gefängnis, das nicht wäre ohne jene Anfänglichkeit, durch die alles ebenso ins Freie *gewiesen* war und ist, ohne je dort *sein* zu können. Ohne jenen ultimativen Kontrasthintergrund ist nichts und versteht sich nichts, weder was es heißt zu sein, noch was heißt, frei zu sein, noch was es heißt, bestimmt zu sein. Insofern muß er angezeigt werden, wo es um eine grundsätzliche Aufklärung unseres Selbstverständnisses geht, d. h. in der Philosophie. Das Grundsätzliche ist der Philosophie in dieser Hinsicht kein Grundsatz, überhaupt kein Satz oder Gegensatz mehr, sondern als ultimative Kontrastfolie das Entsetzliche hinter allen Sätzen, d. h. desjenige wovor und woraufhin erst Sinn und Bedeutung Sinn und Bedeutung gewinnen können, d. h. desjenige, wovor, woher und woraufhin

---

[8] A.a.O., S. 131.

Wahrheitswerte und semantische Arten des Gegebenseins erst auseinandertreten können und möglich sind.

Nun möchte man meinen, daß solche Erwägungen, die uns das verständlich machen sollen, was Schelling um 1800 das Indifferente oder Absolute nennt, bloß noch spekulative semantische Spielereien sind, ohne jegliches sachliches Gewicht. Denkbar wäre hier ein wittgensteinisiertes Gegenargument: Schelling sucht offenbar in unseren semantischen Unterscheidungen ein Gemeinsames, das er, da er es nicht finden kann, als ein Indifferentes hinter allen semantischen Differenzen postuliert, das er dann notgedrungen auch als Absolutes bezeichnet. Demgegenüber hätte er sich mit der Familienähnlichkeit semantischer Differenzen begnügen können, die bloß von Fall zu Fall aufgewiesen werden und keineswegs als durchgängige unterstellt werden muß. Eine solche Entgegnung ist möglich und für Freunde semantischer Kleinkulturen auch zulässig. Aber wer, wie Schelling, aufs Ganze geht, muß sich in dieser Bescheidungsempfehlung doch um die Anerkennung seines eigentlichen Interesses betrogen fühlen. Dieses eigentliche Interesse nährt sich daran, daß wir offenbar faktisch in der Lage sind, das Ganze zu thematisieren, auch jeweils *ein* Ganzes mittels Inbegriffen zu thematisieren. Solche Inbegriffe sind z. B. die Liebe, die Sprache, die Gerechtigkeit etc.[9] Semantisch gesehen handelt es sich um abstrakte singuläre Termini, die analytisch schwer zu handhaben sind und im Verdacht stehen, per grammatischer Form Gegenstände zu erzeugen, die es gar nicht gibt. In semantischen Kleinkulturen werden solche Termini vernünftigerweise auch gar nicht erst zugelassen. Und doch ist unsere semantische Orientierungskultur auf die Handhabung solcher Inbegriffe angewiesen. Kantisch gesehen gehören abstrakte singulare Termini zum Vokabular der Vernunft und nicht des Verstandes. Deshalb sollte es Kant-Leser auch nicht wundern, daß solche Termini, obwohl sie nicht ostensibel ausweisbar sind, doch eine unentbehrliche Orientierungsfunktion für unser prädikatives Gebrauchswissen haben. Ihr Verständnis ist wesentlich für den Gebrauch der entsprechenden Adjektive und das Verständnis von Eigenschaften, die sie bezeichnen: Was ich im Einzelfall liebevoll, sprachlich gelungen oder gerecht nenne, zehrt von meinem Verständnis der entsprechenden Inbegriffe. Dieses Verständnis dient auch hier als nicht- propositionales Hintergrundverstehen, das einem Verstehen des konkreten Falles im Vordergrund erst die Konturen verleiht und korrigierbar macht. So ist offenbar auch in unsere Verstehensmechanik eine Fähigkeit, semantische Kontraste wahrzunehmen, ebenso eingebaut, wie in die Mechanik unserer Wahrnehmungen die Fähigkeit, visuelle Kontraste wahrzunehmen, und beides gehört vermutlich zusammen. Wenn das so ist, besteht die Analyse unserer Inbegrifflichkeiten unmittelbar in der Analyse unseres unentbehrlichen impliziten Hintergrundwissens und eine solche Analyse darf man getrost einer Metaphysik zurechnen, die nichts Unseriöses sein muß. So untersucht auch Kants Vernunft-

---
[9] Hegel nennt in seiner Berliner Ästhetik-Vorlesung von 1823 „abstraktere [Gegenstände] wie Macht, Güte, Liebe, die symbolisch dargestellt werden." (G.W.F. Hegel, *Vorlesungen über die Philosophie der Kunst*. Berlin 1823. Nachgeschrieben von H.G. Hotho. Hrsg. von A. Gethmann-Siefert [= G.W.F. Hegel, Vorlesungen. Ausgewählte Nachschriften und Manuskripte. Bd. 2]. Hamburg 1998 [im folgenden Hotho 1823], S.128).

kritik die Inbegrifflichkeit unserer Erfahrung (Welt), unserer selbst (Seele) und den Inbegriff der Inbegriffe (être suprême), um deren unentbehrliche, aber nur heuristische Funktion als Garanten unserer Wissensbemühungen zu erläutern, die über jeden gegebenen Wissensstand hinausweisen. Vor einem desensibilisierten und absoluten Hintergrund von Inbegrifflichkeiten werden wissensständige semantische Konturen erst möglich.

Für Schelling gibt es nun genau zwei Unternehmen, deren Aufgabe es ist, dieses Hintergrundwissen des Absoluten auch im Vordergrund darstellend präsent zu halten. Das ist eben auf je ihre Weise die Philosophie und die Kunst. Während die Philosophie das Absolute als ultimative, indifferente Hintergrundsfolie *allgemein* als dasjenige *begreift*, was den Kontrast von Besonderem und Allgemeinem erst hervortreten läßt, *stellt* die Kunst das nämliche Absolute im Besonderen *dar*. In ihren Werken erscheint auf *besondere Weise* dasjenige, was den Kontrast zwischen Allgemeinem und Besonderem erst aus sich entläßt.[10] Der Stoff, den die beiden Darstellungsformen, und zwar beide gleichermaßen für ihre sonst getrennten Darstellungsaufgaben benötigen, ist für Schelling der Stoff der Phantasie, das Mythische, die „ewige Materie, aus der alle Formen so wundervoll, mannigfaltig hervorgehen."[11]

An dieser Stelle, die der je spezifischen Darstellungsweise von Kunst und Philosophie gewidmet ist, bietet Schelling nun ein Lehrstück über grundsätzliche Darstellungsarten, die er abwandelnd Kants Lehre vom Schematismus in der *Kritik der reinen Vernunft* und den Ausführungen über hypotypotische, d. h. darstellende Verfahren in §59 der *Kritik der Urteilskraft* entnimmt. Schelling hatte schon im *System des transzendentalen Idealismus* von 1800 auf Kants Lehre vom Schematismus abwandelnd zurückgegriffen, und zwar an prominenter Stelle des Übergangs von der theoretischen zur praktischen Philosophie.[12]

Wenn man in Erinnerung behält, daß das *System* von 1800 eine einzige große Wahrheitstheorie ist, die die „Uebereinstimmung eines Objektiven mit einem Subjektiven"[13] zu erklären hat, dann ist es sehr bedeutsam, daß ein tieferes Verständnis dieser Uebereinstimmung für Schelling zwar nicht final, wie für Fichte allerdings final erst in der praktischen Philosophie erreicht wird, in einer *Ethik der Erkenntnis*, an deren Anfang die für Schelling absolute Abstraktion steht, d. h. jene Attitüde, „vermöge welcher die Intelligenz über das Objektive absolut sich erhebt."[14] In dieser losreißenden Erhebung über das Objektive gewinnen wir ja erst das Niveau unserer Selbstbestimmung, unserer Autonomie oder Freiheit, ohne die ein schematisierender, d. h. ein sprachlicher oder semantischer Weltzugang nicht möglich wäre. Um ein a als ein F charakterisieren zu können, muß ich sowohl per x über a, und per ϕ über F hinwegsein. Unser identifizierender Welt-

---

[10] Vgl. a.a.O., S. 50.
[11] Ebd.
[12] F.W.J. Schelling, *System des transzendentalen Idealismus*, S. 505 ff. – Vgl. hierzu auch die lichtvollen Ausführungen von D. Jähnig, *Schelling. Die Kunst in der Philosophie*. Bd. 2. Pfullingen 1969, S. 207 ff.
[13] F.W.J. Schelling, *System des transzendentalen Idealismus*. §1, S. 339.
[14] A.a.O., S. 532.

zugang beweist sich in spezifizierenden Urteilen und diese bestehen im Verfahren der Anerkennung von Gegenständen als prädikativ bestimmten. Eine solche Anerkennung ist nur möglich, wenn wir dem Gegenstand gegenüber frei sind, um ihn überhaupt regulär prädikativ bestimmen zu können: Wir erkennen ihn an, als den wir ihn anerkennen *sollen*, insofern wir ihn als den erkennen *wollen*, der er *ist*. Ein tieferer Sinn der Wahrheit gründet also in der Freiheit und gehört zu einer *Ethik der Prädikation*. Und doch terminiert im *System* von 1800 der Sinn der Wahrheit nicht in der Freiheit. Sie vertritt gewissermaßen nur jene Seite des Wahrsagens, die uns im Zu- oder Absprechen von Prädikaten wissentlich kompetent und die *Verpflichtung* sinnvoll sein läßt, *sachgerecht* zu prädizieren. Ob wir jedoch sachgerecht *sind*, entscheidet sich erst dann, wenn wir von der Sache her eine Direktive empfangen haben. Dieser Direktive folgen wir keineswegs in voller Klarheit, hier benötigen wir Gespür und Intuition. Insofern ist das sachgerechte Urteil nie nur unsere Tat, es hat sich immer auch etwas ereignet, was es gelingen ließ. Hier ist ein ingeniöses Moment auch im Erkennen wirksam. Spektakulär ist die Wirksamkeit dieser dunklen Direktive von der Sache her in der genialen Kunstproduktion erfahrbar. Insofern terminiert der Sinn der Wahrheit bei Schelling zuletzt nicht schon in der *Freiheit,* sondern erst in der *Schönheit*, in der Harmonie zwischen Subjektiven und Objektiven, nicht schon in einer Ethik, sondern erst in einer *Ästhetik der Erkenntnis*.

Aber unabhängig von dieser ästhetischen Finalisierung des Wahrheitsgeschehens im Kunstgeschehen ist auch der Sprache ein Anerkennungsmechanismus eingebaut, der ebenso produktiv wie regulär ist. Das Verfahren, einen Gegenstand als ein So-und-so zu bestimmen, beweist sich im korrekten Zusprechen von Prädikaten. Dieses Zusprechen setzt aber voraus, daß ich um die Bedeutung der Prädikate weiß, und dieses Wissen zeigt sich, wenn ich angeben kann, was als *Beispiel* dafür in Betracht kommt, dem das Prädikat zu Recht zu- oder abgesprochen wird. In solchem Zu- oder Absprechen folge ich einem Verfahren, dem Prädikat ein Modell zuzuordnen. Ein solches Verfahren, einem Prädikat sein Modell oder Bild zuzuordnen, nennt Schelling mit Kant sein Schema. Das Schema eines Prädikats ist also gerade das, um das ich wissen muß, um das Prädikat korrekt gebrauchen zu können, ist also seine Bedeutung. Schelling unterscheidet nun näherhin *schematische, allegorische* und *symbolische* Bedeutung und spezifiziert sie so. Verfüge ich über die Bedeutung eines *Prädikats*, um es an Beispielen zu beglaubigen, heiße die Bedeutung schematische Bedeutung. Verfüge ich nur über *Einzeldinge*, aber so, daß ihre Gestaltung auf etwas Prädikatives verweist, das nicht bloß ihr Gattungsprädikat sein muß, dokumentiert sich in diesem Verweis eine allegorische Bedeutung. Schließlich spricht Schelling von symbolischer Bedeutung, wenn *Einzelding und Prädikat* nicht bloß je von einer Seite auf sich verweisen wie in allegorischer und schematischer Bedeutung, sondern wo dieser Verweis in das Einzelding so eingelassen ist, daß es selbst ein Prädikatives geradezu zu sein scheint. Im Symbolischen hebt sich für Schelling die semantische Differenz zwischen Allgemeinem und Besonderem auf und geht in die Einheit eines spezifischen Seins über: das Symbolische ist da, „wo weder das Allgemeine das Besondere, noch das Besondere das Allgemeine *bedeutet*, sondern wo beide absolut eins *sind*, ..."[15] Im Symbolischen ist nicht nur ein Verweis von etwas Singulärem auf Abstraktes gegeben, sondern es *ist* die Präsenz dieses Verweises selbst. Sprachliches Pendant des Symbolischen sind die *singulären abstrakten Termini*, die mit Schelling also als *symbolische Termini* begriffen werden können.

Es ist nun nur konsequent, daß für Schelling eine Darstellung des Absoluten, insofern es ja die indifferente Kontrastfolie von Allgemeinem und Besonderem sein soll, nur symbolisch möglich ist. So ist auch die Kunst, insofern sie als Darstellung des Absoluten verstanden wird, nur symbolisch möglich, d. h.: „Darstellung mit *völliger Indifferenz*, so nämlich, daß das Allgemeine ganz das Besondere, das Besondere zugleich das ganz Allgemeine *ist*, nicht es bedeutet."[16] Für Schelling ist diese Forderung im Prinzip nur vom Mythos eingelöst worden. Jede Gestalt des Mythos „ist zu nehmen als das, was sie ist, denn eben dadurch wird sie auch genommen als das, was sie bedeutet. Die Bedeutung ist hier zugleich das Seyn selbst, übergegangen in den Gegenstand, mit ihm eins. Sobald wir dieses Wesen etwas *bedeuten* lassen, sind sie selbst *nichts* mehr."[17] Das Absolute erreichen wir darstellend also bloß in symbolischer façon, d.h. da, wo *Sinn und Sein* konvergieren. Wenn wir Sinn da und nur da finden, wo wir eine *Verweisungsstruktur* antreffen, dann dokumentiert das Symbolische aus Schellings Sicht nur dies: seiende Selbstverwiesenheit, d. h. Autonomie. In dieser autosemantischen Struktur ist die Substanz des Symbolischen auch als sinnliche Reflexivität anzusprechen, als Subjektivität, als die eigengesetzlich an sich selbst verwiesene Gestalt. Solche Gestalten finden sich, so Schelling, vorzüglich im homerischen Mythos, denn Homer gestaltet sein Personal wie z. B. Eris (Zwietracht) als „*reelle* Wesen, die zugleich das sind, was sie bedeuten, ..."[18] Das homerische Personal ist durch Namen bezeichnet, die zugleich für ein eigenschaftliches Programm stehen. Eris ist ihr Name und steht doch zugleich für das abstrakte Wesen der Zwietracht überhaupt. Insofern ist das Personal Homers auch wieder nach dem Muster abstrakter singulärer Termini gestaltet: Aphrodite *ist* die Liebe, Ares der Krieg, Charis die Anmut etc.

Die Allgemeinheit der Unterscheidung von schematischer, allegorischer und symbolischer Darstellung und Gestaltung erlaubt es Schelling, sie in allen produktiven Milieus wiederzufinden. Auch die Natur allegorisiert, wo sie Einzelnes hervorbringt, das nur auf die Gattung verweist; sie schematisiert, wo die Gattung sich spezifiziert und schließlich ist sie symbolisch im Organischen als solchen. Ebenso finden sich diese drei Darstellungsarten auch im mentalen Bereich. Unser sprachlich verfaßtes Denken ist weitgehend schematisierend, unser zielgerichtetes Handeln ist allegorisch und die Kunst wieder symbolisch. Auch die Wissenschaften differenziert Schelling nach den drei Darstellungsarten: die Geometrie verfahre in ihren Konstruktionen mit Zirkel und Lineal schematisierend, während die Arithmetik allegorisiere (Zahlenverhältnisse verweisen auf allgemeine Gleichungen), und schließlich ist die Philosophie eine symbolisch ver-

---

[15] F.W.J. Schelling, *Philosophie der Kunst*, S. 51 (Hervorhebung vom Verf.).
[16] A.a.O., S. 55.
[17] Ebd.
[18] A.a.O., S. 54.

fahrende Wissenschaft. Auch die Kunstformen lassen sich entsprechend gliedern: die Musik allegorisiert, die Malerei schematisiert, die Plastik ist symbolisch. In der Dichtung ist die Lyrik allegorisch, die Epik schematisiert und die Dramatik ist symbolisch.

Obwohl diese Zuordnungen bei Schelling im Detail manchmal wenig überzeugen, ist es doch die für seine *Philosophie der Kunst* letztlich treibende Intuition, daß der Prozeß der Kunst nicht als ein apartes Geschehen kulturell avancierter Verhältnisse begriffen wird, sondern als eine produktive semantische Energie, in der Natur und Geschichte, Notwendigkeit und Freiheit, Endlichkeit und Unendlichkeit, Bewußtes und Unbewußtes vermittelt sind. Der symbolisch verstandene Mythos war in seinem antiken Anfang ebenso schon Kunst wie Wissenschaft und ebenso Götterwissen wie Naturwissen. An diesem Modell nimmt Schelling bekanntlich für seinen Entwurf eines gerichteten Geschichtsprozesses Maß: das Ursprüngliche ist bleibend Modell für die zukünftige Finalgestalt der Geschichte. In seiner Naturphilosophie finde sich bereits jene Symbolik, die auf die Ankunft der Götter nur noch zu warten braucht: „Wir erwarten ... Götter, für die wir ... die Symbole schon in Bereitschaft haben."[19] Das Symbolische steht so am Anfang und am Ende, die beide vor- und nachgeschichtlich sind. Geschichte ist für Schelling also wesentlich *Zwischenzeit, Zeit der Verweisung, allegorische Zeit*. Dies ist unsere Zeit, die Moderne, wie Schelling sie versteht: „Alles Endliche vergeht hier, da es sich nicht an sich selbst ist, sondern nur, um das Unendliche zu bedeuten."[20]

In einiger Zuspitzung könnte man mit Blick auf Schellings Vorlesung über die *Philosophie der Kunst* sagen, daß er hier den Geschichtsraum als semantischen Raum auffaßt. Die Zeit, die geschichtlich nur sein kann, ist die Zeit, in der sich die *onto-semantische Verschiebung* ereignet, in der also die ursprüngliche symbolische Balance zwischen Sinn und Sein in der Korrespondenz von Allgemeinem und Besonderem, von Unendlichem und Endlichem, gestört ist: Geschichtlichkeit gründet in einer *ontosemantischen Störung*. Aber diese Störung gibt auch etwas frei, was vordem nicht wirksam sein konnte. Die Differenz zwischen Sinn und Sein entbindet nämlich die moralische Welt und die Freiheit. Erst da, wo diese Differenz registriert wird, wo also Endlichkeit und Besonderes *als solches* im Gegensatz zum Unendlichen und Allgemeinen wahrgenommen werden, kann das Sollen real werden, diesen Gegensatz wieder auszugleichen.[21] Dieses Sollen ist die *Energie* der Geschichtsprozesse.

Das absolute Sollen, an der Herstellung allgemeinheitsfähiger Verhältnisse orientiert zu sein, läßt uns über das Besondere und Endliche hinwegsein, um „das Endliche ins Unendliche aufzunehmen, d. h. es zur Allegorie des Unendlichen zu machen."[22] Alles Endliche wird so zum Gleichnis für etwas anderes,

---

[19] A.a.O., S. 53.
[20] A.a.O., S. 88.
[21] Vgl. a.a.O., S. 74: „Der Charakter der moralischen Welt – die Freiheit – ist ursprünglich Entgegensetzung des Endlichen und Unendlichen mit der absoluten Forderung der Aufhebung des Gegensatzes."
[22] Ebd.

Ideales, ist „für sich selbst nichts".[23] Die sinnliche Präsenz von Sinn geht in geschichtlicher Zeit allmählich verloren, sie gilt es erst wieder zu erreichen, wenn dem nur noch gedachten Sinn, den Ideen, Realitäten zuwachsen, die in einer neuen Mythologie als Götter angeschaut werden können. Die *Naturgötter* des antiken Mythos wandelten sich zu *Geschichtsgöttern*, den Göttern der Moderne. Nun kommt es aber darauf an, daß die Götter aus der Geschichte wieder in die Natur zurückkehren. Dieser Rückkehr arbeitet Schellings Naturphilosophie zu und die Kunst erhält die unerhörte Aufgabe, der so gedachten Natur eine erneuerte mythische Realität zu geben.

Wenn ein System wesentlich an die Bedingung geknüpft ist, daß sich Anfang und Ende schließlich begrifflich die Hände schütteln, dann ist Schellings Konstruktion in der Tat konsequent systematisch. Die Frage ist nur, ob diese Systembedingung nicht die Modellierung eines solchen Endes geradezu erzwungen hat, um die erforderliche begriffliche Ringförmigkeit sicherzustellen. De facto ist Schellings visionäres Konzept einer neuen Mythologie natürlich nur so zu verstehen, ansonsten haben wir es mit einer kontrafaktischen Antizipation eines pfingstlichen Geschichtsendes zu tun, das selber ein begriffliches Kunstprodukt ist; nach Schellings Voraussetzungen auch sein muß, da die Philosophie selbst dahin zurückstrebt, woher sie kam: ins Mythische.

Der tiefere Sinn von Schellings Ausführungen scheint mir aber in der schon ausgeführten Mechanik einer *ontosemantischen Störung* zu liegen, die den Geschichtskörper erst freigegeben hat. Man muß sehen, daß Hegel ebenfalls diesen Gedanken in seiner *Ästhetik* dem Prozeß der Geschichtlichkeit der Kunst zugrundegelegt hat. Und doch gibt es zwischen Hegel und Schelling gerade in dieser Hinsicht gravierende Unterschiede. Was Schelling als ursprüngliche Balance zwischen Sinn und Sein in der Symbolik des Mythischen feiert, ist für Hegel bereits die *klassische* Kunstform. Dieser läßt Hegel eine *symbolische* vorhergehen, die Schelling nicht vorgesehen hat, wenngleich es Spuren dafür auch schon in der Vorlesung über die *Philosophie der Kunst* von 1802/03 gibt. Diese Spuren eines vorsymbolischen Milieus im Sinne Schellings werden thematisch erst in seiner späteren Philosophie virulent, wo sie aus dem Kreißsaal der göttlichen Selbstgeburt berichten. 1802/03 deuten sie sich aber bereits da an, wo Schelling bemerkt, daß die für die selige Symbolik des Mythischen so charakteristischen „vollkommenen Götterbildungen erst erscheinen können, nachdem das rein Formlose, Dunkle, Ungeheure verdrungen ist."[24] Die heitere Götterwelt Homers ist nach Schelling Resultat einer erfolgreichen, ja notwendigen Verdrängung, die man großzügig transzendentale Verdrängung nennen könnte. Die ersten vorhomerischen Geburten der Phantasie liefern ja ein Horror-Szenario des Ungeheuerlichen, Gräßlichen und Widerwärtigen, das erst gebändigt und verdrungen sein mußte, bevor sich der Himmel der Götterwelt Homers aufklären konnte.[25] Für diese vorsymbolische Epoche einer unmäßigen Phantasie, der Epoche ei-

---

[23] Ebd.
[24] A.a.O., S. 38.
[25] Vgl. a.a.O., S. 39.

ner ersten Freiheit als subjektiver Gesetzlosigkeit, von der Kant, wie eingangs erwähnt, sagt, daß sie verwirrt, verwendet Hegel seinerseits den Ausdruck symbolisch. Es ist jene Gestaltungsform, in der sich die ungeheure Abstraktheit des Absoluten erst nur in ungeheuerlichen Andeutungen Gestalt zu geben vermag, in Gestaltungen, die anfangs einigermaßen *grenzflüchtig* sind: „Das symbolische Kunstwerk ... bleibt mehr oder weniger grenzenlos."[26] Es ist die erste noch unförmige Einhausung von Sinn in Sinnliches, im Massenhaften und Schweren von Pyramiden und Totenbehausungen. Der Sinn sucht erst noch seine adäquate Versinnlichung, bleibt ihr gegenüber noch ungeheuer überschüssig. Hegel nennt die so begriffene Kunstform auch die suchende oder ahnende Kunst.[27] Da, wo sich der Sinn im Sinnlichen schließlich ausbalanciert gefunden hat, beginnt für Hegel die *klassische* Kunstform, die Schelling die symbolische nennt. Wo der Sinn schließlich beginnt, aus dem Sinnlichen herauszufahren, um seine Heimstatt in Gefühl und schließlich Begriff zu finden, da beginnt für Hegel das, was er die *romantische* Kunstform nennt, die in etwa deckungsgleich ist mit der, die Schelling als die allegorische bezeichnet. Die symbolische Artikulation im Sinne Hegels *deutet an*, die klassische *bedeutet*, die romantische *deutet aus*, interpretiert und zitiert. In den von Annemarie Gethmann-Siefert edierten *Vorlesungen* Hegels *über die Philosophie der Kunst* (Berlin 1823) wird auf frische Weise deutlich, wie Hegel die symbolische Kunstform sich entwickeln läßt in einem semantischen Prozeß eines allmählichen Dämmerns des Gedankens. Wir finden hier anfängliche Menschen vor, Menschen im Tier-Mensch-Übergangsfeld, die „in einem Mittelzustande zwischen Natur-Weise und freier Weise des Geistes" sich befinden.[28] Sie verhalten sich gewissermaßen noch natürlich zur Natur, aber *ahnen* schon, daß sie nicht bloß in der instinktgesicherten Äußerlichkeit besteht: „Der Mensch – sich zur Natur verhaltend – hat sie nicht als nur Äußerliches, sondern erahnt sich die Vernunft, das Allgemeine, den Gedanken in den Naturgegenstände; er ist einerseits abgestoßen, andererseits hingezogen, ..."[29] Hegel bezeichnet diese frühe Zeit auch als Zeit der ‚Gärung', aus der sich die symbolische Kunstform erst entwickelt, noch nicht gleich da ist, erst einer animistischen Weltstellung entlockt werden muß. Dies geschieht da, wo der *geahnte* Gehalt einige Stabilität erreicht hat, wo die geahnte Bedeutung als selbstständig anerkannt ist: „Das Symbolische ist Dasein der Bedeutung ..."[30] Und die Bedeutung ist da in animierten *natürlichen Dingen*, in *erfundenen* oder *verehrten Gestalten*: „Das erste also ist die Personifikation, das zweite ihre zufällige Seite der Äußerung und das dritte die unmittelbare Verehrung."[31] Alle drei Aspekte erscheinen in der indischen Kunst als 'wildes Gemisch', die ersten symbolischen Kunstformen erscheinen so, „daß sie ins Ungeheure, ins Maßlose getrieben wer-

---

[26] G.W.F. Hegel, *Ästhetik*. Hrsg. von F. Bassenge mit einem einführenden Essay von G. Lukács. 2 Bde. Berlin/Weimar ²1965. Bd. II, S. 39.
[27] A.a.O., S. 38 und S. 104.
[28] Hotho 1823, S. 125.
[29] Ebd.
[30] A.a.O., S. 129.
[31] A.a.O., S. 133.

den, in krasse Bilder."[32] Die ersten Gestaltungen vermögen häufig die Größe der *geahnten Bedeutung* nicht zu erreichen, es bleibt etwas ‚Nichtadäquates', sie changieren zwischen Erhabenheit und größter Plattheit.[33] Was Hegel so von der anfänglichen symbolischen Kunst sagt, das ist wie zugeschnitten auf eine postmoderne neue symbolische Kunstform. Auch sie formuliert in ihren Gestaltungen ein Überschüssiges an Bedeutung, das sie anders nicht mitteilen könnte. Es ist jenes ‚*real unknown*', das nach Hegels Konstruktion für die anfängliche Menschheit die Freiheit war. Jetzt, wo *nach dem Tod des Humanus* Hegels Freigabe der Kunst an die Gleichgültigkeit ihres Stoffes nicht mehr das letzte Wort sein kann, senkt sich auf diese Gleichgültigkeit[34] die gegenwärtige Ahnung eines ungeheuren, aber unbekannten Gedankens, der uns verstört. Und es ist klar, wenn es denn nach der romantischen Kunstform mit Hegel über Hegel hinaus weitergehen soll, daß wir auf höherem Niveau wieder mit einer neuen symbolischen Kunstform zu rechnen hätten, wie sie in unserer Zeit z. B. bei J. Beuys begegnet.[35] Wenn man diese Beobachtungen bündelt, wird man zu einer interessanten Hypothese gedrängt: Die neue Kunst schickt sich an, den Kreislauf der Kunstformen, wie Hegel sie in symbolische, klassische und romantische faßte, *auf neuem Niveau* zu wiederholen. Hegel selbst hat in seiner Ästhetik-Vorlesung von 1826 die Möglichkeit einer Erneuerung der symbolischen Kunstform „unter den Bedingungen der modernen Welt" erörtert.[36] Allerdings waren Hegels Erfahrungsmöglichkeiten für eine neue symbolische Kunstform auf Goethes West-Östlichen Diwan begrenzt. Hiergegen nimmt unsere Fortschreibung der Kunstformen Hegels an der globalen Kunstentwicklung am Ende des 20. Jahrhunderts Maß, einem Jahrhundert, dessen infernalische Qualitäten einer post-humanen, neo-symbolischen Kunstform als Weltzustand entgegenzukommen scheint. Wir hätten folglich im Beuysianismus mit einer *neuen symbolischen Kunstform* zu rechnen, mit einer Renaissance des symbolischen Geistes, der gestaltend andeutet und weiß doch nicht: was. Denn wenn sich das Menschliche[37] in dem, wozu es in Horror und Heiligkeit im 20. Jahrhundert fähig war, erschöpft und verbrannt hat, wenn die *disiecta membra des Menschen* nur noch herumliegen wie totes Gebein, wenn Hegels letzter Heiliger, der Humanus zu Humus wird, das Gefühl zu Glitsch, das Feine zu Filz, die Phantasie zu Fett, dann hat die Stunde der neuen symbolischen Kunstform geschlagen. Sie hat den Humanus im *Palazzo Regale*, 1985, von Joseph Beuys beigesetzt, sie hat die Totenbehausungen und Sarkophage der ersten symbolischen Kunstform in jeder Zinkwanne wiedererkannt, sie greift ins *Massenhafte*

---

[32] Vgl. a.a.O., S. 135 f.
[33] Vgl. a.a.O., S. 204.
[34] Vgl. a.a.O., S. 204.
[35] Vgl. W. Hogrebe, *Wüste und Paradies*. In: Imi Knoebel: Jena Bilder. Hrsg. von W. Hogrebe, M. Platen und F.-J. Verspohl. Gera 1996, S. 37–44.
[36] Vgl. hierzu A. Gethmann-Siefert, *Einleitung: Gestalt und Wirkung von Hegels Ästhetik*. In: Hotho 1823, S. CII.– Zur Rolle und Funktion der symbolischen Kunstform in Hegels Ästhetik liegt inzwischen die vorzügliche Studie von J.-I. Kwon vor: *Hegels Bestimmung der Kunst. Die Bedeutung der ‚symbolischen Kunstform' in Hegels Ästhetik*. München 2001.
[37] Vgl. zu folgender Passage W. Hogrebe, *Die semantische Plastik*. In: Distanz im Verstehen. Hrsg. von J. Simon. Frankfurt a.M. 1995, S. 141.

und Schwere, nimmt die Erde auf, das Fell, das Fett, den Filz und findet in Kupfer und Stein die amorphe Gestalt, die zwar andeutet, und weiß doch nicht: was. Diese neue symbolische Kunstform ist wie die erste bei Hegel episch in ihren Konstellationen alltäglicher Gebrauchsdinge, episch in ihren Arrangements der Restlichkeiten unserer Welt, der Reliquien des Humanus, und sie ist ebenso architektonisch in gestalteten Innenräumen und Außenräumen, auch da, wo sie wie bei Beuys in neue Pflanzungen übergehen. Jedes Arrangement bezeugt ein Energiefeld, das der neue nomadische Geist aufgesucht und verlassen hat, dessen Wege ein Geflecht und Muster realisieren, das die *soziale Plastik* ist.

Wichtig soll für uns hier aber zuletzt nur der Aspekt sein, daß für Schelling wie für Hegel der Prozeß der Geschichtlichkeit der Kunst im Kern ein semantischer Prozeß ist: Sinn sucht sich zu versinnlichen, inkarniert sich und läßt schließlich das sinnliche Medium hinter sich. Für Hegel gibt es keine ultimative neo-symbolische, neo-mythische Kunstform mehr wie für Schelling, eben deshalb hat sie ihre ursprünglich hohe Funktion, vornehmste Repräsentation des Sinns zu sein, ein für allemal eingebüßt. Es sei denn, wir denken mit Hegel über Hegel hinaus einen neuen Kreislauf der Kunstformen, der in post-romantischer Zeit mit einer neuen symbolischen Form starten müßte. Bei Schelling soll die finale symbolische Kunst allerdings das Ende der Zeiten in einem großen Zumal sein, das für Hegel so nicht denkbar ist. Aber für beide ist Kunst eine Weise der Sinnpräsenz, eine ausgezeichnete sinnliche Repräsentation von Sinn, andere gibt es in Sprache und Schrift, wie vordem schon in sinnigen Gestaltungen der Natur. Es gibt nichts, das nicht auf seine Weise Sinn repräsentiert. Und so lautet die Doktrin des objektiven Idealismus ja bloß: Es gibt kein sinnfreies Sein. Da aber jedes Repräsentationsmilieu immer nur auf *seine* Weise einer Sinnpräsenz fähig ist, ist unser Sinnverstehen über jedes arbiträre Repräsentationsmilieu hinaus, und zwar einfach schon deshalb, weil wir diese ansonsten nicht mehr gegeneinander kontrastieren könnten. Und in diesem Über-jedes-gegebene-Repräsentationsmilieu-Hinwegsein bekundet sich unsere semantische Freiheit, bekundet sich wieder die ultimative Kontrastfolie, die wir nur noch anzeigen, nicht mehr bezeichnen können, indem wir sagen: Sinn geht in nichts auf, d. h.: Sinn ist absolut. Aber umgekehrt müssen wir ebenso sagen: Sinn geht in allem auf, d. h. Sinn ist konkret. Aber das versteht keiner, und doch brauchen wir dieses Unverstandene, um wenigstens ansonsten im Vordergrund verstehen zu können.

Und wenn man sich nichts vormacht, ist das memoriale Geschäft, ein hintergründig Unverstandenes im Vordergrund unserer Wissensbestände präsent zu halten, das eigentliche Geschäft der Philosophie. Überall da, wo versucht wird, uns dieses Unverstandene auszureden, überall da, wo Verhältnisse etabliert werden, die für Präsenzformen des Unverstandenen keinen Raum geben, überall da kommt es zu einer Depravierung des kulturellen Niveaus, wie sie für Vordergrundgesellschaften typisch ist. Die intellektuelle Präsenz des Unverstandenen, des Nicht-Wissens, ist ebenso ein Definiens der Kultur, wie die Präsenz des Wissens. Das mag paradox klingen und schmerzt den Zeitgeist, der die Universitäten auf Beschaffungsinstitute für Entscheidungswissen reduzieren möchte. Aber wo die Flamme des gewußten Nichtwissens ausgeblasen ist, ist der Grund im Wissen, um den wir zentriert sind, für das Wissen verloren. Wer sich das wünschen kann, ist schon dezentriert.

Lu De Vos

Die Bestimmung des Ideals.
Vorbemerkungen zur Logik der Ästhetik

In der Diskussion um die Grundlagen der Hegelschen Ästhetik befürworten einige eine Logik der Ästhetik, die mit dem Scheinbegriff der Wesenslogik ausgearbeitet werden könnte. Gegen solche Versuche, die sich auf Hothos eigens verfertigte Definition der Schönheit stützen, werde ich die Logik der Kunst als eine begriffslogische Entwicklung betrachten. Die Logik der Ästhetik beschränkt sich aber nicht auf die Identifikation einer grundlegenden Begriffsbestimmtheit. Deshalb werde ich das logische Grundmuster in einigen Thesen und Schritten weiter zu erhellen versuchen.

Das Ideal zeigt, so meine erste und Hauptthese, die unmittelbare Existenz des absoluten Geistes als der Idee; die begriffliche Bestimmtheit dieser Existenz ist weder das Scheinen als Bewegung des Wesens, noch der Schein als Sein am Wesen, noch die Erscheinung, sondern das *Leben*, das als Leben der realphilosophischen Idee, d.h. des absoluten Geistes, ausgearbeitet wird.[1] Und diese Bestimmung ergibt sich nicht aus der Einleitung, sondern erst im Begriff der Ästhetik.

Die zweite These betont die abstrakte Allgemeinheit des Gehalts, der in seiner Gliederung als Handlung bestimmt wird. Als Besonderheit fungiert der Künstler. Beide zusammen stellen die als solche vorgenommene, noch unzureichende *Bestimmung* des Ideals dar.

Drittens, das Ideal verwirklicht sich in den Kunstformen; es zeigt sich *als* Ideal in der klassischen Kunst, die eine *Gemeinde* der Anschauenden ermöglicht. Die künstlerische Gemeinde ist die Gemeinde eines politischen Geistes als Kunstwerk. Weil die Singularisierung des Ideals wirklich geworden ist, ist nachher zwar noch Kunst möglich, ihre Vollendung hat diese schon überschritten. Diese romantische Kunst zeigt ihr Scheitern in dem Verlust der unmittelbaren Vollziehbarkeit als gemeindestiftenden Anschauung.

Zur Erläuterung der Thesen gebe ich Hegels Ansatz zur Ausarbeitung der Kunst in der Einleitung, dem Begriff und den Kunstformen der Vorlesungen. Ich biete erstens die Gliederung der Einleitung der Vorlesungen (1), nachher

---

[1] Leben weist nicht auf eine einfache Organismus-Metapher hin, denn der Organismus ist als Individuelles zwar notwendiges, aber unzureichendes Moment des Lebens. Die vollständige Bestimmtheit des Lebens ist nach Hegel ein Gattungsverhältnis, in dem das Individuum letzten Endes untergeht.

betrachte ich genauer die Konzeptionen des Begriffs der Kunstschönheit (2), und zuletzt weise ich auf die Realisation, Singularisation oder Exemplifizierung des Begriffs in den Kunstformen hin (3).

1 Hegels Einleitung

Die Einleitung zur Ästhetik ortet die Kunstphilosophie und die Kunst. Sie definiert das Thema der Vorlesungen: Die Kunst und nicht die Natur gehört dem genuinen Reich der Schönheit an. Das Problem ist, wie man die Kunstschönheit zu verstehen habe. Deshalb macht die Einleitung in jeder Fassung mit dem Thema von unzureichenden Vorstellungen aus bekannt. So setzt sie sich 1820/21 von einer Theorie der Kunst ab, die bloß Regeln zur Verfertigung oder zu Beurteilungen vorschreibt.[2] In 1823 entwickelt sie eine Argumentation, wie man den künstlerischen Schein verstehen kann, so daß eine Philosophie der Kunst möglich ist. Schein ist entweder eine nicht-empirische Empirie – gegen die gemeine Erfahrung –, oder etwas Wahreres als die äußeren Wissenschaften leisten – gegen den Verstand –. Nachher entwickelt sie die Auffassung der Kunst aus den vorgegebenen Vorstellungen. Unzureichend sind dann ebenso in 1826 die Darstellung und Nachahmung der Natur, die Reinigung der Gefühle, der moralische Endzweck der Kunst und die Ironie. In 1828/29 bezieht sich die Einleitung gleich auf die Diskussionen zwischen klassischer und moderner Kunst.[3] Sie thematisiert dann Vorstellungen, die nicht nur unzureichend sind, sondern nicht einmal notwendig.

Insgesamt gibt es in den Einleitungen zwei Themen, wovon nur eins als Problem dargelegt wird. Die Auszeichnung der Ästhetik als Kunstphilosophie ist Hegels Ansatz selbst. Die Möglichkeit einer zu leistenden philosophischen Bestimmung des Begriffs der Kunst bietet die Einleitung in einer schon vorgeführten, regressiven Argumentation, in der zwar mögliche und vielleicht notwendige Bestimmtheiten als vorhandene Vorstellungen vorgeschlagen, keine aber aus sich zureichend bestimmt werden kann. Denn der Begriff der Kunst kann als Begriff nur im systematischen Ganzen dargelegt werden.

---

[2] Die Vorlesungen werden nach folgenden Editionen und Nachschriften referiert: G.W.F. Hegel, *Vorlesung über Ästhetik*. Berlin 1820/21. Eine Nachschrift. I. Textband. Hrsg. von H. Schneider. Frankfurt a.M./Berlin/Bern/New York/Paris/Wien 1995 (im folgenden Ascheberg 1820/21); ders., *Vorlesungen über die Philosophie der Kunst*. Berlin 1823. Nachgeschrieben von H.G. Hotho. Hrsg. von A. Gethmann-Siefert (= G.W.F. Hegel, Vorlesungen. Ausgewählte Nachschriften und Manuskripte. Bd. 2). Hamburg 1998 (im folgenden Hotho 1823); ders., *Philosophie der Kunst oder Ästhetik*. Nach Hegel. Im Sommer 1826 (Mitschrift H. von Kehler). Hrsg. von A. Gethmann-Siefert und B. Collenberg-Plotnikov unter Mitwirkung von F. Iannelli und K. Berr. Studienbrief der FernUniversität Hagen und Buchpublikation München (in Vorb.); ders., *Philosophie der Kunst von Prof. Hegel*. Sommer 1826. Nachgeschrieben durch Griesheim (Ms. Staatsbibliothek Preußischer Kulturbesitz, Berlin); ders., *Ästhetik nach Prof. Hegel im Winter Semester 1828/29* (Mitschrift Karol Libelt. Ms. Jagiellonische Bibliothek, Krakau).

[3] Zu bemerken ist, wie die etymologische Auffassung, daß Schön und Schein zusammenhängen, immer mehr verschwindet. Wo diese noch in dem Begriff 1821 vorhanden war, ist sie in der Einleitung beheimatet ab 1823, um dann ab 1828 fast vollständig zu verschwinden.

Die Bestimmung des Ideals 43

Deshalb ist die wichtigste Funktion der Einleitung gerade das Geben eines Hinweises auf den philosophischen Gehalt der Kunst, d.h. auf die Idee der Wahrheit derselben. So gibt 1820/21 (Ascheberg) einen historischen Begriff der Kunst, der von Kant seinen Anfang nimmt, und das Schöne und Wahre mit dem Göttlichen identifiziert: Diese Adäquation muß sich aber selbst darstellen; und diese Darstellung heißt Kunst, insofern sie den absoluten Begriff für die Anschauung durch ein sinnliches Material darstellt. Damit aber ist nur ein vorläufiger Begriff vorgelegt, der noch nicht als Begriff der Kunst gesetzt worden ist. – 1823 (Hotho) zeigt neben den Momenten, daß Kunst ein Produkt des Geistes und Gegebenheit für den Sinn sei, einen Endzweck. Dieser wird dann als konkrete Wahrheit umschrieben. – Angenommen werden muß 1826 (Greisheim und Kehler) die philosophische Idee gegen den Schein der Unbedeutendheit der Kunst. Diese Idee ist auch für die Kunst der Geist an und für sich. Weil mit den Begriffen Adäquation, konkrete Wahrheit und Idee der Begriff der Kunst bloß als leerer Begriff benannt worden ist, verzichtet die letzte Vorlesung (1828/29, Libelt) weitgehend auf den regressiven Weg, und bietet nur die Voraussetzung für eine wirkliche, von Hegel als philosophisch verstandene Deduktion. Die einzig mögliche philosophische Deduktion der Kunst ist über den Begriff der geistigen Freiheit aus der Religion, die für alle Menschen ist. Kunst ist ‚nur' eine der Darstellungen der Wahrheit der Natur und des endlichen Geistes, nämlich die unmittelbare Existenz des absoluten Geistes[4]. Für die Vorstellung bleiben zwar verschiedene Ansätze über Kunst möglich; philosophisch aber ist ein Begriff der Kunst nur im Bereich des absoluten Geistes vernünftig einsehbar. Die Einleitung umschreibt Kunst deshalb als eine Gestalt der Wahrheit, d.h. also der Idee, wodurch sie der Vernunft und dem Begriff zugänglich ist.

2 Der Begriff der Kunstschönheit

1. Das Programm des Begriffs der Vorlesungen versucht, den angedeuteten eigenständigen, philosophischen Begriff des Kunstschönen zu *behaupten*. Die Spezifizität der Kunst wird als unmittelbare geistige Existenz der dann nicht bloß logischen Idee umschrieben oder als *Leben* der Idee oder der Wahrheit. Durch die Doppelheit der ersten Umschreibung als Einzigkeit zu fassen, versucht Hegel, eine Eigenart der Kunstschönheit oder des Ideals gesichert zu behaupten.[5]

---

[4] ‚Geist', ‚absoluter Geist' und Idee bedeuten keine gesonderten 'metaphysischen' Entitäten, sondern Formen, Bestimmtheiten einer sich vollziehenden monistischen Selbstbeziehung, die nur in ihrer Einzigkeit als absolute Idee in Wahrheit ist.

[5] Dieser Begriff schließt sich scheinbar nur locker bei vorgegebenen, enzyklopädischen Bestimmungen an: die *Enzyklopädie* und selbst die Logik führen diese Bestimmungen vielleicht nebenbei dennoch vor. Kunstwerke können ja nicht der Lebendigkeit der Natur nachgesetzt werden (vgl. G.W.F. Hegel, *Enzyklopädie der philosophischen Wissenschaften im Grundrisse [1817]*. In: Ders., Gesammelte Werke. In Verbindung mit der Deutschen Forschungsgemeinschaft hrsg. von der Rheinisch-Westfälischen Akademie der Wissenschaften [im folgenden GW]. Bd. 13. Unter Mitarbeit von H.-C. Lucas und U. Rameil hrsg. von W. Bonsiepen und K. Grotsch. Hamburg 2000. §193), und die *Enzyklopädie* von 1827 führt weiter aus: „Als ob die geistige Form nicht eine *höhere Lebendigkeit* enthielte [...] als die natürliche Form"

Im Begriff des Schönen wird 1820/21 das Schöne als bestimmte Darstellung des Wahren gesetzt. Obwohl ‚schön', nach Hegels damaliger Etymologie, von Scheinen kommt, wird diese Bestimmung nicht als charakteristisch ausgeführt. Denn der Begriff oder Gott kommt sowieso in jeder Gestalt zum Scheinen. Das Kunstschöne kann ja nur Ideal sein, ein freies Lebendiges. Denn die Natur, selbst in ihrer höchsten Form als das organisch Lebendige, ist nur sich verfehlende Schönheit. Erst die Kunst ist in der Lage, nicht nur die beseelte Körperlichkeit darzustellen, sondern auch das Wahre so aus der Geschichte heraus zu nehmen, daß die Idee unmittelbar an der Wirklichkeit zu schauen ist. Diese Umschreibung bleibt aber der Ausführung bedürftig. Sie wird erstens weiter bestimmt werden, was nachher ausgeführt wird; aber sie wird auch begrifflich genauer gefaßt werden. Dies geschieht 1823. Die Idee ist das Schöne, insofern sie selbst als Lebendigkeit gefaßt wird. Diese Lebendigkeit wird jedoch kritisch bestimmt. Das organisches Leben zeigt zwar für uns eine subjektive Einheit und eine Seele und ist so gegeben in einer sinnvollen Anschauung, die als schön betrachtet werden kann, aber diese Seele tritt nicht am Organischen hervor, so daß sie eine selbständige Lebendigkeit wäre, deren sinnliche Erscheinung von ihr selbst dem Begriff gemäß zu machen wäre.[6] Die eigentliche Schönheit ist deshalb nur das Ideal oder das Kunstschöne. Die Selbständigkeit der Kunst ist die Seele und die Unendlichkeit des Geistes[7], d.h. dasjenige, das selbst die Rückkehr der Wirklichkeit zu sich zeigt und Freiheit heißt. Das Ideal ist ein Geistiges, das unmittelbar im Andern auf sich beruht, so sich freut und bei sich bleibt. Erneut muß diese Umschreibung bestimmt werden, aber die Schönheit ist aus der ausführlichen Diskussion als Darstellung der freien Lebendigkeit der Idee entstanden.

1826 behauptet in der Idee der Kunstschönheit erstens die Zugehörigkeit der Kunst zum absoluten Geist[8]: Die Kunst ist das anschauende Bewußtsein der Wahrheit in sinnlicher, unmittelbarer Gestaltung. So ist die Idee, zweitens, in der Existenz und so Ideal. Wahr ist nur die Idee, weil sie aus sich begrifflich ihre eigene Singularisierung leistet, so daß Formen der Idee immer (eindeutig) singularisierte oder sich entsprechende sind. – Zur Präzisierung, wie der Begriff in der Realität bloß versenkt ist, zeigt Hegel Unorganisches auf. Auch am Organischen wird die Idee nicht gesehen, sondern bloß gedacht. Das existierende Ideal aber ist so, daß wir die Existenz unmittelbar zugleich in der Vorstellung haben. Solches

---

(G.W.F. Hegel, *Enzyklopädie der philosophischen Wissenschaften im Grundrisse [1827]*. In: Ders., GW 19. Hrsg. von W. Bonsiepen und H.-C. Lucas. Hamburg 1989. §248, Anm. [Hervorhebung vom Verf.]). Mit diesem Hinweis kann man auch die Belehrung der *Wissenschaft der Logik* verbinden, wonach das Dasein der absoluten Idee die Kunst ist, die ja als lebendige Einheit von Leben und Geist verstanden werden kann (G.W.F. Hegel, *Wissenschaft der Logik*. Zweiter Band. Die subjektive Logik [1816]. In: GW. Bd. 12. Hrsg. von F. Hogemann und W. Jaeschke. Hamburg 1981, S. 236 und S. 180).

[6] Hierbei verwendet Hegel die Bedeutung des Scheinens, wie sie der Logik-Anmerkung in der *Enzyklopädie* von 1830 im §214, Anm., entnommen werden kann.

[7] Vgl. GW 12, S. 236.

[8] Der Beweis, daß Kunst zum absoluten Geist gehört, ist in den vorangegangenen Teilen der Philosophie gegeben. – Kunst gehört zur höchsten Sphäre: Der absolute Geist ist selbst ein solcher, indem er in der Gemeinde gewußt wird als absoluter Geist. So bestehen nur die Formunterschiede der Kunst, Religion und Philosophie.

Leben wird vom freien Geist hervorgebracht, so daß das ‚Scheinen des Begriffs' frei ist vom Scheinen des Anderen oder Äußerlichen.[9] Dies Ideal ist dann weiter zu bestimmen. Nun behauptet 1828/29 – unter Einfluß der Bearbeitung der *Enzyklopädie* – gleich: Die Idee der Kunst ist das Wahre nur als existierend; so ist sie Leben. Das höchste Leben ist das Leben Gottes, der als Spezifizierung des absoluten Geistes auftritt. Das Schöne ist auf diese Weise der wahre Inhalt für die Anschauung; und solches Leben ist immer Lebendiges oder Individuelles. Diese lebendige Einheit ist dann auch das wesentliche Merkmal der Schönheit, die sich als heiter, göttlich und nicht dem Natur verhangen zeigt.

Wichtig bei der ersten Betrachtung des Begriffs des Kunstschönen ist die Behauptung und die Sicherung des *Begriffs* dieses Schönen. Diese Absicherung spricht ihm (dem Ideal) einen eigenen Gehalt zu, der gegen Kritiken als eigenes Leben gesichert werden muß. Der Begriff muß dazu als ‚bloße' Behauptung des Begriffs auf Begriffsebene vollzogen und als eigene konsistente Begrifflichkeit bestätigt werden können.

Die genaue Argumentation leistet Hegel in mehreren Schritten. Das Schöne ist wenigstens Idee, sonst hätte es keine Wahrheit und ebenso wenig eine eigene Gestaltung. Es ist die anschaubare Idee, die, obwohl aus dem Geiste entstanden, doch in der Existenz oder unmittelbar genommen, d.h. als Leben, bleibt. – Gegen diesen vorgeschlagenen Begriff gerichtet folgt der Versuch, das spezifizierte Leben in den beiden in ihm verwendeten Momenten aufzulösen. Weil beide Momente gesondert nicht die Verschränktheit derselben Momente ausschöpfen, scheitert der doppelte Reduktionsversuch; deshalb wird dem Kunstleben in der Darstellung ein eigenes ‚geistiges' Leben vorgeschlagen. – Mit dieser Eigenart des Lebens als der eigentümliche Begriff der Kunst ist erst die philosophische Notwendigkeit des Begriffs der Kunst aufgeführt und zugleich schon die absolute Notwendigkeit desselben relativiert. Denn das Leben ist zwar notwendig, aber zugleich doch nicht ausreichend zur Wesensfassung des Geistes.

Aber in dieser ersten argumentativen Sicherung weist der Begriff Begriffselemente oder Momente auf, die als seine Elemente dargestellt werden können. Diese Begriffsmomente erreichen damit die Möglichkeit zur bestimmten Darstellung, die nicht auf die bloße sich sichernde Behauptung des komplexen Begriffs beschränkt werden. Dazu bestimmt sich der Begriff der Schönheit.

2. Die spezifische, gesicherte Umschreibung selbst *bestimmt* dann aus sich die Elemente des Ideals: die Handlung, die in abstrakter Weise alle Begriffsmomente umfaßt, und den Künstler, der dagegen die bloße Besonderheit darstellt.[10] Die Handlung ist also nicht die Ersetzung des Lebens, sondern die abstrakt allge-

---

[9] Diese Formel könnte als Anlaß verstanden werden, die ganze Ästhetik *erneut* unter dem Gesichtspunkt der Scheinproblematik zu erörtern, wie in B. Hilmer, *Scheinen des Begriffs*. Hegels Logik der Kunst. Hamburg 1997. Die Vorlesung 1828/29 bietet jedoch diese Möglichkeit entschieden nicht mehr.

[10] Das einzige Argumentationsgefüge, das in jeder Vorlesung eine andere Stelle einnimmt, ist das Verhältnis der Kunst zu der herunterzusetzenden Regelmäßigkeit und Symmetrie. Dies wird in den Vorlesungen von 1820/21 in einer ersten abstrakten Analyse des Schönen betrachtet; dies erscheint in den Vorlesungen von 1823 in Beziehung auf das abgelehnte unorganische Leben, wird in denen von 1826 ein abstraktes Moment der Objektivität des Ideals

meine Bestimmung des (lebendigen) Ideals. Handlung und Künstler zusammen finden erst in dem Vollzug der Anschauung zu sich als Momenten einer lebendigen Einheit.

a. Die Handlung bestimmt 1820/21 das Ideal in der von der Kunst behaupteten Form: Sie ist begrifflich als Gestalt, Prozeß und Äußerlichkeit zu fassen. Die Gestalt wiederholt das Ideal an sich oder den Begriff: Das Wahre der Schönheit muß als Geistiges auf sich im Dasein beruhen. Das Geistige aber ist selbst Aktivität, ein sittliches Handeln, dessen Gestaltung des Sittengesetzes wesentlich ihre Individualität ausmacht. Drittens müssen die Umstände betrachtet werden, weil sie die Einzelheit der Individualität darstellen.

Die Beschränktheit dieser Handlung aber wird am Moment der Anschauung oder der Anschaubarkeit der dargestellten Handlung aufgewiesen. In einem solchen dargestellten Ideal müssen alle Individuen einheimisch sein und bleiben, weil es von ihnen als Wahrheit betrachtet wird. Solche heroische Wahrheit aber entspricht nicht mehr dem Wahrheitsverständnis eines nicht mehr heroischen Zeitalters. Deshalb scheitert auch die Erneuerung der Mythologie, die dann bloß als Schmuck gilt. Das Ideal ist also zwar ein Hohes und Vernünftiges, aber nicht das Höchste[11]: die ‚subjektive' Lebendigkeit der Unmittelbarkeit scheitert.

In der Ausarbeitung der dargestellten oder darzustellenden Handlung leistet die Vorlesung 1823 größere Stringenz als die vorhergehende: Sie entwickelt, wie das Ideal sich in der künstlerischen Darstellung zeigt. Ausgehend von einem objektiven Zustand der endlichen Welt zeigt die Handlung die Wiederherstellung der sittlichen und religiösen Verhältnisse. Durch dieses menschliche Handeln wird also das Ganze der Götterwelt dargestellt, welche nicht ohne Endlichkeit ist, sondern als heitere Freiheit bleibt. Aber in dieser heiteren Freiheit können wir als Anschauende nur gegenwärtig sein, wenn substantielle Interessen oder das Menschliche des Geistes ausgesprochen werden. In der Darstellung aber bleibt ein Fremdes, das sich in der Schwierigkeit zeigt, womit fremde Situationen und Handlungen darzustellen sind; gerade diese Seite ist das Sterbliche der Kunst.

Die sich anbahnende Zweiteilung des bestimmten Ideals in Handlung und Künstler wird 1826 völlig ausgeführt. Das Kunstschöne ist so einerseits in seiner Objektivität, und subjektiv andererseits. – Die Objektivität ist ihrem formalen Begriff nach Regelmäßigkeit und Einfachheit; wesentlich aber ist sie die Handlung, die immanente Seite der erfüllten Einheit, das Göttliche, das der Individualität eigen ist. Die Handlung ist also diejenige eines Individuums in der unreflektierten Heroenzeit. Wenn Kollisionen, Verletzungen und Unrecht entstehen, wird darauf reagiert. Und die Mächte dieser Reaktion sind Pathè, d.h. Leidenschaften, die aus dem wichtigen sittlichen Inhalt kommen. Diese Pathè sind insgesamt der konkrete individuelle Geist und diese bilden die wahrhafte Objektivität der Kunst.

---

    und verschwindet in denen von 1828/29 ganz am Ende als irgendeine Form der völligen Äußerlichkeit des objektiven Moments.

[11] Diese Gründe, die die abstrakte Form der Anschauung als selbstbewußte Aktivität benennen, bilden zusammen das Argument des sogenannten Endes der Kunst, das erst bei der vereinzelnden Ausführung vollständig dargelegt wird.

Die Bestimmung des Ideals 47

Davon zu unterscheiden sind die Steigerung der Individualität als solche in der Ironie, die eine selbstzerstörerische Praxis ist (Griesheim), und die fremde Äußerlichkeit, die nicht aus sich schon wesentlich interessieren muß.

Auch 1828/29 macht die Handlung den konkreteren Inhalt der Kunst aus. Sie ist die Reaktion der Menschen, in der die göttlichen Mächte, die erregt werden, sich in ihm be(s)tätigen. Das Geistige in seiner Totalität ist die Wirklichkeit der Menschen, der alle Pathè vereinigt. Weil aber die diese Handlung vorführende Mythologie für das Volk nicht mehr Ernst ist, ist sie ohne Interesse und wird willkürliches Spiel.

Insgesamt bestimmt sich das abgesicherte, geistige Leben als die angeschaute oder vorgestellte Handlung. Diese Handlung ist die erste, noch abstrakte Konkretion des Lebens, mit all dem, was sie als Sitte und Sittlichkeit umfaßt. Und solches Leben, das doch Unmittelbarkeit bleibt, zeigt sich zudem wirklich als geistiges, wenn es vom Künstler geschaffen worden ist.

b. Neben der Handlung führt Hegel immer noch eine zweites Thema zur Bestimmung an, den Künstler. 1820 folgt dies ohne genaue Gliederung. Kunst muß produziert werden: das Genie, das schon innerhalb der Darstellung der Handlung vorgekommen ist – als ideelles Moment – läßt den Inhalt unmittelbar herauskommen und dessen Begeisterung ist ein Ringen mit der Form. Und zweitens, die Objektivität in der künstlerischen Darstellung ist keine Manier, die für Originalität zu gelten hat, sondern muß bloß das sittliche Innere des Menschen enthüllen. Es folgt 1823 bloß die Wiederholung derselben Gedanken. Erst 1826 wird dieser Teil gegliedert; die subjektive Weise des Kunstwerks betrachtet die Kunst als Produkt des Künstlers, aber wenn sie nur subjektiv ist – wie in der Ironie –, ist diese Subjektivität auszuschließen. Die Subjektivität der Darstellung allein bietet auch kein Rezept, wie Kunst zu machen sei, dennoch wird ist Phantasie zur künstlerischen Aktivität gefordert; der Künstler als Subjekt ist nur Tätigkeit für die Sache. So erreicht man in wahrhafter Originalität die Objektivität der Darstellung, die Sache selbst zu zeigen, was auch 1828 nur wiederholen kann.

c. Als Konstante der Bestimmung erscheint eine Dichotomie der Elemente, die das Ideal als seine Momente, vielleicht als abstrakte Allgemeinheit und abstrakte Besonderheit, freisetzt. Beide Elemente, Handlung und Künstler, sind Begriffsmomente des bestimmten Begriffs der Kunst. Sie können vielleicht als Momente der Bestimmtheit, d.h. als abstrakte Allgemeinheit, die ihre Momente integriert, und abstrakte Besonderheit eingestuft werden. Die Allgemeinheit enthält dabei schon abstrakterweise die Gesamtheit der Momente, denn sie betrachtet nicht nur die Handlung, sondern zugleich diese als künstlerisch dargestellte einerseits und als in der Darstellung angeschaute andererseits.

Diese zwei Momente lassen sich auch deutlich in den Fassungen der *Enzyklopädie* von 1827 und 1830 wiederfinden: Die dargestellte Handlung oder die objektive Seite des Ideals ist der Inhalt der Anschauung selbst. Der Künstler als subjektive Seite wird zwar als Genie bezeichnet, aber nicht als außerordentlich eingestuft.[12]

---
[12] In der ersten Fassung der *Enzyklopädie* von 1817 ist die Kunstreligion die Versöhnung geschichtlich vorgefundener Religionen. Diese Fassung thematisiert dabei vielmehr die begriff-

3 Das Problem der Kunstformen

Die Systematik der Kunstformen ist mit der Begriffsbestimmung des Ideals nicht gelöst, denn diese Bestimmung allein gibt keinen Ausschluß über den Wahrheitsgehalt der Bestimmtheiten. Es fragt sich also, wo findet eine Überprüfung der bestimmten Gehalte selbst statt? Wo zeigen sich die Begriffsmomente als *singularisierte*, exemplifizierte oder instantiierte? Oder wo erscheint die spezifische Gestalt des Ideals, da das Ideal weder Objektivität ist, die subjektiv wird, noch Subjektivität, die die Objektivität der Darstellung erreicht? Denn wenigstens ein Moment des Begriffs ist im Begriff des Schönen unausgeführt, die Anschauung selbst als eine mögliche Einzelheit. Es fragt sich also, in welcher Gestalt die dargelegten Momente, Handlung und Künstler, vom anschauenden Selbstbewußtsein gesehen werden, das in der philosophischen begrifflichen Darstellung die Handlung nicht mehr anerkennt?

Das Problem ist also, ob in den Kunstformen der Anspruch auf Vernunft in der Kunst real geprüft wird?[13] In diesem Fall werden die Formen als realisierte Formen des Ideals begriffen. Dann fungiert die Welt der Künste nicht als wirkliche Einzelheit, wie es Hothos Edition suggeriert, und gelten die Kunstarten nur als eine weitere – empirische oder vorstellungsmäßige – Spezifikation des schon realisierten Ideals.

In der *Enzyklopädie* von 1817 gliedert sich die Kunstreligion nach der Logik des Kultus. Nur was anschaubar ist, kann im Kultus als substantielle Identität auf- und angenommen werden, und dies Aufnehmen ist die anschauende Andacht. Zugleich scheint die Logik der Selbsterfassung des absoluten Geistes von der Geschichte abhängig zu werden. Als Versöhnung der beiden geschichtlich vorhergehenden Abstraktionen erscheint die ‚eigentliche' Schönheit. Und es ist das Sich-Offenbaren des Geistes in der Weltgeschichte, das die ihm eigene Endlichkeit aufhebt.

In der Vorlesung von 1820/21 zeigen die Kunstformen, wie sie jetzt genannt werden, wie der Begriff der Kunst und deren Realität oder die Seele und ihr Körper ihre Einheit darstellen. Es folgt die nahezu klassische Version: In der symbolischen Kunst wird das Streben, in der klassischen das Erreichen und in der romantischen Kunstform das Auflösen angeschaut. Wichtig ist, daß beide Momente ihre Entsprechung aufzeigen in der klassischen Kunst. Ihr Begriff ist der reine Begriff des Schönen, der in einer wahren Realität angezeigt wird. Denn die vollendete Einheit oder Anschauung ist das Ideal.[14] Der romantischen Kunst

---

liche Gestaltung des religiösen Wissens. Zur Entwicklung der verschiedenen Ansätze vgl. Lu de Vos, *Das Ideal. Anmerkungen zum spekulativen Begriff des Schönen.* In: Hegels Ästhetik. Die Kunst der Politik – Die Politik der Kunst. Zweiter Teil. Hrsg. von A. Arndt, K. Bal und H. Ottmann in Verbindung mit W. van Reijen. Berlin 2000 (= Hegel-Jahrbuch 2000), S. 13–20.

[13] Vgl. A. Gethmann-Siefert, *Die Funktion der Kunst in der Geschichte.* Bonn 1984 (Hegel-Studien. Beiheft 25), S. 304 ff. und dies., *Einleitung: Gestalt und Wirkung von Hegels Ästhetik.* In: Hotho 1823, S. CXXIX.

[14] Vgl. Ascheberg 1820/21, S. 145–146.

Die Bestimmung des Ideals 49

ist der Stoff gegeben; da sind bloß heilige Bilder,[15] gegebenenfalls des neuen Heiligen. Und der Künstler offenbart nur sich dem Publikum.

1823 erneuert den Gedanken, daß die Kunstformen das Suchen, das Vollenden und das über die Vollendung Hinausgehen aufzeigen. Es vollzieht sich in ihnen die Entsprechung der Momente: Wenn der Inhalt und die Form, das Allgemeine der Sitte und das Besondere sich entsprechen, dann ist die Wahrheit (der Kunst) vollzogen; und der Vollzug selbst wird am Inhalt dargestellt. Dies leistet nur die klassische Kunst. Wenn aber keine besondere Sittlichkeit von besonderen Freien mehr dargestellt werden muß, sondern im Kultus alle Produzent der singularisierten Sittlichkeit werden, dann ist die Partikulariät der Kunst nicht mehr notwendig.[16] Dies geschieht in der romantischen Kunstform.

In 1826 wird nur dargelegt, daß die Gestalt der Kunst keine äußerliche Modifikation der Gattung ist, sondern daß die Bestimmtheit der Idee die Gestalt bestimmt, die sich in unvollendeter Weise, vollendet und ‚über sich hinaus' vollzieht.[17] Das Ganze der Kunst wird nach den Momenten der Gemeinde gegliedert. Dort bleibt der Vollzug des Ideals erhalten; der Begriff der Kunst ist im Klassischen verwirklicht: Die Kunst wird in ihrer Lebendigkeit vom Volk selbst hervorgebracht. So ist die geistige Welt nicht in ihrer denkenden Allgemeinheit, sondern in der anschaubaren Gegenwart frei. Die romantische Kunst ist dagegen die Auflösung des Ideals in Formen der Negation oder in Häßliches; die geistige Lebendigkeit bleibt nur erhalten in subjektiver oder einseitiger Empfindung und im Himmelreich; dieser Lebendigkeit halber hat man noch echte Kunstwerke. Das Vorhandensein der Differenz von Kunstwerken und Kunststücken zeigt, daß die Kunst in der romantischen Form vergangen ist, weil der mögliche Inhalt der Geistigkeit und die mögliche Form der Ausführung auseinander gekommen sind, und die Reflexion für die wahrhaften Werke oder ebenso für das Scheinhafte wählen kann.

Das Ideal zeigt sich in der *Enzyklopädie* von 1827 als die unmittelbar versöhnte Schönheit. Diese ist das realisierte Ideal, eine absolute Gestalt, aus dem subjektiven Geist geboren und von der Anschauung oder dem Vorstellen vollzogen. Dieser Vollzug wird nicht mehr religiös benannt, sondern als Vollbringen des Selbstbewußtsein umschrieben. Der Vollzug des Selbstbewußtsein selbst ist ein Wissen der Versöhnung, so daß diese einen Gegensatz voraussetzt und die heitere Versöhnung dessen Überwindung leistet. Dieser begriffliche Gegensatz ist die Vergangenheit der schönen Kunst, deren Momente zwar subjektive Formen darstellen, die aber nur in der Konkretion des Durchdringens sich als den Geist selbst zeigen. Deshalb ringt die vorschöne Kunst noch mit ihrer Gestalt. Eine

---

[15] G.W.F. Hegel, *Vorlesungen über die Philosophie der Religion*. Teil 3. Die vollendete Religion. In: Ders., Vorlesungen. Ausgewählte Nachschriften und Manuskripte. Bd. 5. Hrsg. von W. Jaeschke. Hamburg 1984, S. 153.

[16] Es folgt dann systematisch noch die sinnliche Erscheinung des Kunstwerks in dessen Individualität.

[17] Der besondere Teil wird gegliedert in die endliche Welt der Architektur, in die Erhebung der Skulptur, und in die Andacht der Gemeinde in partikulären Manifestationen.

zweite Grenze hat die ‚schöne' Kunst, wo sie nicht mehr sucht, sondern über die Vollendung hinaus ist und ihr ‚Vorwärts' erreicht.[18]

Nach der begrifflichen Gestaltung des singularisierten Ideals als der versöhnten Schönheit der griechischen Kunst, ergibt sich in der Vorlesung von 1828/29 (Libelt) eine Diskontinuität in der Gestaltung der Momente der Kunst. Die Besonderungen oder die Gestalten des Ideals, die Kunstformen, werden aus dem Begriff ausgegliedert. Das Argument der Ausgliederung ist dabei der Kultus: Dieser wird bestimmend in den Kunstwerken. Der Begriff scheint sich erst dort zu realisieren; doch obwohl die Einzelheit der Kunstwerke hervorgehoben wird, wird sie zugleich doch als bloß abstraktes Moment gefaßt, das erst in der Totalität begriffen werden kann.[19] Zugleich wird nicht so sehr die Realisierung der klassischen Kunst betont, als vielmehr die Unzureichendheit oder die Ungeistigkeit der klassischen Kunst und damit der Kunst selbst herausgestellt. Die klassische Kunst nun zeigt das Geistige in der Existenz selbst für die Anschauung, so daß das Gestalten ganz vom Geist durchdrungen ist. Schöneres als die griechische Kunst kann es nichts geben, aber doch Höheres. Der offenbaren Religion oder der Subjektivität gegenüber wird die Kunst ein Überflüssiges, das aber doch das substantiell Menschliche noch darzustellen in der Lage ist.

Geschieht nun diese Neugliederung auch in der nachfolgenden *Enzyklopädie* von 1830?[20] Mitnichten, ganz in Gegenteil zu den – von Hotho dann konsekrierten Änderungen der Gliederung – werden die kunstgeschichtlichen Namen in der *Enzyklopädie* 1830 erst eingeführt, und die Kunst wird ohne weitere Gattungsdifferenzierung betrachtet.[21] Die Vergangenheit des in sich in der Kunst versöhnten Selbstbewußtseins wird erst jetzt die symbolische Kunst genannt, die der vollendeten Schönheit vorhergeht, weil in ihr der Geist sich noch nicht als frei weiß. – Die andere Weise der Unangemessenheit ist die romantische Kunst, die die Schönheit unzureichend erachtet, weil Gott oder der absolute Geist sich im Wissen oder im Geistigen allein adäquat ist. Kunst ist nur eine Befreiungsstufe des Geistes; sie stellt eine Reinigungsstufe zur Freiheit dar, denn sie produziert erstmals das Bewußtsein des freien Geistes. – Geleistet aber ist eine gezielte Erneuerung der *Enzyklopädie*: Diese entfaltet namentlich die Kunstformen als Formen des sich realisierenden Begriffs der Kunst. Noch spezifischer, gerade die Differenzstufe, die in der Vorlesung 1828 aus dem Begriff ausgegliedert worden ist

---

[18] Sondergut dieser *Enzyklopädie* von 1827 bleibt, daß die wahrhafte Religion zwei Vorstufen hat, einerseits die Kunst und andererseits den Staat, der als Folge der Religion, als wahrhafte Gemeinschaft des Geistes erscheint. Damit ist nicht der Staat Folge der Kunst, sondern der religiösen Bedeutung: Die Endlichkeit der Kunst gehört nicht dem Staat an, sondern weist selbst in ihrer Endlichkeit über den Staat hinaus.

[19] Durch diese Herabsetzung wäre die Kunst definitiv zu Ende, weil sie nie aus sich zu einer ausreichenden Singularisierung ihres Begriffs finden könnte.

[20] Vgl. als Kommentar M. Theunissen, *Hegels Lehre vom absoluten Geist als theologisch-politischer Traktat*. Berlin 1970, in dem die unzureichende Inkarnation der Kunst bzw. der Kunstgötter herausgestellt wird. Genaue und hilfreiche Aufschlüsse über die Funktion und Bedeutung der Kunst innerhalb des enzyklopädischen Rahmens bietet B. Bradl, *Die Rationalität des Schönen bei Kant und Hegel*. München 1998, S. 161–251.

[21] Bis hin zur letzten Bearbeitung schließt Hegel also die Kunstgattungen aus dem enzyklopädischen Rahmen aus, in dem sie doch in Nürnberg konzipiert worden sind.

Die Bestimmung des Ideals 51

und dort ein eigenes Moment auszumachen scheint, wird in dieser *Enzyklopädie* in den sich realisierenden Begriff des Ideals eingebunden. Dieser Begriff realisiert sich wahrhaft so, daß er sich aus einer anderen Form als sich und geistig herausstellt; dadurch stellt er die wirkliche Singularisierung des Kunstbegriffs als Befreiungsstufe dar. Zugleich sind auch die anderen Momente als unzureichende Darstellungen dennoch zum Leben notwendige, besondere Arten des Kunstbegriffs. Sie sind zugleich nie Besonderungen des Kunstwerkes in dessen spezieller Individualität, denn dieses ist für sich selbst allein leblos.[22] Diese letzte Fassung der *Enzyklopädie* betont also die spezifische Endlichkeit der Kunst, wodurch das Werk der Kunst in Mehrdeutigkeit zerfällt. Vielleicht unterscheidet Hegel so zwischen Kunststück und Kunstwerk, wobei das Letztere zwar für sich realisiert, aber nur über das Denken als Wahrheitsvermittlung gefaßt wird.

Die Kunstformen, symbolische, klassische und romantische Kunst, werden als Anschauung der spezifischen Entsprechung des Begriffs und der Realität der Kunst aufgefaßt. Sie sind nicht bloß die geschichtlich sich modifizierende Entsprechung von vorgefundener Realität zum Begriff der Kunst, sondern sie zeigen die befreiende Singularisierung des Kunstschönen auf. Diese ist die sich feiernde Gemeinschaft als die höchste künstlerische Leistung einer sich als Ideal verstehenden Polis.

Mit dem Ausweis einer solchen Singularisierung, ist der Kunstbegriff selbst ausgewiesen. Nur dadurch ist die begriffene Sache, die Kunst, selbst Etwas, das noch in der Periode ihres Endes als begrifflich gültig vollzogen werden kann. Denn, wenn ein solcher Begriff nicht ausgewiesen wäre, dann wäre er eine einseitige und partikuläre, für einige Leute gültige, für andere dennoch unwichtige Vorstellung, wie es tatsächlich ab dem Auftreten des Christentums der Fall ist.

---

[22] Vgl. G.W.F. Hegel, *Vorlesungen über die Philosophie der Religion.* Teil 1. Einleitung. Der Begriff der Religion. In: Ders., Vorlesungen. Ausgewählte Nachschriften und Manuskripte. Bd. 3. Hrsg. von W. Jaeschke. Hamburg 1983, S. 146.

Brigitte Hilmer

Kunst als verkörperte Bedeutung

0.

Hegels Kunstphilosophie ist vor allem als Inhaltsästhetik rezipiert und kritisiert worden. Auch die geschichtliche Bedeutung der Kunst wird vornehmlich im Medium ihrer Inhalte gelesen und bewertet. Unbestreitbar hat sich Hegel für die Bedeutungsdimension von Kunst besonders interessiert. Gegen diese Tendenz ist seine Untersuchung der Kunstgattungen hervorzuheben, aber dies hat daran seine Grenzen, daß auch die Gewichtung und Erschliessung der Gattungen von dieser Inhaltsorientierung, soweit ich sehe, geprägt und eingeschränkt ist. Statt also nach einem anderen, vielleicht für das konkrete Leben der Kunst und die geschichtliche Vielfalt der Künste ergiebigeren Hegel zu suchen oder darüber zu debattieren, ob seine einseitige Konzeption der Kunst gerecht werden kann, schlage ich hier vor, die Inhaltsorientierung als die philosophische Stärke von Hegels Kunsttheorie zu betrachten. Dabei geht das Interesse nicht in erster Linie auf die Perspektiven einer „systematischen Ästhetik", sondern mindestens ebensosehr auf die Perspektiven, die eine Untersuchung der Kunst einer mehr oder weniger systematischen Bedeutungstheorie bietet.

Es gab in der neueren Kunstphilosophie einige fruchtbare Versuche, aufzuklären, in welcher Weise Kunstwerke Bedeutung haben können. Ich habe dabei vor allem Nelson Goodman, Arthur Danto und teilweise auch Negativitätsästhetiken (also Derrida und Adorno) im Blick. Diese Unternehmen haben, neben der Vertiefung eines Verständnisses vom Wesen der Kunst, bei dieser Frage jeweils auch, und meines Erachtens legitimerweise, weitergehende philosophische Problemstellungen im Blick gehabt.

Die im folgenden an Hegel zu richtende Frage lautet: gibt es, über die Rede von Inhalten der Kunst (und von deren Gestaltung) hinausgehenden Dimensionen, in denen der Begriff der Bedeutung als kunstphilosophischer selbst interessant werden könnte? Arthur Danto spricht von Kunst, im Sinne eines Definitionsvorschlags, als „embodied meaning"[1]. Können wir von Hegel Aufschluß darüber erhoffen, was „Bedeutung" und was deren „Verkörperung" in so einem Fall bedeuten?

---

[1] A. Danto, *Die Verklärung des Gewöhnlichen*. Eine Philosophie der Kunst. Frankfurt a.M. 1991. Vgl. u.a. auch ders., *Art after the End of Art*. Contemporary Art and the Pale of History. Princeton 1997.

Gary L. Hagberg hat in Hinblick auf angelsächsische analytische Konzeptionen der Ästhetik beobachtet, daß es mit jemandes Sprachtheorie zusammen – oder sogar von ihr abhänge, was für eine Auffassung von Bedeutung in der Kunst sie oder er hat.[2] Diese Feststellung läßt sich auf Hegel so nicht anwenden, schon deshalb nicht, weil die Sprachphilosophie bei ihm nicht dieselbe orientierende und fundierende Rolle spielt wie bei den von Hagberg untersuchten AutorInnen. Eher hat man bei ihm nach einem solchen Orientierungsrahmen in seiner Theorie des Begriffs zu suchen. Diese ist für analytische Sprachphilosophien schon deshalb anschlußfähig und als Erweiterung attraktiv, weil es auch in letzteren nicht um Sprache überhaupt (als empirisches Faktum, als Anthropologicum etc.), sondern in erster Linie um Bedeutungsanalyse als Begriffsanalyse geht.[3]

Ich habe an anderer Stelle ausgeführt, in welchem Maße Hegels Kunstauffassung der Berliner Zeit von seiner Begriffstheorie abhängig ist und sie andererseits selbständig reflektiert.[4] Ich werde daher im folgenden nicht auf Fragen der Textinterpretation eingehen, sondern im Anschluß an die dabei erhobenen Befunde einen Teilaspekt zusammenhängend zu rekonstruieren versuchen.

1.

Die bekannte und der oberflächlichen Lektüre sofort zugängliche Bedeutung von „Bedeutung" in Hegels Berliner Vorlesungen zur Kunstphilosophie – auf diese werde ich mich im folgenden weitgehend beschränken – , ist die eines Allgemeinen, Substantiellen, eines inneren, höheren oder geistigen Gehaltes oder einfach des „Inneren". Dieser Bedeutung steht gegenüber ihre Entäusserung, Gestaltung, Realisierung, ihr Ausdruck oder ihre Entfaltung. Vor allem unter dem Titel „symbolische Kunst" wird erörtert, wie ein solches abgeschiedenes Inneres als Bedeutung von der Kunst zustande gebracht wird, was diese Kunstform besonders attraktiv gemacht hat für diejenigen, die in der Hegelschen Ästhetik eine Semiotik zu finden hoffen. In den anderen Kunstformen ebenso wie in den allgemeinen Erörterungen und in den Kunstgattungen spielt der Terminus „Bedeutung" eine untergeordnete Rolle. Diese Tatsache sollte aber nicht darüber hinwegtäuschen, daß der Sache nach zumindest in den beiden anderen Kunstformen, aber auch in der Theorie des Ideals im Allgemeinen, die Frage der Bedeutungsstruktur eine zentrale Funktion hat. Das Verhältnis der Bedeutung zu

---

[2] G.L. Hagberg, *Art as Language*. Wittgenstein, Meaning, and Aesthetic Theory. Ithaca/London 1995.

[3] Vgl. dazu z.B. P. Stekeler-Weithofer, *Hegels analytische Philosophie*. Die Wissenschaft der Logik als kritische Theorie der Bedeutung. Paderborn 1992. Besondere Affinitäten werden dabei zunehmend von den wittgensteinianischen und pragmatistischen Bedeutungstheorien entdeckt. Vgl. auch D. Lamb, *Hegel – From Foundations to System*. The Hague. Boston/London 1980; *Vernunftkritik nach Hegel*. Analytisch-kritische Interpretationen zur Dialektik. Hrsg. von Chr. Demmerling und F. Kambartel. Frankfurt a.M. 1992; R. Brandom, *Pragmatistische Themen in Hegels Idealismus*. In: Deutsche Zeitschrift für Philosophie 3 (1999), S. 355–381.

[4] B. Hilmer, *Scheinen des Begriffs*. Hegels Logik der Kunst (= Hegel-Deutungen. Bd. 3). Hamburg 1997.

ihrer Gestaltung, und damit die Verfassung der Bedeutung selbst, gibt immerhin den Grund ab für die Unterscheidung von drei Kunstformen. Hegel hat, soweit ich sehen kann, nirgends darauf reflektiert, was das für den Bedeutungsbegriff für Folgen hat. Es ist zu vermuten, daß eine Ausdehnung der Aufmerksamkeit auf Bereiche, in denen der Terminus weder Thema ist, noch dominant verwendet wird, gleichwohl etwas beitragen kann zu seiner Klärung. Diese sollte, das ist hier das Argument, hinausführen über das schlichte Zeichenmodell, das bei einem ersten Lektüreindruck dominieren mag, und das in einer Innen-Außen-Metaphorik, für den ästhetischen Gebrauch erweitert um die Verhältniskategorien angemessen/unangemessen, abgehandelt wird.

2.

Eine interessantere Aufgabe als die des Ausdrückens von allgemeinen und „höheren" Bedeutungen (deren sich außer der symbolischen Kunstform auch keine Kunst so recht annehmen mag), ist die 1820/21 formulierte: „die Kunst hat also den Zweck, den noch nicht gewußten Begriff zum Bewußtseyn zu bringen".[5] Dieses „zum Bewußtseyn Bringen" hat für Hegel nicht die Gestalt propositionalen Wissens, sondern ergibt sich aus dem Explizitmachen von Implizitem, also des impliziten Begriffs. An ein solches Explizitmachen wird lediglich die Forderung gestellt, in irgendeinem Medium wahrnehmbare oder grammatisch trennbare Unterscheidungen und Bezüge einzuführen, die zuvor irgendwie verdeckt waren. Nun kann man sich die Frage stellen: wo waren sie, bevor sie expliziert wurden, und in was für einem Zustand? Was, insbesondere, ist ein impliziter Begriff, und inwiefern ist er Begriff?[6]

Auf die Hegelsche Begriffstheorie einzugehen, würde an dieser Stelle zu weit führen. Statt dessen sei noch einmal dem anfänglichen Befund nachgegangen, demzufolge Bedeutung in der Kunst zunächst ein Allgemeines, Höheres sei. Diese Feststellung verweist auf die enge Verbindung der Kunstphilosophie zur Religionsphilosophie, ja man kann fast sagen, daß eine als solche separierbare Bedeutung in der Kunst über weite Strecken eine religiöse ist. In der Religionsphilosophie findet sich auch eine der wenigen Erläuterungen, die Hegel zum Bedeutungsbegriff gegeben hat. Es geht dabei um die Bedeutung der Ausdrücke „das Absolute", „Idee" und andererseits „Gott". Ich zitiere wegen der Wichtigkeit der Stelle im Zusammenhang. Wir müssen, sagt Hegel, „zunächst betrachten, was ‚Bedeuten' selbst bedeutet. – Wenn wir fragen, was bedeutet dies oder jenes, so wird nach zweierlei gefragt, und zwar nach dem Entgegengesetzten. Erstlich nennen wir das, was wir meinen, den Sinn, den Zweck, allgemeinen Gedanken

---

[5] G.W.F. Hegel, *Vorlesungen über Aesthetik*. Berlin 1820/21. Eine Nachschrift. I. Textband. Hrsg. von H. Schneider. Frankfurt a.M./Berlin/Bern/New York/Paris/Wien 1995 (im folgenden Ascheberg 1820/21), S. 36.
[6] Eine Frage, die auch die an Wittgenstein und Kripke anschließende bedeutungstheoretische Diskussion umtreibt. Vgl. J. Mc Dowell, *Wittgenstein on Following a Rule*. In: Synthese 58 (1984), S. 325–363; R. Brandom, *Making it Explicit*. Reasoning, Representing, and Discursive Commitment. Cambridge (Mass.) und London 1998 (1994).

jenes Ausdrucks, Kunstwerks, das Innere. [...] so ist allerdings das, was wir in der Philosophie das Absolute oder die Idee nennen, die Bedeutung...". Ausgehend von solchen Ausdrücken kann aber auch gefragt werden, „was diese reine Gedankenbestimmung zu bedeuten habe. [...] Wenn wir in einem solchen Fall fragen, so ist ‚Bedeutung' das Entgegengesetzte von vorher. Hier wird eine Anschauung, Vorstellung der Gedankenbestimmung gefordert, ein Beispiel. [...] durch das Beispiel wird es uns deutlich, und [wir] sagen, jetzt wissen wir, was solcher Gedankeninhalt bedeutet; der Geist ist sich so erst gegenwärtig in diesem Inhalt."[7]

Auffallend an dieser Erläuterung ist, daß sie dem nahe kommt, was Nelson Goodman als die Besonderheit *kunstspezifischer* Bedeutung analysiert hat. Wenn man von der speziellen Semantik von Ausdrücken wie „Gott" absieht, geht es in beiden Fällen um die Logik der Exemplifikation. Goodman zufolge bedeuten Kunstwerke allgemeine Prädikate (z.B. Gefühlsqualitäten oder Stimmungen wie Traurigkeit) derart, daß ihnen diese Eigenschaft metaphorisch zukommt und sie diese Eigenschaft denotieren.[8] Sie funktionieren also, abgesehen von dem bedenklichen Zusatz des Metaphorischen, wie ein Muster, das (z.B. als kleines Stoffstück) die wesentlichen Eigenschaften dessen aufweist, wovon es ein Muster ist (Farbe und Material, aber nicht z.B. die Größe), und sich, anders als ein Abfallschnipsel, auf das Exemplifizierte eigens bezieht, d.h. benutzt wird, um es zu meinen.

Im Unterschied zu Goodman allerdings, bei dem das *Exemplifizierte*, also das Allgemeine, die Bedeutung ist (zumindest in Hinblick auf die Denotation), was in Hegels Zitat dem ersten Fall entspricht, benutzt Hegel im zweiten Fall die Exemplifikation ausdrücklich andersherum: für ihn ist primär das *Exempel* die Bedeutung. Das hat zum einen damit zu tun, daß für Hegel das Allgemeine nicht nur ein generisches, sondern ein umfassender Vernunft- und Lebenszusammenhang (oder sogar „das Absolute") ist, der einer Konkretisierung in einem Einzelnen bedarf, um überhaupt intelligibel zu sein. Daß das Allgemeine ein Einzelnes „bedeutet", heißt hier also, es manifestiert sich darin, ist darin wirklich und kann durch Einzelnes erklärt werden. Zum anderen ergibt sich damit, daß die Bedeutung des Allgemeinen in der Erklärung durch Exemplifizierung als eine implizite erscheint und auch belassen werden muß, obgleich sie ja im Einzelnen expliziert wird. Nicht zufällig erinnert das „jetzt wissen wir, was ... bedeutet" im zitierten Text an das „jetzt weiß ich weiter" der Schüler in Wittgensteins philosophischen Untersuchungen, denen anhand eines Beispiels ein Spiel oder das Lesen oder die Konstruktion einer Zahlenreihe beigebracht wird. Denn verglichen mit einer vollständig, inklusive ihrer Anwendungsmodalitäten formulierten (d.h. in den Regreß führenden) Regel ist jede Erläuterung durch Beispiele auf die Nachvollziehbarkeit auch des Impliziten angewiesen.

---

[7] G.W.F. Hegel, *Vorlesungen über die Philosophie der Religion*. Teil 1. Einleitung. Der Begriff der Religion. Neu hrsg. von W. Jaeschke (= G.W.F. Hegel, Vorlesungen. Ausgewählte Nachschriften und Manuskripte. Bd. 3). Hamburg 1983, S. 34 f.
[8] N. Goodman, *Sprachen der Kunst*. Entwurf einer Symboltheorie. Uebers. von B. Philippi. Frankfurt a.M. 1995.

Trotz der genannten Unterschiede kann der Vergleich mit Goodman eine Stütze für die Vermutung abgeben, daß ein besonderes Verhältnis zwischen Einzelnem und Allgemeinem für die Bedeutung in der Kunst charakteristisch ist und über die Zeichenhaftigkeit eines Innen-Außen-Verhältnisses hinausführt.

Das eigentlich Merkwürdige an der Bedeutungsstruktur der Exemplifikation (was bei Goodman anklingt, bei Hegel klar hervortritt) ist, daß die Bedeutung gewissermaßen in zwei Richtungen verläuft, die sich (wenn man vektoriell denkt) geradezu aufheben[9]. Diese Doppelbewegung verweist auf Hegels Theorie des spekulativen Satzes, die in der reiferen und durchdachteren Form von seiner Urteils- und Schlußlehre ausgeführt wird. In einem solchen Satz geben die grammatischen Kategorien (Subjekt und Prädikat) nur äußerliche Anhaltspunkte für eine Bewegung, die eigentlich zwischen den Begriffsbestimmungen, also Allgemeinheit und Einzelheit (bzw. Besonderheit), stattfindet und die, wie in der Logik des Beispielgebens oder der Verkörperung, hin und her geht. An Goodmans Hinweis auf das Stoffmuster kann man auch sehen, daß diese Logik eher mit dem Schluß als mit dem Urteil zu tun haben muß: schließlich sollte das Muster relevante Eigenschaften mit dem, wofür es ein Muster ist, gemeinsam haben, was also im gegenseitigen Bedeuten so etwas wie einen Mittelbegriff ergibt.[10]

Von hier aus ergibt sich eine Möglichkeit, auf die Frage nach dem impliziten Begriff und seiner Bewußtmachung durch Explikation zurückzukommen. Die Doppelbewegung der Exemplifikation läßt vermuten, daß der implizite Begriff nicht etwas ist, was als von außen kommender Gegenstand (so wird die „Idee" ja oft verstanden) im Kunstwerk illustriert und dadurch bewußt gemacht wird. Man könnte ja sagen, daß eine Explikation jeweils, sozusagen nachträglich, das Explizierte zu einem Impliziten macht und daß genau darin das Bedeuten besteht. Und wenn das Allgemeine das Einzelne und im selben Zuge das Einzelne das Allgemeine bedeutet, dann explizieren sie sich offenbar gegenseitig und machen damit sichtbar, daß jedes für sich genommen, „vor" seiner Explikation, nur impliziter Begriff ist. Daraus folgt, daß überall, wo ein Allgemeines konkretisiert und umgekehrt ein Einzelnes im Lichte eines Allgemeinen verstanden wird, der Begriff implizit gesetzt und zugleich ausdrücklich zu Bewußtsein gebracht wird, also auch in der Kunst.

3.

Nun ist auffällig, daß die Logik der Exemplifikation sehr wenig abdeckt von dem, was man an der Bedeutung von Kunstwerken interessant finden könnte. Für die-

---

[9] Nach C.A. Tsakaridous Darstellung *Reflections on Art, Logic and System in Hegel*. In: The Owl of Minerva 23 (1). Fall 1991, S. 15–28 hat die Exemplifikation keine reflexive Logik (S. 23). Sie sucht nach einer solchen in der wesenslogischen Analyse des Wirklichkeitsbegriffs. Die gegenläufige Doppelbewegung kann aber auf eine solche reflexive Struktur hinweisen. Vgl. auch B. Hilmer, *Scheinen des Begriffs*, S. 183 f., Anm. 215.

[10] Dies ist ein Indiz für die sachliche Berechtigung, die Struktur des Ideals von den Begriffsbestimmungen her und die Kunstformen in Hothos Redaktion als durch Hegels philosophischen Inferentialismus strukturiert zu lesen. Vgl. a.a.O., Kap. II. und IV.

jenigen, die die ästhetische Erfahrung für den entscheidenden Zugang zu einem Kunstwerk halten, verfehlt eine derartige Festlegung der Bedeutungsstruktur, selbst wenn sie reflexiv verfaßt zu sein scheint, die entscheidenden Merkmale der ästhetischen Unterwanderung von begrifflich feststellbarer Bedeutung. An dieser Stelle stellt sich also die Frage, ob wir Hegel verlassen und zu einer gehaltvolleren Theorie des eigentlich Ästhetischen übergehen müssen, als er sie zu bieten hat.

Die Alternative dazu, die hier noch ein Stück weit verfolgt werden soll, besteht darin, zu rekonstruieren, wie in der Differenzierung der Kunstformen, in denen die unterschiedlichen Verhältnismöglichkeiten von Gehalt und Gestalt Thema sind, ein Begriff von Bedeutung entwickelt wird, der unsere Intuitionen über das, was in Kunstwerken geschieht, eher befriedigt.

Das Argument der symbolischen Kunstform besteht allerdings zunächst einmal darin, die als Verkörperung verstandene Logik der Exemplifikation überhaupt mit dem Bedeutungsbegriff in Zusammenhang zu bringen.[11]

Die Komplexität und der Reichtum an Aspekten in der symbolischen Kunst wird arg verkürzt, wenn man sie auf die allgemeine Angabe reduziert, in ihr stehe die Gestaltung zum Gehalt in einem unangemessenen Verhältnis, zu einem Gehalt, der in sich außerdem noch unentwickelt und unvollkommen sein soll. Man kann gleichwohl sagen, daß diese Kunstform einer Interpretation am ehesten entgegenkommt, die von der Doppelbewegung der Bedeutung abstrahiert und sie auf die zeichenhafte Darstellung eines Inneren durch ein Äußeres zurückführt. Dieser Ansatz ist dadurch gerechtfertigt, daß eine Logik der Verkörperung für sich genommen noch nicht erklärt, daß es dabei um Bedeutungen geht. So kann sich z.B., naturphilosophisch betrachtet, eine Gattung in einem lebenden Individuum verkörpern, ohne daß das Individuum die Gattung *bedeutet*. Die geistige Leistung der Kunst, die unter dem Titel des Symbolischen erläutert wird, besteht also vornehmlich darin, zu erreichen, daß zunächst das Allgemeine für sich abgehoben und in einem Einzelnen intendiert werden kann. Begrifflich werden dafür die Negationsmöglichkeiten von Urteilen und Schlüssen in Anspruch genommen. An diesem Prozess des Symbolischen seien nur zwei Momente herausgehoben, die Hegel unter den Titeln Arbeit und Erhabenheit behandelt. Arbeit ist ein wesentliches Moment des Zustandekommens von Bedeutung, weil die Einzelheit, als vorhandene materielle Welt, umgestaltet werden muß, damit ihre Bedeutsamkeit überhaupt auffällt. Dies klar zu machen ist bekanntlich die welthistorische Hausaufgabe der Ägypter. Die Kunstwerke der Ägypter stellen sozusagen Stoffstückchen dar, von denen man noch nicht genau weiß, wovon sie eigentlich ein Muster sind (ob von Farbe, Material oder Webart), die aber so auffällige, von natürlichen Gegebenheiten abweichende Eigenschaften aufweisen, daß man auf jeden Fall genötigt ist, ihren exemplarischen und bedeutungsvollen Charakter zur Kenntnis zu nehmen. Ein isoliertes Allgemeines, das die Kunst darstellen

---

[11] Damit sind die komplizierten Probleme der Exemplifikation keineswegs abgedeckt, insbesondere die nicht, die sich aus der Rolle des Musters als „Vorbild", als Maß oder Kanon ergeben. Man vergleiche Platons Schwierigkeiten, die Ideen als Paradeigmata (mit den Folgen der Selbstprädikation) zu denken oder Wittgensteins Diskussion, ob man sagen könne, der Urmeter in Paris sei ein Meter lang.

könnte, wenn sie schon die Mittel dazu hätte, wird andererseits in der Erhabenheit formuliert, deren Beitrag zu einem gehaltvollen Bedeutungsbegriff darin besteht, sich jeder „Verkörperung" zu entziehen und damit sichtbar zu machen, daß Bedeutung mehr sein muß als nur Instantiierung eines Gattungsbegriffs. Damit erklärt sich, daß in der Symbolik zunächst einmal diejenige Bedeutungsrichtung dominiert, bei der ein Einzelnes ein Allgemeines, ein Äußeres ein Inneres meint. Allerdings macht Hegel im Laufe der Wiederholungen seiner Berliner Vorlesungen zunehmend deutlich, daß auch die umgekehrte Bedeutungsrichtung, religionsphilosophisch faßbar als ein sich Entäußern des Absoluten in die Endlichkeit, der symbolischen Kunstform, insofern sie überhaupt Kunst sein soll, schon zugrunde liegen muß.[12]

In der zweifachen Bedeutungskonstitution durch die symbolische Kunstform, bei der Exempel und Exemplifiziertes unterscheidbar gemacht werden, deutet sich eine Reflexivität an, die erst in der klassischen Kunstform zum Tragen kommt.

Die Bedeutung, die in der symbolischen Kunst angelegt ist, wird nicht, wie man meinen könnte, dadurch explizit gemacht, daß die rätselhaften Muster der Ägypter einfach mit dem verbunden werden, was sie eigentlich exemplifizieren sollten: das in der Erhabenheit anvisierte Allgemeine. Eine solche Entzifferungsstrategie ist zwar eine mögliche Explikation der fraglichen Bedeutungsstuktur – Hegel führt sie in der bewußten Symbolik durch –, aber die ausdrückliche Zuordnung von Bedeutungen muß hier das opfern, was eigentlich an dem intendierten Allgemeinen interessierte: seine Absolutheit, d.h. einen umfassenden Lebens- und Vernunftzusammenhang, der normative Dimensionen mit umfaßt (und damit den Bedeutungsbegriff der Naturalisierung und definitorischen Schliessung entzieht).

In der klassischen Kunst wird also nicht die Bedeutung selbst explizit gemacht, sondern diejenige Reflexivität, die es ermöglicht, an der Exemplifikationsstruktur festzuhalten und sie gleichzeitig so weiterzuentwickeln, daß die Bedeutung nicht als ein externes, vergegenständlichtes Allgemeines unterstellt werden muß. Eine solche Möglichkeit stellt Hegel in Aussicht, wenn er von der im Symbolischen nur gesuchten ‚absoluten Bedeutung' oder von dem ‚sich selbst Bedeuten' des Klassischen spricht. Ein klassisches Kunstwerk, könnte man zunächst abkürzend sagen, exemplifiziert oder expliziert sich selbst. Eine solche Formel bedarf der Erläuterung, wenn sie nicht sinnlos oder tautologisch sein soll. Ich beschränke mich hier auf einen Aspekt, der sich ebenfalls in Hinblick auf die Logik der Exemplifikation entwickeln läßt. Bereits im Symbolischen zeichnet sich eine Zweistufigkeit des Bedeutungsbegriffes ab (und es wäre zu fragen, inwieweit wir es dabei nicht überhaupt mit ganz unterschiedlichen, irreduziblen Bedeutungsbegriffen zu tun haben): das Kunstwerk bedeutet (in diesem, nicht

---

[12] Vgl. G.W.F. Hegel, *Vorlesungen über die Philosophie der Religion*. Teil 2. Die bestimmte Religion. a: Text. Neu hrsg. von W. Jaeschke (= G.W.F. Hegel, Vorlesungen. Ausgewählte Nachschriften und Manuskripte. Bd. 4a). Hamburg 1985, S. 278: „Gott selbst ist [...] Geist, [...] stellt sich dar als seiend für Anderes; dies ist denn das, was wir seinen Sohn nennen, die Gestaltung."

in jedem Fall) zum einen das, was es darstellt, sein Thema oder seinen Gegenstand. (Die neuere Bildtheorie[13] hat gezeigt, daß hier eine semantische Beziehung im Spiel sein muß, daß etwa Ähnlichkeit zwischen Darstellung und Dargestelltem nicht hinreicht, womöglich nicht einmal erforderlich ist.) Zum anderen stellt es diesen Gegenstand dar als etwas, das etwas bedeutet. Es macht, satzlogisch gesprochen, über das, worauf es sich bezieht, eine Aussage. (Es versteht sich, daß damit ein Modell gemeint ist und nicht behauptet werden soll, Kunstwerke hätten „eine Aussage".) Diese Zweistufigkeit wäre also in das Exemplifikationsmodell einzutragen. Mit Goodman: das Kunstwerk denotiert eine Eigenschaft, indem es einen Gegenstand darstellt, der diese Eigenschaft denotiert, und zugleich trifft diese Eigenschaft metaphorisch (?) auf das Kunstwerk zu, indem sie (nicht metaphorisch?) auf den Gegenstand zutrifft, den es darstellt.[14] In Hegels Sprache bedeutet das Kunstwerk ein Allgemeines, indem es ein (oder mehrere) Einzelne darstellt, die Allgemeines bedeuten (verkörpern), und zwar insofern, als dieses Allgemeine sich seinerseits in Besonderungen und Einzelnem realisiert (sie bedeutet), die sich ihrerseits im Kunstwerk realisieren (es bedeuten) und durch die sich also das Allgemeine selbst im Werk realisiert. Legt man also die Zweistufigkeit des Bedeutungsbegriffs und seine Doppelrichtung übereinander, so ergibt sich, daß der dargestellte Gegenstand sowohl in der einen als auch in der anderen Richtung Bedeutung übernimmt: er ist Bedeutung als das im Werk Dargestellte, und zugleich als Instantiierung, Explikans eines Allgemeinen, das er also bedeutet. Eine solche Doppelrolle übernimmt in Hegels Konzept der klassischen Kunst bekanntlich der menschliche Körper, der damit zum Modell und Medium des „sich selbst Bedeutens" avanciert. (Ich komme auf die bedeutungstheoretische Rolle des Körpers als Ideal noch zurück.)

Die Möglichkeiten einer kunstbezogenen Spezifikation des Bedeutungsbegriffes sind mit der reflexiven Verfassung des Klassischen nicht erschöpft. Mit der romantischen Kunst eröffnet sich die Perspektive auf eine mit Bedeutungslosigkeit verschränkte Bedeutung. Diese läßt sich zum einen fassen als Irritation von im engeren Sinne begrifflichen Bedeutungserwartungen, denen die Kunst sich, wie aus anderen Gründen schon die symbolische und klassische, entzieht. Zum anderen ergibt sich diese Verschränkungsmöglichkeit bereits aus der Zweistufigkeit der Bedeutung: ein Kunstwerk kann etwas darstellen, ohne es im Lichte einer allgemeinen Bedeutung zu zeigen oder als erschöpfende Instantiierung eines solchen Allgemeinen, also seiner selbst, vorzuführen, es kann aber auch eine allgemeine Bedeutung haben, ohne daß diese gegenständlich wird. Die Komplexität der romantischen Bedeutungsstruktur ergibt sich aber daraus, daß das Werk, bzw. sein Gegenstand, weder ein externes Allgemeines noch sich selbst exemplifiziert oder expliziert, aber gleichwohl die Logik der Exemplifikation nicht einfach aufgegeben wird. Wir haben es gleichsam mit einem Muster von etwas zu

---

[13] Z.B. O. Scholz, *Bild, Darstellung, Zeichen*. Philosophische Theorien bildhafter Darstellung. Freiburg i. Br./München 1991 (im Anschluß an Goodman).

[14] In das platte Beispiel übersetzt: Ein Bild stellt Traurigkeit dar, wenn es ein trauriges Bild ist, und das ist es möglicherweise nicht (nur), weil es blau ist, sondern weil es eine traurige Person darstellt.

tun, das sich nicht exemplifizieren läßt. Die Bedeutungslosigkeit des Musters ist nicht mit einem sich-selbst-Bedeuten zu verwechseln: es ist selbst gewissermassen nicht bedeutend, nicht allgemein genug, um abschließend auf sich verweisen zu können.

Eine solche als aufgehoben festgehaltene Bedeutungsstruktur, das Meinen und Darstellen eines Bedeutungslosen, bedarf offensichtlich einer hochkomplexen Vermittlung, aus der sich erst die Freisetzung aus den in sich zurücklaufenden Verweisungszusammenhängen der Lebenswelt, aus dem geschlossenen Universum des Sinns ergibt. Dieser reflexive Umgang mit Bedeutung unterscheidet diese Darstellung des Bedeutungslosen von der irreflexiven Bedeutungslosigkeit des bloß Ästhetischen oder Dekorativen.

4.

Hegels Lehre von den Kunstformen entwickelt Modelle von kunstspezifischer Bedeutung, bei denen sich unter anderem die Frage stellt, ob diese Reihe – das Bedeuten eines Allgemeinen und dessen mutmaßliche Exemplifikation, das sich selbst Bedeuten und das Bedeuten eines Bedeutungslosen – als vollständig betrachtet werden muß, eine Frage, die ich hier nicht beantworten kann.[15] In jedem Fall handelt es sich dabei um Differenzierungen einer geregelten Unbestimmtheit der Bedeutung, gemessen an den Standards definiter Verstandesbegriffe. Auch die Formulierung in den Termen einer gegenseitigen Explikation des Allgemeinen, Besonderen und Einzelnen ist ein kunsttheoretischer Bestimmungsversuch, nicht die ausdrückliche Form der Kunst selbst. Wir müssen also noch einmal

---

[15] Die Frage stellt sich natürlich nur, wenn man mit der Auskunft, es handle sich um das Suchen, Erreichen und Ueberschreiten adaequater Gestaltung, nicht zufrieden ist. Vgl. auch R.D. Winfield, *Rethinking the Particular Forms of Art*. Prolegomena to a Rational Reconstruction of Hegel's Theory of the Artforms. In: The Owl of Minerva 24 (2). Spring 1993, S. 131–144. Er behandelt die Frage in Hinblick auf die verschiedenen Möglichkeiten des Verhältnisses von Gehalt und Gestaltung. – 1820/21 hat Hegel offenbar die systematische Möglichkeit einer vierten Kunstform erwogen, nämlich der „allgemeinen", die den drei besonderen gegenübersteht: die Rede (Ascheberg 1820/21, S. 44). Bedeutungstheoretisch eine interessante Ueberlegung, der man noch nachgehen müßte. Die Rede hat ja den Vorzug, Eigennamen mit rein extensionaler Bedeutung zur Verfügung zu stellen, die nicht mit jeder Änderung der Auffassung vom Gegenstand geändert werden müssen (vgl. Enzyklopädie 1830, §459, Anm.). Die, wie wir heute sagen würden, Bezugname durch Beschreibungen bzw. Intensionen hingegen bezeichnet Hegel hier als „hieroglyphische" Sprache. Wie beim vorhergehenden §458 (Anm.: die Pyramide) fällt auf, daß die Kennzeichnung semiotischer Vorstufen oder Ingredienzien der Sprache die symbolische Kunstform herbeizitiert. Man könnte sagen, daß es den Mangel der Kunst, insbesondere der symbolischen Kunst, ausmacht, intensional („hieroglyphisch") verfaßt zu sein (Zur intensionalen Bedeutungsstruktur von Kunst vgl. A. Danto, *Verklärung des Gewöhnlichen*. Frankfurt a.M. 1991). Die Frage ist aber, ob eine solche Abgrenzung bei der klassischen oder romantischen Bedeutungsform noch sinnvoll ist. Man könnte natürlich einwenden, daß Hegel sicherlich nicht extensionale Bezugnahmen im Auge hat, wenn er die Rede als vierte, die anderen drei durchquerende Kunstform den Kunstgattungen voranstellt. Aber hat nicht doch auch diese transversale Allgemeinheit der Rede etwas damit zu tun, daß sie zu Namen fähig ist?

zurückfragen: in welcher Weise bringt die Kunst den Begriff zu Bewußtsein, macht sie ihn zur (impliziten) Bedeutung ihrer Explikationsleistung?

Sowohl die Versuche der Bestimmung des Ideals im Ausgang vom organischen Leben als auch insbesondere die Charakterisierungen der klassischen Kunstform erwecken den Eindruck, daß die Rede von der „Verkörperung" von Bedeutung in der Kunst ziemlich geradezu wörtlich zu nehmen ist. Wäre dies nur Teil der Strategie, die Innen-Außen-Metaphorik der Bedeutung durch eine Leib-Seele-Metaphorik aufzubessern, wäre die Hegelsche Kunsttheorie zumindest in dieser Hinsicht trivial und andererseits nicht zu retten. Die Konsequenz, mit der der Hegelsche Ansatz diese Metaphorik verfolgt und über sich hinaustreibt, läßt aber vermuten, daß mit der „Verkörperung" nicht so schnell fertig zu werden ist. Handelt es sich überhaupt um eine Metapher?[16] Sieht man sich etwa den Vorblick auf die Kunstformen von 1820/21 an, so fällt auf, daß der Abschnitt über die klassische Kunst gar nicht von Kunst handelt, sondern ausschließlich auf naturphilosophische Ueberlegungen referiert, aus denen hervorgehen soll, daß „nur der lebendige Körper ... die wahrhafte Darstellung des Begriffs" sei (Ascheberg 1820/21, S. 41). Sollte man dies als didaktische Verkürzung der Vorlesung erklären wollen, so ist auf den §558 der Enzyklopädie hinzuweisen, der die „gegebenen Naturformen nach deren Bedeutung" als Material der Kunst anführt und auf den §411 verweist, wo die freie menschliche Gestalt als „Zeichen" und „Kunstwerk der Seele" bezeichnet wird. Diese Formulierungen lassen vermuten, daß der Körper nicht nur aus Gründen des Klassizismus oder Humanismus bevorzugter Gegenstand ist, sondern eine bedeutungstheoretische Funktion hat. Diese besteht zunächst darin, daß der Leib als „den Geist bedeutende, charakteristische, sinnvolle Naturform" (§558, Anm.) Eigenbedeutung in das Kunstwerk einzubringen in der Lage ist.[17] Aber warum hat diese Tatsache eine so zentrale Stellung? Schließlich stellt die Mehrzahl der Kunstwerke keine menschlichen Körper dar, und auch innerhalb der klassischen Kunst wird man dies nicht beispielsweise als die Pointe der Tragödie bezeichnen können.

Meine Vermutung ist, daß es die Theorie des Ideals ist, die die Verbindung herstellt zwischen den dargestellten, bedeutsamen Körpern und einer quasimetaphorischen Rede von „Verkörperung" in Hinblick auf Bedeutung in der Kunst überhaupt. Ich habe schon angedeutet, daß ich die Rede Goodmans von einer Eigenschaft, die dem Kunstwerk *metaphorisch* zukommt (und die es exemplifizierenderweise denotiert), für problematisch halte. Folgt man Goodmans eigener Metapherntheorie, so handelt es sich bei dieser Eigenschaftszuschreibung um einen kalkulierten Kategorienfehler (ein Prädikat empfindender Wesen bei-

---

[16] Nur unter dieser Voraussetzung scheitert Hegels Versuch, die Einheit des Kunstwerks anhand von organischer Gestalteinheit zu entwickeln. (B. Hilmer, *Scheinen des Begriffs*. Kap. II, 1.) Damit ist natürlich nicht der Begriff des Lebens in Hegels Philosophie abgedeckt, der auch ein Explikandum der absoluten Idee (ebd., S. 77 f.) und des Geistbegriffs überhaupt darstellt.

[17] Diese Idee vom menschlichen Leib als „universellem bedeutendem natürlichen Zeichen" ist Gemeingut der Zeit Hegels. Vgl. B. Brunnemeier, *Vieldeutigkeit und Rätselhaftigkeit*. Die semantische Qualität und Kommunikationsfunktion des Kunstwerks in der Poetik und Ästhetik der Goethezeit. Amsterdam 1983.

spielsweise, etwa „traurig", wird auf die unbelebte Leinwand, also einen Gegenstand der falschen Kategorie projiziert). Die Rede von metaphorischen Eigenschaften, einer metaphorischen Verkörperung usf. muß somit voraussetzen, daß gewisse kategoriale Trennungen (wie belebt/unbelebt) gegeben und unkontrovers sind. Diese Voraussetzung ist aber gerade im Falle des Empfindungsleibes oder bei Stimmungen problematisch, da sich deren Räumlichkeit und gegenständliche Abgrenzung nicht mit organisch-physischen Gebenheiten deckt.

Hegel unterscheidet in der Logik verschiedene Verhältnisse, in die Geist und Leben zueinander treten können: „Das Leben als solches also ist für den Geist teils *Mittel*, so stellt er es sich gegenüber, teils ist er lebendiges Individuum und das Leben sein Körper; teils wird diese Einheit seiner mit seiner lebendigen Körperlichkeit aus ihm selbst zum *Ideal* herausgebohren."[18] Mit diesen Unterscheidungen könnten sich die Möglichkeiten der Inkarnation von Bedeutung in der Kunst verdeutlichen lassen: das Leben als individueller Körper bleibt im vorkünstlerischen Raum des Realen, der endlichen Bedürfnisse. Hingegen würde der Gebrauch eines Körpers als Zeichen, wenn man so will im Symbolischen, der zuerst genannten instrumentellen Verwendung des Lebens entsprechen. Um was für einen Körper aber handelt es sich beim Ideal? Als *Einheit* von Geist und Körperlichkeit sei das Ideal, schreibt Hegel, eine Geistgeburt, die Körperlichkeit selbst aber sei eine lebendige. Was dies heißt, läßt sich vielleicht verständlich machen, wenn man das Reale und das Symbolische, in Anlehnung an die Lacansche Trias, um das Imaginäre ergänzt. Als imaginäre wäre diese Körperlichkeit auf der Ebene anzusiedeln, auf der ein ichbezogenes Körperbild als Einheit des Empfindungsleibes zum Selbstgefühl und zu Bewegungs-, Lebens- und Interaktionsfähigkeit einer inkarnierten Person beiträgt. Um Körperlichkeit in einem anderen als nur metaphorischen Sinne müsste es sich also auch beim Ideal handeln, insofern dieses Rückwirkung hat oder sogar Teil ist der leiblichen Existenz derer, die es hervorbringen und gebrauchen. „Das Ideal kann man also wirklich und auch nicht wirklich nennen", heißt es 1820/21 (Ascheberg 1820/21, S. 69).

Eine, wie ich meine interessante Möglichkeit, diese Rückwirkung zu denken, läßt sich wieder an Hegels These anknüpfen, die Kunst solle den Begriff zu Bewußtsein bringen.

In einem etwas banalen Sinn ist der Körper, bzw. die leibliche Erfahrung als Ursprungs- und Entdeckungsort des Denkens ausgemacht worden, insofern sich nämlich angeblich fundamentale begriffliche Orientierungen auf Metaphern aus der Körpersphäre zurückführen lassen.[19] In einem etwas gehaltvolleren Sinne läßt sich Leiblichkeit als Basis von Bedeutung insofern deuten, als sich dem Bedeuten so etwas wie eine vorsprachliche Bedeutungsintention, als umgesetzte Bewegungs- und Handlungsgerichtetheit, zuordnen läßt (Merleau-Ponty). Im

---

[18] G.W.F. Hegel, *Wissenschaft der Logik*. Zweiter Band. Die subjektive Logik oder die Lehre vom Begriff. In: Ders.: Gesammelte Werke. In Verbindung mit der Deutschen Forschungsgemeinschaft hrsg. von der Rheinisch-Westfälischen Akademie der Wissenschaften. Bd. 12. Hrsg. von F. Hogemann und Walter Jaeschke. Hamburg 1981, S. 180.
[19] M. Johnson, *The Body in the Mind*. The Bodily Basis of Meaning, Imagination and Reason. Chicago/London 1987.

Hegelschen Modell hingegen müßte man wohl die Genese von Bedeutung mit der Erfahrung und Herstellung von imaginär-leiblichen Gestaltungs- und Entstaltungsprozessen in der Kunst in Zusammenhang bringen. Dabei ist der Leib in seiner Abgegrenztheit zwar der Ursprungsbereich der Innen-Außen-Metaphorik, was für den ubiquitären Vergleich der Bedeutung mit einer Seele (als dem Inneren) leitend ist. Aber er ist zugleich auch der Ort der Entstehung von Bedeutung im Wege der „Umstülpung" von Innen und Außen: im Klassischen individualisiert sich das Innere als Bedeutung im Sinne des Allgemeinen und tritt nach außen in der Sichtbarkeit der Empfindung (zumal des Auges), das partikulare Außen wird in der Idealisierung verallgemeinert und damit an ihm selbst bedeutsam, also verinnerlicht. In diesem „Chiasmus", wie man mit Merleau-Ponty sagen könnte, manifestiert sich die reflexionslogische Paradoxie, die in der klassischen Kunst darin erkennbar ist, daß ein vorausgesetzter „äußerer" Gehalt zugleich als ein „Innen" der Kunst, das heißt von ihr selbst gesetzt und erzeugt auftreten kann. Dieser chiastischen Umstülpung entspricht die spekulative Doppelbewegung der Bedeutung in der Exemplifikation, von der schon die Rede war: des Allgemeinen *im* Einzelnen und des Einzelnen *im* Allgemeinen[20].

Könnte man sagen, daß eine bedeutungsgenerierende imaginäre Leiblichkeit auch in den anderen Kunstformen eine Rolle spielt, also auch da, wo die Bedeutung sich nicht von einer gegenständlichen, als ganzheitlich aufgefaßten (wenn auch umstülpbaren) Körpergestalt her organisieren läßt?

Das ist sicherlich denkbar, insofern Leiblichkeit nicht ausschließlicher Gegenstand einer Darstellung sein muß, um ihr Medium sein zu können. Nicht zufällig kann man ja von Text-, Klang-, Bau- oder Bildkörpern sprechen. Auch in diesem Fall jedoch orientiert sich der Vergleich zunächst einmal an einer imaginären Gestalt- oder einer Empfindungseinheit. Diese kann aber schon im Klassischen nur deshalb eine Figur der Bedeutungsgenese sein, weil diese Einheit zugleich auch dezentriert wird. Erst recht können die Bedeutungsstrukturen des Symbolischen und Romantischen auf entsprechende Körperzustände verweisen und sie als imaginäre hervorbringen: im Symbolischen die des toten und damit zeichenhaften, des zerstückelten, „falsch" zusammengesetzten oder von der intergrierenden Empfindung getrennten Körpers; Im Romantischen hingegen wäre auf die Vervollkommnung des Anthropomorphismus hinzuweisen: die klassische Kunst ist „noch mangelhaft, weil diese Darstellung nicht anthropomorphistisch genug ist. Denn die Natur des Geistes ist ... die stete Bewegung, den Gegensatz, die Wirklichkeit sich anzupassen. In diese Bewegung fällt der Schmerz, das Bewußtsein des Gegensatzes." (Ascheberg 1820/21, S. 146) Die Schmerzempfindung wirkt im Prozeß einer Desintegration, die nicht mehr den imaginären Körper als solchen auseinanderwirft, sondern ihn in einer profanen, nicht bedeutungsgeladenen Einheit beläßt (das Romantische wäre so etwas wie ein Heilschmerz der Enthysterisierung des Körpers, wenn man den Ausdruckszwang des Klassischen als Hysterie bezeichnen wollte). Zugleich wird er im Schmerz aufgelöst und überschritten der-

---

[20] Siehe auch: R. Gasché, *Über chiastische Umkehrbarkeit (1987)*. In: Die paradoxe Metapher. Hrsg. von A. Haverkamp. Frankfurt a. M. 1998, S. 437–455.

art, daß dadurch so etwas wie eine abgehobene, „geistigere" Leiblichkeit entsteht – auch sie für Hegel offensichtlich „anthropomorph". Während in der Religionsphilosophie das Kollektiv als eine Vollzugsform des Geistes interessiert (die Gemeinde), ist für die Theorie des Ideals vor allem die gemeinsame schmerzhafte Selbstüberschreitung des Leiblichen im empfindungsmäßig erweiterten Medium ebendieser Leiblichkeit bedeutsam. Mit „Innigkeit" bezeichnet Hegel hier eine Form des Chiasmus, bei der die Innen-Außen-Differenz sich umkehrt derart, daß ich im Anderen mein Sein habe und der Andere das seine in mir hat. Die „morphé" des Menschlichen ist hier keine anschaubare Gestalt mehr, sondern zur Beziehung gesteigert.

Ein Indiz für die Begrifflichkeit des Ideals dürfte sein, daß es als imaginäre Gestaltbildung und -auflösung Medium des Bedeutens, aber selbst nicht auf ein äußeres Realisationsmedium festgelegt ist. Die unterschiedlichen Körperzustände können daher künstlerisch in verschiedenen Materialien und für sich abstrakten Sinnlichkeiten auftreten, zu denen sie sich transversal, aber nicht schlechthin arbiträr verhalten, wie an Hegels Versuchen der Zuordnung von Kunstformen und Kunstgattungen abzulesen ist.

Zum anderen korrespondiert die Aufhebung definiter, begrifflich übersetzbarer Bedeutungen in den Bedeutungszuständen des Ideals und die Aufhebung von Bedeutung und Gestalt überhaupt im Romantischen untergründig mit derjenigen Bedeutungslosigkeit, die dem Begriff in seinem eigentlichen Element, dem Denken, eigen ist.

Der reine Gedanke ist das „wahrhaft Classische", wie es in der Ascheberg-Nachschrift heißt (Ascheberg 1820/21, S. 140). Bedeutung ist dort erforderlich, wo etwas zu Bewußtsein gebracht oder behalten werden muß (Enzyklopädie 1830, §464). Modern ausgedrückt: wenn wir uns etwas zu Bewußtsein bringen wollen, können wir dies nicht, ohne (implizit oder explizit) regelhafte, kommunikativ verfügbare und ausweisbare Formen zu benutzen. Aber das Denken geht so wenig wie die Kunst im Bewußtmachen auf, und dann ist der Begriff weder implizit noch explizit. Wie in der Tätigkeit des reinen Gedankens, „der keine *Bedeutung* mehr hat" (ebd.), begnügt sich der Begriff auch in der Kunst manchmal damit, die Sache selbst zu sein.

Dietmar Köhler

„Kunst und Spekulation sind in ihrem Wesen der Gottesdienst" – Die Transformation der frühidealistischen Kunstauffassung Schellings in Hegels Entwicklung zur ‚Phänomenologie des Geistes'*

Hegels systematische Begründung der Ästhetik in den Heidelberger und Berliner Vorlesungen kann mit Recht zu den prominentesten und meistdiskutierten Teilen der Hegelschen Philosophie gerechnet werden. Verfolgt man die Frage, durch welche charakteristischen Momente sich die Konzeption Hegels gegenüber anderen zeitgenössischen und insbesondere idealistischen Ästhetikbegründungen auszeichnet, so ist es – wie bei den anderen Systemteilen auch – hilfreich, sich den Entstehungsbedingungen dieses Ansatzes im Zuge der Ausbildung und fortschreitenden Verfestigung des „Systems", das seinerseits keineswegs als monolithischer Block aber ebensowenig als mehr oder weniger labiles Zufallsgebilde aufzufassen ist, zu Anfang der Jenaer Jahre zuzuwenden. Gerade die Transformationen, die Hegels Kunstauffassung vom Beginn des Aufenthaltes in Jena bis zur Abfassung der *Phänomenologie des Geistes* unter wechselnden Einflußfaktoren erfahren hat, können ein Licht werfen auf die spezifischen Merkmale der späteren Konzeption vor dem Hintergrund des „gereiften" Systems.

Dabei ist jedoch einschränkend festzuhalten, daß die frühen Jenaer Systementwürfe hier keineswegs aus der Perspektive des enzyklopädischen Systems und der Berliner Vorlesungen interpretiert werden sollen, da jene dann ihre spezifische Dignität einbüßen und zu bloßen Präluminarien des späteren Ansatzes herabsinken würden. Auf diese Weise aber dürfte schwerlich ein angemessenes Verständnis dieser Entwürfe, die ja jeweils aus einer spezifischen Problemstellung entsprungen sind und sich somit zugleich auf eine aktuelle Dikussionslage beziehen, zu gewinnen sein. Gleichwohl aber wird sich zeigen lassen, daß He-

---

* Die nachfolgenden Ausführungen entstanden gelegentlich eines umfangreicheren Forschungsvorhabens, das der Verfasser mit Unterstützung der Alexander von Humboldt-Stiftung am Centre de Recherche & de Documentation sur Hegel & L'Idéalisme Allemand der Universität Poitiers durchführen konnte. Der Alexander von Humboldt-Stiftung sei daher an dieser Stelle ausdrücklich für die Förderung dieses Forschungsprojektes gedankt.

gels anfängliche Parallelsetzung von Kunst und Spekulation im Kontext der *Differenzschrift* im Zuge der differenzierteren Ausgestaltung der Jenaer Systementwürfe zugunsten einer Emanzipation der Logik *als* spekulativer Philosophie, die zugleich mit den Ansätzen zur Etablierung der Ästhetik als eigenständiger Disziplin einhergeht,[1] zurückgenommen wird. Dieser Prozeß kann seinerseits als maßgebliche Voraussetzung auch der späteren systematischen Begründung der Ästhetik angesehen werden.

In den folgenden Ausführungen soll es zunächst darum gehen, die Parallelsetzung von Kunst und Spekulation in Hegels ersten Jenaer Entwürfen herauszuheben. In diesem Kontext ist auch der Einfluß von Schellings frühidealistischer Kunstauffassung auf die Hegelsche Konzeption zu berücksichtigen. In einem weiteren Schritt wird dann die gewandelte Rolle der Kunst in den späteren Jenaer Systementwürfen sowie der *Phänomenologie des Geistes* zu betrachten sein.

1 Spekulation und Kunst als Artikulationsmodi des Absoluten

In der 1801 erschienenen Schrift über die „Differenz des Fichte'schen und Schelling'schen Systems der Philosophie" stellt Hegel erstmals dem Begriff der Reflexion als dem Denken, das die isolierten Unterscheidungen des Verstandes im Bereich des Endlichen zu fixieren sucht, in ausführlicher Manier das Prinzip der Spekulation entgegen. Die Spekulation erst vermag den Zugang zu der den verfestigten Entgegensetzungen von Vernunft und Sinnlichkeit, Intelligenz und Natur bzw. „von absoluter Subjektivität und absoluter Objektivität" vorausliegenden Einheit zu ebnen. Diese Einheit ist das Absolute selbst, das Ziel, welches gesucht und von der Vernunft produziert wird, „indem sie das Bewußtseyn von den Beschränkungen befreyt, dieß Aufheben der Beschränkungen ist bedingt durch die vorausgesetzte Unbeschränktheit".[2] Die Reflexion als Vermögen des Endlichen und Instrument des Philosophierens gelangt daher nur unter der Voraussetzung, daß sie mit der ihr entgegengesetzten Unendlichkeit in der Vernunft „synthetisirt" ist, zum wahren Wissen, d. h. es gibt keine Wahrheit der isolierten Reflexion, sondern wahres Wissen ist nur möglich, insofern die Reflexion ihre notwendige Beziehung auf das Absolute anerkennt als bewußte Identität des Endlichen und der Unendlichkeit, eine Identität, die so verstanden werden muß, daß die Unendlichkeit das Endliche „in sich faßt". Jene für die Reflexion notwendige Synthese des Endlichen mit der Unendlichkeit formuliert Hegel auch

---

[1] Vgl. O. Pöggeler, *Die Entstehung von Hegels Ästhetik in Jena*. In: Hegel in Jena. Die Entwicklung des Systems und die Zusammenarbeit mit Schelling. Hegel-Tage Zwettl 1977. Hrsg. von D. Henrich und K. Düsing. Bonn 1980 (Hegel-Studien. Beiheft 20), S. 249–270.
[2] G.W.F. Hegel, *Jenaer Kritische Schriften*. Hrsg. von H. Buchner und O. Pöggeler. In: Ders., Gesammelte Werke. In Verbindung mit der Deutschen Forschungsgemeinschaft hrsg. von der Rheinisch-Westfälischen Akademie der Wissenschaften (im folgenden GW). Bd. 4. Hamburg 1968, S. 15.

so, daß die Spekulation als Realität der Erkenntnis nur das „Seyn der Erkenntniß in der Totalität" anerkenne.³

Jedoch ist für die Spekulation die Beziehung der Beschränktheit auf das Absolute keine Entgegensetzung im Bewußtsein, wie dies in der unmittelbaren Gewißheit des Glaubens der Fall ist, die als Gefühl oder Anschauung gerade auf der Trennung der – endlichen – Vernunft vom Absoluten beharrt. Dagegen konstruiert die Spekulation das im Bewußtsein des gesunden Menschenverstandes notwendig Entgegengesetzte zur bewußten Identität. Allerdings kann die geforderte Konstruktion dieser Identität als eines organischen Ganzen, welches die Totalität des Wissen in einem philosophischen System zu organisieren hat, nicht so erfolgen, daß das Absolute in Form eines absoluten Grundsatzes bereits vorläge und alle weiteren endlichen Bestimmungen daraus zu deduzieren wären, denn der so formulierte Satz bliebe immer etwas Beschränktes und Bedingtes, so daß er auf einen anderen zu seiner Begründung zurückverweisen müßte u.s.f.. Demzufolge läßt sich das Verhältnis von Sätzen generell und damit die formelle Seite der Spekulation, so wie sie sich der Reflexion darbietet, vorerst nur negativ charakterisieren, da nach dieser Analyse die Antinomie, der sich selbst aufhebende Widerspruch, „der höchste formelle Ausdruck des Wissens und der Wahrheit" ist.⁴

Dieser negativen Seite des formalen, sich selbst aufhebenden, Vernunftwissens stellt Hegel als positive Seite des Wissens die Anschauung gegenüber, die jedoch ihrerseits mit dem Vernunftwissen vereinigt werden muß, soll sie nicht „empirisch" und „bewußtlos" bleiben, wie umgekehrt das reine Wissen ohne die Anschauung seine entgegengesetzten Momente im Widerspruch vernichten würde. Demzufolge vereinigt das „transzendentale Wissen" Anschauung und Reflexion; „es ist Begriff und Seyn zugleich".⁵ Je nachdem, ob in diesem der ideelle oder der reelle Faktor überwiegt, kann es als „transzendentales Wissen" oder als „transzendentale Anschauung" bezeichnet werden; beide sind dem Wesen nach ein- und dasselbe. Nur vermöge dieser Einheit können die entgegengesetzten Endlichkeiten zugleich als „Radien eines unendlichen Fokus", in welchem ihre Entgegensetzung aufgehoben ist, begriffen werden; das spekulative Wissen erweist sich somit als „Identität der Reflexion und der Anschauung".⁶

Zwar werden die Schwierigkeiten einer derartigen Synthese von Reflexion und Anschauung im weiteren Verlauf der *Differenzschrift* noch nicht in einer

---

³ A.a.O., S. 20.
⁴ A.a.O., S. 26.
⁵ A.a.O., S. 27.
⁶ A.a.O., S. 29. Offensichtlich gebraucht Hegel den Begriff der Spekulation auch in einem weiteren Sinne als Identität des Subjekts und des Objekts, die sich beispielsweise auch in Kants Deduktion der Verstandes-Formen wiederfinden ließe (vgl. a.a.O., S. 5 f.), aber auch in der Philosophie Fichtes (vgl. a.a.O., S. 77). Die oben postulierte Identität von Reflexion und intellektueller Anschauung kann dagegen schwerlich auf Kants transzendentale Deduktion übertragen werden. In einem ebenfalls eher formalen Sinne erscheint der Begriff „Spekulation" als Aufhebung der entgegengesetzten Bestimmtheiten in einer absoluten Identität durch ihre Beziehung auf das Absolute (vgl. a.a.O., S. 19 ff.), deren bestimmtere Ausführung das Prinzip der Identität von Reflexion und Anschauung darstellt.

differenzierten begrifflichen Erörterung aufgelöst; das Prinzip der intellektuellen Anschauung wie das der Spekulation verbleibt somit zunächst rein programmatisch und methodisch unterbestimmt. Gleichwohl gibt Hegel gegen Ende der Schrift einen Hinweis, nach welchen Kriterien die intellektuelle Anschauung des Absoluten näher strukturiert werden könnte, indem er die Auffassung des Absoluten nach drei verschiedenen möglichen Polaritäten, nach welchen entweder die Seite des Bewußtseins oder die des Bewußtlosen als überwiegend gesetzt wird, unterteilt. Danach erscheint in der Kunst die Anschauung des Absoluten „mehr in einem Punkt koncentrirt und das Bewußtsein niederschlagend – entweder in der eigentlich sogenannten Kunst als Werk, das objektiv theils daurend ist, theils mit Verstand als ein todtes äusseres genommen werden kann, ein Produkt des Individuums, des Genies, aber der Menschheit angehörend".[7] Die zweite Weise der eher „objektivierenden" Auffassung des Absoluten – in diesem Falle jedoch stärker unter der Perspektive des anschauenden Individuums – ist die der Religion, in ihr zeigt sich das Absolute „als ein lebendiges Bewegen, das als subjektiv nur Momente erfüllend, vom Verstand als ein bloß innres gesetzt werden kann; das Produkt einer Menge, einer allgemeinen Genialität, aber auch jedem einzelnen angehörend".[8] In der Spekulation schließlich „erscheint jene Anschauung mehr als Bewußtseyn, und im Bewußtseyn ausgebreitetes, als ein Thun subjektiver Vernunft, welche die Objektivität und das Bewußtlose aufhebt."[9]

Wenn aber die Anschauung sich in der Kunst vornehmlich dem objektivierten, äußerlich vorfindlichen Sein des Absoluten widmet, die Spekulation dagegen auf das Produzieren dieses Absoluten im Bewußtsein sich konzentriert, so bedeutet dies keineswegs, daß beide Prinzipien als sich absolut setzende isoliert voneinander bestünden. Ihre innige wechselseitige Bedingtheit artikuliert die *Differenzschrift* in dem Satz: „Wenn der Kunst in ihrem wahren Umfang, das Absolute mehr in der Form des absoluten Seyns erscheint, so erscheint es der Spekulation mehr als in ein in seiner unendlichen Anschauung sich selbst erzeugendes; aber indem sie es zwar als ein Werden begreift, setzt sie zugleich die Identität des Werdens und des Seyns, und das als sich erzeugend ihr erscheinende wird zugleich als das ursprüngliche absolute Seyn gesetzt, das nur werden kann, insofern es ist; sie weiß sich auf diese Art das Übergewicht, welches das Bewußtsein an ihr hat, selbst zu nehmen; ein Übergewicht, das ohnehin ein ausserwesentliches ist; beydes, Kunst und Spekulation sind in ihrem Wesen der Gottesdienst; beides ein lebendiges Anschauen des absoluten Lebens, und somit ein Einsseyn mit ihm."[10] Religion, Kunst und Spekulation sind demnach als gleichrangige, wenn auch mit unterschiedlichen Akzentsetzungen versehene Weisen aufzufassen, nach denen sich das Absolute artikuliert.

Zweifellos ist Hegels Auffassung der Kunst als Synthese von bewußter Tätigkeit (d. h. Freiheit) und bewußtlosem aber gleichwohl objektivierendem Hervorbringen insbesondere – wenngleich nicht ausschließlich – durch die Bestimmung

---

[7] A.a.O., S. 75.
[8] Ebd.
[9] Ebd.
[10] A.a.O., S. 75 f.

der Kunst in der frühidealistischen Philosophie Schellings, wie sie sich etwa im *System des transzendentalen Idealismus* von 1800 niederschlägt, inspiriert.[11] Nur die Kunst vermag nach Schelling das Unendliche, nämlich die Synthesis von Natur und Freiheit, im Endlichen darzustellen; darin allein liegt die Schönheit des Kunstwerks, die dieses überhaupt zu einem solchen qualifiziert. So ist die Kunst, welche den Widerspruch von bewußtem und bewußtlosen Hervorbringen, von Natur und Freiheit, in Harmonie auflöst, nach Schelling „die einzige und ewige Offenbarung, die es gibt, und das Wunder, das, wenn es auch nur Einmal existirt hätte, uns von der absoluten Realität jenes Höchsten überzeugen müßte."[12] Die einzige objektiv gewordene intellektuelle Anschauung ist demnach die ästhetische Anschauung, welche sich in das Angeschaute vertieft und „nur auf dem Unendlichen zu ruhen vermag".[13]

Sollte man versucht sein, aufgrund der bei Schelling in prägnantester Weise formulierten Hochschätzung der Kunst als Offenbarung des Absoluten die obige Parallelsetzung von Spekulation und Kunst nicht Hegel selbst zuzuschreiben, sondern allein als Referat der Schellingschen Position zu interpretieren, insofern die zur Debatte stehenden Textpassagen sich in der Tat am Ende der „Vergleichung des Schelling'schen Princips der Philosophie mit dem Fichte'schen" wiederfinden, so vermag – abgesehen von dem Umstand, daß Hegel hier seine eigene Position offenkundig mit derjenigen Schellings weitgehend identifiziert – bereits ein Blick auf das Fragment „Die Idee des absoluten Wesens..." aus den Vorlesungsmanuskripten vom Wintersemester 1801/02 über „Introductio in philosophiam" eines Besseren zu belehren.[14]

Nach dem hierin skizzierten vierteiligen Systemaufriß muß die Wissenschaft zunächst in der Logik die „Wissenschaft der Idee als solche" entfalten, dann als „Wissenschaft der Realität der Idee" von der Philosophie der Natur zur Philosophie des Geistes bzw. der Sittlichkeit übergehen, um schließlich „im 4ten Theil in der Philosophie der Kunst und der Religion zur reinen Idee" zurückzukehren und die „Anschauung Gottes" zu organisieren.[15] Kunst, Religion und spekulative Erkenntnis stehen somit in einer unauflöslichen Einheit zu einander, die ihrerseits in der Einheit ihres Gegenstandes, der *einen*, nur *in sich* unterschiedenen Idee, begründet ist. Folglich muß das spekulative Erkennen, „die ganze

---

[11] Vgl. F.W.J. Schelling, *Sämmtliche Werke*. Hrsg. von K.F.A. Schelling. Stuttgart/Augsburg 1856–61 (im folgenden Werke). Bd. III, S. 612–629. Zu den Einflüssen Schellings auf Hegel zu Beginn der Jenaer Jahre vgl. K. Düsing, *Idealistische Substanzmetaphysik. Probleme der Systementwicklung bei Schelling und Hegel in Jena.* In: Hegel in Jena. Die Entstehung des Systems und die Zusammenarbeit mit Schelling. Hegel-Tage Zwettl 1977. Hrsg. von D. Henrich und K. Düsing. Bonn 1980 (Hegel-Studien. Beiheft 20), S. 25–44; ferner ders., *Die Entstehung des spekulativen Idealismus. Schellings und Hegels Wandlungen zwischen 1800 und 1801.* In: Transzendentalphilosophie und Spekulation: der Streit um die Gestalt einer Ersten Philosophie (1799–1807). Hrsg. von W. Jaeschke (= Philosophisch-literarische Streitsachen. Bd. 2). Hamburg 1993, S. 144–163.
[12] Werke III, S. 618.
[13] A.a.O., S. 620.
[14] Vgl. GW. Bd. 5: *Schriften und Entwürfe*. Hrsg. von M. Baum und K.R. Meist unter Mitwirkung von T. Ebert. Hamburg 1998, S. 262–265.
[15] A.a.O., S. 264.

Entfaltung der sittlichen und geistigen Natur in der Einen Idee zusammenfassen, oder vielmehr nur die Reflexion am Ende noch darauf machen, daß sie immer in die Eine Idee zusammengefaßt geblieben ist."[16] Wenn das Erkennen nach dieser Konzeption nur die Bewegung des absoluten Wesens nachvollzieht, so folgt hieraus nicht nur die innere Zusammengehörigkeit von Kunst, Religion und Spekulation, sondern auch ihre wesensmäßige Gleichberechtigung als Artikulationsmodi des Absoluten, insofern die Prävalenz der einen oder anderen Seite der ursprünglichen Einheit der Idee des absoluten Wesens zuwiderliefe.

Gerade hierin aber manifestiert sich bereits eine entscheidende Differenz der Hegelschen Konzeption gegenüber der von Schelling im *System des transzendentalen Idealismus* formulierten, insofern Schelling Kunst und Wissenschaft zwar als inhaltlich verwandt und mit der gleichen Aufgabe betraut ansieht, keineswegs aber beide als gleichrangig einstuft, sondern die Kunst in elitärer Manier über die Wissenschaft setzt. Dies hat seinen Grund darin, daß das absolut Identische als gemeinsames Ziel von Kunst und Wissenschaft nach Schelling niemals durch Begriffe erfaßt, sondern allein intellektuell angeschaut werden kann. Da aber die ästhetische Anschauung die einzige objektiv gewordene „transzendentale", d. h. intellektuelle Anschauung ist, gilt ihm die Kunst als „das einzige wahre und ewige Organon und zugleich Document der Philosophie": „Die Kunst ist eben deßwegen dem Philosophen das Höchste, weil sie ihm das Allerheiligste gleichsam öffnet, wo in ewiger und ursprünglicher Vereinigung gleichsam in Einer Flamme brennt, was in der Natur und Geschichte gesondert ist, und was im Leben und Handeln, ebenso wie im Denken, ewig sich fliehen muß."[17] So muß die Philosophie im *System des transzendentalen Idealismus* nach ihrer Vollendung über das Mittelglied der Mythologie zur Poesie und das heißt zur Kunst zurückkehren. Allein die Kunst ist für Schelling Zweck an sich selbst, während selbst die Wissenschaft letztlich doch nur als Mittel für jene gilt.

2 Die gewandelte Rolle der Kunst im Übergang zur Konzeption der *Phänomenologie des Geistes*

Hatten die frühen Jenaer Systementwürfe Hegels die prinzipielle Gleichwertigkeit und innere Zusammengehörigkeit von Kunst, Religion und Spekulation als Artikulationsweisen des Absoluten hervorgehoben, so zeigt sich in den letzten Jenaer Vorlesungen ein erheblich modifiziertes Bild, was das Verhältnis von Spekulation, d. h. Philosophie, und Kunst anbetrifft. Besonders deutlich wird dies in dem letzten überlieferten Jenaer Vorlesungsmanuskript über *Naturphilosophie und Philosophie des Geistes* von 1805/06, dessen Systemskizze am Ende der *Philosophie des Geistes* bereits als unmittelbare Vorlage für die Gliederung der *Phänomenologie des Geistes* anzusehen ist.[18] Eine genaue Bestimmung der

---
[16] A.a.O., S. 262.
[17] Werke III, S. 627 f.
[18] Auf die Entsprechung der Kapitelfolge der *Phänomenologie des Geistes* und der Logikskizze von 1805/06 hat insbesondere O. Pöggeler wiederholt hingewiesen; vgl. u. a. O. Pöggeler,

Rolle der Kunst in ihrem Verhältnis zu Religion und Wissenschaft findet sich im Anschluß an die Erörterung der Sittlichkeitsthematik in der *Philosophie des Geistes* unter Punkt „C. Kunst, Religion und Wissenschaft".

Allgemein formuliert, ist die Kunst zunächst Ausdruck des sich selbst wissenden, absolut freien Geistes, der sich mit der Etablierung eines sittlichen Gemeinwesens konstituiert. Ihr Grundcharakter ist die Unmittelbarkeit der Form, welche gegen jeden besonderen Inhalt gleichgültig ist; allerdings variiert die Form zwischen der ruhenden Gestalt der plastischen Kunst und der gestaltlosen Bewegung der musikalischen Kunst, als deren Mitte die Malerei erscheint. Die vollendete, d. h. absolute Kunst ist die, „deren Inhalt der Form gleich ist".[19] Jedoch verbleibt die Kunst in dem Widerspruch zwischen rein intellektueller Schönheit, die zwar das Symbolische akzentuiert, aber die Indivudualität preisgibt, und reiner sinnlicher Anschauung im Sinne der homerischen Plastik, die die Bedeutung herabsetzt in die Individualität, so daß das Allegorische nicht ausgedrückt werden kann. In dieser Weise vermag die Kunst wohl die Welt als geistige und für die Anschauung zu erzeugen, doch nicht als klarer sich wissender Geist, sondern als „begeisterter Geist" ist sie „der indische Bacchus": „Sein Element ist die Anschauung – aber sie ist die Unmittelbarkeit, welche nicht vermittelt ist – dem Geiste ist dies Element daher unangemessen. Die Kunst kann daher ihren Gestalten nur einen beschränkten Geist geben; die Schönheit ist Form, sie ist die Täuschung der absoluten Lebendigkeit, die sich selbst genügt, und in sich abgeschlossen und lebendig sei."[20]

Die Anschauung wird von Hegel nunmehr in eindeutiger Abgrenzung gegenüber der noch in der *Differenzschrift* sowie den Vorlesungsmanuskripten von 1801/02 u. a. von Schelling übernommenen Konzeption der intellektuellen Anschauung als „Medium der Endlichkeit" qualifiziert, welches daher untauglich ist, das Unendliche zu fassen, sondern nur eine „gemeinte Unendlichkeit", nicht eine *wahre* Vorstellung, ausdrückt. Hegels Rede von der „gemeinten Unendlichkeit" impliziert, daß die Schönheit nur den „Schleier, der die Wahrheit bedeckt, als die Darstellung derselben" bezeichnet.[21] Was aber der Schleier der Schönheit bedeckt, ist nichts Anderes als der religiöse Inhalt der Kunst. Demgemäß ist die Kunst „in ihrer Wahrheit" vielmehr Religion, „Erhebung der Kunstwelt in die Einheit des absoluten Geistes".[22] Nur unter dieser Prämisse sind die einzelnen Kunstwerke, welche durch ihre Schönheit freie eigene Lebendigkeit gewinnen, in ihrer wahrhaften Bedeutung, nämlich als Momente in der Bewegung des Ganzen, aufzufassen. Die Kunst, die solchermaßen zur Kunstreligion mutiert, erweist

Ansatz und Aufbau der Phänomenologie des Geistes. In: Journal of the Faculty of Letters. The University of Tokyo. Aesthetics 13 (1988), S. 839–853; ferner D. Köhler/ O. Pöggeler, *Einführung*. In: Klassiker Auslegen: G. W. F. Hegel: Phänomenologie des Geistes. Hrsg. von D. Köhler und O. Pöggeler. Berlin 1998, S. 1–31.

[19] GW. Bd. 8: *Jenaer Systementwürfe III*. Hrsg. von R.P. Horstmann und J.H. Trede. Hamburg 1976, S. 278.
[20] A.a.O., S. 279.
[21] Ebd.
[22] A.a.O., S. 280.

sich als „Selbstproduktion" ihres Inhalts, des absoluten Geistes, d. h. des „in sich reflektierten absoluten Lebens".[23]

Freilich ist nach der Konzeption der Systementwürfe von 1805/06 wie auch derjenigen der *Phänomenologie* selbst die Religion dem „Wissen des Geistes von sich als absolutem Geiste" nicht vollständig angemessen, da ihr Inhalt in der unmittelbaren Vorstellung gegeben ist, nicht aber begrifflich erfaßt wird: „Der Inhalt der Religion ist wohl wahr; aber dieses Wahrsein ist eine Versicherung – ohne Einsicht – Diese Einsicht ist die Philosophie, absolute Wissenschaft – derselbe Inhalt als der der Religion – aber Form des Begriffs ...".[24] Die anfängliche Parallelisierung von Kunst, Religion und Spekulation ist somit zurückgetreten zugunsten einer eindeutigen Hierarchisierung, die Hegel fortan beibehalten wird. Damit einher geht eine zunehmend historisierende Auffassung der Kunst, so daß in der *Phänomenologie* die Kunst nicht in einer eigenständigen systematischen Erörterung, wie man dies nach den früheren Jenaer Systementwürfen noch hätte erwarten können, sondern vornehmlich im Rahmen des Religions-Kapitels abgehandelt wird.

Die Kunst-Religion als Aufhebung der Natürlichkeit wird darin ausschließlich dem klassischen Griechenland zugewiesen und dem Christentum als der neuzeitlichen offenbaren Religion gegenübergesetzt. Erst im Christentum wird Gott als ein wirklicher einzelner Mensch sinnlich angeschaut und nur so „ist er Selbstbewußtseyn". Sofern Gott „allein im reinen speculativen Wissen ereichbar" ist,[25] erweist sich die Kunst-Religion gegenüber der offenbaren Religion als eine vorläufige, denn nur in dieser zeigt sich – indem Gott als Selbstbewußtsein aufgefaßt wird – das spekulative Wissen. Somit erscheint die Kunst als Kunst-Religion innerhalb der Gesamtentwicklung der *Phänomenologie* zwar als ein notwendiges, nichtsdestoweniger aber transitorisches Moment im Zuge der Entfaltung des absoluten Wissens. Dem widerspricht auch nicht, daß Hegel für die Illustration der Wissenschaft der Erfahrung des Bewußtseins auf der Ebene der *Beispiele* sehr häufig Kunstwerke, insbesondere literarische Kunstwerke, heranzieht, denn eine ausdrückliche systematische Reflexion über Bedeutung und Funktion der Kunst ist damit keineswegs verbunden.

Ist also, wie oben gezeigt werden konnte, in Hegels Entwicklung von den ersten Jenaer Entwürfen bis hin zur *Phänomenologie des Geistes* aus systematischer Perspektive eine merkliche „Depotenzierung" bezüglich der Rolle der Kunst zu verzeichnen, so gilt dies in analoger Weise ebenso für den „Urheber" der Hegelschen Kunstauffassung. Auch bei Schelling tritt die noch um 1800 kaum zu überbietende systematische Hochschätzung der Kunst als einzig adäquater Ausdruck des Absoluten zunehmend zugunsten einer Gleichstellung von Kunst und Philosophie zurück, so daß er bereits im Dialog *Bruno oder über das göttliche und natürliche Prinzip der Dinge* von 1802 im offensichtlichen Anschluß an Hegels Formulierung in der *Differenzschrift* Anselm im Gespräch mit Alexander

---

[23] Ebd.
[24] A.a.O., S. 286; vgl. GW. Bd. 9: *Phänomenologie des Geistes*. Hrsg. von W. Bonsiepen und R. Heede. Düsseldorf 1980, S. 426 f.
[25] A.a.O., S. 407.

sagen läßt, daß der Philosoph denselben Gottesdienst innerlich wie der Künstler äußerlich, „ohne es zu wissen", ausübe.[26] In ähnlicher Weise artikulieren auch die *Vorlesungen über die Methode des akademischen Studiums* und die *Philosophie der Kunst* die wechselseitige Bedingtheit von Philosophie und Kunst, da einerseits allein die Philosophie geeignet sei, „wissenschaftlich" in die Kunst einzudringen, andererseits die Kunst nur als „vollkommenster objektiver Reflex" der Philosophie erscheine.[27] Wenn Schelling schließlich davon spricht, daß „in dem Philosophen nothwendig auch noch ein höherer ideeller Reflex von dem, was in dem Künstler reell ist", sei,[28] insofern das Ideelle immer als höherer Reflex des Reellen gelte, deutet sich sogar ein systematischer Vorrang der Philosophie gegenüber der Kunst an. In den *Philosophischen Untersuchungen über das Wesen der menschlichen Freiheit und die damit zusammenhängenden Gegenstände* von 1809 wird die Kunst schließlich überhaupt keiner näheren systematischen Betrachtung mehr gewürdigt, sondern allenfalls beiläufig noch erwähnt.

Dagegen belegen Hegels Heidelberger und Berliner Ästhetikvorlesungen, daß die Kunst, wiewohl sie nicht mehr als gleichberechtigtes Prinzip neben der Spekulation steht, keineswegs aus dem Focus der philosophischen Reflexion verschwindet. Demgemäß kann kaum die Rede davon sein, daß Hegels Entwicklung von den ersten Jenaer Entwürfen bis zur systemtischen Entfaltung einer spekulativen Philosophie mit der *Phänomenologie des Geistes* gleichsam die vieldiskutierte These vom „Ende der Kunst" einleite. Zu fragen bleibt umgekehrt, ob mit Hegels Herabsetzung der Rolle der Kunst gegenüber der Spekulation, die nunmehr einzig adäquater Ausdruck des Wissens des Geistes von sich zu sein beanspruchen kann, nicht auch die positive Möglichkeit einer Emanzipation der Kunst von den Zwängen eines spekulativen Systems verbunden sein könnte, insofern mit der „Depotenzierung" in systematischer Hinsicht zugleich die Notwendigkeit zur Konstruktion entfällt.

---

[26] Vgl. Werke IV, S. 231. Zu Schellings Übernahme der Hegelschen Position vgl. K. Düsing, *Spekulation und Reflexion. Zur Zusammenarbeit Schellings und Hegels in Jena*. In: Hegel-Studien 5 (1969), S. 95–128, insbes, S. 117 ff.
[27] Vgl. Werke V, S. 348 f. u, S. 369.
[28] Werke V, S. 348.

Beate Bradl

Die Autonomie des Schönen – Die systematische Bestimmung der Kunst in den Enzyklopädiefassungen

Es gehört zu den bemerkenswertesten Leistungen von Hegels Ästhetik, daß sie beides vermag, sowohl eine theoretisch-systematische Grundlegung eines Kunstbegriffs zu bieten als auch einen Reichtum an inhaltlichen Darlegungen und phänomen-analytischen Aussagen zur Kunst und ihrer Geschichte zu entfalten. Dennoch ist sie bisher fast ausschließlich nach ihrer differenzierten inhaltlichen Seite ins Blickfeld gerückt. Die mögliche Abhängigkeit beider Seiten und die systematische Seite selbst, wie sie innerhalb der Enzyklopädie von Hegel abgehandelt wird, sind in der neueren Forschung zu Hegels Kunstphilosophie kaum thematisiert worden. Dem Bemühen um Nachweis der Aktualität stand Hegels systematische These vom Ende der Kunst im Weg, und die heutige Skepsis einem Totalitätsdenken gegenüber hat ihr übriges getan, um die Frage nach Hegels systematischem Kunstbegriff wenig attraktiv erscheinen zu lassen. Es mag aber auch an einer Schwierigkeit des Kunstbegriffs selbst liegen, die schon früh erkannt worden ist. Rosenkranz hat in seiner Rezension von Hothos Edition der *Vorlesungen über die Ästhetik*, erschienen 1836 in der Reihe *Jahrbücher für wissenschaftliche Kritik*, darauf hingewiesen, daß Hegels *Ästhetik*, wie sie in der *Enzyklopädie* inauguriert wird, dem damaligen Publikum deshalb „am Dunkelsten blieb", weil sie dem Schönen kein „eigenthümliches Gebiet" einräumt, insofern sie sich nur „auf das Logische und sittlich-Religiöse" zu verstehen scheint. Rosenkranz stellte schon damals die Frage, „wie Hegel sich überhaupt die Stellung der Aesthetik im Kreise der absoluten Geistigkeit gedacht hat", „wie sich die Trennung der Religion (von der Kunst) in der Encyclopädie rechtfertigt"[1]. Diese Frage zu beantworten, mag abgesehen von einem Interesse an historisch-immanenten Analysen zur Philosophie Hegels kaum hinreichend motiviert sein. Welche Gründe gibt es dennoch, sich heute mit ihr zu befassen und sich auf

---

[1] Vgl. K. Rosenkranz, *G.W.Fr. Hegel's Vorlesungen über die Aesthetik*. Herausgegeben von D.H.G. Hotho. Erster Band [Rezension]. In: Jahrbücher für wissenschaftliche Kritik. Berlin, Januar 1836. Nr. 1–2. Sp. 1–15; Nr. 3. Sp. 17–20. Rosenkranz war der Auffassung, daß solche Fehleinschätzungen mit dem Erscheinen von Hothos Redaktion der *Vorlesungen über die Ästhetik* korrigiert werden könnten.

die problematisch erscheinende Grundlegung der Ästhetik in der Enzyklopädie einzulassen?

Die Erwartungen, die an Kunsttheorien gerichtet werden, dürften disparat sein. Unmittelbar jedoch, im Kontext der Konfrontation, der Betrachtung oder der Beschäftigung mit Entitäten, die als Kunstwerke gelten, sollte eine Theorie wenigstens Leitgesichtspunkte der gedanklichen Orientierung bieten. Sie sollte sich über eine Nähe zum Phänomen empfehlen und anknüpfen können an den *Inhalt der Vorstellung und der empirischen Bekanntschaft*[2]. Ausgehend von der Kunsterfahrung selbst muß sie daher zunächst zu Aussagen kommen, die den dieser Erfahrung eingeschriebenen kognitiven Gehalten so gerecht wie möglich werden. Die Vielfalt der Phänomene, an denen sich eine theoretische Reflexion betätigt, dürfte gerade deshalb aber zu einer ebenso großen Vielfalt kunsttheoretischer Konzeptionen führen, deren unterschiedliche Hintergrundüberzeugungen und Ansätze die Kunsttheorie insgesamt partikularisiert[3]. Das Interesse, die Phänomene nicht nur als *unmittelbar von der Vorstellung gegeben* und *die Methode des Erkennens [...] als bereits angenommen*[4] vorauszusetzen, sondern nach der Kunst als solcher zu fragen und sie aus *einem* theoretischen Kontext so zu verstehen, daß die vielfältigsten Theorieinteressen integrierbar werden könnten, ohne zugleich die Phänomene ganz aus dem Blick zu verlieren, mag insofern nachvollziehbar sein. Der Pluralismus von gegenwärtigen ästhetischen Theorien erzeugt trotz der erfrischend abwechslungsreichen theoretischen Diskussionen über Kunst auch das Bedürfnis nach Integration. Eine systematische Kunsttheorie in der Nachfolge Hegels könnte diesem Bedürfnis vielleicht genüge tun. Denn daß eine integrative Kunsttheorie nicht den Weg der Abstraktion und Formalisierung gehen darf und vielleicht nicht einmal kann, darüber kann vermutlich Hegels systematisches Denken überzeugend Aufschluß geben.

Eine Enzyklopädie, die Einzelwissenschaften systematisch „verortet", könnte aber auch noch auf eine andere Weise eine Integration vorbereiten, und hierin liegt ein *zweiter Grund*, sich gerade mit einer enzyklopädischen Grundlegung eines Kunstbegriffs, wie derjenigen Hegels, zu befassen. Insofern sie jene theoretischen Horizonte, in denen ein Phänomen wie die Kunst thematisch sein kann, in *einem* Zusammenhang zur Darstellung bringt, eröffnet sie eventuell auch die Perspektive in der Einheit dieses Zusammenhangs die Einheit des in den disparaten einzelwissenschaftlichen Methoden analysierten Phänomens zu identifizieren. Allerdings geht es Hegels Enzyklopädie der philosophischen Wissenschaften bezogen auf die Kunst nicht darum, Wissenschaften, in denen auch die Kunst thematisierbar sein mag, systematisch darzulegen, sondern die Kunst selbst ihrem

---

[2] G.W.F. Hegel, *Enzyklopädie der philosophischen Wissenschaften im Grundrisse (1817).* In: Ders., Gesammelte Werke. In Verbindung mit der Deutschen Forschungsgemeinschaft hrsg. von der Rheinisch-Westfälischen Akademie der Wissenschaften [im folgenden GW]. Bd. 13. Unter Mitarbeit von H.-C. Lucas und U. Rameil hrsg. von W. Bonsiepen und K. Grotsch. Hamburg 2000 (im folgenden Enz 1817). Vorrede, S. 5.
[3] Vgl. dazu auch D. Henrich/W. Iser, *Theorien der Kunst.* Frankfurt 1982.
[4] G.W.F. Hegel, *Enzyklopädie der philosophischen Wissenschaften im Grundrisse (1830).* In: GW 20. Hrsg. von W. Bonsiepen, H.-Ch. Lucas und U. Rameil. Hamburg 1992 (im folgenden Enz 1830). §1.

Vernunftgehalt nach aufzunehmen. Insofern die Kunst eine vernünftige Form des Erkennens ist, kann es überhaupt erst eine philosophische Kunsttheorie geben. Hierin liegt ein *dritter Grund*, nämlich mit Hegel eine *philosophische* Theorie der Kunst deutlich gegen andere Theorieperspektiven profilieren zu können. Kunsttheorien, die sich aus einem einzelwissenschaftlichen Hintergrund speisen, mögen wenig über ihren impliziten Kunstbegriff aussagen können, sie halten sich daran, was gemeinhin als Kunst gilt. Die explizite Frage nach dem, was Kunst überhaupt ist, mag der philosophischen Reflexion vorbehalten sein. Sie ist jedoch zur Charakterisierung dessen, was Hegel unter einer Philosophie der Kunst versteht, keineswegs schon hinreichend. Denn es muß nicht nur eine umfassende Klärung der Reflexionsbedingung dieser Frage mit erfolgen, sondern sie muß zugleich in Richtung auf eine Theorie des vernünftigen Erkennens beantwortet werden können. Aus den bisherigen Gründen ergibt sich schließlich ein *vierter Grund*. Die Aktualität von Hegels Ästhetik ist bisher mehr auf die Inhalte von Hegels Ästhetik bezogen diskutiert worden. Trotz der Vorbehalte gegen Hegels Totalitätsdenken und gegen seine systematische Denkweise könnte eine Untersuchung von Hegels Kunstbegriff in der Enzyklopädie vielleicht Anregungen für eine integrative Kunsttheorie liefern[5].

Wenn ich im folgenden Hegels Kunstbegriff in den Enzyklopädieauflagen untersuchen möchte, so geht es mir freilich zunächst nur um das Primärziel, die von Rosenkranz beschriebene Problematik zu lösen. Angesichts dessen, daß der systematische Begriff der Kunst das Kunsturteil doch eher zu beengen scheint, und angesichts der Skepsis der Kunsterfahrung einer Philosophie der Kunst gegenüber, wie sie Rosenkranz ebenfalls schon beschrieben hat[6], mag es willkommen sein, wenn die Kunst in der Enzyklopädie nicht in ihrer Selbständigkeit betrachtet, sondern ihr nur ein Ort innerhalb der Religionsgeschichte eingeräumt wird[7]. Es war jedoch Hegels Intention, die Kunst aus einem religionsgeschichtlichen Zusammenhang herauszulösen. Die klassisch-griechische Kunst hatte für Hegel nicht nur den Stellenwert einer vorgeschichtlichen Stufe der christlichen

---

[5] Gerade die konstatierten Systemzwänge, denen Hegels Ästhetik zu unterliegen scheint, könnten natürlich auch zu einer gegenteiligen Prognose veranlassen. Die Frage, wieweit Hegels begriffliche Mittel und seine Systematik das Konzept einer integrativen Kunsttheorie auf den Weg bringen könnten, läßt sich aber meiner Ansicht nach nicht vorab, sondern eigentlich nur über einen Versuch beantworten.

[6] Vgl. K. Rosenkranz, *G.W.Fr. Hegel's Vorlesungen über die Aesthetik.* Sp. 8.

[7] Vgl. dazu vor allem A. Peperzak, *Selbsterkenntnis des Absoluten.* Grundlinien der Hegelschen Philosophie des Geistes. Stuttgart 1987 sowie M. Theunissen, *Hegels Lehre vom absoluten Geist als theologisch-politischer Traktat.* Berlin 1970. Daraus, daß die Mythologien, die Stoff der Kunst sind, „auch religiöse Vorstellungen" entfalten und Feiern „zu ihrem Kultus gehören", schließt Peperzak, „daß das Kapitel über die Kunst überhaupt keine Ästhetik, sondern nur eine Philosophie der griechischen Religion enthält" (S. 91). Theunissen liest Hegels Philosophie des absoluten Geistes insgesamt als Christologie. In Christus ist für ihn der Versöhnung Gottes mit der Welt, die für den Menschen Freiheit bedeutet, offenbar geworden. Die griechische Kunst versteht Theunissen vom Christentum her nur als erfolglose Suche nach dem Prinzip der Versöhnung und damit als Vorgeschichte der christlichen Religion. Für die Philosophie als dritte Gestalt des absoluten Geistes bedeutet der Bezug zu dieser Mitte ein Fortwirken des Christentums in ihr.

Religion. Sie war vielmehr umgekehrt Urheber einer besonderen Religion in ihrer Bestimmtheit. Deshalb war die griechische Religion für Hegel auch nicht in ihrer vollen Konkretion religionsgeschichtlich interessant, sondern nur hinsichtlich ihres bestimmenden Faktors, der Kunst. Dies weist darauf zurück, daß Hegels Theorie des absoluten Geistes und seine Bestimmung der Religion vor allem epistemologische Relevanz besitzt. Den absoluten Geist, dessen Gehalt das Wissen von Gott ist, identifiziert Hegel selbst mit wahrer spekulativer Erkenntnis, in der Subjekt und Objekt sich gegenseitig völlig durchsichtig sind und das Objekt für das Subjekt nichts Fremdes mehr hat. Ich möchte daher zeigen, daß eine solche Erkenntnis auch als ästhetische begründen zu können, primäres Ziel der Enzyklopädieparagraphen zur Kunst ist und daß Hegel dieses Ziel erst im Verlauf der Auflagen der Enzyklopädie expliziter formuliert und überzeugender umgesetzt hat.

Religion der Kunst ist der Titel, mit dem Hegel die §§456 bis 464 der *Heidelberger „Encyklopädie"* versehen hat. Er läßt erwarten, daß die Kunst allenfalls unter dem Aspekt ihrer möglichen religiösen Funktion thematisiert wird. Sie ist innerhalb der Theorie des absoluten Geistes nur interessant, insofern sie eine Erscheinungsform der Religion und Vorstufe der geoffenbarten Religion ist. Sucht man dennoch nach wenigstens angedeuteten Elementen einer „freien" Kunst, die Aussicht geben auf eine eigenständige Philosophie der Kunst, so sind es zwei Gedankengänge, die dazu geeignet sein könnten[8].

(1) Hegel hat die Kunstreligion auf die unmittelbare Gestalt desjenigen Wissens zurückgeführt, für das die Substanz des Geistes ist, der sich in sich und in dieses Wissen „urteilt". Diese unmittelbare Gestalt ist die „*Anschauung* und *Vorstellung* des absoluten Geistes als des *Ideals*" (§456). Wie *Anschauung* und *Vorstellung* demjenigen korrespondieren, was als Weise des Gehalts, als Bedeutung des absoluten Geistes bestimmt wird, hat Hegel nicht näher ausgeführt. *Anschauung* und *Vorstellung* wurden in den §§373, 374 und 375 als Bestimmungen der Intelligenz eingeführt, wie jedoch das *Ideal* zu verstehen ist, bleibt unerläutert. Zu unterstellen, daß dieses Konzept einer unmittelbaren Gestalt des Wissens des absoluten Geistes auch eine kunsttheoretische Tragweite hat, dürfte sich nicht schon daraus rechtfertigen, daß sie Ursprung einer Religion und insofern ein Selbständiges ist. Denn wenn es sich nur in dieser Hinsicht als Selbständiges zeigt, bleibt es auf eine Form der Religion beschränkt. Auch der Gedankengang, der diese Gestalt als Gestalt der Schönheit erkennt, ausgeführt in den §455–457, ist dazu für sich genommen noch nicht geeignet. Erst der ergänzende Hinweis auf die Vorgeschichte des Begriffs des Ideals bei Kant gibt dazu Anlaß.

In §17 der Kritik der Urteilskraft hat Kant den Begriff des Ideals definiert, um dann die Möglichkeit eines Urbildes des Geschmacks als Ideal der Schönheit zu erörtern. „*Idee* bedeutet eigentlich einen Vernunftbegriff, und das *Ideal* die

---

[8] Vgl. dazu H.F. Fulda, *Hegels Heidelberger Intermezzo*. In: Heidelberg im säkularen Umbruch. Hrsg. von F. Strack. Stuttgart 1987, S. 528–556. Meine Ausführungen verdanken diesem Aufsatz viel.

Vorstellung eines einzelnen als einer Idee adäquaten Wesens" (§17, B 54). Das Urbild des Geschmacks *Ideal der Schönheit* zu nennen, rechtfertigt sich aus dem so definierten Begriff des Ideals. Das Urbild ist als Bildliches Einzelnes vorstellend, als Urbild aber auch ein denkbarer Maßstab des Schönen, also als Einzelnes Allgemeines. Da das Urbild des Geschmacks aber nicht auf einer bestimmten Idee beruhen kann, sondern nur auf einer unbestimmten Idee von einem Maximum, ist das Ideal der Schönheit als rein ästhetisches ein Ideal der Einbildungskraft, das *nur* in einzelner Darstellung, nicht jedoch in Begriffen vorgestellt werden kann. Dieser Begriff des Ideals der Schönheit ist aber für das ästhetische Bewußtsein nicht einholbar. Wenn wir fragen, wie *wir* zu einem solchem Ideal kommen können, so müssen wir uns doch an Begriffe objektiver Zweckmäßigkeit halten, folglich an eine durch Zweckbegriffe fixierte Schönheit. Und sie kann es nach Kant für uns nur an *einem* Wesen geben, dem Menschen. Nur die menschliche Gestalt läßt sich, weil der Mensch seinen Zweck in sich hat, als *adäquates* Wesen einer Idee vorstellen. Kant hat folglich ausgeschlossen, den Begriff des Ideals der Schönheit als rein ästhetischen konzipieren zu können.

Daß Hegel in der Nachfolge dieses Begriffs des Ideals denkt, dessen mögliche reine ästhetische Bedeutung Kant selbst schon vorgedacht hat, mag eine Erläuterung aus Hegels Nürnberger Zeit belegen. Sie zeigt, daß Hegel unmittelbar an die Ausgangsdefinition von Kant anknüpft. „Das *Ideal* ist die Idee nach der Seite der *Existenz* betrachtet, aber als eine solche, die dem Begriff gemäß ist"[9]. Daß Hegel die Wissensgestalt des Ideals an die Anschauung und Vorstellung knüpft und sie damit in den Umkreis derjenigen Vorstellungsweisen des subjektiven Geistes stellt, zu denen auch die Einbildungskraft zählt, erscheint in diesem Zusammenhang ebenso signifikant. Schließlich ist bemerkenswert, daß Hegel einen mit Kant vergleichbaren Gedankengang vom Ideal zum Ideal der Schönheit vorlegt. Ich möchte daher die These formulieren, daß Hegel in der Heidelberger Enzyklopädie neben der Religion der Kunst auch schon eine Theorie des Ästhetischen anvisiert, die an das, was Kants Theorie vorgedacht hat, aber nicht umzusetzen vermochte, anknüpft.

(2) Hegel hat im unmittelbaren Anschluß an die erreichte Bestimmung des Ideals als *Gestalt der Schönheit* in §460 das *Formelle* der Schönheit exponiert. Nochmals wird ausgesprochen, daß in der Gestalt der Schönheit Anschauung oder Bild vom Gedanken durchdrungen sind, also jene Adäquatheit erzielt wird, die allererst das Bild eines Einzelnen zu einem Ideal macht. Das Ideal ist daher, obgleich selbst Bild, vorbildlicher Gedanke oder Vorbild, das ganz Gedanke ist, und als solches ist es in Relation zu „Nachbildern" zu denken. Es dürfte aber auch, insofern der Gedanke ganz Bild ist, vorbildlich im Sinne des bildlichen Vordenkens des Gedankens sein, dem ein „Nachdenken" folgt. Nicht der vorgefaßte Gedanke „bildet" sein Nachbild, sondern das Bildliche als solches sucht den Gedanken. Die Einbildungskraft als freie, selbsttätige zu denken, hat schon

---

[9] G.W.F. Hegel, *Nürnberger und Heidelberger Schriften 1808–1817*. Frankfurt a.M. 1970 (= Theorie-Werkausgabe in zwanzig Bänden. Bd. 4. Hrsg. von E. Moldenhauer und K.M. Michel), S. 157.

Kant zu einem Theorem einer reinen Ästhetik gemacht. Insofern sie aber nicht selbst Quelle des Gedankens sein kann, ist sie in *ihrem eigensten* Tätigsein, der Durchdringung von Anschauung und Gedanken, nur formal und auf jeden möglichen Gedanken und jeden möglichen Stoff bezogen. Sie agiert folglich nicht schon immer auf dem Gebiet des Religiösen oder ist an andere bestimmte Gebiete des Gedankens inhaltlich gebunden, sondern der „Inhalt des Gedankens ebenso wie der Stoff, den er zu seiner Einbildung gebraucht, kann zunächst von der verschiedensten Art seyn". *Religion der Kunst* mag daher auch im Sinne eines Religion stiftenden bildlichen Vordenkens gedeutet werden können. Das Tätigsein der Kunst jedenfalls kann nach Hegel auch als freies verstanden werden und gibt daher Aussicht auf eine Ästhetik ohne Religion, und zwar *zunächst*. Denn dieser Kunstbegriff geht einer Religion der Kunst *voraus*. Einerseits beweist sie darin ihre Selbständigkeit. Andererseits drückt „*zunächst*" aber auch eine unzureichende Einseitigkeit aus. Die andere Seite nimmt der nachfolgende §461 auf.

Er überschreitet die Form, zu der die frei bildende Einbildungskraft allein fähig war, auf einen Inhalt hin und erinnert daran, daß ihr ein eigenes Inhaltliches ursprünglich zuzukennen ist. „Insofern aber die Form[, jene Durchdringung selbst,] ihren wahrhaften Inhalt, die geistige Substanz in ihrer absoluten Bedeutung, (§457) in sich hat" (§461), kann die Endlichkeit der Gestalt der Schönheit verständlich gemacht werden. Wenn Geschichte nicht nur etwas ist, wovon die Kunst zufällig betroffen ist, und zu einer anderen Aussage dürfte eine Formalästhetik nicht gelangen, dann muß die Unmittelbarkeit der Gestalt der Schönheit, die Willkür des Naheliegenden und die Zeitgebundenheit von Stoff und Inhalt der Kunst, dasjenige, was in der Form als Inhalt angelegt ist, verfehlen. Es mag sein, daß in einer Formalästhetik der Weg einer eigenständigen Kunsttheorie gesucht werden kann. Um jedoch dem Phänomen der Geschichtlichkeit der Kunst gerecht werden zu können, – aber gewiß nicht nur deshalb – bedarf es nach Hegel einer Ästhetik, die die Form der Durchdringung ebenso auf ihren Gehalt hin zu erfassen vermag. Denn er ist Voraussetzung des Phänomens der Endlichkeit, weil die Unmittelbarkeit der Gestalt der Schönheit erst dann als Grund der Endlichkeit begriffen werden kann. Ich möchte deshalb die These vertreten, daß Hegel innerhalb der Heidelberger Enzyklopädie zwar Ansätze einer Formalästhetik ins Auge gefaßt hat, sie jedoch als einseitig betrachtet, ohne allerdings schon sehen zu können, wie sie als Gehaltsästhetik neben einer Theorie der Kunstreligion konzipiert werden kann.

Man könnte, gleichsam ermutigt und beflügelt von den bisherigen Ergebnissen, auch noch die nachfolgenden §§462 und 463 für die Aussicht auf eine eigenständige Ästhetik in der Heidelberger Enzyklopädie positiv zu bilanzieren versuchen. Immerhin scheint in ihnen vom Kunstwerk, von der Kunstproduktion und Kunstrezeption die Rede zu sein, also von Themen, die allemal Bezugsgrößen einer Kunsttheorie bilden. In §462 hat Hegel das Verhältnis des Künstlers zu seinem Werk und in §463 das Verhältnis der Betrachter zum Werk, jedoch im Rahmen der *Religion* der schönen Kunst jeweils als *kultisches* erörtert [10].

Für den §463 bedeutet dies, daß die Gemeinde als Seite des subjektiven Bewußtseins, die im Kunstwerk das Bild des Gottes vor sich hat, gemäß ihrem „an sich seyenden Wesen, im *Cultus* durch die *Andacht*" sich ihrer eigenen besonderen Subjektivität entäußert und sich „in der Begeisterung und in dem Genusse" ihrer Identität mit der Substanz, dem im Werk dargestellten Gott, bewußt wird. Dabei, so Hegel, verliert die Substanz ihre in der bloßen Äußerlichkeit des Werks nur innerliche Subjektivität und wird in dem andächtigen Subjekt „als ein *allgemeines* Wissen heraus ins Dasein versetzt". Die Allgemeinheit des Wissens begründet sich einerseits dadurch, daß die Vielheit der einzelnen, sich gegeneinander ausschließenden Individuen in der Aufhebung der besonderen Einzelheit der Subjekte als Schein gesetzt und so eine Gemeinde gebildet wird. Allgemein ist das Wissen andererseits auch, weil die Besonderheiten der äußerlichen Gestaltung in der Innerlichkeit des andächtigen Subjekts aufgehoben sind. Wenn aber die Äußerlichkeit der Gestaltung, die mit der Kunst verbunden ist, in dem Bewußtsein der Gemeinde von ihrem Wesen, also ihrem Selbstbewußtsein, als aufgehoben bestimmt wird, kann dieses Wissen sicherlich nicht als ein Wissen der Kunst bezeichnet werden. Vielmehr handelt es sich um ein sich im Kultus ergebendes, von den Subjekten ausgehendes und sich in ihrem Inneren befindendes religiöses Wissen, das Hegel als ganz allgemeines und unentwickeltes subjektives *Denken*, das nicht konkret zu Denkbestimmungen fortschreitet, und dann auch als spezifisches *Gefühl* versteht (vgl. Rel, S. 239, S. 242). Den Unterschied zwischen einem Kunstwissen und der Andacht belegen auch die *Vorlesungen über die Ästhetik*. Hegel weist in den *Vorlesungen* darauf hin, daß die Andacht der Kunst als solcher nicht angehört und die Religion die Andacht als das zu dem absoluten Gegenstand sich verhaltende Innere hinzubringt[11].

Geht man von der Heidelberger Enzyklopädie über zu den beiden sogenannten Berliner Fassungen von 1827[12] und 1830, so fällt zuallererst ins Auge, daß Hegel den Titel *Die Religion der Kunst* durch den Titel *Die Kunst* ersetzt hat. Umstrukturiert wurde auch der Gedankengang vom Ideal zur Gestalt der Schönheit. Die Paragraphenfolge, in der die Heidelberger Enzyklopädie die Bedeutung des Ideals thematisiert (§457) und aus der Dualität der bestimmten Gestalt (§458) schließlich deren Wahrheit als Gestalt der Schönheit (§459) entwickelt, wurden ausgespart. Erst an den Gedanken von der Gestalt, in der die natürliche Unmit-

---

[10] Vgl. auch G.W.F. Hegel, *Vorlesungen über die Philosophie der Religion*. 2 Bde. Frankfurt a.M. 1969 (= Theorie-Werkausgabe in zwanzig Bänden. Bd. 16 f. Hrsg. von E. Moldenhauer und K.M. Michel). Bd. 17, S. 135 ff. sowie ders., *Vorlesungen über die Philosophie der Religion*. Bd. XII f. Hrsg. von G. Lasson. Leipzig 1925–27 (im folgenden Rel). Bd. XII, S. 280 ff.

[11] G.W.F. Hegel, *Vorlesungen über die Ästhetik*. 3 Bde. Frankfurt a.M. 1986 (= Theorie-Werkausgabe in zwanzig Bänden. Bd. 13–15. Hrsg. von E. Moldenhauer und K.M. Michel) (im folgenden ÄI–ÄIII), hier Bd. 13 (ÄI), S. 143.

[12] G.W.F. Hegel, *Enzyklopädie der philosophischen Wissenschaften im Grundrisse (1827)*. In: GW. Bd. 19. Hrsg. von W. Bonsiepen und H.-Ch. Lucas. Hamburg 1989 (im folgenden Enz 1827).

telbarkeit nur Zeichen ist, wurde direkt wieder angeknüpft. Vollständig gestrichen hat Hegel den §463 der *Heidelberger Enzyklopädie*. An diesen Paragraphen erinnert allenfalls noch §556 der *Enzyklopädie* von 1830 mit der Erwähnung des „anschauenden und verehrenden Subjects" und der Schluß von §557, der lediglich den Hinweis gibt, daß „in weiterer Entwicklung die Andacht und der Cultus der Religion der schönen Kunst" nach der Verfassung der „subjectiven Seite", „der Gemeinde", zu bestimmen sei. Ersetzt wurde dieser Paragraph durch den Hinweis auf die Sittlichkeit der Gemeinde. Und schließlich hat Hegel den Hinweis auf die Weltgeschichte weggelassen, mit deren Hilfe in der *Heidelberger Enzyklopädie* noch ein Übergang von der Religion der Kunst zur christlichen Religion konstruiert werden sollte. Ersetzt wurde dieser Hinweis in der Auflage von 1830 durch einen Paragraphen über die romantische Kunstform. Schon aus diesen noch undetaillierten Beobachtungen mag entnommen werden können, daß Hegels Intention darauf ging, die Philosophie der Kunst als eigenständige philosophische Wissenschaft zu konzipieren. Dies bleibt jedoch im einzelnen zu verifizieren. Im folgenden möchte ich dies soweit tun, daß in Umrissen das Potential von Hegels Entwurf einer Philosophie der Kunst, wie sie ihm innerhalb einer Enzyklopädie vorgeschwebt haben mag, sichtbar werden kann.

Der Gedankengang der Heidelberger Enzyklopädie, der von der unmittelbaren Gestalt zum Ideal der Schönheit führt (§456 – §459), stellt das Ideal der Schönheit als Wahrheit (§459) einer Dualität der bestimmten Gestalt (§458) dar. Noch ist die unmittelbare Gestalt des Wissens der Kunst nicht mit dem Mangel der Endlichkeit behaftet. Zudem geht ihr Formelles (§456) der Endlichkeit der Gestalt der Schönheit (§457) voraus. Hegel hat diesen Argumentationsgang, in dem die Kunst auf ihre Wahrheit bezogen dargestellt wird, in die beiden Berliner Fassungen nicht mehr übernommen. Stattdessen ist die „Endlichkeit" dem Kunstwissen schon anfänglich eingeschrieben, und das Formelle geht der Endlichkeit nicht mehr voraus, sondern folgt ihm – auch in der Chronologie des Textes (vgl. Enz 1827, §558 und §559 sowie Enz 1830, §559) – und ist insofern „mit der Beschränktheit des Inhalts" *nur* die Form des Schönen, „die Durchdringung der Anschauung oder des Bildes durch den geistigen Gedanken" (Enz 1827, §559 und Enz 1830, §559). Die unmittelbare Gestalt des Wissens der Kunst ist nun Anschauung und Vorstellung des nur noch *„an sich"* absoluten Geistes als des Ideals" (Enz 1827, §556 und Enz 1830, §556).

Mit diesem Eingriff in die ursprüngliche Gedankenfolge der Heidelberger Enzyklopädie, der Entwicklung der Wahrheit der Kunst als Gestalt der Schönheit und der anschließenden Exposition des Formellen, lösen die beiden Berliner Fassungen aus dem elementaren Gedanken zur Kunst die religiösen Gehalte heraus und geben zugleich einer Formalästhetik einen anderen Stellenwert. Ihr erster §556 legt in knapper Form den Grundstein zu einer Theorie des Wissens der Kunst selbst als Gestalt des Schönen, ohne diejenige Gedankenfolge einzuschieben, die das Wissen in seiner religiösen Wahrheit qualifiziert hat, relativiert auf ein „Ansich":

„Die unmittelbare Gestalt dieses Wissens ist die der *Anschauung* und *Vorstellung* des *an sich* absoluten Geistes als des *Ideals*, – der aus dem Geiste gebornen concreten Gestalt, in welcher die natürliche Unmittelbarkeit nur *Zeichen* der Idee, zu deren Ausdruck so durch den einbildenden Geist verklärt ist, daß die Gestalt sonst nicht anderes an ihr zeigt; – die Gestalt der *Schönheit*. (Enz 1827, §556)

Die Gestalt dieses Wissens ist als *unmittelbar* (– das Moment der Endlichkeit der Kunst) einerseits ein Zerfallen in ein Werk von äußerlichem gemeinem Dasein, in das dasselbe producirende und in das anschauende und verehrende Subject, andererseits ist sie die concrete *Anschauung* und Vorstellung des *an sich* absoluten Geistes als des *Ideals*, – der aus dem subjectiven Geiste gebornen concreten Gestalt, in welcher die natürliche Unmittelbarkeit nur *Zeichen* der Idee, zu deren Ausdruck so durch den einbildenden Geist verklärt ist, daß die Gestalt sonst nicht anderes an ihr zeigt; – die Gestalt der *Schönheit*." (Enz 1830, §556)

Daß Hegel den Begriff des Ideals in der Nachfolge Kants versteht, darauf wurde schon hingewiesen. Der Begriff des Ideals bei Hegel ist jedoch nicht nur auf die Ästhetik beschränkt, sondern er gewinnt auch im Zuge der Bestimmung der Gestalt der Schönheit eine spezifischere Bedeutung. Kennzeichnend für das Ideal ist von der Seite der Äußerlichkeit her, daß die natürliche, anschauliche Unmittelbarkeit, vermittels derer der absolute Geist dargestellt wird, darin aufgeht, „*Zeichen* der Idee" zu sein, so daß die Gestalt „nichts anderes an ihr zeigt" als Idee. Nun ist *Zeichen* ein Terminus der heute theoretisch „vorbelastet" ist. Eine passende Vorbildung mag unmittelbar Affinitäten zur modernen *Zeichentheorie* unterstellen oder *Bedeutung* und *Bedeutungstheorie* als theoretische Schauplätze einer Vergegenwärtigung bevorzugen. Dies als den Zusammenhang vorauszusetzen, in dem Hegel *Zeichen* versteht, ist jedoch ohne weiteres kaum möglich. Hegels theoretischen Ort zu expliziren, den Begriff des Geistes, an dieser Stelle aber ebensowenig. Vielleicht können *Ausdruck* und *Selbstrepräsentation* als Stichworte hinreichend sein, um Hegels Theorie des Zeichens im Abschnitt zum subjektiven Geist zu lesen.

Hegel hat den theoretisch subjektiven Geist als Tätigkeit verstanden, die zunächst nur formelle Gewißheit des Geistes, sich in der Welt zu finden, für sich zu setzen und ihr damit Bestimmtheit und Erfüllung zu geben. Diese Tätigkeit nennt Hegel *Erkennen*. In dem Prozeß des Erkennens bildet die Anschauung die erste Stufe. Sie zielt darauf ab, daß der Geist, um diese Gewißheit für sich setzen zu können, die inhaltlich objektive Seite, die im Gefühl unmittelbar mit der Subjektivität des Wissens identisch ist, aus sich heraussetzen muß. Damit bestimmt die Intelligenz den Inhalt als „*außer sich Seiendes*" und „wirft ihn *in Raum und Zeit* hinaus, welches die Formen sind, worin sie anschauend ist" (Enz 1830, §448). Die Intelligenz ist darin aber nur formell bestimmend, weil die inhaltlich objektive Seite mit den Formen Raum und Zeit lediglich eine abstrakte Äußerlichkeit und damit diejenige Allgemeinheit bekommt, die der bloßen sinnlichen Äußerlichkeit *unmittelbar* zukommen kann. Da in der Anschauung nicht nochmals eine Reflexion der Intelligenz auf sich erfolgt, kann man auch von der Selbstvergessenheit des Geistes in der Anschauung sprechen. Der Geist kann sich als anschauende Intelligenz in dem Gegenstand nur eingeschränkt „finden", weil Raum und Zeit – das Seinige – nur abstrakte Bestimmungen an den Gegenständen sind. Die Formen Raum und Zeit sind für die Substanz, das Wesen der Dinge, eher irrelevant und verantwortlich dafür, daß es die anschauende Intelligenz noch mit Zufälligem zu tun hat. Die „bloße" Anschauung nennt Hegel deshalb auch nur den „*Beginn* des Erkennens" (Enz 1830, §449, Z.).

Nun ist das Zeichen zwar Anschauung, wie Hegel in §458 sagt, dennoch hat es seinen Ort in der Vorstellung. Während die bloße Anschauung gebunden ist an ein tatsächlich Präsentes, ist *Vorstellung* Resultat eines Erinnerns. Ihre Voraussetzung ist das *Bild*[13], die in die Innerlichkeit der Intelligenz gesetzte Anschauung in ihre eigene Zeit und ihren eigenen Raum. Die vollständige Bestimmtheit der Anschauung bei ihrem Versenktsein im aktuell Präsenten wird mit dem Setzen in die Innerlichkeit, dem elementaren Erinnern, als Bild überwunden, womit ein erstes Verallgemeinern erzielt wird. Dieses Verallgemeinern ist abstrakt, weil es etwas, das Bild, aus der konkreten Aktualität, der im Anschauen befindlichen Anschauung, isoliert. Es führt aber auch zu einer ersten elementaren Form der konkreten Allgemeinheit, insofern es im Inneren Verschiedenes, die Bilder, in der Form der Intelligenz zwar noch nicht diskret aufnimmt, aber gleichwohl „sammelt". Die Anschauung wird inneres Bild, das zunächst nur im unbewußten Inneren der Intelligenz versenkt ist. Die eigentliche Erinnerung findet nach Hegel aus ihm dann statt, wenn die Intelligenz eine Beziehung zwischen dem im Inneren versenkten Bild und einer aktuellen Anschauung herstellen kann[14]. Aus dem bloßen Anschauen wird im Beziehen des inneren Bildes auf eine einzelne Anschauung ein erstes Vorstellen. Das Bild wird aus dem unbewußten Inneren im Anknüpfen an ein Äußeres, eine Anschauung, *vor* die Intelligenz *gestellt*. Das Bild als Vorstellung hat dann die Form der Allgemeinheit, dem insofern eine Anschauung subsumiert wird. Es ist nicht mehr nur versenkt und tritt zufällig bei einer äußeren Anschauung hervor, sondern ist als Vorstellung in das Ich als Form der Intelligenz aufgenommen. Daher ist die Vorstellung das Bild in der Form des Ichs und insofern in der Form der Allgemeinheit. Indem das Bild der Anschauung dem Inhalt nach korrespondiert, findet die Intelligenz im Inhalt das Ihrige, ihr Bild, in der Anschauung, und umgekehrt ist ihr Bild in der Anschauung bewährt. Das Bild als eigenes der Intelligenz wird in seiner *Anwendung,* dem Vermögen, den eigenen zunächst bewußtlos aufbewahrten „Bildervorrat" zu verwenden, zum *Besitz* der Intelligenz[15]. Es gehört jetzt zum bewußten *Bildervorrat* und kann

---
[13] Vgl. dazu Enz 1827, §§452, 453 und Enz 1830, §§452, 453.
[14] Vgl. Enz 1827, §454 und Enz 1830, §454.
[15] Versucht man, diese Beziehung oder Anwendung losgelöst von Hegels Terminologie darzustellen, so kann man sagen, daß das Bild niemals verwendet werden kann, wie es als aufbewahrte Anschauung im Inneren ist und zu einer Erinnerung führt. Wiedersehen, mit dem Bewußtsein also, etwas schon einmal gesehen zu haben, indem ein inneres Bild assoziiert wird, setzt zwar eine Kongruenz voraus, sie dürfte allerdings nicht vollständig sein.

von der Intelligenz „frei", ohne zufälligen Anstoß durch eine aktuelle Anschauung *gebraucht* werden. Vorstellung im eigentlichen Sinne ist dann zunächst, daß das Bild die Bestimmung hat, willkürlich *vor* die Intelligenz *gestellt* werden zu können, weil es aus dem „bewußten Raum" des Ichs hervortritt. Dazu jedoch bedarf es einer *allgemeinen* Vorstellung, die den Zusammenhang der bewußten Bilder, die „heraustreten" und dazu assoziiert werden müssen, herstellt, einer Synthese zu *einem,* die in ihrem Allgemeinheitsgrad zu unterscheiden ist nach dem Grad der situativen Unabhängigkeit des Vorstellens. Sie ist aber zunächst an ein erinnertes Dasein, unter das als allgemeine Vorstellung die Bilder subsumiert werden, gebunden, und in einem Außenbezug zu denken, durch ein ursprünglich äußeres Dasein bedingt, also Vorstellung von etwas in der äußeren „Welt".

Aus dem *Besitz* der Bilder geht die Intelligenz über zur reproduktiven Einbildungskraft, die nach Regeln der assoziierenden Beziehungen operiert. Hat die Intelligenz mit dem Besitz ihre *Gewalt* über sich, sich selbst äußern zu können, gezeigt, so entwickelt sie sich über ihre *Macht*, die assoziierten Beziehungen in ihren Regeln aus sich *selbst* zu steuern, zur produktiven Einbildungskraft, die die Fähigkeit zur Zeichenbildung besitzt. Dieses Selbst der Intelligenz, woraus es einen eigenen Gehalt schöpft, muß vorausgesetzt werden können, um Zeichen zu bilden. Soll es ein Zeichen im Sinne Hegels geben, so muß es auch einen *eigenthümlichen Inhalt* (Enz 1827 und Enz 1830, §456) der Intelligenz geben. Die faktische Zeichenproduktion läßt daher „anticipirt auf eine *in sich bestimmte, concrete* Subjektivität" (Enz 1827, §456; vgl. auch Enz 1830, §456) schließen. Denn das Zeichen setzt qua Zeichen *gegen* den äußeren Inhalt den eigenen der Intelligenz – sie ist Gewalt, nicht nur über sich, sondern auch über anderes, dem Inhalt des Äußeren, wenngleich er bewahrt ist in ihrem Bildervorrat, und in diesem Sinne *Macht*. Daß Zeichen dennoch Anschauungen sind, bedeutet, daß ihr Stoff, woraus sich ihr Inhalt herstellt, in der Anschauung Gefundenes ist und sie selbst in die Anschauung produzierte sind, und zwar durch die produktive Ein-

---

Wenn das Bild eine einmal gemachte Anschauung konserviert, so liegt darin vielleicht nicht Abstraktion – obwohl Hegel sicherlich zurecht behauptet, daß der situative Kontext, wenn nicht entfernt, so doch nicht vollständig mit konserviert wird und der Inhalt der Anschauung im inneren Bild die Form der Allgemeinheit (der Intelligenz) erhält. Abstraktion ist aber spätestens dann gefordert, wenn eine solche Beziehung zu knüpfen ist, weil es gewiß nicht möglich ist, eine einmal gemachte Anschauung, selbst wenn sie exakt konserviert werden kann, exakt zu wiederholen. Interessant dürfte in diesem Zusammenhang die Analyse von Identifikationserlebnissen sein, in denen wir plötzlich (ähnlich wie in einem Déjà-vu-Erlebnis) in einem anschauenden Bewußtseinszustand in seiner vollen Konkretion ein Identifizieren erleben, wenn eine kleine Bewegung etwa oder eine ganz bestimmte Wahrnehmungssituation uns plötzlich sagt, „Er ist es" oder „Die Person war es". Hier wäre Repräsentieren des Bildes in einem ersten Moment ein Pars pro Toto. Und dieses erste Bild vermag somit zugleich die Regel „mitzugeben", nach der nachfolgende Bilder assoziiert werden und sich auf das eine, das angeschaut wird, beziehen. Ab diesem Zeitpunkt tritt dann dieses Bild in das bewußte Ich ein. Jetzt kann es willkürlich wieder vorgestellt und verwendet werden, und dabei wird es auch abstrakter. Jene identifizierende Bewegung oder ganz bestimmte Sicht wird weiter verwendet und zu einem Merkmal „abgeschliffen". – Beachten sollte man jedoch, daß Hegels Ausführungen *exemplifiziert* sich nicht primär auf ein solches „lebensgeschichtliches" oder „lebensweltliches" Erinnern beziehen dürften, sondern auf das unmittelbar „laufende" Bewußtsein, in dem Anschauen, Vorstellung und schließlich auch Denken zugleich stattfindet.

bildungskraft, deren Stufe die Vorstellung ist. Anschauungen mögen zunächst als Bilder etwas *repräsentieren*, ein äußeres Sein, und darin ihren Inhalt haben. *Bedeutung* bekommen sie nach Hegel, wenn sie gegen ihren eigenen Inhalt einen anderen Inhalt vorstellen, und das ist dann der Fall, wenn sie den eigenen Inhalt der Intelligenz empfangen haben.

Macht ist nicht gerade der Begriff, der sich mit theoretischen Impulsen verknüpfen läßt, nach denen Kunst *Versöhnung* intendiert. Hegels Beschreibung der produktiven, *symbolisierenden, allegorisierenden* oder *dichtenden* (Enz 1830, §456) und schließlich *Zeichen machenden* (Enz 1830, §457) Einbildungskraft hätte es eher zugelassen, die Kunst im Rückgriff auf die symbolisierende Einbildungskraft des subjektiven Geistes zu bestimmen. Das Symbol hat Hegel jedoch auf eine Kunstform eingeschränkt. Das Zeichen dagegen – jedenfalls wie es bisher entwickelt wurde – scheint zum Gedanken des Ideals nicht zu passen. Denn gerade das Element, das im Ideal ausgeschlossen zu sein scheint, nämlich der zweifache Inhalt des Bildes, einmal nach seinem Inhalt, dann gegen seinen Inhalt gemäß einem ihm fremden Inhalt, gehört zum Zeichen. Es ist nicht *ein* Inhalt, wie bei einem äußerem Merkmal, der einmal in seinem Eigengehalt und dann auch in einem Merkmalsgehalt in einer vorstellenden repräsentierenden Beziehung genommen wird. Einen Bedeutungsgehalt hat nur etwas, das Zeichen ist und um willen des Zeichenseins überhaupt da ist, das also der produktiven Einbildungskraft angehört, die den Eigengehalt der Bilder „überwindet" und zum Stoff *ihres* Inhalts macht. Daher ist das Zeichen selbst eine anschauliche Entität neben anderen und hat keinen repräsentierenden Bezug zu anderen Entitäten der anschaulichen „Welt", sondern eine *Bedeutung*, die aus dieser „Welt" gleichsam hinausweist. So repräsentiert das sprachliche Zeichen[16] etwa als Anschauliches keine anschauliche Entität, sondern bezieht sich auf inneres Vorstellen, das es als äußerliches Zeichen bedeutet.[17] Jedes äußerlich materielle Zeichen, das daher als produzierte Anschauung *nur* Zeichen ist, kann aber auch wieder in einem Realgehalt aufgefaßt werden. Es besteht selbst bei produzierten Anschauungen keine notwendige innere Beziehung von Anschauung und Bedeutung. Das Zeichen ist auch nur in seiner Äußerlichkeit als bedeutungslos zu nehmen. Dieser wiederkommende Eigengehalt der produzierten Anschauung steht jedoch *beziehungslos* neben dem Bedeutungsgehalt der Anschauung als Zeichen. Darin unterscheidet

---

[16] Das sprachliche Zeichen ist für Hegel zunächst nur „Tonsprache", also gesprochene Sprache. Sprechen ist der erste sprachliche Zeichenausdruck der Subjektivität. Die Schriftsprache dagegen ist äußeres, räumliches Zeichen dieser sprachlichen Zeichen, sie „denotiert" gewissermaßen sprachliche Laute als eigentliche Sprachzeichen. Dieses Konzept läßt sich auch auf die Musik oder bildende Kunst übertragen. Die Partitur besteht nur aus Zeichen, die andere Zeichen, erklingende Töne der Musik, denotieren. Und die bildende Kunst mag sich auf die Gebärdensprache beziehen.

[17] Die Sprache ist zwar für Hegel nicht nur Vehikel des Denkens, da sie systematisch innerhalb der Theorie der Intelligenz abgehandelt wird, dennoch ist das Zeichen, insofern es nicht wie das Merkmal etwas denotiert, sondern Äußerung des Inneren ist und daher das Innere bedeutet, ohne Außenbezug. Für Hegel weist das sprachliche Zeichen nur auf das Innere der Subjektivität zurück. In diesem Zusammenhang wäre es dann nur Ausdruck eines vorausgehenden Weltbezugs. Daß sich das sprachliche Zeichen auf etwas bezieht, heißt dann genauer, daß es sich auf eine Vorstellung bezieht, die sich auf etwas bezieht.

sich das Zeichen vom *Symbol*. In ihm wird ein Zusammenhang zwischen dem Eigengehalt und der Bedeutung hergestellt, und zwar über das, was hier vorläufig als Merkmalsgehalt charakterisiert wurde und was Hegel als *eigene Bestimmtheit* der Anschauung *ihrem Wesen und Begriffe nach* (Enz 1830, §458, Anm.) bestimmt. Für das Ideal ist aber gerade das gefordert, was im Symbol mindestens angelegt ist, nicht jedoch im Zeichen. Wie also kann *Zeichen* im Kontext des Ideals der Schönheit verstanden werden?

Hotho hat diese Frage zuungunsten einer Relevanz des Zeichenbegriffs für eine Kunsttheorie beantwortet. Er kommentiert seine Darstellung des Symbols qua Zeichen mit dem Satz: „In dem Sinne einer solchen *Gleichgültigkeit* von Bedeutung und Bezeichnung derselben dürfen wir deshalb in betreff auf die *Kunst* das Symbol nicht nehmen, indem die Kunst überhaupt gerade in der Beziehung, Verwandtschaft und dem konkreten Ineinander von Bedeutung und Gestalt besteht." (ÄI, S. 395) Dabei legt Hotho einen Zeichenbegriff zugrunde, der letztlich nur „konventionalistisch" verstanden wird. Ein Zeichen ist demnach nur ein willkürlich gesetztes Sinnliches, das etwas anderes bedeutet, etwas, das mit dem, was es selbst ist, überhaupt nichts zu tun hat, so daß seine Bedeutung verabredet oder gelernt werden muß. Beispiele solcher Zeichen sind Farben, „welche in den Kokarden und Flaggen gebraucht werden" (ÄI, S. 394 f.). Dies deckt sich auch mit einer Passage in Hothos früherer Vorlesungsnachschrift von 1823.[18] Dieser Passage zufolge unterscheidet Hegel das eigentliche Symbol, „wo die Bedeutung nicht ausdrücklich unterschieden von der Darstellung ausgesprochen ist", von dem Symbol, „wo einerseits der Ausdruck steht, das Sinnliche, andererseits, – ausdrücklich ausgesprochen – die Bedeutung" (Hotho 1823, S. 123), und er sieht das eigentliche Symbol als für die Kunst relevant an. Es ist zwar nicht wirklich klar, was mit *ausdrücklich ausgesprochen* gemeint ist, aber geht man von einem Zeichen wie einer Flagge aus, so dürfte die Farbe an der Flagge in seiner Bedeutung „ausdrücklich ausgesprochen" werden müssen, und ebenso evident ist, daß solche Zeichen konventioneller Art nicht als Zeichen der Kunst gelten. Symbole der Kunst bedürfen dieser Vereinbarung nicht. Direkt vor dieser Passage erläutert Hegel das Symbol, wie es in der symbolischen Kunstform vorkommt, damit, daß das Symbol ein Zeichen ist, das „in seiner Äußerlichkeit zugleich den Gehalt der Vorstellung enthält, welche es darstellen soll" (Hotho 1823, S. 119). Eigengehalt und Zeichenbedeutung treten zueinander in Beziehung. So ist, um das Beispiel Hegels aufzugreifen, der Löwe Symbol der Stärke, weil er als Löwe stark ist. Die Zeichenbedeutung läßt sich daher in dem Eigengehalt anschauen. Das Symbol steht folglich „höher" als das konventionelle Zeichen. Nach Hotho müßte also jene Stufe der produktiven Einbildungskraft, auf der sie *symbolisierend*, *allegorisierend* oder *dichtend* ist, nicht jedoch die nachfolgende Stufe, die nur konventionelle Zeichen produziert, der Anknüpfungspunkt im subjektiven Geist für eine Theorie der Kunst sein. Dennoch verwendet Hegel den Begriff des

---

[18] G.W.F. Hegel, *Vorlesungen über die Philosophie der Kunst*. Berlin 1823. Nachgeschrieben von H.G. Hotho. Hrsg. von A. Gethmann-Siefert (= G.W.F. Hegel, Vorlesungen. Ausgewählte Nachschriften und Manuskripte. Bd. 2). Hamburg 1998 (im folgenden Hotho 1823).

Zeichens zur Bestimmung des Ideals der Schönheit. Welche Argumente könnte es geben, anzunehmen, daß Hegel, auch wenn manche Ausführungen darauf hindeuten, nicht nur eine „konventionalistische" Zeichentheorie hat? Und wie müßte *Zeichen* in der Theorie der Kunst als Theorie des Ideals der Schönheit verstanden werden?

Wenig zufriedenstellend mag es sein, daß es für die symbolische Kunstform einen speziellen Zeichenbegriff gibt, nicht jedoch für die nachfolgenden Kunstformen, und daß das Zeichen als das in der Entwicklung des subjektiven Geistes nachfolgende Produkt der Einbildungskraft für die Kunst keine Relevanz besitzen soll, zumal Hegel das Symbol „als die erste Weise der Kunst" (Hotho 1823, S. 123) bezeichnet. Zuvor definiert Hegel nun allerdings auch explizit das *Zeichen*, wonach es „keine Beziehung auf sich hat, sondern nur Sinn als die gegebene Bedeutung" (Hotho 1823, S. 119). Diese Definition deckt sich nicht mit derjenigen des Symbols im für die Kunst uneigentlichen Sinne. Denn Vereinbarung setzt gerade eine Differenz von Eigengehalt und Bedeutung voraus, einen äußeren gegeneinander gleichgültigen Unterschied beider, weshalb überhaupt die Bedeutung festgelegt werden muß. Die Farbe Rot als rot ist die Beziehung auf sich oder der Eigengehalt dieser Anschauung. Soll sie als Farbe einer Nation aufgefaßt werden, so muß die Vereinbarung der Bedeutung im Akt des Auffassens wiederholt werden, weil in der Röte sich die Nation – im Unterschied zum Symbol – nicht anschauen läßt. Aufgrund der Äußerlichkeit ist die Bedeutungsbeziehung folglich willkürlich, sie bedarf der Verabredung und der Anwendung der Bedeutungskonvention und damit immer auch der „Beziehung auf sich", was hier heißt, etwas in seinem unmittelbaren Inhalt zu apperzipieren. Dagegen definiert Hegel das Zeichen rein als solches, es und sein Inhalt ist *nur* in seiner Bedeutung, so daß man auch sagen könnte, sein erster unmittelbarer Inhalt ist „getilgt" (§458, Anm.). Es kann folglich nur noch in seiner Bedeutung aufgefaßt werden und ist insofern notwendig Zeichen – Röte, die nichts anderes mehr als Nation bedeutet.

Ausführlicher hat Hegel in §458 der Enzyklopädie den Begriff des Zeichens, soweit er dem des Symbols nachfolgt, erläutert. Nicht zuletzt die Anmerkung, die das Zeichen in der Tat zunächst in einem „konventionalistischem" Sinne einführt, gibt Hegels Intention auf einen „stärkeren" Begriff des Zeichens zu erkennen. Auch der Haupttext macht dies deutlich. Das produzierte Zeichen hat nach Hegel seinen Ursprung in einer Tätigkeit, in der die Subjektivität ihren eigentümlichen Inhalt der Anschauung einprägt. Das Zeichen muß daher den eigentümlichen Inhalt der Subjektivität in sich haben. Im Zeichen als anschauliches muß der subjektive Inhalt, *seine Bedeutung, angeschaut* werden können, und zwar in dem Inhalt, der an die Stelle des unmittelbaren Inhalts getreten ist. Ist das Stoffliche noch in seinem Eigengehalt vorhanden, so würde es gerade deshalb und in diesem Teilelement des Zeichens der Konvention bedürfen, die festlegt, daß es nicht in seinem Eigengehalt aufzufassen ist, sondern in einer bestimmten Bedeutung. Sofern die Anschauung „eine *selbständige* Vorstellung der Intelligenz" empfangen hat, *enthält* sie eine Bedeutung, mit der die Intelligenz ursprünglich bekannt ist, und diese muß die Intelligenz am Zeichen selbst identifizieren können, insofern das Zeichen eine Anschauung ist. Es kann daher vom Subjekt ohne Konvention aufgefaßt werden, weil es den *eigentümlichen* Inhalt der Intelligenz *anschaulich* darstellt. Noch aber ist der Unterschied zum Symbol nicht deutlich genug. Auch im Symbol ist die Bedeutung anschaulich, und zwar in dem eigentlichen Sinne, den Hegel gerade für das Zeichen reserviert, nämlich nicht in Bildern der Phantasie (vgl. §457, Anm.) subjektiv anschaulich, sondern im Wirklichen anschaulich zu sein.

Gegen das konventionelle Zeichen, das *bezeichnend* (§458, Anm.) ist, setzt Hegel das Symbol dadurch ab, daß die „eigene Bestimmtheit" der Anschauung „ihrem Wesen und Begriffe nach" (§458, Anm.) den gleichen Inhalt ausdrückt, wie im Symbol bedeutet wird. Die symbolisierte Bedeutung ist also anschaulich, insofern sie mit der begrifflichen Bestimmtheit der äußeren, unmittelbaren Anschauung übereinstimmt. Die Bedeutung wird daher an etwas anderem als es selbst angeschaut. Und ihre Anschauung vermittelt sich nur über diese „Analogie". Was in Hinsicht der Staatspolitik Stärke ist, läßt sich in Hinsicht eines Tieres wie dem Löwen anschauen. Zudem ist dies andere auch anderes, nicht Analoges, vom dem zu abstrahieren ist. Daher ist es keine Übereinstimmung in der vollen Konkretion des Wesens. Zeichen, extrapoliert aus dem Symbolbegriff, müßte dann einerseits Überschreiten der Analogie bedeuten. Was die Verschiedenheit der „Hinsicht" ausmacht, mag aufgelöst werden können zugunsten einer unanschaulichen Bedeutung an ihm selbst, wie es in konventionellen Zeichensystemen eigentlich geschieht. Oder in einer Einheit der „Hinsichten", in der Natürliches zugleich Subjektives, Geistiges ist, so daß die Differenz von Eigengehalt und Bedeutung aufgelöst ist. Andererseits müßte es bedeuten, die Differenz im Konkreten zu überschreiten. Vollständigkeit der Analogie wäre eine Übereinstimmung in allen wesentlichen Bestimmungen und sie würde parallel im Zusammengehen der verschiedenen „Hinsichten" hergestellt werden können.

Mit diesem Gedanken von einem Zeichen ist ein Zeichenbegriff gewonnen, der für Hegels Konzept des *Ideals der Schönheit* zweifellos aussagekräftig ist. Hegel hat das Zeichen in ein Verhältnis zum *Ausdruck* gesetzt. Die „natürliche Unmittelbarkeit" ist im Ideal „nur Zeichen der Idee" und damit Zeichen in dem entwickelten Sinn, und dies auch deshalb, weil ein solches Zeichen als Ausdruck beschrieben werden kann. *Das Natürliche ist Ausdruck der Idee* bedeutet, daß es seine eigene „Hinsicht" verloren hat (seine eigentliche Hinsicht aber gewonnen), kein bloß Natürliches mehr ist, das gegen ein Geistiges steht, und insofern auch nur – also reines – Zeichen ist. Als solches kann der Ausdruck, und zwar im Element des Natürlichen, gut charakterisiert werden. Ausdruck ist das Erscheinen des Inneren, ein Hineinbilden in ein Äußeres, jedoch nicht gegen das Äußere, sondern auch von ihm her, insofern es sein Wesen in diesem Inneren hat. Vielleicht mag es naheliegen, Zeichen dieser Art, die Ausdruck sind, an Formen der Selbstäußerung des Menschen zu erläutern. Hegel hat dies jedenfalls in der letzten Auflage der Enzyklopädie von 1830 getan und damit den Ausgangspunkt für eine Kunsttheorie als Theorie des Ideals der Schönheit weiter spezifiziert.

„Die Kunst bedarf zu den von ihr zu producirenden Anschauungen nicht nur eines äußerlichen gegebenen Materials, worunter auch die subjectiven Bilder und

Vorstellungen gehören, sondern für den Ausdruck des geistigen Gehalts auch der gegebenen Naturformen nach deren Bedeutung, welche die Kunst ahnden und inne haben muß (vgl. §411). Unter den Gestaltungen ist die menschliche die höchste und wahrhafte, weil nur in ihr der Geist seine Leiblichkeit und hiemit anschaubaren Ausdruck haben kann." (Enz 1830, §558)

Hegel unterscheidet, was an der Kunst nur die stoffliche Seite, ihr Material ist, von dem, was die Kunst in den Naturformen selbst an Bedeutung „inne habe muß". Die Kunst bedarf des „äußerlich gegebenen Materials", wozu Hegel nicht nur die Werkstoffe, mit denen die Kunst arbeitet, sondern auch die „subjectiven Bilder und Vorstellungen" zählt, und sie bedarf der „gegebenen Naturformen nach [ihrer] Bedeutung"[19]. Die Bedeutung der Naturformen ist identisch mit dem Endzweck der Natur selbst, dem Geist als dem absolut Ersten und Wahren der Natur, der Gegenstand des Zweckverwirklichungsprozesses des Geistes ist. Diese Bedeutung muß die Kunst „ahnden und inne haben". Sie muß die Naturformen in ihrer Eignung, Geist auszudrücken, einschätzen können und diejenige Form auswählen, die dem Geist am adäquatesten ist. Für Hegel ist dies die menschliche Gestalt, „weil nur in ihr der Geist seine Leiblichkeit und hiemit anschaubaren Ausdruck haben kann" (Enz 1830, §558). Hegel hat mit dem Ausdruck *Ideal* also nicht nur eine Terminologie Kants übernommen, sondern er hat auch mit der Auszeichnung der menschlichen Gestalt dieselbe Naturform wie Kant als fähig betrachtet, ein Ideal sein zu können.

Hegel erinnert in diesem Zusammenhang an §411 der *Anthropologie*. Dort wird ausgeführt, daß schon die natürliche äußerliche Leiblichkeit des Menschen als Zeichen der Seele bestimmt ist. In der Leiblichkeit bringt sich die Seele zum Ausdruck, bezieht sich darin auf sich selbst und hat in diesem „Kunstwerk der Seele *menschlichen*, pathognomischen und physiognomischen Ausdruck". Denn die Seele ist hier nicht mehr in unmittelbarer Einheit mit der Leiblichkeit, sondern in einer vom Geist gesetzten Einheit, insofern sie als eine Art Künstler ihre Leiblichkeit so umbildet, daß sie sich in ihr nur auf sich selbst bezieht (vgl. Enz 1830, §410, Anm.). Somit erweist sich die menschliche Gestalt für Hegel als die erste Erscheinung des Geistes und als sein einzig mögliches Naturdasein (vgl. ÄII, S. 21). Allerdings ist diese Äußerlichkeit zwar ein vollkommenes Zeichen für die Seele, jedoch noch nicht für den Geist, dessen *nur* erste Erscheinung sie ist (vgl. Enz 1830, §411, Anm.). Die pathologische und physiognomische Bestimmtheit ist nämlich ein „*Zufälliges*" für den Geist und insofern nicht fähig, seine Allgemeinheit auszudrücken. Dementsprechend meint Hegel nicht die Gestalt eines einzelnen, wirklich existierenden Menschen, an der man das Ideal erwarten darf,

---

[19] Die Forderung, daß der Künstler sich gegebener Naturformen zu bedienen habe, deren Bedeutung er wissen muß, erlaubt es Hegel in der Anmerkung zu §558 zum Prinzip der Nachahmung Stellung zu nehmen. Hegel verwirft das Nachahmungsprinzip, das er einen „abstrakten Gegensatz" nennt, über den keine Verständigung möglich sei. Abstrakter Gegensatz, insofern die Nachahmung im Unterschied zu Hegels eigener Position nur ein formelles Prinzip ist. Der Maßstab fällt bei der Nachahmung in die Natur, wie sie erscheint. Man kann der Nachahmungstheorie Hegel zufolge nur etwas abgewinnen, wenn mit ihr ein anderer Blick auf die Natur geworfen wird und die Naturformen nicht in ihrer Äußerlichkeit, sondern als bedeutende, sinnvolle Naturformen aufgefaßt werden.

sondern vielmehr diese Gestalt als das Ergebnis einer künstlerischen Produktivität. Der Künstler als subjektiver Geist gestaltet die Bedeutung, das Allgemeine des Geistes, durch die Zurückführung der bloßen Äußerlichkeit in die Innerlichkeit, die „Reinigung" (ÄI, S. 205 f.) von bloßer Zufälligkeit, so daß die Gestalt in all ihren Facetten nichts anderes zum Ausdruck bringt als den Geist. Dies bewerkstelligt der Künstler vermittels seiner „subjektiven Bilder und Vorstellungen", die als solche schon allgemeiner als bloße Anschauungen sind. Als produktive Einbildungskraft oder Phantasie verknüpft die künstlerische Intelligenz diese Bilder zum Ausdruck ihres Inhalts und stellt sie in diversen Materialien (Holz, Marmor, Farben etc.) für die Anschauung heraus. Die Bilder und Vorstellungen sind für Hegel noch zu dem äußerlich gegebenen Material gehörend, weil sie von den Anschauungen herkommen, die die Intelligenz zwar zu Bildern verarbeitet, deren Grundlage aber die gegebenen Anschauungen bleiben. Dies ist die Weise, in der die Vorstellung zwischen Gedanken und Anschaulichem vermittelnd zu wirken vermag, um in dem anschaulichen Gegenstand sich Geistiges manifestieren zu lassen.

Weil die vom Künstler durch Anschauung, Vorstellung und Wissen der Bedeutung produzierte menschliche Gestalt Geistiges ausdrückt, kann Hegel sagen, die Kunst habe ihre Bedeutung „inne" (Enz 1830, §558). Das Werk zeigt eine Einheit von Mannigfaltigem, die nicht nur wie Raum und Zeit abstrakt ist, sondern konkret, so daß an jedem Teil die Einheit hervortritt, die der Geist stiftet. Damit ist der Geist in der Äußerlichkeit, in seinem Anderen, nur bei sich selbst (vgl. ÄI, S. 156, S. 203). Im Gegensatz zu der nur abstrakten Allgemeinheit von Raum und Zeit kann nun auch in der Äußerlichkeit der Allgemeinheit des Geistes, d.h. seinem begrifflichen Charakter, entsprochen werden, ist doch der Begriff diejenige Allgemeinheit, die, wenn sie sich dem Besonderen mitteilt, nichts von ihrer Allgemeinheit verliert. Damit läßt einerseits das Werk, der schöne Gegenstand in seiner sinnlichen Existenz, die geistige Einheit, den Begriff, als realisiert erscheinen, andererseits wird die subjektive, anschauende Intelligenz, der Betrachter, indem sie in das Werk „versenkt" ist, in sich selbst konkret, so daß sie nicht mehr wie bei der bloßen Anschauung nur formell selbstbestimmend ist. So gewinnt die Anschauung Erkenntnischarakter, wenn unter Erkenntnis im Unterschied zum abstrakten Wissen konkretes, mit wahrhaftem Inhalt angefülltes, objektives Wissen (vgl. Enz 1830, §445, Z.) verstanden werden soll, in dem das Seiende und das Seinige eins geworden sind und das intersubjektiv geteilt werden kann.

Das Ideal als Gestalt der Schönheit bildet den Ausgangspunkt einer Theorie der Erkenntnis der Kunst, die sich selbst nach einer inhaltlichen und formellen Seite ausdifferenziert. Noch ist, wenngleich die Form der Kunst in diesem Ausgangspunkt schon sichtbar ist, die Kunst nicht als eine Erkenntnisform *freigesetzt*. Der Unterschied zwischen einer Formalästhetik und einer Gehaltsästhetik ist nach Hegel kein beziehungsloser. Es kann weder bloß auf die Inhalte noch bloß auf die Form der Kunst gesehen werden, selbst dann nicht, wenn sich die Kunst von einem eigentümlichen Inhalt gelöst hat, bleibt ist sie als Erkenntnisform einer bestimmten Dignität der Inhalte verpflichtet. Man kann einer Formalästhetik – wie Kants Theorie der ästhetischen Urteilskraft etwa – vielleicht vorwerfen, daß sie gar keinen hinreichenden Begriff von Kunst hat, insofern der Begriff ihrer ästhetischen Form das Kunstschöne nicht vom dekorativen Schönen etwa zu unterscheiden vermag. Aufgrund dessen, wie Form und Gehalt auseinander treten, kann aber bei Hegel die Kunst einen formalästhetischen Gehalt bewahren, insofern ihre freigesetzte Form Bedeutung einer bestimmten inhaltlichen Provenienz einschließt und Kriterium für Kunst sein kann[20]. Indem die Form der Kunst in der Kulturgeschichte exponiert auftritt, ist sie in dieser Geschichte vorübergehend und an diesem Punkt ihrer Geschichte klassisch, aber sie bleibt auf diesen historischen Schnittpunkt von Kulturgeschichte und Kunstgeschichte zurückverwiesen, auch wenn sie sich in ihrer Nachgeschichte formalisiert, insofern sie sich von dem spezifischen Gehalt ablöst, nicht jedoch indem sie nachahmt, was vergangen ist, sondern indem sie gegenwärtig ist, und zwar auf jener „Höhe" der Erkenntnis, die sie als klassische inne hatte und für die gilt, daß sie ihre Zeit in sich befaßt. Wenn Hegel folglich im Anschluß an den Begriff der Kunst ihre Endlichkeit über ihre religiösen Gehalte und ihre kulturhistorisch exponierte Rolle anspricht, so ist dies – aus ihrer Nachgeschichte und aus größerer Distanz gesagt – auch als Charakterisierung ihres kulturell wesentlichen Erkenntnisgehalts einzustufen. Aus der Endlichkeit der Kunst als vollkommener Ausdruck einer kulturellen Identität geht die Form der Kunst als selbständige hervor. Die Geschichtlichkeit der Kunst unter systematischer Perspektive zu untersuchen, heißt daher, aus oder in ihrer Geschichte und ihren geschichtlichen Gehalten ihre Form zu exponieren und in ihrer Form zugleich ein Prinzip ihrer Geschichte zu gewinnen, wenn ihre Geschichte nicht nur in sich zufällig und nur als Folge einer anderen Geschichte verstanden werden soll.

Es muß einen Zustand der Kunst geben, der gegenüber demjenigen, was Kunst intendiert, notwendig defizitär ist, um ihre Endlichkeit zu begreifen. Hegel hat in den beiden Berliner Fassungen die Endlichkeit der Kunst vor dem Formellen eingeführt und die Äußerlichkeit als Sein der Kunst beschrieben, wodurch sie sich und eine Kultur in ihr nicht vollenden können. Die Einheit, die sich im Ideal der Schönheit manifestieren soll, geht nicht nur über in eine Vielheit von einzelnen, sondern auch in eine Äußerlichkeit, die für sich allein keine Innerlichkeit hat. Das Geistige, die Bedeutung der Kunst manifestiert sich in Werken äußerlichen Daseins. Die Werke als solche sind eine „gleichgültige Aeußerlichkeit für sich, ein gemeines sinnliches Material" und „auf diese Weise [fallen] sie und ihre Bedeutung auseinander" (Enz 1827, §558). Fragt man danach, wo die Kunst *ist*, wo sich ihre Bedeutung ereignet, so ist der Hinweis auf das materielle Werk unzureichend. Kunst, um in ihrer Bedeutung zu *sein*, benötigt neben dem Werk, das auf ein produzierendes Subjekt, dessen Produzieren zunächst in materieller Hinsicht ein Herstellen ist, zurückgeht, auch ein rezipierendes Subjekt. Die Bedeutung der Kunst scheint gewissermaßen in einem unfaßbaren Dazwischen zu liegen. Sie zerfällt so „in ein Werk von äußerlichem gemeinen Dasein, in das

---

[20] Diese Art der Bedeutung von Kunst schließt nicht schon ganz aus, auch Dekoratives als künstlerisch wertvoll zu betrachten. Dekoratives kann durchaus zum Ausdruck der Kunst gehören, wenn es zu einer solchen Bedeutung avanciert, wie man vielleicht am Beispiel des Jugendstils zeigen könnte.

Die Autonomie des Schönen 95

dasselbe producierende und in das anschauende und verehrende Subject" (Enz 1830, §556), weil sie sich im Äußeren manifestiert. Und sie ist nachträglich nicht noch in irgendeiner Weise für sich, womit sie zwischen diesen drei Entitäten einen notwendigen Zusammenhang stiftet könnte. Vielmehr ist die Kunstbedeutung ganz Kunstwerk geworden. Als äußerliches Dasein ist es jedoch nicht von sich her bedeutendes, nicht selbständige Bedeutung in sich. Es setzt als Werk einer dem Anspruch nach absoluten Kunst schon einen Bezug darauf voraus, was es selbst zu sein und auszudrücken intendiert, den einen unendlich konkreten Gehalt. Die Subjekte müssen vor der Kunsterfahrung auf diesen Gehalt wie auch immer Bezug nehmen können, wenn sie in den Kunstwerken diesen Gehalt „ahnen" können sollen. Das Werk als einzelnes äußeres Dasein vermag sich darin nicht selbst zu vermitteln. Zugleich zerfällt der eine absolute Gehalt in eine Vielzahl von Werken, die Einzelnes sind und als solche nur partiell konkret. Die Individualisierung der Kunst in einer Vielheit äußerlicher Werke und einer Vielheit rezipierender Subjekte führt dazu, daß deren Gemeinsames nur noch in einem „Volksgeist", einer historischen Identität liegt. Und erst diese Historisierung zeigt dann, daß die Selbstbedeutung des Werks Schein ist, der mehr der Selbstverständlichkeit einer kulturellen Codifizierung entspringt.

Die Endlichkeit der Kunst geht somit darauf zurück, daß der dem Werk gegebene Kunstgehalt im äußerlichen, einzelnen Werk in Wahrheit nicht bewahrt ist und der Inhalt nur partiell, hinsichtlich des absoluten Geistes nur ein beschränkter Inhalt ist. Deshalb ist das Werk in Hinblick auf den Gehalt letztlich kein notwendiges. Die Bedeutung, die die Kunst meint, wird der Weise, wie sie sich als Kunst manifestiert, gleichgültig. Der Inhalt der Kunst und ihr Stoff kann „von der verschiedensten und selbst unwesentlichsten Art" (Enz 1830, §559) sein. Damit tritt die Kunst aus ihrem Anspruch heraus, den unendlich konkreten Gehalt zu erfassen. Sie tut dies jedoch auf zweierlei Weise. Einmal indem sie über sich hinausweist. Sie vermag zwar den absoluten Geist nicht zu explizieren (vgl. Enz 1830, §559), und „es ist nicht der absolute Geist, welcher in dies Bewußtsein tritt" (Enz 1830, §557), aber sie ist dennoch „*Anschauung* und Vorstellung des *an sich* absoluten Geistes" (Enz 1830, §556). An positiver Bestimmung kommt dem Ansich zu, Anlage, Vermögen, Dynamis zu sein. Wenn die Kunst das Ansich des absoluten Geistes bildet und somit als Dynamis verstanden werden kann, so ist ihr dies aufgrund der Differenz zwischen dem Ist- und dem Sollzustand des absoluten Geistes zuzuschreiben, die den Trieb zur Entwicklung bildet. Und diese Differenz wird diejenige zwischen der Äußerlichkeit und der Geistigkeit sein müssen. Sie ist Grund einer über sich selbst hinausweisenden Entwicklung. Andererseits tritt die Kunst aus diesem Anspruch heraus, indem sie sich selbst formalisiert.

Der formelle Charakter der Schönheit erweist sich für die Weiterentwicklung von Hegels Kunsttheorie als grundlegend. Die Realisation in den verschiedenen Materialien ist für die Ausdifferenzierung in die verschiedenen Künste verantwortlich. Sie ist Thema des letzten Teils der Ästhetik. Die verschiedenen Weisen, wie Anschauliches und Gedanke miteinander verwoben sind, ist Gegenstand des zweiten Teils der Ästhetik, der Lehre von den historischen Kunstformen. Das

Ideal der Schönheit ist somit nur in der formellen Hinsicht für die Kunst selbst relevant, nach der es eine Durchdringung von Anschauung und Bedeutung darstellt. In der schönen Gestalt, der Durchdringung, entsteht der Eindruck eines innigen Verwobenseins von Anschaulichem und Gedanklichem. Es ist jedoch nur ein *Eindruck*. Ob die Bedeutung wirklich der Anschauung innewohnt, bleibt unausgemacht und stellt eine Art unendliche Aufgabe der Kunst dar, deren Verifikation in der Kunst selbst nicht möglich ist.

Walter Jaeschke

Kunst und Religion.
Überlegungen zu ihrer geistesphilosophischen Grundlegung

1   Voraussetzungen

(1) Kunst *und* Religion – dieses spannungsgeladene Begriffspaar durchzieht Hegels Schriften von seiner frühesten Jenaer Systemskizze bis in seine späten Vorlesungen. Die fast stereotype Verbindung, in der er beide nennt, ist geeignet vergessen zu lassen, daß diese Zusammenstellung beider alles andere als selbstverständlich ist. Noch eine Generation vor Hegel wären allenfalls wenige auf den Gedanken gekommen, Kunst und Religion in Einem Atemzug zu nennen. Und ihre Verbindung gilt auch keineswegs als allseits erwünscht: Den „Kunstfreunden" – und nicht nur den „Weimarer Kunstfreunden" – erscheint sie zuweilen als Gefährdung der Autonomie der Kunst, den Anhängern der Religion hingegen als Verquickung des sittlichen Ernstes und der über das Irdische hinausreichenden Heiligkeit der Religion mit der Leichtlebigkeit, wenn nicht gar Frivolität, der Kunst – und somit nahezu als Blasphemie.

Vor Hegels Zeit hat sich das Problem dieser Verbindung von Kunst und Religion, von Ästhetik und Religionsphilosophie ohnehin nicht gestellt. Im Kanon der Schulphilosophie des 18. Jahrhunderts, aber auch noch in ihren popularphilosophischen Ausläufern war sie undenkbar: Kunst dient der Verschönerung, vielleicht auch noch der Humanisierung des Lebens,[1] Religion hingegen gilt als die von Gott durch seine Offenbarung gestiftete Beziehung des Menschen zu ihm. Nicht minder fremd ist diese Verbindung für Kant – trotz einiger Verwandtschaft von moralischem Gefühl und ästhetischem Wohlgefallen –, und auch für Fichte fallen Kunst und Religion in Sphären, die von einander so weit entfernt liegen, als man sie überhaupt im Rahmen eines philosophischen Systems trennen kann: Seine *Anweisung zum seligen Leben* ist keine Anweisung zum seligen Leben in der Kunst. Eine gewisse Beziehung haben sie hingegen für Friedrich Heinrich Jacobi: Er bedient sich beider, um sie gemeinschaftlich dem Mechanismus des

---
[1] G. Scholtz, *Der Weg zum Kunstsystem des Deutschen Idealismus.* In: Früher Idealismus und Frühromantik. Der Streit um die Grundlagen der Ästhetik (1795–1805). Hrsg. von W. Jaeschke und H. Holzhey (= Philosophisch-literarische Streitsachen). Hamburg 1990 (im folgenden PLS). Bd. 1, S. 12–29, insbes. S. 27.

Zeitgeistes – oder besser des Zeit*un*geistes – als Beweis für die Wirklichkeit von Freiheit entgegenzuhalten. Jacobi öffnet die traditionelle Trias des Guten, Wahren und Schönen für die Einbeziehung der Religion, die ursprünglich keinen eigenen Platz in ihr gehabt hat – auch wenn man von ihr sagen könnte, daß sie gleichsam zwischen dem Guten und dem Wahren anzusiedeln sei.

(2) Den sicheren Boden, auf dem Kunst und Religion begrifflich einander angenähert werden können, bildet aber erst Hegels Geistesphilosophie. Seine geistesphilosophische Interpretation von Kunst und Religion setzt jedoch zwei von einander unabhängige und doch konvergente Prozesse voraus, die beide um 1800 abgeschlossen sind und an die ich hier nur in wenigen Stichworten erinnern will: auf Seiten der Kunst die Trennung der schönen Künste von den mechanischen; die Entstehung einer Ästhetik als einer Philosophie der schönen Kunst; den Primat des Kunstschönen gegenüber dem Naturschönen – und natürlich die Überzeugung, daß das Schöne der Kunst zwar etwas mit Schein, aber ebensosehr etwas mit Wahrheit zu tun habe.[2]

Dem korrespondiert ein zwar anders verlaufender, jedoch im Resultat analoger Prozeß auf Seiten der Religion. Der Ausbildung der Philosophie der Kunst dort entspricht hier die Ausbildung einer Religionsphilosophie – als Reaktion auf Kants Kritik aller spekulativen Theologie und im Anschluß an seine Ethikotheologie, die ja selbst zunächst als „Religionsphilosophie" bezeichnet wird. Die Parallelisierung von Kunst und Religion erfordert aber zusätzlich das Hinausgehen über diese früheste Gestalt einer expliziten Religionsphilosophie. Denn diese versteht Religion moralisch: als Verständnis der moralischen Gesetze als göttlicher Gebote. Auch von diesem moralischen Religionsbegriff der ersten Religionsphilosophie her wäre die Zusammenstellung von „Kunst und Religion" also allenfalls die Verbindung von Unvereinbarem. Erst die Verabschiedung des moralischen Religionsbegriffs in den letzten Jahren vor der Jahrhundertwende erlaubt die begriffliche Annäherung von Kunst und Religion. Paradigmatisch hierfür sind die Diskussionen um die Erneuerung der Mythologie, aber auch Schleiermachers Reden *Über die Religion*. Im Zuge der Abgrenzung gegenüber Metaphysik und Moral läßt Schleiermacher die Sphären von Kunst und Religion mit seinen bekannten Formeln, mit seiner Deutung der Religion als „Anschauung des Universums" oder als „Sinn und Geschmack fürs Unendliche"[3] fast in einander verschwimmen – wenn auch nur, um mit dieser apologetisch geschickt inszenierten captatio benevolentiae den gebildeten Kunstliebhaber und Verächter der Religion in der fünften Rede um so sicherer in den Schoß der Kirche zu ziehen.

Diese Prozesse liegen – geschichtlich gesehen – im Rücken der Philosophie Hegels. Sie findet, teils in der Romantik, teils in Schellings *System des transzendentalen Idealismus* und wenig später in dessen *Vorlesungen über Philosophie der Kunst,* Kunst und Religion vor als die beiden Formen, die – gemeinsam mit

---

[2] Ebd.
[3] F.D.E. Schleiermacher, *Über die Religion. Reden an die Gebildeten unter ihren Verächtern.* In: Ders., Kritische Gesamtausgabe. Hrsg. von H.J. Birkner u.a. Erste Abteilung. Bd. 2: Schriften aus der Berliner Zeit 1796–1799. Hrsg. von G. Meckenstock. Berlin/New York 1984, S. 185–326. Zitate S. 227, S. 240 f.

der Spekulation – die höchste Form der Anschauung oder der Erkenntnis Gottes bilden.[4]

2 Kunst und Religion in Hegels System

(1) Zur gleichen Zeit beginnt aber auch Hegel, Kunst und Religion als parallele Formen zu begreifen. Schon in seinen frühesten Jenaer Systemskizzen, in denen er ja bereits auf die Ausbildung seines gesamten Systems vorgreift, versteht er sie als Rückkehr des Geistes in sich, als Formen des Sichwissens des Geistes[5] – obgleich er hier noch nicht über eine ausgearbeitete Geistesphilosophie verfügt. Diese Deutung von Kunst und Religion als einander zugeordneter, zusammengehöriger Formen durchzieht die gesamte Ausbildung seines Systems, bis in die spätesten Aussagen: Kunst und Religion sind angesiedelt in der höchsten Region des Systems, als zwei Formen des Selbstbewußtseins des Geistes – und sie sind einander immer hierarchisch zugeordnet: Auch wenn der Kunst, so scheint es zumindest, die eigentliche Liebe Hegels gilt, versteht er sie gleichwohl als diejenige Gestalt des Geistes, über die hinaus zur Religion fortzuschreiten ist.

Ich möchte hier aber nicht die Geschichte der Entwicklung des Verhältnisses von Kunst und Religion erzählen, von der ersten, flüchtigen Systemskizze der ersten Jenaer Vorlesung bis zu den Passagen am Schluß der Enzyklopädie, die zu den dichtesten Texten gehören, die wir von Hegel besitzen, und bis zur durch Anschauung gesättigten Ausführung dieser Konzeption in den späten Berliner Vorlesungen über die Philosophien der Kunst und der Religion. Diese Entwicklung bildet fraglos – auch über den Bereich von Kunst und Religion hinaus – eine für die Ausbildung des Systems insgesamt sehr erhellende und auch erregende Geschichte – doch habe ich diese Geschichte bereits vor längerer Zeit an anderem Ort behandelt.[6] So möchte ich hier statt dessen zwei andere Aspekte des Themas behandeln: zunächst in diesem zweiten Teil die Stellung von Kunst und Religion im Rahmen der Geistesphilosophie, und schließlich werde ich im dritten Teil ein bei Hegel im Hintergrund bleibendes Element der Geistesphilosophie für die Themenstellung fruchtbar zu machen suchen.

(2) Hegels Geistesphilosophie ist – gemeinsam mit Schellings transzendentalem Idealismus und Identitätsphilosophie – der Boden, auf dem das Thema „Kunst und Religion" allererst sinnvoll erörtert werden kann. Denn erst durch diese Fundierung werden Kunst und Religion kompatibel, im weiten Sinne zu

---

[4] G.W.F. Hegel, *Differenz des Fichte'schen und Schelling'schen Systems der Philosophie*. In: Ders., Gesammelte Werke. In Verbindung mit der Deutschen Forschungsgemeinschaft hrsg. von der Rheinisch-Westfälischen Akademie der Wissenschaften (im folgenden GW). Bd. 4: Jenaer kritische Schriften. Hrsg. von H. Buchner und O. Pöggeler. Hamburg 1968, S. 75 f.
[5] G.W.F. Hegel, *Introductio in philosophiam*. In: GW. Bd. 5: Schriften und Entwürfe. Hrsg. von M. Baum und K.R. Meist unter Mitwirkung von T. Ebert. Hamburg 1998, S. 259–265, hier S. 264.
[6] W. Jaeschke, *Kunst und Religion*. In: Die Flucht in den Begriff. Materialien zu Hegels Religionsphilosophie. Hrsg. von F.W. Graf und F. Wagner. Stuttgart 1982, S. 163–195.

parallelen Formen des kulturellen Lebens, während sie zuvor unterschiedlichen Dimensionen angehörten.

Was bedeutet es aber, Kunst und Religion ungeachtet ihrer fortbestehenden Differenz *als Gestalten des Geistes* – und sogar des absoluten Geistes – zu interpretieren? Eine Antwort setzt zunächst eine knappe Verständigung über den Begriff des Geistes voraus. In der Zeit vor Hegel hat der Geistbegriff für die Philosophie keine terminologische Funktion gehabt – trotz gelegentlichen Vorkommens des Wortes bei Jacobi. Die bekannte theologische Verwendung (Geist als heiliger Geist) hat für die Philosophie – auch für Hegels Philosophie – keine Relevanz. Für ihn ist „Geist" die höchste Form des als Subjekt gedachten Absoluten, nämlich das Absolute als Wissen, und „absoluter Geist" wiederum die höchste Form dieses Wissens, nämlich das Wissen des Geistes von sich, sein Selbstbewußtsein: die Wirklichkeit der zuvor nur gedachten „noesis noeseos". Kunst und Religion sind also – gemeinsam mit der Philosophie – diejenigen Formen des Geistes, in denen Geist sich auf sich bezieht, sein Wissen von sich, sein Selbstbewußtsein gewinnt. Hegel schreibt ihnen damit den höchsten Rang von Wirklichkeit, die höchste metaphysische Dignität zu. „Höheres kann nichts sein noch werden" – so könnte man Hegels bekanntes Dictum über die griechische Kunst abwandeln. Es dürfte schwierig sein, in anderen Epochen der Philosophiegeschichte ein vergleichbar emphatisches Verständnis von Kunst und – wenn auch nicht von Religion, so doch – von der Verbindung beider anzutreffen.

(3) Gleichwohl herrscht bei Hegels Interpreten Besorgnis, daß eben diese Apotheose der Kunst, wenn sie einmal nicht allein im schönen Schein einer Allegorie, sondern im begrifflichen Kontext eines philosophischen Systems stattfinde, der Kunst – durch ihre Integration in eine Geistesmetaphysik – zuviel zuspreche, und daß sie im Gegenzug die Kunst um ihren eigentlichen Begriff und um ihre Eigenständigkeit bringe. Denn die metaphysische Deutung der Kunst entspricht allenfalls recht entfernt deren Selbstbewußtsein. Ihr Begriff, Selbstbewußtsein des Geistes zu sein, macht nicht ihr eigenes Selbstbewußtsein aus; er wird nicht von ihr, sondern erst von der Philosophie der Kunst ausgesprochen. Doch ist es – wenn man der Kunst „Erkenntnis" und „Wahrheit" zuschreibt (und dies ist ja nicht so außergewöhnlich) – nicht ganz leicht, gegen Hegels Deutung zu argumentieren, daß die Kunst eine Form der Erkenntnis und somit der Selbsterkenntnis des Geistes sei – sofern man nur „Geist" im selben Bedeutungsumfang versteht wie Hegel, selbst wenn man seine Metaphysik nicht teilt. Das Problem scheint mir allenfalls darin zu liegen, daß diese globale geistesphilosophische Deutung mit dem Selbstverständnis der Kunstproduktion nur wenig vermittelt ist: Der Maler, der ein Bild malt, der Komponist, der eine Sonate schreibt, haben nicht das Bewußtsein, das Selbstbewußtsein des absoluten Geistes zu verwirklichen. Diese Diskrepanz zwischen philosophischer Deutung und Selbstverständnis der gedeuteten Sphäre dürfte jedoch ein nicht speziell auf Hegels Ästhetik beschränktes Problem bilden.

Allerdings beschränkt sich das Problem nicht auf die Differenz zwischen dem Selbstverständnis der Kunst und ihrem geistesphilosophischen Begriff. Ein weiteres Bedenken besteht darin, daß Hegel den Begriff der Kunst als einer Form des absoluten Geistes im Aufbau des Systems so hoch ansiedelt, daß die Kunst ihrem eigenen Begriff gar nicht mehr entsprechen zu können scheint. Unter den der Kunst zur Verfügung stehenden Gestaltungen „ist die menschliche die höchste und wahrhafte" – doch im folgenden Paragraphen (§ 559) heißt es weiter: „Der absolute Geist kann nicht in solcher Einzelheit des Gestaltens expliziert werden" – es muß zumindest zur Vielheit der Gestalten übergegangen werden.

Die beiden genannten Bedenken beschränken sich jedoch nicht auf das Verhältnis von Geistesphilosophie und Ästhetik, sondern sie gelten – mutatis mutandis – nicht minder für die Religion. Die geistesphilosophische Deutung der *Kunst* ist sogar weit weniger anstößig als die geistesphilosophische Deutung der *Religion*. Scheint die Kunst durch diese Deutung eher überschätzt, metaphysisch überhöht, so gilt für die Religion das Gegenteil: Ihre rein geistesphilosophische Deutung (wenn sie denn überhaupt richtig verstanden wird) wird von religiösen Interpreten als Reduktion erfahren, als Verkennen und Eliminierung derjenigen transzendenten Wirklichkeit, auf die die Religion ihrem Selbstverständnis zufolge bezogen ist. Die metaphysische Bedeutung, die der Kunst im Namen der Endlichkeit so gern bestritten wird, soll der Religion in einem wenn möglich noch gesteigerten Maße zukommen.

(4) Weitere Bedenken gegen Hegels geistesphilosophische Deutung der Kunst erwachsen aus dem Verhältnis, in dem er sie und die Religion als Formen des Selbstbewußtseins des Geistes zu einander denkt – in diesem Fall jedoch weniger von Seiten der Religion als der Kunst. Solche Bedenken resultieren aus der internen Strukturierung der Sphäre des absoluten Geistes – aus dem Aufbau der Formen des absoluten Geistes in Analogie zu denen des subjektiven Geistes. Diese Bedenken sind auch nicht durch den Hinweis zu entkräften, daß hierdurch die Formen des absoluten Geistes nicht in ein ihnen fremdes Schema gepreßt werden. Der Differenzierung von Kunst, Religion und Philosophie gemäß Anschauung, Vorstellung und begreifendem Denken kommt ja – entwicklungsgeschichtlich gesehen – der Primat gegenüber der Aufstellung der Formen des subjektiven Geistes zu.[7]

Das Unbehagen gilt somit zum einen dem hierarchischen Aufbau, in dem die Kunst nur die unterste Stellung einnimmt; zum anderen gilt es Hegels Argumentation insoweit, als er – im Einklang mit seinem Systemgedanken – die differenzierten Sphären nicht vollständig gegeneinander isoliert, sondern – so der gegen ihn erhobene Verdacht – der höheren Sphäre der Religion zugleich die Kompetenz zubilligt, sich in die niedrigere der Kunst einzumischen, sie unter ihre Botmäßigkeit zu bringen und damit ihre Autonomie zu bedrohen. Einen konkreten Anhaltspunkt findet dieser Verdacht in Hegels Auskunft in § 554 der *Enzyklopädie*, man könne im weiten Sinne die gesamte Sphäre des absoluten Geistes unter den Titel „Religion" stellen. Zudem scheint diese Aussage nur nochmals Hegels seit der Jenaer Zeit geübtes Verfahren zu legitimieren, die Kunst

---
[7] W. Jaeschke, *Die Vernunft in der Religion*. Studien zur Grundlegung der Religionsphilosophie Hegels. Stuttgart-Bad Cannstatt 1986, S. 193 f.

nur als „Kunstreligion" oder als „Religion der Kunst" in den Blick zu nehmen, ihr insofern schon terminologisch ihre Eigenständigkeit abzuerkennen und sie – mit allen negativen Folgen – in Religion und Religionsgeschichte aufzulösen. Auch die Lehre vom Ende der Kunst ist ja ausschließlich aus der Perspektive der Geistesphilosophie und insbesondere der Religionsphilosophie entworfen; ästhetik-immanent läßt sie sich nicht begründen.

Gegen derartige Befürchtungen ist vor kurzem darauf hingewiesen worden, daß sich in Hegels Bestimmung des Verhältnisses von Kunst und Religion eine fortschreitende Emanzipation der Kunst abzeichne.[8] Mir scheint dies damit zusammenzuhängen, daß die Kunst, trotz allen Interesses, das Hegel ihr stets entgegengebracht hat, allererst in dem Maße eine eigenständige Kontur gewinnt, in dem er dazu gelangt, die Ästhetik im Systemzusammenhang als eigenständige Disziplin auszuarbeiten – und dies geschieht, ungeachtet aller einzelnen früheren Äußerungen, erst seit den Heidelberger Vorlesungen über Ästhetik. Es ist ein eigentümlich verschlungener Weg, auf dem Hegels Religionsverständnis sich in Jena zunächst von vorgegebenen, dominanten Deutungsmustern der Ästhetik ablöst – ich denke dabei an die „Querelle des Anciens et des Modernes" -, so daß die zeitweilig in den Hintergrund getretene Kunst erst wieder mit dem Beginn der Hegelschen Vorlesungstätigkeit ein eigenes Profil gewinnt. Zu Beginn der Berliner Zeit Hegels, als er bereits über Ästhetik, aber noch nicht über Religionsphilosophie gelesen hat, scheint der Ästhetik sogar ein systematischer Primat zuzukommen[9] – wenn auch nur sehr kurzfristig. Man kann zumindest einige Formulierungen der Enzyklopädiefassungen auch so interpretieren, als ob – trotz des schon terminologisch, durch die Rede von „Kunstreligion" nahegelegten Primats der Religion – die Kunst in der Heidelberger Fassung doch eine größere Eigenständigkeit gegenüber der Religion genieße.[10]

---

[8] B. Bradl, *Die Rationalität des Schönen bei Kant und Hegel.* München 1998.

[9] Noch in einem Votum an den Rektor der Berliner Universität über die Vollständigkeit des philosophischen Lehrangebots vom 5. Mai 1820 ist die Religionsphilosophie nicht als eigenständige Disziplin aufgeführt; Hegel nennt hier im Rahmen der Philosophie des Geistes neben „Anthropologie und Psychologie" nur die „*Ästhetik,* die sich zugleich auf *Religionsphilosophie* bezieht"; vgl. G.W.F. Hegel, *Nürnberger Schriften.* Texte, Reden, Berichte und Gutachten zum Nürnberger Gymnasialunterricht 1808–1816. Hrsg. von J. Hoffmeister. Leipzig 1938, S. XXXIII f. Anm. 1.

[10] In der *Enzyklopädie der philosophischen Wissenschaften (1830)* notiert Hegel im Blick auf die Kunst die Stichworte der „äußerlichen Anschauungsweise", des „subjektiven Produzierens" und des „Zersplitterns des substantiellen Inhalts". Bemerkenswert ist es, daß die hier entworfene Synthese von Kunst und Religion sich von derjenigen der Erstfassung der Enzyklopädie markant unterscheidet: Diese versteht die Kunst als „die einfache Anschauung und substantielle Produktion" (§472). Das später dominierende Stichwort „Äußerlichkeit" behält die Erstfassung der Ausbreitung des Inhalts in der Religion vor, und sie stellt diese ausschließlich unter den genannten Titel. Sie erwähnt zwar noch einmal die „Vermittlung" als ein Charakteristikum der Religion, ohne jedoch hierüber etwas auszuführen. Die Einheit von Kunst und Religion erscheint somit in der Erstfassung als eine Vereinigung der Einfachheit und Substantialität der Kunst mit der äußerlichen, zersplitterten Gestalt, die der Inhalt in der Religion hat. – Und nicht allein in der Bestimmung des komplementären Verhältnisses von Kunst und Religion unterscheiden sich die beiden Fassungen: In der frühen spricht Hegel sogar noch davon, daß sich die „selbstbewußte Idee" in der Philosophie nicht

Ich möchte jedoch das Gewicht dieser Passagen hier nicht gegeneinander abwägen. Denn darüber dürfte Einigkeit bestehen, daß Hegel die Kunst – trotz ihrer schärferen Konturierung in den Berliner Jahren – nie aus demjenigen Verhältnis zur Religion befreit, daß diese als Aufhebung jener verstanden wird. Denn in der Kunst ist der Geist noch nicht von der Beschränktheit des Werkes und des ihm gegenüberstehenden Wissens, vom Zerfallen in die Dreiheit von Stoff, Künstler und Rezipient befreit; das der Kunst erreichbare Wissen ist deshalb ein „unmittelbares", an Sinnlichkeit gebundenes Wissen (§ 563). In der Religion hingegen wird der Geist „in der aufgehobenen Unmittelbarkeit und Sinnlichkeit der Gestalt und des Wissens" gewußt (§ 565). Wenn sich aber eine höhere Form des Geistes herausgebildet hat, vermag die niedrigere das „Bedürfnis des Geistes" nicht mehr vollständig zu befriedigen. Der Kunst bliebe allein, den geschichtlichen Triumph der Religion über die Kunst selber noch im Bild zu gestalten und somit letztlich doch noch zu triumphieren. Doch sei es den Freunden der Kunst zum Trost und zur Genugtuung gesagt, daß dieses Verhältnis der Ablösung durch eine höhere Gestalt nicht minder für das Verhältnis von Philosophie und Religion gelte.

3 Geistesphilosophische und geschichtliche Interpretation

(1) Hegel hat – dies läßt sich nicht bestreiten – im übergreifenden Kontext seiner Geistesphilosophie die Deutung der Kunst derjenigen der Religion unterworfen. Dieser Verlust der Eigenständigkeit ist der Preis für die geistesphilosophische Auszeichnung der Kunst als einer der drei Gestalten des Sichwissens des absoluten Inhalts. Es reicht jedoch nicht aus, einen bloß abstrakten Protest dagegen zu formulieren, daß hierdurch das Schicksal der Kunst ein für allemal besiegelt sei. Man muß den geistesphilosophisch rekonstruierten Sachverhalt durch eine historische Komponente ergänzen – und dies in doppelter Hinsicht: im Blick auf den empirischen Befund der Relation von Kunst und Religion, aber auch im Blick auf die bisher betrachtete begriffliche Relation von Kunst und Religion. Denn ohne diese historische Dimension lassen sich geistesphilosophische Sachverhalte niemals unverzerrt erfassen – weil Geist immer geschichtlich ist und alle geistigen Gestalten zugleich geschichtliche Gestalten sind.

---

nur von der Unmittelbarkeit der Kunst, sondern „auch von dem Scheine des Geschehens, der Zufälligkeit und des Ausser und Nacheinanderseins" zu *reinigen* habe, mit dem sie in der Religion – nämlich in deren drei Sphären – noch befangen sei. Diesen kathartischen Zug des Aufstiegs von der Kunst über die Religion zur Philosophie mildert Hegel in der dritten Auflage zu der mehr formellen Rede von „vereinen" und „erheben" ab. – Die spätere Fassung betont, daß die Weise, in der die Religion den absoluten Inhalt erfaßt, derjenigen der Kunst überlegen sei (§562). In der Erstfassung kommt diese Überlegenheit nicht zum Ausdruck – nur die Verschiedenheit der Form. Erst die beiden späteren Fassungen deuten sie an – schon dadurch, daß Hegel hier dem „Zersplittern des substantiellen Inhalts" durch die Kunst auf der Seite der Religion die „*Totalität*" entgegenstellt, in die der Inhalt aus seiner Entfaltung zurückgegangen ist (§572).

Einen geschichtlichen Rückblick auf die Stellung von Kunst und Religion zu einander kann ich hier nicht geben. Ich beschränke mich statt dessen auf die These, daß Hegels Annahme einer engen Zusammengehörigkeit beider – zumeist unter der Dominanz der Religion – nicht allein durch geistesphilosophische Argumente fundiert, sondern dem Phänomen auch historisch durchaus angemessen sei: Von ihren Anfängen zumindest bis zum Beginn der Neuzeit läßt sich die Kunst nicht von der Religion isolieren, und die längste Zeit hindurch kommt der Religion in dieser Verbindung der Primat zu, weil sie der Kunst den Stoff vorgibt. Beispiele für die Unabhängigkeit beider von einander bilden die Ausnahme – den Grenzfall, aber nicht die Regel. In der Retrospektive erscheint Hegels Deutung rein deskriptiv als dem Phänomen besser angemessen als ein im Namen der Eigenständigkeit der Kunst eingelegter Protest gegen deren Verquickung mit der Religion.

(2) Diese Ansicht hat nicht allein gute historische Argumente für sich – sie wird in Hegels Zeit zumindest von einer einflußreichen Position geteilt. Seine geistesphilosophische Deutung des Verhältnisses von Kunst und Religion bildet damals ja nur einen, und zudem einen außerhalb seines Hörsaals nicht sonderlich prominenten Vorschlag zur Deutung dieser Relation. Man verstellt sich den Blick auf ein angemessenes Verständnis, wenn man nicht zur Kenntnis nimmt, daß die zu seiner Zeit geführte Debatte nicht zum Gegenstand hatte, ob der Kunst inhaltlich Autonomie zuzusprechen sei oder ob sie ihren Inhalt mit der Religion gemeinsam habe. Die Angewiesenheit der Kunst auf einen ihr vorausgesetzten, „absoluten Stoff" ist in dem damaligen Streit um Kunst und Religion unstrittig. Strittig ist allein, aus welcher Religion die Kunst ihren Stoff beziehen solle. Dies ist ja das Thema der damaligen Debatte um die „neue Mythologie": Woraus soll der „absolute Stoff" der Gegenwartskunst genommen werden – aus der antiken Mythologie, wie die Klassizisten propagieren, aus der christlichen Mythologie, wie Friedrich Schlegel und kurzfristig auch einmal August Wilhelm Schlegel meinen, oder aus den „Schätzen des Orients", wie ebenfalls Friedrich Schlegel erwägt.[11]

(3) Auch Hegel ist – noch zwei Jahrzehnte später – von der Triftigkeit des Arguments überzeugt, daß Kunst nicht auf einen vorausgesetzten absoluten Inhalt verzichten könne. Doch unterscheidet er sich von den beiden Verfassern des *Gemäldegesprächs* und der *Gemäldebeschreibungen* auf doppelte Weise – zunächst schon dadurch, daß er die klassizistische Diagnose der Unangemessenheit der christlichen Vorstellungswelt gegenüber ihrer künstlerischen Darstellung, wie sie Karl Ludwig Fernow vorgetragen hat, in ihren beiden Aspekten als eine durchaus treffende Diagnose teilt – auch wenn er andere Konsequenzen aus ihr zieht.

---

[11] F. Schlegel, „Rede über die Mythologie" im *Gespräch über die Poesie (1800)* sowie *Gemäldebeschreibungen in der ‚Europa' (1803–1805)*. In: PLS. Bd. 1.1. (Quellenband), S. 99–137 bzw. S. 155–232; A.W. Schlegel, *Wackenroder-Rezension*. In: Ders., Sämmtliche Werke. Bd. X: Vermischte und kritische Schriften. 4: Recensionen. Leipzig 1846, S. 365; *Gemäldegespräch*. In: Athenaeum: eine Zeitschrift. 3 Bde. Nachdruck der Ausgabe Berlin 1798. Darmstadt 1992. Bd. 2. 1. St, S. 39–151; *Der Bund der Kirche mit den Künsten (1800)*. In: PLS. Bd. 1.1, S. 139–145.

Als Vertreter der „Weimarer Kunstfreunde" such Karl Ludwig Fernow in seinem Beitrag zu Goethes Werk über *Winckelmann und sein Jahrhundert* die Verbindung der Kirche mit der Malerei mit einem pragmatischen Argument zu begreifen: Da „die neuere Religion zu ihrem äußeren Kultus der Bilder nicht entbehren konnte oder nicht entbehren wollte, runde Bildwerke aber als Gegenstände der Verehrung und Anbetung in dem alten Götterdienste, von dem man jede Spur möglichst zu vertilgen strebte, in der neuen Volksreligion sehr anstößig gewesen sein würden, so bediente sie sich für ihre Zwecke der Malerei, deren Produkte in dem alten Kultus nur selten Gegenstände religiöser Verehrung gewesen waren." Demnach hätte also die Affinität zwischen Malerei und christlicher Religion keine ästhetischen, sondern religionspolitische Gründe. Im Anschluß an diesen Verdacht räumt Fernow zwar ein: „Vielleicht war auch die Malerei dem Sentimentalen der neueren Volksreligion angemessener als die Plastik" – aber dennoch spricht er der neuen Religion die ästhetische Kompetenz ab: „Das Göttliche, was die christliche Religion lehrt und zu verwirklichen befiehlt, geht bloß den moralischen Menschen an und ist ganz unabhängig von der äußeren physischen Bildung, Wohlgestalt und Schönheit desselben. Ihre Ideale sind praktischer Art, nicht durch Bilder darstellbar, sondern durch Tun und Handeln, fruchtbarer für das Leben als für die Kunst. ... Man betrachte die Dreieinigkeit samt und sonders, die geschlechtslosen Engel, die Heiligen und Märtyrer beiderlei Geschlechts nebst allen übrigen Personen, die in unserem religiösen Bilderkreise figurieren, in Rücksicht auf die höheren plastischen Forderungen der Kunst genauer, und man wird finden, daß sie entweder gar nicht bildlich darstellbar oder unbestimmten Gehalts oder mit der Schönheit und dem Ideale unverträglich sind." Man wird zu Recht einwenden, daß Fernow hier vom klassizistischen, an der Skulptur orientierten Kunstideal her über die Malerei urteile – aber dennoch bleibt eine seiner Feststellungen richtig: „Die göttlichen Ideen der Religion konnten durch bildliche Darstellungen zwar versinnlicht, aber nicht selbst, wie es in der alten Kunst der Fall war, durch sie zu höherer Vollkommenheit ausgebildet werden."[12]

Auch Hegel steht in dieser Tradition – wenn er auch weniger kantianisierend argumentiert als Fernow. Der erste Aspekt seiner späteren Kritik gilt ebenfalls der Fremdheit des der christlichen Religion entnommenen Stoffs gegenüber seiner künstlerischen Darstellung. In der christlichen Zeit erhalte die Kunst eine andere Stellung gegenüber der Religion als in der Antike. „Dieser neue Gehalt macht sich nicht als ein Offenbaren durch die Kunst geltend, sondern ist für sich ohne dieselbe offenbar und tritt auf dem prosaischen Boden der Widerlegung durch Gründe und dann im Gemüt und dessen religiösen Gefühlen vornehmlich durch Wunder, Märtyrtum usf. ins subjektive Wissen – mit Bewußtsein des Gegensatzes aller Endlichkeiten gegen das Absolute, das sich in wirklicher Geschichte als Verlauf der Begebenheiten zu einer nicht nur vorgestellten, sondern faktischen

---

[12] K.L. Fernow, *Bemerkung eines Freundes*. In: J.W. von Goethe: Winckelmann und sein Jahrhundert: In Briefen und Aufsätzen. Hrsg. von J.W. von Goethe. Tübingen 1805, S. 132–141, insbes. S. 132–134.

Gegenwart herausstellt."[13] Man kann gegen diesen Rekurs auf geschichtliche Ereignisse zwar einwenden – übrigens mit Hegel! –, daß die Vorstellungswelt der christlichen Religion nur so lange als prosaisch, somit als der Kunst fremd und deshalb als nachteilig gegenüber der ästhetischen Immanenz des Mythos erscheine, als nicht der Akzent religionskritisch darauf gelegt wird, daß es sich bei der christlichen Vorstellungswelt letztlich ebenfalls um einen der mythopoietischen Phantasie entsprungenen Stoff handele, in dem diese folglich nicht minder zu Hause sei als auch in der antiken Mythologie. Doch bleibt es richtig, daß diese Phantasie nicht eine ursprünglich ästhetische Phantasie gewesen sei – daß sie nicht, wie der Mythos, eine ursprünglich poetische Bedeutung gehabt habe, nur ein freies ästhetisches Spiel gewesen sei.

(4) Die Kritik an der Eignung der christlichen Religion zur Substanz künstlerischer Darstellung gilt jedoch insbesondere dem bekannten zweiten, nahezu entgegengesetzten Aspekt. Man mag ja immer Heilige und Märtyrer und auch Madonnen oder das Geschehen auf Golgatha malen – der neue, christliche Gedanke Gottes als der Tiefe des seiner selbst gewissen Geistes[14] läßt sich von der Malerei und der romantischen Kunst überhaupt nicht mehr angemessen ausdrücken – und zwar nicht deshalb, weil er geschichtlichen und somit prosaischen Ursprungs wäre, sondern weil das Spezifische der Religion in der Überlegenheit des Geistigen über das Natürliche liege und diese – mit der Aufwertung der Innerlichkeit verbundene – Überlegenheit sich einer adäquaten künstlerischen Darstellung entziehe. Dies ist die genaue Gegenthese zur Deutung der Malerei durch die Brüder Schlegel.

Unter diesen beiden Gesichtspunkten fällt Hegel seine ästhetische Entscheidung zu Gunsten des Parnaß: Nur die unter diesem Titel apostrophierte Einheit des Natürlichen und Geistigen ist der Kunst nicht ein ursprünglich Fremdes, Prosaisches, und sie ist von ihr auch angemessen zu gestalten. Entgegen dem normativen Interesse einer sowohl historisch (oder pseudohistorisch) als auch systematisch begründeten Rückbindung der Kunst an die christliche Religion ist Hegels Votum jedoch – und dies ist entscheidend! – nur als Einsicht in eine geistesphilosophisch plausibel zu machende, herausgehobene geschichtliche Konstellation von Kunst und Religion zu verstehen, und nicht als Norm gegenwärtiger oder gar künftiger künstlerischer Gestaltung. Bereits hierin sehe ich einen erheblichen Vorzug seines Ansatzes, der ihn über den Klassizismus hinausführt.

(5) Ich möchte mich hier aber nicht auf das vorhin vorgebrachte Argument beschränken, daß Hegels Deutung aus seiner Retrospektive heraus historisch berechtigt sei, und auch nicht darauf, daß seine Deutung damals konkurrierenden Deutungen des Verhältnisses von Kunst und Religion vorzuziehen sei – obschon mir beides durchaus aussichtsreich zu sein scheint. Auch um den Preis des Verzichts auf Originalität, die bekanntlich in der Philosophie nicht als das höchste

---

[13] G.W.F. Hegel, *Ästhetik*. 2 Bde. Hrsg. von F. Bassenge mit einem einführenden Essay von G. Lukács. Berlin/Weimar ²1965. Bd. I, S. 486.

[14] G.W.F. Hegel, *Naturphilosophie und Philosophie des Geistes 1805/06*. In: GW. Bd. 8: Jenaer Systementwürfe III. Hrsg. von R.P. Horstmann und J.H. Trede. Hamburg 1976, S. 280.

Gut angestrebt werden sollte, möchte ich mich hier vielmehr der Ansicht anschließen, daß Hegels *geistesphilosophische* Deutung die Kunst nicht lediglich unter die Botmäßigkeit der Religion bringe, sondern daß gerade *sie* die Kunst auch wieder zu ihrer Selbständigkeit befreie. *Gerade die Unterscheidung der drei Formen des absoluten Geistes, verbunden mit der – in der Enzyklopädie nicht akzentuierten – historischen Dynamisierung ihres Verhältnisses befreit das Verhältnis von Kunst und Religion von den normativen Verkrustungen, die sonst unausweichlich eintreten, wenn Kunstformen und Religionsgestalten einander historisch oder gar wesensmäßig zugeordnet werden.*

Die Angewiesenheit der Kunst auf einen Inhalt, ja auf den absoluten Inhalt kann eines nicht bedeuten: ihre Angewiesenheit auf den in Form expliziter Religion gefaßten Inhalt. Denn diese Form ist dem absoluten Inhalt selber äußerlich. Die Religion ist ja gar nicht die absolute Form des absoluten Inhalts – diese ist allein das begreifende Denken. Dies zeigt sich eben im Übergang in die Neuzeit – und diese historische Konkretion innerhalb des geistesphilosophischen Ansatzes muß auch für die begriffliche Deutung des Verhältnisses von Kunst und Religion herangezogen werden. Der Rekurs auf die Stellung der Kunst zur Religion innerhalb der übergreifenden Geschichte des Geistes erweist sich dann als zweischneidig: Ihr erstes Resultat besteht in der Substantialität der Kunst für die Religion, ihr zweites in der Substantialität der Religion für die Kunst, in der Ersetzung des Mythos durch christliche Gegenstände. In einer fortgeschrittenen Phase der Religions- und Konfessionsgeschichte jedoch, die über die Gestalt der expliziten Religion hinausgegangen ist, entfällt plausibler Weise auch der Anlaß für die Rückbindung der Kunst an den in der Form expliziter Religion dargestellten Inhalt.

(6) Die geistesphilosophische Interpretation von Kunst und Religion vermag wegen ihrer geschichtlichen Implikationen beides plausibel zu machen: sowohl die Bindung der Kunst an die Religion – mit unterschiedlicher Dominanz – als auch die Befreiung der Kunst von der Religion – und dies nicht im Sinne eines unaufgelösten Widerspruchs, sondern einer historischen Differenzierung. Das Ende der Religion hat die Freisetzung von Weltlichkeit zur Folge – und zwar nicht als eine von außen erfolgende Verdrängung der explizit religiösen Inhalte, sondern als eine durch die Entwicklung der Religion selbst vermittelte Ersetzung dieser Inhalte durch säkulare. Diese Entwicklung beschränkt sich nicht auf das Verhältnis der Religion zur Kunst, wie man dem stereotypen Hinweis auf Hegels Hochschätzung der niederländischen Malerei entnehmen könnte. Die kunstphilosophische Deutung ist vielmehr einbezogen in eine übergreifende Theorie über den kulturellen Zusammenhang der modernen Welt mit ihrer christlichen Herkunftsgeschichte. Am deutlichsten zeigt sich dieser Prozeß im frühneuzeitlichen Übergang von einer theologischen zu einer säkularen Begründung des Rechts und des Staates, später auch der Moral. Weil Hegel aber diesen Prozeß nicht als Verdrängungsprozeß, sondern als selbst noch durch das in der Religion ausgebildete Prinzip der Subjektivität und der Freiheit bestimmt denkt, spricht er die neue, säkulare Gestalt der modernen Welt als die – recht verstandene – christliche an. Der im richtigen Verstande „christliche Staat" ist in der Gegenwart

gerade derjenige, in dem nicht etwa das Christentum Staatsreligion ist, sondern der säkulare Staat, der auf dem – zwischenzeitlich in der Religion ausgeformten – Prinzip der Freiheit erbaut ist.

(7) In eben diesem Sinne kann man auch die säkulare Kunst der Gegenwart als die – wohl verstandene – christliche Kunst begreifen. Es handelt sich auch hier nicht um eine Verdrängung des religiösen Sujets durch eine der Religion fremde oder gar feindliche Weltlichkeit, sondern diese Weltlichkeit wird von innen heraus, durch den Fortschritt des Selbstbewußtseins der Freiheit freigesetzt. Das Ende der Religion bedeutet zugleich das Ende der explizit religiösen Kunst. Wenn das Absolute im Gedanken gewußt wird, wenn das Selbstbewußtsein des Geistes, an dem die Kunst teilhat, nicht mehr in der explizit religiösen Form seinen höchsten Ausdruck findet, entfällt der Anlaß, in der Kunst an der – nunmehr als inadäquat erkannten – religiösen Gestaltung festzuhalten. Das Ende der Religion befreit deshalb die Kunst von der Voraussetzung eines der Kunst gegenüberstehenden „absoluten" Inhalts. Der in der Enzyklopädie skizzierte Weg der Befreiung führt nicht nur von der Kunst zur Religion; in einem weiteren Schritt schließt er auch die Befreiung der Kunst von der inhaltlichen Bindung an die Religion ein.

(8) Das Ende der Religion bedeutet das Ende der explizit religiösen Kunst; es bedeutet aber nicht das Ende des geistesphilosophischen Begriffs der Kunst – und deshalb auch nicht das Ende des Endes der Kunst. Auch wenn die Kunst nicht mehr Darstellung der religiösen Form des Geistes ist, so hört sie deshalb nicht schon auf, Selbstbewußtsein des Geistes zu sein. Die moderne Kunst ist aber nicht in einem analogen Sinne Darstellung des sich nun in Form der Philosophie wissenden Geistes, wie sie früher Darstellung des religiös geformten Inhalts war. Doch emanzipiert sie nicht etwa die künstlerische Form vom absoluten Inhalt, sondern sie hat diesen absoluten Inhalt nur nicht mehr als ein Anderes außer sich, weil sie ihn nicht mehr in den abgelebten Gestaltungen der Religion, sondern allgemein im Weltverhältnis des Menschen findet. So kann sie – trotz ihres absoluten Inhalts – zugleich autonom sein.

Hegels Theorie des Zusammenhangs von Kunst und Religion im Kontext der Geistesphilosophie hat somit – wie so vieles in seiner Philosophie – ein Janusantlitz: Sie lehrt verstehen, warum durch viele Epochen hindurch ein enger Zusammenhang von Kunst und Religion besteht, aber zugleich, warum dieses Verhältnis in der Gegenwart sich nicht fortsetzt. Sie weiß sowohl die Zusammengehörigkeit von Kunst und Religion als auch die Unabhängigkeit der Kunst von der Religion geschichtlich differenziert aus Einem Ansatz herzuleiten. In einem nicht-Hegelschen Sinne absolut wird die Kunst erst dort, wo sie den absoluten Inhalt als einen ihr äußerlichen verliert und gleichwohl ihren Begriff – Selbstbewußtsein des Absoluten zu sein – verwirklicht.

Elisabeth Weisser-Lohmann

„Tragödie" und „Sittlichkeit" – Zur Identifikation ästhetischer und praktischer Formen bei Hegel

In der Abhandlung *Über die wissenschaftlichen Behandlungsarten des Naturrechts* beschreibt Hegel die Auflösung der Polis-Sittlichkeit im Bild der „Tragödie im Sittlichen"[1]. Die Auflösung wird als geschichtlicher Vorgang in Gang gesetzt durch das Prinzip des Rechts bzw. das Prinzip der Ökonomie, die sich mit absoluter Notwendigkeit und Berechtigung geltend machen und ihr „Recht" im Rahmen der bestehenden Polis-Sittlichkeit einfordern. „Tragisch" ist dieser Konflikt aufgrund der gleichen Berechtigung der konfligierenden Prinzipien, die eine für die menschliche Urteilskraft unentscheidbare Situation entstehen läßt. Exemplarisch ist dieser Vorgang für Hegel in der Orestie des Aischylos gestaltet: Der Areopag kommt im Fall des Orest zu keiner Entscheidung darüber, wessen Ansprüche berechtigter sind, die der Erinnyen oder die des Apoll. Orest gehorchte dem Befehl des Apoll, der für das Gesetz des sittlichen Staates steht, und tötete diejenige, die diese Sittlichkeit verletzt hatte, seine Mutter. Die Erinnyen als Vertreter der unterirdischen naturhaften Mächte sehen in dieser Tat eine Verletzung der Gesetze der Natur und des Blutes und fordern die Bestrafung des Muttermörders. Allein der göttliche Spruch der Pallas Athene vermag die Versöhnung der konkurrierenden Prinzipien zu leisten: Beide „Zonen der Sittlichkeit" erhalten ihr Recht zurück, jeweils begrenzt auf eine spezifische Sphäre der Polis.

Hegel zieht in dem genannten Aufsatz aus dem Jahr 1802/3 für die Deutung einer geschichtlichen Situation eine ‚ästhetische' Kategorie heran. Dabei bindet seine Konzeption den Begriff des Tragischen nicht existentiell an die Erfahrungen eines einzelnen Individuums.[2] Das „Bild des Trauerspiels" „näher" für das Sittliche bestimmt ist der „Ausgang jenes Prozesses der Eumeniden ... und

---

[1] G.W.F Hegel, *Über die wissenschaftlichen Behandlungsarten des Naturrechts*. In: Ders., Jenaer kritische Schriften II. Nach dem Text von Gesammelte Werke, Bd. 4, neu hrsg. von H. Brockhard u. H. Buchner. Hamburg 1983, S. 146 f. Zu Hegels Deutung der Tragödie vgl. O. Pöggeler, *Hegel und die griechische Tragödie*. In: Ders., Hegels Idee einer Phänomenologie des Geistes. Freiburg/München ²1993, S. 79 ff.; K. Düsing, *Die Theorie der Tragödie bei Hölderlin und Hegel*. In: Jenseits des Idealismus. Hölderlins letzte Homburger Jahre 1804–1806. Hrsg. v. Ch. Jamme u. O. Pöggeler. Bonn 1988, S. 55–82; A. Gethmann-Siefert, *Die Funktion der Kunst in der Geschichte*. Untersuchungen zu Hegels Ästhetik. Bonn 1984 (Hegel-Studien. Beiheft 25), S. 192 ff.

[2] Dies unterscheidet Hegels Konzeption der Tragödie wohl von derjenigen Hölderlins. Vgl. hierzu K. Düsing, *Die Theorie der Tragödie bei Hölderlin und Hegel*, S. 81 f.

Apollos ... über Orest, vor der sittlichen Organisation, dem Volke Athens".[3] Die Tragödie zeigt sich als das Charakteristikum der Sittlichkeit einer Gemeinschaft. Hegels Konzeption der Tragödie beinhaltet somit keine wiederholbaren Erfahrungen der Individuen, da die Sittlichkeit allein in einem individuellen Volk zur Wirklichkeit gelangt. Als „tragisch" erfahren wird diese Handlungskonstellation in erster Linie aus der Perspektive der Interpreten. Der Interpret, hier der Philosoph oder Dichter, beschreibt mit den Strukturprinzipien der Tragödie einen spezifischen Konflikt in der sittlichen Welt. Für die Handelnden selbst steht die Einsicht in die Schuldhaftigkeit ihres Handelns im Vordergrund. Hegels Konzeption unterscheidet sich damit von jeder Metaphysik des Tragischen, die den Ursprung der Tragik „im Grunde des Seins" sucht und aufgrund der Tatsache von Unglück und Scheitern zu einer tragischen Weltanschauung gelangt.[4] Hegels Begriff des Tragischen läßt sich, stellt man die spezifische Konfliktsituation des Tragischen in den Vordergrund, mit Ch. Menke als „nachmetaphysisch" bezeichnen: Tragisch ist nicht das Sein der Dinge oder die Natur des Menschen, sondern tragisch sind in der geschichtlichen Welt situierte Kollisionen.[5]

Als Deutungsmodell für geschichtliche Handlungen steht die Tragödie in Konkurrenz zu anderen Modellen menschlichen Handelns, wie etwa dem der Komödie. Daß für geschichtliche Konflikte andere Modelle in Anwendung gebracht werden können, wird von Hegel zugestanden. Für den hier angesprochenen Problemzusammenhang, Zerstörung der Polis-Sittlichkeit, trifft für Hegel allerdings ausschließlich die Deutung als Tragödie den wahren Konflikt. Allein die Tragödie vermag das „wahrhafte und absolute Verhältnis" darzustellen und die beiden „Zonen des Sittlichen" nicht zu isolieren, sondern das „Hineinschauen" der einen Zone in die andere, die leibhafte Beziehung zwischen den beiden Prinzipien zu veranschaulichen. Dieser innere Zusammenhang beider Prinzipien wird aber von den Beteiligten gerade nicht erkannt. Nur ein „Gott" weiß um die begrenzte Gültigkeit der Interessen, transzendiert sie und bringt den Konflikt zur Versöhnung. Maßgeblich ist der göttliche Spruch, da in ihm eine Zukunft gestaltende Deutung der Rolle der beiden berechtigten Prinzipien ausgesprochen wird. Das Sittliche selbst wird von Hegel im *Naturrechts*aufsatz als „Objektivierung des Absoluten" entwickelt. In dieser Objektivierung herrscht das Absolute als doppelte Natur. Das tragische Geschehen führt diese Entzweiung zur ursprünglichen Einheit zurück, indem der göttliche Urteilsspruch die ‚Gesetze' des Absoluten in der Totalität des Sittlichen vollzieht. Der geschichtliche Konflikt erweist sich somit als metaphysischer Konflikt. Die tragischen Menschen bzw. der tragische Konflikt selbst ist ‚Werkzeug' und Instrument des Absoluten. Hegels frühe Jenaer Deutung des tragischen Konflikts hat somit metaphysische Implikationen die über eine engere geschichtsimmanente Konzeption des Tragischen

---

[3] G.W.F. Hegel, *Über die wissenschaftlichen Behandlungsarten des Naturrechts*, S. 146.
[4] K. Jaspers unterscheidet in diesem Zusammenhang zwischen einer tragischen Weltanschauung und dem „tragischen Wissen"; vgl. ders., *Von der Wahrheit*. München 1947. Bd. I, S. 957. Vgl. auch Ch. Menke, *Tragödie im Sittlichen*. Gerechtigkeit und Freiheit nach Hegel. Frankfurt a.M. 1996, S. 40 f.
[5] Ch. Menke, *Tragödie im Sittlichen*, S. 41.

hinausführen. „Geschichte" ist für Hegel ein Handlungszusammenhang dessen Verstehen insofern nicht von der „Metaphysik" abzulösen ist, als das Absolute in der Geschichte zur Objektivität kommt.[6]

An der Deutung des Tragischen, wie Hegel sie im *Naturrechts*aufsatz vorträgt, mag nicht nur die Identifikation der Erinnyen mit dem bourgeois-Geist befremden. Problematisch scheint auch das zugrundeliegende Verständnis der modernen Welt, das das Erwerbsleben als Privatleben faßt und streng vom öffentlichen Leben trennt. Unterstellt man einmal, daß Hegel mit seiner Tragödienkonzeption Platon folgend ein Explikationsmodell der gegenwärtigen Staatsverfassung bzw. Sittlichkeit zu entwickeln sucht, so ist fraglich, ob die Konstitutionsprinzipien der modernen Welt mit diesem Deutungsmodell zu erfassen sind.[7] Hegel gibt spätestens in den *Grundlinien der Philosophie des Rechts* das Modell „Tragödie im Sittlichen" für die Rekonstruktion moderner Sittlichkeit auf. In den Berliner Vorlesungen zur Philosophie der Kunst reduziert Hegel den tragischen Konflikt inhaltlich auf das Aufeinandertreffen berechtigter Ansprüche in Gestalt des sittlichen Lebens im Staat und der natürlichen Sittlichkeit in Form der Familie. In diesen beiden Prinzipien stehen sich das sittliche Leben als natürliches und der Staat als geistiges gegenüber. Die Sphäre der Ökonomie, das Prinzip der Freiheit des Einzelnen, ist in dieser Deutung des tragischen Konflikts nicht erfaßt. Mit dieser Einschränkung der inhaltlichen Relevanz des tragischen Deutungsmodells rückt die *Antigone* zunehmend ins Zentrum der Hegelschen Deutung des tragischen Konflikts.[8]

---

[6] Hegels Konzeption aufgreifend ist Tragik für Jaspers dort zu finden, „wo die Mächte, die kollidieren, jede für sich wahr sind". Indem Jaspers allerdings das tragische Wissen als „offenes, nicht wissendes Wissen" auffaßt, grenzt er wiederum seine Konzeption des Tragischen von Hegel ab. Vgl. a.a.O., S. 934, S. 957.

[7] Für Platon ist in den *Gesetzen* die gesamte Staatsverfassung „eine Darstellung des schönsten und besten Lebens", sie ist „die einzig wahre Tragödie" (*Gesetze* VII, 817a). Auf die ‚Nähe' der Hegelschen Tragödien-Konzeption zu dieser Konzeption des Politischen kann hier nur hingewiesen werden. Zur Rezeption der Platonischen Tugendlehre in Hegels politischer Ethik vgl. K. Düsing, *Politische Ethik bei Plato und Hegel*. In: Hegel-Studien 19 (1984), S. 95–145. Von einer rein „metaphorischen" Inanspruchnahme des Bildes der Tragödie für die Explikation der Sittlichkeit wäre Hegels Verwendungsweise dieser ‚ästhetischen' Form insofern abzugrenzen, als es Hegel mit dem Tragödienmodell um die Explikation der Strukturprinzipien der sittlichen Welt geht. Hegel spricht vom Trauerspiel als dem „Charakteristikum einer Gemeinschaft". Die Funktion des Kunst*werks* für die Konstitution griechischer Polissittlichkeit sowie den inneren Zusammenhang von Religion, Kunst und Ethos als den sittlichen Grundprinzipien des Zusammenlebens einer Gemeinschaft legt darüberhinaus eine über eine rein erkenntnistheoretische hinausgehende Funktion dieses Bildes nahe. Zur Bestimmung des Werkes vgl. A. Gethmann-Siefert, *Die Funktion der Kunst in der Geschichte*. Untersuchungen zu Hegels Ästhetik. Bonn 1984, S. 285 ff. Bedenkt man, daß Hegel in diesem Bild eine Überwindung der Kantischen Trennung von Moralität und Sittlichkeit zu geben suchte, so erhöht dies darüberhinaus die Funktion und den Status des Tragödienmodells.

[8] Die Antigone wird von Hegel gedeutet als der Konflikt zwischen einer natürlichen Auffassung der Sittlichkeit und einer geistigen. Georg Steiner verweist in diesem Zusammenhang auf einen um 1800 plötzlich auftretenden „Antigone-Komplex". Pöggelers Verweis auf die Probleme bei der sozialen Bewältigung des Strukturwandels – Auflösung des alten Hauses – sind hier überzeugender. – Zunächst in der *Phänomenologie des Geistes*, dann in den Berliner Ästhetikvorlesungen zieht Hegel die Antigone zur Veranschaulichung der an-

Partikularisierung der berechtigen Hauptinteressen ist für Hegel das Signum der Moderne. Die Pluralität berechtigter Interessen führt dazu, daß deren Kollisionen zu einer Zufälligkeit werden. Die „geringeren" Interessen sind darüberhinaus so beschaffen, daß sie nicht das Recht beanspruchen, „eine Individualität solle ganz an sie gebunden sein"⁹. Die Versöhnung ist das, „was am meisten in den Hintergrund tritt, insofern diese zur Charakterfrage degradiert und die Einheit bloß formell wird. Weder genügt das Deutungsmodell „Tragödie im Sittlichen" den Strukturprinzipien der Moderne, noch kann der Tragödie in der Moderne die Darstellung des Konflikts zweier berechtigter Hauptinteressen gelingen. Für die moderne Tragödie bleibt angesichts konfligierender Interessen die Aufgabe, die wesentliche Verbundenheit, die leibhafte Beziehung der streitenden Mächte zu veranschaulichen. Wobei für die moderne Sittlichkeit die Partikularisierung allerdings die Versöhnung als die Herstellung einer substantiellen Einheit des Sittlichen im Rahmen der tragischen Handlung verhindert.

Hegel will in seiner Rechtsphilosophie (1820) die Rekonstruktion der modernen sozialen, gesellschaftlichen und staatlichen Verhältnisse als Sittlichkeit leisten. Vor dem Hintergrund des frühen Jenaer Ansatzes stellt sich die Frage, wie Hegel diese Aufgabe löst, da er das tragische Modell für die Beschreibung der Einheit der sittlichen Welt für nicht mehr zureichend erachtet. Rein negativ ist festzuhalten, daß Sittlichkeit in der Moderne nicht als aus der Entzweiung des Absoluten hervorgegangene reflektierte Form wiedergewonnener Einheit zu rekonstruieren ist. Die „Tragödie" ist für Hegel strukturell inadäquat für die Rekonstruktion moderner Sittlichkeit. Welches Modell genügt aber den Differenzierungen und Strukturzusammenhängen der Moderne?

Der systematische Wandel, der schließlich zur Konzeption der *Grundlinien* führte, kann hier nur thesenhaft angeführt werden. Entscheidend für die Deutung sittlicher Lebensformen ist in den Jenaer Jahren die Aufnahme der Bewußtseinsphilosophie geworden.¹⁰ Mit diesem Neuansatz tritt an die Stelle der Naturbestimmtheit das Werden des Bewußtseins. Geschichtlicher Wandel wird auf der Basis von subjektivem Selbstverständnis rekonstruierbar. Dieser Wandel bzw. diese Erweiterung führt am Ende der Jenaer Zeit in der *Phänomenologie des Geistes* zu der Forderung, das Absolute als Geist und damit die Substanz wesentlich als Subjekt zu begreifen. In Abgrenzung von den Jenaer Systementwürfe III (1805/6) rekonstruiert die Systematik der *Enzyklopädie* Kunst, Religion und Philosophie als Gestalten des absoluten Geistes. Noch der Jenaer Entwurf des

---

tiken Tragödie heran. *Die Vorlesungen über Ästhetik* (1820/21) bringen – wohl aus Zeitgründen – ausschließlich Ödipus als Beispiel, während 1823 sowohl Ödipus als auch Antigone zur Explikation des tragischen Konflikts herangezogen wird. Vgl. G.W.F. Hegel, *Vorlesung über Ästhetik*. Berlin 1820/21. Eine Nachschrift. I. Textband. Hrsg. v. H. Schneider. Frankfurt a.M./Berlin/Bern/New York/Paris/Wien 1995, S. 321 ff.; ders., *Vorlesungen über die Philosophie der Kunst*. Berlin 1823. Nachgeschrieben von Heinrich Gustav Hotho. Hrsg. v. A. Gethmann-Siefert (= G.W.F. Hegel, Vorlesungen. Ausgewählte Nachschriften und Manuskripte. Bd. 2). Hamburg 1998 (im folgenden Hotho 1823), S. 302 ff.

[9] Hotho 1823, S. 308.
[10] Vgl. L. Siep, *Anerkennung als Prinzip der praktischen Philosophie*. Untersuchungen zu Hegels Jenaer Philosophie des Geistes. Freiburg 1979, S. 178 f.

Jahres 1805/6 vereinigte unter „Constitution" sowohl Arbeit, Sprache, politische Verfassung als auch Kunst, Religion und Philosophie. Entscheidend für die Konzeption der Rechtsphilosophie wurde darüberhinaus die *Wissenschaft der Logik* mit ihrer einseitigen Konzentration auf die Idee der Erkenntnis zu Lasten der Idee des Guten.[11]

Die Partikularisierung der Interessen in der Moderne geht für Hegel unlösbar mit der Unfähigkeit zu „plastischen Charakteren" einher. Mit der Freiheit des Einzelnen, die für Hegel durch das Christentum als weltgeschichtliches Prinzip in der Geschichte verwirklicht wurde, kommt es darüber hinaus zur Auflösung der „substantiellen Grundlage". Beide Momente, plastischer Charakter und substantielle Grundlage, gehören für die antike Tragödie zusammen. Die Verwirklichung der wesentlichen Interessen in einer besonderen Gestalt setzt die substantielle Grundlage, die für die antike Tragödie der Chor repräsentiert, voraus. Die Partikularisierung löst auch diese Grundlage auf, setzt sie zum Mittel herab. Für die Rekonstruktion sittlicher Lebensformen bleiben allein die partikularen Interessen der Individuen. Sie scheinen die einzig legitime Ausgangsbasis zu bilden. Dem äußeren Aufbau nach trägt die Konzeption der *Grundlinien* auch dieser Entwicklung Rechnung. „Person" und „Subjekt" bilden die Ausgangsbasis für Hegels Rekonstruktion sittlicher Lebensformen. Im abstrakten Recht verwirklicht die Person ihre Freiheit in den „Sachen", im Eigentum. Als moralisches Subjekt formuliert das Individuum Absichten und Ziele und sucht diese in der Außenwelt zu verwirklichen. Im „Person"- und „Subjekt"-Sein kommen allen Individuen gleiche Rechte zu. In der Sphären des Rechts und der Moralität herrscht Gleichheit.

Die soziale Aufgabenteilung, die Gliederung des gesellschaftlichen Zusammenlebens nach Funktionszusammenhängen wird für Hegel erst auf der Basis der Strukturen der sittlichen Sphären rekonstruierbar. Erst im Übergang von der „Moralität" zur „Sittlichkeit" können Institutionen als wirkliche soziale Ordnungsformen und Regelsystem rekonstruiert werden. Als die „sittliche Substanz" wird „Sittlichkeit" von Hegel als „Einheit und Wahrheit" der beiden abstrakten Momente, Recht und Moralität, eingeführt. Entscheidend für die Klärung der Frage, welchen Anspruch Hegel mit der These, die Sittlichkeit sei Einheit und Wahrheit der formellen Momente, verknüpft, sind die Strukturprinzipien des Handelns. In diesem Zusammenhang ist – was hier nur skizzenhaft geschehen kann – zu klären, ob Hegel im Moralitätskapitel einen Handlungsbegriff ent-

---

[11] Vgl. zur Entwicklung der Logik in diesem Zusammenhang F. Hogemann, *Die „Idee des Guten" in Hegels Logik*. In: Hegel-Studien 29 (1994), S. 79 ff. Hogemann verweist insbesondere auf die neuplatonischen Wurzelns des Hegelschen Freiheitsbegriffs und zeigt, wie letztlich die Anknüpfung an diese Tradition die Konzeption einer eigenständigen praktischen Philosophie für Hegel verhindert hat. Vgl. auch K. Düsing, der die reduzierte Rolle der Objektivität und des praktischen Ich kritisiert. Vorbereitet wird die Behandlung der Objektivität als bloßer Übergang bereits in den Jenaer Systementwürfen. Bereits dort wird das praktische Ich als bloßer Übergang zum Absoluten gedacht. Vgl. K. Düsing, *Das Problem der Subjektivität in Hegels Logik*. Bonn 1976 (Hegel-Studien. Beiheft 15), S. 290.

wickelt, der die Gestalten der sittlichen Welt als aus dem Handeln hervorgegangene rekonstruierbar macht.[12]

Im tragischen Konflikt der Polis treffen zwei Lebens- bzw. Ordnungsprinzipien – jeweils von einem einzelnen Individuum verkörpert – aufeinander: Familie, Ökonomie, Recht oder auch das Einzelinteresse und der Staat. Hegel greift diesen Konflikt im Moralitätskapitel auf als Beispiel für ein Handeln, das zwischen Tat und Handlung noch nicht unterscheidet. Die handelnden Subjekte sind in ihrem Handeln unmittelbar identisch mit einem unbedingt geltenden (göttlichen) substantiellen Prinzip, sie sind daher von den konfligierenden substantiellen Prinzipien gar nicht zu unterscheiden. Zwischen der äußerlichen Begebenheit und dem was als Vorsatz und Wissen der Umstände beim Individuum zu finden ist, unterscheidet das heroische Selbstbewußtsein in der Tragödie der Alten nicht. Ausgehend von dieser antiken Einheit zwischen Tat und Handlung, die dem Täter auch jene Momente der Tat, die nicht in seinem Bewußtsein waren, zurechnet, entwickelt Hegel im Abschnitt „Absicht und Wohl" das Recht des Willens „in seiner Tat nur dies als seine *Handlung* anzuerkennen und nur an dem *schuld* zu haben, was er von ihren Voraussetzung in seinem Zwecke weiß, was davon in seinem Vorsatze lag" (§117). Die höchste Gestalt der Moralität behandelt Hegel in dem Abschnitt das „Gute und das Gewissens". Für diese Gestalten bleibt die Identität zwischen Handlung und angestrebtem Guten allerdings ein Sollen.

Wenn Hegel beim Übergang zur Rekonstruktion der sittlichen Lebensformen, Familie und Staat, darauf besteht, deren Zustandekommen nicht durch einen Vertrag zu erklären, sondern auf den religiösen Ursprung der sittlichen Lebensformen verweist, so macht er deutlich, daß die mit dem Subjekts- und Gewissensbegriff gewonnenen Differenzierungen nicht ausreichen, um die maßgeblichen Formen menschlichen Zusammenlebens zu rekonstruieren. Vielmehr sind ‚Person' und ‚Subjekt' als Differenzierung zu begreifen, die allein auf der Basis einer schon bestehenden Sittlichkeit Wirklichkeit erhalten können. Dies gilt auch für die bürgerliche Gesellschaft, jener Form menschlichen Zusammenlebens in der der Einzelne isoliert seine Bedürfnisse zu befriedigen sucht. Auch die bürgerliche Gesellschaft rekonstruiert Hegel nicht aus den Strukturprinzipien des abstrakten Rechts und der Moralität. Die bürgerliche Gesellschaft hat vielmehr die faktische Auflösung der Familie – als die Gestalt unmittelbarer Sittlichkeit – zur Voraussetzung. Damit setzt die bürgerliche Gesellschaft als sittliche Gestalt allerdings die substantielle Einheit der unmittelbaren Sittlichkeit voraus. Die Familie als erste Gestalt der Sittlichkeit erfährt zwar in der bürgerlichen Gesellschaft eine notwendige Auflösung, insofern die Familie als sittliche Lebensform

---

[12] Zu Hegels Handlungsbegriff in den Grundlinien vgl. insbesondere J. Derbolav, *Hegels Theorie der Handlung*. In: Materialien zu Hegels Rechtsphilosophie. 2 Bde. Hrsg. von M. Riedel. Frankfurt a.M. 1975. Bd. 2, S. 201 ff.; M Giusti, *Bemerkungen zu Hegels Begriff der Handlung*. In: Hegel-Studien 22 (1987), S. 51–71; C. Cesa, *Hegel und die Kantische Moralität*. In: Das Recht der Vernunft. Kant und Hegel über Denken, Erkennen und Handeln. Hrsg. von C. Fricke. Stuttgart-Bad Cannstatt 1995, S. 291–309; L. Siep, *Intersubjektivität, Recht und Staat in Hegels Grundlinien der Philosophie des Rechts*. In: D. Henrich, R.-P. Horstmann, Hegels Philosophie des Rechts. Stuttgart 1982, S. 255 ff. sowie M. Quante, *Hegels Begriff der Handlung*. Stuttgart 1993.

in der Moderne nicht mehr die Befriedigung der Bedürfnisse ihrer Mitglieder zu leisten vermag. Die Befriedigung der elementaren Lebensnotwendigkeiten muß daher außerhalb der Familie in der bürgerlichen Gesellschaft stattfinden. Die spezifische Aufgaben der Institutionen der bürgerlichen Gesellschaft beschreibt Hegel aber als die Aufgaben einer „zweiten Familie". Die Strukturprinzipien der bürgerlichen Gesellschaft werden von Hegel, was hier nicht im Detail entwickelt werden kann, als Gestalten reflektierter substantieller Sittlichkeit entwickelt, ohne daß Herkunft und Gültigkeit jener sittlichen Substanz, die hier „reflektiert" wird, eigens begründet wird. Hegel rekurriert hier auf die vorausgesetzte Gestalt unmittelbarer Sittlichkeit und zeigt, wie diese überlieferten Formen durch die Reflexion einem Prüfungs- und Rechtfertigungsprozeß unterzogen werden, der allererst deren *Anerkennung* durch das Individuum ermöglicht.

In den *Grundlinien der Philosophie des Rechts* verknüpft Hegel dieses Recht der Besonderheit, nur das Anzuerkennen, was dieser Prüfung durch das Gewissen standhält, mit dem „Wende- und Mittelpunkt" zwischen Altertum und moderner Zeit, dem Christentum. Es ist das Christentum, das das „Gewissen" zum „allgemeinen wirklichen Prinzip einer neuen Form der Welt" gemacht hat.[13] Mit dem Christentum verknüpft Hegel desweiteren die Gestalten der Liebe, das Romantische, die Moralität, aber auch die Formen, die „als Prinzip der bürgerlichen Gesellschaft und als Momente der politischen Verfassung sich hervortun".[14] Auf diesem Recht der Besonderheit, sich als selbständige rechtliche Person zu verwirklichen, baut die bürgerliche Gesellschaft für Hegel auf. Die konkrete Person ist sich als besondere Zweck, wobei die Einsicht, daß die Verwirklichung dieses Zwecks durch die Allgemeinheit bedingt ist und ein „System allseitiger Abhängigkeit" begründet, das spezifische Moment dieser reflektierten Sittlichkeit ausmacht.

Hegels frühes Jenaer Modell beschreibt im Bild der „Tragödie im Sittlichen" die Zerstörung der Polis-Sittlichkeit durch die Ausweitung des Privatlebens. Wenn Hegel in späteren Entwürfen das geschichtliche Auftreten dieses Prinzips mit dem Christentum verknüpft, so wirft dies die Frage auf, ob Hegel auch zu einer inhaltlichen Neubestimmung dieses Prinzips gelangt. Der *Naturrechts*aufsatz identifizierte das Prinzip des Privatlebens, das hier auch für den ökonomischen Bereich steht, mit dem Wirken der unterirdischen Mächte, den Erinnyen. Die Familie als die unmittelbarste und ursprünglichste Form menschlichen Zusammenlebens baut auf den unbewußten dunklen Kräften des Lebens auf. Während Apoll für die Klarheit des staatlich öffentlich Gültigen, für das Allgemeine steht. Der antiken Familie, dem oikos, oblag die Aufgabe der Befriedigung der Lebensbedürfnisse ihrer Mitglieder. Das „Arbeiten" ist in dieser Sphäre auf ein Beschränktes, Einzelnes d.h. auf die Veränderung eines materiell Gegebenen, z.B. den Ackerboden, bezogen und insofern „unfrey".[15] Die „Arbeit"

---

[13] G.W.F. Hegel, *Grundlinien der Philosophie des Rechts*. Mit Hegels eigenhändigen Randbemerkungen in seinem Handexemplar der Rechtsphilosophie. Hrsg. von J. Hoffmeister. Hamburg [5]1995. §124. Anm., S. 112.
[14] Ebd.
[15] Auf die neuplatonischen Wurzeln des hegelschen Freiheitsbegriff weist F. Hogemann, *Die „Idee des Guten" in Hegels Logik* hin.

des Freyen ist das „Negieren" der Materie in der Bereitschaft zum Tod, insofern ist diese „Arbeit" geistig und „frey". Platons Staat-Konzeption wird vor diesem Hintergrund als der Versuch verstanden, die Anerkennung dieses Prinzips durch und für die Polis zu verhindern. In den *Grundlinien der Philosophie des Rechts* begreift Hegel die Sphäre der Bedürfnisbefriedigung nicht mehr aus dem Gegensatz von freier und unfreier Arbeit. Die verschiedenen Stände übernehmen nun spezifische Funktionen im Rahmen der allseitigen Bedürfnisbefriedigung. Die Einheit dieser sittlichen Sphäre konstituiert sich nicht mehr durch die Zuweisung begrenzter Berechtigung, sondern durch die Einsicht der Individuen in die gegenseitige Abhängigkeit. Diese Einsicht und Erkenntnis faßt Hegel als Bildung.[16] Wobei Bildung aufbauend auf dem Begriff der Formierung, den Hegel in der Sphäre des abstrakten Rechts zur Beschreibung der Eigentumsbildung heranzieht, formell gedacht wird: Der Bildungsinhalt kann, so Hegel in der Vorlesung des Wintersemesters 1817/18, von der verschiedensten Natur sein. Das dem Bildungsprozeß unterworfene Besondere wird durch den Zusammenhang mit den Bedürfnissen aller Anderen in die Form der Allgemeinheit gebracht.[17] „Es gehört zur Bildung, daß jeder in seiner Beziehung auf sich in seiner Eitelkeit auch die Zwecke, Bedürfnisse und Eitelkeit der anderen gelten läßt."[18] Die *Grundlinien* bestimmen diesen Bildungsprozeß als den absoluten Durchgangspunkt zu der nicht mehr unmittelbaren, natürlichen sondern geistigen, ebenso zur Gestalt der Allgemeinheit erhobenen unendlichen Substantialität der Sittlichkeit.[19] Mit dieser Konzeption der Bildung, die Hegel geschichtlich mit dem Protestantismus verknüpft, versucht Hegel formal jenes Prinzip der Versöhnung zu ersetzen, das er 1802 mit der „Tragödie" als die Aussöhnung der härtesten Gegensätze erfaßte. Wie im *Naturrechts*aufsatz die Einheit der Sittlichkeit als „Objektivierung des Absoluten" das Bestehen der sittlichen Substanz zur Voraussetzung hat, so setzt die Versöhnung als Einsicht, die Konstitution der Sittlichkeit bereits voraus. Die jeweiligen Bildungsprozesse reproduzieren diese Substantialitäten lediglich im Medium des Erkennens. Die sittliche Welt konstituiert sich nicht im schicksalhaften Zusammentreffen zweier Hauptprinzipien (Allgemeinheit und Besonderheit), sondern erhält sich durch das zufällige Zusammentreffen vielfältiger Interessen. Die geschichtliche Entwicklung führt für Hegel in der Sphäre der Sittlichkeit nicht nur zu einer Partikularisierung der Interessen, mit der Bildung tritt für die

---

[16] Zur Hegelschen Bildungskonzeption vgl. O. Pöggeler, *Hegels Bildungskonzeption im geschichtlichen Zusammenhang*. In: Hegel-Studien 15 (1980), S. 240–269; E. Weisser-Lohmann, *„Daß das Allgemeine zu einer Tat komme"* – Zu ‚Sittlichkeit' und ‚Verfassung' bei Hegel. In: Verfassung und Revolution: Hegels Verfassungskonzeption und die Revolutionen der Neuzeit. Hrsg. von E. Weisser-Lohmann. Hamburg 2000 (Hegel-Studien. Beiheft 42).

[17] Dieser Bildungsbegriff wird in spezifischer Weise für Hegels Konzeption der symbolischen Kunstform bedeutsam. Vgl. J.-I. Kwon, *Kunst und Geschichte*. Zur Wiederbelebung der orientalischen Weltanschauung und Kunstform in Hegels Bildungskonzeption. In: Hegels Vorlesungen über die Philosophie der Weltgeschichte. Hrsg. von E. Weisser-Lohmann und D. Köhler. Bonn 1998 (Hegel-Studien. Beiheft 38), S. 147–161.

[18] G.W.F. Hegel, *Vorlesungen über Naturrecht und Staatswissenschaft (1817/18)*. Nachgeschrieben von P. Wannenmann. Hrsg. von C. Becker u.a. (= G.W.F. Hegel, Vorlesungen. Ausgewählte Nachschriften und Manuskripte. Bd. 1). Hamburg 1983, S. 116.

[19] G.W.F. Hegel, *Grundlinien der Philosophie des Rechts*. §187. Anm., S. 168.

hier auftretenden Konflikte auch eine spezifisch moderne Bewältigungsstrategie auf.

In die Familie ist der Einzelne hineingeboren, dort wird er zum selbständigen Wesen erzogen. In der bürgerlichen Gesellschaft muß sich dieser Einzelne bewähren, einen Beruf ausüben mit dem Zweck, seine Bedürfnisse zu befriedigen. In der Verfolgung dieses Zwecks lernt dieser Einzelne die Bedingungen seiner Existenz anerkennen, die Institutionen des Allgemeinen in der Verfassung des Staates. Beide Prinzipien treffen nicht mehr schicksalhaft zusammen. Ihr Zusammentreffen ist insofern nicht mehr tragisch als ‚bourgeois' und ‚citoyen' durch die Arbeit der Bildung miteinander verknüpft sind. Hegel macht in dieser Gestalt der „Sittlichkeit" die Verwobenheit, die lebendige Durchdringung dieser Prinzipien anschaulich.

Die „Tragödie im Sittlichen" ist für Hegel 1802 der Kampf zweier berechtigter Prinzipien, in dem keinem der beiden Interessen ein Vorrang zukommt. Das Tragische liegt gerade in der Unendscheidbarkeit dieses Kampfes durch menschliche Vernunft. Mit dieser Bestimmung des Tragischen ergreift Hegel in der zeitgenössischen Kontroverse um die Frage, ob eine Erneuerung der Tragödie der Alten für die Gegenwart möglich sei, Stellung. Zu Beantworten ist dieses Frage für Hegel nur im Rückgriff auf die Analyse der Zeit. Hier gilt es zu klären, inwiefern für die Moderne berechtigte Hauptinteressen in der geforderten Weise absolut zu setzen und mit der Existenz eines Subjekts unlösbar zu verknüpfen sind. Daß die „Hauptmächte" der antiken Tragödie keine modernen Konflikte austragen, machen Hegels Überlegungen zu Pathos, Schuld und Unschuld deutlich. Für Hegel stehen Schillers Dichtungen für den Versuch, das Programm der antiken Tragödie unter Einbeziehung der Bedingungen der Moderne weiterzuführen. Dabei stellt Hegel die Schillerschen Dramen, wie A. Gethmann-Siefert gezeigt hat, explizit unter diese Frage, wieweit die dramatische Gestaltung eines solchen Durchsetzungsversuches von Vernunft und Freiheit als Möglichkeit allgemeiner Handlungsorientierung gelten könne, d.h. ob und inwieweit sie als „Werk" gekennzeichnet werden kann."[20] Der ästhetischen Beurteilung geht es nicht um zwei Versionen der Kunst, sondern um die Frage künstlerischer Reflexion auf das handelnde Individuum und seine Intentionen. Hegel Kritik an Schiller zeigt, daß die großen Individuen in dem Versuch, mit ihrem Handeln die Freiheit aller durchzusetzen, zwangsläufig scheitern: Denn „die Kollision im modernen Drama entsteht durch die Anmaßung einer heroischen Selbständigkeit unter Bedingungen der bürgerlichen Welt."[21] Einerseits führt diese Anmaßung, die durchaus wahres sittliches Pathos ausdrückt, zum Verbrechen, zum anderen führt diese Unfähigkeit des Einzelnen in seinem Handeln wahrhaft Bedeutsam zu werden, zu einer ‚Trivialisierung' der Inhalte. Statt wahrem sittlichen Pathos sind die Konflikte des modernen Dramas von subjektiven Eigenheiten bestimmt. „Die neueren Dramen haben in sich kein großes Interesse, und so ist es nicht

---

[20] A. Gethmann-Siefert, *Einleitung*. In: Hotho 1823, S. CXCV. Zur Interpretation vgl. auch A. Gethmann-Siefert, *Die Funktion der Kunst in der Geschichte*, S. 355 ff.
[21] A. Gethmann-Siefert, *Einleitung*, S. CXCVII.

wert, daß die Individuen darüber zugrundegehen. Bei diesen Ausgängen ist es dann, daß besonders das Verzeihen eintritt"[22]. Die erzeugte Einheit ist daher „das Formelle", die „Sache kann ... ohne den Untergang der Individuen zuwegekommen"[23]. Die Einheit von Subjekt und Substantialität trennt für Hegel den Heros der antiken Tragödie vom modernen Menschen, der als Einzelner das Individuum der bürgerlichen Gesellschaft ist. Mit der Konzeption der bürgerlichen Gesellschaft und ihren Bildungsprozessen hat Hegel die spezifischen Differenzen zwischen Antike und Moderne zu fassen gesucht. Die aristotelische Differenzierung zwischen freier und unfreier Tätigkeit ist mit dem Arbeits- und Bildungsbegriff aufgegeben. Die Konzeption des modernen Dramas ist die konsequente Anwort auf diesen geschichtlichen Wandel. Zwar hat auch das moderne dramatische Geschehen die Versöhnung konfligierender Interessen zu leisten. Letztlich ist die Bedeutung dieser Versöhnung für die Konstitution der Sittlichkeit aber nur marginal. Die im Handeln der Individuen gesetzten Zwecke sind als „Wohl" gerade nicht das Gute der substantiellen Sittlichkeit.

Im Moralitätskapitel der *Grundlinien der Philosophie des Rechts* trägt Hegel eine Konzeption des Handelns für den endlichen Willen vor. „Endlich" ist dieser Wille für Hegel insofern, als er als unmittelbarer – noch – nicht in „Form der Vernünftigkeit" (§11, 35) ist. Dieser Inhalt ist zwar *für mich* der Meinige überhaupt; diese Form und jener Inhalt sind aber noch verschieden, – der Wille ist so *in sich endlicher* Wille. Der unendliche Wille aber hat die Stufe des Handelns hinter sich gelassen, er ist „wahrhaft unendlich", weil sein Gegenstand er selbst, hiermit derselbe für ihn nicht ein Anderes noch Schranke, sondern er darin vielmehr nur in sich zurückgekehrt ist. Er ist ... das Wirklich-Unendliche (infinitum actu)" (§22, 41). Die abstrakte Rechtsperson und das moralische Subjekt sind vor dem Hintergrund dieses unendlichen Willens „bloße Möglichkeit, Anlage, Vermögen (potentia)" (Ebd.). Differenzen zwischen den Individuen und dem bestehenden Allgemeinen sind für den unendlichen Willen mangelnder Einsicht und fehlender Bildung geschuldet. Das Gute als das Sittliche bestimmt, so legt Hegel in den *Grundlinien* dar, nicht erst die Gestalten der Sittlichkeit, sondern bereits das Handeln des endlichen Willen im Moralitätskapitel, allerdings hier nur als ein Sollen, nicht als substantieller Inhalt der das Handeln bestimmt. „Für den subjektiven Willen ist das Gute ebenso das schlechthin Wesentliche, ... das Gute (ist) hier noch diese abstrakte Idee des Guten" (§131, 116). Für den subjektiven Willen bedeutet dies, daß die Verwirklichung des Guten „schlechthin nur *im Denken* und durch das *Denken* ist. Für das besondere Subjekt ist das Gute wesentlich Verpflichtung, es soll die „Pflicht um der Pflicht willen getan werden." (§133, 119) Als „wahrhaftes Gewissen" bestimmt Hegel „die Gesinnung, das, was an und für sich gut ist, zu wollen" (§137, 121). Allerdings sind die festen Grundsätze und „die für sich objektiven Bestimmungen und Pflichten" von dem Gewissen noch unterschieden, und „erst auf dem Standpunkt der Sittlichkeit" ist die „Vereinigung des subjektiven Wissens mit demselben" (§137, 121)

---

[22] Hotho 1823, S. 309.
[23] A.a.O., S. 308.

vorhanden. Hegels Konzeption der „Moralität" faßt diese als formell gegenüber der Substantialität der Sittlichkeit. Dies hat zur Konsequenz, daß Hegel auch im differenziertesten Begriff des Handelns nicht zu einer Formulierung gelangt, die dem handelnden Subjekt die Realisierung substantieller Zwecke zuzuschreiben gestattet. Wenn für Hegel das Gute als objektiver Inhalt des handelnden Subjekts nur in Gestalt des Wohls ins Spiel kommt, so entsteht die Frage, ob Hegel mit diesem Ansatz menschliches Handeln adäquat zu erfassen vermag. Der „Blindheit" des Handelnden setzt Hegel die Gestalt des Sittlichen entgegen. Deren Wirklichkeit ist für den Einzelnen durch Erkenntnis und Bildung zu vollziehen. In den Blick des Handelnden kommt das Gute nur als Wohl, als „Zwecke der Endlichkeit überhaupt", nicht aber als die substantiellen Zwecke (§123, 111).

Soll die sittliche Substantialität in den Gestalten, Familie, bürgerliche Gesellschaft und Staat nicht einfach vorausgesetzt werden, sondern sollen diese Gestalten rekonstruktiv aus den vorab entwickelten Prinzipien gewonnen werden, so müßten diese Gestalten aus den Handlungsvollzügen von „Subjekt" und „Person" gewonnen werden. Die Hegelsche Ausgangsbasis ist aber auch – was hier nicht ausgeführt werden konnte – in den *Grundlinien der Philosophie des Rechts* wie schon im *Naturrechts*aufsatz die bereits konstituierte substantielle Sittlichkeit. Auf der Basis von „Subjekt" und „Person" und damit aus der Setzung menschlicher Handlungsvollzüge sind die sittlichen Lebensformen für Hegel nicht einholbar. Weder ist der kultische Ursprung der Familie noch die Stiftung der Staaten durch Heroen im Rahmen einer Philosophie des objektiven Geistes für Hegel rekonstruierbar. Das „Werden" dieser Gestalten, die Ausdruck einer „Identifizierung der Persönlichkeiten" sind, hat für Hegel in der Verehrung der Penaten einen kultischen Ursprung. Dieser „Ursprung" ist aus jenen Bestimmungen, die im Begriff eines handelnden Subjekts entwickelt wurden, nicht rekonstruierbar. Wohl aber ist die Prüfung der Gültigkeit dieser Gestalten durch die Vernunft fordernde Vernunft möglich. Der Philosophie obliegt die Aufgabe, diese Gestalten als dem modernen Individuum (als Rechtsperson und als moralisches Ich mit Gewissen) angemessene auszuweisen. „Person-Sein" und als Subjekt „Gewissen haben" sind für Hegel allerdings gegenüber der geschichtlichen Wirklichkeit des sittlichen Volkes Möglichkeiten die Wirklichkeit nur in der geschichtlichen Verwirklichung der Substanz erhalten. Hegel zeigt, daß die geschichtliche Wirklichkeit des sittlichen Volkes, die Möglichkeiten „Person" und „Subjekt" freisetzt. Die geschichtliche Wirklichkeit der sittlichen Substanz selbst muß aber im Rahmen der praktischen Philosophie vorausgesetzt werden. Für die Fragestellung der politischen Philosophie bleiben aber damit zentrale Fragen ungeklärt. Hegels Verweis auf die weltgeschichtlichen Völker, die Träger neuer geschichtlicher Prinzipien sind, verlagert das Problem, wie menschliches Handeln politisch, gesellschaftlich und geschichtlich wirksam zu werden vermag, nur auf die Geschichtsphilosophie und die Rekonstruktion der Gestalten des absoluten Geistes in der Philosophie der Kunst, in der Religionsphilosophie und der Geschichte der Philosophie.

Für die Ästhetik und die Frage nach der Möglichkeit der Versinnbildung menschlichen Handelns in der Gestaltungsform „Tragödie" bleibt allein die Genugtuung über die moralische Gerechtigkeit in der Bestrafung des Bösen oder die Versöhnung. Als Werk, das die Sittlichkeit eines Volkes reflektiert und versinnbildlicht, kann die Tragödie in der Moderne nur scheitern – und scheitern heißt hier eben nicht nur, daß der Held zugrunde geht; das Scheitern bezieht sich hier auf die ureigenste Aufgabe der Tragödie, die Versinnbildlichung einer neuer Einheit der sittlichen Welt zu leisten.

Erzsébet Rózsa

Hegel über die Kunst der „neueren Zeit" im Spannungsfeld zwischen der „Prosa" und der „Innerlichkeit"

> Die „Schranke der Kunst liegt nicht in ihr, sondern in uns".
> (G.W.F. Hegel)

Problemstellung

„Prosa" als eine Spezifikation des Hegelschen Wirklichkeitsbegriffes und „Innerlichkeit" als eine Spezifikation des geschichtlichen Prinzips der „freien Subjektivität" der „neueren" Zeit im Bereich des Ästhetischen stellen die Schlüsselbegriffe dar, mit denen Hegel die neuen Phänomene der Kunst beschrieben hat. Mit diesem Begriffskreis hat er nicht einfach das „Ende der Kunst" signalisiert, sondern er sucht auch eine neue Übereinstimmung von Form und Inhalt, wodurch zwar die klassisch-griechische Harmonie nicht mehr erreicht werden kann, was aber als ein Orientierungspunkt für die Kunstphilosophie in der Moderne dienen kann. Bei Hegel geht die ganze Problematik zugleich weit über die Kunstphilosophie hinaus und betrifft auch die Problemfelder seiner Sozial- und Geschichtsphilosophie; mit und durch Hegels Prosabegriff werden charakteristische Merkmale der Kunst im Hinblick sowohl auf ihre sozial-geschichtliche Dimension, als auch auf die Lebenswelt als „Stoff", „Gegenstand" und Fundament der Kunst angegeben. An die Wirklichkeit als Prosa, d.h. an die „objektive Seite" der Kunst anschließend stellt der Begriff der Innerlichkeit die „subjektive" Bestimmung der Kunst in der „neueren Zeit" dar.

Vor dem Hindergrund dieser Konstruktion sollte nun nachgefragt werden: Ist es Hegel gelungen, eine neue Grundlegung der Kunst auszuarbeiten? In den *Vorlesungen über die Kunst von 1823* spricht Hegel über den „Schluß der Kunst" und zugleich über „den Triumph der Kunst".[1] Es stellt sich die Frage: Wäre der „Schluß der Kunst" in der modernen, vor allem deutschen dramatischen Kunst,

---

[1] G.W.F. Hegel, *Vorlesungen über die Philosophie der Kunst.* Berlin 1823. Nachgeschrieben von H.G. Hotho. Hrsg. von A. Gethmann-Siefert (= G.W.F. Hegel, Vorlesungen. Ausgewählte Nachschriften und Manuskripte. Bd. 2). Hamburg 1998 (im folgenden Hotho 1823).

wo Hegel dieses Problem scharf exponiert, ein Beweis für die viel zitierte These über das Ende der Kunst überhaupt? Und kann der „Triumph der Kunst" in der niederländischen Malerei im Malereikapitel als ein einziges, unwiederholbares Beispiel verstanden werden, oder aber wäre dies als eine strukturell-systematische Bestimmung und somit eine reale Alternative in der modernen Kunst zu verstehen?

Dieser Fragenkomplex kann in bezug auf die „Aufgabe der Kunst" in der neueren Zeit plausibel beantwortet werden, die Hegel am Beispiel der niederländischen Malerei im Übergang vom „religiösen Kreis" zum „weltlichen" folgenderweise erläutert: „Die Malerei macht sie (die Gegenstände und die Darstellungen der Kunst in der Kirche – E.R.) irdisch und gegenwärtig, gibt ihnen die Vollkommenheit weltlichen Daseins, hebt die anthropomorphische Seite heraus, so daß die Seite der sinnlichen Existenz zur Hauptsache und das Interesse der Andacht das Geringere wird. Die Kunst hat die Aufgabe, dies Ideale ganz zur Gegenwart herauszuarbeiten, das dem Sinnlichen Entrückte sinnlich darstellig zu machen und die Gegenstände aus der ferner Szene in die Gegenwart herüberzubringen und zu vermenschlichen." (Vgl. Hotho 1823, S. 254 f.) „Vollkommenheit des weltlichen Daseins" aus der Perspektive der „Gegenwart" stellt den Horizont dar, von dem her der „Anthropomorphismus" zu verstehen ist, worin Hegel die Grundbestimmung der Kunst und ihre Aufgabe in der „neueren Zeit" erblickt.

Aus dem oben Gesagten ist ersichtlich: die Problematik der „romantischen" wie auch der nachromantischen Kunst wird bei Hegel nicht nur als ein ästhetisches Phänomen behandelt, sondern auch im Spannungsfeld des Ästhetischen und seines sozial-geschichtlichen und kulturellen Umfeldes. Hegel macht dies klar, indem er in der Vorrede zur zweiten Ausgabe der *Enzyklopädie* die „exoterische" von der „esoterischen Weise" der philosophischen Betrachtung unterscheidet, worin eine wichtige Komponente seiner Methode erkannt werden kann. Die Philosophie als Wissenschaft und System kann einerseits als „esoterische Weise", andererseits aber in ihrem sozialen Kontext auch als „exoterische Weise" gekennzeichnet werden.[2] Diese Unterscheidung scheint für die vorliegende Auslegung fruchtbar zu sein: Die Wirklichkeit als Prosa und die Innerlichkeit stellen bei Hegel Ausdrücke dar, denen er einen ausgezeichneten Stellenwert im Treffpunkt der „Internität" und der „Externität" der Kunstphilosophie zugeschrieben hat. Somit wird die Kunst nicht einfach im Hinblick auf den absoluten Geist, vor dem epistemischen und metaphysischen Hintergrund von Hegels System erörtert, sondern auch in bezug auf ihre „exoterische" oder „externe", d.h. ihre sozial-geschichtliche und kulturelle Bestimmung, oder wie Hegel sagt, auf die Perspektive des „Ernstes des Lebens".[3] Wichtig ist, daß die Frage nach der

---

[2] G.W.F. Hegel, *Enzyklopädie der philosophischen Wissenschaften im Grundrisse (1830)*. Neu hrsg. von F. Nicolin und O. Pöggeler. Hamburg [8]1991. (Vgl. a.a.O., S. 3 f.) – Zum Unterschied der „exoterischen" und „esoterischen Weise" der Philosophie bei Hegel vgl. E. Rózsa, „*Versöhnlichkeit*" *als europäisches Prinzip. Zu Hegels Versöhnungskonzeption in der Berliner Zeit*. In: M. Quante, E. Rózsa (Hrsg.): Vermittlung und Versöhnung. Die Aktualität von Hegels Denken für ein zusammenwachsendes Europa. Münster 2001, S. 27–31.

[3] Diese „exoterische" Dimension der Kunst und der Kunstphilosophie von Hegels Philosophie ermöglicht, die „Esoterik" des enzyklopädischen Systems zu übertreten, in dem der absolute

Zukunft der Kunst bei Hegel nicht nur esoterisch, d.h. nicht alleine im Rahmen der Kunst aufgeworfen und beantwortet werden kann. Die „Aufgabe der Kunst" bildet einen entscheidenden Bezugspunkt dieser ganzen Problematik: Wenn die Kunstwerke diese Aufgabe zu erfüllen vermögen, kann man auch über Kunst und ihre Perspektive in der „neueren Zeit" reden.

Im folgenden werde ich mich vorwiegend auf die *Vorlesungen über die Philosophie der Kunst* von 1823 stützen, wobei auch gewisse Passagen der *Grundlinien der Philosophie des Rechts* von 1820 auch berücksichtigt werden.[4] Diese Entscheidung wurde aus der inhaltlichen Überlegung getroffen, daß der Mensch (und das Menschliche) als Zentrum der modernen Kunst bei Hegel nur vor dem Hintergrund seiner Welt, seiner Lebenswelt und seiner „inneren Welt" zu verstehen und darzustellen sind. Die systematische Darstellung dieser Problematik findet man auch in der *Enzyklopädie*, vor allem aber ist es die *Rechtsphilosophie*, die für die vorliegende Untersuchung wichtig zu sein scheint. Diese Textauswahl hat noch den Vorteil, die Authentizität der *Vorlesungen* durch die Verwendung der von Hegel selbst stammenden Texte zu beweisen.

1 Kunst und „Prosa" in der „neueren Zeit"

1.1 Wirklichkeit als „Prosa": Ein kunstphilosophischer Begriff vor dem dramentheoretischen Hintergrund

Der Status der Wirklichkeit als eines kunstphilosophischen Begriffs wird zunächst im Treffpunkt der systematisch-logischen bzw. dramentheoretischen Ebene angegeben, wobei auch die soziale Dimension der Kunst in diese Struktur eingeordnet wird.[5] Der besondere Stellenwert der Wirklichkeit in Hegels Kunstphilosophie kommt in der Erörterung der „Wirklichkeit des Ideals", im Kontext des Kunstschönen im Allgemeinen Teil der *Vorlesungen über die Philosophie der Kunst* klar zum Vorschein. Das begriffliche Umfeld der Wirklichkeit stellen hier „Realität", „Materie" und „Dasein des Ideals" als des Kunstschönen dar. Dieser

---

Geist einseitig, vor allem als Philosophie der Religion aufzufassen ist. Zu dieser Interpretation des absoluten Geistes bzw. der Kunst vgl. M. Theunissen, *Hegels Lehre vom absoluten Geist als theologisch-politischer Traktat*. Berlin 1970.

[4] G.W.F. Hegel, *Grundlinien der Philosophie des Rechts*. Mit Hegels eigenhändigen Randbemerkungen in seinem Handexemplar der Rechtsphilosophie. Hrsg. von J. Hoffmeister. 5. neu durchgesehene Auflage. Hamburg 1995 (im folgenden Grundlinien).

[5] Der logische Stellenwert und die logische Bedeutung der Wirklichkeit werden hier nicht berücksichtigt. Es wäre interessant, der Frage nachzugehen, wie Hegel in der *Wissenschaft der Logik* die Wirklichkeit im Spannungsfeld des Absoluten und des Substantiellen interpretiert, und zwar vor dem Hintergrund der Fragestellung, die sich auf die Kontinuität zwischen seiner Stellungnahme und der Kantischen Position wie auch auf die Diskontinuität beziehen würde. – Es wäre auch interessant zu untersuchen, das Problem zu untersuchen, wie diese abstrakte Struktur der Wirklichkeit im Begriffskreis des Geistes in der *Philosophie des Geistes* konkretisiert wird. – Zu Hegels Wirklichkeitskonzept in bezug auf die Logik vgl. F. Schick, *Wirkliche Vernunft, vernünftige Wirklichkeit. Zu Hegels Konzeption der Idee.* In: Dies., Hegels Wissenschaft der Logik – metaphysische Letztbegründung oder Theorie logischer Formen? Freiburg/München 1994, insbes. S. 265–302.

Begriffskreis mit dem Hintergrund der *Logik* ist für die vorliegende Untersuchung kaum interessant; aber eine andere Dimension der Wirklichkeit, nämlich die Wirklichkeit als ein klassisch-ästhetisches und dramentheoretisches Problem scheint als Ausgangspunkt wichtiger zu sein.

Nach dem Kunstschönen als Ideal wird die Wirklichkeit des Ideals als zweite Strukturebene behandelt. (Hier ist nur kurz zu erwähnen, daß schon diese Einordnung an sich zeigt, welch konzeptioneller Unterschied zwischen den *Vorlesungen* von 1823 und der dreibändigen *Ästhetik* besteht; im letzteren ist dieser besondere Stellenwert der Wirklichkeit nicht zu finden.)[6] Dieses Ideal ist keine bloße Idee, weil sie tritt als Dasein in die Wirklichkeit, wodurch ihre Äußerlichkeit überwunden wird und so erhält die Idee die Idealität selbst darin. Diese Konstruktion mit dem zentralen Status der Wirklichkeit unter der Bestimmung des Geistes weist an sich schon auf die soziale Dimension der Kunst hin; der „Wirklichkeit des Ideals" wird ein Status zugeschrieben, wodurch die Kunst von Anfang an im *Spannungsfeld des Ästhetischen und des Sozialen* zu behandeln ist. (Vgl. Hotho 1823, S. 82.)

Die Wirklichkeit wird in der Kunstphilosophie in einer *dreistufigen Struktur* ausgeführt. Hegel hat folgendes vorausgeschickt: „Wir haben hier also von den Verhältnissen des Daseins zu sprechen, insofern es das Ideal darzustellen fähig ist. Die verschiedenen Punkte sind hier: zuerst die Betrachtung der äußerlichen Welt als Zustand, in welchem das individuelle Ideal sich darstellt; zweitens des besonderen Zustandes oder der Situation; und drittens der Reaktion gegen die Situation", d.h. die Handlung." (Vgl. Hotho 1823, S. 83.) Es ist hier ersichtlich, wie der vor allem dramentheoretische Wirklichkeitsbegriff schon in den einführenden Teilen der *Vorlesungen über die Philosophie der Kunst* auch sozialphilosophisch verstanden wird; die abstrakt-logischen Bestimmungen werden nicht nur mit dramentheoretischen, sondern auch mit sozialphilosophischen Bedeutungen verknüpft. Dies steht im Einklang damit, wie Hegel in seiner *Rechtsphilosophie* den Zustand wie auch die Handlung systematisch ausgeführt und ihnen auch eine sozialphilosophische Bedeutung zugeordnet hat.[7]

---

[6] Den Unterschied zwischen der dreibändigen *Ästhetik* Hothos und den *Vorlesungen über die Philosophie der Kunst* von 1823 hat A. Gethmann-Siefert in der Einleitung zu den *Vorlesungen über die Philosophie der Kunst* eingehend behandelt. Sie hat diesen Unterschied folgenderweise eingeführt: „Es läßt sich aber mit Blick auf einige wichtige Grundfragen und Probleme der Philosophie der Kunst zeigen, daß in dieser wie in anderen Nachschriften ein in vielen Teilen ursprünglicherer „Hegel" präsent ist, eine oft entscheidend von der Druckfassung differierende Konzeption der Ästhetik." (Hotho 1823, S. XIX) Sie weist auch darauf hin, daß diese Diskrepanz auch Georg Lasson vermutet hat (a.a.O., S. XLIII–XVII).

[7] Dem Zustand wie der Handlung hat Hegel sozial-, geschichts- und politisch-philosophische Bedeutung in seiner *Rechtsphilosophie* zugeordnet. Der Zustand als objektive Ordnung wird thematisiert, indem Hegel das Problem der Souveränität als politischer Macht in bezug auf das moderne Prinzip der freien Subjektivität als formelle Tätigkeit ausführt. – Der berühmte und vieldiskutierte Satz über den Monarchen, der „Ja" sagt und den Punkt auf das I setzt, steht im Einklang mit folgender Ausführung der *Vorlesungen über die Philosophie der Kunst*, die Hegel als Kennzeichnung des Zustandes beschreibt :"Der Monarch in unseren Staaten ist so bestimmt, daß er die wichtigsten der Regentenhandlungen aus seiner Hand gegeben hat, nicht selbst Recht spricht, die Finanzen nicht selbst verwaltet und nur formell entschei-

Die Wirklichkeit enthält den Zustand als ihr erstes Moment, der nicht geeignet ist, den Inhalt der Kunst zu bilden. Der Zustand ist die Seite der „Äußerlichkeit des Substantiellen". Es ist nur Gehalt oder der „substantielle Gehalt", der teils als „bewußtlose Gewohnheit", teils in der Form „zufälliger Existenz" vorhanden ist. Diese sind „keine würdige Weise der substantiellen Macht", die aber „in würdigerer Gestalt" erscheinen muß. Dies beginnt in der Situation. Die Situation enthält einmal die Umstände und zum anderen das Verhältnis des Menschen zu ihnen. Die „Umstände für sich", d.h. der Zustand „haben kein Interesse", und erhalten es erst „für den Geist seiend" und „im Verhältnis der innerlichen Mächte gegen die Umstände", deren Substantielles diese Mächte sind. In dieser Ausführung zeigt sich, wie sich das Substantielle oder wie Hegel sich auch ausdrückt, das „*Höhere*" in die Kunst einbildet. Unter dem „Höheren" versteht er nicht nur das Substantielle an sich, sondern auch eine „Reflexion auf den objektiven Wert des Darzustellenden". Der Wert muß „in dem Gehalte des Produkts liegen, das dem Inhalt nach auch ein Geistiges sein muß". (Vgl. Hotho 1823, S. 25.)

Die Aufeinanderfolge von Zustand, Situation und Handlung als nähere Bestimmungen der Wirklichkeit im Ästhetischen begründet zugleich, daß die Lebenswelt der Individualität als eine auch ästhetisch relevante Gestalt der Wirklichkeit zu verstehen ist. Den Zusammenhang der Lebenswelt und der Kunst hat Hegel folgenderweise eingeführt: Das Ideal setzt eine „*Umgebung*" voraus, die Subjektivität muß sich darin bewegen und handeln, weil diese „*umgebende Welt*" der Boden für ihre Handlung ist. Der Zustand als „umgebende Welt" integriert sich zugleich in die „freie Subjektivität" oder Individualität, und zwar als ihr Zweck, ihr Interesse und ihr Willen. So wird der Zustand „eine allgemeine Weise des Daseins und mehr noch der geistigen Welt". Somit wird unter dem Begriff „umgebende Welt" nicht einfach der Zustand als „Äußerliches" verstanden, sondern vielmehr die Daseins- und Handlungsweisen der Individuen mit ihren „Lebensverhältnissen".

Die so verstandene Lebenswelt hat dann nicht nur die unmittelbaren Zwecke des Individuums, sondern auch etwas „Höheres" in sich: Die Individuen beziehen sich auf die sittlichen Mächte in ihrer eigenen Lebenswelt, „umgebenden Welt", ihrem „Dasein", wodurch sie etwas „Höheres" gewinnen können. Das „Höhere" kommt im traditionellen Drama eigentlich von außen, obwohl dies durch die eigene Handlung der Individuen „interiorisiert" wird; sie identifizieren sich unmittelbar mit den sittlichen Mächten, wie es z.B. Antigone oder Kreon getan haben. Das Problem entsteht dadurch, daß sich das Sittliche als „höhere" Wirklichkeit und der Zustand als „umgebende Welt", bzw. die unmittelbare Daseins- und Handlungsweise der Individuen so sehr voneinander trennen, daß ihre Vereinigung in der künstlerischen Darstellung nicht mehr selbstverständlich durchführbar zu sein scheint. Diese Trennung findet in der „neueren Zeit" statt,

---

det." (Hotho 1823, S. 87) – Ähnlichkeiten findet man in der Auslegung der Handlung in den *Vorlesungen über die Philosophie der Kunst* bzw. im Moralitätskapitel der *Rechtsphilosophie;* Die dramentheoretischen Probleme der Handlung werden an beiden Stellen vor einem sozial-sittlichen Hintergrund betrachtet.

die im traditionellen Sinne keine „wahrhafte", sittliche Wirklichkeit mehr hat; sie kennzeichnet Hegel eben als „Prosa". Die Frage ist nun, was für ein Fundament die neue Gestalt und die neue Stufe der Wirklichkeit für die Kunst bilden können? Zunächst sollte ein Überblick über Hegels Prosabegriff gegeben werden. Zweitens wird das Verhältnis zwischen der Prosa und dem „Höheren" der Kunst behandelt. Drittens wird die Prosa als „Zuhause des Menschen" im Hinblick auf die Kunst der „neueren Zeit" näher betrachtet. An diesem Punkt kommt zum Vorschein, wie Hegel, den Begriff der Innerlichkeit mit seinem Prosabegriff verknüpfend, eine neue Gestalt des „Höheren" gewonnen hat, und wie er diesen Gedanken für die Auslegung der Kunstwerke der neueren Zeit wie auch der Perspektive der Kunst verwendet hat, ohne seine Stellungnahme über das Ende der romantischen Kunst zurückzunehmen.

1.2 Ein Überblick über Hegels Prosabegriff in bezug auf die Perspektive der Kunst der neueren Zeit

Hegels Prosabegriff wird oft als ästhetische Moderne aufgefaßt.[8] Die Prosa hat bei ihm folgende *ästhetischen Bedeutungen:* Sie wird erstens als eine Gattung der dichterischen Kunst in der Moderne, d.h. als *Roman* verstanden.[9] Zweitens wird die Prosa als *Darstellungsweise* erklärt, die Hegel als eine nicht-künstlerische Weise ablehnt.[10] In dieser Darstellungsweise sieht er einen der Gründe für das Ende der Kunst, wenn er über den „Schluß der Kunst" in bezug auf die modernen deutschen Dramen spricht. (Vgl. Hotho 1823, S. 198–200.) Drittens hat die Prosa ästhetische Bedeutung in bezug auf die *„Poesie"* und das *„Werk"*, die in der Unterscheidung zwischen dem *„Produzieren"* eines Werkes bei den Alten und der *„Handlung"* in der modernen Kunst besteht. Diese Bedeutungsebene ist im großen historischen Bruch zwischen den alten und neueren Zeiten, zwischen „Poesie" und „Prosa", „Produzieren" und „Handlung" verwurzelt.

---

[8] P. Bürger sieht bei Hegel, wie auch bei G. Lukács, eine „Ausdehnung der Kritik auf die ästhetische Moderne", die an der romantischen Subjektivität geübt worden war. In der Hegelschen Konstruktion sieht er eine „erhellende Kraft", die auch in der nachhegelschen Zeit relevant ist. Vgl. P. Bürger, *Prosa der Moderne*. Frankfurt a.M. 1988, S. 22, S. 27.

[9] Der Roman bildet die Gattung der modernen Kunst, in der die Prosaisierung der Kunst und ihre sozial-geschichtliche Dimension am klarsten zum Ausdruck kommen. Der „kleinliche Umfang" ist „das partikuläre Interesse eines Individuums, der Standpunkt, den die Individuen in der Welt einnehmen." Hegel weist hier auf den Kontrast der ritterlichen Ideale und der Tätigkeit in der Welt als charakteristisches Merkmal des Romans hin. Der Roman ist die Gattung, die unmittelbar zum Ende der romantischen Kunst führt, das Hegel mit dem Problem des Humors und des Komischen thematisiert (vgl. Hotho 1823, S. 197 f.).

[10] Das „platt Prosaische" wird hier nicht berücksichtigt, wie die Prosa als „Gedanke" auch nicht. Das erste Problem hat Hegel in Hinsicht auf Schillers und Goethes erste Produktionen eingeführt, die, wie er sich ausdrückt, „oft roh und barbarisch sind" (vgl. Hotho 1823, S. 10). Das andere Problem der Prosa als Gedanken hat er thematisiert, indem er die Poesie als höchste Stufe der romantischen Kunst behandelt, die aber zugleich das Hinausgehen über die Kunst zur Prosa als zum Gedanken mit sich bringt. Diese interne, kunstphilosophische Auflösung der Kunst wird bei Hegel bekanntlich auch ein wichtiger Aspekt ihrer Perspektive (vgl. Hotho 1823, S. 43 f.).

Die Prosa hat bei Hegel noch weitere Bestimmungen, die über den Kreis des Ästhetischen hinausgehen. Als *„alltägliche Wirklichkeit"* ist sie das Fundament der menschlich-sozialen Existenz; in diesem Sinne hat die Prosa eine sozialontologische Dimension. Die Prosa als *„bürgerliche objektive Ordnung"*, als „feste Ordnung" von Institutionen und Einrichtungen hat eine konkretere sozialphilosophische Bedeutung, womit Hegel die modernen „Umstände" kennzeichnet. Geschichtlich ist die „Trennung" entscheidend, die auch in der „festen Ordnung" ausgedrückt wird, die aber auch als Anfang der Kunst überhaupt zu verstehen ist.[11] Es geht hier um den Eintritt der „freien Subjektivität des Individuums" als den Ausgangspunkt der von den Mythologien und der Religion getrennten Kunst, was Hegel innerhalb der symbolischen Kunstform behandelt. Für die Kunst wird aus allen diesen Aspekten der Prosa eine Bedeutungsschicht hervorgehoben, die der „gemeinen", „prosaischen" Welt als Lebenswelt zugeordnet wird; sie bildet nicht nur „Stoff" und „Gegenstand", sondern auch ein unmittelbares Fundament für die Kunst.[12] Dieser Prosabegriff als Lebenswelt hat eine besondere Wichtigkeit für Hegels Gesamtkonzeption der Kunst, der einerseits auf die Aristotelischen Wurzeln zurückweist, andererseits die Auslegung der neueren Phänomene der Kunst wie auch die der Gemälde der Niederländer ermöglicht.

Hegels Prosabegriff ist vor dem Hintergrund der Wirklichkeit zu deuten. Diese Deutung bietet eine auch systematisch plausiblere Interpretation, weil damit die Einseitigkeit einer epistemischen Interpretation und die Schwierigkeit einer vom absoluten Geist ableitbaren Auslegung zu vermeiden oder mindestens zu vermindern sind. Die philosophisch-epistemische Konstruktion von Anschauung, Vorstellung und Begriff, oder die in den Kreis des absoluten Geistes geschlossene Konstruktion von Kunst, Religion und Philosophie sind zweifellos wichtige Dimensionen von Hegels Konzept. Aber wenn man sich an dieser Dimensionen

---

[11] Hier kann nur erwähnt werden, wie Hegel durch gedoppelte Strukturen, wie z.B. durch die Aufeinanderbeziehung der „festen Ordnung" der Institutionen und des Prinzips der „freien Subjektivität" eine von Anfang an anwesende und gültige Ambivalenz der Kunst aufzeigt; die sich entfaltende Institutionalisierung als Kennzeichnung der sozial-geschichtlichen Wirklichkeit bietet eine an sich problematische Lage für die Kunst. Die Schwierigkeiten wie die Beschränkungen der Kunst entstehen vor allem nicht in ihr; sie sind vielmehr auf ihre Umgebung als objektive Komponente zurückzuführen. Neben der sozial-geschichtlichen Bestimmung der Kunst hat Hegel auch auf das Prinzip der freien Subjektivität ein großes Gewicht gelegt, was auch eine Menge von Problemen mit sich bringt, die aber anderer Natur sind.

[12] „Prosa" und „Alltäglichkeit" sind mehr als Gegenstand und Inhalt für die Kunst, sie sind auch als Fundament der Kunst zu deuten, womit ihre kulturelle Funktion in der neueren Zeit kohärenter erklärt werden kann. A. Gethmann-Siefert zeigt, daß das Alltägliche zum Gegenstand und zum Inhalt geworden ist. Sie weist zugleich darauf hin, daß Hegel in ihrer kulturellen Funktion diese Kunst ausgelegt hat. Vgl. A. Gethmann-Siefert, *Schöne Kunst und Prosa des Lebens*. Hegels Rehabilitierung des ästhetischen Genusses. In: *Kunst und Geschichte im Zeitalter Hegels*. Hrsg. von Ch. Jamme unter Mitwirkung von F. Völkel (= Hegel-Deutungen. Bd. 2). Hamburg 1996, S. 115–150, hier S. 128 und S. 140. – Zur Problematik der Funktion der Kunst vgl. A. Gethmann-Siefert, *Die Funktion der Kunst in der Geschichte*. Untersuchungen zu Hegels Ästhetik. Bonn 1984 (Hegel-Studien. Beiheft 25), S. 317–319. – Ich sehe aber einen unmittelbaren Zusammenhang zwischen dem Inhalt und der Funktion der modernen Kunst, den eben die niederländische Malerei repräsentiert; dies sollte eben in diesem Beitrag ausgeführt werden.

festhält, kommt man zur dürftigen Einsicht, daß der Begriff die Anschauung, wie auch die Philosophie die Kunst notwendigerweise überholt. So kann man aber mit den von Hegel reichlich angeführten vielen und vielerlei Phänomenen der romantischen Kunst systematisch nichts anfangen. Demgegenüber eröffnet die Dimension der Prosa mit ihrem besonderen Stellenwert und ihren oben signalisierten komplexen Bedeutungen eine Interpretationsmöglichkeit, wodurch die *systematischen Überlegungen und die phänomenologische Ebene* von Hegels Kunstauffassung gegenseitig aufeinander bezogen und berücksichtigt werden können.[13]

Den Ausdruck „Prosa" hat Hegel verwendet, um den ambivalenten Trend zu kennzeichnen, der sowohl in der dramatischen Kunst als auch in der Malerei der „neueren Zeit" auftritt. Die neueren deutschen Dramen, vor allem die von Kotzebue, besonders aber der Roman als Gattung drücken aus, wie die Prosaisierung in der Kunst zu ihrem Ende führen kann. Durch den Humor, die Ironie und das Komische wird die letzte Stufe der romantischen Kunst erreicht, wie Hegel es sowohl in den *Vorlesungen über die Philosophie der Kunst*, als auch in der *Rechtsphilosophie* betont.[14] Aber die Analyse der niederländischen Malerei beweist genau das Gegenteil, nämlich, wie die Kunst eine neue, sogar höhere Stufe erreichen kann, obwohl darin auch die Prosa eine zentrale Bedeutung hat. Somit wird die Perspektive der Kunst nicht durch einen einzigen linearen Trend gekennzeichnet, sondern durch mehrere Varianten, wodurch die Antwort auf die *Frage nach der Zukunft der Kunst letztendlich offen gelassen wird*. In diesem Sinne kann man nicht über das Ende der Kunst als eine einzige Ausrichtung der modernen Kunst nach Hegel reden.[15]

In Hegels Stellungnahme drückt sich aus: Über die Perspektive der Kunst kann keinesfalls durch philosophische Thesen entschieden werden. Die Kunstphilosophie, die zwar einen hohen Status in der neueren Zeit nach Hegel gewinnt, hat aber ein solches Recht dennoch nicht.[16] In den *Vorlesungen über die*

---

[13] Zum Thema des Phänomenologen Hegel vgl. A. Gethmann-Siefert, *Phänomen versus System*. In: *Phänomen versus System*. Zum Verhältnis von philosophischer Systematik und Kunsturteil in Hegels Berliner Vorlesungen über Ästhetik oder Philosophie der Kunst. Hrsg. von A. Gethmann-Siefert. Bonn 1992 (Hegel-Studien. Beiheft 84), S. 9–39. – Vgl. dazu noch dies., *Einleitung*. In: Hotho 1823, insbes. S. XXI–XXVI.

[14] In der Anmerkung des §140 der *Rechtsphilosophie* thematisiert Hegel das Problem der Ironie als die „höchste Form", in welcher die Subjektivität „sich vollkommen erfaßt und ausspricht". Dies findet vor einem historischen Hintergrund von Platon bis Fichte statt. Hegel hat hier auf die moralphilosophische oder „subjektsphilosophische" Dimension des Endes der Kunst im Romantischen hingewiesen (vgl. Grundlinien, §140. Anm. S. 136–139.).

[15] Die Hoffnung, daß Hegel in den Vorlesungen – seiner reichen Kenntnis der Künste folgend – die dubiose These vom Ende der Kunst vergessen habe, bestätigt sich bei genauer Bearbeitung der Quellen nicht – stellt A. Gethmann-Siefert unter der Berufung auf Dieter Henrichs Vermutung fest. Aber eine verfestigte Auslegung über das Ende der Kunst kann auch nicht bestätigt werden, wie Gethmann-Siefert es an mehreren Stellen ausgeführt hat. Vgl. D. Henrich, *Zur Aktualität von Hegels Ästhetik*. Überlegungen am Schluß des Kolloquiums über Hegels Kunstphilosophie. In: Stuttgarter Hegel-Tage 1970. Bonn 1974 (Hegel-Studien. Beiheft 11), S. 296 bzw. A. Gethmann-Siefert, *Einleitung*, S. XXI–XXVII sowie dies., *Schöne Kunst und Prosa des Lebens*, S. 115 f.

[16] Zur besonderen Bedeutung der Philosophie der Kunst in der neueren Zeit vgl. Hotho 1823, S. 6.

Philosophie der Kunst von 1823 weist Hegel mit seinem Prosabegriff nicht einfach auf das Ende der Kunst hin; er gibt vielmehr eine differenziertere Antwort auf diese Frage.[17] In seiner Theorie der Prosa formuliert er eigentlich den ambivalenten Stellenwert, die ambivalente Funktion und eine ebenso ambivalente Perspektive der Kunst in der Moderne. Die neuen Phänomene, die neuen „Kunststücke" sind zwar keine Kunstwerke mehr, d.h. „produzierte Werke", sondern sie hängen in jeder Hinsicht mit dem Prosaischen, mit der prosaischen Lebenswelt und dem Menschlichen überhaupt zusammen, die aber doch als Kunst zu verstehen sind. Dieser Kunst wird dennoch eine wichtige Aufgabe in bezug auf den „Ernst des Lebens" beigemessen; man kann und darf auf das Ästhetische als eine Art „Höheres" im „Ernst des Lebens" doch nicht verzichten. Zwar wird das Ästhetische dem Prosaischen zugeordnet, und die Kunst kann ihre neue Aufgabe nur auf die prosaische Welt bezogen erfüllen, muß aber das „Höhere" der Kunst doch im Dienst eines „Höheren" des Lebens und des Menschlichen bleiben.[18] Entscheidend ist, daß Hegels Antwort nicht einfach auf eine globale, undifferenzierte Perspektive hinweist, wie es in der These über das Ende der Kunst behauptet wird, sondern vielmehr auf konkrete Formen, Variationen und Gattungen der Kunst, bzw. konkrete „Kunststücke", die Hegel als neue Phänomene immer mit großem Interesse verfolgt und ausgelegt hat.[19]

1.3 Die „Prosa" und die Infragestellung des „Höheren" in der romantischen Kunst

Hegel behandelt an mehreren Stellen, daß der lebensweltliche Hintergrund der Helden der Antike, danach auch der der Ritter der romantischen Kunst untergraben wurde, was mit der Infragestellung des „Höheren" in engem Zusammenhang steht. Die Welt der Helden, dann auch die der Ritter verschwindet; das

---

[17] Zur Bedeutung der Prosa für die Auslegung der modernen Kunst vgl. A. Gethmann-Siefert, *Schöne Kunst und Prosa des Lebens*, insbes. S. 124, S. 126, S. 143. Hier hat Gethmann-Siefert aufgrund der neueren Quellen auf die Infragestellung der Trennung von Kunst und Alltäglichkeit hingewiesen. Die „Prosa des gemeinen Lebens" wird in der modernen Kunst dargestellt, das auch damit im Zusammenhang steht, daß die Kunst in den *Vorlesungen* in ihrer kulturellen Funktion, und nicht so sehr als „autonome Kunst" betrachtet wird, wie es in der *Ästhetik* von Hotho der Fall ist. Die Bedeutung der Prosa des Lebens für die moderne Kunst hat sie in der *Einleitung* zu Hotho 1823 auch eingehend behandelt; vgl. a.a.O., S. CLIII–CLXXXV.

[18] Die durchaus weite und mehrschichtige Diskussion um Hegels These über das Ende der Kunst und dessen Bezug auf die moderne Welt kann hier nicht in Betracht genommen werden. Es sei mir gestattet, an dieser Stelle auf den Diskussionskontext in Ungarn zu erinnern. Die zum ehemaligen Kreis von *Georg Lukács* gehörenden Philosophen wie *Ágnes Heller, György Márkus* und *Sándor Radnóti* haben in der letzten Zeit darüber diskutiert, welche Relevanz der Hegelschen Ästhetik in unserer Zeit zugeordnet werden kann. Hegels Philosophie hat derzeit kaum einen nennenswerten Einfluß, aber seine Kunstphilosophie, letztlich noch von Lukács inspiriert, spielt immer noch eine anregende Rolle.

[19] Gethmann-Siefert stellt über die „Variationen" der modernen Kunst folgendes fest: „An die Stelle des Hothoschen Prinzips (der Suche nach dem Kunstwerk als Einheit von Schönheit und Relevanz) setzt Hegel Variationen dieses Grundmusters." Vgl. A. Gethmann-Siefert, *Schöne Kunst und Prosa des Lebens*, S. 127.

„Höhere" wird „verspottet", aber zugleich „am schönsten" dargestellt, wie es an der Gestalt *Don Quichottes* von Cervantes exemplarisch zu beobachten ist. Diese ambivalente Lage wirft nun die Frage auf, ob die entstehende neue Welt dennoch eine der Kunst angemessene Welt und die neuen „Helden" einen ihr angemessenen Charakter bedeuten können? An diesem Punkt sieht Hegel keine umgreifende und langfristige Lösung mehr – mit dem Rittertum, seiner Welt und seiner Helden verschwindet eine solche Möglichkeit endgültig. Hegel rechnet damit, daß es unmöglich geworden ist, einen globalen Sittlichkeitsbegriff wie auch einen allgemeingültigen Begriff des Ästhetischen zu bestimmen, wie es in dem „Höheren" der griechischen Kunst, aber auch der christlichen Kunst noch möglich und relevant war. Er mußte zur Einsicht kommen, daß die griechische wie auch die christliche Art der Übereinstimmung von Form und Inhalt nicht mehr vorzustellen ist. Im „weltlichen Kreis" der Kunst werden das Persönliche und die Persönlichkeit herausgehoben. (Vgl. Hotho 1823, S. 190 f.)

Das ästhetisch Relevante verändert sich radikal; es kann, sogar muß alles, was dem Menschen gehört, das Hohe ebenso wie das Niedrige als Moment des Menschlichen zum Stoff und Gegenstand der Kunst gemacht werden; das *„Unschöne"*, wie es *„Sünde"*, *„Verbrechen"* und *„Böses"* sind, müssen auch schon in der christlichen Kunst dargestellt werden. (Vgl. Hotho 1823, S. 189.) Das neue Ästhetische hat es auch beeinflußt, wie sich die *„schrankenlose Mannigfaltigkeit"* als Kennzeichnung der Kunst der neueren Zeit im weltlichen Kreis weiter vermehrt, und wie damit die Schwierigkeiten der Bestimmung des Ästhetischen und des Höheren zunehmen.

Somit erklären der Formalismus der Existenz- und Handlungsweisen der Individuen, die dadurch entstandenen neuen Abhängigkeiten sowie die Ausdehnung des Stoffes zusammen die von Hegels gegebene Grundbestimmung des Inhalts der neueren Kunst: die *Prosaisierung*. Die Prosaisierung hat Hegel als sozialphilosophisches Problem systematisch in seiner *Rechtsphilosophie,* besonders im Kapitel über die bürgerliche Gesellschaft thematisiert, wo er auf eine enge Beziehung zwischen der bürgerlichen Gesellschaft und der neueren dramatischen Kunst hingewiesen hat, als er in den eigenhändigen Notizen des Moralitätskapitels den Zusammenhang der Handlung mit der Problematik des „dramatischen Interesses" behandelt.[20] In den *Vorlesungen über die Philosophie der Kunst* hat er dasselbe Problem exponiert, als er über eine „Menge von Endlichkeiten" und „Einzelheiten" redet, die die „bürgerliche Gesellschaft" als „Prosa der menschlichen Welt" kennzeichnen. Hier stellt er fest: Die Kunst hat nun die Aufgabe, diese „erscheinende Welt" „durchsichtig zu machen". (Vgl. Hotho 1823, S. 78.)[21] „Formalisierung" und „Prosaisierung" sind also die Grundmerkmale der moder-

---

[20] Im §118 und in den ihm zugehörenden eigenhändigen Notizen thematisiert Hegel die Handlung im Spannungsfeld des Ästhetischen und des Moralischen. Die moderne dramatische Kunst kennzeichnet er hier im Vergleich mit den „Tragödien der Alten" vor dem Hintergrund der modernen Zeiten, die er folgenderweise beschreibt: „moderne Zeiten – Amts- und Bürgerverhältnisse – Sitten – Gewohnheiten – ist allgemeiner Charakter – einer was der Andere; – rechtschaffen, nicht als sein individueller Charakter." (Vgl. Grundlinien, S. 382 f.)

[21] Das Problem der „erscheinenden Welt" hat Hegel in der *Rechtsphilosophie* auch behandelt, und zwar im Übergang der Familie in die bürgerliche Gesellschaft, wo er die bürgerliche Ge-

nen Kunst. Müßte man aber auch damit rechnen, daß diese strukturellen und inhaltlichen Merkmale notwendigerweise zum Ende der Kunst führen? Hegels Antwort auf diese Frage hängt vor allem davon ab, ob er eine Möglichkeit zu einem neueren „Höheren" für die Kunst aufzeigen kann? Noch konkreter, Hegels Frage richtet sich darauf, ob sich ein neues „Höheres" in der Kunst unter den neuen, prosaischen Lebensverhältnissen als vor deren Hintergrund, und nach dem Untergang der traditionellen sittlichen Mächte, in einer „entgötterten" Welt dennoch ausbilden kann?[22]

Das „Höhere" der Kunst hat nun im Romantischen mit dem Menschlichen zu tun. Aus Hegels Perspektive, d.h. im Spannungsfeld des Ästhetischen und des Sozialen sind die neuen Charaktere, die nicht mehr zu Helden und großen Individuen werden können, mit der Attitüde eines „guten Hausvaters" oder „ehrlichen Mannes" zu kennzeichnen. (Vgl. Hotho 1823, S. 87.) Dies hat er in der *Rechtsphilosophie* als „Rechtschaffenheit" beschrieben.[23] Es war für ihn auch klar, daß es schwierig wäre, in diesen Charakteren und dieser Attitüde „das Höhere" zu finden. Mit dem „guten Hausvater" oder „ehrlichen Mann" weist er auf „Helden" hin, die sich in der Zeit, die nicht mehr die Zeit der Helden ist, nicht als Helden, sondern vielmehr „prosaisch", „gemein" oder „mittelmäßig" verhalten. Das heißt, daß sie „antiheldische" Züge haben; der Bürger, der sich wie ein Ritter verhält, wird komisch, und er gibt am Ende seine Ideale auf.

Hegel rechnet damit, daß keine umgreifende, vielleicht auch keine langfristige Alternative mehr gefunden werden kann. Aber Hegel wollte dennoch eine strukturell begründbare Alternative entwickeln. Darum hat er der Prosa einen ausgezeichneten Stellenwert zugeordnet, die er zugleich mit der „Innerlichkeit" als dem

---

sellschaft als die „Erscheinungswelt des Sittlichen" bestimmt. Die Erscheinungswelt wird in den *Vorlesungen über die Philosophie der Kunst* im Hinblick auf das Problem der künstlerischen Darstellung dieser Welt thematisiert. (Vgl. Grundlinien, §181, S. 164.)

[22] Die „Entgötterung" hat Hegel systematisch im Übergang zur dritten allgemeinen Kunstform, der romantischen Kunst thematisiert. Hier spricht er über eine „götterlose Wirklichkeit", ein „verdorbenes Dasein" und über das „prosaische Verhältnis", welches er geschichtlich als den „eigentlichen Standpunkt der römischen Welt" im Unterschied zum griechischen bestimmt (vgl. Hotho 1823, S. 176–179). – Er hat die „Entgötterung" auch im geschichtlichen Kontext der symbolischen Kunst behandelt, wo „die Welt, die Naturgegenstände, die weltlichen Verhältnisse als Endliche dem Wesen" gegenübergestellt sind (vgl. a.a.O., S. 140). Diese „Entgötterung" der Natur wiederholt sich in der romantischen Kunst (vgl. a.a.O.).

[23] Wie gesagt, hat Hegels Ausführung über die Moral eine interne Beziehung mit seiner Theorie des Dramas. Besonders interessant sind die eigenhändigen Notizen zum §118, wo er diese Problematik vor dem Hintergrund des Unterschiedes zwischen dem „heroischen Selbstbewußtsein" in den Tragödien der Alten und dem „reflexiven Bewußtsein" der neueren Zeit thematisiert. Er zeigt auf, daß das „sittliche Interesse" wie auch das „dramatische Interesse" in Frage gestellt werden und daß die modernen Dramen nicht mehr „heroisch", auch nicht „tragisch" sind. Die modernen Zeiten erklären, warum der „allgemeine Charakter" kein „individueller" mehr, sondern nur ein „rechtschaffener" ist. (Vgl. a.a.O., S. 182.) Zum Problem des rechtschaffenen Bürgers im Ausblick auf die formelle Bildung der modernen Gesellschaft vgl. E. Rózsa, *Bildung und der „rechtschaffene Bürger"*. Zu Hegels Bildungstheorie im Rahmen seiner Konzeption der bürgerlichen Gesellschaft in der Philosophie des Rechts. In: *Kultur – Kunst – Öffentlichkeit*. Philosophische Perspektiven auf praktische Probleme. Festschrift für Otto Pöggeler zum 70. Geburtstag. Hrsg. von A. Gethmann-Siefert und E. Weisser-Lohmann. München 2001, S. 81–94.

Prinzip der neueren Kunst und als der an den neueren Phänomenen beobachteten Attitüde verknüpft hat. Damit wollte er eine Möglichkeit gewinnen, eine neue Art „Höheres" und so auch eine Alternative für die Kunst aufzeigen, die mit den von ihm beobachteten Phänomenen der Kunst auch in Einklang gebracht werden können. Um dies zu erreichen, sollte zwischen der Innerlichkeit als Prinzip und Form, bzw. dem prosaischen Stoff der neueren Kunst eine neue Adäquatheit hergestellt werden, die die Infragestellung der Kunst im Romantischen überholen kann. (Vgl. Hotho 1823, S. 198.) Somit sollte zunächst die Möglichkeit aufgezeigt werden, daß eine „gemeine Wirklichkeit" die künstlerische Darstellung prinzipiell ermöglicht. Hegel hat zunächst in einem historischen Kontext darauf hingewiesen, womit er auch die Kontinuität der Kunst und der Kunstphilosophie beweisen kann; unter anderem auch zu dieser Intention dient die Berufung auf Aristoteles in der Auslegung der „Prosa des gemeinen Lebens".

1.4 Von der „Prosa des gemeinen Lebens" bis zur Prosa als „Zuhause des Menschen" im Hinblick auf die Möglichkeit einer neuen Grundlegung der Kunst

Hegel weist darauf hin, daß die Lebenswelt für die Kunst seit langem, von Homer angefangen, der der beste in dieser Hinsicht war, bis heute eine wichtige Rolle gespielt hat, die christliche Kunst ausgenommen, wo das Wirkliche ihr „Jenseits" geworden ist. Unter Berufung auf Aristoteles spricht er über „die ganz gemeine Wirklichkeit", über die „Prosa des gemeinen Lebens". Für Hegel ist Homer nicht mehr, aber Aristoteles noch immer relevant. Er setzt sozusagen fort, was Aristoteles sagte: „Das Individuum tritt in eine endliche Welt, in bestimmte Lokalität, Zeit des Handelns, bestimmte Weise, Verhältnis der Wohnung, des Geräts, der physischen Bedürfnisse, die Art und Weise der Waffen, der anderen Bequemlichkeiten des Lebens, näher der Verhältnisse des Befehlens, Gehorchens, der Familie, des Reichtums, der Sitte, der zufälligen Verhältnisse – und alles in mannigfaltiger Verschiedenheit." (Vgl. Hotho 1823, S. 105.) Diese Bemerkung macht Hegel an der Stelle, wo er die Stufe der Wirklichkeit des Ideals behandelt, „wo das Ideale mit der Prosa des gemeinen Lebens in Berührung kommt."

Hier bedeutet die Wirklichkeit die „Prosa des gemeinen Lebens", das Alltagsleben. Sie ist als Fundament für jede Art und Weise des Menschlichen unentbehrlich und der Kunst vorangegangen. Hegel hat hier eine praktische Bedeutung im Aristotelischen Sinne der Prosa zugeordnet, als er ausführt, daß diese Strukturebene der Wirklichkeit und des Lebens nicht so sehr mit der Kunst als „Schmuck des Lebens", sondern vielmehr mit der „Not" und der „Arbeit" als dem „Endlichen" zu tun hat. Der Mensch bezieht die partikulären Naturdinge auf seine Bedürfnisse, stellt einen praktischen Zusammenhang her, hat das Dasein nicht nur zu schmücken, sondern auch zu erhalten. Das Bedürfnis der Selbsterhaltung als den „praktischen Zusammenhang" im Ausblick auf den „theoretischen Trieb" interpretiert Hegel genauso wie Aristoteles. (Vgl. Hotho 1823, S. 108.) In diesem

Umfeld hat er dem Genuß eine Funktion beigemessen, die dem Bedürfnis nach der Kunst ähnlich ist.[24]

Hegel weist darauf hin, wie das Wesen des Menschen als Tätiges über Not und Arbeit hinausweist und wie der Mensch im Genuß notwendigerweise über die Not hinausgeht. Der Mensch ist wesentlich tätig, er muß arbeiten, damit sich die „innerlichen Kräfte" entfalten können. Er setzt dann so fort: Die „vollkommene Verwirklichung des bürgerlichen Lebens" zeigt sich als eine vernünftige: der Mensch erarbeitet, was er für das physische Bedürfnis nötig hat. Aber die Arbeit muß leichter Art sein, der Mensch muß mit Zufriedenheit arbeiten und – nota bene – Wohlhabenheit zeigen für das Verhältnis in der Kunst. Es drückt sich ebenso auch im Genuß aus; der Genuß des Menschen muß kein „tatloser" sein. Die Kennzeichnung des Genusses ist wichtig, weil Hegel damit auch erklärt, warum das Kunstwerk kein „Jenseits" des Menschlichen und kein Luxus ist, im Gegenteil, die Kunst gehört zum Menschlichen, sie ist für uns, wir können, sogar müssen darin zu Hause sein. (Vgl. Hotho 1823, S. 109–111.) Hier zeigt sich auch, wie der so konstruierte für-uns-Charakter der Kunst vor dem Hintergrund der Gesamtstruktur des menschlichen Daseins thematisiert wird, womit die sozial-geschichtliche Funktion der Kunst, d.h. ihre Aufgabe im Hinblick auf die „innerlichen Kräfte" und auf die „umgebende Welt" intern erklärt wird.

Auch ein ästhetisch wichtiges Strukturmoment ist es, wenn das „Ideale" mit der „Prosa des gemeinen Lebens in Berührung" kommt. Hegel betont, daß diese prosaische Welt für das Subjekt eben seine eigene Welt bildet, so hat sie eine elementare Bedeutung für das Subjekt: „Zum Subjekt gehört eine umschließende Welt wie zum Gott ein Tempel" – so Hegel. Der Mensch muß eben in seiner Beziehung auf die Prosa seiner Welt dargestellt werden, weil er darin steht. Er polemisiert mit denen, die die Bedeutung dieser Welt für die Kunst mißverstehen.

Danach weist Hegel auf eine andere Gefahr hin, die darin liegt, daß die Darstellung zum *Herabsinken „bis zur Prosa"* führen kann. „Prosa" bedeutet hier eine Darstellungsweise, die Hegel „höchst prosaisch", „höchst trivial" und „langweilig" findet. (Vgl. Hotho 1823, S. 114.) Er spricht hier über die „gewöhnliche Prosa der Alltäglichkeit" und erwähnt mehrmals Kotzebue, der diese Alltäglichkeit darstellte. (Vgl. Hotho 1823, S. 116.) Hotho fügt folgendes hinzu: „Die Subjektivität der Alltäglichkeit dürfen wir nicht im Kunstwerk wiederfinden wollen." (Ebd.) „Prosa" bedeutet hier auch eine Art Unangemessenheit der Existenz und ihrer Darstellung, und zwar in bezug auf die Entsprechung der Bedeutung und der Darstellung. Hegel hat hier die Forderung nach der Zusammenstimmung des Äußeren und Inneren als Grundbestimmung der menschlichen Existenz und zugleich als einen Maßstab der künstlerischen Darstellung aufgestellt. Die von Hegel geforderte Angemessenheit besteht erstens darin, daß eine wesentliche Zu-

---

[24] Zur kunstphilosophischen Bedeutung des Genusses vgl. die Auslegung von A. Gethmann-Siefert. Sie führt aus, daß die relevante Kunst selbst nicht mehr schön sein kann, wie Hegel unter Hinweis auf Schillers Dramen erörtert. „Eine Möglichkeit der Wirkung und der Rezeption der Kunst in der Moderne liegt also im *relevanzdruckfreien Genuß des Schönen*, der der Reflexivität gegenübersteht." (A. Gethmann-Siefert, *Schöne Kunst und Prosa des Lebens*, S. 131.)

sammenstimmung zwischen der Subjektivität und ihrer Welt, von der sie umgeben wird, ist oder sein soll, die mehr oder weniger „innerlich" und „geheim" sein kann, und wo die Grundlage beider identisch sein muß. Zum Individuum gehört seine Beziehung auf die Welt intern, es macht sie zu ihrer eigenen Welt; eben durch diese Zusammenstimmung scheinen die Personen in ihrem Dasein zu Hause zu sein. (Vgl. Hotho 1823, S. 106 f.) Mit dieser Zusammenstimmung steht folgender Anspruch der Kunst in enger Verbindung: wir verlangen „das bestimmte Zusammenstimmen" in Kunstwerken höherer Art, der Skulptur, Malerei, Poesie. Somit bleibt die geforderte Angemessenheit keine abstrakte These, sondern sie wird aus der Bedeutung der Lebenswelt als dem Zuhause der Individuen und aus ihrer Identifikation mit dieser Welt erklärt. Diese Welt soll eben ihr Zuhause sein: „Der Mensch muß zu Hause in der Welt sein, frei in ihr haushalten, heimisch sich finden. Dies gehört zur Idealität, daß der Mensch heimisch sei in dieser Welt, in ihr frei sich bewege." (Vgl. Hotho 1823, S. 105.) Die Bedeutung dieser Welt für die Kunst ist erstens, daß sie diese äußerlichen Beziehungen auch darstellt. Am meisten muß die „Dichtkunst und die Malerei" diese Art Äußerlichkeit bezeichnen, meint Hegel.

Für Hegel war dennoch keine Frage, daß in dieser Welt eine „Idealität" zu finden und darzustellen ist, weil der Mensch „heimisch" und „frei" in dieser Welt ist, die als „Äußerlichkeit" durch die Identifizierung damit und durch die Verinnerlichung in der Kunst zum ästhetisch-strukturellen Moment werden kann. Es bedeutet, daß die Kunst trotz der zerstreuenden und fragmentierenden „schrankenlosen Mannigfaltigkeit" der „äußerlichen Beziehungen" dieser Welt einen Mittelpunkt aufzeigen und dadurch diese Beziehungen umstrukturieren und verinnerlichen kann. Der „zerstreuende", „schrankenlos mannigfaltige" Stoff wird durch das „subjektive Gemüt" der in dieser Welt tätigen, sie durchdringenden Individuen zusammengehalten. Das moderne Individuum mit seiner Innerlichkeit gibt die Form durch sein subjektives Gemüt, das hier der Mittelpunkt wird, womit zugleich der „eigentliche", „wahrhafte" Inhalt aufgezeigt und dargestellt werden kann. Eben das Zusammenhalten des Stoffes durch das Gemüt als Form bildet die Grundstruktur, in der eine neue Angemessenheit gefunden werden kann.

2 Kunst und „Innerlichkeit" in der neueren Zeit

2.1 „Innerlichkeit" und das „subjektive Gemüt" in der romantischen Kunst

Die „innerliche Individualität" hat ihre angemessene konkrete Gestalt in der romantischen Kunst in dem subjektiv-menschlichen Gemüt gefunden. Die Frage ist nun: *Wie kann das Gemüt eine neue Stufe des Höheren für die Kunst bedeuten?* Der Inhalt der Kunst ist besonders im „weltlichen Kreis" problematisch geworden. Einmal dadurch, daß alles zum Gegenstand und Inhalt der Kunst werden kann; diese „schrankenloseste Mannigfaltigkeit" bedeutet für die inhaltliche Bestimmung der Kunst eine große Schwierigkeit. Dazu kommt auch, wie man „in modernen Zeiten neben die Götter Gestalten gestellt hat, die nur ein *Negatives* sind", weil dies ein *Widriges* hat, wie z.B. der Neid oder der Haß ist. Dies Negative sei eine „*leere Prosa*". (Vgl. Hotho 1823, S. 97.) Hegel sieht sich konfrontiert, daß alles, was den Menschen widrig macht, sich in der modernen Welt ganz bis zu seinen Extremen entfaltet; systematisch hat er diese Problematik in der Theorie der bürgerlichen Gesellschaft ausgeführt. Er rechnet damit, daß die Kunst sich diesem Problem nicht entziehen kann, im Gegenteil, diese Lage hat auch für die Kunst Folgen.[25]

Es ist höchst interessant, daß Hegel den Gedankengang ganz anders fortsetzt, wie man es erwarten würde; er macht eine Bemerkung über die Notwendigkeit der künstlerischen Darstellung. Er sagt folgendes: es ist nicht hinreichend, die wesentlichen Momente nur für das Allgemeine, d.h. für den Begriff, für die Philosophie zu halten, „denn sonst sind sie reine Gedanken oder abstrakte Vorstellungen, die nicht die Formen der Kunst sind, die das Allgemeine als individuelles, unmittelbar Seiendes darstellt." (Vgl. Hotho 1823, S. 97.) Die allgemeinen Mächte müssen zu selbstständigen Gestalten werden, aber „Individualität" und „Subjektivität" gehören der Gestalt an, sie sind das „Heraustreten in das Äußerliche", so „in alle Verwirklichungen". Hier denkt Hegel nicht nur an die Götter als Individualitäten, sondern auch an die subjektive, menschliche Individualität. (Vgl. Hotho 1823, S. 97 f.) Diese Überlegungen zeigen wieder, daß Hegel trotz der problematischen Entwicklungen doch nicht auf die Kunst verzichten will.

Die Innerlichkeit als „subjektives Gemüt" hat Hegel als „konkrete Individualität" und als „subjektive Totalität" der Kunst näher bestimmt. Es bedeutet auch, daß alles, was Widriges im Menschlichen, d.h. „Unschönes" ist, künstlerisch dargestellt werden muß, weil das Negative als konstitutives Moment der konkreten Individualität, des Menschen als subjektiver Totalität verstanden und dargestellt werden kann. Damit ergibt sich die konkrete Individualität, der Mensch als subjektive Totalität mit seiner Komplexität und in seiner ganzen Ambivalenz. Dieser konkrete Mensch bildet eben den Gegenstand des Kunstwerkes; gerade die innerliche Individualität in ihrer Konkretheit stellt das „Höhere" der modernen Kunst dar, deren angemessene Darstellung für die Perspektive der Kunst eine entscheidende Rolle spielt. Zweifellos ist nicht mehr das Drama die künstlerische Gattung, welche diesen Gegenstand auf dem höchsten Niveau darzustellen vermag.

---

[25] Das Negative in seiner sozialen Extremität wird in der *Rechtsphilosophie* thematisiert. Es handelt sich hier nicht nur um die „schlechte Unendlichkeit" der Bedürfnisse, um die Armut und den Reichtum, sondern auch um die Extremität des Ganzen, die schon in dem Prinzip der bürgerlichen Gesellschaft begründet ist. Die „selbstsüchtige", egozentrische Einstellung der bürgerlichen Gesellschaft bringt mit sich, daß „jeder sich Zweck" ist. Die Anderen sind ihm Mittel zum Zweck des Besonderen. „Die bürgerliche Gesellschaft bietet in diesen Gegensätzen und ihrer Verwirklichung das Schauspiel ebenso der Ausschweifung, des Elends und des beiden gemeinschaftlichen physischen und sittlichen Verderbens dar." Hegel zeigt hier, wie sehr die Extremität zur modernen Gesellschaft gehört. Darin sieht er das sozial-geschichtliche Fundament des Untergangs der „substantiellen Sittlichkeit in ihrer idealen Schönheit und Wahrheit" und die Prosaisierung der Kunst (vgl. Grundlinien, §185, S. 166).

Hegel ist der Meinung: in der dramatischen Poesie führt die romantische Kunst sich zu ihrem Ende, und zwar im Komischen. (Vgl. Hotho 1823, S. 198–200, S. 311.)[26] Im *Don Quichotte* von Cervantes wird der „Schluß des Romantischen" erreicht, der eine „edelige Natur" ist, in welcher aber das Rittertum „bis zur Verrücktheit" vollendet wird. Die Ambivalenz seiner Gestalt liegt darin: „was verspottet wird, ist zugleich aufs schönste dargestellt." (Vgl. Hotho 1823, S. 196 f.) Die Unangemessenheit ist also extrem geworden. Von daher ist es auch besser verständlich, warum Hegel in der romantischen dramatischen Kunst vielmehr einen Rückfall gesehen hat, auch die Dramen von Shakespeare inbegriffen. Gegen ihn hat er den Einwand gehabt, daß Shakespeares Charaktere „partikuläre" sind. (Vgl. Hotho 1823, S. 194 f.) Hegel findet aber eine andere Gattung, in welcher er einen „Fortgang" der Kunst erblickt: die Malerei. Die Malerei liefert für ihn zugleich wichtige Argumente für eine grundlegende Kritik an der griechischen Kunst. Das ist auch ein Beweis dafür, daß Hegel in der Malerei mehr als ein bloßes Beispiel gesehen hat.

2.2 „Innerlichkeit": Hinausgehen über das „Reich des Schönen" und eine kunstphilosophische Grundlegung der Kritik an dem klassischen Ideal der Kunst

Hegel hat das Hinausgehen der Kunst über die griechische Kunst sowohl als einen geschichtlich notwendigen Prozeß als auch als einen aus den Prinzipien der Kunst systematisch folgenden Gang aufgezeigt.[27] Er hat diesen Prozeß auch vor dem Hintergrund der geschichtlichen Phasen der Prosa untersucht: Das „prosaische Verhältnis" wird zuerst in der römischen Welt zugespitzt, deren Weltzustand künstlerisch immer prosaisch dargestellt wird. (Vgl. Hotho 1823, S. 178 f.) Im

---

[26] Das Moralitätskapitel der *Rechtsphilosophie* hat eine interne Verbindung mit den *Vorlesungen über die Philosophie der Kunst* auch im Hinblick auf das moderne Prinzip der Subjektivität, welches intern die Stellung der *Ironie* in sich hat. Ironie, Humor und Komödie stellen einen wichtigen Problemkreis dar, womit Hegel die Auflösung der romantischen Kunst beschrieben hat. In der Anmerkung des letzten Paragraphen des Moralitätskapitels wird vor dem Hintergrund von Solgers Stellungnahme thematisiert, wie die Subjektivität ihre höchste Form in der Ironie erreicht und welche sozial-, moral- und kunstphilosophischen Konsequenzen eine solche Position mit sich bringt (vgl. Grundlinien, §140, S. 277–280).

[27] Einen interessanten Aspekt dieser Problematik hat B. Bradl aufgezeigt, als sie eine gewisse Ambivalenz zwischen dem Paradigma und dem Maßstab der Kunst bei Hegel im folgenden Sinne feststellt: Im Unterschiede zu Kant hat Hegel seinen Kunstbegriff am Paradigma der Werke der griechischen Hochklassik gewonnen. Zugleich war für ihn das Ideal der Schönheit, das in den Werken der klassischen Antike realisiert ist, zwar Zentrum einer reinen Ästhetik, aber kein Maßstab der ästhetischen Beurteilung. Zum Unterschied zwischen Kant und Hegel hat auch beigetragen, daß sich Hegel der historischen Dimension der Kunst stets bewußt war. Vgl. B. Bradl, *Die Rationalität des Schönen bei Kant und Hegel*. München 1998, S. 11. Man kann hinzufügen, daß Hegel eben durch die Konstruktion der „esoterisch-systematischen" und der „exoterisch-geschichtlichen" Dimension einen Spielraum gewonnen hat, womit eine Möglichkeit für die Interpretation der neueren Phänomene der Kunst, auch des „Unschönen" eröffnet wurde, ohne die kunstphilosophischen Prinzipien und Überlegungen, so sein Paradigma oder seinen Maßstab der ästhetischen Beurteilung, aufgeben oder modifizieren zu müssen.

Übergang von der klassischen Kunst zur romantischen zeigt sich, welche Beschränkungen schon auch die griechische Kunst hatte. Dieser Gedanke scheint an sich schon den Verdacht von Hegels Klassizismus zu widerlegen.[28]

Die griechische Kunst hat die Übereinstimmung der Form und des Inhaltes verwirklicht, in der das Schöne realisiert wurde: „Schöner kann nichts werden", so lautet Hegels berühmte These. Er fügt auch den bekannten Einwand hinzu: „Aber das Reich des Schönen selbst ist für sich noch unvollkommen, weil der freie Begriff nur sinnlich in ihm vorhanden (ist) und keine geistige Realität in sich selbst hat." (Vgl. Hotho 1823, S. 179.) Hegel meint aber auch, daß das Schöne in der griechischen Kunst nicht nur von der Position des Begriffes und der Philosophie aus unvollkommen ist, sondern auch aus konkreten ästhetischen Gründen: das klassische Ideal sei „kalt" und „streng" und dieses Ideal bleibt in sich abgeschlossen. „Schöner kann nichts werden" als die griechische Kunst, aber diese Schönheit ist und bleibt „kalt" und „streng", „zurückhaltend", „nicht aufnehmend", „ein abgeschloßenes Eins für sich".

Ein wichtiges Merkmal ist noch im Vergleich mit der romantischen Kunst, daß die Äußerlichkeit in der romantischen Kunst nicht für das Ideal ist, wie in der griechischen war, sondern „für Andere und hat das Moment, jedem sich zu überlassen, an ihr." (Vgl. Hotho 1823, S. 185 f.) Hegel hat damit auf eine Art Intersubjektivität in der romantischen Kunst hingewiesen, die mit dem zentralen Stellenwert des Menschlichen offensichtlich in engem Zusammenhang steht. Auch folgende Bemerkung ist wichtig: Hier ist der Inhalt wie auch die Gestalt nicht mehr fest, wie es bei den Griechen war, was auch eine positive Seite hat, die vor allem in der Natur des „innigen Subjekts" als im Mittelpunkt der neueren Kunst zu beobachten ist: „Indem auf diese Weise die Gestalt nicht festgehalten ist, so liegt darin, daß das innige Subjekt nicht einsam in sich sei wie der griechische Gott, der sich in sich ganz vollendet, sondern der Ausdruck des romantischen Ideals drückt *(das) Verhältnis zu anderen Geistigen aus, das mit der Innigkeit so verbunden ist.*" (Hervorgehoben von mir – E.R. Vgl. Hotho 1823, S. 186.)

Somit hat Hegel ästhetische Argumente gewonnen, mit denen er sowohl die *„Strenge der Sinnlichkeit"* als eine negative Seite der griechischen Kunst als auch das *„Hohe der Innigkeit"* der romantischen Kunst mit ihren positiven Folgen erläutern kann. Einer der Gewinne ist, daß das „Hohe der Innigkeit" des Subjekts ermöglicht, der „Einsamkeit" der griechischen Götter ein anderes Muster gegenüberzustellen; dem „innigen Subjekt" der romantischen Kunst, welches nicht mehr einsam ist, wie es der griechische Gott war, sondern ein intersubjektives Wesen ist, wird die Aufgabe zugeschrieben, die Beschränkungen der griechischen Kunst zu übertreten. Eine weitere Konsequenz ist, daß das Reich des Schönen seine Grenze überschreiten muß; Das Hinausgehen über die Schönheit ist schon in der Natur und der Grundstruktur des Geistes verwurzelt, der die Subjektivität und die Innerlichkeit als seine Strukturelemente in sich hat. Hegel spricht über das Bedürfnis, daß der Geist sich auch als Innerlichkeit wie auch sich

---

[28] Zur Widerlegung des Klassizismusverdachtes gegen Hegel vgl. A. Gethmann-Siefert, *Schöne Kunst und Prosa des Lebens*, insbes. S. 116 f.

die Idealität als Individuum entwickeln muß. „Dadurch erhält die Erscheinung auch ein anderes Verhältnis, das über die Schönheit hinausgeht." – so drückt sich Hegel aus. (Vgl. Hotho 1823, S. 180.)

Hegel weist ferner auf die Trennung zwischen dem Bedürfnis der Schönheit und dem des Gläubigen hin, wobei das Substantielle die gemeinsame Grundlage bleibt. „Bei der christlichen Kunst sind es nicht die schönen Bilder, welche die Gläubigen suchen, sondern die alten statarischen Bilder." So erklärt er, daß die „Frömmigkeit" „an irgendeinem Bild" genug hat und das „schlechteste Bild" ihr genug ist. (Vgl. Hotho 1823, S. 176.) Aus dieser Perspektive, d.h. im Reich der romantischen Kunst, was mit dem der Schönheit nicht unmittelbar identisch ist, findet man *sowohl die Sinnlichkeit wie auch die Schönheit als Schranken der Kunst*. Somit handelt es sich um eine bestimmte Unangemessenheit im Romantischen. Damit hat Hegel auch die Angemessenheit im Reich des Schönen von der im Reich des Ästhetischen unterschieden und dem Ästhetischen hat er einen umgreifenden Sinn zugeschrieben. In diesem Sinne ist es auch kunstphilosophisch verständlich, daß er das „Unschöne" in die Kompetenz der romantischen Kunst einordnet. (Vgl. Hotho 1823, S. 182, 194.) Damit hat Hegel eine kunstphilosophische Grundlage sowohl für die Kritik an der griechischen Kunst als auch für die Hochschätzung der Kunstwerke der neueren Zeit gewonnen, ohne aber die Großartigkeit der griechischen Kunst und ihren Maßstab der Schönheit in Frage stellen zu müssen. Somit werden das Ästhetische als eine breitere kunstphilosophische Basis und die Innerlichkeit in Hegels Interpretation der neueren Kunst auf interne Weise miteinander verknüpft.

Geschichtlich scheint die Innerlichkeit zunächst auch für die Kunst ein Verlust zu sein, wenn man Hegels Gedanken folgt, der sie vor dem Hintergrund der anfänglichen Einheit von Kunst, Religion und Wissenschaft im Medium der Mythologien, aber auch in bezug auf die Sittlichkeit betrachtet. Die Innerlichkeit ist aber zugleich auch ein Gewinn für das Menschliche; und darin als in einer Strukturebene des Geistes entwickelt Hegel eine sowohl systematisch als auch geschichtlich begründbare Grundlage für die Kritik an der griechischen Kunst wie auch ihrer Überholung. In der Innerlichkeit erkennt Hegel auch ein Fundament für eine Alternative der Kunst in der neueren Zeit. Hier handelt es sich auch darum, wie die Subjektivität als „innerliche Individualität" Anregungen und einen neuen und breiteren Spielraum für die Kunst liefern kann. Die Tendenz, daß die „absolute Subjektivität", die „Göttlichkeit" der Kunst entflieht und zum Gegenstand des Gedankens gemacht wird, ist in der romantischen Kunst am klarsten zu erkennen. An die Stelle der „absoluten Subjektivität" tritt nach der Entgötterung die „individuelle Subjektivität" mit ihrer endlichen, prosaischen Welt, die aber *nicht nur als Gedanke* dargestellt werden muß. Diese Lage bringt eine neue Herausforderung für die Kunst mit sich, in der Hegel neue Gegenstände, Inhalte, Formen, sogar neue Wege für die Kunst erblickt. Diese Wende hat er vielleicht am Beispiel der Malerei am klarsten ausgeführt. Das Medium ist hier das „besondere Gemüt", als „schönes", „adeliges" und „sich selbst versöhnend". Das subjektive Gemüt hat eben die Aufgabe, die in die Welt sich zerstreuende Subjektivität und den ganzen möglichen „schrankenlosesten mannigfaltigen" Inhalt zusammenzuhalten und ihnen dadurch *nicht nur eine feste Form, sondern auch einen höheren Inhalt zu verleihen.* (Vgl. Hotho 1823, S. 179–183.) „Hohe der Innigkeit" ist Hegels Ausdruck, womit er die Wende kennzeichnet, die in „viel höherer Einheit" von Inhalt und Form besteht.

2.3 Der „Triumph der Kunst über die Vergänglichkeit" in der niederländischen Malerei – eine neue Übereinstimmung von Form und Inhalt. Der „Schluß der romantischen Kunst" als ihr Anfang

Die Gegenstände der Bilder sind in der niederländischen Malerei der „gewöhnlichen Wirklichkeit" genommen. Es handelt sich da um Blumen, Hirsche, alles Dinge, die wir schon alles vorher sahen, oder um eine alte Frau, die bei Licht eine Nadel einfädelt. Aber diese „gewöhnlichen", „prosaischen" „alltäglichen" Gegenstände werden durch die „Kunst des Scheines" dargestellt, durch „das sich in sich vertiefende Scheinen", durch den „höchsten Grad des Scheinens". Der Schein ist „aufs sinnreichste" wiedergegeben. Somit wird ein „ganz Flüchtiges" festgestellt und „statarisch" gemacht. Das „Substantielle ist entflohen", obwohl es auch um seine Macht über das „Flüchtige" betrogen ist. Das Einzige, was bleibt, ist das „festgehaltene Scheinen". „Das Wandelnde in seinem ganz flüchtigen Vorbeifliehen ist zum Anschauen gebracht; es ist der Triumph der Kunst über die Vergänglichkeit." (Vgl. Hotho 1823, S. 201.)

Diese Kennzeichnung Hegels nur mit der besonderen Bedeutung der Form zu erklären wäre zweifellos ein Mißverständnis. Zunächst handelt es sich um einen breiteren Kontext; Hegel hat die Malerei auch in ihrem sozialen und geschichtlichen Kontext der „Umstände" in Betracht genommen. Es geht hier darum, daß sich die Niederländer von weltlicher und geistlicher Herrschaft freigemacht haben, wie sie nicht nur ihre politische Freiheit, sondern auch alles durch sich selber, durch Bürgertugend und den Protestantismus erworben haben. Die Befriedigung in der „gemeinen Wirklichkeit", die sie dadurch erhalten haben, kann als Gegenstand dem höheren Sinn, der Kunst nicht angemessen sein. Aber die nähere Betrachtung versöhnt uns damit, fügt Hegel hinzu. Ferner sind die großen Fragen der menschlichen Existenz, wie Gott oder das Ganze der Kunst entflohen; mit der „festen bürgerlichen Ordnung" stellen sich ganz andere Zustände und Situationen, nämlich die prosaische Wirklichkeit. Die moderne Wirklichkeit hat eine feste Ordnung, die an sich und wegen der „Mittelmäßigkeit" kein reizender Stoff mehr für die Kunst ist. Vor diesem Hintergrund wird die Leistung der Niederländer bei Hegel bewertet.

Hegel hat in dem Malereikapitel drei Stufen der Malerei unterschieden, in denen er eine Aufeinanderfolge der „Innigkeit" sieht. Hier unterscheidet er die „substantielle" von der „individuellen Innigkeit". Raffaels Bilder haben die „geistige", „substantielle Innigkeit" am schönsten dargestellt. Hegel hat die „höchste" „geistige Innigkeit" in der Mutterliebe von Maria anblickt. Als er sie im Vergleich mit dem Schmerz von Laokoon interpretiert, betont er den Unterschied, daß die

Einkehr als Grundelement der Innigkeit und als identitätsbildender Faktor des Selbstverständnisses der Moderne den Griechen fehlt. Dieser Trend steht in engem Zusammenhang mit der „Entgöttlichung", die auch bei den Bildern von Raffaels zu beobachten ist. [29]

Eine Stufe des „Höheren" bildet die christliche Religion, die Stoff und Gegenstand für die Kunst liefert. Die ihr gehörende „substantielle Innigkeit" stellt den „höchsten Gegenstand" der christlichen Malerei dar: „Das Ideal der Malerei ist das Romantische, wo die Subjektivität, die für sich ist, die Grundbestimmung ausmacht, eine Art „geistige Innigkeit". Diese hat nun selbst wieder einen unterschiedlichen Inhalt. Die substantielle Innigkeit ist die der Religiosität. Die Innigkeit in einem beschränkten Charakter ist auch Gegenstand, aber notwendigerweise ist die substantielle der höchste Gegenstand. Die substantielle Innigkeit ist die Seele, die bei sich ist, sich empfindet. (Vgl. Hotho 1823, S. 253.) Den Zusammenhang von Gegenstand und Innigkeit im Scheinen stellt Hegel hier dar. Die Substantialität der Innigkeit bietet da eine Lösung für das Problem der besonderen Bedeutung der Form wie auch der in Frage gestellten Angemessenheit von Form und Inhalt. Es fehlt hier aber etwas Wichtiges, nämlich die Darstellung des Menschlichen in seiner ganzen Ambivalenz.

Nach der zweiten Art der Innigkeit der Landschaftsmalerei, wo man „bei bloß natürlichen Gegenständen" bleiben und die Seele auch „innig sein" kann (Vgl. Hotho 1823, S. 255 f.), hat Hegel eine dritte Art der Innigkeit eingeführt. Das Ideal wird in der endlichen Innigkeit „diesseitig" und „gegenwärtig", menschlich; eben diesen anthropologischen Charakter der niederländischen Malerei betont Hegel. Die unbedeutenden Gegenstände „können uns gemein erscheinen, die Handlungen für sich können ein Widerwärtiges haben, aber die Frohheit des Lebensgenusses, Treue, Aufmerksamkeit auf eine Arbeit – solche Situationen können die endliche, tüchtige Innigkeit bezeichnen und die Befriedigung gewähren. Das Dritte also ist die Innigkeit im unmittelbaren Gegenwärtigen. Der Mensch, was er jeden Augenblick tut, ist ein Besonderes; und das Rechte ist, jedes Geschäft, jedes Besondere auszufüllen, darin tätig zu sein, mit ganzem Geiste dabeizusein." (Vgl. Hotho 1823, S. 256.)

Die Endlichkeit dieser Innigkeit, die im menschlichen Dasein, in der prosaischen Lebensführung und in der bürgerlichen Lebenswelt „äußerlich" erscheint, wird zugleich durch die „Vertiefung" und „Verinnerlichung" in der und durch die Kunst dargestellt. Dadurch kann eine neue Art der Innerlichkeit gewonnen werden, die nicht einfach als eine Form zu verstehen ist. Im „festgehaltenen Scheinen" als künstlerischer Darstellung dieser Innigkeit drückt sich alles aus, was inhaltlich dieser Welt und dem Verhältnis des Individuums gehört. Die abstrakte

---

[29] Auch in dieser Hinsicht ist interessant, wie Gethmann-Siefert den Unterschied der christlichen und der niederländischen Malerei aufzeigt. In der *Ästhetik* von Hotho liefert die schöne Gottesdarstellung der Renaissancemalerei Maß- und Angelpunkt für die ästhetische Beurteilung. In den Vorlesungen von 1823 verbindet Hegel „mit der Charakteristik der Malerei eine neue Korrelation von Schönheit und kulturellen Relevanz". „Die Idealität des Kunstwerks, die Einheit von Schönheit und Göttlichkeit, wird nicht als der Kulminationspunkt der christlichen Malerei vorausgesetzt." Vgl. A. Gethmann-Siefert, *Einleitung*, S. CLVIII.

These der Einheit des Äußeren und Inneren erscheint hier als konkrete Individualität mit ihrer Lebenswelt, ihrem subjektiven Gemüt, d.h. in ihrer konkreten Totalität. Diese Totalität ist eine interne: Bei den Bildern der Niederländern scheint es, als wäre die ganze Individualität für dieses besondere Geschäft da. (Vgl. Hotho 1823, S. 256.) Dementsprechend muß das ganze Gesicht und der ganze Habitus passend sein: „Diese Einigkeit der ganzen Figur mit dem Gefühl", d.h. die Einheit und Harmonie des Äußeren und Inneren in der Stimmung, der Gesinnung ist die Art, die das Allgemeine „vollkommen individualisiert" erscheinen läßt. (Vgl. Hotho 1823, S. 257.)

Entscheidend ist, daß Hegel in dem „festgehaltenen Scheinen" keine „leere Form", wie auch in den dargestellten Gegenständen keine „leere Prosa" sieht, sondern vielmehr eine höhere Einheit von Form und Inhalt. Der unmittelbare Stoff dieser Bilder ist die ganz prosaische Wirklichkeit mit gewöhnlichen, alltäglichen Gegenständen. Der Inhalt ist aber etwas anderes; Das Substantielle im alten Sinne ist zwar entflohen, aber keinesfalls alles Inhaltliche. Der Inhalt, der dieser gemeinen, prosaischen Welt durch das Gemüt gehört, ist zwar „flüchtig", „wandelnd" und „vergehend", aber ein Inhalt, der dennoch künstlerisch dargestellt werden kann, weil er intern zum Menschlichen gehört. Für die künstlerische Darstellung bedeutet es eine große Schwierigkeit, das Bleibende hinter dem Flüchtigen, Wandelnden, Vergehenden „festzustellen" und „statarisch zu machen". Aber Hegel meint, daß die Niederländern es schon geschafft haben, und zwar durch *die Verknüpfung von Prosa und Innerlichkeit bzw. Gemüt als eine Adäquatheit von Stoff, Inhalt und Form.*

Bei den Niederländern kann man beobachten, wie die soziale Identität wie auch die Selbstidentifizierung des Individuums auf „vollkommen individualisierte" Weise als „Erscheinung" eines Allgemeinen und Höheren im Individuellen dargestellt wird. Und in der durch die konkrete Totalität der konkreten Individuen dargestellten Innigkeit werden auch ästhetisch relevante Werte wie die Einheit von Äußerem und Innerem, Allgemeinem und Individuellem erkennbar, womit Hegel auch eine Möglichkeit der Übereinstimmung von Form und Inhalt aufzeigen kann. Damit ist auch zu erklären, warum nicht die „substantielle", sondern die „individuelle" Innigkeit die höchste Stufe der Malerei, vielleicht auch der Kunst der neueren Zeit überhaupt bei Hegel darstellt.

Nun stellt sich folgende Frage: Kann die niederländische Malerei nur als eine Ausnahme und ein einziges Beispiel interpretiert werden, oder aber kann man darin eine reale Alternative der modernen Kunst erblicken, die sich unter ganz anderen Umständen und in ganz anderer konkreter Form wiederholen kann? Diese Frage kann bei Hegel letztendlich innerhalb der Kunst allein nicht beantwortet werden. Was aber innerhalb der Kunst festgestellt werden kann, bezieht sich auf das grundlegende Verhältnis von Form und Inhalt. Bei den niederländischen Bildern stellt nicht die konkrete gegenständliche Welt im Sinne der gemeinen Wirklichkeit den Inhalt dar, obwohl sie ebenfalls dargestellt werden muß, sondern die individuelle Innigkeit, die aber nicht nur eine Form bleibt, sondern sie läßt in und durch sich das Allgemeine, das Höhere am „reichsten" erscheinen. Mit dieser besonderen Durchdringung von Form und Inhalt, die im „festgehaltenen Scheinen" zur Geltung kommt, hat Hegel auf eine neue Art der Übereinstimmung von Form und Inhalt hingewiesen, die zwar nicht mehr so allgemeingültig sein kann, wie die griechische es war, die aber mehr als nur ein Beispiel bedeutet.[30] Hegels Auslegung geht über die niederländische Malerei hinaus; er wollte eine strukturell-systematisch begründbare Alternative der modernen Kunst aufzeigen.

Trotz aller Schwierigkeiten sieht er eine Perspektive für die Kunst auch nach deren Ende, nach dem Romantischen. Der „Schluß der romantischen Kunst" ist zugleich der „Anfang", wie er sich ausdrückt; das „Zu-Haus-Sein", das „Einheimischsein in den Gebieten der Kunst" stellen die Grundbestimmung des neuen Anfangs der Kunst dar, worin Hegel eine Rückkehr zum Weltlichen, zur „wirklichen Subjektivität", zum Diesseitigen und zum „Gegenwärtigen" erblickt, die er uns eben am Beispiel der „niederländischen Schule" vorgestellt hat. (Vgl. Hotho 1823, S. 200.)

---

[30] A. Gethmann-Siefert weist darauf hin, daß die niederländische Malerei bei Hegel mehr als ein bloßes Beispiel bedeutet: „Diese Symbiose von Schein und Alltäglichkeit betrachtet Hegel nicht nur als eine historisch interessante Kombination, er sieht in ihr eindeutig den Kulminationspunkt der Malerei." Vgl. A. Gethmann-Siefert, *Schöne Kunst und Prosa des Lebens*, S. 136.

II.

Hegels Phänomenologie der Kunst

Klaus Düsing

Griechische Tragödie und klassische Kunst in Hegels Ästhetik

Das Bild vom heiteren kunstliebenden antiken Griechenland, in dem große Einzelkunstwerke wie die griechischen Götterstatuen einer lebendigen Mythologie als einer Art Gesamtkunstwerk angehören und in dem das Leben der Polis-Bürger weitgehend durch harmonische Kunst geprägt ist, wird fragwürdig durch diejenige originär griechische Kunst, die diesem Bilde offenbar wenig entspricht, durch die attische Tragödie und ihre Darstellung unvermeidlicher tragischer Schicksale. Auch Hegel ordnet, wie selbstverständlich, in seiner Ästhetik die antike griechische Tragödie der klassischen Kunstform zu; doch ergeben sich hierbei grundlegende Probleme, die schließlich sogar die Konzeption seiner Ästhetik als ganzer betreffen. So stellt sich zum einen die Frage, wie die antike Tragödie das klassische Ideal erfüllen kann, das nach Hegel die griechische Skulptur in vollendeter Weise verwirklicht. Zum anderen tut sich das Problem auf, wie der heitere griechische Polytheismus, der den Hintergrund jener Skulpturen bildet, sich in der Tragödie verdüstern und diese gleichwohl klassische Kunst sein kann. Schließlich kann man der grundlegenden Frage nicht ausweichen, ob Hegel, wenn für ihn die Erfüllung des Ideals der Kunst mit der klassischen Tragödie und Komödie an ihr Ende kommt, damit die klassische Kunst und das ästhetische Ideal historisiert.

Diese Fragen sollen im Folgenden erörtert werden. Dabei sei in einem ersten Teil vor dem Hintergrund platonistischer Begriffsprägungen die klassische Kunst als Erfüllung des ästhetischen Ideals betrachtet. In einem zweiten Teil soll Hegels Konzeption des Tragischen als eines Phänomens der griechischen Sittlichkeit und der notwendigen Dialektik dieser Sittlichkeit untersucht werden. Ein dritter Teil gilt der Bestimmung der Kunstform in der Darstellung dieses Tragischen, nämlich der griechischen Tragödie, die in ihrer Präsentation des Ideals in Handlung zugleich die Krise des griechischen Polytheismus herbeiführt. In einem vierten und letzten Teil soll erörtert werden, ob Hegel mit seiner Sicht auf das Zu-Ende-Gehen der Verwirklichung des ästhetischen Ideals in der klassischen Tragödie und Komödie eine Historisierung des Klassischen und des Ideals ins Auge faßt oder ob er gleichwohl an einer die Geschichtsepochen überdauernden Gültigkeit des Ideals und damit auch der klassischen Kunst festhalten kann.

1 Das Ideal und die klassische Kunst

Die Ästhetik ist für Hegel wie für alle Idealisten wesentlich Philosophie der Kunst. Die Kunst aber hat die Aufgabe, das Göttliche in sinnlich-anschaulicher Gestalt darzustellen. Dies Göttliche wird von Hegel nicht als transzendent verstanden; es macht „die tiefsten Interessen des Menschen" (Ästh. I, S. 19)[1] aus; so ist es der Grund intensivster Verehrung und zugleich der Erhebung des menschlichen Geistes zum göttlichen Geist, der in ihm gegenwärtig wird. In der Kunst aber ist dies Göttliche in sinnlicher Gestalt anwesend; so wird es der sinnlichen Anschauung und dem Gefühl nahegebracht und vertraut gemacht.

Schon aus diesen Bestimmungen geht hervor, daß Hegels Ästhetik den Grundtypus einer Gehaltsästhetik erfüllt – im Gegensatz zum Grundtypus einer Ästhetik der reinen Form, wie er sich etwa in Kants Analytik des Schönen findet, in der die Bedeutung und der Gehalt des ästhetisch sich Darbietenden unwesentlich sind; für Hegel ist der entscheidende Inhalt der Kunst das Göttliche, das sich in sinnlich-anschaulicher Äußerlichkeit manifestiert. Solche anschaulich-äußere Gestalt aber erhält das Göttliche nur durch die von diesem Göttlichen beseelte Gestaltung des Künstlers. Hegels Gehaltsästhetik sieht also keineswegs von der künstlerischen Formgebung ab; sie ist dem Kunstwerk vielmehr wesentlich; aber sie beruht auf der spezifischen Auffassung oder der spezifischen Vision des Göttlichen, der der Künstler folgt. Diese ist nun eingebettet in eine Mythologie, die dem Künstler mit den Betrachtern oder den Zuschauern gemeinsam ist; das Kunstwerk steht nicht einsam für sich, sondern wendet sich an sie. Die Ästhetik Hegels ist damit weder einseitig dem Grundtypus einer Künstler- oder Genieästhetik, noch einseitig dem Grundtypus einer Geschmacks- oder Rezeptionsästhetik verhaftet; sie verbindet vielmehr beide Grundtypen durch den Ansatz eines übergreifenden religiös-mythologischen Erfassens von Kunst durch den Künstler und den Betrachter.

Je nachdem nun, wie das Göttliche verstanden wird, kann es in ganz verschiedener Weise dem sinnlich Gegebenen eingebildet werden. Wenn aber die Bedeutung des Göttlichen in sich selbst enthält, daß es sich in einer bestimmten sinnlichen Gestalt ganz manifestiert und darin zu erfüllter plastischer Anschauung gelangt, dann tritt es als das reine Schöne der Kunst zutage. Dieses reine Schöne der Kunst bestimmt Hegel als das „Ideal". Die Begrifflichkeit, die Hegel in

---

[1] G.W.F. Hegel, *Ästhetik*. Hrsg. von F. Bassenge mit einem einführenden Essay von G. Lukács. 2 Bde. 2. verb. Aufl. Berlin/Weimar 1965. Die römische Ziffer bezieht sich auf die Bandzahl, die arabische auf die Seitenzahl (im folgenden Ästh.). In Hothos Manuskript heißt es: „die höchsten Interessen des Geistes zum Bewußtsein zu bringen" (G.W.F. Hegel, *Vorlesungen über die Philosophie der Kunst*. Berlin 1823. Nachgeschrieben von H.G. Hotho. Hrsg. von A. Gethmann-Siefert [= G.W.F. Hegel, Vorlesungen. Ausgewählte Nachschriften und Manuskripte. Bd. 2]. Hamburg 1998 [im folgenden Hotho 1823]). – Zu den im folgenden erwähnten Grundtypen der Ästhetik, speziell zur Genieästhetik Schellings und zu Kants Formästhetik mag der Hinweis erlaubt sein auf die Darlegungen des Verfassers in *Schellings Genieästhetik*. In: Philosophie und Poesie. Otto Pöggeler zum 60. Geburtstag. Hrsg. von A. Gethmann-Siefert. Stuttgart 1988. Bd. 1, S. 193–213 sowie in *Beauty as the Transition from Nature to Freedom in Kant's Critique of Judgment*. In: Nous 24 (1990), S. 79–92.

dieser philosophischen Bestimmung des Kunstschönen verwendet, ist platonisch geprägt, obwohl die hohe Bedeutung, die Hegel der Kunst verleiht, keineswegs der Auffassung Platons, sondern derjenigen eines ästhetischen Platonismus entspricht, wie er u.a. im Platonismus der Renaissance vertreten wurde und wie er offenbar den anschaulichen Beschreibungen Winckelmanns und in dessen Gefolge Schillers zugrunde liegt. Das Ideal ist – wie für Kant – die Idee, die als ein Individuum existent ist; dies trifft nach Kant für die Gottesidee zu. Hegel faßt aber – wie Schiller – das Ideal wesentlich als ästhetisches auf; so ist es die Idee, die in der schönen sinnlich-äußerlichen Einzelgestalt gegenwärtig ist. Die Idee ist der philosophische Terminus für das in den verschiedenen Religionen in verschiedener Weise verehrte Göttliche. Der Künstler schafft also im Anblick der Idee die ihr entsprechende schöne sinnliche Gestalt, in der sie ganz gegenwärtig und anwesend ist. Eine solche Auffassung, wie sie etwa im Renaissance-Platonismus vorkam, kann immerhin an Platons *Phaidros* anknüpfen, nach dessen Darstellung gerade die Schönheit das „Hervorleuchtendste" und „Liebreizendste" (nach der Paginierung von Henricus Stephanus 250e) ist, in dessen Licht sich der „selige Chor" der Götter bewegt, die jeweils Ideen repräsentieren. Der junge Hegel hatte wie Hölderlin Platons *Phaidros* intensiv studiert und zeitweise offenbar einen ästhetischen Platonismus vertreten, in dem die Idee des Schönen die höchste Idee ist.[2] Diese Art des Platonismus, die mit Grundzügen des Renaissance-Platonismus übereinkommt, schränkt Hegel später auf die Philosophie der Kunst ein; doch in dieser bildet er immer noch die Grundlage.

Die Idee, die in der Kunst die Gestalt des Ideals des Schönen gewinnt, muß jedoch in genuin Hegelschem Sinne verstanden werden; sie ist die Einheit von begrifflicher Subjektivität und dieser gegenüberstehender realer Objektivität. Der Bedeutungsgehalt des Göttlichen in der Kunst ist dann zu begreifen als Subjektivität und Selbstbewußtsein, wie es nach Hegel noch nicht dem orientalischen Göttlichen und anonymen Numinosen, sondern erst griechischen Göttern als reiner gedanklicher Gehalt zukommt; er findet seine erfüllte, vollständige Manifestation in der realen Objektivität der künstlerisch geformten sinnlich-äußeren Gestalt, z.B. dem Götterbild. Deshalb bestimmt Hegel dieses vollendete Verhältnis von Subjektivität und Objektivität im Kunstschönen – mit einer Erinnerung an die Adäquationstheorie der Wahrheit – als vollkommene oder adäquate Entsprechung beider Seiten; in solcher Schönheit des Ideals ist nämlich zugleich die Wahrheit der Kunst, auf die in Hegels Gehaltsästhetik keineswegs verzichtet werden kann, zustande gebracht.

---
[2] Vgl. *Hegels theologische Jugendschriften*. Hrsg. von H. Nohl. Nachdruck. Frankfurt a.M. 1966, S. 378; ferner das sog. „älteste Systemprogramm des deutschen Idealismus" in *Das älteste Systemprogramm. Studien zur Frühgeschichte des deutschen Idealismus*. Hrsg. von R. Bubner. Bonn 1973 (Hegel-Studien. Beiheft 9), S. 264: „Zuletzt die Idee, die alle vereinigt, die Idee der Schönheit, das Wort in höherem platonischem Sinne genommen". – Zur Theorie des Schönen im Renaissance-Platonismus vgl. bes. W. Beierwaltes, *Marsilio Ficinos Theorie des Schönen im Kontext des Platonismus*. Heidelberg 1980. Zu Hölderlin und Hegel mag hier der Verweis gestattet sein auf die Studie des Verfassers in *Ästhetischer Platonismus bei Hölderlin und Hegel*. In: Homburg v.d.H. in der deutschen Geistesgeschichte. Hrsg. von Ch. Jamme und O. Pöggeler. Stuttgart 1981, S. 101–117.

Diejenige Kunst, die dieses Ideal zu realisieren vermag und geschichtlich realisiert hat, ist die klassische griechische Kunst. Anders als etwa Heidegger, dessen Denken bis heute nachwirkt, deutet Hegel diese griechische Kunst keineswegs in Gegenwendung gegen neuzeitliches Subjektivitätsverständnis; vielmehr erhält für Hegel erst in der griechischen Kunstreligion das Göttliche den Charakter des dem Menschen verständlichen und vertrauten geistigen Selbstbewußtseins, wie es dem Menschen selbst eignet. Die spezifische sinnliche Gestalt, in der solches Selbstbewußtsein allein erscheinen kann, ist die menschliche Gestalt. Sie wird in erfüllter Anschaulichkeit geformt vom bildenden Künstler in der Skulptur. Die signifikante Einzelkunst der klassischen griechischen Kunst ist daher für Hegel die Skulptur. Sie stellt das geistige Selbstbewußtsein eines griechischen Gottes in vollendeter, d.h. nicht in mimetischer, sondern in idealisierender, aber die wesentlichen Naturzüge wahrender Modellierung in menschlicher Gestalt dar. Den ästhetischen Charakter dieser Götterstatuen beschreibt Hegel generell wie Winckelmann als hoheitliche Ruhe und ewige Einigkeit mit sich; Hegel sieht aber durchaus eine geschichtliche Entwicklung von der älteren Strenge zur jüngeren Gelöstheit und Anmut der Gestalten.[3] Das Ideal des Schönen kann in der klassischen Kunst also durchaus in einer gewissen Bandbreite ästhetisch unterschiedlicher Darstellungen verwirklicht werden. Entscheidend ist für Hegel, daß „die Idee des Schönen in ihrem wirklichen Dasein wesentlich als konkrete Subjektivität und somit als Einzelheit aufzufassen" ist (Ästh. I, S. 147), daß also dieser Gehalt vollendete, nämlich adäquate sinnliche Darstellung in einer einzelnen menschlichen Gestalt findet.

Der Hintergrund dieser Skulpturen der klassischen griechischen Kunst ist nun der Polytheismus, dem Hegel – wie Schiller – in ästhetisch grundlegender Bestimmung Heiterkeit zuschreibt. Es ist der bunte Kreis der Homerischen Götter, denen es mit ihren Auseinandersetzungen untereinander nicht ernst ist, die nebeneinander bestehen bleiben und in diesem Nebeneinander von den Menschen verehrt werden können. Hegel setzt hierbei voraus, daß die Griechen den Glauben pflegten, in den Götterstatuen seien die Götter selbst präsent, so daß diese Statuen Gegenstand religiöser Verehrung waren, was schon für die klassische Epoche Griechenlands, erst recht für die nachklassische Zeit nicht mehr zutraf. – Das griechische Verständnis des Göttlichen geht zwar über das archaische hinaus, das das Göttliche als ein in sich noch unbestimmtes Numinoses und Substantielles auffaßt, welches das All durchwaltet; es versteht das dem Menschen Höchste und Absolute, das Göttliche, als geistiges Selbstbewußtsein; dieses aber bleibt ein endliches, insofern es in der farbenfrohen Vielheit von besonderen Göttern auftritt. Die so verstandene Idee, dieses Göttliche, das sich über die unbestimmte Substantialität erhebt, diffundiert in die vielen geistigen und endlichen Götter,

---

[3] Vgl. Ästh. II, S. 162 ff. Vgl. zu der These, Hegel folge in seiner Auffassung von der klassischen Kunst im wesentlichen dem Klassizismus Winckelmanns: H. Kuhn, *Die Vollendung der klassischen deutschen Ästhetik durch Hegel*. Wiederabgedruckt in: Ders., Schriften zur Ästhetik. Hrsg. von W. Henckmann. München 1966, S. 15–144. Zu Hegels ästhetischer Wertung antiker Skulpturen, die diese Klassizismus-These erschüttert, vgl. O. Pöggeler, *Die Frage nach der Kunst*. Von Hegel zu Heidegger. Freiburg/München 1984, S. 189–207.

die nebeneinander ein seliges, unsterbliches Leben führen und denen sinnliche Darstellung und Gegenwart im Verständnis der Menschen noch immanent notwendig sind. Das Göttliche als Geist konzentriert sich noch nicht in seine ihm eigene Einheit.

2 Das Tragische als Phänomen der griechischen Sittlichkeit

Die Skulptur als signifikante Einzelkunst der klassischen Kunstform stellt nach Hegel das Ideal in Ruhe dar. Soll nun auch die attische Tragödie der klassischen Kunstform als Einzelkunst zugeordnet werden, so entsteht das Problem, daß in ihr ebenfalls das Ideal dargestellt werden muß; dies kann dann aber nur das Ideal in einer ganz anderen Verfaßtheit sein; es ist nach Hegel das Ideal in Handlung. Kommt dieses zur Darstellung, so ergeben sich darin notwendig tragische Konflikte und Schicksale. Hierbei muß man allerdings das Tragische als Phänomen der griechischen Sittlichkeit, wie Hegel es konzipiert, von der Tragödie als der geeigneten Kunstform der Darstellung dieses Tragischen unterscheiden. Die Tragödie ist – Hegels Gehaltsästhetik gemäß – gehaltvoller als die Skulptur, weil sie der geistigsten, in sprachlichen Bedeutungen sich äußernden Einzelkunst, der Poesie, zugehört, weil sie zudem als dramatische Kunst die inneren Absichten und Gesinnungen der Handelnden darzustellen vermag und schließlich weil sie in besonderer Weise religiös bedeutsame Kunst ist, nicht nur durch ihre Aufführung an religiösen Festen, sondern vor allem, weil in ihr zutiefst bewegende Grundprobleme griechischen Götterverständnisses gestaltet werden.

Das Tragische, zu dem nach Hegel das Ideal in Handlung notwendig führt, gehört nun zu einem bestimmten Weltzustand, zu dem der vorklassischen, archaischen griechischen Sittlichkeit, in dem das Gelten von Recht und Sittlichkeit auch in den davon geprägten Sitten und Institutionen noch wesentlich oder sogar allein von einzelnen großen Personen oder Heroen abhängig ist, die solches Recht und solche Sittlichkeit öffentlich vertreten. Das Sittlichkeits- und Handlungsbewußtsein dieser großen Personen oder Heroen trennt das eigene subjektive Wissen und Wollen noch nicht vom Erfolg und den Folgen des Handelns ab, sondern betrachtet sich als ganz dafür verantwortlich; es zieht sich nicht auf die subjektive gute Absicht und sittliche Gesinnung zurück, die in seiner Macht steht, um sich von den möglicherweise unerwünschten oder gar verderblichen Folgen des Handelns, die es nicht überschaut und die nicht in seiner Macht stehen, zu dispensieren. In der griechischen Sittlichkeit, wie Hegel sie deutet, steht der große, Recht und Sittlichkeit in seiner Person garantierende Mensch sowohl für die Seite des subjektiven Wollens als auch für die Seite der wirklichen Tat und ihrer Folgen vollständig ein. Weil hier das subjektive Wollen noch nicht abgetrennt und als allein in die Verantwortung der Person fallend für sich gesetzt wird, wie dies im modernen Person-Verständnis geschieht, spricht Hegel auch von substantieller griechischer Sittlichkeit; sie bedeutet, daß jenes subjektive Wollen integriert ist in das ganzheitliche Bestehen von Sitte und Recht, mit dem sich eine heroische Person jeweils identifiziert.

Doch ist das sittliche Bewußtsein solcher Personen endlich; sie identifizieren ihr Wissen, Wollen und Handeln nur mit einer bestimmten, damit aber auch begrenzten und einseitigen sittlich-göttlichen Macht, in die sie ihr „Pathos" setzen. Damit verletzen sie durch ihr Beschließen und ihr wirkliches Tun eine entgegengesetzte, ebenfalls einseitige sittlich-göttliche Macht. So entsteht notwendig ein Konflikt, der tragisch ist, da in ihm ein großes Individuum unschuldig-schuldig wird. Auf ganz allgemeine Weise zeigt sich dieser Konflikt am Sophokleischen Ödipus. Er vertritt als derjenige, der das Rätsel der Sphinx löste, das Prinzip der Klarheit und des selbstbewußten Wissens im Handeln, d.h. die lichte sittliche Macht des Tages in den Göttern Phöbus und Zeus. Da diese Macht aber begrenzt ist, erliegt er, wie Hegel schon in der *Phänomenologie* von 1807 skizziert[4], unbewußt und ohne sein Wissen der Macht des Verborgenen, der unteren Götter, indem er unwissend heilige Familiengesetze verletzt. – Spezifischer, inhaltlich bestimmter und sittlich profilierter ist für Hegel der Konflikt zwischen Antigone und Kreon. In Sophokles' *Antigone* sieht er „das absolute Exempel der Tragödie"[5], weil hier das Tragische als unvermeidliches Ingrediens griechischer Sittlichkeit am reinsten hervortritt. Antigone folgt, indem sie ihren getöteten Bruder Polyneikes begräbt, der sittlichen Macht der unteren Götter, der Familiengötter. Aber sie verletzt damit wissentlich Kreons Edikt und damit öffentlich-staatliche Gesetze, die unter Zeus' Schutz stehen; sie nimmt mit Bewußtsein eine unvermeidliche tragische Schuld durch ihr sittlich und religiös berechtigtes, aber einseitiges Handeln auf sich. Hegel interpretiert Kreons Handeln ebenfalls als bestimmt durch griechische Sittlichkeit, die notwendig zum tragischen Konflikt führt; Kreon folgt allein dem politischen, öffentlichen Recht und Gesetz und somit Zeus' Willen und verletzt dadurch die unteren Familiengötter und die von ihnen geforderte sittliche Pietät. So treten hier zwei Heroen, deren „Pathos" in jeweils entgegengesetzten, aber gleichberechtigten sittlich-göttlichen Mächten liegt, einander im Konflikt gegenüber; und sie müssen, dies ist ihr tragisches Schicksal, wegen ihrer Einseitigkeit wechselseitig zugrunde gehen.[6]

---

[4] Vgl. G.W.F. Hegel, *Phänomenologie des Geistes*. In: Ders., Gesammelte Werke. In Verbindung mit der Deutschen Forschungsgemeinschaft hrsg. von der Nordrhein-Westfälischen Akademie der Wissenschaften (im folgenden GW). Bd. 9. Hrsg. von W. Bonsiepen und R. Heede. Hamburg 1980, S. 394. Vgl. auch Ästh. I, S. 211 f.

[5] G.W.F. Hegel, *Vorlesungen über die Philosophie der Religion*. Hrsg. von G. Lasson. Nachdruck der ersten Ausgabe von Leipzig 1927. Hamburg 1966. Bd. 2. Halbband 1, S. 156. Vgl. auch GW 9, S. 255; G.W.F. Hegel, *Grundlinien der Philosophie des Rechts*. Mit Hegels eigenhändigen Randbemerkungen in seinem Handexemplar der Rechtsphilosophie. Hrsg. von J. Hoffmeister. 4. Aufl. Hamburg 1955. §166 Anm.; Ästh. I, S. 218, S. 448; Ästh. II, S. 568 u.ö.; Hotho 1823, S. 306 f.

[6] Zu Hegels Deutung des Tragischen bei Sophokles, speziell in der *Antigone*, und zu Hegels Tragödientheorie vgl. die z.T. kritischen Darlegungen von K. v. Fritz, *Tragische Schuld und poetische Gerechtigkeit in der griechischen Tragödie*. In: Ders., Antike und moderne Tragödie. Berlin 1962, S. 1–112; O. Pöggeler, *Hegel und die griechische Tragödie*. In: Heidelberger Hegel-Tage. Bonn 1964 (Hegel-Studien, Beiheft 1), S. 285–305; Chr. Axelos: *Zu Hegels Interpretation der Tragödie*. In: Zeitschrift für philosophische Forschung 19 (1965),

Diese *Antigone*-Deutung Hegels, insbesondere die Aufwertung Kreons, die als mit Sophokles' eigener Darstellung unvereinbar schon oft kritisiert wurde, befindet sich freilich in signifikanter Gemeinsamkeit mit Hölderlins Deutung, was vielleicht auf ihre früheren gemeinsamen Bemühungen in Frankfurt zurückgehen mag; auch Hölderlin sieht in den Anmerkungen zu seiner Sophokles-Übersetzung Antigone und Kreon als Repräsentanten gleichberechtigter gegensätzlicher Mächte an; das „Unförmliche", wie Hölderlin sagt, das gesetzlose Gottesverhältnis, das Antigone vertritt, „entzündet sich an Allzuförmlichem"[7], am Gesetzesformalismus und der darin begründeten Gottesverehrung Kreons. Im einzelnen sind für Hölderlin diese Gegensätze allerdings kaum spezifisch sittlich, sondern wesentlich religiös-politisch bestimmt; und auch der tragische Konflikt selbst wird von Hölderlin deutlicher als von Hegel in den geschichtlich-religiösen Ereignissen einer Epochenwende in Theben begründet.

Hegel konzipiert also den für ihn paradigmatischen tragischen Konflikt, den Gegensatz von Antigone und Kreon, als Konflikt einander entgegengesetzter, gleichberechtigter sittlich-göttlicher Mächte. Die Entstehung, die Ausfechtung und die Auflösung solcher tragischen Konflikte erfüllen die Hegelschen Bedingungen dialektischer Entwicklung. Aus einem ursprünglich in sich einigen substantiellen sittlichen Ganzen gehen durch reale Setzung einer sittlichen Bestimmtheit, die in solcher Substanz liegt, die aber begrenzt und einseitig ist, sowohl eine derartige einseitige sittlich-göttliche Macht als auch ihr konträres Gegenteil hervor. Diese einander entgegengesetzten Mächte, in die das ursprüngliche sittliche Ganze damit zerfällt, kämpfen in den großen Individuen gegeneinander, die jeweils in eine dieser Mächte ihr „Pathos" setzen, also z.B. in Antigone und Kreon. Der tragische Konflikt braucht sich nicht unbewußt und ohne Wissen der betroffenen Heroen zu ereignen; sie können auch wie im Falle Antigones und Kreons ein klares Bewußtsein von ihrer tragischen Schuld haben und wissen, daß sie, indem sie jeweils ihrer göttlich-sittlichen Macht folgen, die entgegengesetzte verletzen müssen. Jede Seite hat auf diese Weise die entgegengesetzte an ihr selbst. Dadurch aber geht die Einseitigkeit der sittlich-göttlichen Macht und in eins damit das heroische Individuum, das sich mit ihr identifiziert, tra-

---

S. 655–667; H. Paetzold, *Ästhetik des deutschen Idealismus*. Wiesbaden 1983, S. 379 ff; V. Hösle, *Die Vollendung der Tragödie im Spätwerk des Sophokles*. Stuttgart-Bad Cannstatt 1984, S. 23–27; F. Chiereghin, *Über den tragischen Charakter des Handelns bei Aristoteles und Hegel*. Übersetzt von B. Faber. In: Eros und Eris. Contributions to a Hermeneutical Phenomenology. Liber amicorum for Adriaan Peperzak. Hrsg. von P. van Tongeren u.a. Dordrecht/Boston/London 1992, S. 39–56; Ch. Menke, *Tragödie im Sittlichen*. Gerechtigkeit und Freiheit nach Hegel. Frankfurt a.M. 1996. Bes, S. 82, S. 83 ff., S. 156 ff.; G. Cantillo, *Filosofia e sapere tragico*. In: Ders., Le forme dell' umano. Studi su Hegel. Neapel 1996, S. 177–187. Hegel nahestehend ist die Deutung des Tragischen bei P. Ricoeur, *Das Selbst als ein Anderer*. Übersetzt von J. Greisch u.a. München 1996, S. 293–302 (ders., *Soi-même comme un autre*. Paris 1990). Vgl. ferner Ch. Fan, *Sittlichkeit und Tragik*. Zu Hegels Antigone-Deutung. Bonn 1998. Erlaubt sei auch der Hinweis auf die Darlegung des Verfassers, *Die Theorie der Tragödie bei Hölderlin und Hegel*. In: Jenseits des Idealismus. Hölderlins letzte Homburger Jahre (1804–1806). Hrsg. von Ch. Jamme und O. Pöggeler. Bonn 1988, S. 55–82.

[7] F. Hölderlin, *Sämtliche Werke*. Hrsg. von F. Beißner. Bd. V: Übersetzungen. Stuttgart 1954, S. 295.

gisch, nämlich unschuldig-schuldig zugrunde. Das Verschwinden dieser einseitigen Mächte aber bedeutet, wie Hegel schon in der *Phänomenologie* sagt, das Aufgehen des „allmächtigen und gerechten *Schicksals*"[8] oder einer sittlich bestimmten höheren Gerechtigkeit. In der *Ästhetik* unterscheidet Hegel diese dann noch von der episch dargestellten Nemesis, die nur einen abstrakten Ausgleich von Glück und Unglück oder Hohem und Tiefem auf einem mittleren Niveau zustande bringt. Mit jener höheren, sittlichen Gerechtigkeit ist schließlich die aus der Entgegensetzung der sittlich-göttlichen Mächte und ihrer Individuen hervorgehende höhere Einheit als positives Resultat der ganzen dialektischen Entwicklung erreicht.

3   Dialektik der Sittlichkeit und Krise des Polytheismus in der klassischen Tragödie

Die geschilderte Dialektik griechischer Sittlichkeit wird nun in adäquater Weise an den tragischen Schicksalen der Heroen in der klassischen Tragödie dargestellt; zwar kann auch in anderen Einzelkünsten das Tragische zum Inhalt werden; aber nur in der Tragödie wird es in den sich selbst mit ihren Absichten und Gesinnungen aussprechenden und nach ihnen handelnden Helden sowie in deren Kollisionen und in deren Untergang sinngerecht und lebendig gestaltet. In der Tragödie als der eigentlichen Kunstform der Darstellung des Tragischen wird daher ein tragisches Schicksal nicht mehr einfach erlebt und erlitten; es wird vielmehr vor den unmittelbar begreifenden Zuschauern auf der Bühne anschaulich-dramatisch vorgeführt. Diese erkennen darin oftmals die sittlichen Zustände und Verwicklungen ihrer eigenen Vergangenheit. Die Tragik und die Dialektik der Sittlichkeit wird durch die Tragödie auf eine höhere Stufe des Verstehens erhoben; die Zuschauer erleiden nicht wie die dargestellten Heroen das Walten der Götter, sondern begreifen unmittelbar dessen tragischen Sinn. Das Göttliche ist dabei zugleich in der höheren Weise anwesend, daß es sich in der Kunst zu verstehen gibt; die Sphäre der Kunst geht über die Sphäre einfacher Sittlichkeit und ihrer Tragik hinaus und gehört nach Hegel zum absoluten Geist, der in ihr freilich nur ein unmittelbares, nämlich konkret-anschauliches Wissen von sich gewinnt. Es ist dasjenige Wissen, das den Zuschauern und dem Künstler auf dem Boden der Mythologie gemeinsam ist.

Die antiken griechischen Tragödien gehören nun nach Hegel zur klassischen Kunst-Religion.[9] Sie stellen unmittelbar anschaulich die Gegenwart und das

---

[8] GW 9, S. 256. Vgl. zum folgenden: Ästh. II, S. 567 f.; auch Hotho 1823, S. 301.
[9] Das Verhältnis von Sittlichkeit und Religion wird in Hegels Philosophie des Geistes systematisch endgültig erst geklärt in: G.W.F. Hegel, *Enzyklopädie der philosophischen Wissenschaften im Grundrisse (1830)*. In: GW. Bd. 20. Hrsg. von W. Bonsiepen, H.-Ch. Lucas und U. Rameil. Hamburg 1992 (vgl. §552 Anm.). Danach gehört die Sittlichkeit im Staat zum objektiven, die Religion zu dem ihm überlegenen absoluten Geist; aber innerhalb dieser gibt es eine religiös fundierte Sittlichkeit, in der Moderne: die Sittlichkeit des Gewissens, die der Sitte und den Gesetzen der Institutionen des Staates übergeordnet ist.

Wirken göttlich-sittlicher Mächte in den Heroen dar, die von Schauspielern verkörpert werden und die als menschliche Individuen sich mit jeweils einer dieser Mächte identifizieren. Es ist ein bestimmter Gott selbst, der in einem Heros auftritt. Indem die Heroen handeln und in schicksalhafte Kollisionen geraten, treten die sich darin manifestierenden Götter selbst in ernste Konflikte ein. Dies ist, philosophisch gedeutet, die Darstellung des Ideals in Handlung innerhalb der griechischen Tragödie als klassischer Einzelkunst.

Hegel hebt den klassischen Charakter solcher Tragödien gelegentlich auch durch bestimmte Vergleiche hervor. Die unbeugsamen Charaktere der Helden, die eine bestimmte göttlich-sittliche Macht ganz internalisieren und diese in ihrem Handeln, in ihrem Leben und in ihrem Untergang ungebrochen realisieren, sind für Hegel in ihrer Gediegenheit und Plastizität wie griechische Götterskulpturen[10]. Sie repräsentieren das geistige Selbstbewußtsein eines Gottes in ihrer individuellen Gestalt, wie die Tragödie sie in Handlungen und Konflikten darstellt. Parallel dazu führt Hegel einen weiteren Vergleich auf. Wie der griechische Tempel die klassischen Götterbilder umgibt, so bildet der Chor in der Tragödie die „geistige Szene" (Ästh. II, S. 563; Hotho 1823, S. 303) für die handelnden Helden. Voraussetzung hierfür ist, wie noch zu zeigen sein wird, daß der Chor für Hegel ein wesentliches Moment der griechischen Tragödie ausmacht. – Diese Vergleiche sollen also die Zugehörigkeit der griechischen Tragödie zur klassischen Kunst und den Idealcharakter der Heroen hervorheben.

In der klassischen griechischen Tragödie steht den handelnden Helden der Chor gegenüber, der die allgemeine Grundlage des Sittlichen, aus der die Helden selbst hervorgehen, bedeutet und der damit nach Hegel die zuständliche, unbewegte Sittlichkeit des Volkes repräsentiert. Er handelt selbst nicht, greift nicht in die Konflikte ein, sondern reflektiert nur darüber. Seine Äußerungsweise ist in der Tragödie daher nicht dramatisch, sondern lyrisch. Die Weisheit des Chores aber ist diejenige des den Konflikten vorausgehenden, alten polytheistischen Götterglaubens. So bleibt dem Chor in seinen Betrachtungen des Geschehens die Notwendigkeit der Kollisionen der Helden und ihrer göttlich-sittlichen Mächte im Grunde fremd; denn er hält an der bloßen Verschiedenheit der Götter fest, die in konfliktlosem Nebeneinander verehrt werden können; und dies sind die Götter der substantiellen Sittlichkeit einer archaischen Gesellschaft. Daher schreibt Hegel die Affekte der Furcht vor dem in den Kollisionen hereinbrechenden Schicksal und des Mitleids mit den leidenden Helden zuerst dem Chor zu, dessen Mitglieder die Zuschauer innerhalb der Tragödie selbst sind.[11] Gleichwohl ist der Chor

---

[10] Vgl. Ästh. I, S. 235, auch Ästh. II, S. 548 und unbestimmter Ästh. I, S. 217 (nur sehr allgemein Hotho 1823, S. 302, S. 305). Klarer ist der Vergleich in G.W.F. Hegel, *Vorlesung über Ästhetik*. Berlin 1820/21. Eine Nachschrift. I. Textband. Hrsg. von H. Schneider. Frankfurt a.M./Berlin/Bern/New York/Paris/Wien 1995, S. 322.

[11] Vgl. vor allem GW 9, S. 392 f.; Ästh. II, S. 562 f. In der *Phänomenologie* äußert sich Hegel zum antiken Chor dem Tenor nach kritischer als später. Schiller übersteigert und enthistorisiert nach Hegels Auffassung die Bedeutung des Chores, wenn er ihn als „Riesengestalt" betrachtet, durch die die Handelnden allererst „tragische Größe" erhalten (F. Schiller, *Sämtliche Werke*. Hrsg. von G. Fricke und H.G. Göpfert. Bd. II: Dramen. München 1959, S. 822). Zu Schillers Tragödientheorie vgl. G. Pinna, *Il sublime in scena. Sulla teoria schille-*

als Repräsentant der archaischen Sittlichkeit und des alten Polytheismus ein notwendiger Boden innerhalb der griechischen Tragödie, auf dem als Grund und vor dem als Folie die Konflikte der Heroen ihre Plastizität und sittlich-religiöse Brisanz gewinnen. Den Verfall des Chores in der späteren Tragödie betrachtet Hegel daher als Zeichen des Verfalls der klassischen Tragödie überhaupt. Anders als Schiller in der *Braut von Messina* und in der Vorrede dazu betont Hegel jedoch, daß in modernen, der romantischen Kunstform angehörigen Tragödien die Restitution des Chores künstlich ist, da er für die modernen, rein aus subjektivem Wissen und Wollen handelnden Charaktere nicht mehr die archaische Sittlichkeit des Volkes als das substantiell Zugrundeliegende für die Handlungen und Konflikte in der Tragödie repräsentieren kann.

Über diese substantielle, konfliktlose Sittlichkeit und ihren Polytheismus, der bei Hegel im wesentlichen zugleich der Polytheismus der in den Götterskulpturen gestalteten Homerischen Götter ist, gehen die handelnden Heroen und die in ihnen inkarnierten sittlich-göttlichen Mächte hinaus. Der von Hegel – mit Schiller – als bunt und heiter apostrophierte griechische Polytheismus verdüstert sich in der Tragödie. Durch die Dialektik der griechischen Sittlichkeit wird die Entgegensetzung der jeweils einseitigen sittlich-göttlichen Mächte oder Götter notwendig, und damit werden die Konflikte der Heroen unausweichlich. Diese Dialektik bringt ferner die Tragik der Heroen notwendig mit sich; die realen Entgegensetzungen und Kollisionen der sittlich-göttlichen Mächte in den Heroen fordern deren Untergang als Individuen. Die Tragödie zeigt jedoch zugleich, daß dieser Untergang nicht bloß Grauen und Schrecken erregend oder entsetzlich und sinnlos ist; er ist vielmehr sittlich berechtigt und führt auf eine höhere Ebene der Sittlichkeit, da der Untergang der Heroen, die jeweils einer begrenzten, einseitigen sittlich-göttlichen Macht folgten und damit die entgegengesetzte verletzten, zugleich das Zutagetreten einer schicksalhaften höheren Gerechtigkeit bedeutet, in der jene Einseitigkeiten aufgehoben sind. Im inhaltlichen Verstehen dieses Prozesses liegt nach Hegel bei den Zuschauern die von Aristoteles geforderte Reinigung der Affekte der Furcht und des Mitleids sowie das unmittelbare Einleuchten einer tragischen Versöhnung. Dies ist ein höheres Verständnis, zu dem der im alten Polytheismus verharrende Chor nicht gelangt. Hegels Lehre von der tragischen Versöhnung ist kein Ausweichen vor der Härte und Unerbittlichkeit der Kollisionen und des Zunichtewerdens; die Trauer über das Zugrundegehen von Individuen bleibt. Die tragische Versöhnung ergibt sich aber notwendig aus der Dialektik der Sittlichkeit und ihres religiösen Pendants.[12]

---

riana della tragedia. In: Strumenti critici. 14 (1999), S. 175–203; ebenso W. Düsing, *Schillers Idee des Erhabenen.* Köln 1967. Insbesondere S. 121–205.

[12] Hegels Theorie wird exemplarisch realisiert in der *Antigone*, wie er sie deutet. Nicht immer aber müssen die Heroen in einer griechischen Tragödie untergehen; das Tragische wird dann nicht rein dargestellt; in den *Eumeniden* des Aischylos geht der Heros nicht unter, und die entgegengesetzten Götter werden versöhnt, was Hegel mehrfach interpretiert; im *Ödipus auf Kolonos* wird der erblindete ehemalige König zum Seher, der am Ende entrückt wird, ein versöhnender Schluß, der, wie Hegel sagt, an christliche Versöhnung gemahnt. Eine ähnliche Auffassung scheint bei Hölderlin angedeutet zu sein. Vgl. G.W.F. Hegel, *Vorlesungen über die Philosophie der Religion.* Bd. 2. Halbband 1, S. 157; F. Hölderlin, *Sämtliche Werke.*

In der *Phänomenologie* hebt Hegel die religionsphilosophische Konsequenz deutlicher hervor als später; die Entgegensetzungen der Götter, das Zugrundegehen ihrer Einseitigkeiten und das Auftreten des gerechten Schicksals führen eine „Entvölkerung des Himmels"[13] herbei. Die Tragödie stellt insofern die Krise des vormals heiteren Polytheismus dar und enthält darin eine Tendenz zum Monotheismus, den sie freilich selbst nicht mehr zu gestalten vermag. – In der *Ästhetik* bleibt dieser Gedanke einer höheren sittlichen Gerechtigkeit, die über den Polytheismus hinausführt, erhalten; er tritt aber zurück hinter die speziell ästhetische Konzeption, daß die attische Komödie über das Verständnis des Göttlichen in der attischen Tragödie noch hinausführe. In jener Komödie werden die Götter vollständig ihres den Menschen beherrschenden Machtcharakters beraubt; der Mensch in seiner Endlichkeit und Zufälligkeit wird ironischerweise ihr Meister; so werden sie vollständig subjektiviert und können nicht mehr als Ideale dargestellt werden.[14] Soll Kunst als Darstellung des Göttlichen gleichwohl weiterhin möglich sein, so kann dies nur aufgrund eines weltgeschichtlich neu auftretenden Prinzips der Gottesverehrung im Inneren der Subjektivität selbst geschehen, wie es Hegel im Christentum sieht.

4 Geschichtlichkeit und Paradigmencharakter der klassischen Kunst

Die klassische Kunstform vollendet sich nach Hegel in der Skulptur; diese ist die signifikante Einzelkunst der klassischen Kunstform. Insbesondere die griechischen Götterstatuen realisieren nach Hegel das ästhetische Ideal; sie bringen das geistige Selbstbewußtsein eines Gottes zu adäquater sinnlicher Darstellung in einer menschlichen Einzelgestalt, die in zurückhaltend idealisierender Weise modelliert wurde. Hierin wird das Ideal in Ruhe geformt, dessen Hintergrund der heitere griechische Polytheismus ist. Die klassische Tragödie dagegen setzt einen weiterentwickelten Standpunkt voraus; sie stellt das Ideal in Handlung dar und damit in den Gegensätzen und Kollisionen, in die die kämpfenden Heroen eintreten und mit ihnen die göttlich-sittlichen Mächte, die sie repräsentieren. Mit diesen Gegensätzen, aber auch mit dem Untergang der Heroen zeigt sich, wie dargelegt, die Krise des Polytheismus und mit dem auftretenden gerechten Schicksal die Tendenz zum Monotheismus, den die Tragödie allerdings noch nicht selbst auszuführen vermag. Mit der Komödie als der Umkehrung des Verhältnisses von

---

Bd. V, S. 270. Zur Deutung sei der Hinweis gestattet auf die Darlegung des Verfassers: *Die Theorie der Tragödie bei Hölderlin und Hegel*, S. 64 f.

[13] GW 9, S. 396. Hierzu mag der Hinweis auf den fünften Vortrag über *Vollendung und Ende der klassischen Kunst. Hegels Ästhetik* erlaubt sein in: Ders., Hegel e l'antichità classica. Napoli 2001, S. 97–115.

[14] Zu Hegels Theorie der Komödie vgl. den Beitrag im vorliegenden Band von A. Gethmann-Siefert, *Drama oder Komödie? Hegels Konzeption des Komischen und des Humors als Paradigma der romantischen Kunstform*. – Den letzten Ausläufer zu Ende gehender klassischer Kunst sieht Hegel an anderer Stelle in der römischen Satire (vgl. Ästh. I, S. 493 ff.; vgl. auch Ästh. II, S. 552; Hotho 1823, S. 178 f.).

Göttern und Menschen oder der völligen Subjektivierung der Götter – und mit der Satire, wie man hinzufügen muß, – endet nach Hegel die klassische Kunst.[15] Die bedeutungsreichste, bewegendste und erschütterndste Einzelkunst der klassischen Kunstform, die Tragödie, zeigt also zugleich das nahende Ende dieser Kunstform an.

So stellt sich die Frage, ob Hegel mit dieser vielgestaltigen und vielschichtigen Darstellung klassischer Einzelkünste und ihrer Entwicklungen das Klassische in der Kunst selbst historisiert. Für solche geschichtliche Betrachtung scheint speziell in Hegels Tragödientheorie einiges zu sprechen. Sie unterscheidet in der griechischen Tragödie, wie sich zeigte, drei Stufen des Verständnisses von Sittlichkeit und Religion, die zugleich unterschiedlichen geschichtlichen Epochen entsprechen. So vertritt auf der ersten Ebene der Chor die archaische griechische Sittlichkeit in ihrer konfliktlosen Substantialität sowie den alten Polytheismus, der die Götter in ihrem Nebeneinander verehrt. Auf diesem Boden und vor diesem Hintergrund ereignen sich auf einer zweiten Ebene die unvermeidlichen Konflikte der Heroen und die notwendigen Kollisionen der als einseitig hervortretenden göttlich-sittlichen Mächte. Daraus geht, was in der Regel erst die Zuschauer in tragischer Versöhnung verstehen, auf einer dritten Ebene das Eine gerechte Schicksal hervor, das die Einseitigkeiten der sittlich-göttlichen Mächte und der Heroen aufhebt. So zeigt die Tragödie selbst synchron die stufenartige Entwicklung von Epochen sittlich-religiösen Verstehens. Doch diese Entwicklung ist nicht zufällig; rein philosophisch und begrifflich läßt sich ihre ideale Substruktur und ihr bewegender Grund erfassen in der dialektischen Entwicklung griechischer Sittlichkeit.

Gleichwohl ist für Hegel wie für Schiller die griechische Welt und die klassische Kunst unwiederbringlich vergangen. Mit dem weltgeschichtlichen Auftreten des Christentums entstand ein neues Zeitalter und in diesem eine neuartige Kunstform, die romantische oder christliche Kunst. So ist die Abfolge der Kunstformen an die epochale Abfolge der Religionen gekoppelt. In der geschichtlichen Realität sind daher Kunst und Religion miteinander verflochten und nicht in der Weise voneinander geschieden, wie es in den ungeschichtlichen, idealtypisch konzipierten Systemsphären: Kunst, Religion und philosophische Wissenschaft der Fall ist, die drei voneinander abgehobene Selbsterfassungsweisen des absoluten Geistes bedeuten. Da die romantische Kunst im Gefolge des Christentums entsteht, stellt sie keine immanent ästhetische Überbietung oder Überwindung der klassischen Kunst dar; diese bleibt vielmehr Kunst im Status der Vollendung; aber die romantische Kunst ist ein Fortschritt gegenüber der vormaligen weltgeschichtlichen Bedeutung der klassischen Kunst, der nach Hegel notwendig ist; denn die selbstbewußte Geistigkeit der Idee kann sich nicht in ihrer eigenen inneren Bedeutung entfalten, wenn ihre Wirklichkeit an die sinnlich-äußere, leibliche Gestalt gebunden bleibt (vgl. Ästh. I, S. 85). Sie muß sich vielmehr für sich selbst herausbilden; die romantische Kunst wird auf diese Weise zur Kunst

---

[15] Vgl. dazu A. Gethmann-Siefert, *Die Funktion der Kunst in der Geschichte*. Untersuchungen zu Hegels Ästhetik. Bonn 1984 (Hegel-Studien. Beiheft 25), S. 228 ff.

der Innerlichkeit und Subjektivität, in der das Göttliche konkret gefühls- oder vorstellungsmäßig gegenwärtig ist. – So entsteht im Laufe der Entwicklung der romantischen Kunstform auch die romantische Tragödie. In ihr werden moderne, nur nach ihrem subjektiven Wissen und Wollen handelnde und verantwortliche Helden als Charaktere dargestellt, die entweder in antike Kollisionen geraten und scheitern oder selbst als antikisierende Helden an Konflikten mit der modernen sittlich-politischen Wirklichkeit zugrunde gehen. Dabei muß man nach Hegel beachten, daß die Versöhnung im Christentum an sich schon geschehen ist; in ihm gibt es keine Tragik, wohl allerdings Tragödien, die moderne Helden in solchen ihrer Bewußtseinslage eigentlich unangemessenen Konflikten darstellen. In ihnen kann jedoch das Eidos des Klassischen gerade nicht restituiert werden.[16]

Wenn also angesichts der romantischen Kunst die klassische als vergangen und als nicht restituierbar gelten muß, da sie zudem das Signum ihres eigenen Endes in sich trägt, hat Hegel dann in seiner *Ästhetik* das Klassische in der Kunst historisiert? Nach den bisherigen Überlegungen muß die Antwort zweigeteilt ausfallen: Einerseits ist die klassische Kunst in ihrer Vielfalt und in ihrer Entwicklung eine geschichtlich transitorische Realität; sie hatte nach Hegel weltgeschichtliche Bedeutung, insofern den Griechen ihre Götter in der Kunst, vollendet und einfach in der Skulptur, bedeutungs- und problemreich in der Tragödie gegenwärtig waren. Diese Kunst war Kunstreligion; aber die Kunstreligion läßt sich nicht wiederherstellen, wie Hegel auch gegen zeitgenössische Versuche geltend macht. Andererseits ist die klassische Kunst Gestaltung und Realisierung des ästhetischen Ideals, sei es in Ruhe wie in der Skulptur, sei es in Handlung wie in der Tragödie. Wenn nun dies Ideal adäquate sinnlich geformte Wirklichkeit erhält, erfüllt das entsprechende Kunstwerk, was Kunst in vollendeter Weise leisten kann. Klassische Kunst ist für Hegel Kunst in ihrer Vollendung; und dies bleibt sie auch, wenn sie vergangen und eine andere Kunstform aufgetreten oder Kunst in weltgeschichtlicher Bedeutung überhaupt zu Ende ist.

Dieser paradigmatische Charakter der klassischen Kunst bestimmt Hegels Konzeption der gesamten Ästhetik und ist begrifflich fundiert in Hegels ästhetischem Platonismus innerhalb dieser Ästhetik, insbesondere in seiner Theorie des Ideals. Die drei geschichtlich-epochal aufgetretenen Kunstformen der symbolischen, klassischen und romantischen Kunstform bedeuten für ihn ein „Erstreben, Erreichen und Überschreiten des Ideals" (Ästh. I, S. 88).[17] Die ganze Entwicklung der Kunstformen, Einzelkünste und Kunstwerke wird daher am Maßstab des ästhetischen Ideals gemessen; und dieser ist für Hegel ungeschichtlich gültig. Was Kunst in Vollendung ist und zustande bringen kann, zeigen klassische Kunstwerke, die das Ideal verwirklichen; und solche Betrachtung von Kunst ist auch nach dem Ende der klassischen Kunst, ja der Kunst überhaupt, wenn aus ihr der religiöse Gehalt geschwunden ist, von bleibender Bedeutung,

---

[16] Zu Hegels Theorie der romantischen Tragödie sei der Verweis erlaubt auf die Darlegung des Verfassers, *Die Theorie der Tragödie bei Hölderlin und Hegel*, S. 79 ff. Vgl. ebenso Ch. Fan, *Sittlichkeit und Tragik*, S. 146 ff.

[17] Die „Vollendung der *Schönheit*", so erklärt Hegel auch in der *Enzyklopädie* von 1830, liegt nur „in der *klassischen* Kunst" (GW 20, S. 546, §561).

da Kunst eine ideale Stufe der Selbstverwirklichung und Selbstvergewisserung des absoluten Geistes auf der Ebene der Anschauung ist. Die Kunst, die Hegel bei aller Orientierung seines ästhetischen Platonismus am ästhetischen Ideal deskriptiv und begrifflich so vielfältig und reichhaltig zu bestimmen vermag, bleibt daher, selbst wenn sie in ihrer eigensten Bedeutung geschichtlich vergeht, ein unverlierbarer Bestandteil der Welt des Geistes.

Jeong-Im Kwon

Hegels Bestimmung der „formellen Bildung" und die Aktualität der symbolischen Kunstform für die moderne Welt

In dem vorliegenden Beitrag wird ein grundlegender Aspekt für Hegels Bestimmung der Kunst in der Moderne herausgearbeitet, nämlich die Konzeption der „formellen Bildung".[1] Unter diesem Aspekt gewinnt man von Hegels Ästhetik nicht nur eine aktuelle Bedeutung der Kunst für die Moderne, zugleich läßt sich die symbolische Kunstform, die in den bisherigen Forschungen abgewertet und damit fast nicht berücksichtigt worden ist, neu bestimmen.

Im folgenden wird zunächst das Problem mit der These vom Vergangenheitscharakter der Kunst für die Interpretation der Hegelschen Ästhetik erläutert. Im zweiten Punkt wird als eine umfassende Grundlage für Hegels Bestimmung der Kunst in der Moderne die Konzeption der „formellen Bildung" dargestellt. Im letzten Punkt wird die Möglichkeit der Aktualität der symbolischen Kunstform im Rahmen der „formellen Bildung" erörtert.

1 Die Probleme für die Aktualisierung der Hegelschen Ästhetik

Was ist die Kunst? Besonders heute ist diese Frage schwieriger zu antworten als je her. Eine umfassende Bestimmung der Kunst kann heutzutage nicht einfach nach dem formalen Merkmalen gegeben werden, sie ist vielmehr mit ihrer Bedeutung und Funktion in der Gesellschaft verbunden. Allerdings gibt es seit der Aufklärung verschiedene Bestimmungen der Kunst, die von der Seite der Bedeutung und Funktion der Kunst in der Gesellschaft durchgeführt worden sind. Der Klassizismus z.B. vertritt die Theorie, daß die klassische Kunst nicht nur schön ist, sondern auch die höchste Wahrheitsfunktion bei den Griechen geleistet hat und daß diese Kunst wiederholt werden muß. Die Romantik behauptet in ähnlicher Weise, aber entgehend der klassischen Kunst, daß die Kunst noch

---

[1] Auf die Bedeutung dieser Konzeption für Hegels Bestimmung der Kunst in der Moderne hat bereits A. Gethmann-Siefert hingewiesen (A. Gethmann-Siefert, *Die Funktion der Kunst in der Geschichte*. Untersuchungen zu Hegels Ästhetik. Bonn 1984 [Hegel-Studien. Beiheft 25], S. 254 f.).

in der Moderne die universelle Wahrheitsfunktion leisten kann. Lediglich sucht die Romantik die neue Kunst und die neue Mythologie, die der modernen Geistigkeit adäquat sein kann. Für die Frühromantik gilt die indische Mythologie, für die Spätromantik die mittelalterlich-christliche Kunst als neue Mythologie. Insbesondere wie bei Schelling typisch zu sehen ist, werden Dantes *Göttliche Komödie* und Goethes *Faust* als die neuen Künste exemplifiziert.[2] Diese Bestimmung der Kunst ist aber für uns in der aufgeklärten modernen Welt nicht zulänglich.

Bereits hat Hegel die Unzulänglichkeit der Bestimmung der Kunst sowohl vom Klassizismus und als auch von der Romantik angefochten und sich damit auseinandergesetzt. Er kritisiert diese Bestimmungen, indem er die differenzierte Mythologievorstellung des modernen aufgeklärten Menschen vor Auge hält. Im Unterschied vom Klassizismus und von der Romantik ist Hegel davon überzeugt, daß die Kunst in der Moderne nicht mehr die höchste Wahrheitsfunktion leisten kann, wie es in der griechischen Antike möglich war. Hegel schränkt ausdrücklich die Bedeutung und Funktion der Kunst in der Moderne ein. Die Gründe dafür erläutert er zweierlei: zum einen die Materialität der Kunst sowie die Subjektivität (Endlichkeit) des Künstlers, zum anderen die Partialität des Bewußtseins von der Wahrheit.[3]

Hegels eingeschränkte Bestimmung der Kunst in dieser Weise gilt aber in der Interpretation von Hegels Ästhetik und bei der Aktualisierung dieser in der Gegenwart als immer wiederholt zu erwähnende Schwierigkeit. Seine These vom Vergangenheitscharakter der Kunst wird nämlich bis jetzt als ein Hauptstörfaktor für die Interpretation bzw. Aktualisierung seiner Ästhetik gezeigt. Diese These scheint nämlich so, daß sie sich mit der aktuellen Bedeutung der Kunst in der Moderne nicht parallelisieren läßt. Daher wurde in den bisherigen Forschungen diese These entweder ignoriert, oder wurden andere Begriffe und Konzeptionen aus Hegels Ästhetik als Ansätze für die Aktualisierung genommen. Die Probleme solcher Versuche der Aktualisierung liegen darin, daß sie dem gesamten Kontext der Hegelschen Ästhetik nicht entsprechen oder nur teilweise recht haben.[4]

---

[2] Vgl. F.W.J. Schelling, *Ueber Dante in philosophischer Beziehung*. In: G.W.F. Hegel, Gesammelte Werke. In Verbindung mit der Deutschen Forschungsgemeinschaft hrsg. von der Rheinisch-Westfälischen Akademie der Wissenschaften (im folgenden GW). Bd. 4: *Jenaer kritische Schriften*. Hrsg. Von H. Buchner und O. Pöggeler. Hamburg 1968, S. 486–493, hier S. 488 f. Schelling schätzt in demselben Argumentskontext Albrecht Dürer als den vaterländischen Maler hoch, der ebenfalls durch die christliche Religiosität eine neue geistige Kultur der Deutschen beleben wollte (vgl. F.W.J. Schelling, *Über das Verhältnis der bildenden Künste zu der Natur*. Mit einer Bibliographie zu Schellings Kunstphilosophie. Eingeleitet und hrsg. von L. Sziborsky. Hamburg 1983, S. 43).

[3] Hegels Modifikation der Bestimmung der Kunst bzw. Einschränkung der Wahrheitsvermittlung der Kunst findet sich bereits in den *Jenenser Schriften* von 1805/06. Diese Bestimmung führt er in drei Fassungen der *Enzyklopädie* (1817, 1827, 1830) und weiter bis zur letzten Ästhetikvorlesungen konsequenterweise hin (vgl. Anm. 8).

[4] Näheres hierfür ist im letzten Kapitel der Dissertation von der Verfasserin erläutert (J.-I. Kwon, *Die Bedeutung der „symbolischen Kunstform" in Hegels Ästhetik*. Neue Quellen und die Reformulierung der Bestimmung der Kunst. Diss. Hagen 1998. Inzwischen erschienen un-

In dem vorliegenden Beitrag wird eine Möglichkeit gezeigt, daß man die These vom Vergangenheitscharakter der Kunst als Ansatz für die Aktualisierung der Hegelschen Ästhetik nimmt und beide widerspruchslos zusammenführen kann, ohne Hegels eigene Gedanken zu revidieren. Dafür müssen zwei Aspekte berücksichtigt werden; zum einem Hegels grundlegende Überlegungen in den Ästhetikvorlesungen, zum anderen die diesen Überlegungen naheliegende Bestimmung der formellen Bildung in den anderen Vorlesungen.

Hegels grundlegende Überlegungen in den Ästhetikvorlesungen lassen sich vor allen Dingen aus den neuen Quellen (d.h. Nachschriften zu Berliner Ästhetikvorlesungen) erhellen. Da die bisherigen Forschungen die von Heinrich Gustav Hotho herausgegebene Druckfassung der *Ästhetik* als Grundlage genommen haben, gab es beim Versuch der Aktualisierung der Hegelschen Ästhetik stets Schwierigkeit. Denn in der gedruckten *Ästhetik* ist Hegels Festhaltung an der These vom Vergangenheitscharakter der Kunst nicht konsequent vollziehbar. Daher scheint dort Hegels Bestimmung der Kunst dem Klassizismus einerseits, der Romantik andererseits nahezuliegen, von denen Hegel seine Bestimmung der Kunst in der Moderne differenziert. D.h. in der gedruckten *Ästhetik* wird die in der Renaissance wieder aufgegriffene schöne klassische Kunst einerseits und die christliche Kunst andererseits hochgeschätzt. Darin steckt die Intention des Herausgebers (H.G. Hotho), die Bedeutung der romantischen Kunstform hervorzuheben, um die These vom Vergangenheitscharakter der Kunst zu mindern.[5]

In den neuen Quellen zu Hegels Berliner Ästhetikvorlesungen kann man aber zunächst feststellen, daß Hegel die These vom Vergangenheitscharakter der Kunst bereits in der zweiten Vorlesung von 1823 erörtert und bis zur letzten Vorlesung beibehält.[6] Außerdem zeigt sich, daß Hegel auf der anderen Seite die Bedeutung der Kunst in der Moderne weiter überlegt, wenn man insbesondere die letzten beiden Ästhetikvorlesungen (von 1826 und von 1828/29) analysiert.

In den letzten beiden Ästhetikvorlesungen weist Hegel wiederholt darauf hin, daß der Künstler in der modernen Welt keine idealen Stoffe mehr haben kann, sondern lediglich auf historische Stoffe zurückgreifen muß.[7] Ideale Stoffe, die hier erwähnt sind, sind diejenigen Stoffe, die, wie es Hegel bei den griechischen Helden exemplifiziert, in sich Objektivität behaltene Handlungen sind, oder durch

---

ter dem Titel *Hegels Bestimmung der Kunst. Die Bedeutung der „symbolischen Kunstform"* in Hegels Ästhetik. München 2001).

[5] Zu Editionsproblemen vgl. A. Gethmann-Siefert/B. Stemmrich-Köhler, *Faust: Die „absolute philosophische Tragödie" und die „gesellschaftliche Artigkeit" des West-östlichen Divan*. Zu Editionsproblemen der Ästhetikvorlesungen. In: Hegel-Studien 18 (1983), S. 23–64.

[6] Vgl. G.W.F. Hegel, *Vorlesungen über die Philosophie der Kunst*. Berlin 1823. Nachgeschrieben von H.G. Hotho. Hrsg. von A. Gethmann-Siefert (= G.W.F. Hegel, Vorlesungen. Ausgewählte Nachschriften und Manuskripte. Bd. 2). Hamburg 1998 (im folgenden *Hotho 1823*). Ms. 5; ders., *Ästhetik*. Nach Prof. Hegel. 1826. Anonym (Ms. Stadtbibliothek, Aachen) (im folgenden *Aachen 1826*). Ms. 7; ders., *Aesthetik nach Prof. Hegel im Winter Semester 1828/29*. (Mitschrift Karol Libelt. Ms. Jagiellonische Bibliothek, Krakau) (im folgenden *Libelt 1828/29*). Ms. 67. Sowohl die bereits publizierte Hotho-Mitschrift als auch die noch nicht publizierten Mitschriften werden zitiert nach der Manuskriptseite (im folgenden Ms.).

[7] Dieser Gedanke findet sich bereits in der zweiten Berliner Ästhetik-Vorlesung (*Hotho 1823*, Ms. 87 f.).

die man eine universale Wahrheit vermitteln kann. Damit deutet Hegel die beschränkte Möglichkeit der Kunst in der Moderne hin, daß sie nicht mehr die für alle geltenden Inhalte (Sittlichkeiten und göttliche Ideen) präsentiert. Diese eingeschränkte Bestimmung der Kunst basiert nicht nur auf der differenzierten Mythologievorstellung des Menschen in der Moderne, sondern zugleich auf Hegels Charakteristik der bürgerlichen Gesellschaft und weiterhin des modernen Staates, in dem das Individuum bloß eine partielle Rolle spielt und seine Handlung nicht mehr der allgemeinen Sittlichkeit entspricht. In der Ästhetikvorlesung stellt Hegel nämlich die „Partialität" als Grundzug des Zustands der modernen Welt dar, und dadurch argumentiert er, warum der Künstler in der Moderne keine idealen Stoffe mehr haben kann und auf historische Stoffe zurückgreifen muß. Die Partialität der Kunst resultiert wiederum aus der Partikularität des Ideals.[8] Die Gründe für die Partikularisation gewinnt Hegel aus der inhaltlichen Bestimmung des „allgemeinen Zustands überhaupt vom Menschen", nämlich der näheren Bestimmung der modernen Welt in Absetzung von der Antike.[9]

In dieser Weise verstärkt Hegel in den letzten beiden Ästhetikvorlesungen die These vom Vergangenheitscharakter der Kunst. Das heißt aber nicht, daß er die gesamte Möglichkeit der Kunst aufgibt. In der Bestimmung der Kunst in der Moderne geht es nun nicht um die Vermittlung universaler, für alle geltender Inhalte, sondern um die Vermittlung verschiedener „Partialitäten" und auf der anderen Seite um die ‚poetische' (d.h. künstlerische) Weise der Vermittlung. Das letztere wird in den Ästhetikvorlesungen in seiner Erörterung der „wahrhaften Objektivität" wohl dargestellt. Diese wahrhafte Objektivität nimmt Hegel zunächst als das Kriterium für die poetische Gelungenheit eines Kunstwerks. Obwohl Hegel von der wahrhaften Objektivität in zweifacher Weise spricht, nämlich der Handlung und des Kunstwerks, bleibt aber der Sinn gleich. Wie bereits gezeigt, weist Hegel zum einen darauf hin, daß die Kunst keine Objektivität der Handlung im modernen Staat darstellt, sondern nur historische Stoffe behandeln kann. Dabei fordert Hegel zum anderen, daß das Kunstwerk bei der Behandlung eines historischen Stoffes den genommenen Stoff weder ganz im ursprünglichen Zusammenhang bloß objektiv darstellen, noch ganz in den gegenwärtigen Zustand transformieren muß. Wenn der Stoff bloß objektiv dargestellt wird, fühlt man – so Hegel – sich mit diesem Stoff verfremdet, und wenn er nur vor dem modernen Hintergrund subjektiviert dargestellt, verliert man die Eigentümlichkeit des Stoffes, für die Hegel einem Kunstwerk die genaue Darstellung und Charak-

---

[8] Die Partialität der Wahrheitsvermittlung der Kunst wird dadurch erläutert, daß die Kunst einerseits aufgrund ihrer Materialität, andererseits aufgrund der Partikularität des Ideals sowie der Subjektivität des Künstlers ihre Funktion beschränkt leistet (vgl. G.W.F. Hegel, *Jenaer Systementwürfe III*. In: GW. Bd. 8. Unter Mitarbeit von J.H. Trede hrsg. von R.-P. Horstmann. Hamburg 1976, S. 278 f; *Enzyklopädie 1817*. §462; *Enzyklopädie 1827*. §560; *Enzyklopädie 1830*. §566 und 559).

[9] Der Staat ist also nicht wie in der griechischen Welt ein Resultat der Wirkung der Kunst, sondern der Staat steht der Kunst in einem fremden Verhältnis entgegen. Daher kann das Individuum auf die allgemeinen Verhältnisse nicht einwirken, es kann – mit Hegels Worten – in einem gesetzlich geordneten Staat wohl „Helden" geben, aber „nicht Heroen" (*Libelt 1828/29*, Ms. 68).

teristik des Lokals verlangt. Mit solcher Argumentation hält Hegel die „wahre Objektivität" für wichtig, die auf der Vereinigung von bloßer Objektivität und bloßer Subjektivität basiert.[10]

Die Objektivität fordert Hegel zugleich als ein wesentliches Moment für die Darstellung, das vor allem die romantische Kunstform enthalten muß. In diesem Fall wird die Objektivität als Bezüglichkeit mit den Dingen. Hegel kritisiert gerade den Mangel an dieser Bezüglichkeit in der romantischen Subjektivität sowie ihrer Kunst und zeigt am Beispiel des Goetheschen *West-östlichen Divan* die Möglichkeit einer neuen Form der Kunst in der Moderne, nämlich den „objektiven Humor". Als Grundcharakter dieses Humors bestimmt Hegel die „Heiterkeit", die durch die Bezüglichkeit mit den Dingen, und zwar die affirmative Vereinigung der innerlichen Subjektivität des Künstlers mit der äußerlichen Welt ermöglicht wird, die Hegel in der orientalischen Weltanschauung für typisch hält.

Im Unterschied zur Hervorhebung der Wichtigkeit der Objektivität der Darstellung in der Kunst bleibt aber das erstere, d.h. die Bestimmung der Kunst in bezug auf die ‚Vermittlung verschiedener Partialitäten', in den Ästhetikvorlesungen immanent. Die nähere Erläuterung bzw. die Grundlage für die Bestimmung der Kunst in diesem Hinblick läßt sich durch die Konzeption der formellen Bildung explizieren. Die Konzeption der formellen Bildung bietet sich also als eine plausible umfassende Deutungsgrundlage der Hegelschen Bestimmung der Kunst in der Moderne. Ebenfalls wird im Rahmen der formellen Bildung das Bild von der symbolischen Kunstform völlig anders ausgestaltet als in den bisherigen Forschungen.

2   Hegels Bestimmung der formellen Bildung

Die „Partialität", die Hegel in den Ästhetikvorlesungen in bezug auf die eingeschränkte Wahrheitsvermittlung der Kunst in der Moderne erörtert, wird in den Vorlesungen zur Rechtsphilosophie und Philosophie der Weltgeschichte wieder aufgegriffen und bildet den Ausgangspunkt seiner Bestimmung der „formellen Bildung". Durch die Partialität charakterisiert Hegel nämlich in diesen Vorlesungen das Bewußtsein des Individuums und dessen Verhältnis zum Staat in der Moderne. In der Thematisierung der „Partialität" des Bewußtseins sowie der Kunst in der Moderne fordert Hegel eine Bildung zur Allgemeinheit. Diese Bildung bezeichnet Hegel als „formell".

---

[10] Unter der „Originalität" des Künstlers versteht Hegel die wahrhafte Objektivität in diesem Sinne. In Hinsicht auf die wahrhafte Objektivität kritisiert Hegel zunächst die Franzosen, daß sie die fremden Stoffe nationalisieren, und unter den Deutschen vor allem Hans Sachs, daß er den genommenen historischen Stoff, die Passionsgeschichte in Karfreitag, vernürnbergt (*Libelt 1828/29*, Ms. 53). Näheres zu Hegels Bestimmung der „wahrhaften Objektivität" des Kunstwerks vgl. *L. Sziborsky: Hegel über die Objektivität des Kunstwerks*. Ein eigenhändiges Blatt zur Ästhetik. Mitgeteilt und erörtert von L. Sziborsky. In: Hegel-Studien. 18 (1983), S. 9–22.

Die „Bildung" ist ein Zentralgedanke in Hegels Philosophie. Obwohl er einen philosophischen Sinn des Begriffs der Bildung erst in der *Phänomenologie des Geistes* entwickelt, herrscht der Begriff der Bildung bereits über der frühen Phasen des Gedankens. Wie wohl bekannt, beschäftigte Hegel sich in der anfänglichen Zeit der Philosophie durch Anlaß von Schiller mit dem „Ideal der Volkserziehung". Durch das Ideal der Volkserziehung wird auf eine Bildung des ganzen Menschen in der Harmonie von Vernunft und Sinnlichkeit und somit auch eine Bildung für alle abgezielt.[11]

Im Grunde genommen, wurzelt Hegels Bildungskonzeption in der Tradition der Aufklärung und damit der deutschen Klassik, die vor allen von Lessing, Herder und Schiller vertreten wird. Im aufgeklärten Standpunkt wird die Bildung „als das höchste Ideal alles pädagogisch verantwortbaren Handelns" angesehen und eingeschätzt.[12] Außerdem wurden Wesen und Wirkung der Bildung überschätzt und überzeugt, ohne der Legitimation bedürftig zu sein. Allerdings ist die Bildung auch für Hegel „Grundzug neuzeitlicher Vernunft" und gilt zugleich als „unumgängliches Postulat aufgeklärten Bewußtseins".[13] Dennoch setzt Hegel sich vom damals übrigen Gedanken über die Bildung ab, in dem Wesen und Wirkung der Bildung absolut positiv geschätzt werden. Die Überschätzung und tragende Überzeugung von Wesen und Wirkung der Bildung war gerade Hegels Kritikpunkt.

Hegel erläutert nämlich in seiner Philosophie die Bildung stets doppelsinnig. D.h. zum einen schreibt er der Bildung eine absolute Bedeutung zu, zum anderen relativiert er aber die Bedeutung der Bildung in der bürgerlichen Gesellschaft sowie im modernen Staat. Dieses zeigt sich bereits in der *Phänomenologie des Geistes*, weiterhin in der Rechtsphilosophie und in der Philosophie der Weltgeschichte. In der *Phänomenologie des Geistes* wird die Bildung einerseits als „sich entfremdeten Geist" bezeichnet und andererseits zugleich lediglich als Übergang vom wahren Geist der Sittlichkeit zu dem seiner selbst gewissen Geist der Moralität aufgefaßt. Ebenfalls erörtert Hegel in der Rechtsphilosophie die Bildung einmal als „immanentes Moment des Absoluten und ihren unendlichen Wert", zum anderen als einen „absoluten Durchgangspunkt".[14]

In der Rechtsphilosophie weist Hegel neben der Anerkennung der konstitutiven Bedeutung der Bildung für das bürgerliche Bewußtsein insbesondere auf die negative Rolle der Bildung hin, die mit einem Mißbehagen an bestimmten

---

[11] Vgl. C. Menze, *Das Ideal der Volksbildung beim jungen Hegel*. In: Der Weg zum System. Materialien zum jungen Hegel. Hrsg. von Ch. Jamme und H. Schneider. Frankfurt a. M. 1990, S. 215–235.

[12] J.-E. Pleines, *Einführung des Herausgebers: Das Problem der Interpretation*. In: Hegels Theorie der Bildung. 2 Bde. Hrsg. Von J.-E. Pleines. Hildesheim 1983 (Philosophische Texte und Studien. Bd. 8 und Bd. 9). Bd. I: *Materialien zu ihrer Interpretation*, S. VII–XXXVI, hier S. XVIII.

[13] A.a.O., S. XXVIII.

[14] G.W.F. Hegel, *Grundlinien der Philosophie des Rechts oder Naturrecht und Staatswissenschaft im Grundrisse*. Mit Hegels eigenhändigen Notizen und den mündlichen Zusätzen. In: Theorie-Werkausgabe in 20 Bänden (im folgenden TWA). Bd. 7. Hrsg. von E. Moldenhauer und K.M. Michel. Frankfurt a. M. 1986 (im folgenden *Grundlinien*), S. 344 f. §187.

Bildungsvorstellungen verbunden ist. Dadurch schreibt er der Bildung nur ein begrenztes Recht zu. Seine Kritik der übertreibenden Überzeugung von Wirkung und Bedeutung der Bildung bezieht sich auf die Kritik der Verstandphilosophie und die Warnung vor der Gefahr der „Privatbildung", d.h. Bildung als individueller Geistigkeit.

Hegels Kritik der Bildung innerhalb der Verstandphilosophie richtet sich auf die damals herrschende französische und deutsche Schulphilosophie. Hegel sieht zunächst wohl einen positiven Sinn der Bildung innerhalb dieser Philosophie darin, „unmittelbar einleuchtende Wahrheiten des gesunden Menschenverstandes" „als nur diese Wahrheit und Forderung, sich selbst zu finden", zu fassen und „in dieser Forderung" stehenzubleiben. Aber er zeigt zugleich das Negative dieser Bildung dadurch, daß die Bildung den „Charakter des Gefühls der tiefsten Empörung gegen alles" geltend macht.[15] Damit erwähnt Hegel stets die Gefahr des Subjektivismus[16] und warnet davor, daß „Bildung und Geschicklichkeit nicht zu einem Mittel der Willkür und einer Herrschaft werde".[17]

In der Philosophie der Weltgeschichte weist Hegel weiterhin auf die Gefahr der „Verbildung", die er für das Volk als „Produkt oder Quelle des Verderbens" versteht. Damit bestimmt er die Bedeutung der Bildung in der Moderne differenziert. Für ihn ist die Bildung in der Moderne keine Bestimmung „über den substantiellen Inhalt des Volksgeistes" mehr, sondern „sie ist formell und wird überhaupt durch die Form der Allgemeinheit konstruiert".[18] Diese Bestimmung der „formellen Bildung" entwickelte Hegel sowohl durch die Modifikation seiner frühen Bestimmung der Bildung, die in der *Phänomenologie des Geistes* zu finden ist, als auch – wie oben angeführt – durch die Kritik der damals herrschenden Überschätzung sowie Mißbehagen von Wesen und Wirkung der Bildung.

In der *Phänomenologie* wird der Begriff der Bildung nämlich erst systematisch erörtert. Sie wird als die Entwicklung des Geistes zum wahren Selbst-

---

[15] Hegels Kritik lautet wie folgt: „Die Franzosen haben mit Geist, die Deutschen haben mit Verstand gegen den spekulativen Begriff gekämpft" (G.W.F. Hegel, *Vorlesungen über die Geschichte der Philosophie III*. In: TWA. Bd. 20. Hrsg. von E. Moldenhauer und K.M. Michel. Frankfurt a. M. 1986, S. 292). Die gleiche Kritik findet sich in den Vorlesungen über die Philosophie der Weltgeschichte: „Der Inhalt [die Allgemeinheit des Denkens] wird damit als endlicher gesetzt, und alles Spekulative ist aus menschlichen und göttlichen Dingen durch die Aufklärung verbannt und getilgt worden" (G.W.F. Hegel, *Vorlesungen über die Philosophie der Weltgeschichte*. Zweite Hälfte. Auf Grund der Handschriften hrsg. von G. Lasson. Hamburg [5]1988, S. 916).

[16] Vgl. G.W.F. Hegel, *Vorlesungen über die Geschichte der Philosophie I*. In: TWA. Bd. 18, S. 230 f.: „Wahre Bildung ist nicht, auf sich so sehr seine Aufmerksamkeit zu richten, sich mit sich als Individuum zu beschäftigen, – Eitelkeit, sondern sich vergessen, in der Sache das Allgemeine vertiefen, – Selbstvergessenheit". Diese Kritik verknüpftet sich mit Hegels Kritik der Ironie, die bereits in der *Phänomenologie des Geistes* zu finden ist, und in der Rechtsphilosophie wird die Ironie insbesondere im Zusammenhang der Bildung als „die höchste Form" erörtert, in der die „Subjektivität sich vollkommen erfaßt und ausspricht" (*Grundlinien*, S. 277. §140). Auch in den Ästhetikvorlesungen kritisiert Hegel die bloß subjektiv orientierte „Reflexionsbildung" der Moderne (*Libelt 1828/29*, Ms. 87).

[17] *Grundlinien*, S. 464. §297.

[18] G.W.F. Hegel, *Vorlesungen über die Philosophie der Weltgeschichte*. I. Teilband – *Einleitung: Die Vernunft in der Geschichte*. Hrsg. von J. Hoffmeister. Hamburg [5]1955 (im folgenden WG I), S. 65.

bewußtsein, zum Sich-Wissen und zugleich als Bildung zur Allgemeinheit bestimmt. Hegel bedeutet in der *Phänomenologie* die Allgemeinheit noch im Sinne einer allgemeinen Sittlichkeit, die für alle geltend sein kann. Er erörtert aber in den späteren Vorlesungen, daß die Sittlichkeit in der Moderne nur partial, unverbindlich vermittelt wird und damit das Sein der Allgemeinheit in ihrer Konkretion der Anschauung (durch die Kunst) und Vorstellung (durch die Religion) für die aufgeklärte Vernunft eigens geprüft werden muß.

Dadurch modifiziert Hegel, wie in den Vorlesungen über Naturrecht und Staatswissenschaft von 1817 zeigt, den Gedanken einer umfassenden Bildung der Vernunft und der allgemeinen Sittlichkeit, nämlich einer inhaltlichen Bildung etwa durch die Orientierung der Religion oder durch eine mit der Kunst verknüpfte Religion zur Konzeption einer formellen Bildung.[19] Diese Konzeption der „formellen Bildung" ist in der Rechtsphilosophie und noch später in der Philosophie der Weltgeschichte explizit faßbar, aber die Grundlage dafür findet sich bereits in den *Nürnberger Schriften*.

In den *Nürnberger Schriften* gebraucht Hegel den Begriff der Bildung in vieler Hinsicht. Hier wird die Bildung einerseits, wie damals üblich, im Sinne eines erzieherischen Auftrags dargestellt, andererseits aber gleichzeitig versucht, die Merkmale der Bildung von verschiedenen Seiten zu unterscheiden.[20] Die für die spätere Bestimmung der „formellen Bildung" wichtigen Punkten finden sich aber in der Erörterung der „theoretischen Bildung".[21]

Hegel erläutert die theoretische Bildung durch drei Momente. Erstens besteht diese Bildung in einer „Mannigfaltigkeit der Kenntnisse an und für sich". Diese braucht man, um sich „zu einem allgemeinen Wissen" zu erheben, das dem Menschen eine „Gemeinschaftlichkeit der Kenntnisse mit andern Menschen" und „den Besitz allgemein interessanter Gegenstände" erlaubt. Durch den Erwerb der

---

[19] In diesem Kontext definiert Hegel die Allgemeinheit nicht im Sinne eines sittlichen Inhalts, sondern lediglich als Form des Denkens oder Denkweise. Die Allgemeinheit ist hier also keine Kategorie für die Bestimmung des Inhalts, sie ist formell. Und diese „Form des Allgemeinen" sieht Hegel an jedem Individuum als Subjekt sowie in jedem Besonderen enthalten. Sie ist die Möglichkeit einer Entwicklung oder Erhebung des Besonderen zum Allgemeinen (vgl. *Grundlinien*, §256).

[20] Zur pädagogischen Bedeutung des Wortes Bildung bei Hegel, die mit Begriffen wie Erziehung oder Zucht, Unterricht oder Gehorsamkeit in Verbindung steht, vgl. J.-E. Pleines, *Einführung des Herausgebers: Das Problem der Interpretation*, S. XIII ff. Umfassende Erörterung über Hegels Bildungskonzeption findet sich in O. Pöggeler, *Hegels Bildungskonzeption im geschichtlichen Zusammenhang*. In: Hegel-Studien. 15 (1980), S. 241–269.

[21] In den *Nürnberger Schriften* unterscheidet Hegel zunächst zwischen praktischer und theoretischer Bildung, die er in bezug auf die Bestimmung der Pflichten des Menschen „gegen sich" erörtert. Im Zusammenhang der „Pflichten gegen sich" entwickelt Hegel einerseits die Pflicht zur physischen Selbsterhaltung und andererseits die Pflicht dazu, „sein Einzelwesen zu einer allgemeinen Natur zu erheben" (G.W.F. Hegel, *Nürnberger Schriften*. Texte, Reden, Berichte und Gutachten zum Nürnberger Gymnasialunterricht 1808–1816. Hrsg. von J. Hoffmeister. Leipzig 1938 [im folgenden *Nürnb. Schr.*], S. 181) und differenziert diese Verpflichtung durch die Unterscheidung verschiedener Wege, wie diese Erhebung in der theoretischen und der praktischen Bildung zu verwirklichen ist. Während die praktische Bildung die „Freiheit des Menschen von natürlichen Trieben" garantiert (*Nürnb. Schr.*, S. 184), ermöglicht die theoretische Bildung, daß der Mensch den Standpunkt der Allgemeinheit erreicht.

Mannigfaltigkeit der Kenntnisse lernt der Mensch nämlich, „daß es auch andere und bessere Weisen des Verhaltens und Tuns gibt und die seinige nicht die einzig notwendige ist" (*Nürnb. Schr.*, S. 182).

Zweitens schreibt Hegel der theoretischen Bildung die Fähigkeit des „Urteil[s] über die Verhältnisse und Gegenstände der Wirklichkeit" zu. Dieses dient nämlich dazu, daß man „die Kenntnis der allgemeinen Gesichtspunkte" haben kann, um etwas als „wesentlich" zu betrachten. Diese Gesichtspunkte werden nach Hegel aber nicht durch die unmittelbare Anschauung, sondern durch „die Beschäftigung mit der Sache, durch das Nachdenken über ihren Zweck und Wesen und über die Mittel" gewonnen.[22]

Als ein weiteres Moment der theoretischen Bildung wird ein mit dem Kantischem Begriff der „Interesselosigkeit" beschreibbarer Aspekt der Bildung benannt,[23] nämlich die objektive Handlung. Für eine objektive Handlung muß man sich in der Betrachtung der Sache darum bemühen, nicht sein „besonderes Subjekt in dem Gegenstände" zu suchen, sondern, „die Gegenstände, wie sie an und für sich, in ihrer freien Eigentümlichkeit" sind, zu betrachten und sich „ohne einen besonderen Nutzen" dafür zu interessieren (*Nürnb. Schr.*, S. 183). Das heißt, für eine objektive Handlung sind „die Form der Allgemeinheit" und ein uneigennütziges Interesse erforderlich. „Ein solch uneigennütziges Interesse", so betont Hegel, soll man vor allem dem Studium der Wissenschaften sowie der Betrachtung der schönen Kunst zugrundelegen (*Nürnb. Schr.*, S. 184).

In den Vorlesungen über Naturrecht und Staatswissenschaft (1817/18) bestimmt Hegel die Bildung spezifisch als „die öffentliche Erziehung und Bildung", indem er diese zu Staatzwecken, zu den allgemeinen Angelegenheiten des Staates ordnet.[24] Die Bedeutung der Bildung erörtert er mithin nunmehr in der Bestimmung des modernen Staats.[25] Im Rahmen der Erläuterung der Begriffsmomente des Staates expliziert Hegel vor allem, wie sich im Staat als einem Allgemeinen der besondere und der allgemeine Wille verhalten. Nach Hegel wird im Staat teils „das Besondere in die Form der Allgemeinheit" erhoben, teils das Allge-

---

[22] Die Zumutung zu dieser Beschäftigung kennzeichnet H.-G. Gadamer als „Entfremdung" (H.-G. Gadamer, *Wahrheit und Methode*. Tübingen ⁴1975, S. 11).

[23] Vgl. A. Gethmann-Siefert, *Die Funktion der Kunst in der Geschichte*, S. 320. Anm. 24.

[24] G.W.F. Hegel: *Vorlesungen über Naturrecht und Staatswissenschaft*. Heidelberg 1817/18 mit Nachträgen aus der Vorlesung 1818/19. Nachgeschrieben von P. Wannenmann. Hrsg. von C. Becker et al. (= Vorlesungen. Ausgewählte Nachschriften und Manuskripte. Bd. 1). Hamburg 1983 (im folgenden *Wannenmann*), S. 244.

[25] Er geht zunächst bei der Bestimmung des Staates davon aus, daß „der Einzelne sich zum Träger des Willen der Welt macht" (a.a.O., S. 11) und unterscheidet – nach der Idee des Staates – drei Sphären des Willens: Erstens den „freie[n] Wille[n] in seinem Begriff", nämlich „das abstrakte Recht", dem die „Persönlichkeit", „abstrakte Freiheit" zugehört. Zweitens „die Sphäre der Moralität", die dem abstrakten Recht gegenübersteht. In dieser Sphäre sind „die Gesinnung und das Wohl der Menschen" die hervorstehenden Merkmale. Die dritte Sphäre nennt Hegel „die Sittlichkeit". In dieser Sphäre wird der Widerspruch zwischen abstraktem Recht und Moralität aufgelöst, indem hier nicht nur das abstrakte Recht, sondern auch „die Idee des Guten" realisiert wird. In dieser Sphäre steht nämlich der freie Wille nicht mehr der Notwendigkeit gegenüber, sondern er wird „der allgemeine Wille", der „sich mit der Notwendigkeit hervorbringt" (a.a.O., S. 177) und an sich „das Gute" (a.a.O., S. 13) ist.

meine durch „die Subsumtion des Besonderen" unter dieses konkretisiert. Das „Allgemeine als an und für sich seiendes Allgemeines" ist „die Verfassung", und „das Allgemeine in Beziehung auf das Besondere", nämlich „das Allgemeine des Besonderen" ist „das Gesetz" (*Wannenmann*, S. 181 f.).

Die Erziehung und Bildung wird in diesem Kontext zur Angelegenheit des Staates, indem sich das Individuum durch die „Reflexion" und Einsicht in die Totalität von seiner Besonderheit in die Allgemeinheit erhebt, nämlich in die Sittlichkeit, in deren Sphäre der Geist als „die sittliche Substanz von der Besonderheit der Subjektivität" frei ist (*Wannenmann*, S. 86). Kunst, Religion und Wissenschaft wird hier ebenso wie die Bildung als Angelegenheit des Staates aufgefaßt. Indem er darauf hinweist, daß Kunst, Religion und Wissenschaft die Wirklichkeit sowie die Allgemeinheit des Geistes im Staat jeweils in Anschauung, Vorstellung und Denken faßbar machen, bestimmt Hegel sie als diejenigen, die zum „Staatsleben" gehören (*Wannenmann*, S. 245). Bereits hier liegt zwar ein weiterer wesentlicher Ansatzpunkt für die Bestimmung der „formellen Bildung" an, die nähere Definition des „formellen" gibt Hegel aber in den späteren Vorlesungen über die Rechtsphilosophie.

In den Vorlesungen über Rechtsphilosophie von 1822/23 erörtert Hegel vor allem „die Notwendigkeit der Bildung" in der bürgerlichen Gesellschaft hervor und bestimmt die Bildung als „Bildung zur Allgemeinheit". Dabei hebt er die „Formalität" dieser Bildung hervor. Die Allgemeinheit wird hier als keine Kategorie für die Bestimmung des Inhaltes gemeint, sondern läßt sich nur als Form des Denkens oder als Denkweise deuten.[26] Insofern ist sie „formell". In dieser „Form des Allgemeinen" sieht Hegel die Möglichkeit einer Entwicklung oder Erhebung des Besonderen zum Allgemeinen, nämlich den Prozeß der Bildung.

In den Vorlesungen über die Rechtsphilosophie greift Hegel nämlich unter Rücksicht der Konzeption der bürgerlichen Gesellschaft und unter der Rücksicht auf das System der Bedürfnisse des Individuums und ihrer Erfüllung die Bestimmung der Bildung aus der Nürnberger Zeit auf und formuliert diese Bestimmung neu. Die Anhaltspunkte für die Bestimmung der formellen Bildung finden sich insbesondere in der neuen Reflexion über die Bestimmung der theoretischen Bildung.

Die Konzeption der theoretischen Bildung wird hier unter demselben Gesichtspunkt wie in den *Nürnberger Schriften* weiter entwickelt, nämlich unter dem Aspekt ihrer Notwendigkeit für die moderne bürgerliche Gesellschaft. Dabei begründet Hegel die Notwendigkeit der Bildung dadurch, daß man nur über diese Bildung die wahre Einsicht in das gemeinsame menschliche Leben gewin-

---

[26] Die Allgemeinheit wird aber im Verhältnis mit dem Besonderen nicht als „Freiheit" bzw. freie Allgemeinheit verstanden, die zum Gegenstand des Bewußtseins wird, sondern als „die erste Mäßigung des Besondern" bzw. „die Form des Maaßes" und mithin „als nur abstracte Form". Denn im Verhältnis zum Allgemeinen bleibt das Besondere nur „für sich geltendes", und „das Allgemeine" scheint in dieses Besondere nur hinein (G.W.F. Hegel, *Vorlesungen über Rechtsphilosophie 1818–1831*. Edition und Kommentar von K.-H. Ilting. Stuttgart-Bad Cannstatt 1973 f. Bd. 3: *Philosophie des Rechts*. Nach der Vorlesungsnachschrift von H.G. Hotho 1822/23 (im folgenden *Rechtsphil.*), S. 579, §186.

nen kann. Dieses wird durch die drei Momente der Bildung, die den Momenten der theoretischen Bildung in den *Nürnberger Schriften* entsprechen, nämlich das „Unterscheiden", „Insichgehen" und die „Tätigkeit des Uebergehens von einem Gegenstand zum Andern".[27]

Diese Konzeption der Bildung und zugleich die Charakteristik der „formellen Allgemeinheit der Bildung" führt Hegel in den Vorlesungen über die Philosophie der Weltgeschichte fort, indem er die Bedeutung der Bildung unter dem Aspekt ihrer Relevanz für die Bestimmung des Staates erörtert.[28] Auch hier wird die Bildung wiederum auf die Kunst bezogen, nun aber in der umfassenden Weise, daß „formelle Bildung" als geschichtliche Bildung erscheint.

In den Vorlesungen über die Philosophie der Weltgeschichte konzipiert Hegel in der Bestimmung des Staats wiederum als Spezifikum des Staats „die Allgemeinheiten" auf. Denn in den weltgeschichtlichen Betrachtungen eines Staates werden „die Produkte der denkenden Reflexion" in erster Linie als die Taten eines Volksindividuums faßbar, nicht aber „individuelle Gestalten" (von Genie, Talent, Kunst, Wissenschaft u.a.) berücksichtigt. Die Allgemeinheiten gründen nämlich auf den „Unbestimmtheiten" des Einzelnen, enthalten nur „wesentliche Unterschiede, ohne in die Tiefe des Inhalts herabzusteigen" (*WG* I, S. 172). Hier zeigt Hegel besonders, daß sich in solchen Allgemeinheiten Bildung überhaupt vollzieht, denn die Bildung ist für ihn immer „Bildung zur Allgemeinheit" ist. Weil die Bildung zu Allgemeinheiten darauf ausgeht, die vorhandenen Besonderheiten bzw. einzelnen Inhalten „in Denkbestimmungen und Denkgestaltungen" zu fassen, bezeichnet Hegel die Bildung als „formell". Auch jede Stufe der geistigen Gestaltung, deren Gesamtheit sich zu einem Staat ausbildet, geht „zu Formen der Allgemeinheiten" fort, die die Grundlage für die Kenntnis und das Verständnis des Staates bilden (*WG* I, S. 173). Im Staatsleben selbst besteht daher nach Hegels Ansicht „die Notwendigkeit der formellen Bildung" (ebd.), in deren Kontext sich die Notwendigkeit der Kunst, Poesie und Wissenschaft begründet. Kunst, Poesie und Wissenschaft repräsentieren jeweils auf andere Weise den Inhalt des Staats, repräsentieren ihn als „Volksgeist".[29]

In der formellen Bildung durch Kunst, Poesie und Wissenschaft wird der Mensch also nicht auf historisch konkrete Inhalte verpflichtet.[30] Der moderne Mensch muß vielmehr die in der Kunst, Poesie und Wissenschaft vorgestellten Kenntnisse und Weltdeutungen nochmals reflektieren, um die Mannigfaltigkeit des historisch Möglichen auf seine Situation beziehen, auf eine Einheit zurückführen zu können. Eine solche Einheit kann nicht dadurch hergestellt werden, daß man in oberflächlicher Weise die Inhalte der Mythologien gemäß

---

[27] Vgl. *Rechtsphil*, S. 602–605.
[28] Hier faßt Hegel einen relativierten, dennoch positiven Sinn der Bildung in der bürgerlichen Gesellschaft sowie im modernen Staat.
[29] In der Bestimmung des Volksgeistes, der als der Inhalt des Staats zugleich den Inhalt der Kunst, Poesie und Wissenschaft bildet, ist das nähere Verhältnis der Kunst, Poesie, Religion und Wissenschaft zum Staat begründet, wodurch diese selbst sich jeweils als Momente der formellen Bildung erweisen.
[30] Historisch konkrete Inhalte heißen beispielsweise die Inhalte einer Mythologie, die dem Volksgeist (die Sittlichkeit des Volkes) bestimmen oder bestimmt haben.

ihrer formalen Eigenschaften gleichgesetzt, sondern man muß im Vergleich unterschiedlicher Manifestationen des Volksgeistes, hier spezifisch im Vergleich der geschichtlich entstandenen Künste den „Unterschied des Gestaltes" herausarbeiten. Nur im Herausarbeiten dieser Unterschiede des Gehaltes erscheinen die konkreten Gestalten als Momente der Entwicklung des Geistes bzw. des menschlichen Selbstbewußtseins in der Geschichte.

Im Zusammenhang mit seiner Bestimmung der Kunst enthält Hegels Konzeption der formellen Bildung zwei wesentliche Gesichtspunkte. Zum einen deutet Hegel mit der formellen Bildung die Beschränktheit (Partialität) der Rolle der Künste in der modernen Welt an, d.h. der Verknüpfungspunkt zwischen der These vom Vergangenheitscharakter der Kunst und der Konzeption der formellen Bildung findet sich in Hegels Erörterung der „Partialität" des Bewußtseins. Die Kunst vermittelt seiner Meinung nach in der modernen Welt nicht mehr die einzige absolute (religiöse) Wahrheit, sondern eine Vielheit verschiedener menschlicher „Weltanschauungen", die jeweils ein geschichtliches Bewußtsein dokumentieren. Daher tritt an die Stelle der Kunst als Bildung zur allgemeinen Sittlichkeit die Bestimmung der Kunst als Moment der formellen Bildung. Diese formelle Bildung versteht sich in der Moderne als die „allgemeine" Bildung im oben angeführten Sinn, und zwar in bezug auf die Kunst als eine historische sowie kulturelle Bildung des Volkes, d.h. als die Hervorhebung einer jeweils spezifischen Gestalt des Volksgeistes. Zum anderen geht es in der formellen Bildung darum, durch die Kunst und für die Gegenwart (Hegels) besonders durch die Institutionen der Kunstrepräsentation die Pluralität der Lebensformen in unterschiedlichen Weltkulturen kennenzulernen und durch diese anschauliche Vermittlung ein geschichtliches Bewußtsein kritisch zu erreichen.

In der Ästhetik lassen sich zwei Verknüpfungspunkte mit der „formellen Bildung" finden. Zum einen ist die These vom Vergangenheitscharakter der Kunst, der die Bestimmung der „Partialität" der Wahrheitsvermittlung der Kunst zugrundeliegt. In Hinsicht auf die Bestimmung der Partialität geht es beiden darum, über die jeweiligen Partialitäten (des geschichtlichen Bewußtseins) hinauszugehen und einen allgemeinen Standpunkt zu erreichen. Zum anderen ist Hegels Betrachtungsweise der Kunst nach ihrer geschichtlichen Bedeutung, die als Realisierungsmöglichkeit der formellen Bildung gilt. Die geschichtliche Bedeutung der Kunst wird in zweifacher Weise erläutert, nämlich in einer historischen Reflexion auf die Bedeutung der Kunst zu ihrer Zeit, zum anderen in einer Reflexion auf die Bedeutung der vergangenen Kunst für die Gegenwart. Im letzteren geht es sich um die Erneuerung der vergangenen Kunst in der Moderne. Besonders die orientalische Religion und Kunst, die Hegel als die Kultur am Anfang der Geschichte bezeichnet, gewinnt im Lichte dieser Konzeption der formellen Bildung Aktualität, indem Hegel sie als Chance der Bereicherung der Kultur in der Moderne aufgreift.

3 Die aktuelle Bedeutung der symbolischen Kunstform für die Moderne

Die Bedeutung der formellen Bildung kann also an einem konkreten geschichtlichen Beispiel, hier am Beispiel der symbolischen Kunstform näher beleuchtet werden. Umgekehrt heißt es, man kann die aktuelle Bedeutung der symbolischen Kunstform durch die Konzeption der formellen Bildung gewinnen. Bis jetzt wurde die symbolische Kunstform – auf der Grundlage der von Hotho gedruckten *Ästhetik* – als „Vorkunst" abgewertet bestimmt und hat wenige Berücksichtigung gewonnen.[31] In den neuen Quellen zu den Ästhetikvorlesungen läßt sich Hegels Bestimmung der symbolischen Kunstform aber ganz anders interpretieren als in der *Ästhetik*. Wie in den letzten beiden Ästhetikvorlesungen ersichtlich wird, setzt Hegel sich mit den Künsten der symbolischen Kunstform unter der Perspektive der Frage nach der gegenwärtigen Bedeutung dieser Künste.[32] Dabei wird die symbolische Kunstform nicht bloß als „Vorkunst" im Sinne der „Unkunst", sondern als eine mögliche Quelle der Kunst der Moderne bestimmt. Diese Bestimmung der symbolischen Kunstform ist im Grunde in die Konzeption der formellen Bildung zu integrieren und durch diese Konzeption näher zu erörtern.

Wie bereits dargestellt, weist Hegel in der Festhaltung an der These vom Vergangenheitscharakter der Kunst darauf hin, daß es in der Moderne keine idealen Stoffe mehr gibt und daher der Künstler auf historische Stoffe zurückgreifen muß. Dieser Hinweis gründet sich zwar auf die Bestimmung der „Partialität" der Wahrheitsvermittlung der Kunst in der Moderne und deutet zugleich die eingeschränkte Bestimmung der Kunst hin. Aber im Rahmen der formellen Bildung, deren Bestimmung auch von der „Partialität" (des Bewußtseins) ausgeht, läßt sich die Behandlung der historischen Stoffe positiv deuten. Denn Hegel fordert in der Konzeption der formellen Bildung die Überwindung der „Partialität" bzw. die Erweiterung des partiellen Bewußtseins auf einen allgemeinen Standpunkt und sieht in der Kunst eine Möglichkeit der Verwirklichung dieses, und zwar darin, durch einen Gebrauch der historischen Stoffe verschiedene Formen des geschichtlichen Bewußtseins und die ihnen zugehörigen kulturellen Lebensformen zu vermitteln und dazu zu dienen, eine allgemeine Denkform zu erreichen.

Vor allem in der Auseinandersetzung mit der symbolischen Kunstform zeigt Hegel diese Möglichkeit exemplarisch. Die symbolische Kunstform ist beispielsweise eine Weise der anschaulichen Realisation der Weltdeutung eines vergangenen Zeitalters und zugleich einer vergangenen Kultur. Insofern bieten die Künste der symbolischen Kunstform einerseits historische Stoffe für die Kunst in der Moderne. Im Rahmen der formellen Bildung ist diese Seite der symbolischen

---

[31] Näheres hierzu vgl. J.-I. Kwon, *Hegels Bestimmung der Kunst*. Kap. 2.1.
[32] Der Auseinandersetzung Hegels mit der symbolischen Kunstform liegen seine frühen Gedanken über die „pragmatische Geschichte" (*Dokumente zu Hegels Entwicklung*. Hrsg. von J. Hoffmeister. Stuttgart 1936, S. 9) und darüber, aus der Geschichte für das Leben zu lernen, zugrunde (vgl. M. Baum/K.R. Meist, *Durch Philosophie leben lernen*. Hegels Konzeption der Philosophie nach den neu aufgefundenen Jenaer Manuskripten. In: Hegel-Studien. 12 [1977], S. 43–81).

Kunstform für die historische Bildung wichtig. Wenn man aus den Künsten der symbolischen Kunstform Stoff entnimmt, ist es auch möglich, das Fremde (hier die orientalische Weltanschauung und Kultur, die in der symbolischen Kunstform dargestellt wird) durch poetische Erneuerung zu integrieren und dadurch die eigene Lebensform zu bereichern. Die symbolische Kunstform gewinnt in diesem Zusammenhang als Quelle einer Erneuerung der Kunst in der Moderne für die Moderne Bedeutung.

Diese Überlegungen Hegels über die Bedeutung der symbolischen Kunstform lassen sich insbesondere in seiner Deutung von Shakespeares Werken wie Goethes *West-östlichem Divan* ersichtlich, die er in der Ästhetikvorlesung von 1826 intensiviert darstellt. Am Beispiel der Shakespeareschen Werke wird zunächst die gelungene Behandlung der historischen Stoffe überhaupt erörtert, und in bezug auf die Erneuerungsmöglichkeit der symbolischen Kunstform wird insbesondere sein Gebrauch der rhetorischen Elemente der symbolischen Kunstform, vor allem des Gleichnisses, der Vergleichung und der Metapher eingeschätzt.[33] Einen Vorteil des Gebrauchs dieser rhetorischen Elemente sieht Hegel darin, daß man durch das „Verbleiben" beim gleichsinnig wiederholenden Wort über die unmittelbaren Gefühle hinausgehen und Distanz vom eigenen Gefühl haben kann.[34] Darin liegt zugleich der Grund für Hegels Einschätzung der Shakespeareschen Werke, die diese dichterische Rhetorik gebrauchen. In der Deutung der Shakespeareschen Werke hebt Hegel nämlich einerseits die Darstellung der Charaktere des modernen Individuums, andererseits die plausible Haltung des Menschen in der Moderne, d.h. Distanzierung von seinem subjektiven Gefühl hervor, die sowohl in der theoretischen Bildung wie in der formellen Bildung für wesentliches Moment gehalten wird, um die Allgemeinheit zu erreichen.

Während Hegel in Shakespeares Werken die Möglichkeit des erneuerten Gebrauchs der formalen Elemente der symbolischen Kunstform sieht, zeigt er in Goethes *West-östlichem Divan* eine andere Perspektive der Aktualität der symbolischen Kunstform für die Poesie und die Kunst der modernen Welt. Hegel sieht nämlich in Goethes *West-östlichem Divan* die poetisch gelungene Aneignung einer fremden – nun der orientalischen – Weltanschauung.[35] Was Hegel hier für wichtig hält, ist eine Bereicherung, die in der Konzeption der formellen Bildung von Bedeutung ist, durch die poetische Wiederbelebung dieser Weltanschauung. Im *Divan* wird vor allem die neupantheistische Weltanschauung der Mohammedaner poetisch vermittelt, deren Hauptcharakter Hegel als die „objektive Heiterkeit" bezeichnet. Die Grundlage für diese objektive Heiterkeit der

---

[33] Gleichnis, Vergleichung und Metapher schreibt Hegel der „bewußten Symbolik" zu. Während Bedeutung und Gestalt in der unbewußten Symbolik durch den konventionellen Gebrauch verknüpft werden, wird in der bewußten Symbolik diese Verknüpfung durch die subjektive Setzung des Künstlers geleistet. Zur Bedeutung des Gleichnis und der Vergleichung bei Shakespeare vgl. E. Wolff, *Hegel und Shakespeare*. In: Vom Geist der Dichtung. Gedächtnisschrift für R. Petsch. Hrsg. von F. Martini. Hamburg 1949, S. 120–179, hier S. 167 ff. und S. 175.
[34] Vgl. *Aachen 1826*, Ms. 119 f.
[35] Vgl. *Aachen 1826*, Ms. 106 und Ms. 118.

neupantheistischen, weiterhin orientalischen Weltanschauung findet Hegel in der unmittelbar affirmativen Einheit des Einen (Substanz) und des Endlichen.

Die Nötigkeit der Bereicherung der westlichen Weltanschauung durch die poetische Vermittlung einer historisch vergangenen und kuturell fremden, hier spezifisch orientalischen Weltanschauung thematisiert Hegel wiederholt im Zusammenhang seiner Kritik der romantischen Kunst. Hegels Kritik der romantischen Kunst richtet sich im wesentlichen auf die romantische Subjektivität, die über die äußerliche Welt hinausgeht und nur in sich hineingeht. Die Subjektivität gilt Hegel als das Prinzip der romantischen Kunst und zugleich die höchste Form des Bewußtseins, aber was Hegel kritisiert, ist, daß diese Subjektivität ohne Bezüglichkeit mit der Welt bloß ‚subjektive Subjektivität' bleibt, nicht als die wahre Subjektivität realisiert ist. Was Hegel unter der wahren Subjektivität versteht, ist nämlich ‚die substantielle Subjektivität' im Sinne der Einheit von Objektivität (Äußerlichem) und Subjektivität (Innerlichem). In der Kritik der romantischen Subjektivität fordert er also die Realisierung der ‚substantiellen Subjektivität' und bestimmt als eine neue Kunstform, die diese ermöglichen kann, den „objektiven Humor" (*Libelt 1828/29*, Ms. 101a).

In der Bestimmung des „objektiven Humors" greift Hegel wiederum auf die symbolische Kunstform zurück, indem er den Grundzug dieses Humors in der „Heiterkeit" sieht. Ähnlich wie die Bestimmung der Heiterkeit in der orientalischen Weltanschauung und der Dichtung weist Hegel darauf hin, daß die Heiterkeit im objektiven Humor durch „die freie Phantasie" des Dichters ermöglicht wird. Diese freie Phantasie unterscheidet Hegel von der bloß subjektiven Spiegelung einer Welt im Individuum, die dem subjektiven Humor, insbesondere Jean Pauls zugrundeliegt. Sie wird als die Grundlage für das affirmative Umgehen mit den Dingen und damit den poetische Genuß an den Dingen der Welt erläutert. Insofern liegt die Bedeutung des objektiven Humors darin, daß dieser Humor das In-der-Welt-Stehen des Individuums thematisiert und Stand in der Welt der Dinge gewinnt.

Durch diese Bestimmung des objektiven Humors fordert Hegel eine neue Form der Kunst in der Moderne, die sich auf das in der Gegenwart verlorengegangene substantielle Verhältnis zur Welt gründet und zugleich dieses demonstriert. Als eine solche Poesie exemplifiziert Hegel Goethes *Divan*. Durch die Auseinandersetzung mit Goethes *Divan* zeigt Hegel nicht nur eine neue Form der Kunst, d.h. des objektiven Humors, sondern die Möglichkeit, daß die symbolische Kunstform auf dem Boden der romantischen Kunstform wiederbelebt werden kann. Denn er sieht in Goethes *Divan* zunächst den Grundzug des objektiven Humors, nämlich die Heiterkeit, die Goethe durch die poetische Aneignung der orientalischen Weltanschauung vermittelt, und zeigt damit zugleich, daß die weltlose romantische Subjektivität durch die poetische Vermittlung der orientalischen Weltanschauung um die Substantialität und Weltbezüglichkeit ergänzt werden kann.[36]

---

[36] Im Anschluß an diesen Punkt kann man Hegels Kritik der romantischen Kunst weiter erläutern. Hegel sieht nämlich in der symbolischen Kunstform Ansatzpunkte, die Be-

In der oben angeführten Weise sind zunächst die These vom Vergangenheitscharakter der Kunst und die aktuelle Bedeutung der Kunst in Hegels Ästhetik auf der Grundlage der Konzeption der formellen Bildung zusammenführbar. Und auf dieser Grundlage läßt sich auch die Aktualität vergangenen Kunst sowie die Bedeutung der vergangenen Kunst, hier speziell der symbolischen Kunstform, für die moderne Welt, nämlich für die Erneuerung der Kunst in der modernen Welt diskutieren. Die symbolische Kunstform ist also im Rahmen der formellen Bildung eine Quelle für die Bereicherung der bestehenden Selbst- und Welterfahrung, wie oben am Beispiel von Shakespeares Werken und Goethes *Divan* erörtert. Sie bleibt nicht eine vergangene Kunstform, sondern hat eine aktuelle Wirkung und Bedeutung für uns in der Moderne, indem sie uns eine neue Sittlichkeit des Volkes und eine andere Weise der Verwirklichung der Wahrheit (der göttlichen Idee) sowie Weltauffassung liefert. In der Bestimmung der symbolischen Kunstform schränkt Hegel allerdings die Bedeutung dieser Kunst wie der Kunst im allgemeinen ein, d.h. sie ist nicht die einzige Quelle der modernen Weltanschauung, und ihre Bildungsfunktion ist „formell". Sie beiträgt sich lediglich dazu, die bestehenden Partialitäten des Bewußtseins auf die Allgemeinheit zu erweitern.

---

schränkung auf die „subjektive Innerlichkeit" in der gegenwärtigen (romantischen) Kunst zu überwinden.

Annemarie Gethmann-Siefert

Drama oder Komödie?
Hegels Konzeption des Komischen und des Humors als Paradigma der romantischen Kunstform

J. Ritter hat in seiner kleinen Abhandlung *Über das Lachen*[1] eine Verknüpfung zwischen der Bedeutung, die dem Komischen beigemessen wird, und der möglichen Aktualität Hegelscher und Nachhegelscher Überlegungen zur Kunst hergestellt. So weist er darauf hin, es scheine „im Lachen immer um Dinge zu gehen, die als solche und pragmatisch genommen genauso den Lebensmächten zugehören können, die der Heiterkeit und dem Glück entgegenstehen und Anlaß auch des Schmerzes, der Melancholie und der Skepsis gegen Größe und Wert des Lebens bedeuten" (62). Es verknüpft sich im Lachen jener „Glanz lebensverklärender Heiterkeit", den Hegel in Goethes West-östlichem Divan wieder entdeckt hat, mit der „Bewegung des Spottes, die sich an Großes und Hehres hängt, um es in die Lächerlichkeit herabzuziehen und kleinzumachen" (63).

Während Ritter mit dem durch das Komische provozierten Lachen eine Rückwendung auf den Daseinssinn verbindet, den das Individuum sich und seiner Welt gibt, sieht einer seiner Gewährsleute, nämlich Friedrich Theodor Vischer, im Komischen nicht generell die Verendlichung des Überwältigenden – sei es schön oder erhaben – sondern die Vermenschlichung des Erhabenen. So liegen für Vischer im Komischen jene Mächte, durch die Geist und Herz erhöht werden, weil das gesamte Feld des Komischen als das „Gegenglied" zum Erhabenen dieselbe rezeptive Wirkung erzielt wie dieses.[2] Durch die Entgegensetzung von Erhabenem und Komischem gelangt Vischer aber letztendlich nur zu einer Form des Komischen und des Humors, die er – an Hegels Konzeption des subjektiven Humors anschließend – bei Jean Paul findet. Hier ist der „stille und heimliche Humor weiblicher Männer, gutmütiger, ländlicher, kleinstädtischer Naturen" überwunden zu einer

---

[1] J. Ritter, *Über das Lachen* (1940). In: Ders., Subjektivität. 6 Aufsätze. Frankfurt a. M. 1974, S. 62–92; im Text unter Angabe der Seitenzahl zitiert.
[2] Friedrich Theodor Vischer, *Ästhetik oder Wissenschaft des Schönen*. Zum Gebrauche für Vorlesungen. 1. Teil. Die Metaphysik des Schönen. In 2. Auflage hrsg. von Robert Vischer, München 1922 (Nachdruck Hildesheim/New York 1975) §158, 1; dazu auch die Abhandlung *Auch einer,* in der Vischer diese Form des Jean-Paul'schen Humors und des Komischen realisiert; zum Folgenden vgl. Ästhetik §224.

„höchsten Befreiung aus dem totalen Bewußtsein des Widerspruchs".[3] Auf diese Weise bildet das Komische den Höhepunkt einer in der „objektiven absoluten Erhabenheit" verzweifelnden Subjektivität, zugleich findet sich hier eine Einheit von Kunst und Reflexion, die nicht – wie bei Hegel – die Skepsis gegenüber einem allzu harmonisch-gelingenden Schönen thematisiert, sondern die Vollendung der Kunst in Einheit mit der Reflexion erreicht sieht; „denn die Reflexion wendet sich jetzt einfach auf das Ganze, das vorliegt, und hat nun dies vor sich, daß das eigene Subjekt in die allgemeine Unreinheit und ihr Schicksal verwickelt, eben durch seinen unendlichen Schmerz unendlich darübersteht, gerade durch den Selbstverlust zu sich zurückkehrt, und daß ebenso im ganzen Umfange der Geschichte durch den Reiz und Schmerz des Widerspruchs ihr großer Zweck sich herausarbeitet". Durch diese Bewegung kann die Subjektivität sich „den Genuß ihrer unendlichen Freiheit geben".

Kein Wunder, daß sich in diesem „männlichen Geist" des Humors Aristophanes und das „Feuerauge Shakespeares" im Aushalten des Widerspruchs zwischen sittlichem Pathos und Erfahrung vereint finden. So müssen wir nach Vischer das Lachen segnen, „weil ohne seine Hilfe das ganze Gemeine, mit dem wir belastet sind, unerträglich wäre."[4] Wie Kant sieht Vischer das Lachen als eine „der Gesundheit zuträgliche Bewegung" an und definiert wie dieser das Lachen als einen Effekt aus der plötzlichen Verwandlung einer gespannten Erwartung in Nichts.[5] Der wesentliche Gedanke Vischers ist der, daß sich das Erhabene in die Welt des unendlich Kleinen hinüberrettet, daß dadurch das von Kant gefürchtete Häßliche „in dem selben Augenblicke aufhört, Häßliches zu sein, in dem die Idee, des Übermaßes entkleidet, mit dem sie auftrat, als wahrer innerer Wert in das unendlich Kleine selbst herübertritt." Das Komische vermittelt also nicht – wie Kant meint – nur einen rein sinnlichen, sondern einen intellektuellen Genuß. Es vermittelt diesen Genuß allerdings in einer Weise – wie sich aus dem Kontrast zu Hegels Überlegungen zeigen soll –, durch die Vischer den ganzen Bereich des Komischen zusammen mit dem des Häßlichen in den einen Ursprungsort des Schönen, damit in eine Ästhetik zurückbindet, die neben dem Klassizismus zugleich einen Nationalismus vertritt.

Interessanterweise verlegt Hegel anders als sein durch Hotho beeinflußter Nachfolger Vischer die Bestimmung des Komischen nicht in den Kontext des Erhabenen, sondern geht auf das Komische zuerst (nämlich im Hinweis auf die antike Komödie) und prinzipiell (in der Bestimmung der beiden Formen des subjektiven und objektiven Humors) im Kontext der schönen Kunst ein. Wenn er (wie Vischer) im Komischen eine Sollizitation der Reflexion sieht, so bleibt diese Reflexion doch offen, d.h. inhaltsfrei in dem Sinn, daß sie an jedem, noch dem ästhetisch-unumstrittensten Inhalt, nämlich der schönen Kunst, ansetzen und sich entzünden kann. Hegel schließt daher seine Bestimmung des Komischen und der Komödie zunächst an die Bestimmung der antiken Tragödie an, läßt seine

---

[3] A.a.O. §221; zum folgenden Zitat: §222.
[4] Zum vorigen vgl. §222; das letzte Zitat §224.
[5] I. Kant, *Kritik der Urteilskraft*. §53, Anm.

Ästhetikvorlesungen, die zum Schluß auf den Kulminationspunkt des modernen Dramas, (nämlich Schillers Dramen) eingehen, wiederum mit einem Hinweis auf das Komische abschließen:

„Was nun letztlich die Komödie ausmacht, so haben wir schon bemerkt, daß die Komödie von Haus aus das ist, womit die Tragödie schließt: mit dem absolut in sich versöhnten, heiteren Gemüt, das sich verwickelt, einen Gegensatz produziert, der Verwicklung abzuhelfen sucht, aber im Mittel so ungeschickt ist, daß es seinen Zweck durch das Mittel selbst zerstört, dabei aber ebenso ruhig und seiner selbst gewiß bleibt. Dies ist im Ganzen der Begriff der klassischen Komödie, wie wir sie in den Stücken des Aristophanes finden."[6]

Hegel unterscheidet hier noch einmal zwischen jenen Stücken (genannt wird Molière oder andeutungsweise der Don Quichotte), die nicht durchweg komisch sind, da die Individuen ihre Zwecke ernsthaft verfolgen, die mißlingenden Handlungen nur dem Zuschauer, nicht dem Individuum selbst als komisch erscheinen. Solche „Torheiten" sind nur „für ein drittes Bewußtsein" und darum nicht wahrhaft „komisch". Dies sind sie nur, „wenn sie für das Individuum selbst nicht ernst sind, es sich in seinem Ernst selbst nicht ernst ist" (a.a.O. 310). Dieses „echte Komische", das die „absolute Freiheit des Gemütes" anschaulich werden läßt, sieht Hegel bei Aristophanes realisiert. „Ohne ihn gelesen zu haben, kann man nicht wissen, wie dem Menschen sauwohl sein kann" (ebd.). Bezeichnend für diese echte Komik ist die Tatsache, daß an sich hohe Gedanken wie die Weisheit oder die Tugend oder das „absolute Interesse", das das Göttliche hat, ins Lächerliche gezogen werden und so nicht als „das Göttliche als solches" erscheinen, sondern als das Göttliche, wie es in einem endlichen und beschränkten Bewußtsein ist (a.a.O. 311). Daher ist der Spott des Aristophanes gegen die griechischen Götter eigentlich nicht gegen die in ihnen vertretbare Idee des Sittlichen gerichtet, sondern gegen die Unzulänglichkeit der Vermittlung dieses Sittlichen in einer „anthropomorphistischen Gestalt" (ebd.). Diese bietet sich „leicht der Verspottung dar ..., wenn nur etwas weiter in die Besonderheit fortgegangen wird, die mit der Göttlichkeit dann im höchsten Widerspruch erscheint." Neben den Göttern werden aber die Torheiten des Volks und seiner Staatsmänner, also die Probleme und Kollisionsursachen in der „Republik" (ebd.) zum Thema. Aristophanes „stellt die Taten der Staatsmänner in ihrer Torheit dar, die sich einen Zweck setzen, durch die Ausführung aber ihn zerstören. Er hat also die Personen an ihnen selbst komisch gemacht", so daß wir an den Personen „diese vollkommene Sicherheit der Subjektivität" sehen können, jenen – wie Hegel sagt – „letzten Punkt der Ausdehnung der Versöhnung, die die Subjektivität sich erringt". So kommt Hegel zu dem Schluß, „im Komischen hat die Kunst ihr Ende", aber wohl ein Ende im Sinne der Vollendung. Der Anfang beim Symbolischen ernötigt den Fortgang über das Plastische, in dem sich „das Subjekt selbst objektiv macht", über sich hinauswächst auf ein „jenseits der besonderen

---

[6] G.W.F. Hegel, *Vorlesungen über die Philosophie der Kunst.* Berlin 1823. Nachgeschrieben von H.G. Hotho. Hrsg. von A. Gethmann-Siefert (= G.W.F. Hegel, Vorlesungen. Ausgewählte Nachschriften und Manuskripte. Bd. 2). Hamburg 1998, S. 309 f.

Subjektivität Stehendes". Über diese Stufe hinaus führt jene „Subjektivität, die in sich selbst befriedigt und getröstet ist, nur mit dem Objektiven Spiel treibt ... In dieser Subjektivität vernichtet sich die Objektivität und wird [zum] Wissen dieser Vernichtung in der Komödie" (a.a.O. 311).

Jenes Wahrhafte in der Kunst, das die Philosophie der Kunst zu betrachten hat, kommt also in der Komödie an ein Ende und eine Vollendung. Das sich selbst setzende Subjekt erfährt sich sowohl in seiner Hinordnung auf ein „absolutes Interesse", auf ein Göttliches, als auch als ein selbst in seinen Bestrebungen endliches Subjekt. Letztlich hat Hegel damit in der Vollendung der Tragödie durch die Komödie bereits in der klassischen Kunst das romantische Paradigma entwickelt. Seine beinahe aphoristische Bestimmung des Komischen im Ausblick auf das der Kunst auch noch Mögliche gilt als jener Höhepunkt, über den die Kunst nicht hinausgeht, der sie aber zu einer Reflexion ihrer Setzungen befähigt.

Dabei darf nicht übersehen werden, daß sowohl der schönen Kunst der griechischen Antike (in der Tragödie) als auch – wie in anderen Überlegungen gezeigt – der nicht mehr schönen Kunst der Moderne, die in Schillers Dramen gipfelt, als ihr Gegenpart das Komische, die Komödie und der (objektive) Humor entgegengehalten wird. Im Vergleich mit der Kombination von nicht-mehr-schöner-Kunst und Komischem, die bei Vischer in einer unüberbietbaren Vollendung der Kunstrezeption als der Lebenserfahrung überhaupt gipfelt, erscheint Hegels Konzeption allerdings bescheidener. Da sich im Kontext seiner Ästhetik insbesondere die Konfrontation von schöner Kunst und Komödie bzw. Komischem als eine irritierende theoretische Friktion anbietet, sei in diesen kurzen Überlegungen dieser Gedankengang verfolgt. Offensichtlich setzt das Schöne in seiner ersten Reflexionsform, der Tragödie, das Komische und damit deren Gegenpart, die Komödie frei. Bereits in der klassischen Kunst nötigt die Harmonie einer Erfahrung des Göttlichen in der schönen Gestalt aus sich zur Skepsis. Diese Skepsis findet für Hegel ihren ersten Ausdruck in der Tragödie selbst, ihren vollendeten Ausdruck aber in der Komödie. *Die Komödie führt zur Befreiung des Individuums* von der überwältigenden Orientierung im Sittlichen durch das Göttliche oder die Staatsmacht, *die sich im Lachen über die allzu menschlichen Götter oder Herrscher manifestiert*. Wobei die Ohnmacht der Macht, die Anmaßung des Unendlichen im endlichen Handeln und der endlichen Person dieser selbst präsent, durch sie bewußt gesetzt sind. Die erste Form der Reflexivität der Orientierung im Sittlichen, wie sie die Kunst stiftet, liegt mit der Tragödie selbst vor. Hier wird der Konflikt im Sittlichen aber letztlich in der religiösen Versöhnung aufgefangen. In der Komödie radikalisiert sich dieses reflexive Bewußtsein, wenn die Personen „wahrhaft komisch" sind. Dann sind nämlich ihre Relevanzansprüche bereits durch die Präsentation/Personifikation gezielt als Anmaßung dargestellt. Dadurch ist das Scheitern der Handlungsintention, mit ihm der Akzeptanzverlust der Personen als notwendig, unvermeidbar und wegen des Effekts (des befreienden Lachens) auch bewußt und geplant dargestellt.

Der systematische Ort für Hegels Konzeption des Komischen und der Komödie sowie des Humors ist daher zunächst das der klassischen Kunstform immanente Reflexionspotential und letztlich das romantische Paradigma, was sich durch den Hinweis auf die Notwendigkeit der Verknüpfung von Anschauung und Reflexion in der Kunst bestätigt. Der Rückbezug der formalen Qualität der (schönen) Kunst auf die Reflexion setzt mit der umfassenden Bestimmung der geschichtlichen Funktion der Kunst in der griechischen Welt an. Hegel erweitert aber bereits hier seine Überlegungen, daß und wie die Kunst die Sittlichkeit einer Gemeinschaft stiftet, in der Weise, daß die Überführung dieser geschichtlichen Bestimmung in eine geänderte geschichtliche Situation nötig wird. Die Bestimmung des Kunstwerks, die Hegel zunächst an der griechischen Kunst gewonnen hatte, wird in die Neukonzeption der romantischen Kunstform „übersetzt" durch eine Verknüpfung von Anschauung und Reflexion im Komischen und seiner Rezeptionsform, im Humor.

Affirmative Identifikation mit dem schönen Götterbild und skeptische Rückbesinnung des Menschen auf sich selbst und seine Endlichkeit führen zu jener modernen Form des Selbstbewußtseins, in der der Mensch sich als den Ursprung der Unbedingtheit sittlicher Ansprüche, damit als den Ursprung des Göttlichen erfährt und begreift.

Epos-Tragödie-Komödie: Die Formel des modernen Dramas

Im Kontext seiner Bestimmung der antiken Tragödie als der Darstellung des Handelns des (heroischen) Individuums im komplexen Orientierungsgeflecht der Polis entwickelt Hegel nicht nur seine Konzeption des Epos weiter, sondern bereitet durch seine Konzeption der Komödie eine Bestimmung der dramatischen Poesie vor, die er in der Analyse des modernen Dramas (insbes. des Schillerschen Dramas) wieder aufgreift.

Hegels Charakteristik des Epos gipfelt in einer Darstellung des Handelns des großen Individuums, dessen Allgemeinheit darin besteht, daß im lebendigen individuellen Handlungsvollzug, in der „Substantialität" der Sittlichkeit, ein für alle maßgebliches Handeln vorgegeben und dadurch die Konstitution einer Gemeinschaft ermöglicht wird. Meist entwickelt Hegel diese Überlegungen an den Homerischen Epen, er wiederholt sie aber (sozusagen im Zerrspiegel der Negativität) in seiner Kritik des modernen großen Individuums, insbesondere in seiner Schillerkritik.

Für die zwangsläufige Weiterführung des Epos zur Tragödie werden zwei Gedanken wichtig, nämlich die Skepsis gegenüber der substantiellen Sittlichkeit und der Ersatz der substantiellen Gesellschaftsform der Polis durch die Gemeinschaft gleichberechtigter Subjekte, also die subjektiv konstituierte bürgerliche Gesellschaft der Moderne. Zunächst zeigt Hegel in der Deutung der antiken Tragödie, daß die substanzielle Sittlichkeit, die sich im Handeln des großen Individuums vermittelt, nicht das Orientierungsgerüst einer Gemeinschaft bleiben kann, auch wenn sie für die Einrichtung dieser Gemeinschaft grundlegend gewesen ist. Die

Bedeutung des „schönen" (weil maßgeblichen) Handelns in der Polis wird nicht mehr in der Anschauung des schönen Götterbildes, sondern durch eine andere Form, nämlich die reflexivere Form der Tragödie vermittelt.[7] In der Gemeinschaft erweist sich das (vorbildliche) sittliche Handeln des heroischen Individuums ebenso wie die durch die Kunst in Götterbild und -vorstellungen gegebene sittliche Orientierung als partial. Die Nachfolge im Handeln führt zum Konflikt, dem Thema der Tragödie.

Für das romantische Paradigma wird diese erste Skepsis durch eine Reflexion auf die Gesellschaftsform verstärkt. Die prinzipielle Beschränktheit des heroischen Handelns auf die Substantialität, also auf die Bewußtheit, nicht die Selbstbewußtheit und geltungssichernde Reflexivität des Handlungsvorbildes wird komplementär ergänzt durch eine weitere Partialität, nämlich die Einschränkung auf wenige Individuen, denen die Mehrheit als bewußtlose und schweigende Masse gegenübersteht. Beide Phänomene zusammengegriffen führen Hegel zu seiner Übertragung des Modells der Tragödie als Orientierung im Sittlichen auf die geänderte Situation der Moderne und auf die Einsicht, daß für den dramatischen Helden zwangsläufig eine weitergehende Partialität in Rechnung gestellt werden muß. In der modernen Welt ist die Unterstellung, der dramatische Held befinde sich in der Situation des göttlichen oder des großen Individuums, eine „Anmaßung". Das Individuum steht in der bürgerlichen Gesellschaft gegen eine verfaßte Gesellschaft, verletzt im individuellen freien Handeln trotz der Vorbildlichkeit der Handlungs*intention* die Gesetze und Rechte der Gemeinschaft. Konstitutiv für die Übertragung des Tragödienkonzepts auf das Drama ist die Integration der geänderten Situation und eine verschärfte Form der Partialität, die Hegel zur Kritik des großen Individuums als „Verbrecher" führt. Diese Kritik hat er bereits in den Überlegungen der Jenaer Zeit entwickelt, und sie bilden den Leitfaden für seine gesamte spätere Dramenkritik.

Zunächst erweist sich das heroische Handeln aber bereits im sittlichen Orientierungsgeflecht der Polis als ein vereinzeltes Handeln, das dennoch mit Allgemeinheitsanspruch auftritt und seine Grenze an einem gegenläufigen, aber ebenso kompetenten wie in seinen Intentionen legitimen Handeln findet. Die Thematisierung der heroischen Handlungsentscheidung als Moment des Orientierungsgeflechtes der Polis, als Moment der Sittlichkeit eines Volkes, sieht Hegel als das Prinzip der Tragödie an, diese wiederum als die Möglichkeit einer Integration von substanzieller Sittlichkeit und einer ersten, noch anschaulich verbleibenden Reflexion, die in die Konfrontation unterschiedlicher Vollzüge des schönen Handelns integriert wird. Damit deutet Hegel bereits das „schöne Handeln" der aristotelischen Poetik als das sich im Konflikt durchhaltende schöne Handeln, d.h. als eine nicht bloß anschaulich gegebene, sondern ihrer selbst gewisse Form der Sittlichkeit und des sittlichen Vorbildes.

---

[7] Vgl. dazu maßgeblich die Deutung der Tragödie bei O. Pöggeler, *Hegel und die griechische Tragödie*. In: Heidelberger Hegel-Tage 1962. Hrsg. von H.-G. Gadamer. Bonn 1964 (Hegel-Studien Beiheft 1), S. 85–305.

Der zweite Schritt, der über die heroische Individualität hinausführt, ist in einer Präsentationsgewohnheit der Tragödie angelegt, nämlich der Tatsache, daß die Vorstellung der Tragödie durch ein Satyrspiel abgeschlossen wurde. In dieser Kombination gegenläufiger Intentionen und Rezeptionsweisen (Ernst und Heiterkeit) wird die zweite Begrenztheit des heroischen Individuums manifest, nämlich seine häufig nur vermeintliche Erhabenheit über die Allgemeinheit der Vielen. Hegel weist auf diese Besonderheit der Tragödie hin, wenn er die Form der Komödie erörtert und feststellt, daß der geringere Mann mehr geeignet sei, „hier zum Helden" zu dienen, da die Komödie das Sich-Aufspreizen der Geringeren zu Heroen darstellt und gleichzeitig zeigt, wie es zuschanden wird (vgl. dazu Griesheim 1826 Ms. 82; von der Pfordten 1826 Ms. 15a). In der Umorientierung der durch die Schönheit herausgehobenen heroischen Gestalt zur „gemeinen" Gestalt des Helden wird die weltgeschichtliche Bedeutung des heroischen Individuums aufgehoben und zugleich die Tragweite der Rezeptionsweise des „schönen Handelns", nämlich die unreflektiert übernommene Handlungs- bzw. Orientierungsgewißheit, infragegestellt. Eben dies ist die Grundlage des Konflikts im modernen Drama.

Der zwangsläufig dritte Schritt, den die Komödie vorab vollzieht, und der ebenfalls im Satyrspiel thematisch wird, ist die Ridikülisierung der Legitimationsgrundlage des Handelns und der heroischen Handlungsgewißheit, nämlich die durch das Individuum vollzogene Infragestellung der allzumenschlich dargestellten Götter oder Heroen als der unbedingten Instanzen für die Sittlichkeit eines Volkes.

Auch dadurch gibt die Tragödie und die Deutung der Tragödie – mithin die schöne, nicht die erhabene Kunst – den Hintergrund der Interpretation der Komödie vor. Hegel hatte ausgeführt, daß die heroischen Individuen – die Protagonisten des Epos – in der Tragödie in eine erste Reflexionsnötigung geraten. Das seiner selbst und seiner Begründung gewisse sittliche Handeln stellt sich zwar nicht durch sich selbst in Frage, wohl aber durch den Konflikt, der aus der Konfrontation unterschiedlicher Handlungen und Handlungsorientierungen entsteht. Da die orientierenden Instanzen jeweils bestimmte Götter bzw. ihre gestaltete Präsenz im Kultbild waren, steht mit der Konflikträchtigkeit sittlichgewissen Handelns auch die Legitimationsinstanz der Allgemeinheit, damit die Allgemeingültigkeit dieses Handelns zur Disposition. Die einzelnen Götter, die durch ihr Handeln die Vorbilder (für die Nachfolge) des menschlichen Handelns abgeben, geraten mit dem Verlust der Treffsicherheit sittlichen Handelns ebenfalls in eine Krise. *Diese Handlungs-Orientierungs-Krise selbst wird in der Komödie wieder in Bild und Gestalt gefaßt.* Die heroischen Göttergestalten werden ihres Vorbildcharakters, ihrer Heroizität, entkleidet und als selbst irritierte und irritable Protagonisten dargestellt.

Das geschieht für Hegel in einer durchschlagenden Form erstaunlicher- und bezeichnender Weise nicht in der modernen Komödie, sondern eben in der Komödie der Alten. Hier werden die Handlungen der Götter ebenso wie die der Helden ins Lächerliche gezogen, wobei die Lächerlichkeit aus der Diskrepanz zwischen

Orientierungsanspruch und ersichtlich nicht mehr repräsentativer Gestalt dieses Anspruches entsteht.

Damit gewinnt Hegel seine Konzeption der Komödie als die Stimulation des Lachens angesichts und anläßlich der sich zur Absolutheit aufspreizenden Endlichkeit. Hegel sieht nämlich keinesfalls in der Komödie nur die Dekadenz angemaßter Selbständigkeit in Personen, die dieser Selbständigkeit nicht fähig sind, sondern er sieht in ihr eine Thematisierung der Endlichkeit des geschichtlichen Individuums generell. Das „wahrhaft Komische" ist, wie sich in den angeführten Überlegungen der Ästhetikvorlesung von 1823 zeigt, jene von der Einsicht in die unzulängliche Vertretung eines nicht konsistenten, nur angemaßt-unbedingten Orientierungsanspruchs getragene Antithese des „schönen Handelns". Die parallele Konstruktion ist die des Erhabenen, also des Nicht-mehr-Schönen, die sich für Hegel in Schillers Dramen manifestiert. Beide Gegensätze zur Harmonie des „schönen", aber substantiell gegründeten Handelns führen zu Rezeptionsformen, die Anschauung und Reflexion verbinden. „Reflexionsschwer" verläßt der Zuschauer des Dramas das Theater. Diesem „Ernst" der Orientierungssuche im Handeln steht der Humor bzw. die Heiterkeit als komplementäre Möglichkeit gegenüber. Das Scheitern des tragischen, schönen, wie des dramatischen erhabenen Handelns ist Indiz für die Uneinlösbarkeit der Unbedingtheitsansprüche (der Orientierung im Sittlichen). Die Tatsache, daß es den Personen der Komödie selbst nicht Ernst ist, daß sie also nicht tragik-komisch sind wie der Ritter von der traurigen Gestalt, befreit die Kunstrezeption vom Ernst der sittlichen Verpflichtung mit unzulänglicher Legitimationsgrundlage. Das Lachen befreit zur Reflexion in strukturell ähnlicher Weise wie das nicht-mehr-schöne Handeln des modernen dramatischen Helden zur Reflexion nötigt. Jeweils ist der Rezipient vom Unbedingtheitsanspruch inhaltlicher Vorgaben und Vorbilder des Handelns „erlöst", aber zur eigenen Reflexion genötigt (bzw. in der Komödie der Alten) freigesetzt.

Diese Bedeutung des Komischen und der Komödie für das romantische Paradigma bestätigt sich an Hegels Schillerkritik. Denn in dieser Kritik wiederholt Hegel die Charakteristik des „großen Individuums" unter Rückgriff auf das Strukturprinzip der Komödie, nämlich auf die Darstellung des Scheiterns dieses Individuums an der selbstgesetzten, es überfordernden Aufgabe. Wo sich in der antiken Tragödie die Ironie im Zusammenspiel zwischen Zuschauer und Komödie entwickelte, erhebt sie sich im modernen Drama zur Ironie des Schicksals, zur Ironie der condition humaine schlechthin. Deshalb kann Hegel in seinen Vorlesungen quasi übergangslos von der Darstellung der Schillerschen Dramen als der nicht-mehr-schönen Kunst auf die Komödie als höchste Form der dramatischen Kunst zurückweisen (was angesichts der Bedeutung der Schillerkritik zunächst ein wenig befremdlich erscheint, im Hinblick auf die Strukturmomente der Tragödiendeutung, der Komödiendeutung und der Deutung des modernen Dramas aber eine plausible Konsequenz erhält).

Es fragt sich, welchen Stellenwert für Hegel damit die Komödie und das Komische hat – ein Stellenwert, der offensichtlich in seiner Konzeption der objektiven Heiterkeit, des objektiven Humors gipfeln muß, will man seine Überlegungen ernst nehmen und den strukturell vorgezeichneten Gedankengang der Vorlesungen, der sich durchweg in allen vier Berliner Ästhetikkollegien findet, nicht verfremden.

Ironie, Heiterkeit und objektiver Humor

Es muß sich nachweisen lassen, daß und wieweit Hegel diese Konzeption der alten Komödie in der Analyse der Ironie und der beiden unterschiedlichen Formen des Humors (des subjektiven und objektiven Humors) wiederholt.

Zunächst liegt auf der Hand, daß die von ihm als zu eng, weil nur negativ-zerstörerisch abgelehnte Konzeption der romantischen Ironie in ihrer kritischen Tendenz nur verständlich wird auf dem Hintergrund dieser in der Komödie bereits vor-modern erreichten umfassenderen Form der Ironie. Das Lachen, das die Komödie erzeugt, geht einen Schritt über die bloß zerstörerische, selbstzerstörerische (die kränkelnde Sehnsüchtigkeit erzeugende) Ironie der Romantiker hinaus. Sein Lachen über die Hinfälligkeit sowohl angemaßter menschlicher Größe als auch letztgültiger Orientierungsinstanzen wirft den Menschen auf sich selbst, seine Fähigkeit zu Vernunft und Freiheit zurück. Der sinnliche Akt des Lachens angesichts der Auflösung vormals für gewiß erachteter Orientierungen ist der Akt der Befreiung vom Orientierungszwang und zugleich der Akt der Nötigung, eigene Orientierungen zu gewinnen. Diese letzte Seite zumindest fehlt in der romantischen Ironie. Hier wird das Individuum zwar auf sich selbst als ein scheiterndes, sich auflösendes, mit der Welt in Dissens geratenes Individuum zurückgeworfen, nicht aber auf sich selbst als handelndes Individuum, als für sein Handeln verantwortliches. Dies geschieht in der (alten) Komödie.

Die nächste Frage, die Hegel erörtert, ist die, wieweit im subjektiven Humor, also einer modernen Form des Komischen, diese alte umfassende Konzeption des „wahrhaft Komischen" in der Komödie wieder erreicht werden kann. Der Humor geht in der Tat einen Schritt über die Individualisierung der romantischen Innerlichkeit hinaus. Das „Vollglück in der Beschränkung", wie es der von Hegel häufig zitierte Jean Paul propagiert, setzt das Individuum in Beziehung zu *seiner* Gemeinschaft, und zwar in Beziehung zu der ihm jeweils (mit aller kleinbürgerlichen Enge) vorgegebenen Form von Gemeinschaftlichkeit. Im Bewußtsein der Begrenzung beschränkt sich das Individuum – wohl wissend, daß sein Horizont nicht der Horizont der Welt ist – auf die kleine Welt möglicher Beglückung in Negation der großen Welt unerreichbarer Erfüllung. Das Resultat ist anstelle der kränkelnden Sehnsüchtigkeit der romantischen Individualität ein Glück des Individuums im Genuß des ihm Möglichen und Zugänglichen. Das Individuum zeigt sich als eingebunden in jeweils-seine Form von Gemeinschaft. Es findet seine Rolle und seinen Ort in dieser Gemeinschaft und mit dem Lebensraum seine relative Erfüllung. Zugleich mit dem subjektiven Humor, genauer: durch den Humor als Rezeptionsform des „Vollglücks in der Beschränkung" bleibt aber das Bewußtsein der Beschränktheit erhalten. Man kann die jeweilige Orientierung des Individuums nicht für alle vorschreiben, da die inhaltlich-spezifischen Bedingtheiten der jeweils nur eingeschränkten bürgerlichen Existenz eine Verallgemeinerung der Handlungsorientierung ausschließen. Das Individuum bleibt also dem Bewußtsein strikter Individualität, strikter Rollengebundenheit in *seiner* Gemeinschaft ausgesetzt. Der Roman als Bildungselement bildet den Leser nur „formell" in der Kombination der Anschauung begrenzten Glückes *als* begrenzt. Indiz und Garantie für diese von Hegel der Kunst vorbehaltene „formelle Bildung" ist der Humor, der zwar affirmative, aber sich gleichzeitig distanzierende Nachvollzug. Das zum Lächeln gedämpfte Lachen läßt jene von Vischer (in der Verknüpfung von Komischem und Erhabenem) zur Letztgültigkeit hochgespielte Bedeutung der Kunst auf ein erträgliches Anspruchsniveau zurücksinken. Vermeintlich-umfassendes, scheinbar vorbildliches Handeln in der Beschränktheit des Alltäglichen und der Partialität des bürgerlichen Lebensraums erinnert an die mit der condition humaine erötigte Beschränkung von unbegrenzten Selbstrealisationsansprüchen.

Damit erzeugt auch der subjektive Humor, wie ihn Jean Paul (für Hegel) vorbildlich vertritt, eine Form der Reflexion, nämlich ein Glück im Beschränktheits-*bewußtsein*. Auch hier erreicht die Kunst jene für die griechische Polis unterstellte Funktion der Vermittlung der Sittlichkeit einer Gemeinschaft nicht wieder; sie ist restringiert auf die Darstellung möglicher lebensweltlicher Erfüllung im Einzelnen. Sie wirft sich in viele solcher Bilder des Vollglücks in der Beschränkung auseinander, die zumindest nicht mehr in der Weise konkurrieren, daß einer der Lebensentwürfe sich als maßgeblich für alle hinstellen ließe. Erhalten bleibt in dieser Form des Komischen die Ablehnung der Letztgültigkeit von Orientierungen, also die Ridikülisierung des Letztinstanzlich-Göttlichen ebenso wie der in sich selbst reflexive Rezeptionsvollzug der partiellen Übernahme.

Wenn Hegel eine Überwindung dieser Form des Humors, also dieser modernen Form des Komischen und Komödienhaften fordert, so muß ihm zumindest für die Kunst eine weitere Entgrenzung vorschweben. Diese Form der Entgrenzung läßt sich greifen in jenen Exempeln für den objektiven Humor, die Hegel ebenfalls in seinen Ästhetikvorlesungen diskutiert hat. Das herausragende Beispiel ist der *West-östliche Divan* Goethes.[8]

Im *West-östlichen Divan* wird eine weitergehende Form der Verknüpfung von Anschauung und Reflexion und damit verbunden eine Erweiterung der Rezeption, nämlich der objektive Humor manifest. Hegel charakterisiert diese Wirkung der Poesie als „Heiterkeit bei den Dingen" und als Gelassenheit und sieht in der Form dieses Humors eine mögliche Überwindung der romantischen incurvatio mentis. Dadurch gewinnt das Komische eine weitere Dimension zurück. Die fremde Welt, die der eigenen, romantisch geprägten Welt durch die Poesie entgegengesetzt wird, birgt im poetischen Nachvollzug die Möglichkeit einer Infragestellung des Ernstes und der Zwangsläufigkeit vorgegebener Orientierungen

---

[8] Auf dieses Exempel des objektiven Humors hat zuerst O. Pöggeler in seinem Aufsatz *Hegel und Heidelberg* (Hegel-Studien 6 [1971], S. 65–133) hingewiesen. Aus den Nachschriften zur Hegelschen Ästhetikvorlesung läßt sich allerdings viel genauer die exakte Bedeutung der Bestimmung des objektiven Humors entnehmen als aus den publizierten Schriften.

der *westlichen* Kultur. Die Weltlichkeit des objektiven Humors, die „Heiterkeit bei den Dingen" steht der vermeintlichen All-Orientierung christlicher Religiosität gegenüber, die gerade die Möglichkeit einer Selbstfindung im Weltlichen in Abrede stellt. Das romantische bzw. moderne Individuum gewinnt in Konfrontation mit der fremden, durch eine andere Religiosität geprägten Welt, seine Welt erst einmal als solche wieder zurück. „Die Heiterkeit bei den Dingen" ist aber in einem zweiten Schritt geprägt durch ein Endlichkeitsbewußtsein. Dieses Endlichkeitsbewußtsein wird nicht wie in der christlichen Weltanschauung als negative, allenfalls zur Hoffnung Anlaß gebende Erfahrung charakterisiert, sondern als ein bewußtes Sich-Begnügen in der Endlichkeit. Anders als im subjektiven Humor ist dieses Sich-Bescheiden aber nicht auf die inhaltlich geprägte Welt eines kleinen Kreises, einer sehr beschränkten Gemeinschaft beschränkt, sondern gewinnt sich aus der Konfrontation zweier großer Weltkulturen. Der von Vischer als Zeichen eines schwachen Nationalgefühls verpönte „Kosmopolitismus"[9], dessen sich Goethe im *Divan* schuldig macht, wird bei Hegel zur Tugend bzw. führt zu einer Entgrenzung des kleinbürgerlichen „Vollglücks in der Beschränkung" auf ein „Vollglück in der Endlichkeit", dem in der Heiterkeit und Gelassenheit die Welt – und zwar die Welt der großen Kulturen – verfüglich ist.

Erhalten bleibt die in der alten Komödie vorbereitete Auflösung der Selbstgewißheit des Handelns aufgrund der Letztinstanzlichkeit einer göttlichen Legitimation der Sittlichkeit des Individuums, die als maßgeblich für alle Individuen, als Sittlichkeit einer Gemeinschaft gesetzt wird. Erreicht wird aber im Bewußtsein der Endlichkeit zugleich die Möglichkeit, in vorgegebenen Lebenswelten so etwas wie menschliche Erfüllung zu finden. Da diese Erfüllung nicht bewußtbeschränkt, sondern im Rezeptionsakt der Aneignung des Fremden entgrenzend hinsichtlich der eigenen Bürger-Existenz ist, gilt Hegel der „objektive Humor" als die umfassende Möglichkeit der Kunst. Im Lächeln (also auch hier wie beim subjektiven Humor nicht mehr im Lachen), in der Heiterkeit liegt die positive Einstimmung in eine Situation, die Übernahme der Infragestellung der eigenen Grenze und die Integration der eigenen, beschränkten Lebenswelt durch andere Möglichkeiten. Die Anschauung der Kunst enthält insofern einen Zwang zur Reflexion, löst unausweichlich die Reflexion aus. Sie kann die durch ihre Erfahrung und Rezeption aufgenötigte Fraglichkeit allerdings selbst nicht letztgültig beantworten. Die Kunst entläßt das moderne Individuum in die im Spiel mit Möglichkeiten der Gestaltung menschlichen Lebens heitere Nachdenklichkeit.

Damit hat Hegel gezeigt, daß sowohl die moderne Tragödie als auch die in der Moderne, nämlich in der Poesie des subjektiven und objektiven Humors greifbaren Formen des Komischen eine gesellschaftlich bedeutsame und unverzichtbare Funktion der Kunst darstellen.

---

[9] Vgl. dazu die nähere Analyse bei A. Gethmann-Siefert, *Friedrich Theodor Vischer – „Der große Repetent deutscher Nation für alles Schöne, Gute, Rechte und Wahre"*. In: „O Fürstin der Heimath. Glückliches Stutgard". Politik, Kultur und Gesellschaft im Deutschen Südwesten um 1800. Hrsg. von C. Jamme und O. Pöggeler. Stuttgart 1988, S. 329–351.

Vollendung und „Ende" der Kunst im Komischen und im Humor

Hegel bereitet also mit der Interpretation der Komödie der Alten eine Revision der politischen Bedeutung der Kunst vor. Die Kunst kann die von ihr erwartete sittliche Orientierung einer Gemeinschaft nicht mehr vermitteln, da die Gestalten der anschaulichen – für jedermann zugänglichen – Vermittlung diese nicht zu leisten vermögen. Die doppelte Brüchigkeit der Gestalt sowohl hinsichtlich der durch das schöne Götterbild erzeugten Handlungsgewißheit als auch hinsichtlich der Letztinstanzlichkeit in der Absicherung der Allgemeingültigkeit solcher Orientierung wird in der Komödie thematisch. Die Komödie löst den heroischen Charakter hinsichtlich seiner Vorbildfunktion auf und läßt die Nachfolgeansprüche hinfällig werden, weil die Rezeptions-Reaktion nicht die der affirmativen Identifikation mit dem schönen Handeln, sondern die des Lachens, die der Auflösung des Identifikationszwanges in einer selbst wieder befreienden sinnlichen Handlung ist.

Hegel bereitet hier also sowohl seine These vor, daß im modernen Staat die Kunst ihrer höchsten Möglichkeit nach nicht mehr präsent ist, daß sie die Orientierungsfunktion verloren hat. Gleichzeitig bereitet er aber auch die Basis für die Einrichtung eines unverzichtbaren Funktionsraumes der Kunst in der modernen Welt und Gesellschaft: Kunst kann zwar die Reflexion nicht ersetzen – tut sie dies, so provoziert sie das Gegenteil des Gewünschten, nämlich das sich von der Orientierungsvorgabe befreiende Lachen als Reaktion der Rückbesinnung auf sich selbst, also die Ablehnung der Letztinstanzlichkeit der Orientierung. Andererseits provoziert sie eben im Lachen aber das Bewußtsein, daß die Begründung gegebener Orientierungen an anderem Ort und auf andere Weise als durch die Göttergestalten gegeben sein muß.

Sowohl die romantische Kunst mit ihrer Neuorientierung an der christlichen Gottesvorstellung als auch Hegels letztendliche Forderung, die Reflexion aus der Anschauung zu lösen, sie der vernunft-fordernden Vernunft anheimzugeben, also der Philosophie zu übertragen, sind notwendige Konsequenzen aus der Konzeption der Komödie, des Komischen und des Humors. An der Entgrenzung der Kunst auf ein Kaleidoskop möglicher reflexionsoffener Anschauungsformen zeigt sich aber zugleich eine Unerschöpflichkeit des Anschauungspotentials, die ein „Ende" der Kunst in der Moderne unplausibel erscheinen läßt. Hegel hat das bewußt in seiner Ergänzung der These vom „Vergangenheitscharakter" der Kunst „ihrer höchsten Möglichkeit nach" durch seine Theorie der Bildung durch Kunst thematisiert. Gerade die vom Affirmationszwang gegebener inhaltlicher Orientierung freie und befreiende Kunst – die schöne komische und die nichtmehr-schöne, häßliche ernste Kunst des Dramas leistet jene „formelle Bildung" zur Reflexionsfähigkeit und Kritik, in der die Kunst der Moderne ihre höchste Möglichkeit findet. Symptomatisch für Hegels Forderung, Freiheit und Vernunft durch Kunst zu ermöglichen, ist ihr Gegensatz zur Kunstkonzeption der Hegelianer. Für diese ist Vischers Hochstilisierung des Komischen bezeichnend, denn die Kunst erzwingt in der erhabenen Komik gerade eine inhaltliche Affirmation des Unbedingten anstelle der Befreiung zur Endlichkeit und zur Unbegrenztheit zukünftiger Möglichkeiten.

Francesca Iannelli

Hegels Konzeption der nicht-mehr-schönen Kunst in der Vorlesung von 1826

Neben der Vorlesung über *Logik und Metaphysik*, die Hegel später noch mehrfach wiederholte, hielt er im Sommersemester 1826 in Berlin auch seine dritte und vorletzte Vorlesung über die Ästhetik[1]. Von dieser Vorlesung, in der er sich sowohl mit der orientalischen Kunst und Kultur[2] als auch mit der zeitgenössischen europäischen Kunst auseinandersetzte[3], sind glücklicherweise eine ganze Reihe von Nachschriften erhalten, genauer: Heute sind sechs erhaltene Zeugnisse bekannt. Es handelt sich dabei um drei Mitschriften (von Friedrich Carl Hermann Victor von Kehler, von von der Pfordten und eine anonyme Mitschrift im Besitz der Stadtbibliothek Aachen) sowie zwei Ausarbeitungen (von Karl Gustav Julius von Griesheim und Johan Conrad Carl Löwe)[4] und eine erst kürzlich wiederge-

---

[1] Diese wurde, im Vergleich zu den Vorlesungen über die Philosophie der Kunst aus dem Wintersemester 1820/21 und Sommersemester 1823, besser besucht. Die Zuhörerzahl hatte sich wesentlich erhöht (von 50 Zuhörern 1820/21 und nur 20 in der zweiten Vorlesung auf 73 im Jahr 1826). Jedoch hatte Hegel nachweislich in seinen Vorlesungen zur Ästhetik weniger Teilnehmer als in denen zu anderen Themen, wie z.B. im Sommer 1829, als 200 Zuhörer seine Vorlesung „*Über die Beweise vom Dasein Gottes*" hörten (Vgl. *Übersicht über Hegels Berliner Vorlesungen* in: G.W.F. Hegel, Sämtliche Werke. Bd. XI: Berliner Schriften 1818–1831. Hrsg. von J. Hoffmeister. Hamburg 1956, S. 743–749). Dies ist wohl mit eine Ursache für die im allgemeinen geringe Anzahl der uns zur Verfügung stehenden Zeitzeugnisse zu Hegels Ästhetik.

[2] Zwischen 1826 und 1827 erreicht – nach Ernst Schulin – Hegels Interesse für die morgenländische Welt seinen Höhepunkt; vgl. E. Schulin, *Die weltgeschichtliche Erfassung des Orients bei Hegel und Ranke*. Göttingen 1958, S. 41. Die Bedeutung des Hegelschen Interesses für die symbolische Ästhetik wird von J.-I. Kwon in ihrer Dissertation über „Die Bedeutung der ‚symbolischen Kunstform' in Hegels Ästhetik" dargestellt (inzwischen publiziert unter: Dies., *Hegels Bestimmung der Kunst*. Die Bedeutung der „symbolischen Kunstform" in Hegels Ästhetik. München 2001).

[3] Es ist anzumerken, daß Hegels Interesse an der klassischen Kunst immer stärker in den Hintergrund tritt, während der den nicht-mehr-schönen Künsten gewidmete Raum in den verschiedenen Jahrgängen immer mehr Platz einnimmt.

[4] G.W.F. Hegel, *Philosophie der Kunst oder Ästhetik*. Nach Hegel. Im Sommer 1826 (Mitschrift H. von Kehler). Hrsg. von A. Gethmann-Siefert und B. Collenberg-Plotnikov unter Mitwirkung von F. Iannelli und K. Berr. Studienbrief der FernUniversität Hagen und Buchpublikation München (in Vorb.) (m folgenden Kehler 1826); ders., *Philosophie der Kunst*. 1826. Nachgeschrieben durch von der Pfordten (Ms. Staatsbibliothek Preußischer Kulturbesitz, Berlin) (im folgenden von der Pfordten 1826); ders., *Ästhetik*. Nach Prof. Hegel. 1826.Anonym (Ms. Stadtbibliothek Aachen) (im folgenden Aachen 1826); ders., *Philosophie der Kunst von Prof. Hegel*. Sommer 1826. Nachgeschrieben durch Griesheim (Ms. Staatsbi-

fundene Nachschrift vom polnischen Dichter Stefan von Garczynski, auf deren Analyse diese Arbeit über Hegels Konzeption der nicht-mehr-schönen Kunst basiert.

Auf der Grundlage der von Heinrich Gustav Hotho herausgegebenen Druckfassung der Vorlesungen über die Ästhetik von 1835–38 (bzw. in der zweiten Auflage aus dem Jahr 1842), ist es unmöglich, sowohl die Thematik des Häßlichen überhaupt als auch die einzelnen Aspekte, die sie gerade und ausschließlich im Jahr 1826 kennzeichnen (das Gleiche gilt dementsprechend auch für die Vorlesungen der übrigen Jahrgänge), wirklich analysieren zu können. In der von ihm publizierten *Ästhetik* verbreitet Hotho – Bezug nehmend auf die schöne Kunst des klassischen Griechentums – prinzipiell eine klassizistische Ästhetik[5] und läßt die erhabene, die charakteristische und die häßliche Kunst weitestgehend außer Acht.[6] Aus diesem Grund gilt die gedruckte Fassung von Hegels Überlegungen über die Philosophie der Kunst keinesfalls als zentrales Dokument einer Ästhetik des Häßlichen. Während Gotthold Ephraim Lessings *Laokoon* aus dem Jahr 1766, der Aufsatz Friedrich Schlegels *Über das Studium der Griechischen Poesie* aus dem Jahr 1797 und die Berliner *Vorlesungen über die Ästhetik* Karl Wilhelm Ferdinand Solgers von 1811 bis 1819 es ermöglichen, daß das Häßliche zur ästhetischen Kategorie wird, scheint Hegel nichts Relevantes für die Konsolidierung dieser Kategorie getan zu haben. Die gängige Hegelkritik behauptet deswegen, daß erst die Posthegelianer Karl Rosenkranz, Christian Hermann Weiße, Kuno Fischer und Max Schasler das Häßliche berücksichtigt und sich ernsthaft damit auseinandergesetzt haben. Diese weitverbreitete These[7] ist jedoch nur

---

bliothek Preußischer Kulturbesitz, Berlin) (im folgenden Griesheim 1826); ders., *Aesthetik nach Hegel*. 1826. I.C. Löwe (Ms. Staatsbibliothek Preußischer Kulturbesitz, Berlin) (Im folgenden Löwe 1826). Die noch nicht publizierten Vorlesungsquellen werden zitiert nach der Manuskriptseite (im folgenden Ms.). Zur Problematik der Primär- und Sekundärquellen zu den Vorlesungen über die Ästhetik vgl. A. Gethmann-Siefert, *Ästhetik oder Philosophie der Kunst*. Die Nachschriften und Zeugnisse zu Hegels Berliner Vorlesungen. In: Hegel-Studien. Bd. 26, S. 92–110.

[5] Dieser klassizistische Standpunkt H.G. Hothos ist schon in den *Vorstudien für Leben und Kunst* zu finden, die er 1835, parallel zu seiner Arbeit an Hegels *Ästhetik* (1835/38), veröffentlichte. Vgl. z.B.: „[...] die Kunst der Griechen ist und bleibt nun einmal als Kunst die einzig in sich vollendete". (H.G. Hotho, *Vorstudien für Leben und Kunst*. Neudruck der Ausgabe Stuttgart und Tübingen 1835. Mit einer Einleitung herausgegeben von B. Collenberg-Plotnikov, Stuttgart-Bad Cannstatt 2002 [= Spekulation und Erfahrung. 1. Abt.: Texte, Bd. 5], S. 198 (Originalpaginierung).

[6] Es ist zu präzisieren, daß auch für Hegel, wie die Nachschriften belegen, die höchste Schönheit die der griechischen Kunst ist. Vgl. z.B. Kehler 1826, Ms. 227: „Das sind die neuen Götter der Griechen, und [das] ist das absolute Schöne der Kunst überhaupt." Jedoch hat diese Beurteilung in den Nachschriften keine Abwertung der nicht-mehr-schönen Künste zur Folge. Im Gegenteil erweisen sich diese Künste auf der Basis der Analyse der Nachschriften für Hegel als relevant.

[7] Im Gegensatz zu diesem traditionellen Standpunkt entwirft A. Gethmann-Siefert im Anschluß an die Vorlesungsquellen eine alternative Einschätzung des Häßlichen, die in der folgenden Untersuchung anhand der Vorlesung von 1826 näher untersucht wird. Vgl. A. Gethmann-Siefert, *Hegel über das Häßliche in der Kunst*. In: Hegels Ästhetik. Die Kunst der Politik – Die Politik der Kunst. Zweiter Teil. Hrsg. von A. Arndt, K. Bal und H. Ottmann in Verbindung mit W. van Reijen. Berlin 2000 (= Hegel-Jahrbuch 2000), S. 21–41.

durch die Edition Hothos belegbar. In der publizierten *Ästhetik* wird nämlich der Thematik des Häßlichen eine Randrolle und eine überdies ziemlich simple Bedeutung zugeteilt. Das Häßliche steht dem Begriff des Ekelhaften[8], Widrigen[9], und Bösen[10] nahe. Bei der Analyse der Nachschriften dagegen entdeckt man eine andere Bedeutung des Nicht-mehr-Schönen, wobei das Häßliche im Sinne Hegels Zeugnis einer neuen geistigen Tendenz ist: der Freiheit des Ausdrucks und der hervorbrechenden Subjektivität der Moderne. All dies ist jedoch in der Edition Hothos nicht auffindbar.

1831 starb Hegel, ohne einen Text seiner Berliner Ästhetik oder Philosophie der Kunst, die er während seiner letzten zehn Lebensjahre entwickelt hatte, veröffentlicht zu haben. Die Aufgabe, diese Vorlesungen über die Kunst, die andernfalls für das große Publikum unbekannt geblieben wären, in Druck zu geben, übernahm der Hegelschüler und spätere Kunsthistoriker Heinrich Gustav Hotho. Weder die erste noch die zweite Auflage der von ihm edierten *Ästhetik* können jedoch als kritische Ausgaben betrachtet werden. Vielmehr hatte Hotho vor, wie er selbst in der *Vorrede* zur ersten Auflage erklärt, einen nicht so sehr philologisch begründeten Text als vielmehr ein klares, organisches und leicht lesbares[11] Buch zu schreiben[12], das den Geschmack der Zeitgenossen treffen könne. Dabei ergänzte Hotho, dem nur wenig Material aus der Feder Hegels zur Verfügung stand[13], das schematische Manuskript seines Lehrers durch die Mitschriften seiner Studenten aus den Vorlesungen, die zudem verschiedenen Jahrgängen zuzuordnen waren. Dieser Umstand erschwert es uns heutzutage, die chronologische Entwicklung der Konzeption der Kunst Hegels nachzuvollziehen, zumal auch noch mehrfach ästhetische Urteile aus ihrem Kontext gerissen wurden und in anderem Zusammenhang wiedererscheinen.

Forschungsarbeiten, die ausschließlich auf dieser Quelle basieren, haben daher eine problematische Grundlage. Es folgt daraus die Notwendigkeit des Vergleichs der zumeist noch unveröffentlichten Quellen zu Hegels Berliner Ästhetikvorlesungen mit der Edition Hothos.[14]

---

[8] Siehe beispielsweise die Aussagen über die Tiere, die einen ungewöhnlichen Organismus haben und daher für uns häßlich sind. Vgl. G.W.F. Hegel, *Ästhetik*. 2 Bde. Hrsg. von F. Bassenge mit einem einführenden Essay von G. Lukács. Berlin ²1965. Bd. I, S. 131, S. 135.

[9] Vgl. die Überlegungen über die Mächte des Negativen als Ursprung des Handelns, die letztendlich häßlich und widrig bleiben (a.a.O., S. 219).

[10] D.h. die innere Bosheit, die durch eine häßliche Darstellung zum Ausdruck gebracht wird (a.a.O., S. 255 und S. 518).

[11] Die Lesbarkeit der Ästhetik wird z.B. gelobt von H.G. Gadamer in dessen Aufsatz *Ende der Kunst? Von Hegels Lehre vom Vergangenheitscharakter der Kunst bis zur anti-Kunst von heute*. In: Ende der Kunst – Zukunft der Kunst. Hrsg. von H. Friedrich. München 1985, S. 16–33.

[12] G.W.F. Hegel, *Einleitung in die Ästhetik*. Hrsg. von W. Henckmann. München 1985, S. 9.

[13] A.a.O., S. 14 f.

[14] Es wird hier neben den bereits erwähnten (vgl. Anm. 4) aus folgenden Vorlesungszeugnissen zitiert: G.W.F. Hegel, *Vorlesung über Ästhetik*. Berlin 1820/21. Eine Nachschrift. I. Textband. Hrsg. von H. Schneider. Frankfurt a.M./Berlin/Bern/New York/Paris/Wien 1995 (im folgenden Ascheberg 1820/21); ders., *Vorlesungen über die Philosophie der Kunst*. Berlin 1823. Nachgeschrieben von H.G. Hotho. Hrsg. von A. Gethmann-Siefert (= G.W.F. Hegel, Vorlesungen. Ausgewählte Nachschriften und Manuskripte. Bd. 2). Hamburg 1998 (im

1 Die Erweiterung der symbolischen Kunstform in der modernen Poesie Goethes: Eine ‚nicht-klassische Schönheit'

Obwohl die symbolische Kunst vor allem in Indien und Ägypten, wo nach Hegel „alles Symbol" ist[15], ihre Ausbildung findet, komplettiert er 1826 seine Ausführungen über das Symbolische unter Berücksichtigung einiger Werke der modernen Welt. Hegel zeigt nämlich großes Interesse für die Moderne. Dies zeigt sich besonders dort, wo er zum Beispiel bei der Erörterung der Parabel aus Lessings *Nathan der Weise*[16] und auf Goethe[17] Bezug nimmt, oder bei der Analyse der Metapher, in der er kurz auf Goethes und Schillers *Xenien*[18], Shakespeares *Richard II*[19] und ausführlicher auf Goethes *West-östlichen Divan* verweist, sowie insbesondere dort, wo die Vergleichung betrachtet wird, wobei er besonders ausführlich, bis zur Pharaphrase, auf die Shakespeareschen Dramen eingeht[20]. Diese Tatsache, daß Hegel in der Vorlesung aus dem Jahr 1826, trotz seiner Thesen vom Vergangenheitscharakter der Kunst, immer noch sowohl für die vergangene Kunst fremder und ferner Kulturen als auch für die der Gegenwart ein starkes Interesse zeigt, macht wiederum deutlich, daß die Kunst – obwohl ihre höchste Funktion, d.h. die Vermittlung der Sittlichkeit eines Volkes durch die Anschauung, nunmehr der Vergangenheit angehört[21] – nach Hegel auch heutzutage bedeutend bleibt. Die Stiftung der Sittlichkeit wird in eine Bildung durch Kunst transformiert.[22] Denn diese Funktion gibt dem modernen Menschen ein geschichtliches Bewußtsein, das sowohl die Künste der Vergangenheit als auch die der Gegenwart zum Gegenstand haben kann. Die Kunst ist also in der modernen Welt im Sinne Hegels als *Bildung* zu begreifen. Ihr Ziel besteht darin, die geschichtliche Identität des modernen Menschen zu deuten sowohl anhand seines eigenen Kulturkreises (wie z.B. bei Shakespeare) als auch des Fremden, wie Hegel mittels des *West-östlichen Divan* aufzeigt.

Die Aufmerksamkeit Hegels richtet sich 1826 insbesondere auf den späteren, vom Morgenland faszinierten Goethe als Dichter des *Divan*, der als Beispiel einer schönen Kunst zu sehen ist, aber nicht mehr der Schönheit im klassischen

---

folgenden Hotho 1823); ders., *Ästhetik nach Prof. Hegel im Winter Semester 1828/29* (Mitschrift Karol Libelt. Ms. Jagiellonische Bibliothek, Krakau) (im folgenden Libelt 1828/29).

[15] „Die Ägypter sind das symbolische Volk gewesen." (Kehler 1826, Ms. 157); „Im Ägyptischen ist alles Symbol" (Kehler 1826, Ms. 158).
[16] Zur Parabel der drei Ringe in Lessings *Nathan* vgl. Kehler 1826, Ms. 181; Aachen 1826, Ms. 110.
[17] Kehler 1826, Ms. 181.
[18] A.a.O., Ms. 192.
[19] A.a.O., Ms. 191.
[20] A.a.O., Ms. 202–205; Aachen 1826, Ms. 119 f.
[21] Aachen 1826, Ms. 7.
[22] Vgl. O. Pöggeler, *Hegels Bildungskonzeption im geschichtlichen Zusammenhang*. In: Hegel-Studien 15 (1980), S. 241–269.

Sinne entspricht.²³ Die Motive, die Kategorien, die Begriffe, die Goethe in diesem Werk verwendet, gehören nämlich nicht der westlichen Kultur an, sondern der morgenländischen, wo andere Muster und Maßstäbe gelten. Diesen ‚fremden' Werten und Denkweisen gegenüber öffnet sich der nach der gängigen Kritik als ‚Klassizist' einzuschätzende Hegel – was eigentlich, wenn seine ästhetische Konzeption ausschließlich vom griechischen Ideal geprägt wäre, überhaupt nicht der Fall sein kann.

Wie der auf der Basis der Quellen zu Hegels Vorlesungen analysierte, *West-östliche Divan* zeigt, schrieb Goethe in seiner späteren Schaffensphase unter dem schöpferischen Einfluß des Morgenlandes Lieder, in denen „Heiterkeit, Parrhäsie der Vorstellung" und „Empfindung"²⁴ triumphieren, was Hegel stark hervorhebt, obwohl sie keineswegs als Beispiele einer klassischen poetischen Schönheit angesehen werden können²⁵. In der Tat legt Hegel Wert darauf, diese verschiedenen Mentalitäten (die westliche und die östliche Sensibilität), die uns in krassem Gegensatz zueinander vorgestellt werden, auseinanderzuhalten:

> die westliche, romantische Innigkeit ist mehr vertieft in sich selbst, neigt sich mehr dahin, trübsinnig, unfrei, unglücklich abhängig zu sein; bleibt subjektiv, selbstsüchtig, empfindsam; [...]. Die glückliche, freie Innigkeit ist im Morgenlande zu Hause.²⁶

Die Antithese scheint unüberwindbar. Jedoch wird diese Trennung aufgehoben, indem sich Goethe den freien Geist des Morgenlandes zu eigen macht. Wie dem orientalischen Dichter gelingt es auch ihm, ein affirmatives und lebendiges Verhältnis zu den Gegenständen zu entwickeln, so daß er so tief mit dem Objekt seiner Dichtung verschmilzt, daß sein Geist im Gegenstand seiner Dichtung in Erscheinung tritt und gegenwärtig wird. Die entscheidende Konsequenz ist, daß diese beiden voneinander fernen Welten sich, Hegels Meinung nach, im *West-östlichen Divan* treffen und es Goethe ermöglichen, faszinierend zu dichten, u.a. das von Hegel selbst zitierte *Lied an Suleika*, in dem rein orientalische Motive Ausdruck zuerst im Wechselspiel zwischen Tod und Wiedergeburt finden. In diesem Gedicht an Suleika beschreibt Goethe den Tod der schönen Sultanin: der Rose, Braut von Bulbul, der Nachtigall. Sie geht unter. Dennoch ist ihr Tod ein ‚positiver' Tod, mit Hegelschen Worten ist hier ein ‚Tod mit Auferstehung' verknüpft, da durch ihre Verbrennung wohlriechendes Öl gewonnen wird. Qual und Liebe sind gleichzeitig vorhanden:

---

[23] Dieses starke Interesse Hegels am *Divan*, das sich erst ab dieser dritten Vorlesung von 1826 erkennen läßt, wird scheinbar auch in der Edition Hothos bestätigt. In der Tat kann aber in Hothos Edition Hegels Aufmerksamkeit für andere – von den klassischen abweichende – künstlerische Ausdrucksweisen nicht nachvollzogen werden. Daß die Treue der Druckfassung bei der Wiedergabe von Hegels Erwägungen über den *Divan* nur scheinbar ist, wird beim Vergleich zwischen publizierter Ästhetik und Nachschriften deutlich. Vgl. dazu A. Gethmann-Siefert/B. Stemmrich-Köhler, *Faust: „die absolute Philosophische Tragödie" – und die „gesellschaftliche Artigkeit" des West-östlichen Divan*. In: Hegel-Studien 18 (1983), S. 23–64, insbes, S. 44 ff.
[24] Kehler 1826, Ms. 171.
[25] Vgl. a.a.O., Ms. 171 und Ms. 200.
[26] A.a.O., Ms. 170 f.

Dir mit Wohlgeruch zu kosen
Deine Freuden zu erhöhn
Knospend müssen tausend Rosen
Erst in Gluten untergehn.

Um ein Fläschchen zu besitzen,
Das den Ruch auf ewig hält,
Schlank wie deine Fingerspitzen
Da bedarf es einer Welt

Einer Welt von Lebenstrieben,
Die in ihrer Fülle Drang
Ahndeten schon Bulbuls Lieben,
seelregenden Gesang.

Sollte jene Qual uns quälen,
Da sie unsre Lust vermehrt?
Hat nicht Myriaden Seelen
Timurs Herrschaft aufgezehrt?[27]

Dieses erste Motiv, das auch bei Hafiz[28] erscheint, emöglicht uns die Welt anders zu betrachten, wodurch wir in die Lage versetzt werden auf eine ganz andere Art und Weise mit der Realität umzugehen. Darüber hinaus zeigt Hegel, daß die Morgenländer – und in deren Folge auch Goethe – die Rose, die für die westliche Weltanschauung nur ein Ornament ist, zu animieren vermögen, wobei sie sich selbst in den Geist und in die Seele der Rose vertiefen, um ihr ein eigenes Leben zu schenken.[29]

Ein anderes Motiv, das 1826 Hegel anspricht, ist das des orientalischen Erlebens des Schmerzes. Die Erfahrung des Leidens gilt nämlich als wichtiger Beweis des Unterschieds der Mentalitäten. Der Schmerz wird vom morgenländischen Menschen anders und zwar unbekümmerter als vom abendländischen erlebt, da der Orientale dem Leiden unbefangen und sorglos entgegentritt und sich dem Schmerz ruhig gegenüberstellt, wie die folgenden Worte von Hafiz zeigen:

> Aus Dank, weil doch die Gegenwart des Freundes erhellt, verbrenn'
> der Kerze gleich im Weh und sei vergnügt; die Kerze nämlich zer-

---

[27] J.W. von Goethe, *West-östlicher Divan*. In: Goethes Werke. Hamburger Ausgabe in 14 Bänden. Hrsg. von E. Trunz. München 1965. Band II, S. 61.

[28] „Rose aus Dank dafür, daß du bist der Schönheit Sultanin, zeige in der Liebe dich nicht gegen die Nachtigall stolz; verweigere nicht, einen Duft dafür zu gewähren. – O komm, du Nachtigall von dem Gemüt Hafisens, ein eigener Drang zu singen, (auch zuweilen redet er seine Seele als Papagei an) komm auf dem Rosendufte des Genusses wieder. Rose, kehr zum Fest des Rosenbeets zurück; wo ist die Nachtigall, daß sie erhebe die Gesänge." (Kehler 1826, Ms. 172).

[29] A.a.O., Ms. 173.

schmilzt in heiteren Tränen, aber in ihrem Weh verbreitet sie den
Glanz der Flammen.[30]

Ganz deutlich zeigt sich, wie in der orientalischen Weltanschauung Gegensätze
untrennbar miteinander verbunden sind. Liebe und Qual, Freude und Schmerz,
das Licht der Kerze und das damit verbundene Abbrennen, gehören also – anders als in der harmonischen klassischen Welt, in der das Leiden verbannt war[31]
– zusammen. Unterschiedlichste Erfahrungen, die stark voneinander abweichen,
erscheinen hier koexistent, da sie zueinander gehören. Nun, genau in diesem
Zusammensein der Gegensätze ergibt sich eine ganz andere ‚Schönheit', die im
engen Sinne betrachtet, setzte man sie in Beziehung zur griechischen Welt, nicht
schön erscheinen würde. Von dieser neuen Schönheit des *Divans* ist Hegel fasziniert und daher merkt er am Anfang des Teils über die Poesie an, daß Goethe
besonders in seinem späten Schaffen das Höchste in der Poesie geleistet hat,
indem er die für das Morgenland typische Freiheit und Unabhängigkeit verinnerlicht hat[32]. Man kann also zu dem Schluß kommen, daß Hegels Konzeption
der Kunst hinsichtlich der modernen Dichtung Goethes auch eine nicht-klassische
Schönheit in sich aufnimmt und daher keine wertmäßige Einstufung voraussetzt,
nach der die griechische Kunst den absoluten künstlerischen Maßstab stellt. So
zeigt sich unmißverständlich eine erste relevante Abkehr Hegels von einer Deutung des Schönen ausschließlich als Harmonie betrachtet zum Schönen hin, das
durch Kontraste und Dissonanzen entsteht. Der erste Schritt über das Nichtmehr-Schönen hin zum Häßlichen ist somit getan.

2 Das Nicht-mehr-Schöne: Die christliche Malerei

In dem Teil der Vorlesungen über die Ästhetik aus dem Jahr 1826, den Hegel
der Malerei widmet, ist ein signifikanter Hinweis auf Gotthold Ephraim Lessing
zu finden[33]. Im *Laokoon* (1766) setzt sich Lessing mit der Frage der „Grenzen
der Malerei und der Poesie" auseinander und kommt zu dem Schluß, daß nur
die Poesie – und nicht die Malerei – das Häßliche ertragen und darstellen kann.
Diese Annahme, wonach nicht jede Kunst das Häßliche ‚vertragen' könne, wird
von Hegel im wesentlichen übernommen.

---

[30] A.a.O., Ms. 172.
[31] „Ewige Ruhe thront auf der Stirn der Götter" (a.a.O., Ms. 229; vgl.auch Aachen 1826, Ms. 127; Griesheim 1826, Ms. 209); „Selig, ewig befriedigt, in sich versunken" sind sie (Kehler 1826, Ms. 229).
[32] Kehler 1826, Ms. 376; Griesheim 1826, Ms. 297 f.
[33] Dieser Hinweis auf G.E. Lessings *Laokoon* in den Vorlesungen des Sommersemesters 1826 (vgl. Kehler 1826, Ms. 351; Aachen 1826, Ms. 185; Griesheim 1826, Ms. 286) ist bereits 1820–21 in der ersten (vgl. Ascheberg 1820/21, S. 269) und 1828/29 in der letzten Vorlesung zu finden (Vgl. Libelt 1828/29, Ms. 80). 1823 wird lediglich auf Lessings Theorie des prägnanten Moments angespielt (vgl. Hotho 1823, Ms. 241 f., Ms. 258). Die von Lessing im *Laokoon* aufgeworfene Frage der Grenzen zwischen Malerei und Poesie wird nicht berücksichtigt.

Hegel macht sich Lessings Theorie des prägnanten Momentes[34] zu eigen und wendet sie auf die eigene Konzeption der Malerei an. Da in einem Gemälde ein Augenblick und nur ein einziger fixiert wird – was Hegel „die symbolische Geste" nennt –, ist er der Auffassung, es sei unangebracht, das Häßliche darzustellen, weil es für immer erstarren würde und für die Rezeption störend sein könnte:

> Es ist nun eigentlich keine feste Bestimmung vorhanden, bis wie weit die Verletzung fortgetrieben werden kann, jede besondere Kunst hat ihre eigentlichen Grenzen. Die Vorstellung kann z.B. viel mehr vertragen als die Anschauung, in der Poesie können die Diskrepanzen bis zur Häßlichkeit fortgetrieben werden, weil diese hier verschwindend ist, in der Malerei kann dies aber nicht geduldet werden, weil das sittlich Häßliche zugleich das physisch Häßliche wird und auf die Leinwand festgebannt ist. Es ist aber die große Aufgabe des Künstlers, daß das Schöne noch in der Verletzung sich erhalte und daraus hervorgehen könne.[35]

Daraus könnte man prima vista folgern, daß Hegels Ansicht nach die Malerei das Reich des Schönen sei, in Wirklichkeit ist allerdings sowohl dies als auch das Gegenteil unzutreffend. Trotz der scheinbaren Übereinstimmung mit Lessings These der Verschiedenheit zwischen den bildenden und sprachlichen Künsten, das Häßliche zu ertragen, kommt die Hegelsche Argumentation bezüglich der Malerei von dieser Theorie ab, da er – wie festzustellen sein wird – das Nichtmehr-Schöne der christlichen Malerei gelten läßt. So ergibt sich gleich ein weiteres Problem, das aber zuerst keine Lösung findet: Es stellt sich die Frage, welche Haltung Hegel bezüglich der zitierten These der eigentümlichen Grenzen der Künste einnimmt, da sie auf den ersten Blick keinesfalls bestätigt wird. Hegels Verfahren scheint daher in sich selbst widersprüchlich zu sein. Es ist aber sinnvoll, diese Frage vorerst offen zu lassen, um Hegels Ausführungen genauer berücksichtigen zu können.

Im Kapitel über Malerei hebt Hegel, wenn man es anhand der Vorlesungszeugnisse analysiert, immer wieder die Mannigfaltigkeit ihres Inhaltes hervor. Diese inhaltliche Vielfaltigkeit äußert sich nicht nur durch die unterschiedlichsten Gegenstände (beispielsweise die, die in der niederländischen Malerei dargestellt werden), sondern auch, weil neben dem Ausdruck der Heiterkeit, den z.B. die Darstellung der Madonna mit dem Christuskind[36] vermittelt, ebenfalls der ster-

---

[34] Diese schon von M. Mendelssohn behandelte Thematik ist eine zentrale Thematik des *Laokoon*, die Lessing besonders im XVI. Kapitel entwickelt. So führt Lessing an: „Die Mahlerei kann in ihren coexistierenden Compositionen nur einen einzigen Augenblick der Handlung nutzen und muß daher den prägnantesten wählen, aus welchem das Vorhergehende und Folgende am begreiflichsten wird." (G.E. Lessing, *Sämtliche Schriften*. Bd. IX. Hrsg. von K. Lachmann. Stuttgart 1893, S. 95).

[35] Kehler 1826, Ms. 89, Ms. 90; vgl. auch von der Pfordten 1826, Ms. 17 und Aachen 1826, Ms. 56.

[36] Mariendarstellungen in der Malerei (als Mädchen bei der Verkündigung, als Mutter mit dem Kind, bei der Kreuzigung Christi) können meist nicht als Beispiele einer nicht-mehr-schönen Kunst gelten. Sogar vor dem Kreuz ihres Sohnes bleibt sie nämlich „verklärt in ihrer Liebe"

bende und tote Christus zu finden ist, bei dem die schöne Form unvermeidlich zerbricht.

Hegel unterstreicht einerseits, daß das Leiden Christi kein irdisches Leiden sei, wie dies beim Laokoon der Fall ist. Denn wir nehmen kein „Verzerren des Gesichts"[37] wahr, der Schmerz Christi im Todeskampf ist eher ein innerer Schmerz, ein Schmerz der Seele[38], der nach Hegel in der italienischen Malerei am besten zum Ausdruck gekommen ist[39], da den italienischen Malern „der mildernde Ausdruck des Schmerzes, der immer göttlich bleibt"[40], sehr gut gelungen sei. Andererseits steht fest, daß das malerische Sujet an sich in der romantischen Kunst nicht mehr harmonisch und sorglos wie bei den griechischen Göttern ist und daher solche Darstellungen des Schmerzes bis zur Schwelle des Häßlichen vordringen können. Schon in der Vorlesung aus dem Jahr 1823 – und noch in der von 1826[41], aber auch in der folgenden von 1828[42] – beschreibt Hegel die Darstellungen der Christusköpfe als nicht-klassisches Ideal:

> Christusköpfe sind kein klassisches Ideal. Die Schönheit Apolls ihnen einzubilden würde als höchst unpassend erscheinen.[43]

Ein weiterer und wichtiger Schritt zur Thematik des Nicht-mehr-Schönen wird 1826 getan, wie die folgende Aussage belegt:

> Man hat die Christusköpfe dieser Art auch häßlich-verklärt dargestellt.[44]

Die Möglichkeit einer malerischen Darstellung, die, ästhetisch betrachtet, als häßlich zu beurteilen ist, wird also von Hegel – anders als von Lessing – tatsächlich akzeptiert. In dieser Hinsicht aber ist es entscheidend, daß dieser physischen Häßlichkeit Christi keine moralische Häßlichkeit entspricht und genau wegen dieses ‚nicht-äquivalent-Seins' der physischen mit der moralischen Häßlichkeit kann dieses innerlich schöne, aber äußerlich nicht-mehr-schöne malerische Sujet

---

(Aachen 1826, Ms. 184) und selbst ihr Tod ist gleichzeitig ihre Verklärung „als Königin des Himmels" (Kehler 1826, Ms. 348; vgl. von der Pfordten, Ms. 74a).

[37] Kehler 1826, Ms. 347.
[38] Relevant ist bei dieser Argumentationsweise, daß das Leiden als notwendig beurteilt wird, um den Geist aus der Natürlichkeit zu befreien. Vgl. Kehler 1826, Ms. 250.
[39] Vgl. die Überlegungen von B. Collenberg-Plotnikov über die Rolle, die nach Hegels Ansicht die Farbe bei den italienischen Christusdarstellungen spielt, in: B. Collenberg, *Hegels Konzeption des Kolorits in den Berliner Vorlesungen über die Philosophie der Kunst*. In: Phänomen versus System. Zum Verhältnis von philosophischer Systematik und Kunsturteil in Hegels Berliner Vorlesung über Ästhetik oder Philosophie der Kunst. Hrsg. von A. Gethmann-Siefert. Bonn 1992 (Hegel-Studien. Beiheft 34), S. 91–164, insbes. S. 145–153.
[40] Aachen 1826, Ms. 96.
[41] A.a.O., Ms. 136: „Die Christusköpfe, die zum Teil große Meister der Skulptur erfunden haben oder nach einer sehr alten Figur gemacht sind, haben unverkennbar große Innerlichkeit: aber sie sind sehr entfernt vom griechischen Ideal". Vgl. auch Kehler 1826, Ms. 249; Griesheim 1826, Ms. 223; Löwe 1826, Ms. 198; von der Pfordten 1826, Ms. 50.
[42] Libelt 1828/29, Ms. 58: „Die Gestalt Christi als Gegenstand der Kunst ist kein Ideal".
[43] Hotho 1823, Ms. 172.
[44] Aachen 1826, Ms. 184. Es ist hier herauszustellen, daß in der Druckfassung diese Reflexion Hegels über das Häßliche nirgendwo zu finden ist.

für Hegel akzeptabel werden, da die innere moralische Schönheit des christlichen Gottes das Nicht-mehr-Schöne der Form deutlich abmildert.

Hinzu kommt, daß diese religiösen christlichen Darstellungen nicht mehr, wie die griechischen schön *sein müssen*, weil sie Gegenstand der Andacht sind und die Frömmigkeit – wie in der Mitschrift Hothos aus dem Jahr 1823 zu lesen ist – keine ästhetischen Ansprüche stellt:

> Die Frömmigkeit ist mit schlechten Kunstwerken zufrieden. Sie will nur an den Gegenstand erinnert werden. Das Übrige tut das Gemüt hinzu, und diese Innerlichkeit ist dabei das Bestimmte.[45]

Das (physisch) Häßliche, das in dem Augenblick, in dem der Schmerz sich durch einen ästhetischen Ausdruck manifestiert zwangsläufig in die Kunst eintritt[46], findet also einen legitimen Ort innerhalb der Hegelschen Erörterung der Malerei, da es Hegels Ansicht nach *aufgrund der Andacht* erträglich wird. Der Gläubige ist nämlich nicht so sehr am schönen Äußeren interessiert, als an der tiefen Bedeutung des Gottes, den er verehrt. Die Vorstellung des Göttlichen, die allein durch die Schönheit vermittelt ist, wird also in der christlichen Kunst überwunden[47]. Daß nun diese Thematik einer nach Hegel zu Recht häßlichen christlichen Kunst, die jedoch nicht uninteressant ist, kein Rezeptionsfehler seiner Schüler ist – wie man auf Grund der klassizistischen Kategorien der gängigen Hegelkritik vermuten könnte –, geht auch aus der Fassung der *Enzyklopädie* aus dem Jahr 1827 hervor, in der Hegel die Verbindung von Andacht und Unschönem deutlich zeigt.[48]

Im Gegensatz dazu findet die christliche Kunst ihre Ausdrucksform in der Edition Hothos lediglich zwischen dem Schönen und dem Häßlichen:

> Wenn daher Christi Person häufig als solche zum Gegenstande gewählt ist, so sind jedesmal diejenigen Künstler am schlechtesten verfahren, welche aus Christus ein Ideal im Sinne und in der Weise des klassischen Ideals zu machen unternommen haben. (...) Ernst und Tiefe des Bewußtseins muß in solchen Köpfen sich aussprechen, aber die

---

[45] Hotho 1823, Ms. 220.
[46] Diese enge Beziehung zwischen dem Leiden und dem Nicht-mehr-Schönen wird von Hegel in den der romantischen Kunst allgemein gewidmeten Ausführungen innerhalb des Kapitels zu eben dieser Kunstform umrissen. Vgl. z. B.: „Der erste Inhalt des Romantischen ist also die Geschichte Christi, besonders das Leiden und Sterben desselben; [...] der Moment des Schmerzes, Leidens kommt darin vor [...]. Da tritt das Unschöne oder das Gleichgültige in die Kunst ein, und das sind die vielfachen Darstellungen in der romantischen Kunst, worin sich diese Innigkeit des Geistigen ausdrückt." (Aachen 1826, Ms. 136).
[47] Wie am Anfang des Teiles über die romantische Kunst in der Mitschrift Libelts von 1828/29 zu lesen ist: „Das griechische Kunstwerk ist die Schönheit nach ihrer Bestimmung, nach ihrem Begriffe. Schöneres kann es nicht geben, aber höheres." (Libelt 1828/29, Ms. 56).
[48] „[...] die andächtig verehrten Bilder sind die unschönen Götzenbilder". (G.W.F. Hegel, *Enzyklopädie der philosophischen Wissenschaften im Grundrisse [1827]*. In: Ders., Gesammelte Werke. In Verbindung mit der Deutschen Forschungsgemeinschaft hrsg. von der Rheinisch-Westfälischen Akademie der Wissenschaften [im folgenden GW]. Bd. 19. Hrsg. von W. Bonsiepen und H.-Ch. Lucas. Hamburg 1989. §562, S. 395).

> Züge und Formen des Gesichts und der Gestalt müssen ebensowenig
> von nur idealer Schönheit sein, als sie zum Gemeinen und Häßlichen
> abirren oder zur bloßen Erhabenheit als solcher sich erheben dürfen.
> Das Beste wird in betreff auf die äußere Form die Mitte sein zwischen
> dem partikulär Natürlichen und der idealen Schönheit.[49]

Hotho reduziert also das Spektrum der Darstellungsweise der christlichen Kunst auf eine Kompromißformel, die zwischen dem Schönen und dem Häßlichen angesiedelt ist, so daß in der *Ästhetik* nur eine beschränkte Sichtweise Hegels zu seiner Deutung der christlichen Kunst überliefert wird[50]. 1826 dagegen läßt Hegel in seiner Abhandlung zur Malerei aufgrund der Anerkennung der relevanten Bedeutung der – um einen Hegelschen Terminus zu verwenden – ‚offenbaren Religion' auch häßliche Darstellungen zu.

Kehrt man vor diesem Hintergrund noch einmal zu der bereits zitierten Stelle über die eigentümlichen Grenzen der Künste zurück, die lautet:

> jede besondere Kunst hat ihre eigentümlichen Grenzen, in der Poesie können diese Diskrepanzen bis zum Häßlichen fortgehn, aber für die Malerei wäre dies ein Vorwurf, in der Malerei ist das Häßliche bleibend, in dem Drama hingegen erscheint es nur und kann verschwinden,[51]

kann man festhalten, daß in ihr nicht – wie man zunächst vermuten könnte – das Häßliche aus der Malerei ausgeschlossen wird. Denn die Hegelsche Akzeptanz des malerischen Häßlichen ist einfach eine ‚beschränkte Akzeptanz', die noch in engem Konnex mit der (innerlichen) Schönheit zu verstehen ist. Daraus folgt, daß in seiner Erörterung der Malerei noch nicht – wie in der Poesie – das Häßliche an sich – und zwar sowohl inhaltlich als auch formell – aufgenommen wird, sondern es wird ausschließlich akzeptiert, daß der christliche Gott in eine nicht-mehr-schöne Form gekleidet wird, da diese Form eigentlich die einzige ist, die nach Hegel dem Inhalt angemessen sein kann.[52]

Die absolute Häßlichkeit ist noch nicht in Erscheinung getreten.

---

[49] G.W.F. Hegel, *Ästhetik*. Bd. I, S. 516.
[50] Diese Diskrepanz zwischen der *Ästhetik* und den Nachschriften hinsichtlich der Hegelschen Erörterung der Malerei ist aber nicht die einzige, die herauszustellen ist. Auch die zentrale Rolle, die durch Hotho in der publizierten *Ästhetik* der Malerei der Renaissance im Gegensatz zur niederländischen Malerei zugeteilt wird, kann anhand der Nachschriften nicht bestätigt werden. (Vgl. A. Gethmann-Siefert, *Schöne Kunst und Prosa des Lebens*. Hegels Rehabilitierung des ästhetischen Genusses. In: Kunst und Geschichte im Zeitalter Hegels. Hrsg. von Ch. Jamme unter Mitwirkung von F. Völkel [= Hegel-Deutungen. Bd. 2]. Hamburg 1996, S. 115–150, insbes, S. 132 ff.).
[51] Von der Pfordten 1826, Ms. 17.
[52] Vgl. A. Gethmann-Siefert, *Hegel über das Häßliche in der Kunst*. Insbes. S. 23–27.

3 Schillers Dramen: Das Häßliche

Wenn in der Malerei auch dem Nicht-mehr-Schönen Ausdruck verliehen wird, ist es um so eher möglich, daß man in der Poesie – wegen des Entwicklungsprozesses, den sie in Hegels Konzeption bedeutet –, bis zum Häßlichen vordringen kann.[53] Indem die Poesie nicht nur einen Augenblick, sondern eine Sequenz von Situationen und Handlungen umfaßt, ist es ihr erlaubt, auch dem Häßlichen einen Platz einzuräumen. All dies ist aber anhand der Druckfassung der Ästhetik nicht rekonstruierbar, da sie auch in diesem Fall unzuverlässig ist und uns ein verfälschtes Bild von Hegels Deutung der Poesie liefert, nach dem die moderne Poesie – anstatt in der Häßlichkeit – in der Schönheit gipfelt.

Unterschiedlichen Bestimmungen des Höhepunkts der Poesie folgen klarerweise unterschiedliche ästhetische Konsequenzen. Während der Herausgeber der *Ästhetik* den Höhepunkt der Poesie im *Faust*[54] sieht und nicht etwa in den nicht-mehr-schönen Dramen Schillers, die von Hotho den schönen Dramen Goethes untergeordnet werden, läßt sich nun anhand der Nachschriften, wie Hegels Aussage zu dieser Thematik deutlich zeigt, das genaue Gegenteil nachweisen:

> Weil bei Schiller immer [eine] sittliche Grundlage ist, diese ausgesprochen, energisch, deutlich, glanzvoll, mit Pracht, haben seine Tragödien diese Wirkung getan und werden sie immer noch tun. Er kann ans Rhetorische anstreifen. In diesem echten Pathos stehn Goethesche Tragödien nicht, so vollendet sie sonst sind und haben deswegen auf der Bühne nicht diese Wirkung.[55]

Die Dramen Goethes werden den Schillerschen, in denen ein großes Individuum ohne Erfolg gegen das Schicksal kämpft[56], untergeordnet. Durch dieses Individuum wird der schöne griechische Charakter endgültig ersetzt. Anstelle des tragischen, aber letztendlich schön handelnden griechischen Charakters tritt ein nicht-mehr-schönes Subjekt hervor[57], dessen Handlungsmöglichkeiten bis zum Verbrechen reichen.

---

[53] Vgl. Kehler 1826, Ms. 89.
[54] G.W.F. Hegel, *Ästhetik*. Bd. II, S. 574, wo Faust als „die absolute philosophische Tragödie" bezeichnet wird.
[55] Kehler 1826, Ms. 446; vgl. auch: von der Pfordten 1826, Ms. 90a f.: „die sittliche Grundlage, dieses Pathos ist das in sich Wahrhafte, was seine echte Wirkung auf das Publikum macht, in Schillers Tragödien liegen diese sittlichen Grundlagen, zum Teil glanzvoll und mit Kraft ausgesprochen. Dieses echt Pathetische ist, was in den Werken Schillers die große Wirksamkeit hervorgebracht, Goethe steht Schillern hierin nach, hat daher mit seinen Tragödien auch nicht die große Wirkung auf der Bühne hervorgebracht." Die gleiche Bewertung Goethes und Schillers durch Hegel findet man auch in Aachen 1826, Ms.212; Löwe 1826, Ms. 305; Griesheim 1826, Ms. 326.
[56] Kehler 1826, Ms. 447.
[57] Es ist anzumerken, daß Hegels wie auch Schlegels Ansicht nach (im Aufsatz *Über das Studium der Griechischen Poesie*), bereits die vielfältigen Charaktere der Shakespeareschen Dramen als herausragendes Beispiel einer nicht-mehr-schönen Kunst zu betrachten sind. Da sie keine Einheit mehr mit der Substantialität bilden, sind sie – wie Hamlet – unsicher, zweifelnd, unentschlossen, von den griechischen extrem fern und letztlich modern, nicht-mehr-schön. Dazu siehe den Vergleich zwischen diesen verschiedenen Charakteren in der

In einer gewissen Weise waren allerdings bereits die Charaktere der antiken Welt Verbrecher, wie beispielsweise folgende Passage aus der *Phänomenologie des Geistes* festhält:

> Es [das Selbstbewußtsein] wird also durch die Tat zur *Schuld*. Denn sie ist sein Tun und das Tun sein eigenstes Wesen; und die Schuld erhält auch die Bedeutung des *Verbrechens*: denn als einfaches sittliches Bewußtsein hat es sich dem einen Gesetze zugewandt, dem andern aber abgesagt und verletzt dies durch seine Tat.[58]

Nach Hegel existiert keine unschuldige Handlung: „Unschuldig ist daher nur das Nichttun wie das Sein eines Steines, nicht einmal eines Kindes."[59] Deswegen machen sich auch die handelnden Charaktere der griechischen Tragödie eines Verbrechens schuldig. Dies jedoch nur in bezug auf den Inhalt ihres Handelns[60], nicht aber auf ihre Form. Der Form nach stimmt die sittliche Handlung mit der Struktur einer substantiellen sittlichen Pflicht zusammen, die das *Individuum* unreflektiert übernimmt. Diese Charaktere sind nämlich nur die äußere Seite der sittlichen Macht[61], ohne die sie nur ein „Verschwindendes" wären. Ohne die Substanz, die sie verkörpern, hat deren Existenz keinen Sinn[62]. Deswegen sind sie sowohl wegen ihres Handelns schuldig, als auch unschuldig, da sie noch nicht Individuen im modernen Sinne sind, sondern nur ein ‚Reflex' der Substanz. Die modernen Charaktere der Schillerschen Dramen dagegen sind nicht mehr einfach ‚Vertreter' einer sittlichen Macht, sondern sie vertreten nur sich selbst und den eigenen Standpunkt, der mit der Gesellschaft – wie z.B. im *Wallenstein* – kraß kolliiert. Dieser Individualismus ist entscheidend. Jeder steht als Einzelner und genau aus diesem Grund ist jeder nicht einfach *substantiell*, sondern *individu-*

Phänomenologie des Geistes (G.W.F. Hegel, *Phänomenologie des Geistes*. In: Ders., GW. Bd. 9. Hrsg. von W. Bonsiepen und R. Heede. Hamburg 1980, S. 395) An *Julius Caesar, Macbeth, König Heinrich IV* und *König Heinrich VIII* exemplifiziert Hegel seine Deutung der Vergleichung. Die „ästhetische" Wirkung der Shakespeareschen Vergleichung, die gleichzeitig dem Leiden, aber auch der Befreiung von ihm Ausdruck zu geben ermöglicht, ist die Freiheit des Charakters, der – indem er sich völlig ins Bild versenkt, mit dem er seinem Leiden und Zorn Ausdruck verleiht – sich in diesem Bild verliert und somit über sein Leiden erhebt. Sowohl durch die krankhafte schöne Seele (wie Julia und Miranda; vgl. Kehler 1826, Ms. 274) als auch durch die leidenden und verzweifelnden Figuren (wie Macbeth) geht die griechische, in sich geschlossenen Schönheit verloren. Diesen Figuren fehlt aber ein sittlicher Hintergrund (vgl. Kehler 1826, Ms. 270), ohne diesen können sie nach Hegels Theorie der Kunst nicht der Gipfel der Poesie sein, wie im Gegensatz dazu die Schillerschen.

[58] GW 9, S. 254.
[59] Ebd.
[60] „Dem Inhalte nach aber hat die sittliche Handlung das Moment des Verbrechens an sich" (ebd.).
[61] Schon in der *Phänomenologie des Geistes* schreibt Hegel: „[...] die Individualität ist daher nur die oberflächliche Form jener Wesen". (GW 9, S. 394) Dies ist so, weil es nur um die sittlichen Mächte geht und nicht um die Individuen: „In der Tragödie, der alten klassischen, [...] ist das Substantielle das Thema". (Kehler 1826, Ms. 442).
[62] „[...] diese sittliche Macht ist ein Ewiges, Unabänderliches, an und für sich Wahrhaftes, gegen diese das Individuum, wenn es sich isoliert, ein Verschwindendes ist". (Kehler 1826, Ms. 444).

ell schuldig und zwar sowohl durch den Inhalt als auch durch die Form seiner Handlung[63].

Die Begründung dieser Umkehrung läßt sich wie folgt darstellen: Von der griechischen bis zur modernen Welt hat sich die Beziehung zwischen dem Charakter und der Gemeinschaft stark gewandelt, so daß der Standpunkt des Charakters nicht mehr mit dem der Gemeinschaft und der Gesellschaft zusammenfällt. Die modernen Charaktere – wie auch die antiken – streben nach der Vermittlung der Sittlichkeit, jedoch besteht zwischen dem Gesichtspunkt der modernen Subjektivität und dem der Gesellschaft jetzt eine tiefe Trennung, die – wie Antigone als Verfechterin des göttlichen Gesetzes der Familie und Kreon als Vertreter des Staates eindeutig zeigen – in der antiken Welt nicht vorhanden war. Die komplexe Gesellschaft der Moderne ist nämlich nicht mehr das Band der Gemeinschaft der Individuen, sondern ein Institutionengefüge. In diesen vielfältigen Formen der Gesellschaft verirren sich die modernen dramatischen Gestalten wie Karl Moor und Wallenstein, die wie der alte Held des Epos gegen alle sittlichen Verhältnisse verstoßen. Daher äußert sich Hegel vergleichsweise kritisch über diese Gestalten der Schillerschen Werke. Zuerst merkt er Bezug nehmend auf *Die Räuber* folgendes an:

> Schillers erstes Werk macht zum Gegenstand selbst das Bedürfnis und den Versuch, im Verhältnis eines gebildeten Zeitalters Selbständigkeit zu gewinnen; indem aber diese Selbständigkeit, die sich nur in kleinen Kreisen bewegen kann, nur durch Empörung und Heraustreten aus dem bürgerlichen Zustand erreicht wird, ist sie eine schwache, angemaßte und führt notwendig Verbrechen herbei.

Und unmittelbar danach setzt er seine Reflexionen unter Berücksichtigung des *Wallenstein* so fort:

> In dieselbe Kategorie fällt Wallenstein und tritt aus der gesetzlichen Ordnung heraus, will sich zum selbständigen Regulatur der Welt aufwerfen, aber es bricht über ihn die entgegengesetzte Macht herein, seine Werkzeuge zerbrechen in seinen Händen, die Anhänglichkeit und Liebe seiner Soldaten weicht der allgemeinen Pflicht, der Vorstellung und fest begründeten Regierung, und er ist weniger besiegt als verlassen, aber insofern er verlassen ist, verloren.[64]

Dies Selbständigsein Karl Moors und Wallensteins ist nun gleichzeitig sowohl Grund des Verderbens und des Ruins dieser Individuen, die ihre Welt tragisch mißdeutet haben, als auch die Basis ihrer Größe. Deswegen findet dieser Konflikt im modernen Drama keine Versöhnung, wie Hegel bereits 1800 in seiner

---

[63] Das individuelle Sein der Schuld im modernen Drama unterscheidet die moderne Konzeption der Schuld von der der griechischen Tragödie. „Antigone leidet nicht unschuldig" (Kehler 1826, Ms. 452), schreibt Hegel, aber sie leidet nicht als Individuum, da sie noch kein solches ist.
[64] Kehler 1826, Ms. 85.

Niederschrift über *Wallenstein* anmerkte: „Wenn das Stück endigt so ist alles aus, das Reich des Nichts des Todes hat den Sieg behalten; es endigt nicht als eine Theodizee."[65] Offensichtlich kann also der moderne Zuschauer, wie Hegel selbst 1800 nach der Lektüre *Wallensteins*[66] notiert, nicht die befreiende Erleichterung genießen, die der Grieche erlebte, als er „mit erleichterter Brust" aus der Tragödie trat[67]. Es bleibt nur die bloße Möglichkeit einer Versöhnung, die außerhalb des Dramas stattfinden kann oder auch nicht und die zwangsläufige Erzeugung von Reflexion[68].

Stellte man sich nun abschließend die Frage, ob Hegels Ästhetik irgendeine Rolle in der Geschichte der Ästhetik des Häßlichen spielt, so wäre sie nach der Druckfassung mit einem eindeutigen Nein zu beantworten. Anhand der Quellen zu Hegels Vorlesungen, ergab sich jedoch eine ganz andere Antwort. D.h. aber nicht einfach, daß eine Ästhetik des Häßlichen eine Ästhetik des Schönen ersetzt. Vielmehr beweisen die Nachschriften eine Erweiterung des Spektrums der Hegelschen ästhetischen Kategorien, da der nicht-mehr-schönen Kunst keine Randrolle mehr zugewiesen wird. Wie bereits bei Schlegel, Lessing und Solger wird also das Häßliche – besonders in der Erörterung der Poesie unter Berücksichtigung von Schillers Dramen – auch von Hegel legitimiert, da häßliche Charaktere, eine verbrecherische Handlung, ein tragischer Ausgang diese Poesie charakterisieren, die wie die antike Tragödie eine sittliche Grundlage vermittelt, die zwar in keiner schönen Form mehr erscheint, aber nichtsdestoweniger nach Hegels Auffassung in hohem Maße ästhetisch relevant ist.

---

[65] G.W.F. Hegel, *Niederschrift über Schillers Wallenstein*. In: Ders., Werke. Bd. 17: Vermischte Schriften. 2. Bd. Hrsg. von F. Förster und L. Boumann. Berlin 1835, S. 411.

[66] Siehe wiederum *Niederschrift über Schillers Wallenstein*, wo Hegel seine Überlegungen über das, was er „die zweite Tragödie *Wallensteins*" (und zwar die Tragödie Wallensteins, nachdem er seine Entscheidung getroffen hat) nennt, wie folgt endet: „Dies ist nicht tragisch, sondern entsetzlich! Dies zerreißt das Herz, daraus kann man nicht mit erleichterter Brust springen!" (a.a.O., S. 413).

[67] Kehler 1826, Ms. 453.

[68] „In moderner Zeit gilt die Versöhnung im Zuschauer [als angemessen], [sie] kommt nicht zum Bewußtsein im Handelnden selbst." (Kehler 1826, Ms. 453.).

Karsten Berr

Hegels Bestimmung der Landschaftsmalerei in den Berliner Ästhetikvorlesungen

In der von Heinrich Gustav Hotho nach Hegels Tod 1831 bearbeiteten, in erster Auflage 1835–38, in zweiter Auflage 1842 erschienenen dreibändigen Druckfassung der *Ästhetik* sowie in den überlieferten Vorlesungsmitschriften und -nachschriften von Hegels Berliner Ästhetikvorlesungen finden sich nur wenige kurze Hinweise zur Landschaftsmalerei. Dieser auffällige Befund provoziert die Frage, ob Hegel in diesen Anmerkungen der Landschaftsmalerei überhaupt einen Stellenwert innerhalb der Kunst der Malerei zumißt und welche kulturelle Bedeutung er dieser spezifischen, in der zeitgenössischen Kunstbeurteilung nicht sehr hoch geschätzten Sparte der Malerei zuerkennt.

Die vorliegende Untersuchung stützt sich auf neuerschlossene Quellen zu den vier Berliner Ästhetikvorlesungen, die Hegel in den Jahren 1820/21, 1823, 1826 und 1828/29 hielt. Diese Quellen bestehen aus Vorlesungsmitschriften und -nachschriften seiner Studenten. Um den Rahmen dieses Aufsatzes nicht zu sprengen, wurde das Untersuchungsfeld auf die Diskussion dieser Vorlesungsquellen begrenzt[1]. Zudem wird die Hegelsche Stellungnahme nur aus dem Diskussionskontext um „Landschaft" innerhalb seiner Ästhetikkonzeption und deren Grundbegrifflichkeit verständlich.

---

[1] Folgende Mit- bzw. Nachschriften konnten ganz oder teilweise vom Verfasser herangezogen und ausgewertet werden: G.W.F. Hegel, *Vorlesung über Ästhetik. Berlin 1820/21. Eine Nachschrift. I. Textband.* Hrsg. von H. Schneider. Frankfurt a.M./Berlin/Bern/New York/Paris/Wien 1995 (im folgenden Ascheberg 1820/21); ders., *Vorlesungen über die Philosophie der Kunst. Berlin 1823.* Nachgeschrieben von H.G. Hotho. Hrsg. von A. Gethmann-Siefert (= G.W.F. Hegel, Vorlesungen. Ausgewählte Nachschriften und Manuskripte, Bd. 2). Hamburg 1998 (im folgenden Hotho 1823); ders., *Ästhetik. Nach Prof. Hegel. 1826.* Anonym (Ms. Stadtbibliothek Aachen) (im folgenden Aachen 1826); ders., *Philosophie der Kunst oder Ästhetik. Nach Hegel. Im Sommer 1826* (Mitschrift H. von Kehler). Hrsg. von A. Gethmann-Siefert und B. Collenberg-Plotnikov unter Mitwirkung von F. Iannelli und K. Berr. Studienbrief der FernUniversität Hagen und Buchpublikation München (in Vorb.) (im folgenden Kehler 1826); ders., *Philosophie der Kunst. 1826.* Nachgeschrieben von der Pfordten (Ms. Staatsbibliothek Preußischer Kulturbesitz, Berlin) (im folgenden von der Pfordten 1826); ders., *Aesthetik nach Prof. Hegel im Winter Semester 1828/29* (Mitschrift Karol Libelt. Ms. Jagiellonische Bibliothek, Krakau) (im folgenden Libelt 1828/29). Die noch nicht publizierten Vorlesungsquellen werden zitiert nach der Manuskriptseite (im folgenden Ms.). Mein Dank gilt an dieser Stelle A. Gethmann-Siefert und B. Collenberg-Plotnikov, die mir Einsicht in die bislang noch unveröffentlichten Mitschriften ermöglichten.

1 Philosophie und Philosophie der Kunst

Hegels Philosophie als der Versuch, ein System des absoluten Wissens zu begründen, wirkt sich auf die Bestimmung der Kunst aus, wie sich besonders an den entsprechenden Paragraphen der *Enzyklopädie* und den Änderungen dieser Paragraphen zwischen 1817 und 1830 zeigt[2]. Im Rahmen seiner systematischen Grundlegung ordnet Hegel die Kunst dem absoluten Geist zu, weil Kunst nicht bloße Nachahmung der Natur, sondern als Kunstschönheit über Anschauung vermittelte Wahrheit ist. Die vom menschlichen Geist gesetzten real-anschaulichen Kunstwerke können von demselben menschlichen Geist als von ihm selbst Gesetztes angeschaut und als „unmittelbar Seiendes" gefaßt werden. Somit sind sie geschichtlich vermitteltes Bewußtsein.

Kunst, die Hegel als „Werk" und als „Ideal" (sinnliches Dasein/Existenz/Lebendigkeit)[3] der Idee bestimmt, kann nie nur Abbild der Realität sein, sondern ist Gestaltung der Wirklichkeit für den sinnlichen Vollzug – hier die Anschauung – mit einer bestimmten Intention. Das gilt bei Hegel für alle Beispiele des „Kunstschönen" als des aus dem Geiste gezeugten Schönen. Vordringlich werden – dem geschichtlichen Kunstverständnis teils entsprechend, teils im Gegensatz zu ihm – in Hegels Ästhetikvorlesungen Kunstgattungen analysiert, die von vornherein nicht als „Nachahmung" der Natur aufgefaßt werden können. Das gilt für die Werke der symbolischen Kunstform – die unter der Rücksicht der Nachahmung nur minderwertig wären – sowie für die klassische Architektur und Skulptur, deren Sinn gerade nicht in der Wiederholung der Naturschönheit, sondern in der Auslegung des Schönen auf ein Göttliches hin liegt. Ebenso wie für die Werke der symbolischen und der klassischen Kunstform gilt das für die Werke der romantischen Kunstform, genauer der christlichen Malerei, die nicht mehr schön sein müssen, und erst recht für die Werke der Poesie. Also müßte dies auch für die von Hegel nur knapp behandelte Landschaftsmalerei gelten. Auch hier müßte sich zeigen, wie Natur – als Landschaft aufgefaßt – nicht mehr bloße Natur, sondern Kunstwerk, also in einer bestimmten Intention gestaltete Natur ist, wobei sich durch diese Natur*darstellung* ein Geistiges, ein geschichtliches Bewußtsein vermittelt.

Es fragt sich, ob dieses Verständnis von Landschaft als Kunstwerk generell gilt, oder ob es zumindest *eine* Bedeutung von Landschaft ausmacht. Dieses würde dann die Korrelation der Bestimmung der Kunst als Werk und Ideal mit der Bestimmung der Landschaftsmalerei stützen. Zunächst wird also die Klärung

---

[2] G.W.F. Hegel, *Enzyklopädie der philosophischen Wissenschaften im Grundrisse (1830)*. In: Ders., Gesammelte Werke. In Verbindung mit der Deutschen Forschungsgemeinschaft hrsg. von der Rheinisch-Westfälischen Akademie der Wissenschaften (im folgenden GW). Bd. 20. Hrsg. von W. Bonsiepen, H.-C. Lucas und U. Rameil. Hamburg 1992 (im folgenden Enz 1830); zur Interpretation vgl. A. Gethmann-Siefert über *Die Kunst* (§§556–563). In: Hegels ‚Enzyklopädie der philosophischen Wissenschaften' (1830). Ein Kommentar zum Systemgrundriss. Hrsg. von A. Drüe, A. Gethmann-Siefert, C. Hackenesch, W. Jaeschke, W. Neuser und H. Schnädelbach. Frankfurt a. M. 2000, S. 317–374.

[3] Vgl. Hotho 1823, S. 74; Ascheberg 1820/21, S. 49; Hotho 1823, S. 47.

des Begriffsgebrauchs „Landschaft" in Absetzung vom Naturbegriff entwickelt werden müssen.

2 „Landschaft" als Kunstschönes

Im deutschen Sprachgebrauch lassen sich drei unterschiedliche Haupt-Bedeutungen von „Landschaft" unterscheiden[4]: 1. Landschaft in der Bedeutung von „Gebiet, Region, Gegend" (frz. „région"; engl.: „region")[5]; 2. Landschaft als „*ästhetisch* und *emotional* aufgefaßtes Naturbild"[6] (frz.: „paysage", engl.: „landscape", ital.: „paesaggio", niederl.: „landschap"); 3. Landschaft als Bezeichnung für die „*künstlerische* Darstellung eines so aufgefaßten Naturbildes (...) etwa wenn man von ‚Landschaften bei C.D. Friedrich' spricht"[7].

„Landschaft" in der zweiten Bedeutung geht der dritten Bedeutung nicht voraus, sondern folgt dieser aufgrund historischer Abhängigkeit. Die nächsten Überlegungen werden demnach zeigen müssen, wie diese Entwicklung konkret verlief und welche Bedeutung sie für die Bestimmung der Landschaft bzw. davon abgeleitet der Landschaftsmalerei hat.

Ein wichtiger Schritt in diesem Kontext besteht darin zu fragen, warum Hegel in der Ästhetik anstelle des Naturschönen das Kunstschöne (und damit das Kunstwerk) zum Ansatz und Ausgangspunkt wählt, und was Hegel unter „Schönheit" überhaupt versteht. Denn die Fragen, wie eine ästhetische Betrachtung von Natur als Landschaft durch ein ästhetisches Subjekt möglich wurde, und ob Landschaftsbilder Kunstwerke im Sinne Hegels sein können, lassen sich nur in diesem systematischen Rahmen angemessen beantworten. Für eine abschließende Beurteilung der hegelschen systematischen Einordnung und Einschätzung der Bedeutung der Landschaftsmalerei ist dieser Schritt von der Natur- zur Kunstschönheit, der zunächst das Thema „Landschaft" zu marginalisieren scheint, konstitutiv.

Hegel bestimmt in seinen Ästhetikvorlesungen das „Schöne" zwar als „Idee"[8], diese aber weder als platonische noch als kantische Vernunft-Idee. Denn die

---

[4] Vgl. hierzu G. Hard, *Die „Landschaft" der Sprache und die „Landschaft" der Geographen. Semantische und forschungslogische Studien.* Bonn 1970. Zu den drei Bedeutungen vgl. B. Kortländer, *Die Landschaft in der Literatur des ausgehenden 18. und beginnenden 19. Jahrhunderts.* In: ‚Landschaft' als interdisziplinäres Forschungsproblem. Hrsg. von A.H. von Wallthor und H. Quirin. Münster 1977, S. 36–44, hier S. 36.
[5] Hierzu gehört auch die Bedeutungskomponente „streng politisch definiertes Raumwort (Landschaft, Territorium, Provinz, Machtbereich eines Landesherrn u. ä.)" (G. Müller, *Zur Geschichte des Wortes ‚Landschaft'.* In: ‚Landschaft' als interdisziplinäres Forschungsproblem, S. 4–12, hier S. 9).
[6] G. Hard, *Die „Landschaft" der Sprache und die „Landschaft" der Geographen,* S. 34 (Hervorhebung vom Verf.).
[7] B. Kortländer, *Die Landschaft in der Literatur des ausgehenden 18. und beginnenden 19. Jahrhunderts,* S. 36 (Hervorhebung vom Verf.).
[8] Auf die Schwierigkeiten und Irritationen, die mit Hegels Rede von einer „Idee des Schönen" verbunden sind, kann hier nicht eigens eingegangen werden. Ich werde diese in meiner Dissertation *Hegels Konzeption des Naturschönen* (in Vorbereitung) im Zusammenhang diskutieren.

Idee ist für Hegel die „Einheit des Begriffs und seiner Realität" (Hotho 1823, S. 47). Diese „Einheit" zeigt sich beim Naturschönen als spezifische Form-Inhalt-Harmonie, als „beseelter Zusammenhang", der der „Materie in[ne wohnt]" (Hotho 1823, S. 61). Das Kunstschöne, das Hegel als „Ideal" bestimmt, ist nicht „bloße Idee", sondern „*gestaltete Idee*" (Aachen 1826, Ms. 27). Das Ideal wird definiert als „Dasein", „Existenz" oder „Lebendigkeit" der Idee[9]. Als gestaltete Idee ist das Ideal ebenfalls eine spezifische Weise der Form-Inhalt-Harmonie, nämlich als das „Angemessen-Sein und -Machen der Realität dem Begriffe", als ein „In-die-Realität-Eingebildetwerden" des Begriffs (Hotho 1823, S. 34). Schönheit ist hier das Ergebnis der gelingenden Veranschaulichung der Idee (d.h. der Wahrheit). Das Kunstschöne als das „Ideal" ist ein durch den Menschengeist gesetztes und einen Vollzug der Wirklichkeit anzeigendes Schönes.

In dieser Konzeption des Ideals muß sich nun auch die Frage entscheiden lassen, ob auch das *Natur*schöne – wie das Kunstschöne – geschichtliche Wahrheit vermitteln kann. Sollte Hegel dies zugestehen, so ist damit auch eine Anerkennung der Landschaftsmalerei verbunden, weil das Naturschöne zu Hegels Zeiten fast ausschließlich mit der Schönheit der Landschaft identifiziert[10] wurde. Interessanterweise wird gerade der romantische Kult der „Empfindsamkeit", integriert man ihn in den sachlichen Zusammenhang von Wahrheitsfähigkeit des Kunst- wie des Naturschönen, von empfindender Zuwendung des Subjekts *zur* Landschaft und der Erregung von Stimmungen *durch* die Landschaft, entscheidende Hinweise auf den möglichen ästhetischen Status von „Landschaft" bei Hegel geben. Denn die Möglichkeit, auch Naturschönheit als eine Form der Wahrheitsvermittlung zu bestimmen, hängt im wesentlichen an der Möglichkeit, sie im Kunstwerk zu repräsentieren. Da diese Repräsentation für Hegel ausdrücklich nicht als Nachahmung gefasst werden soll, erscheint es sinnvoll, in diesem Kontext auf eine Überlegung von Joachim Ritter in dessen Aufsatz über *Landschaft* zurückzugreifen. Hier findet sich eine für das folgende leitende Definition: „Landschaft ist Natur, die im Anblick für einen fühlenden und empfindenden Betrachter ästhetisch gegenwärtig ist"[11]. Diese Definition der Natur als Landschaft kann als Vermittlungsglied, als möglicher Brückenschlag von der Bestimmung des Naturschönen zur Beurteilung des philosophischen Status der Landschaftsmalerei genutzt werden.

Hegel bezeichnet diejenigen Gebilde der Natur als schön, in denen wir eine „Notwendigkeit des Begriffs ahnen". Aber weiter „als bis zu dieser Ahnung (...) geht es bei der Kunstbetrachtung der natürlichen Gebilde nicht" (Hotho 1823, S. 61). Das Naturschöne zeigt lediglich eine bloß äußerliche abstrakte Schönheit, aber es vermag nicht, die „lebendige Seele" zur Erscheinung zu bringen. Das

---

[9] Während die Ausarbeitung von von Ascheberg das Ideal noch als „das Wahre in äußerlicher Existenz, in sinnlicher Vorstellung" (Ascheberg 1820/21, S. 49) bestimmt, finden sich in Hothos Mitschrift die drei genannten Formulierungen und insbesondere die Betonung, daß das „Schöne mit dem Lebendigen zusammen"-falle (Hotho 1823, S. 47).
[10] Man denke hier beispielsweise an den romantischen Kult der „Empfindsamkeit".
[11] J. Ritter, *Landschaft*. Zur Funktion des Ästhetischen in der modernen Gesellschaft. In: Ders., Subjektivität. Sechs Aufsätze. Frankfurt a.M. 1974, S. 141–190, hier S. 150.

Naturschöne steht begrifflich unvermittelt dem Subjekt ‚fremd' und ‚stumm' gegenüber; es ist intentionslos und keiner Wahrheitsvermittlung fähig.

Demzufolge ist es „Aufgabe für die Kunstschönheit", „die sinnliche Erscheinung dem Begriff gemäß zu machen, die Bedürftigkeit der Natur, die Erscheinung zur Wahrheit, zum Begriff zurückzuführen" (Hotho 1823, S. 78 f.). Insofern – als Gegenstand der *Kunst* – können Naturerscheinungen ein Moment von Wahrheit erlangen und dadurch wahrheitsfähig werden. Die Endlichkeiten und Beschränktheiten des Natur-„Apparates" sollen durch Kunst bis zu der Grenze geführt werden, wo Natur „Manifestation der geistigen Freiheit sein kann" (Hotho 1823, S. 82). Kunst hat demnach die Aufgabe, die Natur-Erscheinungen von ihrer äußerlichen Zufälligkeit zu befreien. Sie hat „das Erscheinende an allen Punkten der Oberfläche zum Auge zu erheben (...) welches der Sitz der Seele ist, den Geist erscheinen läßt" (Hotho 1823, S. 79). Die Natur bzw. ein Natürliches kann überhaupt nur dann Gegenstand der Kunst sein, wenn „ihm ein Geistiges eingehaucht ist, der Geist irgendeine seiner Bestimmungen darin findet, dadurch angeregt ist, sich erkennt" (Hotho 1823, S. 82).

In Konsequenz dieser Argumentation kann die Aufgabe der Kunst nicht darin bestehen, Natur bloß nachzuahmen. Ohnehin sind die Produkte des menschlichen Geistes für Hegel höherrangig als die Produkte der Natur. Denn für Hegel ist selbst der „schlechteste Einfall, der durch den Kopf eines Menschen geht, höher zu achten, als irgendein Naturgegenstand, denn dieser Einfall ist etwas Geistiges" (Aachen 1826, Ms. 1). Ein Landschaftsgemälde als *Kunst*werk ist daher ebenfalls höherrangig als die bloße landschaftliche oder „wilde" Natur als *Natur*werk.

An einer Stelle spricht Hegel explizit von der „Schönheit einer Landschaft" (Hotho 1823, S. 62) und beispielhaft von der „Stille der Mondnacht, Erhabenheit des Meers". Er weist ausdrücklich darauf hin, daß diese Naturerscheinungen nur deshalb ein Interesse für uns haben können, weil sie sich „auf das Gemüt" beziehen. Die Bedeutung landschaftlicher Naturschönheiten liegt für Hegel nicht in diesen selbst, sondern nur „in der erweckten Gemütsstimmung". Diese „Gemütsstimmung" aber „gehört diesen Gebilden der Natur selbst nicht mehr an, sondern ist in einem anderen zu suchen" (ebd.). Wie zu zeigen sein wird, ist dieses „andere" dasjenige, was Hegel „Empfindung" nennt und für ihn von ambivalentem Charakter ist. Als wichtiges Zwischenergebnis ist an dieser Stelle aber festzuhalten, daß sich durch einen solchen Bezug auf das „Gemüt" Natur qua Landschaft als eine Form vergeistigter Natur präsentiert, nicht als bloße Natur. Insofern ließe sich das Naturschöne qua Landschaft durchaus als eine Version des Kunstschönen beschreiben. Allerdings führt der Bezug auf „Empfindung" zu einem Folgeproblem, das diese Beschreibung wieder in Frage zu stellen scheint. Vorerst ergeben sich aber noch andere Schwierigkeiten.

Wenn Natur nicht einfach abgemalt werden darf, wenn sie denn für Hegel Gegenstand der Kunst sein will, wenn die Naturschönheit einen bloß defizienten Status gegenüber der Kunstschönheit hat, wenn Natur als Kunstthema „Manifestation geistiger Freiheit" sein soll und wenn Natur als Landschaft, genauer: Landschaft *als* Landschaft, d.h. als „ästhetisch und emotional aufgefaßtes Naturbild", erst Folgeerscheinung der Landschaftsmalerei ist, dann muß gefragt werden: 1. Inwiefern konnte Landschaft Objekt *ästhetischer* Anschauung werden? 2. Inwiefern konnte Landschaft Gegenstand der *Kunst* werden? 3. Welche Rolle spielte dabei die Landschafts*malerei*? 4. Inwiefern ist Landschaftsmalerei die historische *Vorbedingung* für eine ästhetisch-*emotionale* Betrachtung der Landschaft?

3 Die „Konstruktion" der Landschaft

Um diese Fragen zu beantworten, wird im folgenden nochmals auf ein – nunmehr zu erweiterndes – Verständnis von „Landschaft" zurückgegriffen, das J. Ritter in seinem bereits erwähnten gleichnamigen Aufsatz vorschlägt. Die Bedeutung von Landschaft lässt sich mit Ritter als „Konstruktion" eines Anschauungsraumes durch ein ästhetisches Subjekt rekonstruieren. Landschaft ist also die Natur als Gesehene (Vollzogene und im Vollzug „für uns" Konstruierte) dargestellt. Diese Rekonstruktion hat die Konsequenz, daß sich die Betrachtung von Natur als Landschaft einer aktiven ästhetischen Vermittlung verdankt und es keineswegs einen unmittelbaren Zugang zu einer unvermittelten Landschaft gibt.

Ritter vertrat die These, die „ästhetische Natur als Landschaft" könne das im Zuge der neuzeitlichen naturwissenschaftlichen Objektivierung dem metaphysischen Begriff entzogene „Naturganze (...) vermitteln und ästhetisch für den Menschen gegenwärtig"[12] halten. Landschaft habe demnach die ‚Funktion', die Folgen der Entfremdung des neuzeitlichen Menschen von der „ganzen" Natur zu kompensieren, die Ästhetik die Aufgabe, eine neue „Ganzheit" im Medium ästhetischer Anschauung zu vermitteln.

Für Ritter ist die „Entzweiung des Menschen mit der ihn ursprünglich umruhenden Natur (...) Bedingung der Freiheit"[13]. Deshalb ist die Stadt der „Ort menschlicher Freiheit"[14]. Zugleich ist die Stadt der notwendige Ausgangsort, von dem aus der Mensch sich allererst der Natur als Landschaft zuwenden kann. Weil die Natur erst für den aus der Stadt „Hinausgehenden" zur Landschaft wird, gehört Landschaft untrennbar zur Stadt. Für Ritter – ebenso wie für Hegel – kann es „Natur als Landschaft nur unter der Bedingung der Freiheit auf dem Boden der modernen Gesellschaft geben"[15]. Diese „Interdependenz von Freiheit

---

[12] A.a.O., S. 153.
[13] A.a.O., S. 160.
[14] A.a.O.; S. 159.
[15] A.a.O., S. 162. Die Frage, ob nicht schon in der Vormoderne Natur ästhetisch als Landschaft wahrgenommen wurde oder nicht, muß hier aus Raumgründen ausgeklammert werden. Nur ein Hinweis sei gestattet. Ruth und Dieter Groh, die Ritters Thesen überwiegend skeptisch beurteilen, gestehen zu, daß Ritters Theorie gegen solche historischen Fragen deshalb „weitgehend immun" sei, weil diese eine „funktionale" und nicht eine „genetische", d.h. historische Theorie sei (R. und D. Groh, *Weltbild und Naturaneignung. Zur Kulturgeschichte der Natur*. Frankfurt a.M. 1991, S. 106). – Die Thesen Ritters im Landschaftsaufsatz sind überhaupt sehr umstritten und es hat sich inzwischen um diese ein weitläufiger Diskurs entwickelt. Auf diese Diskussionen kann hier nicht eingegangen werden. Wir halten die Thesen Rit-

des Subjekts und durch Arbeit angeeignete Natur" ist „konstitutiv" für „die moderne bürgerliche Gesellschaft"[16].

Natur als Landschaft kann also zu einem Objekt ästhetischer Anschauung werden, indem sie die Funktion übernimmt, die Folgeerscheinungen der wissenschaftlichen Objektivierung von Natur zu kompensieren (so weit beantwortet sich die erste Frage). Dies ist dadurch möglich, daß der ästhetische Blick auf Natur als Landschaft das verlorengegangene „Ganze" der metaphysischen Theorie (*theoría tou kósmou*) ästhetisch zu vergegenwärtigen vermag. Hierfür bedarf es zweier Voraussetzungen: der Entdeckung der Landschaft und der Entdeckung des ästhetischen Subjekts. Der klassische Topos für diese Doppel-Entdeckung ist Petrarcas Bergbesteigung des Mont Ventoux am 26. April 1335. Entscheidend ist hier der neue, nämlich *neuzeitliche*, „panoramatische Blick" Petrarcas in die Ferne und „auf die und über die Landschaft"[17] hinweg. Entscheidend ist aber auch, daß diese Wahrnehmung und der Genuß an diesem Blick auf die Landschaft zwar vorbegrifflich und damit nur dunkel erlebt werden, aber noch keineswegs begrifflich artikuliert oder gar philosophisch klar expliziert werden können. Erst im 18. Jahrhundert wird Baumgartens „Ästhetica" das geschichtlich gewordene ästhetische Subjekt auf den Begriff und in ein philosophisches System bringen.

Petrarca entdeckt die Landschaft und ineins damit „die Bedeutung der Landschaft für die erregbare Seele"[18], d.h. das ästhetische Subjekt, und zwar im Medium einer Reisebeschreibung. Seine Entdeckung ist der Anstoß zu einem neuartigen ästhetischen Naturverhältnis, das er nur literarisch zu reflektieren vermag. Weiterentwickelt wird dieses neue Naturverhältnis vorerst – wiederum im Italien der Renaissance – durch die Landschaftsmalerei, also durch Kunst. Denn einige „Künstler" erahnten und antizipierten bereits, daß es „außer dem Forschen und Wissen (...) noch eine andere Art [gab], der Natur nahezutreten"[19], d.h. der Natur als Landschaft. Damit beantwortet sich die zweite Frage, inwiefern Landschaft Gegenstand der Kunst werden konnte, durch den Hinweis auf das zugrunde liegende neuzeitliche Naturverhältnis, das die Natur nicht als Schöpfung, also durch den Verweis auf ein ihr selbst Transzendentes, sondern als eigenständigen Bereich mit möglicher Erfahrung erschließt. Die dritte Frage, wel-

---

ters für philosophisch relevant und stichhaltig, was im Rahmen einer größeren Arbeit auch ausführlich begründet werden könnte.

[16] R. und D. Groh, *Weltbild und Naturaneignung*, S. 105.

[17] S. Vietta, *Die vollendete Speculation führt zur Natur zurück*. Leipzig 1995, S. 216 f. Vietta geht an dieser Stelle insbesondere auf den Aufsatz ein von R. und D. Groh, *Petrarca und der Mont Ventoux*. In: Merkur. 46. Jahrgang (1992), S. 290–307. In diesem Aufsatz wird „das Bild des die Welt von oben betrachtenden Dichters" letztlich „zu einem wissenschaftlichen Trugbild, einem Phantasma" (a.a.O., S. 306) degradiert und der gesamte Briefbericht Petrarcas als „Bekehrungsgeschichte" (a.a.O., S. 293) in der Tradition eines Antonius und Augustinus interpretiert. Zudem werden die Beschreibungen als Metaphern und Allegorien in mittelalterlicher Manier gedeutet. Wir schließen uns hier der Gegenkritik Viettas an, derzufolge Epochenumbrüche stets mit vielen alten und wenigen neuen Elementen und Figuren arbeiten. Entscheidend ist auch m.E. jener „panoramatische Blick" auf die Landschaft, der eben tatsächlich spezifisch neuzeitlich und keineswegs mittelalterlich ist.

[18] J. Burckhardt, *Die Kultur der Renaissance in Italien*. Ein Versuch. Stuttgart 1976, S. 277.

[19] A.a.O., S. 274.

che Rolle in dieser Naturkonzeption die Landschaftsmalerei spielt, beantwortet sich im Blick auf die Entwicklung der Malerei. Es entwickelt sich nämlich im Kontext dieser Naturerfahrung eine naturgetreuere Darstellung von Landschaft, die die mittelalterliche symbolisch-allegorische Darstellung allmählich ablöst. Vermittelt über die spätmittelalterliche Tafelmalerei des 15. und 16. Jahrhunderts in Südwestdeutschland und über die holländische und englische Landschaftsmalerei des ausgehenden 16. und beginnenden 17. Jahrhunderts ergibt sich eine Entwicklungslinie bis hin zur für Hegel relevanten niederländischen Landschaftsmalerei des 17. Jahrhunderts.

Damit bleibt die letzte Frage zu beantworten, inwiefern die Landschaftsmalerei die historische Vorbedingung für eine ästhetisch-*emotionale* Betrachtung der Landschaft ist. „Landschaft" im Sinne von Landschafts*bild*, d.h. in der Bedeutung von „*gemaltes* Konterfei einer Landschaft" galt seit dem 15./16. Jahrhundert als „sondersprachliches Fachwort" von Malern und Kunstverständigen, welches im Zuge der Verbreitung und dem „verallgemeinerten Interesse an der Landschaftsmalerei (...) im späten 18. und frühen 19. Jahrhundert aber in die allgemeine Gebildetensprache"[20] gelangt. Die entstehenden dichterischen Beschreibungen dienten letztlich dem Bestreben, „die Realität mit den Augen des Malers und so auch die Natur mit den Augen des Landschaftsmalers zu sehen"[21]. Diese Entwicklung führte letztlich dazu, daß „auch der mit landschaftlichem Auge wahrgenommene Wirklichkeitsausschnitt (und nicht nur sein künstlerisches Abbild) *Landschaft* genannt"[22] wurde. Schließlich wurde die dichterische Landschaft in der Romantik „zum großartigen Seelensymbol erhoben" und „Landschaftsdarstellung ist ‚Stimmungskunst'"[23]. Was hier sich ankündigt, ist ein ‚ästhetizistisches' Verhältnis des Menschen zur Landschaft.

Die beschriebene Entwicklung lässt es plausibel erscheinen, daß Landschaft auch für Hegel ihre Bedeutung vorrangig in der erweckten Gemütsstimmung hat. Eine solche Stimmung gehört den Gebilden der Natur selbst nicht mehr an, sondern besteht in der Empfindung. Empfindung und Gefühl bergen aber stets die Gefahr in sich, in das „Extrem der substanzlosen Reflexion seiner in sich selbst"[24] zu verfallen. Hegel befürchtet, daß sich die Betrachtung der Schönheit einer Landschaft lediglich in einer ästhetizistischen, rein auf der Subjektseite mit ihren Stimmungen, Empfindungen, Affekten und Gefühlen verbleibenden Sicht erschöpft. Er sieht die Gefahr, sich in „Versöhnung" mit Natur zu wähnen, tatsächlich aber in bloß subjektiven empfindsamen[25] Stimmungen zu schwelgen, keineswegs aber etwas Substanzielles zu erfassen. Damit ergibt sich das bereits angesprochene Folgeproblem eines Bezuges auf „Empfindun-

---

[20] G. Hard, *Zu den Landschaftsbegriffen der Geographie*. In: ‚Landschaft' als interdisziplinäres Forschungsproblem, S. 13–23, hier S. 14.
[21] Ebd. Vgl. auch R. und D. Groh, *Weltbild und Naturaneignung*, S. 95 f.
[22] G. Hard, *Zu den Landschaftsbegrifffen der Geographie*, S. 14.
[23] R. Gruenter, *Landschaft*. Bemerkungen zur Wort- und Bedeutungsgeschichte. In: Landschaft und Raum in der Erzählkunst. Hrsg. von A. Ritter. Darmstadt 1975, S. 192–207, hier S. 207.
[24] G.W.F. Hegel, *Phänomenologie des Geistes*. In: GW 9: Phänomenologie des Geistes. Hrsg. von W. Bonsiepen und R. Heede. Hamburg 1980, S. 12.
[25] „Mit der Empfindung hängt die Empfindsamkeit zusammen" (Enz 1830. §402, S. 400).

gen", der die Beschreibung des Naturschönen qua Landschaft als Version des Kunstschönen somit wieder in Frage zu stellen scheint. Will man nämlich solche Landschaft als Version des Kunstschönen beschreiben, dann muß diese Hegel zufolge durch Substantialität ausgezeichnet sein. Jetzt aber wird gerade ein Mangel an Substantialität festgestellt. Damit scheint dieser Beschreibungsversuch nicht zu glücken. Erst mit Hegels Rückgriff auf die niederländische Landschaftsmalerei des 17. Jahrhunderts wird dieser Versuch gelingen.

Das Naturschöne müsste vor dem Hintergrund dieser Argumentation einerseits als Moment der romantischen Kunst, also jener auf die subjektive Innerlichkeit im Sinne der Empfindung konzentrierten Kunst der Moderne begriffen werden – insofern unterliegt es der Kritik der Romantik[26]. Andererseits könnte man es als eine jener Gestaltungsmöglichkeiten begreifen, die Hegel als Wiederholung des Symbolischen im Rahmen der romantischen Kunstform, als vermittelt durch subjektive Innerlichkeit, sieht. Dafür spricht einiges. Erstens fallen zum Beispiel im Vollzug der Naturschönheit bzw. der Schönheit einer Landschaft wie in den Gebilden der symbolischen Kunstform Gedanke und Form (hier Naturgestalt des Göttlichen) noch auseinander. Zweitens ist auch jene „Ahnung" des Begriffs für die Konzeption der Natur als Landschaft leitend, die die symbolische Kunst als Ganze charakterisiert. Denn der „Mensch – sich zur Natur verhaltend – hat sie nicht als nur Äußerliches, sondern erahnet sich die Vernunft, das Allgemeine, den Gedanken in den Naturgegenständen (...) Zunächst ist die unmittelbare Natur das, worin der Mensch das Bedürfnis des Geistes ahnet und die Befriedigung sucht" (Hotho 1823, S. 125). Drittens – und hier wird die Parallelisierung explizit – ist auch die romantische Sehnsucht nach einem „Einssein" mit Natur- und Landschaftsschönheit eher ein „mehr symbolisches Verhältnis (...) Hier ist die Bedeutung ein gläubiges, sich sehnendes Gemüt" (Hotho 1823, S. 189). Diese romantische Sehnsucht nach einem „Einssein" mit Natur im Medium subjektiver Stimmungen muß aber stets dann substanzlose Illusion bleiben, wenn dieses „Einssein" *nur* das „Einssein" mit den eigenen „Stimmungen" bleibt, ohne wirkliche Vermittlung mit Natur. Die vorgebliche Versöhnung und Verbundenheit mit Natur ist dann lediglich Weltflucht in eine in sich selbst verkapselte Subjektivität. Otto Pöggeler hat gezeigt, daß solcher Sehnsucht für Hegel „ein Subjektivismus zugrunde liegt, der nicht von sich, von seinen Wünschen und seiner Endlichkeit lassen will"[27].

So gesehen, enthält die strukturelle Wiederholung des Naturvollzuges, wie er für die symbolische Kunstform als Ganze kennzeichnend war, für die moderne Welt – in unsere Zeit und Kunst versetzt – die Gefahr eines empfindsa-

---

[26] Vgl. dazu die Abhandlung von O. Pöggeler, *Hegels Kritik der Romantik*. München 1998.
[27] A.a.o., S. 68. Pöggeler unterscheidet drei Formen romantischer „Subjektivität", die die „Lage der Zeit" Hegels kennzeichen: 1.) die „substanzlose Subjektivität der Ironie", 2.) die „schlechte Subjektivität" und 3.) die „unversöhnte Subjektivität" (a.a.O., S. 43). Hegel habe – so Pöggeler – an den Menschen die Forderung gestellt, „sich aus der Tiefe der Spontaneität heraus in das Ganze des Geistes hineinzustellen und aus dem allgemeinen, substantiellen Selbst heraus zu denken und zu handeln. Den Romantikern aber wirft Hegel vor, daß sie ihre Subjektivität nicht in dieses Ganze des Geistes aufgeben und aus ihm ergreifen, sondern den Subjektivismus auf die Spitze treiben" (a.a.O., S. 218).

men Ästhetizismus. Hegel kann also in seiner Ästhetik auf der einen Seite ein Verständnisraster für den Vollzug der Natur bzw. der Naturschönheit durch die Rekonstruktion der Natur als Landschaft, d. h. als durch subjektive Innerlichkeit vollzogener Natur entwickeln. Andererseits aber hat er für diese subjektive Innerlichkeit in Reinkultur in seiner Kritik der Romantik die entsprechende Problematisierung vorgelegt. Anders als andere Versionen der Wiederholung von Gestaltungsmöglichkeiten der symbolischen in der romantischen Kunstform, führt die Darstellung der Natur als Landschaft also vorderhand nicht über die Konzentration auf die subjektive Innerlichkeit – hier noch in einem vorbewussten Vollzug der Empfindung präsentiert – hinaus.[28]

Hegels Auseinandersetzung mit dem Problem der Naturdarstellung und der Landschaftsmalerei gewinnt vor diesem Hintergrund einen nicht gering zu schätzenden systematischen Stellenwert. Denn die Momente der Wiederholung symbolischer Gestaltungsmöglichkeiten sind für Hegel in der Bestimmung der romantischen Kunstform jene konstitutiven, über die schöne klassische Kunst hinausführenden Aspekte, die der Kunst der christlichen Welt und der Moderne insgesamt ihre Eigenständigkeit und eine eigene Form der Realisierung des Ideals garantieren, wie Hegel es in der Vorlesung von 1823 angekündigt hatte.[29]

4 Hegels Bestimmung der Landschaftsmalerei

Wenn überhaupt, dann geht Hegel auf die Bedeutung der Landschaftsmalerei hauptsächlich im Zusammenhang mit der niederländischen Malerei des 17. Jahrhunderts ein. Nur hier – so die These – kann Landschaftsmalerei den Anspruch erheben, Kunstwerk zu sein. Nur hier ergibt sich in der Landschaftsmalerei eine

---

[28] Hegel findet andere Formen der Revitalisierung von Elementen der symbolischen in der romantischen Kunstform, die zu einer subjektiv vermittelten Substantialität zurückführen, so dass sich seine Kritik an der Konzentration auf Empfindung in der Landschaftsmalerei in ein wohldurchdachtes systematisches Konzept einfügen lässt. Solche Elemente subjektiver Substantialität oder substanzieller Subjektivität finden sich beispielsweise im objektiven Humor und in der Reaktivierung des objektiven Humors durch den Rekurs auf die orientalische Welt in Goethes *Westöstlichen Divan*. Darauf hat erst O. Pöggeler in seinem Aufsatz *Hegel und Heidelberg* hingewiesen (in: Hegel-Studien 6 [1971], S. 65–133). Näher analysiert ist diese Form der Revitalisierung symbolischer Gestaltungsmöglichkeiten in der romantischen Kunstform bei A. Gethmann-Siefert/B. Stemmrich-Köhler, *Faust: Die „absolute philosophische Tragödie" und die „gesellschaftliche Artigkeit" des West-Östlichen Divan*. In: Hegel-Studien 18 (1983), S. 23–64 sowie bei J.-I. Kwon, *Hegels Bestimmung der Kunst. Die Bedeutung der „symbolischen Kunstform" in Hegels Ästhetik*. München 2001.
[29] Vergleiche dazu A. Gethmann-Siefert, *Hegel über das Häßliche in der Kunst*. In: Hegels Ästhetik. Die Kunst der Politik – Die Politik der Kunst. Zweiter Teil. Hrsg. von A. Arndt, K. Bal und H. Ottmann in Verbindung mit W. van Reijen. Berlin 2000 (= Hegel-Jahrbuch 2000. Bd. 2), S. 21–41. Gethmann-Siefert hat darauf hingewiesen, dass Hegel diese eigenständige Form des Ideals für die romantische Kunstform zu einem Spektrum der Gestaltungsmöglichkeiten der Kunst vom Schönen bis zum Hässlichen ausweitet, wobei der Gesichtspunkt jeweils die Relevanz der Künste für die bestehende Kultur überhaupt ist. Eine Marginalisierung der Auseinandersetzung mit der Landschaftsmalerei – etwa im Blick auf die ästhetische Geringschätzung dieses Sujets noch zu Hegels Zeiten – ist schon von daher wenig sinnvoll.

Vermittlung eines besonderen substanziellen Inhalts mit einer historisch spezifischen Subjektivität. Nur hier kann Landschaftsmalerei als Kunst die in der „Prosa der Welt" ansonsten verborgene Vernunft zur Erscheinung bringen. Neben der ästhetischen Betrachtung der Natur als Landschaft im Allgemeinen muß also auch bei der Landschaftsmalerei im Besonderen unterschieden werden zwischen einer für Hegel geglückten und einer mißglückten Vermittlung von Mensch und Natur.

Hegel zufolge bezieht sich die Malerei „auf die Empfindung". Sie hat „Beziehung auf das Gemüt" (Hotho 1823, S. 249). Dies erinnert an den bereits angesprochenen Zusammenhang von ästhetischer Betrachtung der Landschaft und der Erregung zufälliger Stimmungen und Empfindungen. So findet „das Natürliche (...) in ihr eine Stelle", insofern nämlich „es nur ein allgemeiner Klang ist, der hervorgebracht wird" (ebd.). Natürlich verfallen dadurch die „Gegenstände ihrem Gehalt nach" der Gleichgültigkeit. Ob Landschaft als Kunstsujet über diese Gleichgültigkeit und über das bloße Erregen willkürlicher Empfindungen hinausgelangen kann, ist die entscheidende Frage.

Im Malereikapitel definiert Hegel als das Ideal der Malerei das Romantische, in dem die für sich seiende Subjektivität die „Grundbestimmung" ausmache, d.h. die „geistige Innigkeit" (Hotho 1823, S. 253). Diese geistige Innigkeit differenziert Hegel nach ihrem „verschiedenen Inhalt": 1. „Die substanzielle Innigkeit ist die der Religiosität" (ebd.); 2. „Die Innigkeit der Seele mit der Natur" (Hotho 1823, S. 255); 3. „Die Innigkeit (...) bei für sich ganz unbedeutenden Gegenständen" (Hotho 1823, S. 256). Der erste Punkt betrifft den Inhalt, von dem die für diese Untersuchung relevante Malerei sich abzuheben hat. Der zweite Punkt spricht einen Inhalt an, der auf das verweist, was wir „Wiedererkenntnis des Geistes" nennen wollen. Der letzte Punkt nennt einen Inhalt, der auf das abzielt, was wir als „Vermittlung einer Weltanschauung" bezeichnen wollen.

Die „Innigkeit" kann sich also auch „bei bloß natürlichen Gegenständen einfinden" (Hotho 1823, S. 255). Damit dies aber möglich ist, muß die Unmittelbarkeit der Wahrnehmung überschritten und aufgegeben werden. „Innigkeit der Seele mit der Natur" ist nur möglich, wenn die Natur „nach irgendeinem Bedürfnis erfaßt" (ebd.) wird, so daß sie empfunden werden kann. Die natürlichen Gegenstände, an die ein Bedürfnis des Gemütes, der Seele, eine Stimmung, Gefühlsschwankung o.ä. herangetragen wird, „haben ein Verhältnis zur Seele. Sie nimmt in ihnen einen Charakter wahr, der ihr entspricht" (ebd.). Diese Weise der Entsprechung ist ein entscheidender Punkt im Hinblick auf die philosophische Würdigung der Landschaftsmalerei.

Es kann bei dieser Entsprechung aber keinesfalls um ein sich selbst genießendes Schwelgen in subjektiven Stimmungen und unvermittelten Gefühlen oder Sehnsüchten gehen. Wie schon im Zusammenhang der Erörterung des ästhetischen Status der Landschaft gezeigt wurde, wäre ein solches Verständnis von „Empfindung" für Hegel keine wirkliche „Versöhnung" des verstandesmäßigen Gegensatzes von Mensch und Natur. Die Empfindung ist die „dumpfe, unbestimmte Region des Geistes (...) Was empfunden wird, ist verdumpft, eingehüllt und subjektiv. Der Unterschied in der Empfindung ist daher ganz abstrakt und kein Unterschied der Sache" (Hotho 1823, S. 14). Gefühle sind für Hegel bloß subjektiv, wohingegen ein Kunstwerk „ein Allgemeines, Objektives [zum Inhalt] haben" (Hotho 1823, S. 15) soll.

In der Malerei können für Hegel „Naturformen" demnach nur dann „auftreten, insofern irgendeine Anspielung auf ein Geistiges sie dem Gedanken näher verbindet" (Hotho 1823, S. 42). Der Gedanke verweist auf das Denken und damit auf Allgemeinheit, denn das „Denken betrachtet alles in der Form der Allgemeinheit und ist dadurch die Tätigkeit und Produktion des Allgemeinen (...) indem ich denke, muß ich den Gegenstand zur Allgemeinheit erheben"[30]. Die subjektiven Gefühle und Empfindungen „erhalten immer nur meine Besonderheit" (Hotho 1823, S. 15). Ein Kunstwerk hingegen „muß die Besonderheit vergessen lassen", bei seiner Betrachtung „soll ich mich darin vertiefen, mich darüber vergessen" (ebd.). Wenn Empfindungen in der Kunst überhaupt eine Rolle spielen wollen, dann können sie dies nur, wenn sie in irgendeiner Weise ihre „Besonderheit" transzendieren, an eine allgemeine Sphäre anknüpfen und zur Vermittlung von Mensch und Natur bzw. von „Subjekt" und „Objekt" beitragen. Dies geschieht in Hegels Deutungsansatz auf zweierlei Weise: erstens als Wiedererkenntnis des Geistes in seinen ‚Objektivationen' (vgl. z.B. Hotho 1823, S. 13), zweitens als Vermittlung der Weltanschauung eines Volkes (vgl. z.B. Hotho 1823, S. 203).

4.1 Landschaftsmalerei als Wiedererkenntnis des Geistes in der Natur

Bei jener Entsprechung von „Geist" und empfundenen Gegenständen geht es nach dem bislang Gesagten erstens um die Überwindung der schlichten Gegebenheit der Natur in ihrer Kontingenz und ‚Geistlosigkeit' durch ihre Anverwandlung an geistige Vollzüge: Der Geist soll sich in der Natur „wiedererkennen". Es stellt sich die Frage, wie dies möglich sein kann und welchen Stellenwert Hegel dieser „Vermittlung" beimißt.

Im Abschnitt über das Ideal weist Hegel darauf hin, daß die Erscheinungen der natürlichen Welt vielfältig sind. Die Kunst aber „macht sie zu einem solchen, daß sie überall sei[en] als Organ der Seele, als Manifestation derselben" (Hotho 1823, S. 80). Die „unendlich ruhige Tiefe des Meers" oder ein „erregtes Meer" (Hotho 1823, S. 255) sind *unsere* Stimmungen, die wir in die geistlose Natur hineinbedeuten, und in denen wir dann eben diese unsere Stimmungen wiedererkennen. Die Natur selbst kennt keine Stimmungen, sie *ist* nur. Die unmittelbar wahrgenommene Landschaft ist dem Geiste gleichgültig. Erst ihre Anverwandlung an geistige Bedürfnisse bzw. Vollzüge gewährt die Befriedigung des Geistes. Diese Befriedigung wiederum ist es dann, die eine fragile Vermittlung von Sub-

---

[30] G.W.F. Hegel, *Vorlesungen über die Philosophie der Geschichte*. In: Ders., Theorie-Werkausgabe in 20 Bänden. Bd. 12. Hrsg. von E. Moldenhauer und K.M. Michel. Frankfurt am Main [4]1995, S. 520.

jekt und Objekt ermöglicht, die aber stets der Gefahr des Abrutschens in bloße ästhetizistische Subjektivität ausgesetzt ist. Auf *diese* Weise hat die Malerei demnach jene „Innigkeit der Seele mit der Natur" zu ihrem Gegenstand. Hegel: „Die Landschaftsmalerei faßt die Natur mit Seele und Geist auf und ordnet ihre Gebilde nach dem Zweck, eine Stimmung auszudrücken. Somit darf sie keine bloße Nachahmung der Natur werden und bleiben" (Hotho 1823, S. 255 f.).

In diesen beiden Sätzen geht es um die angemessene Weise der Darstellung der Landschaft. Landschaftmalerei ist Kunst. Kunst ist eine Weise, in der der Geist sich zur Erscheinung bringt. Dies gelingt ihm bei der Landschaftsmalerei dadurch, daß er eine Ordnung in die Natur bringt, die eine Stimmung ausdrückt. Die Landschaft wird also im künstlerischen Schaffensprozeß so konstruiert, daß sie diese geistig erzeugte Stimmung auszudrücken vermag. Auch deshalb darf Landschaftsmalerei die Natur nicht bloß nachahmen. Bloße Nachahmung verbliebe im geistig unvermittelten An-sich des Natürlichen, das Ergebnis wäre eine für den menschlichen Geist unbefriedigende und sinnlose, weil überflüssige Verdoppelung des schon natürlich Gegebenen. Nicht landschaftliche Natur wird verdoppelt, sondern der Mensch als Bewußtsein. Denn die „natürlichen Dinge *sind* nur, sind nur einfach, nur einmal. Doch der Mensch als Bewußtsein verdoppelt sich, *ist* einmal, dann ist er *für sich*, treibt, was er ist, vor sich, schaut sich an, stellt sich vor, ist Bewußtsein von sich; und er bringt nur vor sich, was er ist" (Hotho 1823, S. 12 f.).

Nun zeigt die Landschaft aber klare sichtbare Strukturen, die für bestimmte Naturdinge charakteristisch sind. So weisen z.B. Blätter und Zweige eine typische Zeichnung auf, die nicht einfach von der Landschaftsmalerei übergangen werden darf, sondern „beibehalten" werden muß. Falsch wäre es aber auch, wenn die Landschaftsmalerei sich sklavisch an diese natürlichen Vorgaben halten würde. Die „Hauptsache" ist für Hegel vielmehr nur „die Stimmung des Ganzen (...) Ihr muß das übrige untergeordnet sein" (ebd.). Das „Ganze" ist eine bestimmte auszudrückende Stimmung, der sich die Details in ihrer Charakteristik und in ihrer Auswahl unterzuordnen haben. Eine *so* dargestellte Landschaft ist vom Geist durchdrungen und geordnet. Keineswegs ist sie etwas bloß Nachgeahmtes. Die hier beschriebene Vermittlung vermag also immerhin eine einer Stimmung verpflichtete geistige Ordnung in die wahrgenommene Landschaft zu bringen, wobei diese geistige Ordnung insofern die „Besonderheit" (Hotho 1823, S. 15) der Empfindung zu überschreiten vermag, als ein geistiger Vollzug Hegel zufolge an die für Kunst erforderliche Sphäre der Allgemeinheit anknüpfen kann.

Auch wenn Hegel eindeutig die Landschaftsmalerei im Sinne der „Wiedererkenntnis des Geistes in der Natur" fasst, bleibt nicht nur die Konzentration auf Empfindung eine mögliche Einschränkung, sondern es scheint, daß die bislang eruierte Funktion und Darstellungsweise der Landschaftsmalerei für Hegel in dieser Veranschaulichung des Geistigen und im Blick auf die Kunst als anschauliche Wahrheitsvermittlung aus einem weiteren Grund eine nur untergeordnete Bedeutung behalten muss. Die Veranschaulichung des Geistigen im Kunstwerk scheint gerade im Naturschönen zu unspezifisch zu sein. Das Kunstwerk gehört als Produkt des Geistes zur Kultur des Menschen – nicht zur bloßen Kultur der Natur. Die Kunst ist eine Stufe im Prozess der Selbsterkenntnis des Geistes, der sich der Natur entwindet. Wenn er nun im Kunstwerk auf die Natur zurückgelenkt wird, dann scheint es so zu sein, als finde der Mensch nicht zu sich selbst als einem geistigen Wesen, sondern lediglich zur Natur zurück.

Am Beginn der Kunstentwicklung hatte Natur als Sujet symbolische Bedeutung; das Geistige war noch nicht zum klaren Bewußtsein seiner selbst gekommen. Natur diente als Durchgangsstadium im Hinblick auf die „Selbstentzifferung des Geistes". Am Ende der Kunstentwicklung macht Natur als Sujet nur noch wenig Sinn, wenn es um bloße Darstellung von Natur gehen soll. Das Legitime einer solchen Darstellung besteht für Hegel dann noch in der „Wiedererkenntnis" und dadurch in der Befriedigung des Geistes. In der modernen Welt aber ist dies letztlich Luxus. Auch im Hinblick auf Wahrheitsvermittlung kann das Sujet Natur bzw. Landschaft nur beschränkte Bedeutung haben, weil Natur bestenfalls jene geistanalogen Stimmungen zu erzeugen vermag. Es muß daher nach einer weiteren und bedeutsameren Funktion von Landschaftsmalerei bei Hegel gesucht werden. Diese findet sich bei der niederländischen Malerei des 17. Jahrhunderts und ist nur zu verstehen von der allgemeinen Bedeutung, die Hegel dieser Malerei insgesamt zuschreibt, nämlich daß die Darstellung und Sichtbarmachung von Gesehenem in sich bereits eine Form des reflexiven Umgangs mit der Welt ist. Sie ist nicht Darstellung der Welt wie sie ist, sondern Darstellung einer zunächst individuellen Anschauung der Welt, die aber im rezeptiven Nachvollzug des Bildes, weil auf Dauer gestellt, eine Anschauung für uns werden soll.

4.2 Landschaftsmalerei als Vermittlung einer Weltanschauung

Am Ende der romantischen Kunstform trennt sich der geistige Gehalt wieder von der sinnlichen Form. Substanzlose Subjektivität und die Darstellung beliebiger Objekte sind die Folge. Die Auflösung der romantischen Kunstform läßt die „gemeine Äußerlichkeit für sich frei" (Hotho 1823, S. 199), und die Kunst schreitet zur „Darstellung der Gegenstände, wie sie sind" (ebd.) fort. Somit wird Kunst „freie, subjektive Geschicklichkeit (...) der der Stoff gleichgültig ist (...) Kunst des Scheins, welcher Gegenstand auch behandelt werde" (Hotho 1823, S. 204). Der Künstler ist fortan befreit von inhaltlichen Vorgaben. Der göttliche Inhalt, das religiöse Substantielle verliert seine ehemalige Vorrangstellung. Als „das Interessante bleibt der Humanus, die allgemeine Menschlichkeit, das menschliche Gemüt in seiner Fülle, seiner Wahrheit. Aber dies Interesse ist zunächst an keine Gestalt gebunden" (ebd.). Auch die „Prosa des Lebens" mit ihren alltäglichen Dingen wird nun Gegenstand der Kunst. Insbesondere die „niederländische Schule" habe nun, so Hegel, „die Gegenwärtigkeit" dargestellt und sei „darin ausgezeichnet" (Hotho 1823, S. 200). Diese Möglichkeit, „das tägliche Leben in seiner Täglichkeit" (Aachen 1826, Ms. 151), also bis dahin belanglose Gegenstände, als schön darzustellen, gelingt durch den Einsatz der Farbe als besonderes Darstellungsmittel.

Hatte sich in der Orientierung an religiösen Inhalten die romantische Innerlichkeit noch der göttlichen Substanz zugewendet, so wendet sie sich bei der nun erfolgenden Umorientierung hin zu den weltlichen Dingen des bürgerlichen Alltags der Weltlichkeit zu. Dieser Schritt war nur möglich auf dem Boden der zunehmenden Subjektivität innerhalb der romantischen Kunstform. War der sittliche Zustand und die sittliche Orientierung der christlichen Welt an die *Gottes*vorstellung gebunden, so ist der sittliche Zustand der bürgerlichen Welt der Niederlande im 17. Jahrhundert an das spezifische bürgerliche *Welt*verhältnis dieses Volkes gebunden. Die Welt und die Wirklichkeit der Holländer ist eine von ihnen selbst erarbeitete und der Natur abgetrotzte Wirklichkeit und Welt. Ihre Freiheit hat sich diese bürgerliche Gesellschaft im Kampf gegen fremde Mächte erworben. Hegel:

> „Die Holländer haben es da weit gebracht. Der Stoff ist aus ihrem Leben, und das ist schon hoch, daß sie ein Präsentes darstellen wollten. Die Niederländer haben das Ihrige zum Zweck ihrer Darstellung gemacht, ihre Freude davon gehabt. Das Ihrige ist der Boden, auf dem sie stehen, den haben sie sich selber gemacht und erhalten ihn noch gegen das Anstürmen des Meeres; sie haben sich von spanischer Herrschaft befreit. Die Bürger und Bauern haben sich politische und religiöse Freiheit erworben und erhalten, alles durch ihre Tätigkeit und Unternehmungsgeist im Kleinen und Großen, die Wohlstand zur Folge hat[ten]. Dieser Frohsinn, der aus dem Selbstgefühl, es sich verschafft zu haben, hervorgeht, das ist kein gemeiner Stoff" (Libelt 1828/29, Ms. 59).

Die Niederländer haben sich ihre Freiheit einerseits in der Unterwerfung der Natur durch Arbeit, andererseits im politischen und religiösen Kampf gegen geistliche und weltliche Bevormundung von Kirche und Fremdherrschaft errungen. Zudem stehen die Niederländer in so enger Beziehung zu ihrer Welt, daß sie sich darin wohlfühlen können. Denn der „Mensch muß zu Hause in der Welt sein, frei in ihr haushalten, heimisch sich finden" (Hotho 1823, S. 105). Dann sei es möglich, „daß zwischen der Subjektivität und ihrer Welt, von der sie umgeben wird, eine wesentliche Zusammenstimmung vorwalte" (Hotho 1823, S. 106). So haben die niederländischen Bürger des 17. Jahrhunderts Hegel zufolge mutig „das Größte sich errungen; sich das Gefühl der Behaglichkeit, das durch Tapferkeit, frommen rechtschaffenen Sinn erworben wurde, in diesem Sinne haben sie das Gefallen und die Liebe gehabt zu den mittelbarsten Gegenständen ihrer Umgebung, ihres Gewerbes, ihrer Familie" (Aachen 1826, Ms. 152).

Der freie niederländische Bürger des 17. Jahrhunderts wendet sich deshalb den alltäglichsten Gegenständen als Kunstsujet zu, weil er in diesen Bildern seinen eigenen Stolz, sein Selbstbewußtsein, die Freude an seiner Freiheit und Wohlhabenheit in sinnlich vermittelter Darstellung anschauen kann. Dies ist im übrigen *prinzipiell* möglich, weil sich in der Malerei „der Geist der Völker der Zeiten und Individuen ab[malt]" (Libelt 1828/29, Ms. 79). Nur soll jetzt „kein Göttliches (...) uns klar werden; die Gegenstände, die dargestellt werden, sind bekannte: Blumen, Hirsche, die wir alle schon vorher sahen" (Hotho 1823, S. 201). Die „ganze empirische Umgebung tritt da ein. Das Unorganische, Himmel, Sonne, Gestirne, das Landschaftliche, der ganze Organismus mit allen Partikularitäten. Menschliche Zustände, Empfindung, Situationen, Gebärden etc. Das Objekt wird also grenzenlos" (Libelt 1828/29, Ms. 79).

An dieser Stelle drängt sich die Frage auf, ob dies nicht auf jene Nachahmung von Natur hinausläuft, die Hegel so vehement ablehnt. Wird hier nicht ein künstlerischer Realismus vertreten, der sich mit der Abschilderung des Gegebenen begnügt? Schließlich stammt das deutsche Wort „Abschildern" vom holländischen „schilderij" ab, was soviel besagt wie „Abbild, Wiedergabe von etwas Vorhandenem, Schilderung"[31]. Warum malten diese Maler Dinge, Menschen und Landschaften, die sie ständig vor Augen hatten, die sie vielleicht lediglich überflüssigerweise verdoppelten? Welchen Sinn macht ein Bild mit Früchten in einer Bürgerstube mit Früchten auf dem Tisch? Oder ein Landschaftsbild in einer Bürgerstube, die die Landschaft in unmittelbarer Nähe außerhalb der kleinen Städte präsent hat?

Die erstgenannte Frage muß im Sinne Hegels mit einem gleichzeitigen Ja und Nein beantwortet werden. *Ja,* weil Hegel stets betont, die Niederländer stellten die „Gegenwärtigkeit" der „empirischen Umgebung" mit rein „äußerlichen Gegenständen" (Aachen 1826, Ms. 152) dar. „Dies ist die Nachahmung der Natur" (Aachen 1826, Ms. 151). Hegel stellt sich in diesem Zusammenhang aber zugleich die Frage, ob eine solche „Darstellung eines unschönen Gegenstandes" des „prosaischen Lebens" noch ein „Kunstwerk sei, denn das Kunstwerk muß einen Gegenstand haben, welcher der Idee entspricht, diese absolute Wichtigkeit hat" (Kehler 1826, Ms. 284). *Nein,* weil Hegel nicht das im Sinne hat, was heute „Fotorealismus" genannt wird. Denn eine gemalte Landschaft als aus „dem Menschengeist hervorgegangene[s]" Landschaftsgemälde, „gibt uns die Vorstellung der Vorstellung" (Hotho 1823, S. 211). Denn einerseits soll zwar die Landschaft als „Inhalt vorhanden sein, andererseits so, daß man erkenne, der Inhalt sei nicht das Wirkliche, sondern als Inhalt der Vorstellung" (Hotho 1823, S. 210). Der Landschaftsmaler als Künstler darf und „soll nicht die Natur in ihrer Unmittelbarkeit lassen" (Hotho 1823, S. 220), sie sozusagen lediglich abfotographieren. Vielmehr entwirft er eine Vorstellung der Welt, und zwar eine sinnliche Vorstellung, die zudem auf sinnliche Weise vermittelt wird. Natur wird *vollzogen,* es wird eine spezifische Anschauung von Welt gesetzt.

Demnach geht es nur *vorder*gründig um die dargestellten Gegenstände selbst. *Tief*gründiger geht es bei den niederländischen Bildern im allgemeinen und bei den Landschaftsbildern im besonderen erstens um die Vermittlung der Weltanschauung und des Selbstbewußtseins dieses Volkes in seiner spezifischen historischen und sozialen Situation. Zweitens geht es aber auch um die Vervollkommnung der technischen Mittel bei der Darstellung.

---

[31] K. Bauch, *Anfänge der neuzeitlichen Kunst.* In: Veröffentlichung der Joachim Jungius-Gesellschaft der Wissenschaften. Hamburg 1957, S. 118–139, hier S. 127.

Kunst im allgemeinen hat sowohl der Welterkenntnis als auch der Handlungsorientierung in der Welt zu dienen. Denn es sei ein „Interesse" der Kunst, die „substantielle Weise des Bewußtseins eines Volkes darzustellen" (Hotho 1823, S. 203). Diese „substantielle Weise" nennt Hegel „Weltanschauungen" (ebd.). In dieser Weltanschauung vermittelt sich die spezifische Sicht der Welt eines historischen Volkes auf dem Boden einer spezifischen Erfahrung von Welt. Diese Weltanschauung verdankt sich dem künstlerischen Vollzug einer subjektiven Rekonstruktion von Welterfahrung, die zur Konstruktion einer geschichtlichen Welt im Bild führt. Das ist genau das, was Hegel „Vorstellung einer Vorstellung" (Hotho 1823, S. 211) nennt. In der Antike stiftete die schöne Skulptur anschauliche sittliche Orientierung und vermittelte das in Handlungsgemeinschaften schon errungene vorreflexive geschichtliche Bewußtsein und die „substantielle Sittlichkeit" dieses Volkes auf anschauliche Weise. Auf die von Hegel sich selbst gestellte Frage, ob man denn die von den späten Niederländern „meisterhaft ausgeführte[n] Werke noch Kunstwerke nennen soll" (Aachen 1826, Ms. 151), gibt Hegel sich selbst die Antwort: „Es sind allerdings Kunstwerke" (ebd.). Zugleich meldet er aber selbst Bedenken gegen dieses Vorausurteil an, die sich fast zwangsläufig aus seiner eigenen philosophischen Konzeption von Kunst ergeben. Denn es muß, so Hegel, „Gehalt, Stoff, innere Idee bey'm Kunstwerk gefordert werden, daß der innere Gehalt wahrhaft substantiell an und für sich sey" (ebd.). Dann aber stellt sich zwangsläufig die nächste Frage, was bei „dieser Art von Kunstwerken, die an und für sich uninteressante Gegenstände behandeln" (a.a.O., Ms. 152), dieses Substantielle sein soll? Hegel sagt ausdrücklich, „die Gegenstände für sich selbst haben den Gehalt nicht" (von der Pfordten 1826, Ms. 83). Worin also liegt dann der „Gehalt"? Hegels Antwort lautet: „Es zeigt sich in solchen Gegenständen kein religiöser, großer Sinn, aber der Sinn der Behaglichkeit, Behäbigkeit in dem Seinigen" (Aachen 1826, Ms. 152). Damit ist zweierlei gesagt. Erstens geht es den Niederländern in ihren Bildern nicht mehr um den idealen religiösen Inhalt. Hegel geht in knappen Erläuterungen auf diese Entwicklung von der frühen bis zur späteren niederländischen Malerei ein. Zweitens liegt der substantielle Gehalt darin, daß in diesen Bildern die „substantielle Weise des Bewußtseins eines Volkes" (Hotho 1823, S. 203), das heißt das geschichtliche Selbstbewußtsein dieses Volkes vermittelt wird. Hegel betont immer wieder, daß diese Gegenstände „kein Kunstinteresse" haben. Sie zeigen „keinen großen Sinn", aber jener „Sinn der Behaglichkeit" führe dazu, „daß sie diese Liebe haben zu den äußerlichsten, unmittelbarsten Gegenständen" (Kehler 1826, Ms 285). Der „Stoff" dieser Bilder „ist aus ihrem Leben" (Libelt 1828/29, Ms. 59). Die Niederländer haben „das Ihrige zum Zweck ihrer Darstellung gemacht, ihre Freude davon gehabt" (ebd.).

In den Bildern der Niederländer wird deren Weltanschauung vermittelt. Formal ähnelt dies der Funktion der Skulptur in der Antike. Der Unterschied besteht darin, daß die Skulptur umfassende Bedeutung für die gesamte Kultur einer ganzen Epoche besaß und eigens gestiftet wurde. Bei den Niederländischen Bildern verhält es sich anders. Deren Bedeutung beschränkt sich auf eine kurze historische, soziale und politische Phase eines besonderen Volkes und der

Inhalt wird nicht mehr gestiftet, sondern er ist vorgegeben und wird lediglich illustriert. Außerdem ist der Inhalt kein göttlicher, sondern ein weltlicher Inhalt. Die Objektivität des klassischen Ideals beruht auf der verkörperten „substantiellen Sittlichkeit" in Gestalt der schönen *Götter*statue. Die Objektivität des Niederländischen (Landschafts)bildes beruht auf dem verkörperten sittlichen *Welt*zustand des bürgerlichen Lebens dieser Epoche. In diesen Bildern zeigt sich anschaulich die in der Prosa des Alltäglichen verborgene Vernunft der Weltgeschichte: die Manifestation der errungenen Freiheit eines Volkes im Kampf gegen Natur und Fremdherrschaft und der objektive Geist in Gestalt der weltlich fundierten Sittlichkeit dieses Volkes. Diese Kunst greift Landschaft nicht als bloße Natur, sondern als bereits kulturell bearbeitete und gestaltete Natur auf, um sie entsprechend darzustellen. Hier läßt sich das Naturschöne als Landschaft unzweifelhaft als Version des Kunstschönen beschreiben. Diese Argumentation Hegels ist die erste „Rechtfertigung, diese Gegenstände für würdig der Kunstbehandlung zu halten" (Kehler 1826, Ms. 285).

Die zweite Rechtfertigung besteht für Hegel in der „Kunst des Scheinens" (Hotho 1823, S. 201), das heißt in der Perfektionierung der technischen Darstellungsmittel. Zwar können prosaische Gegenstände „den *höheren* Sinn nicht befriedigen", dafür „aber die unendliche Kunst des Malers" (Hotho 1823, S. 200; Hervorhebung vom Verf.). Hegel zufolge sei es „das Scheinen, welches hier das Interesse ausmacht, das sich in sich vertiefende Scheinen. Am Schönen ist die Seite des Scheinens hervorgehoben. Und hierin haben die Niederländer eine Meisterschaft erreicht" (Hotho 1823, S. 201). Die Niederländer haben die Malerei, die „wegen ihrer Innerlichkeit die Kunst des Scheines überhaupt" (Kehler 1826, Ms. 341) ist, vervollkommnet. Generell ist für Hegel ein Gemälde nicht nur ein Kunst*werk*, sondern auch „zugleich ein Kunst*stück* des Scheinens" (Kehler 1826, Ms. 342; Hervorhebung vom Verf.). Das Mittel für diesen Zweck des „Scheinens" ist das souveräne „Zusammenstellen der Farben" (von der Pfordten 1826, Ms. 84). Im Abschnitt über die Malerei zeigt Hegel, wie das Kolorit im sukzessiven Vollzug und Nachvollzug des Sehens produktiv wie rezeptiv das formkonstituierende Medium der Malerei ist[32]. Außerdem zeigt sich, daß die Malerei generell auf den Gesichtssinn als einen der beiden „theoretischen Sinne" und damit auf eine reflektiertere bzw. vergeistigtere Sinnlichkeit bezogen ist[33]. Diese Eigenart des Zusammenwirkens der Farben haben die Niederländer Hegel zufolge zur Vollendung fortentwickelt. Sie haben gleichsam das „musikalische in der Farbe (...) aufs gründlichste studirt" (Kehler 1826, Ms. 285), d.h. die Eigenart der Farbe, über den Vollzug des Sehens Welt zu konstituieren und zugleich zu vermitteln. Die Niederländer haben diese Entwicklung bis an ihre äußerste Grenze geführt, jenseits derer die Musik beginnt. Auch die Musik ist an einen sukzessiven Vollzug gebunden, an den Vollzug des Gehörs bezüglich des völlig immateriel-

---

[32] Vgl. hierzu B. Collenberg, *Hegels Konzeption des Kolorits in den Berliner Vorlesungen über die Philosophie der Kunst*. In: Phänomen versus System. Zum Verhältnis von philosophischer Systematik und Kunsturteil in Hegels Berliner Vorlesungen über Ästhetik oder Philosophie der Kunst. Hrsg. von A. Gethmann-Siefert. Bonn 1992 (Hegel-Studien. Beiheft 34).
[33] Vgl. Hotho 1823, S. 18 ff.

len Tons. Hier ist eine noch vergeistigtere Stufe der „subjektiven Innerlichkeit" der romantischen Kunstform erreicht. Wegen dieser Nähe zur Musik nennt Hegel jene Besonderheit der Farbe die „Musikalität in den Farben" (Aachen 1826, Ms. 152). Diese haben die Niederländer „gründlich studiert, durch Scheine Wirkungen hervorgebracht, welche wenigstens frappiren" (ebd.). Diese Wirkungen lassen sich mit zwei Wendungen umschreiben. Die eine könnte man mit Hegel „Triumph der Kunst über die Vergänglichkeit" (Hotho 1823, S. 201) nennen, die andere „Verklärung des Alltäglichen"[34] durch die Schönheit der Darstellung. Beide Aspekte gehören eng zusammen.

Hegel rechtfertigt also seine ausdrückliche Anerkennung dieser Bilder als „würdig der Kunstbehandlung" mit dem Hinweis auf „die Geschicklichkeit, einen flüchtigen Moment zu ergreifen" (Kehler 1826, Ms. 285). Auch das „Wandelnde in seinem ganz flüchtigen Vorbeifliehen ist zum Anschauen gebracht" (Hotho 1823, S. 201), das „ganz Wandelbare der Natur" und „das Zufällige für sich ist da aufgefaßt worden" (Aachen 1826, Ms. 152). Die Niederländer „haben das vorübergehende statarisch fest gemacht" (Kehler 1826, Ms. 286). Die holländischen Maler haben es vermocht, mittels des schönen Farbenscheins Momentaufnahmen der sich wandelnden und prosaisch-zufälligen Wirklichkeit in ihren Gemälden zu fixieren. Sie konnten so die spezifische Sicht ihrer Welt in ihrer Alltäglichkeit dem Kunstpublikum präsentieren und für die Nachwelt verewigen. Selbstverständlich hatte ein Bild, das eine alte Frau darstellt, „die bei Licht eine Nadel einfädelt" (Hotho 1823, S. 201) oder ein Bild mit kartenspielenden Bauern nur zu jener Zeit bei jenem Volke seine Relevanz und sein verstehendes Publikum. Uns Heutigen bzw. „uns andern Nationen würde es nicht einfallen, auf diese Gegenstände die Mittel der Kunst zu verschwenden" (Kehler 1826, Ms. 285). Wir Heutigen können diese Relevanz nur historisch-reflexiv und also nachträglich erschließen.

Was hier grundsätzlich über die niederländische Malerei des 17. Jahrhunderts herausgearbeitet wurde, gilt auch für „Landschaft" als Sujet: Die Niederländer haben ihr Land der Natur, insbesondere dem Meer abgerungen und sich dabei ihre Freiheit von Natur und ihre Macht über Natur erkämpft. Dieses Bewußtsein der errungenen Freiheit kommt in ihren *Landschafts*bildern zur Anschauung. Nach Hegel war diese Veranschaulichung dieser Landschaften nur zu jener vergangenen Zeit sinnvoll und für breite Bevölkerungskreise relevant. Für uns haben diese Bilder heute lediglich und bestenfalls einen spezifischen Bildungswert.

Schließlich sollte noch ein weiterer, von Hegel angedeuteter Aspekt angesprochen werden. Bernadette Collenberg weist darauf hin, daß Hegel sich im Kontext der „Musikalisierung" der Malerei gegen die Romantiker wendet, die statt auf Objektivität auf bloße „Effekte" abzielen. Die „Musikalisierung" habe aber *nicht* das Ziel, „allein den subjektiven, rein empfindungsmäßigen Bezug eines Menschen auf die Dinge"[35] anzustreben. Hinzu kommt, daß Hegel – anders

---

[34] A. Gethmann-Siefert, *Einleitung: Gestalt und Wirkung von Hegels Ästhetik*. In: Hotho 1823, S. CLXXIV.

[35] B. Collenberg, *Hegels Konzeption des Kolorits in den Berliner Vorlesungen über die Philosophie der Kunst*, S. 163.

als Hotho, der diesen Gedanken auch in eigenen Publikationen nutzt – in der Musikalität des reinen Farbenspiels der Malerei nicht ein Rücksinken der Geistigkeit, sondern den formalen Fortschritt sieht. Schon im Material der Malerei, in der Konstitution der Linearität durch Farbenspiel zeigt sich, daß das Bild als Ganzes ein Konstrukt, nicht ein Spiegel der Realität ist, sondern als solches vollzogen werden muss. Es richtet sich schon in der Materialität, nämlich in der Abstraktion von der Dreidimensionalität auf die Fläche und in der Konstitution der Linearität durch Farbgebung, ein reflexiver Gestaltungsvorgang auf eine solche Rezeption. Da Hegel in der Frage nach der Bedeutung der Kunst nicht von einer inhaltlichen Bildung durch Kunst ausgeht, sondern für die moderne Welt das Konzept der „formellen Bildung" entwickelt, müsste er selbst in jener durch die Malerei konstituierten Weltanschauung qua Naturwelt mehr entdecken können, als er explizit werden lässt.[36]

5 Zusammenfassung

Hegel hat die Ästhetik von der Betrachtung des Naturschönen auf die des Kunstschönen umgegründet. Daher war die entscheidende Frage im Untersuchungszusammenhang, wie das Naturschöne als Landschaft sich als eine Version der Kunstschönheit beurteilen läßt. Dies ist nur dann möglich, wenn in der Landschaft das Naturschöne als bereits Vollzogenes erscheint, d.h. als Kunstschönes. Als Gegenstand der Kunst können Naturerscheinungen ein Moment von Wahrheit erlangen und dadurch der Anforderung an das Kunstschöne genügen, zur Vermittlung der Wahrheit in Sinnlichkeit fähig zu sein.

Allerdings ergab sich eine Schwierigkeit. Wenn Naturschönes diese Vermittlung leisten können soll, dann muß sie nach Hegel durch Substantialität gekennzeichnet sein. Die Schönheit einer Landschaft lädt aber womöglich nur zu einer rein auf der Subjektseite verbleibenden Sicht ein. Somit scheint das Naturschöne als Landschaft sich nicht als Version des Kunstschönen beschreiben zu lassen.

---

[36] Diese Bedeutung der Hegelschen Überlegung zur „Musikalität der Farbe" wird allein aus den Vorlesungsnachschriften ersichtlich. Vgl. dazu die Analyse von A. Gethmann-Siefert in der *Einleitung: Gestalt und Wirkung von Ästhetik*. In: Hotho 1823. Insbes, S. CLIII ff. Zur Bedeutung der Reduktion der Dreidimensionalität auf die Fläche und der damit zusammenhängenden Bedeutung des Rahmens, des bewusst gesetzten Weltausschnitts vgl. a.a.O., S. CLV; zur Bedeutung der Farbe a.a.O., S. CLVI bis CLVIII; zur unterschiedlichen Bedeutung der „Musikalität" bei Hegel und Hotho a.a.O., S. CLXXII bis CLXXIV. Die „Musikalität der Malerei" bzw. die „Magie der Farbe" konstituiert das Sichtbare aus dem sinnlichen Vollzug des Sehens, „das Objektive verschwebt gleichsam schon, und die Wirkung geschieht fast nicht mehr durch ein Materielles" (Hotho 1823, S. 262). Hegel sieht darin den Übergang zur Musik, in der die Kunst „ganz auf die subjektive Seite tritt" (ebd.). Dieses Hervorbringen eines Scheinens im Scheinen ist für Hegel die durch das sinnliche Medium Farbe „bewirkte Rückbindung der Kunst an den Vollzug des Sehens" (Hotho 1823, S. CLXXV), der in Hegels Vorlesungen für die niederländische Malerei reserviert wird. Vgl. auch Libelt 1828/29, Ms. 131.

Zur Bedeutung der formellen Bildung in der Kunst der Moderne vgl. die in einer Kombination der Bedeutung der Ästhetikvorlesungen mit der Philosophie der Weltgeschichte geklärten Konzeption bei J.-I. Kwon, *Hegels Bestimmung der Kunst*. Insbes, S. 296 ff.

Dies gelingt unzweifelhaft erst mit Hegels Rückgriff auf die niederländische Landschaftsmalerei des 17. Jahrhunderts. Diese Kunst gilt auch für Hegel selbst als gelungene Verbindung von sinnlicher Anschauung, subjektiver Innerlichkeit und dem Selbstbewußtsein einer geschichtlichen Gemeinschaft. Hier wird Landschaft nicht als bloße Natur, sondern als kulturell gestaltete Natur aufgegriffen und dargestellt.

Hegel hat somit zudem implizit einen Begriff und ein Konzept von „Landschaft" vertreten, das aus seinen Ausführungen erschlossen und in die Begrifflichkeit aktueller Diskurse um „Landschaft" integriert werden kann. Hegels zentrale These lautet in diesem Kontext: Landschaft ist Kulturlandschaft. Paradigmatisch erörtert Hegel diese These anhand der niederländischen Landschaftsmalerei des 17. Jahrhunderts, in deren Bildern sich Landschaft als Kulturlandschaft zeigt. Die Niederländer haben ihr Land der Natur abgerungen; es ist ein Gemachtes.

Hegels Konzeptionen der „Landschaft" und der Landschaftsmalerei greifen insgesamt lediglich einen spezifischen Aspekt positiv, einen zweiten Aspekt skeptisch bis ablehnend und einen dritten gar nicht auf.

Als positiv bewertet Hegel das Landschaftsbild als „Rückkehr des Geistes zu sich", wenn Landschaft selbst als kulturell gestaltete Landschaft aufgegriffen und dargestellt wird. In den von Hegel untersuchten niederländischen Landschaftsbildern zeigen sich in der Darstellung der von Menschen geschaffenen, der Natur abgerungenen Landschaften die in der Prosa des Alltäglichen verborgene Vernunft der Weltgeschichte als Manifestation der errungenen Freiheit der Niederländer im Kampf gegen die Natur sowie das kulturelle Selbstverständnis dieses Volkes in einer besonderen geschichtlichen Situation.

Skeptisch bis ablehnend äußert sich Hegel gegenüber dem Landschaftsbild als Rückspiegelung einer Empfindung. Hier greift Hegels Kritik an der „romantischen Innerlichkeit": Eine solche Rückspiegelung des Ich in sich im Durchgang durch eine Natur qua Gemütserregung ist substanzlos. Es droht die Gefahr einer ‚leeren Träumerei', in der das Subjekt in bloß privaten Stimmungen schwelgt. Eine Parallele zeigt sich in Hegels Kritik an der Instrumentalmusik, die ebenfalls in der Gefahr einer ‚leeren Träumerei' steht sowie in Hegels Skepsis gegenüber der Lyrik, insbesondere der „Idylle", die sich seines Erachtens meistens auf einen „Privatzustand" beschränkt.

Gar nicht äußert sich Hegel zu einem möglichen dritten Aspekt, der im Untersuchungszusammenhang analysiert werden könnte: zu Natur als das den Menschen bzw. seine Kultur Aufhebende. Angesprochen ist damit die mögliche Erfahrung der „Erhabenheit" der Natur, die in das „schöne Bild" gebannt wird, z.B. in das Bild einer Landschaft mit Ruine. Was hier mit „Erhabenheit" gemeint sein könnte, läßt sich vielleicht auch unter das Schlagwort „Triumph der Natur über Kultur" fassen, veranschaulicht am Bild der Ruine[37].

---

[37] Vgl. hierzu zum Beispiel G. Simmel, *Die Ruine*. Ein ästhetischer Versuch. In: Ders., Gesamtausgabe. Hrsg. von O. Rammstedt. Bd. 8: Aufsätze und Abhandlungen 1901–1908. Bd. II. Hrsg. von A. Cavalli und V. Krech. Frankfurt a.M. 1993, S. 124–130.

Otto Pöggeler

Hegel und Caspar David Friedrich

Hegel verdankte Hölderlin entscheidende Erfahrungen; später hat er – so nahm man früher an – die Erinnerung an den unglücklichen Jugendfreund verdrängt. Wie aber hätte er vor Studenten auf jemanden verweisen können, der in der Öffentlichkeit nicht präsent war? Hegel hatte sich in Berlin durchaus in die Bemühungen einschalten lassen, Hölderlins Dichtungen neu herauszugeben; noch als Rektor der Universität bezog er sich enthusiastisch gegenüber Marianne von Preußen, einer geborenen Prinzessin von Hessen-Homburg, auf die Freundschaft mit Sinclair und Hölderlin im Schatten der Taunusberge. Freilich siedelte er Hölderlin dort an, wo dieser nicht hatte bleiben wollen: in der Nachfolge der philosophischen Gedichte, der Dramen und der Schriften Schillers. Auf das Schärfste wies Hegel jene zurück, die sein Weltvertrauen negierten: Heinrich von Kleist mit seinem Verdacht gegen alle menschlichen Verhältnisse, E. Th. A. Hoffmann mit der Wendung weg von der sittlichen Normalität und hin zum Außergewöhnlichen und Zweideutigen. Als Tieck Solger edierte, nutzte Hegel die Gelegenheit, seinen einstigen Kollegen von den „Romantikern" (wie wir heute sagen) abzusetzen.

Hegel hat in Heidelberg Thibauts Singkreis besucht, in Berlin an den Bemühungen Zelters und Mendelssohns teilgenommen. Sein Bezug zur Musik gipfelte im Besuch der Opern von Gluck und Mozart, die damals das Berliner Musikleben prägten. Als Hegel 1820 nach einer Aufführung des *Don Juan* eine „wahre Vorliebe" für diese Musik bekundete, sagte der Musikdirektor Bernhard Klein: „Jetzt bin ich dem stotternden Philosophen erst recht gut geworden!"[1] Hegel wird Mozarts Oper noch auf die Vorstellungen von Ehre im alten Spanien bezogen haben; auch Kaiser Joseph II. verband mit Opern wie dieser die Aufgabe einer Warnung des Adels vor Exzessen. Als das Werk in deutscher Sprache auf norddeutschen Bühnen gegeben wurde, änderte sich die Konzeption: Don Juan ist nicht der Jäger, sondern der Gejagte ... Dieser Auffassung von E. Th. A. Hoffmann mußte ein Hegel-Schüler wie Heinrich Gustav Hotho widersprechen. War er nicht dennoch von ihr affiziert? Hotho verflocht in den *Vorstudien* den Rückblick auf sein Leben mit den Bemühungen um diese Oper aller Opern seit den Kindertagen. Kierkegaard konnte dann Hothos Analysen nutzen für seine Charakteristik der unmittelbaren ästhetischen Genialität, die er aus Mozarts

---

[1] Vgl. *Hegel in Berichten seiner Zeitgenossen*. Hrsg. von G. Nicolin. Hamburg 1970 (im folgenden Berichte). S. 218. – Zum einzelnen vgl. den Ausstellungskatalog *Hegel in Berlin*. Preußische Kulturpolitik und idealistische Ästhetik. Hrsg. von O. Pöggeler. Berlin 1981.

Musik glaubte hören zu können. Weiter weg von dem Mozart, wie Hegel ihn noch aufgenommen hat, kann man sich kaum entfernen.

Als Hegel in Berling lehrte, konnte man dort Beethovens Sinfonien sowie seine Klaviermusik hören. Carl Dahlhaus meinte, Hegel habe die verstörende Erfahrung Beethovens verschwiegen wie die Erinnerung an den Jugendfreund Hölderlin.[2] Es fällt jedoch auf, dass Hegel bei seinem Besuch Wiens nichts von Beethoven zu berichten hat; er hält sich ganz an eine italienische Operntruppe. Ist es nicht einfach so gewesen, dass Hegel bei Mozart stehen geblieben ist und für Beethoven kein Ohr hatte? Mit fünfzig und mehr Jahren ist man nicht in jedem Fall offen für Neues. Auf dem Felde der Malerei hatten sich für Hegel neue geschichtliche Horizonte geöffnet, als er in Heidelberg die Sammlung der Brüder Boisserée sehen konnte. Er hatte nicht mit Schelling und den Romantikern in der Dresdner Galerie diskutieren können; so wollte er von Berlin aus das Versäumte nachholen. Gleich in den Herbstferien 1820 fuhr er nach Dresden. Dass er auch in das Atelier Caspar David Friedrich gekommen sei, davon meldet er seiner Frau nichts (wenigstens nicht in den bekannt gewordenen Briefen). Überraschenderweise gibt die erste Berliner Ästhetik-Vorlesung vom Winter 1820/21 aber einen kurzen Hinweis auf Friedrich. Wenn Hegel sich nicht auf die Bilder Friedrichs im Besitz der preußischen Königsfamilie bezieht, dann muss er 1820 doch Friedrichs Atelier besucht haben. Konnte er Friedrichs Wege akzeptieren oder blieben sie für ihn eine fremde Welt?

1 Hegels Urteil über Friedrich

Hegel hat schon in Heidelberg über Ästhetik gelesen; wahrscheinlich entfaltete aber erst die Berliner Vorlesung vom Winter 1820/21 die bleibend gültige Systematik. Unter den großen Künsten erscheint hinter der Architektur und der Skulptur die Malerei als eine Wendung nach innen. Auf den Bildern legen der Blick der Augen und die Gesten die Tiefen der Seele offen, aber auch das lebendige Miteinander in der Welt. Mit der Landschaftsdarstellung gewinnt die Umgebung der Menschen ein Eigengewicht. Was auf dem Genter Altar noch zusammengebunden ist – die Heilige Geschichte, die Landschaft, Genre und Stilleben, Porträts – kann sich auf dem Weg von den Flamen zu den Holländern verselbständigen. Diese Differenzierung, die auch eine Selbstauflösung der Malerei ist, charakterisiert die nordeuropäische Tradition. Die „Musik der Farben" (vor allem im Stilleben) führt weiter zur Musik selbst.

Als Hegel 1820 für gut zwei Wochen nach Dresden reiste, begleitete ihn sein Schüler Friedrich Christoph Förster. Dieser hatte in den Freiheitskriegen im Lützowschen Freikorps gekämpft, war er 1819 in der „Demagogenverfolgung" als Lehrer der Königlichen Artillerie- und Ingenieurschule entlassen worden. Sein Bruder Ernst setzte auf Fries und trat gegen Hegel auf; er wurde später zum Bio-

---

[2] So äußerte sich C. Dahlhaus im Anschluß an seinen Vortrag *Hegel und die Musik seiner Zeit*. In: Kunsterfahrung und Kulturpolitik im Berlin Hegels. Hrsg. von O. Pöggeler und A. Gethmann-Siefert. Bonn 1983 (Hegel-Studien. Beiheft 22), S. 333 ff.

graphen von Cornelius. In Dresden wurde Hegel betreut von einem Verwandten der Brüder, der sich als Übersetzer (so von Petrarka) verdient machte: Karl Förster. In jenen Jahren waren Tiecks Dichterlesungen in Dresden fast so bedeutsam wie die Gemäldegalerie; so konnte Hegel Tieck den *Othello* vortragen hören. Hegel war dafür dankbar, schloss aber vom Charakter Jagos her, dass Shakespeare ein „zerrissenes Gemüt" und ein „düsterer Geist" gewesen sein müsse. So kam es zu einem Eklat.[3] Auch beim Besuch der Kunstausstellung zeigten sich Differenzen. Hegel sei „der altdeutschen Kunst nicht hold", so notierte sich Karl Förster. Hegel musste auch Stellung nehmen zu den vier letzten Bildern des ermordeten Gerhard von Kügelgen. Eine Notiz dazu ist uns erhalten. Vielleicht sollte sie gar der Entwurf eines kleinen Aufsatzes sein.

Dürer und Holbein, so führt Hegel aus, gehen dadurch über die Antike und selbst über Raffael hinaus, dass sie auf ihren Porträts den „Reflex eines denkenden, betätigten, vielbeschäftigten Lebens" in die kleinsten Gesichtspartien hineinbringen. Correggio zeigt eine Magdalena, in der das Momentane (der frühere Leichtsinn) vorübergegangen und das „fromme Sinnen einer edlen Seele" das „Grundwesen" geworden ist. Wenn von Kügelgen den Verlorenen Sohn als Porträt zeigt, dann verfehlt er die Fertigkeit der alten Maler, das bewegte Leben aufzunehmen, dabei aber zu einem Grundwesen durchzudringen. Wer in der Malerei die Gattungen (das Musterbild und das Porträt) vermischt, macht es sich zu leicht.[4]

In seiner ersten Berliner Ästhetik-Vorlesung sagte Hegel wenige Monate später, Christus und die Apostel könnten als Gegenstände der Verehrung im Porträt erscheinen. Der Verlorene Sohn interessiere aber nur in den Szenen seines Lebens. So sei es unangemessen, ihn (wie von Kügelgen das getan hatte) „als Bruststück" zu zeigen. Hotho lässt in seiner Redaktion der Vorlesungen über die Ästhetik Hegel zweimal auf von Kügelgen eingehen. Der Kopf des Verlorenen Sohnes zeige sehr schön Schmerz, Reue und Zerknirschung; eine kleine Herde Schweine im Hintergrund deute an, dass es sich um den Verlorenen Sohn handeln solle. Doch diese Schweine im Hintergrund seien „nicht viel besser als ein Zettel mit dem aufgeschriebenen Namen". Anders als Correggio in seiner Maria Magdalena habe es von Kügelgen nicht erreicht, in den einzelnen Zügen des Verlorenen Sohnes „die Einheit des ganzen Charakters" zu zeigen. „Stellt man sich diese Züge beruhigt vor, so geben sie nur die Physiognomie eines Menschen, der uns auf der Dresdner Brücke wie eben Andere auch begegnen könnte."

---

[3] Vgl. Berichte, S. 217; zum folgenden Berichte, S. 215 f.
[4] Vgl. G.W.F. Hegel, *Schriften und Entwürfe I (1817–1825)*. In: Ders., Gesammelte Werke. In Verbindung mit der Deutschen Forschungsgemeinschaft hrsg. von der Rheinisch-Westfälischen Akademie der Wissenschaften (im folgenden GW). Band 15. Hrsg. von F. Hogemann und Ch. Jamme. Hamburg 1990, S. 204 ff. – Zum folgenden vgl. G.W.F. Hegel, *Vorlesung über Ästhetik*. Berlin 1820/21. Eine Nachschrift. I. Textband. Hrsg. von H. Schneider. Frankfurt a. M./Berlin/Bern/New York/Paris/Wien 1995 (im folgenden Ascheberg 1820/21), S. 246. Vgl. ferner G.W.F. Hegel, *Vorlesungen über die Aesthetik*. In: Hegel's Werke. Vollständige Ausgabe durch einen Verein von Freunden des Verewigten. Bd. 10. Hrsg. von H.G. Hotho. 2. Aufl. Berlin 1842, S. 79 f., S. 100 f.

Dresden als alte Kunstmetropole konnte für Hegel neben die neue Sicht der Kunstgeschichte in der Sammlung der Brüder Boisserée und zu den Berliner Bemühungen um den Aufbau eines Museums treten. Die erste Berliner Ästhetik-Vorlesung spiegelt den überwältigenden Eindruck, den Dresden gemacht hatte. Wenn Hegel mit Winckelmann die Hauptgestalten der antiken Mythologie vorführt, beschreibt er sie von den Dresdener Plastiken her. Freilich wird er sich später mit den neuen Wertung auch gegen Winckelmann wenden, also mit einem englischen Reisenden den Apoll vom Belvedere einen theatralischen Stutzer nennen und der mediceischen Venus „a good deal of insipidity" zuschreiben.[5] Bei der zweiten Reise nach Dresden 1821 sah Hegel in zeitüblicher Weise die Antiken abends im Fackelschein; so wurden sie der Lichtführung Correggios nahegerückt.[6] Als Hegel dann 1822 in Aachen in der Sammlung Bettendorf Bilder sah, die angeblich von Correggio und Michelangelo stammten, erinnerte er seine Frau daran, dass er die *Heilige Nacht* Correggios „den Tag" nenne.

Caspar David Friedrich hat in Hegels Darstellung der Geschichte der europäischen Malerei keinen Platz. Doch fällt der Name an einer anderen Stelle in Hegels erster Berliner Ästhetik-Vorlesung. Wenn Hegel einleitend die einzelnen Künste vorstellt, sagt er, dass jede Kunst ihren Anfang, ihr Fortschreiten und Vollenden, dann ihr Ende habe. Im freien Anschluss an Winckelmann unterscheitet er diese drei Stufen als den strengen, den idealen und den angenehmen Stil. Der strenge Stil wird abgehoben von den ersten rohen Anfängen, in denen die Kunst vor allem der Religion dient. Dem strengen Stil geht es um die Sache; so hält er sich an die Nachahmung der Natur. Er kann auch in der romantischen Kunstform hervortreten: In dem alten Poema, dem *Cid,* geht es „einfach und natürlich" her; „die Zwecke sind einfach, Ehre, Liebe, etc". Der angenehme oder gefällige Stil findet sich bei den Römern, etwa bei Horaz. Die Vorbildfunktion des Apoll vom Belvedere wird abgelehnt; er gehört in den Übergang zum angenehmen Stil, denn die Verbindung des Gefälligen mit der Hoheit zeigt eine „Intention"; diese führt in ihrer Absichtlichkeit und Effekthascherei über die in sich ruhende Lebendigkeit des idealen Stils hinaus. Bei Michelangelo ist es das Ungeheure und Kolossale, das den Effekt hervorbringt. Vor allem für die romantische Kunstform gilt, dass der Stil nach der französischen Redewendung der Mensch selbst ist, nämlich seine Eigentümlichkeit und Individualität offenlegt. Das Subjekt will sich zeigen, es strebt zum Effekt, weil es Beifall sucht. Es geht dann nicht, wie in den griechischen Tragödien, um die Sache. „Oft gibt es aber auch so einen gemachten strengen Stil, und der Künstler setzt darin zuweilen eine Affectation, z.B. bei den Werken Friedrichs aus Dresden." Es ist eine zusätzliche Sottise, dass Hegel gleich im Anschluss an diese Bemerkung über Friedrich die Tendenz der Franzosen anführt, das Werk auf den Beifall hin anzulegen.[7]

---

[5] Vgl. dazu O. Pöggeler, *Die Frage nach der Kunst.* Freiburg/München 1984, S. 195 und S. 388.
[6] Vgl. a.a.O., S. 210 ff. – Zum folgenden vgl. *Briefe von und an Hegel.* Hrsg. von J. Hoffmeister und F. Nicolin. Hamburg 1952 ff. (im folgenden Briefe). Bd. 2: 1813–1822, S. 356.
[7] Vgl. Ascheberg 1820/21, S. 188 ff.; Zitat S. 192.

Friedrich kann nach Hegels Meinung nicht an jedem Ort bleiben, zu dem die Geschichte die Kunst hingeführt hat. Er strebt aber nicht zurück zum Idealen, wie die Griechen es vorbildlich dargestellt haben. Er schließt sich auch nicht der Tradition der idealen oder heroischen Landschaft an, wie Claude Lorrain und Poussin sie ausbildeten (und wie Hegels Freund, der Maler Christian Phillip Koester, sie aufnahm). Friedrich, der Maler aus Greifswald, lernte beim Studium in Kopenhagen die englische Friedhofspoesie kennen; er wandte sich dem heimatlichen Norden zu. Nach dem Pfarrer und Dichter Kosegarten konnte er zum Entdecker Rügens werden. In dieser Umwelt ging er zu den Anfängen zurück und suchte mit diesen die Sachen selbst vorzuzeigen: das endlose Meer, dazu Felsen und Wälder. Hegel musste in Dresden bei Friedrich finden, was er selbst gerade gesehen hatte: Im Herbst 1819 hatte er Rügen bereist, als er Frau und Kinder aus der Kur in Neustadt an der Ostsee abholte. Sein Sohn Karl erinnerte sich später an das stürmische Wetter, das die Überfahrt nach Rügen um Tage verzögerte, aber auch daran, wie ihn die Mücken in Schwedt so gestochen hatten, dass er kaum noch die Augen auftun konnte. Hegel selbst bemerkte gegenüber Creuzer, dass ihm die Reise nach Rügen „recht gut getan" hatte.[8]

Hegel hat sich auch exzerpiert, wie Ernst Moritz Arndt 1814 im ersten Teil seiner *Ansichten und Aussichten der deutschen Geschichte* die Ostseeinsel Rügen vorgeführt hatte als eine Stätte, wo es noch einen heiligen Hain gebe, wo Schauer um den Herthasee wehten. Es störte Hegel besonders, dass nach Arndt die „französischen Fremdlinge" die heiligen Stätten „mit Feuer und Beil" geschändet haben sollten. Hier werden Hegels eigene Bemerkungen zu einem längeren Kommentar: „diese Bäume ein Heiliges! – die Franzosen werden doch die Stubbenkammer nicht entweiht haben in dem Sinne, wie Kirchen ausgeplündert, Heiligenbilder wenigstens noch gegenwärtiger Andacht geschändet –".[9] Als Hegel 1822 zu einer Reise mit Franz von Baader nach St. Petersburg aufgefordert wurde, reiste er lieber zu seinem alten Jenaer Schüler van Ghert in die Vereinigten Niederlande. Ein despotisch regiertes Land ohne bürgerliche Gesellschaft konnte ihn trotz der Bemühungen um eine Vereinigung der christlichen Kirchen nicht begeistern! Im Sommer 1827 war ein Mitglied des französischen Kreises der „Romantiker", ein Sohn des Physikers Ampère, in Berlin. Er wollte nach Schweden und Dänemark, um sich „dans le centre du monde romantique" zu versenken. Hegel aber schrieb an Cousin, dass er dem jungen Mann nicht helfen könne: „Moi qui ne suis pas trop indigène dans ces brouillards..."[10]

Noch 1831 exzerpierte Hegel sich den Nachruf von Görres auf Achim von Arnim. In polemischer Absicht hielt er die Klage um jene „alten Bäume" fest, unter denen gerichtet worden war. Konnten sie auf die „uralten Zeiten" verweisen und die „erstarrte Gegenwart" neu beleben? Der Abholzung sollte Einhalt geboten werden, damit Deutschland nicht ganz „verwirtschaftet" werde. Hegel hatte früh schon Zweifel daran geäußert, dass die alte Volkspoesie das Volk aufwecken und

---

[8] Vgl. Berichte, S. 198 f.; Briefe. Bd. 2, S. 219 f.
[9] Vgl. G.W.F. Hegel, *Berliner Schriften 1818–1831*. Hrsg. von J. Hoffmeister. Hamburg 1956, S. 677 f.
[10] Vgl. Briefe. Band 3: 1823–1831, S. 170.

zur Erneuerung der Freiheit führen könne. Die Volkslieder entsprießen nach seiner Auffassung immer neu jedem Boden: Die alten Heldenlieder und Mythologien werden von Hegel eingeordnet in den Fortgang zur freien griechischen Mythologie, zur christlichen Heilsgeschichte und zur Suche nach der Vernunft in der Geschichte. So bemerkt er denn auch zum Verweis auf die „erstarrte Gegenwart": „zur Zeit der Macht Napoleons".[11] Er hatte nur schwer von der Illusion ablassen können, Napoleon habe mit der Verfassung für das Königreich Westfalen nicht nur einen Scheinkonstitutionalismus seinen Zwecken dienstbar gemacht, sondern eine korporative Verfassung neuer Art für die deutschen Länder auf den Weg gebracht. Hegel hatte nicht sehen wollen, dass die Tätigkeit des Geschichtsschreibers Johannes von Müller in Kassel (nach Napoleon Hauptstadt von Westfalen!) eine Katastrophe war.

Um 1820 hatte es eine durchaus aktuelle Bedeutung, wenn auf Rügen verwiesen und den einstigen französischen Besatzungstruppen eine Schändung der heiligen Stätten dort vorgehalten wurde. Die burschenschaftliche Bewegung wollte die Freiheitskriege weiterführen zur Befreiung von veralteten Regierungsformen; gegen diese Tendenzen setzte Metternich 1819 die Karlsbader Beschlüsse durch. Hegel hatte in Burschenschaftlern wie Carové und von Henning Schüler, die er zur Mitgestaltung seiner Lehre heranzog. Er musste diese Schüler dann vor der Verurteilung zu schützen suchen oder aus dem Gefängnis herausholen. Als jedoch der Theologiestudent Sand gegenüber dem angeblichen russischen Spion Kotzebue zum Mittel des politischen Mordes griff, waren für Hegel die Grenzen überschritten. In einer Kurzschlussreaktion ließ er sich dazu hinreißen, ausgerechnet im Vorwort zu seiner *Rechtsphilosophie* gegen den Wartburgredner Fries aufzutreten und die Rede vom „Volk", aus dem die staatlichen Institutionen herauswachsen sollen, zu verhöhnen. Am 25. Juli 1820 unterzeichnete Hegel dieses Vorwort zur Rechtsphilosophie. Wenige Wochen später kam er nach Dresden. Zeigten ihm dort nicht die Bilder Friedrichs Leitvorstellungen der verfolgten „Demagogen"? Doch ging es zweifellos um mehr, nämlich um die Frage nach Aufgabe und Möglichkeiten der zeitgenössischen Kunst.

2 Der Streit um die Kunst

Im Winter-Semester 1820/21 gab Hegel zwar nebenbei, aber doch in grundsätzlicher Negativität sein Urteil über Caspar David Friedrich ab. Wiederum kam Hegel (wie schon in seiner Auseinandersetzung mit der Frühromantik) etwas verspätet, denn der Streit um Friedrich wurde schon ein Dutzend Jahre lang ausgetragen. Unklar bleibt, wieweit Hegel von den früheren Auseinandersetzungen Kenntnis genommen hat. Hätte er die heute bekannten Einzelheiten über das Schicksal des Tetschener Altares gekannt, denn hätte er wohl die Pointe gut

---

[11] Vgl. G.W.F. Hegel: *Berliner Schriften 1818–1831*, S. 699 f. Über Hegels Verhältnis zur Heidelberger Romantik vgl. O. Pöggeler, *Hegels Kritik der Romantik*. 2. Aufl. München 1999, S. 78 ff. – Zum folgenden vgl. *Johannes von Müller – Geschichtsschreiber der Goethezeit*. Hrsg. von Ch. Jamme und O. Pöggeler. Schaffhausen 1986, S. 277 ff.

gefunden, dass der Maler sein Bild auf dem Altar der Kapelle wähnte, während es im Schlafzimmer der Gräfin (neben einem Stich der Sixtinischen Madonna) hing. Wenn er Kleists Publikationen der Gespräche über den *Mönch an Meer* gekannt hat, wird er in seinem negativen Urteil über Kleist und über die Verfasser von Arnim und Brentano nur bestärkt worden sein. Dass der frühe Ruhm Friedrichs und die frühen Angriffe auf ihn Hegel ganz unbekannt geblieben sind, ist kaum anzunehmen. Beim sog. Tetschener Altar, dem Bild *Kreuz im Gebirge*, haben wir es mit einem Landschaftsbild zu tun. Es zeigt mit den Bergen und Wäldern auch eins der üblichen Gipfelkreuze. Die Natur wird nicht nur vom Kreuz dominiert; der Rahmen mit der altertümlichen Predella zeigt auch das alles sehende Auge Gottes mit Wein und Ähren als den Symbolen der Eucharistie. Inzwischen wurde belegt, dass der Maler aus dem schwedischen Greifswald das Bild für seinen König Gustav Adolf IV. von Schweden angefertigt hat. Dieser fromme Napoleonfeind geriet aber in Schwierigkeiten; er verlor schließlich sogar den Thron. Friedrich gab das Bild für die Kapelle in Tetschen her, wo man aber schon ein Altarbild hatte. Man verheimlichte dem Maler, wo man das Bild wirklich aufhängte.

Schon 1807 hatte Friedrich auf einer Dresdener Ausstellung ein Bild gezeigt, das ein Kreuz auf einem Gipfel darstellte, den Christuskörper angestrahlt von der untergehenden Sonne. Als Friedrich 1808 das *Kreuz im Gebirge* vorstellte, waren die Besucher ergriffen. Es war, wie Marie von Kügelgen ihrem Gatten berichtete, im Atelier still wie in einer Kirche. Doch der Kritiker Basilius von Ramdohr veröffentlichte einen grundsätzlichen Angriff. Im Sinne der alten Unterscheidungen, nach denen die Landschaft untergeordnet blieb, hielt er fest, dass die Landschaftsmalerei sich bei Friedrich „in Kirchen schleichen und auf Altäre kriechen" wolle. Der Kritiker vermisste, was Poussin und Claude Lorrain sowie derer Nachfolger festgehalten hatten, etwa die Luftperspektive. Die Erdmasse stehe im schreiendsten Kontrast mit dem offenen Himmel. Friedrich verteidigte sich gegen den „erdungenen Meuchelmörder" mit seinem Bibelglauben: Mit der untergehenden Sonne ziehe Gott sich aus seiner Natur zurück; damit sterbe die alte Welt. Doch leuchte der Heiland am Kreuz auf, und immergrün wie unsere Hoffnung ständen die Tannen um das Kreuz.[12]

Die Gegner und Verteidiger Friedrichs waren sich darin einig, dass hier neue Wege beschritten werden sollten in einer Kunst, die ihre religiöse Ausrichtung festhielt. Wenn Hegel Friedrich eine grundsätzliche Regression unterstellte, dann zielte er auf das, was auf diesem Bild schockierte – auf die abstrakte Zuordnung der Bildteile, das Vorzeigen von „Sachen" wie Fels, Wald, Sonne, Gipfelkreuz. Sicherlich fühlte Hegel sich auch an jene theologischen Richtungen erinnert, die er als Vernunfttheologe bekämpfte, nämlich an die Orthodoxie und den Pietismus und deren Verbindung. Das zweite Bild Friedrichs, an dem der Streit um seine Kunst sich entzündete, hieß zuerst *Ein Seestrand*, dann in einer Ak-

---

[12] Vgl. K. Lankheit, *Caspar David Friedrich*. In: Romantik in Deutschland. Ein interdisziplinäres Symposion. Hrsg. von R. Brinkmann. Stuttgart 1978, S. 683 ff., insbesondere S. 689 f.

zentuierung der Ausgesetztheit des einsamen Menschen *Der Mönch am Meer*. Der leere Himmel macht mehr als Dreiviertel des Bildes aus; unter ihm wogt das dunkle Meer. Friedrich hat die Schiffe, zu denen er angesetzt hatte, wieder getilgt. Eine Düne schiebt sich wie ein Dreieck vor, doch ist die Spitze nach links verschoben. Man muss dem Bild also entgegen dem natürlichen Impuls von rechts nach links folgen. An der Spitze der Düne steht ein einsamer Mensch – der „Kapuziner" oder der „Mönch", sicherlich aber Friedrich selbst. So hoch er aufragt – sein heller Kopf bleibt für uns auf dem Dunkel des schmalen Meeresstreifens. Der Mensch steht ohnmächtig vor der Macht von Himmel und Meer, der Betrachtung des Unendlichen in ihnen hingegeben. Dieser Einsame ist eine von Friedrichs Rückenfiguren. Er ist nicht mehr Staffage. Bei Poussin heben die dargestellten Menschen das Landschaftsbild aus der niederen Bildgattung hinauf zum Historienbild oder zum religiösen Bild. Claude Lorrain relativiert die Staffage stärker; doch bleiben die Menschen in ihren Verhältnissen zueinander und mit ihren Tätigkeiten da. Indem Friedrich die Rückenfigur wählt, fordert er uns auf, die Natur über sie und ihre Einsamkeit aufzunehmen. Die auffassende Subjektivität ist also verdoppelt worden; so kann sie auch zu unterschiedlichen Betrachtungsweisen greifen. In der Literaturtheorie haben die Romantiker von „Ironie" gesprochen. Doch dieser Begriff erscheint als zu gelehrt und zu intellektuell gegenüber der Weise, wie Friedrich sich der Natur ausgesetzt weiß.

Heinrich von Kleist hat 1810 in seinen *Berliner Abendblättern* die von v. Arnim und Brentano verfassten Gespräche über dies Bild gebracht. In seiner Einleitung betont Kleist, dass das Bild keinen Vordergrund habe; wir würden dem Meer und dem Himmel so ausgeliefert, als ob uns die „Augenwimpern weggeschnitten" seien. Der Mensch stehe hier in der Welt als „der einzige Lebensfunke im weiten Reiche des Todes". Die Gespräche über das Bild führen von *Ossian* und von den *Nachtgedanken* Youngs bis zu von Schuberts *Ansichten von der Nachseite der Naturwissenschaften,* die ironisch als Ansichten der Natur von der Nachtseite eingeführt werden. In seinem Buch von 1808 hatte von Schubert, Friedrichs Dresdener Freund, auf einen Sepia-Zyklus *Lebensalter* hingewiesen. Damit hatte er ein Thema berührt, dass die Romantiker mit Hegel teilten – die Naturbestimmtheit unseres Lebens in der Folge der Lebensalter, aber auch in der Polarität des Männlichen und Weiblichen, schließlich in der Zuordnung des Lebens zu den Jahreszeiten.

Hegel hat schon von Bamberg aus von Schuberts Buch zur Rezension in den *Heidelberger Jahrbüchern* vorgeschlagen. Sein Interesse war motiviert durch sein eigenes, wenn auch distanziertes Verhältnis zur romantischen Naturphilosophie in der Nähe Schellings. Als Hegel Gymnasialrektor in Nürnberg wurde, kam von Schubert an das dortige Realinstitut. Es war für Hegel ein geschätzter Kollege; umgekehrt war Hege für von Schubert der treffliche „Korrektor" der Sentimentalität der Zeit. Musste Hegel nicht aus dem Buch und vielleicht auch aus Gesprächen mit von Schubert einen Hinweis auf Friedrich entnehmen? Als Gymnasialrektor musste Hegel sich auch um die Abtritte in der Schule sorgen; gegenüber seinem Vorgesetzten Niethammer bemerkte er im Oktober 1810, dass die Nürnberger die Reiniger der Abtritte „Nachtarbeiter" nannten. Denn fügte er einen anspielungsreichen Hinweis auf das Buch von Schuberts an: „auch einer kollegialen Nachtarbeit – die jedoch vielleicht nicht sauber macht, sondern im Gegenteil". Windischmann, der Hegels *Phänomenologie* begeistert begrüßte und besprach, wurde von Hegel davor gewarnt, in die „dunklen Regionen" der Magie hinabzusteigen. E. Th. A. Hoffmann folgte in seinem *Goldenen Topf* Schuberts *Symbolik des Traums* (1814); so verurteilte Hegel ihn und stellte ihn mit Kleist zusammen.[13]

An Windischmann schrieb Hegel im Mai 1810, jeder Mensch müsse durch „den natürlichen Punkt der Kontraktion seines Wesens" hindurch; er selbst haben „an dieser Hypochondrie ein paar Jahre bis zur Entkräftung gelitten". Doch zeigt Hegels Leben von früh an eine Grundausrichtung. Der Stuttgarter Beamtensohn konnte als Schüler über die Bauern nur lachen, die gelegentlich in die Stadt kamen und ihr Betragen nicht fest in der Hand behielten. Als Tübinger Student teilte Hegel die Hoffnungen, die damals zuerst der Französischen Revolution entgegengebracht wurden. Als Hofmeister in Bern geriet er in eine Lebenskrise. Auf dem Landgut seines Arbeitgebers nahe der Petersinsel im Bieler See konnte er in einem Gedicht die Nacht und die Mysterien von Eleusis feiern. Am Ende dieser Jahre wandte er sich mit Herder auch zum *Ossian* und zur nordischen Mythologie. Mit Freunden wie Hölderlin und Sinclair erhoffte er sich in den Frankfurter Jahren eine Erneuerung des alten Deutschen Reiches. Doch musste er in Jena diese Hoffnungen verabschieden, schließlich auch die neuspinozistische Zusammenschau von Natur und Gott! Die Rede von der „Naturreligion" meinte dann in der *Phänomenologie des Geistes* nur noch die orientalischen Religionen.

Am Ende seiner Jenaer Zeit erreichte Hegel wenigstens im Prinzipiellen die bleibende Ausrichtung seiner philosophischen Systematik. In der Schrift *Differenz des Fichteschen und Schellingschen Systems der Philosophie* hatte Hegel im vorbereitenden Abschnitt *Bedürfnis der Philosophie* noch gesagt: „Das Absolute ist die Nacht und das Licht jünger als sie". In der großen Abhandlung *Glauben und Wissen* hatte Hegel gegen Jacobi den „wahren" Nihilismus gefordert, der Objekt und Subjekt, Natur und Geist aus dem Nichts des Absoluten neu gewinnt.[14] In der *Realphilosophie* von 1805/06 wurde dagegen die Nacht im kosmischen und psychischen Sinn perhorresziert. Aus der Nacht seiner Seele, so heißt es dort, hole der Mensch dunkle und vieldeutige Bilder hervor (den blutigen Kopf, die weiße Gestalt ...). Diese Nacht erblicke man, wenn man dem Menschen ins Auge sehe – in eine Nacht hinein, die „furchtbar" sei, in die „Nacht der Welt" selbst. In diesen *Systementwürfen III* folgt auf den „wirklichen" Geist die Dreiheit von Kunst, Religion und Wissenschaft. Dabei wird die Kunst dem

---

[13] Zum einzelnen vgl. O. Pöggeler, *Hegels Kritik der Romantik*, S. 118 f., S. 116 ff., S. 88 ff. – Zum folgenden vgl. Briefe. Band 1:1785–1812, S. 314.

[14] Vgl. G.W.F. Hegel, *Jenaer Kritische Schriften*. In: GW. Band 4. Hrsg. von H. Buchner und O. Pöggeler. Hamburg 1968, S. 16, S. 398. Zum folgenden ders., *Jenaer Systementwürfe III*. In: GW. Band 8. Hrsg. von R.P. Horstmann unter Mitarbeit von J.H. Trede. Hamburg 1976, S. 187, S. 278 ff.

indischen Bacchus zugeordnet, der das Furchtbare noch unter dem Bild verbirgt und die Tiefe nicht so zutage treten lässt, wie die christliche Religion es tut.

Unter dem Titel „absolute Kunst" fasst Hegel dort nicht eine Darstellung der sittlichen Mächte, wie sie die geschichtsmächtige Kunst der Griechen auszeichnet. Die Kunst wird vielmehr „absolut", wenn ihr im „modernen Formalismus" alles und jedes unterworfen, wenn die „Poesie aller Dinge" oder die „Musik der Dinge" gesucht wird. Es sind die Gedanken der Romantiker, die von Hegel hier aufgenommen werden. Doch die „Naturpoesie", zu der auch das „Landschaftliche" gerechnet wird, ist für Hegel die „schlechteste" Poesie. Diese Poesie, die uns die Prosa des Lebens gebe, bleibe etwas bloß Gemeintes. Sie sei deshalb auch nicht allen Menschen gemeinsam; das Urteil über sie stehe nur den „Kennern" zu.[15]

Als Hegel im Herbst 1816 nach Heidelberg kam, war er konfrontiert mit den Versuchen, den südwestdeutschen Staaten neue Verfassungen zu geben. Die burschenschaftliche Bewegung suchte auch das nationale Interesse zu wahren. In der Hochstimmung der Jahre nach den Freiheitskriegen zeigten die Brüder Boisserée ihre Gemäldesammlung. Hegel begann den nahen Umgang mit den Malern, die bei den Brüdern Boisserée und später am entstehenden Berliner Museum als Restauratoren tätig waren. Von Schlesinger stammt das berühmteste Porträt Hegels; aber Schlesinger ist auch ein Beispiel für Hegels Auffassung, dass die Malerei sich mehr und mehr auf die Landschaft und das Porträt einschränke. Christian Xeller zeigt mit seinem Leben die Schwermut und die Verzweiflung, die für den Maler mit Hegels Urteil verbunden war, die große Kunst gehöre der Vergangenheit an.[16] Beim Abschied von Heidelberg bekam Hegel von seinen Freunden ein Heidelberg-Bild von Christian Philipp Koester. Heidelberg wird dort von Osten her gesehen; der Neckar, der ins Weite zieht, mag an Bildern aus der Sammlung Boisserée erinnern. Herrschend bleibt die Tradition Claude Lorrains. Auch bei Claude gibt es den Zug ins Weite und die entsprechende Sehnsucht. Doch sind die Schiffe bereit zur Ausfahrt nach anderen Ländern. Über allem steht die Sonne, die ihr Licht und ihre Wärme über Land und Meer wirft. Claude malt eher Laubbäume als Oliven und Pinien; doch sind seine Gebäude von den römischen Bauten der Renaissance und des Barock geprägt und somit „klassisch". Hinzu kommen Tivoli und der Soracte. Einfache Menschen pflegen ihr Zusammenleben; biblische Motive machen sich geltend. Nur weniges davon konnte Koester aufnehmen.

Hegel hat später auch die Ausstellungen der Düsseldorfer Schule in Berlin mit seinen kritischen Kommentaren versehen. Die zeitgenössische Malerei war für ihn damit bestimmt durch Richtungen, die von Friedrich abgelehnt wur-

---

[15] Vgl. GW 8, S. 278 ff. – Vgl. dazu O. Pöggeler, *Die Entstehung von Hegels Ästhetik in Jena*. In: Hegel in Jena. Die Entwicklung des Systems und die Zusammenarbeit mit Schelling. Hrsg. von D. Henrich und K. Düsing. Bonn 1980 (Hegel-Studien. Beiheft 20), S. 249–270.
[16] Vgl. O. Pöggeler, *Der Philosoph und der Maler*. Hegel und Christian Xeller. In: Kunsterfahrung und Kulturpolitik im Berlin Hegels. Hrsg. von O. Pöggeler und A. Gethmann-Siefert. Bonn 1983 (Hegel-Studien. Beiheft 22), S. 351 ff. Zum folgenden vgl. O. Pöggeler, *Hegel und die Sammlung Boisserée*. In: Hegel-Studien 35 (2000), S. 107 ff.

den. Friedrich stellte die deutschen Tannen gegen die mittelmeerische Landschaft und suchte so eine Heimatnähe, die Hegel fremd blieb. Schon die Heidelberger Schlossruine war von Hegel nicht als Drohung gegen Frankreich aufgefasst worden. Wenn Hegel 1821 den *Freischütz* hörte, dann blieb eine Distanz gegenüber dem Gegensatz zwischen dem stillen deutschen Wald vor dem abendlich offenen Fenster und den Drohungen der dunklen Mächte, die noch vom Dreißigjährigen Krieg herkamen.[17] Im Spätsommer 1821 strebte Hegel wieder nach Dresden; er suchte neben dem Kunstgenuss vor allem das gelehrte Gespräch und wollte deshalb auch Creuzer nach Dresden holen. Karl Förster erinnerte eine „heitere Fahrt nach der Bastei" und ein Spazierengehen „auf jetzt wohlgebahnten Wegen" mit Ruhebänken. Mit Friedrich die menschenfeindlichen Landschaften des Riesengebirges zu suchen, kam Hegel wirklich nicht in den Sinn. Wenn er 1822 in die Vereinigten Niederlande fuhr, strebte er in eine städtisch geprägte Kultur. Auf der Fahrt konnte er die „romantische Lage" Weilburgs schätzen. Als Hegels Frau mit den Kindern 1826 auf Reisen ging, erinnerte Hegel daran, dass das „hübsche" Schwarzburg an der Schwarza für ihn und seine Gefährten in Jena der „Ausfluchtsort für Romantik und Empfindsamkeit" gewesen war. Auf dem Rückweg aus den Niederlanden konnte er die nordeuropäische Heide nur „öde" nennen.

Hegel suchte zu den Städten, die ihm den Wirkungsraum gaben, den Ausgleich in „lieblichen" Landschaften. Heißt das nicht auch, dass er die Abgründe im Leben und die Grenzerfahrungen eher zu überspielen suchte? So brach noch in das erfolgreiche Leben des Berliner Professors der uneheliche Sohn aus Jenaer Tagen verstörend ein; Hegel konnte schließlich nur mit Ausschluss antworten. War es nicht auch eine Illusion, wenn Hegel die von ihm gesehene „bürgerliche Gesellschaft" durch Korporationen neuer Art wieder in das staatliche Ganze zurückbinden wollte? Die liberale preußische Gewerbepolitik folgte ihm da aber nicht. Als 1830 die Vereinigten Niederlande auseinanderbrachen, hatte die hegelianische Politik van Gherts daran ihren Anteil, da sie mir ihrer Vernunftreligiosität die Katholiken wie die Protestanten gegen sich aufbrachte. Den Franzosen warf Hegel vor, ihre katholische Religion habe 1830 zu der neuen Revolution geführt, da sie die erforderliche Sittlichkeit nicht aufbauen könne. Gingen die Franzosen aber nicht auf die Straße, weil sie die hohen Entschädigungen für den Adel ablehnten und die Pressefreiheit behalten wollten? Die Ansichten des preußischen Professors aus Berlin mussten ihnen als wirklichkeitsfremd erscheinen. Die wirklichen Probleme ließen sich nicht verdrängen. Es bedurfte vielleicht nicht einmal der Cholera dafür, dass Hegel so plötzlich starb; er war seit Jahren schwer magenleidend.

Zweifellos war schon 1820 die Konstellation für eine Begegnung zwischen Hegel und Caspar David Friedrich nicht günstig. Hegel konnte sicherlich nur mit einem dumpfen Grollen in der Seele vor den Bildern Friedrichs stehen, weil

---

[17] Vgl. O. Pöggeler, *Preußische Kulturpolitik im Spiegel von Hegels Ästhetik*. Opladen 1987; *Phänomen versus System*. Hrsg. von A. Gethmann-Siefert. Bonn 1992 (Hegel-Studien. Beiheft 34), S. 165. – Zum folgenden vgl. Berichte, S. 227 f.; Briefe. Bd. 2, S. 349, S. 365; Bd. 3, S. 119; Bd 2. S. 365.

ihm dort alles das entgegenkam, war er aus seinem Leben und Wirken hatte ausschließen wollen. Der Maler Friedrich blieb durchaus auf seiner einmal eingeschlagenen Linie. Aus dem Jahre 1818 stammt sein Bild *Wanderer über dem Nebelmeer* (heute in Hamburg). Felsen und Bäume sind vom Nebel verdeckt; die Konturen, die der Tag erscheinen lassen wird, können nur erst erahnt werden. Im hochformatigen Bild erhebt sich auf einem Felsen der Wanderer. Er trägt die grüne Uniform der Freiwilligen Jäger, die der König von Preußen gegen Napoleon mobilisierte. Als Rückenfigur ist der Offizier der noch verhüllten Landschaft hingegeben, aus der der kommende Tag erst noch hervorgehen muss. Man sagt, Friedrich habe einen Oberst aus Sachsen dargestellt, der im Freiheitskrieg im Dienste Preußens fiel.[18] In diesen Jahren überschritt Friedrichs Ruhm seinen Zenit. Der Weg des Malers führte in die Einsamkeit und Melancholie; Dresden wurde in der Malerei (etwa gegenüber dem aufstrebenden Düsseldorf) zur Provinz.

Im Jahre 1820 führte Karl Förster sicherlich einen anderen berühmten Besucher zu Friedrich – den Maler Peter Cornelius. Friedrich zeigte z.B. sein Bild *Zwei Männer in Betrachtung des Mondes* (heute in der Dresdener Gemäldegalerie). Friedrich habe „ironisch, wie zur Erklärung" gesagt: „Die machen demagogische Umtriebe."[19] Das Bild stammt aus dem Jahre 1819, in dem die Regierungen durch die Karlsbader Beschlüsse auf die burschenschaftliche Bewegung antworteten. Nun konnten die Studenten sich nicht mehr in altdeutscher Tracht auf der Wartburg versammeln, um die Einheit Deutschlands einzufordern. In dieser Tracht stellen sich aber die beiden Männer auf Friedrichs Bild dar: der eine mit Gehrock und Mütze, der andere mit Umhang und Barett. Man hat gemeint, Friedrich habe sich selbst mit einem Schüler darstellen wollen. In der Betrachtung des Mondes und seines diffusen Lichtes neigen die Männer sich einander zu. Rechts von ihnen ist ein entwurzelter Baum – vielleicht der Hinweis auf den verlorenen Ursprung des gemeinsamen Lebens. Links wächst Immergrün als Zeichen bleibender Hoffnung. Müssen die Gedanken und Gespräche der beiden Männer nicht um eine andere, bessere Zukunft kreisen? Die Nacht und ihr Dunkel, die flutenden Nebel, das diffuse Mondlicht können in der Natur eine sich entziehende Unendlichkeit öffnen; doch können Nacht und Nebel auch das Grab der Toten bergen und so die Vergangenheit mit sich tragen. Für Cornelius wie in anderer Weise für Hegel ging der Maler mit solchen Bildern in ein Abseits.

3 Die Rückkehr des Verdrängten

Der Dresdener Gynaikologe, Naturwissenschaftler und Maler Carus erinnerte 1840, ein Jahr vor Friedrichs Tod, mit seinem Buch *Caspar David Friedrich, der Maler* an seinen Lehrer und Freund. Friedrich habe „in einer herben Melancholie" den Wust des Abgestandenen in der damaligen Landschaftsmalerei niederge-

---

[18] Vgl. J.L. Koerner, *Caspar David Friedrich*. Landschaft und Subjekt. München 1998, S. 203 ff.
[19] Vgl. zum einzelnen S. Hinz, *Caspar David Friedrich in Briefen und Bekenntnissen*. München 1968.

schlagen und eine „leuchtend-poetische Richtung" gewonnen; seine Kunst stehe im Zusammenhang mit den geschichtlichen Bewegungen seit 1789.[20] Nach Friedrichs Tod gerieten seine Bilder jedoch in Vergessenheit. Das wurde anders, als die Romantik überhaupt neue Aufmerksamkeit fand. Auf einer Ausstellung des Jahres 1906 wurden Friedrichs Bilder ausgezeichnet. Sie sollten schon Wege zum Impressionismus zeigen, aber national verwurzelt sein. So konnte ein Kritiker 1940 über Friedrich schreiben: „Kein Zufall, dass seine Wiederentdeckung mit dem Anfang dieses kriegerischen Säkulums, dass der Höhepunkt seiner Wirkung etwa mit dem Weltkriege zusammenfällt. Kein Zufall auch, dass seit 1933 die Wirkung Casper David Friedrichs neu im Wachsen begriffen ist." Joseph Leo Koerner, der diese Linien der Wirkungsgeschichte Friedrichs nachzieht, kann am Schluss seines englisch geschriebenen Buches über Friedrich von 1990 nicht umhin, von der nationalsozialistischen Rezeption Friedrichs bis zu einer Wirkung „im Zuge der Beendigung der deutschen Teilung" weiterzugehen. Er spricht davon, dass Deutschland für Friedrichs *Wanderer über dem Nebelmeer* nur erst in der Sehnsucht existiere, zu der auch Verstörendes gehöre. Bei Fragmenten der „dunkelsten Geschichte" fühlt Koerner sich auch an Friedrichs Erlen im Schnee erinnert.[21]

Kehren wir zu Hegel zurück, dann stellt sich die Frage, wieweit Hegel den Gefahren der Romantik entgegengetreten ist, aber die gültigen neuen Erfahrungen der Romantik aufgearbeitet hat. Nach Hegels Tod wagte man in der Kunst das, was Hegel noch für unmöglich gehalten hatte. So war die *Antigone* des Sophokles für Hegel ein Text, den man lesen müsse (wobei die Entzifferung des Metren der Chöre zu einer sauren Arbeit werde). Doch ein Jahrzehnt nach Hegels Tod vertonte Mendelssohn diese Chöre; Freischützklänge und die Innigkeit der Matthäuspassion klingen dabei auf. (Freilich ist es noch weit bis zu Orff, der auf Hölderlins lange verfemte Übertragung zugriff.) Als Schelling und Cornelius in Berlin über den Hegelianismus hinausführen wollten, scheiterten sie. Ein junger Berliner Maler wie Karl Blechen konnte dagegen schon der Industrie und der Technik in seinen Bildern Raum geben. Für Hölderlin wie für Friedrich war eine Inkubationszeit angebrochen, ehe dann die lange schon Vergessenen in einer anders werdenden Welt als Vorbereiter einer kommenden Zeit gesehen wurden.

Ließen sich romantische Tendenzen (Hölderlin und Kleist eingeschlossen) nicht auch politisch missbrauchen? Hegel als Zeitgenosse der Romantiker sah sich mit dieser Frage konfrontiert. In seiner *Phänomenologie des Geistes* von 1807 rechnete er mit seinen Generationsgefährten ab; seine Aufsätze in den Berliner *Jahrbüchern für wissenschaftliche Kritik* nahmen die Thematik neu auf. Die Hamann-Rezension von 1828 unterschied die kirchlich und staatlich gebundene Aufklärung in Deutschlang von den radikaleren französischen Tendenzen, die zur Revolution führten. Hegel stellte der deutschen Aufklärung, die sich in Berlin sammelte, aber die originelleren Denker und Dichter in Königsberg, Düsseldorf, Weimar und Jena gegenüber. Die Solger-Rezension nahm Goethes Rückblick in

---

[20] Vgl. J. L. Koerner, *Caspar David Friedrich*, S. 72 f.; zum folgenden a.a.O., S. 73 f.
[21] Vgl. a.a.O., S. 277 f.

Dichtung und Wahrheit auf und sah im Weg zu Shakespeare bei Herder und dessen Freunden das Suchen nach Neuem. Von diesem Aufbruch unterschied Hegel den universalen Ausgriff auf Literatur und Kunst bei den Romantikern. Diesem sei schließlich nur das Spiel mit leeren Formen geblieben. Die germanistische Forschung hat dem frühen Aufbruch den Titel „Sturm und Drang" gegeben und ihn von der späteren Klassik und Romantik unterschieden. Freilich kollidierte der deutsche Begriff der Romantik mit der französischen und englischen Terminologie, in der Winckelmann wie Novalis, Mozart wie Karl Maria von Weber einer europäischen Romantik zugeordnet werden.[22]

Eine geistesgeschichtlich ausgerichtete Kunstbetrachtung konnte sich der Epochenbegriffe bedienen, die in der langwierigen Arbeit der Germanistik ausgebildet worden waren. Herbert von Einem hat 1950 sein Buch *Caspar David Friedrich* vorgelegt; er ließ 1978 die Darstellung *Deutsche Malerei des Klassizismus und der Romantik* folgen. Das Interesse für Friedrich forderte die genauen historischen Unterscheidungen. So wurde darauf hingewiesen, dass die französische Malerei damals staatlich ausgerichtet war. (Bei David wurde sie gar revolutionär und napoleonisch.) Deutschland aber war anders als Frankreich kein einheitlicher Staat. Es hatte verschiedene Zentren und war konfessionell gespalten. Die Mitte des 18. Jahrhunderts wurde zu einer Grenzscheide, da sie die letzte einheitliche Kultur, den Barock, verabschiedete. Für die Folgezeit musste Hegels Lehre vom Ende der Kunst, also die Relativierung des Künstlerischen durch den begrifflichen Zugriff, ebenso betrachtet werden wie Sedlmayrs Feststellung eines Verlustes der Mitte, also des Entzugs der geschichtsmächtigen Bewältigung maßgeblicher Bau- und Gestaltungsaufgaben. Das aber heißt, dass die Kunst in einen freien Bezug zum Dichten und zum Denken treten konnte. Runge wird bei von Einem neben Hölderlin gestellt, der als „romantischer Dichter" angesprochen wird. Friedrich soll Novalis folgen, obwohl dieser kein menschenscheuer Melancholiker war. Der Einfluss Ossians und der englischen Friedhofspoesie, der neuentdeckten Gotik als der „germanischen Kunst", aber auch der Schellingschen Naturphilosophie wird vermerkt. Es wird darauf hingewiesen, dass Adam Müller in der Landschaftsmalerei das Religiöse aufdeckte. Auch die gegenläufigen Tendenzen werden benannt: Fernow, der auf Italien verwies, der wie Goethe gegen Tiecks These von der Landschaftsmalerei als einer „Musik der Farben" auftrat.[23]

Mit der geistesgeschichtlichen Epochengliederung kann von Einem zeigen, wie zum akademischen Klassizismus (etwa bei Angelica Kauffmann) der Sturm und Drang trat (so bei Füßli). Auf diesen hatte ein neuer Klassizismus, aber auch die Romantik zu antworten. Die Romantik spaltete sich in die protestantische (bei Runge und Friedrich) und in die breitere katholische. Schließlich konnten sich naturalistische Ansätze durchsetzen. Von der Romantik gilt, dass Zeichnung und Gemälde ganz in den Vordergrund traten; es gab keine gleichgewichtige Plastik.

---

[22] Vgl. dazu die Beiträge von K.R. Mandelkow, E. Behler und O. Pöggeler in *Europäische Romantik I.* (Neues Handbuch der Literaturwissenschaft. Band 14). Hrsg. von K.R. Mandelkow. Wiesbaden 1982.

[23] Vgl. H. von Einem, *Deutsche Malerei des Klassizismus und der Romantik 1760–1840*. München 1978, S. 90 ff., S. 98, S. 76; zum folgenden S. 73, S. 18, S. 100.

Doch selbst das Tafelbild war nicht mehr „wie eine Naturwerk aus einem Guss". In von Einem Darstellung geht es letztlich also nicht um Geistes- und Stilgeschichte, sondern um Formprobleme. So wird bei Friedrichs Bild *Zwei Männer in Betrachtung des Mondes* der Akzent auf die Weise gelegt, wie der Mond von unten heraufkommt: „Aus seinem neblig-gelben Licht entwickelt sich der braune Gesamtton, von dem auch das stumpfe Graublau der Figuren aufgesogen wird."

Nach dem zweiten Weltkrieg führte die Teilung der Welt über Jahrzehnte hinweg zu zwei deutschen Staatsgebilden. Davon wurde auch der Blick auf die „Romantik" betroffen. Willi Geismeier, der Direktor der Ostberliner Nationalgalerie, sah in der Romantik jene Gegenbewegung gegen die revolutionären Tendenzen, die in der Reaktion enden musste. Damit war ein Geschichtsbild aufgenommen, das über Georg Lukács in sozialistischen Tendenzen am stärksten noch im Westen zur Geltung kam. Demgegenüber sah der Kieler Kunsthistoriker Jens Christian Jensen in der Romantik die revolutionäre Tendenz zu einer Entgrenzung weiterwirken, die sich vom Rationalismus wie vom Idealismus abgrenzen musste.[24] Ließ sich mit Hilfe Friedrichs nicht auch die Dominanz brechen, die Paris seit dem 19. Jahrhundert in der modernen Kunst erlangt hatte? Als Paris durch New York abgelöst war, zeigte Robert Rosenblum den Weg „von Friedrich zu Rothko" auf unter dem Titel *Modern Painting and the Northern Romantic Tradition* (1975). Koerner gesteht zu, dass bestimmte Bilder Friedrichs auf die „reine Malerei" zu zielen scheinen; doch bleibe diese „Abstraktion" nur ein vorübergehender Moment, über dem das Verdrängte sich erhebe wie auf manchen Bildern die ferne Kathedrale.

Klaus Lankheit bezog Friedrichs Bilder auf die „Religiosität der Frühromantik"; diese habe das „geistesgeschichtliche Problem der Epoche" erfasst, „pantheistische Naturbeseelung" und den „christlichen Erlösungsglauben" zu vereinen. Eben diese coincidentia oppositorum sei von Friedrich in vielen seiner Bilder anschaulich gemacht worden. Für den Maler soll damit nicht unterstellt werden, dass er sich durch die Lektüre von Novalis oder Friedrich Schlegel habe inspirieren lassen. Die weitere Entwicklung seiner Bildlichkeit finde sich dann nicht nur bei Turner, sonder auch bei Feininger. Feiningers *Wolke nach dem Sturm* räume dem Himmel gegenüber Meer und Sandstrand auch zwei Drittel der Bildhöhe ein; eine menschliche Gestalt sei noch winziger als die Friedrichsche und noch anonymer an den linken Bildrand versetzt. Die Natur werde aber naturwissenschaftlicher aufgefasst, die Verlorenheit des Menschen ohne Protest hingenommen. Wenn Goethe von einem Bild Friedrichs gesagt habe, es könne „ebenso gut auf den Kopf" gestellt werden, dann erinnere das schon daran, dass Kandinsky von dem Anblick eines auf der Seite stehenden Bildes zur abstrakten Malerei angeregt worden sei.[25] Vergessen werden sollte nicht, dass Feininger nicht nur die thüringischen Kirchtürme wiedergab, sondern schon zum Programm des Bauhauses den Holzschnitt mit der Kirche unter dem Stern lieferte.

---

[24] Vgl. W. Geismeier, *Die Malerei der deutschen Romantik*. Stuttgart 1984; J.Ch. Jensen, *Malerei der Romantik in Deutschland*. Köln 1985. – Zum folgenden vgl. zu Rosenblum: J. L. Koerner, *Caspar David Friedrich*, S. 109.

[25] Vgl. K. Lankheit, *Caspar David Friedrich*, S. 687 f., S. 695 f., S. 702.

Werner Hofmann hat in Wien ein Museum der modernen Kunst aufgebaut, dann in Hamburg die bedeutenden Ausstellungen zur Kunst um 1800 gemacht. Sein Buch *Die Moderne im Rückspiegel* verweist schon mit dem Titel darauf, dass auch das vorwärtseilende Moderne bestimmtbleibe durch das, was hinter ihm zurückbleibe. Seit Alberti und der Renaissance sei das Bild ein Fenster, das einen in sich stimmigen Ausschnitt der Welt perspektivisch zeige; vorher aber und dann wieder in der Moderne hätten die Bilder einen doppelten oder mehrfachen Brennpunkt und seien „bifokal".[26] Die Darstellung *Das entzweite Jahrhundert* gibt wieder, wie die europäische Kunst diese Bifokalität sich in der Zeit von 1750–1830 erobert habe. Innerhalb der Leitbilder tritt Friedrichs Tetschener Altar zusammen mit Davids *Schwur der Horatier,* aber auch z.B. mit dem Overbeck-Bild Pforrs und Goyas *Koloss.* Am Ende des Umbruchs stehe eine Rückkehr zu den Institutionen. Für die „Reintegration der Künste" bekommt das Museum eine neue Rolle. „Vom Rom der Nazarener ausgehend", ergreife diese Reintegration „das München Ludwigs I., (das neue Athen), das Berlin Friedrich Wilhelms III. und das Paris der Bourbonen". Man mag kritisch fragen, ob sich die Epoche des Fensterbildes so genau von der Zeit der Bifokalität abgrenzen lässt. Wenn E. Th. A. Hoffmann „in Callots Manier" schrieb, suchte er seine Anregungen im Früheren. Der Titel „Manierismus" zeigt, dass zu Renaissance und Barock schon ein Vorklang der Moderne trat.

Die Rede von der „Entzweiung" wird von Hegel übernommen. Dieser hielt fest, dass die Künstler jene Reflexion vorfanden, die sich jede Form zueignen konnte. Diese Reflexion gehört nach Hegel nicht nur zum Publikum, sondern zum Künstler selbst, der ihr auch durch die Flucht in die Einsamkeit nicht entgehen kann. Hegel antwortet mit diesen Gedanken auf seine These, dass alles Große, das seit Homer besungen worden sei, ausgesungen sei. Doch verlangt Hegel zugleich, dass der Künstler allen Stoff in die Gegenwart hineinziehe. Wie sehr Füßli, Carstens und die Nazarener das taten, stellt Hofmann dar. Hölderlin, Schlegel und Heine hätten die Entzweiung in der Zeit erkannt, aber sie noch durch Bildung und damit durch Kunst überwinden wollen. (Diesen Gedankenzusammenhang hatte Heinrich Popitz 1953 so dargestellt, dass er den jungen Marx in Schillers Ansatz einbeziehen konnte.[27]) Heine spreche erst bei Hegels und Goethes Tod vom „Ende der Kunstperiode". Es folgte noch der Bildungsbürger, ehe die Kunst am Ende des 19. Jahrhunderts wieder einen neuen Aufbruch wagte. Bei Blechen wurde die Welt der Reflexion zur Welt der Technik, – undiskutiert bleibt die Frage, warum Hegel einen Maler wie Friedrich verdrängen musste. Taugt seine Ästhetik überhaupt als Absprungbasis für unsere Geschichtsbetrachtung, seine Logik als Verortung unserer Grundbegriffe?

Muss unsere Bemühung um Epochen der Kunst nicht eingestehen, dass es weder die raum-zeitliche Einheit einer Epoche gibt noch die parallele Entwicklung

---

[26] Vgl. W. Hofmann, *Die Moderne im Rückspiegel.* Hauptwege der Kunstgeschichte. München 1998; zum folgenden vgl. ders., *Das entzweite Jahrhundert.* Kunst zwischen 1750 und 1830. München 1995; vgl. vor allem a.a.O., S. 653.

[27] Vgl. dazu O. Pöggeler, *Hegels Idee einer Phänomenologie des Geistes.* 2. Aufl. Freiburg/München 1993, S. 374 ff.

der einzelnen Künste sowie der Kunst und der anderen Verhältnisses menschlichen Lebens? Sicherlich möchten wir gern den Umschlag der einen Epoche in die andere eindeutig festlegen. So lässt z.B. Mozarts *Zauberflöte,* zum erstenmal 1791 aufgeführt, im Ägypten der Freimaurer das Licht und die Vernunft über die Königin der Nacht siegen. Wenige Jahre später, 1799/1800, schreibt Novalis seine Hymnen an die Nacht. Doch die Zuwendung zur Nacht und zu den Toten gehört schon zur sog. Englischen Friedhofspoesie; Caspar David Friedrich hatte schon in Kopenhagen jene Engländer kennenlernen können, unter den Cotman gotische Ruinen und ein Kreuz auf einem Hügel zeichnete. Joseph Haydn, in dessen Leben auch Verwirrung und Verstörung einbrachen, führte 1798 erstmals sein Oratorium *Die Schöpfung* auf. Das Licht steht dort immer noch für Vernunft und Freiheit. Das instrumentale Vorspiel schildert das Chaos; doch aus dessen Leere und Finsternis entringt sich das Licht. Posaunen, Trompeten und Pauken lassen aus dem C-Moll ein C-Dur mit einem „Es werde Licht" hervorbrechen. Die Nacht mit ihren Höllengeistern wird vertrieben! Sicherlich steht neben der strahlenden Sonne das Mondlicht, aber nur, um auch mit den Himmeln des Ewigen Ehre zu erzählen. Wien aber war nicht Greifswald, Kopenhagen und Dresden...

Gliedert man die Geschichte, dann zeigt sich, dass die Zeit im Raum abläuft und Gleichzeitiges in verschiedenen Räumen zu verschiedenen Epochen gehören kann. Es gibt – bei Hölderlin, Kleist und Friedrich – das Verkannte, das erst nach mehr als hundert Jahren in seiner epochalen Bedeutung erkannt wird. Wer wie Hegel seine Epoche als Vollendung begreifen will, muss blind bleiben für verborgene Möglichkeiten, die einmal die Zukunft bestimmen werden. Dafür kann er Gefahren erkennen, die sich erst zu zeigen beginnen.[28] Immer aber geht es dabei um die angemessenen Grunderfahrungen, die sich auch in den Grundbegriffen – wie Hegel sie in seiner *Wissenschaft der Logik* ordnete – niederschlagen.

---

[28] Vgl. O. Pöggeler, *Hegel und die deutsche Romantik heute.* In: Die Folgen des Hegelianismus. Philosophie, Religion und Politik im Abschied von der Moderne. Hrsg. von P. Koslowski. München 1998, S. 345 ff.

Bernadette Collenberg-Plotnikov

Die Funktion der Schönheit in Hegels Bestimmung der Malerei. Zum Stellenwert eines Grundbegriffs der Hegelschen Ästhetik

1 Einleitung

Eine der Grunderfahrungen des Kunstinteressierten ist heute die Konfrontation mit einer extremen Heterogenität der Kunstphänomene und -deutungen. Die Stellungnahmen zu dieser Situation sind allerdings nicht weniger gegensätzlich: Vor allem innerhalb der ‚Kunstszene' wird die ‚neue Unübersichtlichkeit' enthusiastisch gefeiert als Manifestation eines von den Schlacken der Tradition befreiten ‚offenen' Kunstbegriffs. Demgegenüber sehnen sich besonders die Laien (aber nicht nur sie) mehr oder weniger heimlich nach einer normativen Ästhetik zurück, die endlich Klarheit in Sachen Kunst schafft. So begreiflich aber eine solche Sehnsucht auch ist – die Restaurierung einer normativen Ästhetik brächte keine Lösung: Sie würde nämlich den modernen Kunstbegriff nicht etwa klären, sondern schlichtweg auflösen. Aber auch ein relativistischer, ‚offener' Kunstbegriff birgt, was die Verständigung über die Kunst angeht, entschiedene Schwierigkeiten. Damit tritt die Frage hervor, wie man die Vielfalt der kunstpraktischen und -theoretischen Positionen strukturieren kann, ohne die Vielfalt an eine Norm preiszugeben. D.h. es stellt sich die Frage, wie man eigentlich, jenseits einer Norm, rational über Kunst reden kann.

Die Antwort, die im folgenden auf diese Frage gesucht wird, wendet sich zurück zu Hegel. Diese Strategie mag überraschend erscheinen, wird doch die Aktualität seiner Kunstphilosophie heute gewöhnlich auf die These vom Ende der Kunst reduziert. Nicht weniger aktuell erscheinen aber auch weitere Aussagen Hegels zur Kunst, indem sie sich als Ansatz zu einer Antwort auf das Dilemma einer konzeptionslosen Beliebigkeit einerseits und einer inakzeptablen Normativität andererseits rekonstruieren lassen. Denn die eingangs beschriebene Situation ist grundsätzlich so neu, wie es zunächst scheinen mag, nicht. Vielmehr verknüpft diese Problemstellung die heutige Zeit prinzipiell mit der Zeit um 1800.

Das künstlerische Grunderlebnis dieser Epochenschwelle ist nämlich die Erfahrung einer radikalen Heterogenität innerhalb der Kunst, näherhin namentlich einer Heterogenität von antiker und moderner Kunst.[1] Den geistesgeschichtlichen Hintergrund dieser Betrachtungsweise bilden die emanzipatorischen Thesen der Aufklärung, die die Kunst als Teil einer Kultur deuten. Die Antike wird nämlich nicht nur als vorbildlich betrachtet, weil sie ästhetische Ideale repräsentiert, sondern mit ihnen zugleich gesellschaftliche. Die antike Schönheit erscheint als unmittelbarer Reflex einer demokratischen, moralisch reformierten Gesellschaftsordnung. So wird umgekehrt insbesondere die heteronome Kunst des Barock und Rokoko in diesem Kontext kurzerhand mit Feudalismus und Fremdbestimmtheit des Subjekts identifiziert. Durch genaue Erforschung der antiken Kunst und ihre möglichst getreue Wiederholung, so die Hoffnung der Zeit, kann auch direkt eine befriedigendere gesellschaftliche Situation erwirkt werden. Dies ist die Grundvorstellung jener ästhetischen Haltung, die als Klassizismus bezeichnet wird.[2]

Die erste Antwort auf diese Erfahrung künstlerischer Heterogenität ist der Versuch der Fortsetzung einer normativen Ästhetik unter neuen Vorzeichen, insbesondere verknüpft mit historischer Reflexion. (Der Klassizismus ist ein Historismus.) Die Differenz zur Antike ist nämlich, wie man erkennt, nicht nur eine ästhetische, sondern zudem eine historische. Dabei läuft das historische Element des Klassizismus einer normativen Konzeption eigentlich zuwider, indem es jede historische Situation und ihre Manifestationen in ihrer Einmaligkeit und Unwiederholbarkeit begreift; es lenkt den Blick über die Antike hinaus auf die ästhetischen Produkte anderer Epochen und Kulturen, genauer: auf ihren Kunstcharakter. Nichtsdestoweniger ist es für den Klassizismus eigentümlich, an der Grundvorstellung einer einzigen ‚wahren' Kunst festzuhalten. Es handelt sich hier um den Grundwiderspruch aller klassizistischen Theoriebildung und Kunstpraxis.

In der Kunstpraxis führt diese immanente Spannung zu Erfindungen, die die Kunst ‚um 1800' in die Vorgeschichte der Moderne einrücken: An die Stelle der

---

[1] Die Antike ist nun nicht mehr das Urbild alles künstlerischen Schaffens, das als Tradition selbstverständlich dem eigenen Handeln zugrundegelegt wird; die Antike erscheint vielmehr das ganz Andere. Vor allem die naturwüchsige Antikenadaption des Barock gilt jetzt als grobe Verfälschung und Verzerrung des Urbilds. Näherhin erscheint die moderne Kunst, verglichen mit der Kunst in der Antike, als ästhetisch und funktional geschwächt. Sie verzettelt sich in mannigfachen Gestaltungsstrategien, die an die einheitliche, harmonische Schönheit der antiken Werke nicht heranreichen. Diese ästhetische Schwächung bedingt, so sieht man es, zugleich eine funktionale: Die Kunst ist nicht mehr, wie bei den Griechen, Lebensform aller, gibt dem Leben nicht mehr seine sittliche Orientierung schlechthin, sondern sie ist zu einem bloßen Zierrat (wenn nicht Schlimmerem, wie die harsche Kritik an den irrationalen Zumutungen des Barock oder an der Schlüpfrigkeit des Rokoko anzeigt) verkommen.

[2] Im zusammenfassenden Rückblick zeigt sich sogleich, daß hier eine extreme Befrachtung, ja Überfrachtung der Kunst stattfindet, deren immanente Widersprüchlichkeit man erst schrittweise durchschaut: Erst die Lösung der Kunst aus ihren ursprünglichen ästhetischen und funktionalen Bindungen (in Gestalt einer ästhetischen Norm einerseits und dem Dienst insbesondere für Kirche und Hof andererseits) bedingt diese Möglichkeit ihrer immensen Aufwertung, indem sie die Kunst überhaupt erst nachdrücklich als eigenen Gegenstand der Erfahrung und Reflexion, d.h. als Kunst im modernen Sinne, erscheinen läßt. – Sie bedingt aber zugleich ihre Irritation und Schwächung, indem sie die Verbannung der Kunst in die Sonderwelt der ‚Kunstwelt' impliziert.

Einheit des ‚Stils' tritt hier eine grundsätzlich moderne Vielstimmigkeit. Eine (moderne) Vielstimmigkeit tritt aber auch in der Theoriebildung hervor. (Insofern scheint es gerechtfertigt, was unser Verhältnis zur Zeit um 1800 angeht, von einer grundsätzlichen Kontinuität des Gegenstandes, d.h. der Kunst und der Reflexion gleichermaßen zu sprechen.) Während nämlich etwa Winckelmann, obgleich er mit guten Gründen als Begründer der Kunstgeschichte angesehen wird, alle unklassische Kunst gegenüber der antiken Idealität abwertet und erklärt, der „einzige Weg für uns, groß" zu werden, sei die „Nachahmung der Alten", beurteilt Herder diese Relation grundsätzlich anders: Es betrachtet es als eine „Thorheit", eine Zeit „mit dem Maasstabe einer anderen Zeit zu meßen" und alles „nach Griechischem Urbilde [zu] modeln".[3]

Ein Konsens in künstlerischen wie auch in theoretischen Fragen muß, wie bereits angedeutet, aus grundsätzlichen Erwägungen als weder erreichbar noch wünschbar betrachtet werden. Er würde letztlich unserem Kunstbegriff, wie er sich seit der 2. Hälfte des 18. Jahrhunderts herausgebildet hat, widersprechen. Denn zum einen ist Kunst in diesem Verständnis wesentlich ‚freie Kunst', und als solche kann sie per definitionem keiner Norm, die allein einen solchen Konsens erwirken könnte, unterstehen; zum anderen ist einem solchen Konsens mit dem Hinweis der Wahrnehmungs- oder Wirkungsästhetik im 18. Jahrhundert auf die letztlich subjektive Begründung jedes Kunsturteils der Boden entzogen. Eine normative Ästhetik würde mit den Problemen und Widersprüchen der Kunst zugleich das, was Kunst für uns ist, auflösen. Allerdings löst umgekehrt auch eine radikale Heterogenität und Entgrenzung den Kunstbegriff auf, indem sie Verständigung allenfalls noch im geschlossenen Kreis einer ‚Szene' zuläßt.

Es besteht also bereits zu Hegels Zeiten Klärungsbedarf: Sofern eine rationale Kommunikation über die Kunst überhaupt aufrechterhalten werden soll, muß eine Antwort auf die Frage gesucht werden, welcher Begriff von Kunst eigentlich sinnvollerweise in all diesen Äußerungen über die Kunst zugrundegelegt wird. Genau dies ist aber – so der Deutungsvorschlag – eine wesentliche Aufgabe der Philosophie der Kunst, wie Hegel sie versteht. Hier soll nicht behauptet werden, daß Hegels Antwort keine Fragen offen läßt; er zeichnet aber Strategien vor, die nach wie vor bedenkenswert sind.

Eine solche Aussicht mag verwirrend erscheinen, gilt doch Hegels Ästhetik weithin als Manifestation eines dogmatischen Klassizismus Winckelmannscher Prägung, die die Antike zum Maß aller Dinge in Sachen Kunst erhebt und insofern, von einzelnen Versatzstücken einmal abgesehen, als hoffnungslos überlebt zu betrachten ist. Diese Auffassung verdankt sich nicht zuletzt den in der *Ästhetik* vertretenen und bald zum Gemeingut gewordenen Kunsturteilen, die begreifli-

---

[3] J.J. Winckelmann, *Gedanken über die Nachahmung der Griechischen Werke in der Malerey und Bildhauerkunst*. Zweyte vermehrte Auflage. Dresden/Leipzig 1756, S. 3; J.G. Herder, *Auch eine Philosophie der Geschichte zur Bildung der Menschheit. Beytrag zu vielen Beyträgen des Jahrhunderts*. 1774. In: Herders sämmtliche Werke. Bd. 5. Hrsg. von B. Suphan, S. 475–594, hier S. 489 f. – Zu diesem Vergleich Winckelmann – Herder vgl. auch W. Hofmann, *Die Grundlagen der modernen Kunst. Eine Einführung in ihre symbolischen Formen*. Stuttgart 1987, S. 37.

cherweise als wenig aktuell gelten. Die schwärmerische Auszeichnung der klassischen griechischen Skulptur in der *Ästhetik*, ihre Fixierung auf die schöne italienische Renaissance und auch ihr Lob der Niederländer des 17. Jahrhunderts lassen sie als ein Terrain erscheinen, das von rein antiquarischem Interesse ist: Die immer wieder zitierte Aussage der *Ästhetik*, schöneres als die klassische griechische Skulptur könne ‚nicht sein und werden' und das einseitige Lob Renaissancemalerei genügen, um Hegel als Vertreter eines Klassizismus zu entlarven, der jeglicher aktuellen Relevanz entbehrt. Schließlich vermögen auch die wohlwollenden Aussagen zur niederländischen Genremalerei nur noch als Zeugnis einer historischen Umwertung zu interessieren, deren Pionierqualität inzwischen gründlich verblaßt ist.

Die Fassung der *Ästhetik*, die Hegels Schüler Hotho postum 1835–38 bzw. in zweiter Auflage 1842 publizierte, stützt diese Ansicht in der Tat: Sie verficht den bedingungslosen Primat der griechischen Götterbilder und ihrer neuzeitlichen Wiedergeburt in der Kunst Raffaels und Correggios. Ihre elegische Suche nach der verlorenen Schönheit der Antike kommt hier, in der italienischen Renaissancemalerei, in einer Verknüpfung von formaler Schönheit und großem Inhalt – so Hothos Sicht der Dinge – zur Ruhe. Dem empfindsamen modernen Gemüt gemäß wird diese Wiedergeburt durch ihren christlich-religiösen Inhalt und ihre Lieblichkeit.[4] Die Antike dient hier als Maßstab für die Beurteilung des Gelingens oder Mißlingens von Werken. Zwischen den Extremen des Herderschem Relativismus auf der einen und der Winckelmannschen Normativität auf der anderen Seite tendiert die *Ästhetik* ganz ohne Zweifel zur letzteren Position.

Demgegenüber hat die neuere Forschung, die Hegels Ästhetik auf der Basis einer weniger abgeleiteten Quelle als ihrer gedruckten Fassung, nämlich den studentischen Vorlesungszeugnissen, erkundet, wiederholt darauf hingewiesen, daß die klassische Schönheit der Antike und auch der Renaissance in den Vorlesungszeugnissen eine nur marginale Rolle spielt. Im Spiegel der Vorlesungszeugnisse erscheint die Fixierung auf die klassische Schönheit vielmehr als Eigentümlichkeit der Hothoschen Bearbeitung. So bilden auch die Vorlesungszeugnisse die Grundlage der folgenden Untersuchung.[5]

---

[4] „Bei ihm [Raffael] nämlich vereinigt sich die höchste kirchliche Empfindung für religiöse Kunstaufgaben sowie die volle Kenntnis und liebereiche Beachtung natürlicher Erscheinungen in der ganzen Lebendigkeit ihrer Farbe und Gestalt mit dem gleichen Sinn für die Schönheit der Antike." (G.W.F. Hegel, *Vorlesungen über die Ästhetik*. 3 Bde. Frankfurt a.M. 1986 [= Theorie-Werkausgabe in zwanzig Bänden. Bd. 13–15. Hrsg. von E. Moldenhauer und K.M. Michel] [im folgenden ÄI–ÄIII]. Bd. 15, S. 123.) „Es gibt nichts Liebereicheres als Correggios Naivität nicht natürlicher, sondern religiöser, geistiger Anmut; nichts Süßeres als seine lächelnde, bewußtlose Schönheit und Unschuld." (Ebd.)

[5] Es wird hier aus folgenden Vorlesungszeugnissen zitiert: G.W.F. Hegel, *Vorlesung über Ästhetik*. Berlin 1820/21. Eine Nachschrift. I. Textband. Hrsg. von H. Schneider. Frankfurt a.M./Berlin/Bern/New York/Paris/Wien 1995 (im folgenden Ascheberg 1820/21); ders., *Vorlesungen über die Philosophie der Kunst*. Berlin 1823. Nachgeschrieben von H.G. Hotho. Hrsg. von A. Gethmann-Siefert (= G.W.F. Hegel, Vorlesungen. Ausgewählte Nachschriften und Manuskripte. Bd. 2). Hamburg 1998 (im folgenden Hotho 1823); ders., *Philosophie der Kunst oder Ästhetik*. Nach Hegel. Im Sommer 1826 (Mitschrift H. von Kehler). Hrsg. von A. Gethmann-Siefert und B. Collenberg-Plotnikov unter Mitwirkung von F. Iannelli

Die Funktion der Schönheit 249

Diese Feststellung könnte die Hoffnung nähren, Hegels Ästhetik lasse sich auf der Basis der Vorlesungszeugnisse mit wenigen Handgriffen modernistisch umdeuten – Hegel erscheine nun nicht länger als dogmatischer Klassizist, sondern umgekehrt als Prophet des offenen Kunstwerks. Dies wäre allerdings entschieden verfehlt: Hegels Haltung gegenüber der Kunst läßt sich nämlich weder als Normativität noch Relativismus beschreiben. Das Problem dieser Positionen ist, noch einmal zusammenfassend gesagt, folgendes: *Vom Standpunkt der Normativität aus können Kunstphänomene, die sich jenseits der gesetzten Norm bewegen, nicht überzeugend als Kunst beschrieben werden; vom Standpunkt eines fortgesetzten Relativismus kann dagegen nicht angegeben werden, was eigentlich dazu berechtigt, all die verschiedenartigen künstlerischen Phänomene überhaupt unter den einheitlichen Begriff der Kunst zusammenzufassen.* Sinnvolle Kommunikation über unklassische Kunstphänomene wird so unmöglich. Die These der anschließenden Ausführungen lautet demgegenüber, daß *Hegel in seiner Kunstphilosophie einen Weg zwischen Normativität und Relativismus sucht und damit einen Beitrag zur Aufrechterhaltung sinnvoller Kommunikation angesichts unklassischer Kunstphänomene leistet.*

Dazu ist allerdings zunächst einmal zu sagen, daß Hegel, was die bildende Kunst angeht, in seinen Vorlesungen so gut wie alles außer Acht läßt, was uns heute als Meilensteine der Genese der Moderne um 1800 gilt: Caspar David Friedrichs Kunst wird lediglich gestreift und keineswegs positiv gesehen, das gleiche gilt für die Malerei Jacques-Louis Davids (1820/21); Künstler wie Goya, Blake, Füßli oder Flaxman werden nicht einmal erwähnt. Interessant scheint allerdings weniger, ob Hegel nun hellsichtig bestimmte Künstler und Kunstwerke, die uns heute wichtig sind, berücksichtigt bzw. wertschätzt oder nicht, d.h. sein Kunsturteil. Interessant ist vielmehr seine philosophische Herangehensweise an die Problematik der modernen Kunst als solche. Hegel geht es nämlich, auch wo er sich mit konkreten Kunstphänomenen beschäftigt, nicht primär um eine philosophisch gestützte Beurteilung des Einzelfalls, sondern er nutzt vielmehr die Phänomenanalyse allgemeiner zur Entfaltung von Vorschlägen, wie gelingende Kommunikation über Kunst, näherhin unklassische Kunst, organisiert werden könnte.

Dies soll hier gezeigt werden anhand einiger Beispiele aus seiner Diskussion der Malerei. Zuvor sind aber die konzeptionellen Grundlagen seiner Deutungen zu klären und zwar anhand einer kurzen Auseinandersetzung mit Hegels Schönheitsbegriff. Es läßt sich nämlich zeigen, daß auch dieser vermeintlich erzklassizistische Begriff bei Hegel Facetten erhält, die einen pluralistischen – aber eben nicht ‚offenen' – Kunstbegriff reflektieren.

---

und K. Berr. Studienbrief der FernUniversität Hagen und Buchpublikation München (in Vorb.) (im folgenden Kehler 1826); ders., *Aesthetik nach Prof. Hegel im Winter Semester 1828/29* (Mitschrift Karol Libelt. Ms. Jagiellonische Bibliothek, Krakau) (im folgenden Libelt 1828/29). Die noch nicht publizierten Vorlesungsquellen werden zitiert nach der Manuskriptseite; die bereits publizierte Hotho-Mitschrift (Hotho 1823) und Ascheberg-Mitschrift (Ascheberg 1820/21) werden sowohl nach Manuskript- als auch nach Publikationsseite zitiert. Die Hervorhebungen in den nicht publizierten Manuskripten werden einheitlich als Kursivierung wiedergegeben.

2 Hegels Schönheitsbegriff

Der entschieden klassizistisch anmutende Begriff der ‚Schönheit' ist ein Grundbegriff der Hegelschen Ästhetik. Schönheit und Idealität ist auch in den Vorlesungszeugnissen, wie in der Druckfassung, ausgezeichnetes Merkmal der klassischen Kunst der Antike, näherhin des griechischen Götterbildes. Sie bildet das Kriterium zur Unterscheidung der klassischen von den anderen Kunstformen: „In der klassischen Kunst ist der Begriff des Schönen realisiert; schöner kann nichts werden." „Hier fällt das Ideal der Kunst her." Die Aussage, die griechische Kunst sei die Vollendung der Kunst schlechthin, hier habe die Kunst „das Höchste erreicht", wird in allen Vorlesungsjahrgängen sachlich wiederholt.[6] Nur noch ein weiteres Beispiel aus der Vorlesung von 1826 soll diese Einschätzung belegen: „Alles Symbolische ist abgestreift, [alles] Lokale und dergleichen und nur ein Anklang davon ist erhalten. Das sind die neuen Götter der Griechen, und [dies] ist das absolute Schöne der Kunst überhaupt."[7]

Zugleich erklärt Hegel aber immer wieder, die klassische Schönheit befriedige den Modernen nicht – und dies nicht etwa, wie man schließen könnte, weil die Kunst überhaupt an Interesse verloren hat: Auch der Moderne hat, so betont Hegel in der letzten Ästhetikvorlesung noch einmal ausdrücklich, ein „Bedürfnis" nach Kunst[8]. Vielmehr sei für den Modernen der Kunstcharakter der antiken Werke in seiner maximalen Wirksamkeit nur noch historisch rekonstruierbar, aber nicht mehr real erfahrbar.

> Wir finden uns also einerseits einheimisch in dem Reiche dieser schönen Gestaltungen, andrerseits haben sie aber etwas uns Unbefriedigendes, wir können nicht den Ernst hineinlegen, den jene Zeiten hineingelegt haben. Was wir darin anschauen, ist freilich etwas Hohes, aber nicht das Höchste; daher können wir es nicht so verehren, als es damals verehrt wurde.[9]

Hegel verweist in diesem Zusammenhang immer wieder auf die Blicklosigkeit der griechischen Skulpturen. Für uns wirken sie nicht lebendig, sondern „kalt"[10]. „Diese Kunstschönheit und Religion der schönen Kunst ist also einerseits so vollendet, andrerseits ist sie aber noch mangelhaft, weil diese Darstellung nicht anthropomorphistisch genug ist."[11] Dementsprechend sind nicht nur die Antiken

---

[6] Hotho 1823, Ms. 166/S. 179 und Ms. 31/S. 36.
[7] Kehler 1826, Ms. 227/S. 124.
[8] Libelt 1828/29, Ms. 11.
[9] Ascheberg 1820/21, Ms. 65/S. 100.
[10] „Das klassische Ideal ist kalt, für sich, in sich abgeschlossen, seine Gestalt ist seine eigene; von ihr gibt es nichts frei. Der bestimmte Charakter beherrscht alle Züge. Das Ideal ist zurückhaltend, nicht aufnehmend, ein abgeschlossenes Eins für sich und daher Anderes von sich weisend." (Hotho 1823, Ms. 171/S. 185)
[11] Ascheberg 1820/21, Ms. 101/S. 146. – Vgl. auch: „Das Mangelhafte in der griechischen Kunst besteht darin, daß der Inhalt nicht anthropomorphistisch genug ist." (Libelt 1828/29, Ms. 77a) „In dem Classischen war die Vollendung der Schönheit; zugleich war aber auch Mangelhaftigkeit da, indem die Realität, die in dem Äußerlichen liegt, nicht dem Geistigen

selbst, sondern auch ihre modernen klassizistischen Adaptionen für den Modernen unbefriedigend.[12]

Weiterhin spricht Hegel allerdings auch explizit von Schönheit und Idealität, wenn es um nicht-klassische Kunst geht. Über den Übergang von der klassischen zur romantischen Kunstform erklärt er beispielsweise:

> Es liegt eigentlich darin die Auflösung der Kunst – indem vom Geistigen die Weise der Existenz, der Darstellung getrennt ist – die Auflösung der höchsten Schönheit, [die] Auflösung des Standpunktes, wo die Schönheit als solche das Höchste ist. Es tritt aber die Sphäre der geistigen Schönheit ein, die allerdings behaftet ist mit dieser Trennung vom Äußerlichen und dieses Äußerliche entweder draußen liegen läßt, nur darein scheint, oder auch sich auf eine negative, verletzende, schmerzvolle Weise dazu verhält.

Über das Verhältnis dieser Kunstformen heißt es weiter:

> *Schöneres* als das Klassische kann nichts sein noch werden, da ist das Ideal. Die Schönheit der romantischen Kunst kann nur die sein, wo das Innerliche über dem Stoff steht, das Äußerliche wird frei wie das Innere, das Äußerliche wird etwas Gleichgültiges, soll überwunden werden, ist nicht imstande, die wahrhafte Weise der Manifestation zu sein.[13]

Nichtsdestoweniger ist nicht nur die klassische, sondern auch die romantische Kunstform ebenso wie die symbolische „Dasein oder die Darstellung des Ideals oder die Vereinzelung, Verwirklichung des Ideals"[14]. In der romantischen Kunstform

> tritt das Gleichgültige oder sogar das affirmative Unschöne in die Kunst ein, indem Schmerz, körperliches Leiden auftritt. Die Hauptsache ist, daß sich diese Innigkeit ausdrückt, und daß diese Innigkeit sich so tief ausdrücke, dazu gehört[, daß] die Negation, das Leiden zu dem Ausdruck selber [gehören].
>
> Beim Romantischen können wir nicht beim Ideal stehenbleiben, es

---

angemessen, sondern bloß ein Boden, durchdrungen durch den Begriff ist; aber dieser Boden ist der Begriff nicht selbst; und doch kann die Geistigkeit die Angemessenheit der Realität nur in sich selbst finden und setzen." (Ascheberg 1820/21, Ms. 114/S. 162)

[12] „Man sieht aber doch denen in Herculanum ausgegrabenen [Bildern] an, daß sie alle nach einer technischen Manier scheinen gemalt zu seyn. H[err] Hofrath Meyer hat ein Gemälde aus Herculanum copiren lassen; es stellt Ariadne auf Naxos vor. Die Composition ist sehr gut; die Zeichnung und Colorirung scheinen allerdings sehr schön zu seyn; aber die ruhige Stellung und der Ausdruck in ihrem Gesichte zeugen nicht von einem vorzüglichen Malerstück; es ist nicht diese Ruhe, Tiefe des Gefühls, Innigkeit darin, die wir von einem Gemälde fordern. Die absolut wesentliche Darstellung der Malerei ist eben die Darstellung der tiefen, empfindungsreichen Seele, und auch die Darst[ellung] der Besonderheit, die aber tief in die Seele geschnitten ist, Eins mit der Seele ist." (Ascheberg 1820/21, Ms. 196 f./S. 252 f.)

[13] Kehler 1826, Ms. 244/S. 133 und Ms. 247/S. 135.

[14] Hotho 1823, Ms. 41/S. 47.

enthält vielmehr die Auflösung des Ideals, womit das Besondere, Äußerliche, Zerrissene hineinkommt. Das Schöne ist nicht in eine Einheit zusammengefaßt, sondern nur in sich, abstrakt, und auf der anderen Seite reflektiert es sich nur im äußeren Mannigfaltigen.[15]

Diese offensichtlichen Widersprüche, daß nämlich ein und dieselbe Gruppe von Kunstgegenständen als schön und vollendet, doch als ‚mangelhaft', als ‚Verwirklichung' und als ‚Auflösung' des Ideals, als ‚schön' und ‚unschön' zugleich bezeichnet wird, lösen sich auf, wenn man in Hegels Argumentation zwei Diskussionsebenen unterscheidet. Zum einen bestimmt Hegel auf einer systematisch-philosophischen Ebene Schönheit als Begriff, der es allererst erlaubt, Kunst von Nicht-Kunst zu unterscheiden, d.h. über das Kunstphänomen überhaupt sinnvoll zu sprechen; dieser Begriff von Schönheit bezeichnet das ‚*Kunstschöne*' in seiner Eigentümlichkeit, wie es sich in charakteristischer Weise von anderem (etwa dem Naturschönen) unterscheidet. In diesem Sinne ist alles, was als Kunst bezeichnet wird, schön, genauer gesagt: Teil des Kunstschönen.

> Zu bemerken ist, daß wir gesehen haben, das ganze Schöne ist in den drei Formen des Symbolischen, des Klassischen, des Romantischen. Jede besondere Kunst ist ein Schönes, und deswegen ist das Schöne in diesen drei Formen.
>
> Das Schöne entwickelt sich in seinen Gliedern, so daß diese zusammen das Eine Gewächs des Schönen nur sind.[16]

Zum anderen untersucht Hegel die kulturgeschichtlichen Ausprägungen dieses Unterscheidungsmerkmals in den drei Kunstformen in der jeweiligen Eigentümlichkeit ihrer ästhetischen Anmutungsweise; dabei werden dann sowohl ganze Kunstformen als schön bzw. nicht-schön bezeichnet als auch innerhalb dieser Kunstformen bestimmte Werke im Unterschied zu anderen. So bezeichnet Hegel die klassische Kunstform, verglichen mit der symbolischen und der romantischen Kunstform (den Kunstformen der Erhabenheit bzw. des Charakteristischen), als die Kunstform der Schönheit; innerhalb der romantischen Kunstform, die Hegel insgesamt als nicht-schön (nämlich als charakteristisch) bestimmt, unterscheidet er noch einmal schöne von nicht-schönen Werken. Hier liegt also ein engerer Schönheitsbegriff als im allgemeinen Begriff des Kunstschönen vor: Während das Kunstschöne die ganze Vielfalt der in der Kunst möglichen Schönheit*en* –

---

[15] Kehler 1826, Ms. 250 f./S. 136 – Aber auch über die symbolische Kunstform notiert etwa Kehler 1826, diese Kunst sei gleichermaßen ‚unschön' und ‚schön': „Wenn das Sinnliche auch erweitert wird, nicht in der unmittelbaren Weise gelassen wird, wird es verzerrt, aufgespreizt, ins Ungestalte hinübergetrieben, [ins] Ungeheure, Groteske. Wir finden uns [damit] auf einem Boden der Phantasie, aber der wildesten. Es ist nicht sowohl hier die religiöse Weise zu betrachten als die Art und Weise dieses Gestaltens, die etwas vollkommen Unschönes ist." (A.a.O., Ms. 146 f./S. 78) Die symbolische Kunstform ist aber zugleich „das, was der Pantheismus der Schönen genannt werden kann; es ist nur erst ein Streben der Idee, sich die Gestalt adäquat zu machen, darum schweift sie nur ins Ungeheure aus, die Unangemessenheit ist ihr nur Bleibendes." (A.a.O., Ms. 47/S. 27 f.)

[16] A.a.O., Ms. 291/S. 157 und Ms. 287/S. 154.

Die Funktion der Schönheit

modern gesprochen: des Künstlerisch-Ästhetischen – umfaßt, ist der Inhalt des zweiten, engeren Schönheitsbegriffs der der *klassischen Schönheit*, deren zentrales Merkmal die ruhige Harmonie ist. (Parallel verwendet Hegel auch den Begriff des Ideals auf eben diesen zwei Ebenen: Es ist zu unterscheiden zwischen dem *Ideal* als dem erscheinenden Schönen[17], d.h. dem Kunstschönen allgemein, und dem *klassischen Ideal* als einer bestimmten Erscheinungsform des Kunstschönen.)

Diese (in der edierten Fassung der *Ästhetik* so kaum festzustellende[18]) Unterscheidbarkeit der beiden Dimensionen seines Schönheitsbegriffs, d.h. einerseits die Bestimmung der Schönheit als des Künstlerisch-Ästhetischen allgemein und andererseits die Interpretation der Kunstphänomene als historisch variante Ausprägungen dieser Grundbestimmung, näherhin als das klassisch Schöne und das Noch-nicht- bzw. Nicht-mehr-(klassisch-)Schöne, kann als Symptom für Hegels Beitrag zur Begründung eines vernünftigen Sprechens auch über unklassische Kunst, ohne in eine normative Ästhetik zurückzuverfallen, betrachtet werden: *Klassische Schönheit und Kunst im eigentlichen Sinn werden nicht mehr, wie dies für den Klassizismus charakteristisch war, miteinander identifiziert, sondern im Begriff der Kunst ist bereits enthalten, daß die klassische Schönheit nur eine von vielen möglichen Weisen der Kunst (in Hegels Begrifflichkeit: des Kunstschönen) ist*. Diese Differenzierung zeugt damit von dem Versuch, auf das eingangs beschriebene Dilemma philosophisch mit einer theoretischen Verknüpfung von Varianz und Identität in der Kunst zu antworten. Hegel geht in seinen Ästhetikvorlesungen ganz ausdrücklich auf eben dieses Problem als zentraler Herausforderung an eine *philosophische* Beschäftigung mit der Kunst ein.

Angesichts der Pluralität der Maßstäbe, die im Laufe der Geschichte von unterschiedlichen Personen und Gruppen von Personen an die Kunst herangetragen wurden, bleibt fraglich, was uns überhaupt berechtigt, alle diese Phänomene als zusammengehörend zu betrachten. Diese Frage bleibt unbeantwortet, wenn im Zuge eines historistisch relativierenden Zugriffs alle diese Phänomene lediglich in ihrer kulturgeschichtlichen Bedingtheit und Einmaligkeit betrachtet werden; die begriffliche Basis der Geschichts- und Kulturwissenschaften, sofern sie die Kunst betreffen, bleibt damit ungeklärt:

> Wir können wissen, daß die schönen Gegenstände von unendlicher Mannigfaltigkeit sind; Kunstgestalten in der Philosophie und so viele andere Gegenstände. Jede Kunst stellt eine unendliche Menge von

---

[17] „Das Ideal ist zwar das Schöne, aber das Schöne, das erscheint und [das,] indem es erscheint, in die Äußerlichkeit tritt, in welcher diejenigen, für die es erscheint, einheimisch sein müssen." (A.a.O., Ms. 113/S. 61)

[18] Symptomatisch ist hier vor allem, daß in der Druckfassung der *Ästhetik* der in den Vorlesungsmitschriften so gut wie ausschließlich verwendete Begriff des ‚Kunstschönen' durch den Begriff der ‚schönen Kunst' ersetzt wird. – Vgl. z.B.: „Die Vorlesungen sind der Ästhetik gewidmet, d.h. der Philosophie, der Wissenschaft des Schönen, und zwar des Kunstschönen." (A.a.O., Ms. 1/S. 1) „Diese Vorlesungen sind der *Ästhetik* gewidmet; ihr Gegenstand ist das weite *Reich des Schönen*, und näher ist die *Kunst*, und zwar die *schöne Kunst* ihr Gebiet." (ÄI, S. 13)

> Formen dar. Was ist nicht in allen verschiedenen Zeiten und Nationen schön genannt worden; wie unendlich verschieden, mannigfaltig stellt sich uns das Schöne dar. Diese Mannigfaltigkeit, die der Kunst eigentümlich ist, als einem anderen Gebiete des Geistes, kann [als] eine unüberwindliche Schwierigkeit scheinen, eine Wissenschaft des Schönen zu erbauen.

Das Ergebnis einer solchen historistischen Herangehensweise, was eine allgemeine Bestimmung des Kunstphänomens angeht, ist lediglich ein negatives: daß nämlich das Festhalten an einer normativen Ästhetik grundsätzlich an der Sache vorbeigeht.

> Als Resultat bei der unendlichen Verschiedenheit der Gegenstände, die für schön gelten sollen, hat sich als das Negative ergeben, daß sich keine Regeln angeben lassen, für das, was für schön zu halten sei. Wenn das Resultat nicht so negativ ausfällt, sondern affirmativer Inhalt sein soll, so wird es sehr oberflächlich sein, denn in der Tat sind die Bestimmungen so verschieden, daß sich keine herausheben läßt als dem Schönen wesentlich.[19]

So berechtigt ein solcher Zugriff auf die Welt der Phänomene auch ist – die Frage, was es uns eigentlich erlaubt, bei all dem von Kunst zu sprechen, wird nicht geklärt:

> Die individuellen Kunstwerke werden ästhetisch gewürdigt, alle historische Kenntnis und die Technik wurde dabei betrachtet. *Goethe* ist besonders auf diese Art in die Kunstwerke eingedrungen. Bei dieser Betrachtung der Kunst ist die Theorie nicht der Zweck. Die konkrete Sache muß man da mehr im Auge haben.

In der rein historischen Analyse wird ein Kunstbegriff vorausgesetzt, der letztlich unbegründet bleibt und sich im Bereich bloßer Behauptungen bewegt; damit bleibt auch der Wissenschaftscharakter dieser Forschungen problematisch. Wie läßt sich aber eine wissenschaftliche, d.h. rational begründete Rede über die Kunst fundieren? Durch eine Freilegung der Unterstellungen, die wir machen, wenn wir etwas als Kunst bezeichnen, und die Überprüfung der Begründetheit, d.h. der prinzipiellen Verallgemeinerbarkeit dieser Unterstellungen. Eben dies betrachtet Hegel als die Aufgabe der Philosophie der Kunst; sie rekonstruiert die begriffliche Basis der Einzelwissenschaften. Es fragt sich allerdings, wie dies zu leisten ist, indem das Kriterium schließlich nicht am Objekt selbst festgemacht werden kann, wie die Heterogenität der Kunstobjekte anschaulich demonstriert.
    Nicht weniger problematisch ist aber auch die umgekehrte, sozusagen klassisch-philosophische Herangehensweise, die Heterogenität der Phänomene auf eine allgemeine abstrakte Idee reduzieren zu wollen:

---
[19] Kehler 1826, Ms. 7 f./S. 5.

Die Funktion der Schönheit

> Abstrakte Reflexion über das Schöne in der Kunst, die das Schöne für sich zu ergründen sucht, hat Plato zuerst eingeführt. Die Gegenstände sollen in ihrer Allgemeingültigkeit erfaßt werden. Das Gute selbst ist das Wahrhafte, das Substantielle. Dies kann nur durch den denkenden Begriff geschehen. Die logische Natur der Idee und des Schönen gibt dies überhaupt. Das ist die höchste Betrachtung des Schönen, aber sie kann auch nur zur abstrakten Metaphysik werden. Die logische Idee muß konkreter gefaßt werden. Platos leere, inhaltslose Idee befriedigt unsern Geist nicht mehr. Wir müssen auch in der Philosophie des Schönen vom allgemeinen Begriff des Schönen ausgehen, aber wir werden nicht dabei stehenbleiben.

Damit kommt Hegel zur Charakterisierung seines eigenen Ansatzes einer philosophischen Bestimmung der Kunst:

> Es ist [ein] Vorurteil von der Philosophie, als wenn sie nur mit dem Abstrakten zu tun habe. Der philosophische Begriff muß gehaltvoll, konkret in sich sein, dem abstrakten Begriff muß die konkrete Wirklichkeit vollkommen entsprechen. In der Theorie der Kunst hat das Empirische den Grund, darauf soll der Begriff gegründet sein.

Dies ist aber weder in der „Betrachtung der partikularen Kunst" noch in der „formellen Metaphysik des Schönen" der Fall. – So schließt Hegel:

> Der eigentliche philosophische Begriff muß die Mitte der beiden Extreme sein, das bloß empirische Verhalten führt zur Richtungslosigkeit, der Allgemeinheit mangelt es an Fruchtbarkeit.[20]

Wie sieht aber diese „Mitte" näherhin aus? Hegel reagiert auf die Feststellung, daß das, was Kunst für uns ist, weder am Objekt selbst noch befriedigend im abstrakten Begriff fixiert werden kann, mit dem Entwurf eines alternativen Ansatzes. Er versucht nämlich, die Kunst in ihrer Varianz aus ihrer identischen geschichtlichen Funktion, ihrem ‚Gebrauchs-' bzw. Handlungszusammenhang heraus zu verstehen. Mit modernen wissenschaftstheoretischen Termini läßt sich Hegels Position so zusammenfassen: Wenn wir etwas als Kunst bezeichnen, ist dies eine Rekonstruktion bzw. Unterstellung bestimmter Praxen, die ein Objekt in der Funktion verwendet erscheinen lassen, die wir als spezifische Funktion der Kunst betrachten. Eine solche Rede klingt allzu modernistisch, aber sie faßt das Anliegen, das sich aus Hegels Äußerungen ablesen läßt, durchaus präzise. Es ist seine Reaktion auf die Fragen, die in den klassizistischen Positionen zwar aufgeworfen, aber nicht beantwortet worden war.

Ursprünglich war Hegel selbst dem klassizistischen Zugriff auf die Frage nach der Rolle der Schönheit und der Kunst gefolgt. Für ihn waren in seiner Jugend, ganz wie für Winckelmann, die Kunstwerke der Orientalen „nur wildschöne Ungeheuer", auch die Pinsel der mittelalterlichen Maler erschienen ihm, verglichen

---
[20] Libelt 1828/29, Ms. 4a f.

mit der klaren Schönheit der antiken Götterbilder, „in Nacht getaucht" zu sein.[21] Im sog. „Ältesten Systemprogramm" macht Hegel sich dann, gemeinsam mit Schelling und Hölderlin, mehr die aufklärerisch-kulturkritischen Dimensionen des Klassizismus zu eigen, wenn er die Verknüpfung von Kunst- und Staatswerk im Griechentum hervorhebt, die den zerrissenen, entfremdeten Verhältnissen der Gegenwart als utopisches Ideal entgegengehalten wird. Der Schönheit in Gestalt der Kunst wird hier jene Aufgabe der Vermittlung von quasi-rationalen, sittlichen Handlungsorientierungen zugemutet, deren Erfüllung man der Religion und der Philosophie nicht zutraut.[22] Man trifft sich in der gemeinsamen These, daß die Frage: Wie soll ich handeln? befriedigend und für alle nachvollziehbar allein in der Kunst beantwortet wird. Die Antike ist also auch in diesem Zusammenhang nicht nur ausgezeichnet wegen ihrer vollendeten klassischen Schönheit (eine solche Position wäre ein Ästhetizismus), sondern wegen ihrer Verknüpfung dieser Schönheit mit der maximalen Ausübung der Kulturfunktion der Kunst.

Allerdings verabschiedet Hegel sich bekanntlich bald von dieser frühen Position. Er weist nun der Kunst einen Platz *neben* Religion und Philosophie als eine Form der Vermittlung von Handlungsorientierungen unter anderen zu. Zwar ist das Leben in keiner der Formen, in denen es für den Menschen relevant wird, ein Irrationales. Es erscheint vielmehr immer schon als ein nach bestimmten Deutungen Strukturiertes. Allerdings bleiben diese immer schon vollzogenen Deutungen im Alltag unklar, werden nicht zum bewußten Motiv erhoben. Die Aufgabe der Wissenschaft, näherhin der Philosophie, aber auch der Kunst, sieht Hegel nun darin, diese Deutungen – in je unterschiedlicher Weise – explizit als solche sichtbar und damit verständlich werden zu lassen. Den Grund für diese Modifikation bildet die stärkere Einbeziehung des zweiten, im Klassizismus bereits grundsätzlich angelegten Elements neben dem normativen, nämlich des historischen Elements. Dieses tritt nun in Hegels Überlegungen so weit in den Vordergrund, daß er die Restaurierung der antiken Relevanz der Kunst auf dem Boden der aufgeklärten Moderne weder für möglich noch für wünschbar erachtet. Der Möglichkeit einer totalen Handlungsorientierung über die Anschauung des Kunstschönen ist durch das moderne ‚Bedürfnis nach Vernunft' der Boden entzogen. Damit kommt Hegel zu einer Relativierung der Bedeutung der antiken Kunst und Schönheit, die die Position des Klassizismus bereits hinter sich gelassen hat. Mit der Relativierung der Bedeutung der antiken Kunst und Schönheit kommt Hegel aber zugleich zu einer Relativierung der Rolle der Kunst überhaupt vom Orientierungsstifter schlechthin zu einem Orientierungsstifter neben anderen. Hegel hält nämlich zwar weiterhin an der ursprünglich klassizistischen *Verknüpfung von Kunst und Kultur*, die aus der Interpretati-

---

[21] G.W.F. Hegel, [Fragmente historischer und politischer Studien aus der Berner und Frankfurter Zeit]. *Der Geist der Orientalen*. In: Ders., Frühe Schriften. Frankfurt a.M. 1986 (= Theorie-Werkausgabe in zwanzig Bänden. Bd. 1. Hrsg. von E. Moldenhauer und K.M. Michel), S. 430; *Hegels theologische Jugendschriften*. Hrsg. von H. Nohl. Tübingen 1907, S. 358.

[22] Vgl. z.B. K. Düsing, *Ästhetischer Platonismus bei Hölderlin und Hegel*. In: Homburg vor der Höhe in der deutschen Geistesgeschichte. Studien zum Freundeskreis um Hegel und Hölderlin. Hrsg. von Ch. Jamme und O. Pöggeler. Stuttgart 1981, S. 101–117.

on der Antike gewonnen war, fest, aber er bezieht die grundsätzliche Alterität des modernen Selbstverständnisses stärker in seine Überlegungen ein: Unter modernen Bedingungen besteht zwar nach wie vor ein „Bedürfnis" nach Kunst als Hilfestellung bei der Organisation des Lebens, aber in dieser Funktion wird sie durch weitere Instanzen flankiert.[23] Die absolute klassizistische Gleichsetzung von Kunstschönheit, klassischer Schönheit und totaler Handlungsorientierung durch Anschauung und Empfindung wird so transformiert. An ihre Stelle tritt in Hegels Konzeption die Bestimmung des Kunstschönen als Oberbegriff der vielfältigen Kunstschönheit*en*, nämlich des Künstlerischen in historisch varianter, d.h. auch nicht-(klassisch-)schöner Form, dem als einer spezifischen Art von verschiedenen möglichen Handlungsorientierungen ein historisch variierender Grad an gesellschaftlicher Bedeutung zukommt.

So läßt sich der Ansatz, den Hegel in den Berliner Ästhetikvorlesungen zur Deutung der Kunst in ihrer phänomenalen Vielfalt wählt, als eine *Verbindung von pragmatischem und historischem Ansatz* verstehen. Hegel fragt hier, was wir eigentlich beschreiben, wenn wir über die vielfältigen historischen Phänomene sprechen, die wir Kunst nennen, welche Voraussetzungen wir machen, wenn wir uns über Kunst verständigen. Seine Antwort lautet: *Wir beschreiben eine Art und Weise, wie der Mensch sich Handlungsorientierung verschafft – und zwar Handlungsorientierung über Anschauung und Empfindung.* Eben darin besteht die Identität der geschichtlichen Phänomene für uns, die es uns erlaubt, all dies als Kunst zu bezeichnen. Diese Funktion charakterisiert in Hegels Sicht zutreffend die Funktion, die die Kunst etwa bei den alten Ägyptern und Griechen hatte, aber auch die, die sie bei uns hat; sie ist der Inhalt von Hegels Begriff des Kunstschönen bzw. des Ideals[24]: Als bestimmtes theoretisches Kunstverständnis erlaubt er uns erst – modern gesprochen –, die unterschiedlichen Praxen der Völker und Epochen so zu rekonstruieren, *als ob* sie Kunstpraxen wären. Mit dem Begriff des Kunstschönen bzw. des Ideals leistet Hegel somit die Herstellung eines transzendentalen Begründungszusammenhangs, der die Möglichkeit vernünftiger Kommunikation über Kunst fundiert.

Hegel entwickelt in diesem Zusammenhang eine Reihe von Merkmalen, die wir unterstellen, wenn etwas als Kunst zu bezeichnen: Die Kunst wiederholt nicht die Natur, sondern sie formuliert Deutungen, die das natürliche Leben zum menschlichen Leben machen.[25] Insofern ist es nur konsequent, daß Hegel

---

[23] „Die Kunst hat ein Vorsich und ein Nachsich. Im Leben der geistigen Welt haben wir die Vorstellung, daß da viele mannigfaltige große Kreise sind des physischen und geistigen Bedürfnisses. Das System des physischen Bedürfnisses unserer Bequemlichkeit, Ausbildung, etc. ist System des Gewerbes, Schiffahrt, Handel. Dann System des Rechtes, der Gerichte, etc. Recht, Eigentum, welches nun auf verschiedene Weise gebraucht werden kann. System der Wissenschaften. Andere Kreise ist die Religion, Anstalten, Kirche, Befriedigung des religiösen Bedürfnisses. Darunter ist auch Bedürfnis der Kunst, nach dem Schönen." (Libelt 1828/29, Ms. 10a)

[24] Vgl. „Das Kunstschöne ist also das *freie Schöne*, welches überhaupt das *Ideal*[e] genannt wird." (Ascheberg 1820/21, Ms. 40/S. 68) „[…] das Kunstschöne nämlich erst ist das eigentlich Schöne, es ist im allgemeinen das Ideal überhaupt". (Hotho 1823, Ms. 41/S. 47)

[25] Es ist die „Aufgabe für die Kunstschönheit", nicht irgendein sichtbares Symptom des natürlichen Lebendigen aufzugreifen, sondern „die Erscheinung der Lebendigkeit und vornehmlich die geistige Lebendigkeit auch äußerlich in ihrer Freiheit darzustellen, die sinnliche

seinen Begriff des Kunstschönen mit dem Begriff des Ideals als dem ‚Dasein' oder der ‚Lebendigkeit' der Vernunftidee identifiziert[26]. Dabei ist es das Spezifikum der Kunst, daß sie diesen ihren Inhalt in einem obliquen Modus zeigt. Denn sie nutzt ihre sinnliche Seite so, daß sie das Selbstverständliche, Vertraute, *neu* sehen läßt und es damit entselbstverständlicht. Mit Abgehobenheit hat dies nichts zu tun, denn die Kunst durchbricht die alltägliche Wahrnehmung auf einen Sinn hin. Indem sie diesen Sinn immer für ein Publikum, für andere, formuliert, ist sie prinzipiell auf Intersubjektivität und Konsensfähigkeit im Rahmen einer bestimmten Kultur angelegt – mit Hegel: das Kunstschöne zeigt ‚*Wahrheit*'[27]. Als Gegenstand, der so eigens zum Zweck des Bedeutungstransports über die Sinnlichkeit geschaffen ist und sich von der Bedeutungshaftigkeit anderes Sinnlichen gerade durch diesen Zweck unterscheidet, kann seine sinnliche Seite nicht dem Zufall oder der Willkür überlassen werden. Kunst muß durch und durch Gestaltung sein – mit Hegel: sie muß ein ‚*Ganzes*' sein, das als solches einen ‚*Ausdruck*' hat[28].[29]

Erscheinung dem Begriff gemäß zu machen, die Bedürftigkeit der Natur, die Erscheinung zur Wahrheit, zum Begriff zurückzuführen". (Hotho 1823, Ms. 69 f./S. 78 f.) Kunstschönheit ist also das Resultat einer spezifisch menschlichen Deutungsleistung. „Das Schöne, sagten wir, sei die Einheit des Inhalts und der Weise des Daseins dieses Inhalts, das Angemessen-Sein und -Machen der Realität dem Begriffe." (Hotho 1823, Ms. 29/S. 34)

[26] Vgl. auch: „Indem nun näher die Einheit bestimmt ist, wie sie die Natur des Lebendigen ausmacht, so gehen wir jetzt zur eigentlichen Schönheit, zur idealen in ihrem Unterschiede gegen die Naturschönheit über. Unser Gegenstand ist die Kunstschönheit, und wir haben genauer zu sehen, wie er sich gegen die Naturschönheit abscheidet. Dadurch wird die Natur des Ideals sich näher entwickeln." (Hotho 1823, Ms. 64/S. 73) „Die Erhebung über diese Verwicklungen des Lebendigen, über diese Bedingtheiten wird im Schönen bewirkt. Insofern es subjektive Einheit in sich ist. Das ist das Ideal. (Falscher Begriff davon [als etwas], was irgendwo ist, nicht erreicht werden kann.) Das Ideal ist aus dem Geiste geboren, vom Menschen hervorgebracht. Es ist der Geist, der aus der Befangenheit es entnimmt. Hier fängt das Schöne als Kunstwerk an." (Libelt 1828/29, Ms. 23 f.)

[27] „Das Wahre ist der Inhalt für den Gedanken, das Schöne derselbe Inhalt für die Anschauung. Das ist der philosophische Begriff des Schönen." (Libelt 1828/29, Ms. 21)

[28] „Die Mannigfaltigkeit nun in einen Ausdruck zusammenfassen (so, daß noch ein Außereinander ist, aber jeder Teil an ihm zeigt das Ganze als in Eins gefaßt oder, daß das Ganze als beseelt sich darstellt): Dies ist die nähere Bestimmung des Ideals, die Schönheit, wie sie als Kunstschönheit sein soll." (Hotho 1823, Ms. 70/S. 79)

[29] Von hier aus werden auch die heute aktuellen Versuche einer Entgrenzung der Kunst (die vom Experiment mit den Grenzen der Kunst und dem Versuch einer Erweiterung der Grenzen der Kunst radikal zu unterscheiden ist) kritisierbar: Sie erscheinen insofern als grundsätzlich problematisch, als sie, statt den prinzipiell kommunizierbaren Spielraum des Kunstbegriffs auszuloten, Kunst auf eine Sache von Privatsprachen reduzieren. Hegel unterscheidet nämlich die Kunst im philosophischen Sinne nicht nur von der ‚Natur', wiederum in heutiger Diktion: der ‚Lebenswelt', sondern u.a. auch vom bloßen ‚Schmuck' – in heutiger Diktion: dem ‚Design' und von der Philosophie. Von der Natur unterscheidet sich die Kunst dadurch, daß Kunst nicht das Aspekthafte ist, das dem Leben selbst als sinnlich Erfahrenem eignet, sondern daß sie als Verknüpfung von Sinnlichem und Geistigem ein Gestaltetes ist, das weder das Leben ist noch sein kann, das vielmehr das Leben in seiner Bedeutung für uns zeigt. Vom bloß Angenehmen des ‚Schmucks' unterscheidet sich die Kunst als ‚freie Kunst' indes dadurch, daß sie den Zweck hat, Geistiges, Bedeutung aufzuzeigen. Von der rational *geklärten* Bedeutungsstrukturierung der Philosophie unterscheidet sich die Kunst schließlich dadurch, daß sie Bedeutung in sinnlicher Form, über die ‚Anschauung' transportiert.

Die Funktion der Schönheit

Die Fokussierung der historischen Alterität der Epochen erlaubt es Hegel aber zudem, diesen Aspekt der Identität mit dem der Varianz zu verknüpfen. Dabei handelt es sich zum einen, wie bereits erwähnt, um eine Varianz der Bedeutsamkeit dieser Handlungsorientierung in einer Gemeinschaft. Es gelingt Hegel aber zugleich, die Gestaltungsformen der Kunst in ihrer historischen und kulturellen Vielfalt zu sehen und grundsätzlich als solche zu akzeptieren. Hier gibt es nicht nur *ein* maßgebendes Gestaltungsprinzip, die klassische Schönheit, sondern zahlreiche weitere. Dies erscheint nur konsequent, indem Hegel der Funktion der Kunst, die er im Begriff des Kunstschönen bzw. des Ideals thematisiert, die theoretische Priorität einräumt. *Um aber in unterschiedlichen kulturellen und historischen Kontexten ein und dieselbe Funktion (deren Unterstellung die Gegenstände erst für uns zur Kunst macht) auszuüben, müssen die Gestaltungsweisen der Kunst radikal unterschiedlich ausfallen.*

Eben dies verdeutlicht Hegel beispielsweise bei seiner Auseinandersetzung mit der Schönheit des griechischen Götterbildes. Nicht nur, daß seine in sich ruhende Schönheit dem Charakter des christlichen handelnden und leidenden Gottes grundsätzlich widerspricht. Hegel notiert in der Gegenwart auch einen grundsätzlichen Wandel der ästhetischen Sensibilität gegenüber der Antike, die sich in unterschiedlichen Gestalten der Kunst reflektiert. Für den Modernen, der mit dem neuen – gänzlich ‚unantiken' – Bedürfnis nach Einfühlung und individueller Ansprache, „Gemüt" und „Empfindung"[30], an die Kunst herantritt, wirken die Antiken „kalt"[31], weil er nur noch ihre Oberfläche, ihre formale Vollendung, aber nicht mehr ihren lebendigen Gehalt wahrnimmt. (Hegel hebt als wesentliches Merkmal ihrer emotionalen Abgeschlossenheit die Blicklosigkeit der Antiken hervor.) Ihre reine, funktionslos gewordene Schönheit empfindet der Moderne nurmehr als ästhetische Anästhesie. Zwar kann der Kunstcharakter dieser Werke historisch-reflexiv rekonstruiert werden, aber in der aktuellen Praxis muß der Begriff der Kunst aus anderer, der Gegenwart angemessener Perspektive realisiert werden. Mit dem abstrakten Expressionisten Robert Motherwell im Anschluß an Hegel formuliert: „Die Vergangenheit hat uns große Kunstwerke beschert. Wären sie rundum befriedigend, so brauchten wir keine neuen."[32]

3 Wege der Malerei

In allen Vorlesungsjahrgängen stellt Hegel an den Beginn seiner Ausführungen zur Malerei als der ersten der romantischen Künste den Hinweis, daß hier die Auflösung der Einheit der klassischen Kunstform, die in ihrem Charakter der

---

[30] Hotho 1823, Ms. 232 f./S. 249.
[31] Vgl. z.B. Hotho 1823, Ms. 171/S. 185.
[32] R. Motherwell, *Die Welt des modernen Malers*. In: Kunsttheorie im 20. Jahrhundert. Künstlerschriften. Kunstkritik, Kunstphilosophie, Manifeste, Statements, Interviews. 2 Bde. Hrsg. von Ch. Harrison und P. Wood. Für die deutsche Ausgabe ergänzt von S. Zeidler. Ostfildern-Ruit bei Stuttgart 1998. Bd. 2, S. 772–776, hier: S. 773.

Schönheit liegt, zu konstatieren ist.[33] So breitet Hegel, in kontrastierender Absetzung von dem *einen* Weg der klassischen Schönheit, den die antiken Künstler mit ihren Skulpturen beschritten, das ganze Spektrum der neuen Möglichkeiten der Kunst aus:

> Bei der Skulptur konnte das Bestimmtere der Formen angegeben werden, doch in der Malerei gewinnt alles Besondere Platz, und so ist der Boden des Darzustellenden und die Art und Weise der Darstellung weit und mannigfach. Eine unendlich bestimmbare Eigentümlichkeit tritt hier ein.[34]

Es ist dabei gerade die Verlagerung und Erweiterung der Möglichkeiten, die Hegel bereits im Medium der Malerei gegenüber dem der Skulptur erkennt, die sie für ihn zu einer charakteristischen Gestalt der romantischen Kunstform macht: In der Malerei kann, so Hegel, vor allem Flüchtiges, Emotionales und Handlung differenzierter als in der Skulptur dargestellt werden. Aus diesem Grund kommt sie, wie Hegel im Zuge seiner Historisierung der ästhetischen Sensibilität argumentiert, den ästhetischen Bedürfnissen des Modernen, der die subjektive Erfahrungswelt des Individuums in den Mittelpunkt auch der Kunsterfahrung stellt, stärker entgegen als die Skulptur. Interessant ist hier weniger die Frage, ob Hegel mit dieser Einschätzung dem Charakter der Gattung Skulptur tatsächlich gerecht wird; interessant sind vielmehr die Beobachtungen und Deutungen, die er – vor der Kontrastfolie der als Paradigma klassischer Kunstbildung gedeuteten Skulptur – mit seiner Charakteristik der Malerei als romantischer Kunst verknüpft.

In der Malerei der neueren Zeit, die auch noch die Einbindung in den sakralen Kontext abgelegt hat, sieht Hegel die Auflösung der Gattungshierarchie, der ikonographischen Programme, die Freiheit vom religiösen Inhalt, von Tabus. Die Kunst kann alles und jedes ergreifen, sie geht von der Einheit der klassischen Schönheit zur Vielheit des Temporären und des Nicht-(klassisch-)Schönen über. Hegel teilt allerdings angesichts dieser Wendung nicht die Larmoyanz der Klassizisten – einschließlich seines Editors. Er deutet die Öffnung nicht nur als Ende, das etwa durch die Restaurierung des Alten aufzuheben ist. Er deutet sie vielmehr zugleich als Chance, als immensen Zuwachs an Möglichkeiten, die zwar die Einschränkung der Relevanz der Kunst nicht wieder rückgängig zu machen vermögen, die aber auch nicht weniger tun, als die relativierte Relevanz

---

[33] „In der klassischen Kunst", so heißt es etwa in Hothos Mitschrift von 1823, „ist der Begriff des Schönen realisiert; schöner kann nichts werden. Aber", so fährt Hegel fort, „das Reich des Schönen selbst ist für sich noch unvollkommen, weil der freie Begriff nur sinnlich in ihm vorhanden [ist] und keine geistige Realität in sich selbst hat. Diese Unangemessenheit fordert vom Geist, sie aufzuheben und in sich selbst zu leben und in keinem Anderen seiner. Der Geist muß sich selbst zum Boden seines Daseins haben; sich eine intellektuelle Welt erschaffen. Hier vollendet sich die Innerlichkeit in sich. Und diese Freiheit des Geistes ist es, welche jetzt das Prinzip ausmacht. Dadurch erhält die Erscheinung auch ein anderes Verhältnis, das über die Schönheit hinausgeht." (Hotho 1823, Ms. 166/S. 179 f.)

[34] Hotho 1823, Ms. 235/S. 252.

der Kunst wahrzunehmen. Zwar läßt sich das Subjekt der romantischen Kunstform von keinem substantiellen Zentrum aus mehr bestimmen. An die Stelle der ‚substantiellen Sittlichkeit' der Griechen und ihrer Kunst tritt indes keine existentielle Leere, sondern das romantische Subjekt transformiert die Kunst zum Ort der deutenden Auseinandersetzung mit der äußeren und der inneren Welt in ihrer Mannigfaltigkeit, aber auch mit dem nun offenbar gewordenen immanenten Bedeutungspotential der Kunstmittel selbst. Dies meint Hegel, wenn er vom ‚Anthropomorphismus' der romantischen Malerei spricht[35], wenn er sagt, der ‚neue Heilige' der Kunst sei der ‚humanus', d.h. der Mensch selbst und die Welt des Menschen.[36] Die Frage bleibt nun, wie die Malerei in dieser Situation ihre Funktion als Weltdeutung wahrnimmt. Hegel greift hier eine Reihe von Aspekten auf, die, über die Bindung an den jeweiligen kunsthistorischen Bezugspunkt hinaus, nach wie vor bedenkenswert sind.

Verglichen mit der Skulptur ist also, wie Hegel es sieht, in der Malerei der Kreis der Gegenstände und der Gestaltungsmöglichkeiten umfassender. Er ist, genauer gesagt, „unendlich ausgedehnt"[37]. Was aber gern (auch in der gegenwärtigen Debatte – sei es negativ, sei es positiv) als ‚Stillosigkeit' der Kunst verbucht wird, das deutet Hegel anders, nämlich als einen *Pluralismus der Kunst*, ohne angesichts dieser Varianz den Aspekt der Identität aus dem Blick zu verlieren. In der romantischen Kunstform entstehen, der fortgeschrittenen Reflexivität des Individuums gemäß, die es aus seiner naturwüchsigen Einbindung in die Welt löst, „zwei Reiche, die innere geistige Welt für sich und die natürliche Welt"[38]. Die Künstler tragen dieser Spaltung Rechnung, indem sie das klassische Gleichgewicht von geistigem Interesse des Inhalts einerseits und der kunstspezifischen Gestaltungsweise andererseits aufbrechen. Hegel diskutiert so in seinen Vorlesungen als Spezifikum der romantischen Kunstform gegenüber der klassischen eine *Polarisierung* in eine Kunst, in der der Gegenstand in den Mittelpunkt gestellt wird bzw. eine Kunst, in der dieser vernachlässigt und die Gestaltungsweise in den Mittelpunkt gestellt wird. (Dies sind die Pole, die auch für uns noch die Spannbreite der künstlerischen Möglichkeiten kennzeichnen: Wir können grundsätzlich unterscheiden zwischen einer ‚engagierten' Kunst und einer selbstreflexiven Kunst, in der z.B. maßgeblich ihre formale Gegebenheitsweise reflektiert wird.) Zwar hebt er hervor, daß es vor allem den Künstlern der Renaissance gelungen ist, die Schönheit der Antike in die Tonlage des romanti-

---

[35] Vgl. z.B. Kehler 1826, Ms. 249 f./S. 136.
[36] So erklärt Hegel über die Situation des modernen Künstlers: „Der Stoff ist aus dem Selbst getreten, das Raisonnement frei geworden, der Stoff äußerlich, so daß die Kunst freie subjektive Geschicklichkeit [wird], der der Stoff gleichgültig [ist]. [...] der Künstler in seinem Stoff ist eine tabula rasa; als das Interessante bleibt der Humanus, die allgemeine Menschlichkeit, das menschliche Gemüt in seiner Fülle, seiner Wahrheit. Aber dies Interesse ist zunächst an keine Gestalt gebunden. Die Kunst in solchem Fall ist gegen den Stoff gleichgültig, Kunst des Scheins, welcher Gegenstand auch behandelt werde." (Hotho 1823, Ms. 189/S. 204)
[37] Hotho 1823, Ms. 232/S. 249.
[38] Kehler 1826, Ms. 243/S. 133. Vgl. auch: „Das Schöne ist nicht in eine Einheit zusammengefaßt, sondern nur in sich, abstrakt [auf der einen Seite], und auf der anderen Seite reflektiert es sich nur im äußeren Mannigfaltigen." (A.a.O., Ms. 251/S. 136 f)

schen Kunstbedürfnisses zu transponieren[39]. Aber diese Vollendung kann – wie Hegel es im Unterschied zu seinem Editor sieht – nur punktuell sein und sie schöpft keineswegs das Potential dieser Gattung aus, zu Extremen fortzuschreiten.

Hegel verdeutlicht dies insbesondere anhand einer Konfrontation der frühen christlichen Malerei religiösen Inhalts mit der Genremalerei der Niederländer des 17. Jahrhunderts. Denn während in der religiösen Malerei ein relevanter Inhalt in eine dürftige, sogar häßliche Form gekleidet ist[40], verknüpfen die Niederländer die vollendete Handhabung eines Kunstmittels, näherhin des Kolorits, mit einem banalen Inhalt: Hier werden „prosaische Gegenstände mit Mitteln der Kunst behandelt", es können sogar „schlechte, unsittliche Gegenstände sein, die den Inhalt ausmachen, welchen durch die Kunst [die] Form der Schönheit gegeben wird"[41].

Diese Polarisierung betrachtet Hegel als Reflex der spezifischen Bedingungen der romantischen Kunstform und insofern als angemessene Reaktionsform.[42] Nichtsdestoweniger bewegen sich die Künstler in beiden Fällen, so erklärt Hegel ausdrücklich, an der Grenze der Kunst. Der Grund für diese Einschätzung ist allerdings kein ästhetizistischer, sondern ein konzeptionell-begrifflicher: Die radikale Vernachlässigung der sinnlichen Seite der Kunst zugunsten der inhaltlichen bzw. umgekehrt droht, von je entgegengesetzter Richtung her, gegen jene Funktion der Kunst zu verstoßen, die Hegel als transzendentale Basis unseres Kunstbegriffs ausgemacht hatte, nämlich ‚Wahrheit' in sinnlicher Form zu transportieren. Denn die fortgesetzte Häßlichkeit betrachtet Hegel in der bildenden Kunst insofern als problematisch, als sie, wie er wiederholt hervorhebt – ebenso wie die ungemischte Idealschönheit im Kontext der romantischen Kunstform – die Vorstellungskraft blockiert anstatt zum empfindungsmäßigen Nachvollzug einer Weltdeutung einzuladen. Aber auch die Vernachlässigung des Inhalts zugunsten des Formalen muß Hegel insofern als problematisch betrachten, als die Kunst auf diesem Weg ebenfalls droht, ihre Funktion der Vermittlung einer Welt-

---

[39] „Die Formen des Äußeren entsprechen dem Inneren, das Seelenvolle erscheint auch in der äußeren Form als solches. Das ist das Geheimnis, warum die Gemälde der großen Meister so tief das Gemüt ansprechen." (Kehler 1826, Ms. 348/S. 185.)

[40] „Christusköpfe sind", so erklärt Hegel immer wieder, „kein klassisches Ideal. Die Schönheit Apolls ihnen einzubilden würde als höchst unpassend erscheinen." (Hotho 1823, Ms. 172/S. 186) Die christliche Vorstellung eines als Mensch leidenden Gottes läßt keine klassisch schöne Darstellung zu. Daher kann Hegel schärfer noch bemerken: „Beginnt die schöne Kunst, so verderbt sie die Religion. [...] Bei der christlichen Kunst sind es nicht die schönen Bilder, welche die Gläubigen suchen, sondern die alten statarischen Bilder. Beim Schönen kommt durch den Reiz des dargestellten Daseins eine Entfernung vom Allgemeinen Gedanken hervor und von dem, was die tiefere Andacht befriedigt. Dieser Gegensatz im Allgemeinen ist es der auch hier eintritt und die schöne Götterwelt untergehen läßt." (Hotho 1823, Ms. 162/S. 176)

[41] Kehler 1826, Ms. 282/S. 151.

[42] Hegel hält eben diese Polarisierung übrigens, wie A. Gethmann-Siefert an verschiedenen Stellen gezeigt hat, in vergleichbarer Weise insbesondere auch in der Poesie fest, wo er die inhaltlich belangvollen, aber nicht-schönen Dramen Schillers mit der Schönheit, aber inhaltlichen Belanglosigkeit etwa des Goetheschen *Divan* konfrontiert.

deutung außer Acht zu lassen; sie stimuliert zwar eine affirmative Identifikation, läßt diese dann aber ins Leere laufen. Hegel fragt daher, inwiefern hier noch von *Werken* der Kunst in dem grundsätzlichen Sinne, wie Hegel ihn idealtypisch als Funktion der Kunst bei den Griechen erkannt hatte, die Rede sein kann. Die Kunst ist für Hegel nämlich allein dort Werk im Vollsinn, wo sie ein geschichtliches Bewußtsein und letztlich eine historische Kultur als die gemeinsame Basis eines geschichtlichen Bewußtseins stiftet.

Könnte auch bei dieser Fragestellung die Vermutung aufkommen, Hegel fröne schließlich doch klassizistischen Vorurteilen der nicht-klassischen Kunst gegenüber, entkräftet hier ebenfalls sein Ansatz bei der Erwägung der Antwort, ob jeweils noch Werke vorliegen, diese Vermutung. Hegel folgt nämlich bei der Auseinandersetzung mit dieser Frage wiederum konsequent seiner Charakterisierung der (identischen) Kulturfunktion der Kunst als einer Bestimmung, deren (variante) Erfüllung jeweils innerhalb des spezifischen *Kontextes* betrachtet werden muß. Er weist so darauf hin, daß in der religiösen Kunst im geglaubten sakralen Rahmen die Häßlichkeit durch den Hintergrund der Heilsgewißheit die Vorstellungskraft nicht blockiert, weil die Heilsgewißheit das Häßliche nicht als das Letzte erscheinen läßt. Das eigentliche Argument für den Kunstcharakter des Häßlichen lautet hier: *Das Häßliche ist künstlerisch, wenn es nicht Selbstzweck oder bloße Naturgegebenheit ist, sondern wenn es als bewußt gestalteter Ausdruck für etwas, d.h. als ausdruckshaft erfahren werden kann.* Und er zeigt weiterhin, daß die banalen Gegenstände im Rahmen der Kultur der Niederländer des 17. Jahrhunderts gerade nicht banal sind, sondern vielmehr Zeichen ihrer bürgerlichen Identität.[43] Hier lautet aber das eigentliche Argument für den Kunstcharakter der primär formal interessierenden Kunst: *Das primär formal Interessante ist künstlerisch, wenn es nicht bloß formale Vollendung bedeutet, sondern als Ausdruck eines menschlichen Lebensgefühls verstanden werden kann.* Die Vielfalt der Kunst erscheint aus dieser Perspektive nicht als bloßes Zerfallsphänomen, sondern durchaus als Bereicherung.

Der romantische Künstler kann zwar nicht die Welt als Ganze erfassen, aber er kann Deutungen der Welt vorlegen. Genau dies ist Hegels Auffassung nach seine Aufgabe: *Der Künstler muß seiner Gegenwart ein Bild abgewinnen.* Dies geschieht, indem er die Gestalt seines Werks nicht dem Zufall überläßt, sondern

---

[43] „Die Gegenstände selbst haben kein Kunstinteresse, keinen großen Sinn, aber es zeigt sich in ihnen der Sinn der Behaglichkeit, Bequemlichkeit. Die Stadtbürger, Bauern sind es gewesen, welche der spanischen Macht sich entgegengestellt haben, und mit dieser Macht, welche in der alten Welt so große Verbindungen hatte, dies ganze Amerika besaß, haben die schwachen Holländer es aufgenommen und sich ihre Freiheit erkämpft. Ebenso haben sie vom Meer sich die Existenz ihres Landes errungen. Im Genusse dieser Behaglichkeit, welche durch Tapferkeit, frommen Sinn erworben worden ist, in diesem Sinne ist es, daß sie diese Liebe haben zu den äußerlichsten, unmittelbarsten Gegenständen. Uns anderen Nationen würde es nicht einfallen, auf diese Gegenstände die Mittel der Kunst zu verschwenden. Das ist die Rechtfertigung, diese Gegenstände für würdig der Kunstbehandlung zu halten." (Kehler 1826, Ms. 285/S. 152 f.)

in seiner Gestaltung Strukturen entwirft, die als ‚Topographien des Wirklichen'[44] verstanden werden können.

Die Forderung nach Gestaltung bedeutet, daß auch auf der formalen Ebene des Kunstwerks alles in den Dienst eines bestimmten Ausdrucks gestellt werden muß: Paradoxerweise ist es nämlich gerade die immanente Konsequenz der Gestaltung, die die bloße Subjektivität der Weltsicht eines Modernen zu einem auch für andere belangvollen Blick auf die Welt werden läßt. Hegel verdeutlicht dies etwa in seiner Auseinandersetzung mit dem sog. ‚individuellen Kolorit'. Dabei geht es um die Feststellung, daß jeder Maler eine ganz eigentümliche Art und Weise der Handhabung der Farbe hat:[45] Besonders deutlich wird dies an der Beobachtung, daß ein und derselbe Gegenstand, wenn er von verschiedenen Künstlern dargestellt wird, jeweils sehr unterschiedlich und doch gleichermaßen ‚wahr' erscheinen kann. Nun fragt sich, wie es angesichts dieser fortgesetzten Individualität mit der intersubjektiven Geltungsverbindlichkeit und Erlebbarkeit solcher Werke bestellt ist. Es ist dies letztlich die Frage nach der Kunstfähigkeit der Moderne. Diderot sah sich in seinen „Essais sur la peinture" mit der ‚Wahrheit' des je besonderen künstlerischen Kolorits trotz seiner Abweichung von der *einen* Wahrheit des Naturvorbildes noch vor ein unlösbares Paradox gestellt. Hegel kann es dagegen, im Anschluß an Kant, als einen *Modus der Gestaltung unseres Begriffs von menschlichem Erkennen überhaupt* verstehen: Damit etwas für uns von Belang ist, muß es von uns vergegenwärtigt worden sein, wir müssen ihm allererst eine Form geben, um es für uns und für andere zugänglich zu machen. Dies entspricht dem modernen Selbstverständnis. Das *eine* klassische Ideal der Griechen vermag dies nicht adäquat zu reflektieren. Die Verständigung über Kunst ist demnach grundsätzlich genauso problematisch oder unproblematisch wie jede andere Art der Kommunikation. Die Funktion, die Hegel der Kunst zuschreibt, nämlich eine Deutung menschlichen Selbstverständnisses zu dokumentieren und zu dessen Nachvollzug anzuregen, wird so durch das individuelle Kolorit nicht etwa korrumpiert, sondern vielmehr maßgeblich ausgeübt und veranschaulicht.[46] Es ist eine Weise, die Funktion, die das eine klassische Ideal

---

[44] Vgl. Th. Wagner, *Der Mensch strebt hinaus ins Imaginäre*. Anmerkungen zur Kunst im Zeitalter ihrer grenzenlosen Freiheit. In: Frankfurter Allgemeine Zeitung. Samstag, 3. April 1999. Nr. 78. Bilder und Zeiten, S. I f., hier: S. I.

[45] „Das Kolorit ist nun das Eigentümliche jedes Meisters; ein Moment der produktiven Einbildungskraft des Künstlers." (Hotho 1823, Ms. 243/S. 260)

[46] Symptomatisch für die Transformation, die Hegels Ausführungen zur Malerei in der Druckfassung der *Ästhetik* erfahren ist auch, neben Hothos traditionalistischem Beharren auf dem Primat der Linie vor der Farbe, noch ein Weiteres: In der edierten *Ästhetik* wird aus der in der Mitschrift dokumentierten Rede vom Kolorit als Moment der „produktiven Einbildungskraft des Künstlers" (ebd.) der „Farbensinn" als eine wesentliche Seite der „*re*produktiven Einbildungskraft und Erfindung". (ÄIII, S. 82 [Hervorhebung durch Verf.]) Das Kolorit bleibt auch in diesem Punkt – anders als in den Vorlesungszeugnissen – traditionalistisch dem Imitatio-Prinzip unterstellt. Vgl. hierzu auch B. Collenberg, *Hegels Konzeption des Kolorits in den Berliner Vorlesungen über die Philosophie der Kunst*. In: Phänomen versus System. Zum Verhältnis von philosophischer Systematik und Kunsturteil in Hegels Berliner Vorlesung über Ästhetik oder Philosophie der Kunst. Hrsg. von A. Gethmann-Siefert. Bonn 1992 (Hegel-Studien. Beiheft 34), S. 91–164.

der Griechen seinerzeit erfüllte, durch Transformation lebendig zu halten. Allerdings geht es Hegel auch hier wiederum um einen pluralistischen, keinen ‚offenen' Kunstbegriff, wie seine Kritik an der Manier in der Malerei[47] zeigt: Die (notwendige) Eigentümlichkeit des Formalen in der Kunst dient in der Manier nämlich eben nicht mehr der Dokumentation von menschlichem Selbstverständnis als kommunikablem Inhalt der Kunst, sondern sie wird bloßer Selbstzweck. Sie ist damit, wie Hegel ausdrücklich kritisiert, in ihrer Relevanz nur noch dem Kenner einsichtig, nicht mehr (prinzipiell) allgemein.[48]

Anhand der Genremalerei der Niederländer analysiert Hegel nicht nur die Emanzipation der Kunstmittel aus dem Dienst am literarischen Inhalt. Er analysiert am Beispiel dieser Malerei weiterhin den *Versuch der Modernen, das ‚Reale' vermittels banaler Gegenstände einzufangen*, d.h. ein Bemühen, das auch in der gegenwärtigen Kunst zentral ist. Hegels Blickrichtung hat dabei allerdings nichts mit dem postmodernem Bemühen zu tun, angesichts einer entfremdeten bzw. ‚virtuellen Realität' des ‚Realen' habhaft zu werden – eine Blickrichtung, die Hothos Bearbeitung nahelegt. Es geht ihm nicht um den Versuch, über die Kunst einen Zustand zu provozieren, der jenseits medialer Vermittlung so etwas wie ‚Wirklichsein' ausspricht, den Versuch, durch das Vermittelte zur Unmittelbarkeit zurückzufinden.[49] Denn das Ereignishafte des Lebens kann im Medium des Unwirklichen, Scheinbaren nicht mehr befriedigend eingeholt werden. Aber die Kunst kann Perspektiven aufzeigen, wie die im Leben selbst oft verschüttete Lebendigkeit der Realität vergegenwärtigt werden kann. Dabei ist hier, in der niederländischen Malerei, aber nicht nur, wie in diesem Zusammenhang immer wieder hervorgehoben wird, die formale Vollendung als künstlerische Maßnahme von Relevanz, indem sie ein Sehen ermöglicht, das nicht – wie das alltägliche Sehen – zum pragmatischen Gebrauch konventionalisiert ist und so die Dinge neu sehen läßt. Vielmehr tritt noch ein zweiter Gesichtspunkt hinzu.

Hegel hatte die griechische Skulptur als in sich ruhendes, idealschönes Ganzes bestimmt. Dieses totale Bei-sich-Sein der blicklosen Skulptur hatte Hegel als „kalt" und dem modernen Empfinden nicht angemessen bezeichnet. In die Kunst der Moderne ist es daher sinnvollerweise nicht ungebrochen übertragbar. Allerdings erkennt Hegel auch in der romantischen Kunstform durchaus Wege, Bei-sich-Sein zu verbildlichen, dabei nicht nur als Harmonie der ‚schönen Seele' mit sich außerhalb der Welt, sondern auch in der Welt.

Hegel hebt im niederländischen Genre nämlich, über die Vollendung des Kolorits hinaus, weiterhin einen bestimmten inhaltlichen Aspekt hervor: die in diesen Bildern dargestellte Konzentration eines Menschen auf seine Handlung, die „Harmonie mit sich im Gegenwärtigen". Hier „scheint es, als wäre die ganze Individualität nur für dieses besondere Geschäft da".[50] Im gleichen Zusammenhang nennt Hegel aber auch Correggios büßende Maria Magdalena oder Darstellun-

---

[47] Vgl. Hotho 1823, Ms. 245/S. 262.
[48] Vgl. A. Gethmann-Siefert, *Die Funktion der Kunst in der Geschichte*. Bonn 1984 (Hegel-Studien. Beiheft 25), S. 374.
[49] Vgl. Th. Wagner, *Der Mensch strebt hinaus ins Imaginäre*, S. I.
[50] Hotho 1823, Ms. 240/S. 256.

gen der Madonna mit dem Kind.⁵¹ In ihnen sieht Hegel die gleiche Einigkeit der Figur mit ihrem Tun wie in den Bildern der Niederländer. Bei der Maria Magdalena hat man „das Zutrauen, daß das tiefe Gefühl der Reue bei ihr innig ist, daß ihre Fehler nur etwas Vorübergehendes sind"⁵² und auch Maria teilt in der liebenden Hinwendung zu ihrem Kind diese Innigkeit. Bemerkenswert ist bei dieser Argumentationsweise nicht nur, daß Hegel unter diesem Aspekt Historie und Genre, Hohes und Niederes als unmittelbar vergleichbar erscheinen, die akademische Gattungshierarchie also außer Kraft gesetzt ist. Von Relevanz ist vielmehr auch, daß Hegel hier offenbar eine Strategie erkennt, das In-sich-Ruhen des griechischen Götterbildes in eine Form zu kleiden, die dem Modernen als kunstgemäß erscheint – einmal noch im religiösen Kontext, dann aber auch in der Welt des ‚humanus'. Die Versunkenheit des Bildpersonals und die Hermetik der Bildszene bewirken hier nämlich nicht etwa, wie man vorderhand vermuten könnte, den emotionalen Ausschluß des Betrachters (wie die klassische Skulptur), sondern vielmehr im Gegenteil gerade die besonders eindringliche Beobachtung durch den Beschauer.⁵³ Auf diese Weise schließen sich inhaltliche und formale Wirkungsweise solcher Bilder (die dargestellte konzentrierte Betrachtung des Bildpersonals und die Provokation einer konzentrierten Betrachtung durch den Beschauer) zusammen.⁵⁴

Hegel zeigt in diesen Deutungen also variante Strategien auf, wie in der Malerei der Moderne mit veränderten Mitteln eben die gleiche Funktion fortgeführt wird, die in seinem Verständnis das Götterbild bei den Griechen ausgeübt hatte, nämlich eine sinnlich und emotional verständliche Deutung menschlichen Selbstverständnisses vorzulegen, die auf die spezifischen Bedingungen einer historischen und kulturellen Situation reagiert.

---

[51] Vgl. z.B. ebd. und a.a.O., Ms. 238/S. 255.
[52] Kehler 1826, Ms. 348 f/S. 185.
[53] Hegel thematisiert hier indirekt eine veränderte, intensivierte Weise der Betrachteransprache, die Michael Fried als innovativen, protomodernen Zug der Kunst seit der Mitte des 18. Jahrhunderts (besonders bei Chardin) ausgemacht hat. Vgl. M. Fried, *Absorption and Theatricality*. Painting and Beholder in the Age of Diderot. Berkeley/Los Angeles/London 1980.
[54] Sie sprechen so die Tatsache der Bewußtheit des Vollzugs des Sehens an: Eine solche Malerei setzt ihre Mittel in einer Weise ein, daß sie eine „*Aktbewußtheit*" *des Sehens* bewirkt. Das Sehen erscheint hier als „Ausnahmezustand visueller Erfahrung". (M. Imdahl, *Farbe*. Kunsttheoretische Reflexionen in Frankreich. München 1987, S. 77 [Hervorhebung durch Verf.]; s. auch S. 74–86) Vgl. auch W. Busch, *Michael Fried*. Absorption and Theatricality. Painting and Beholder in the Age of Diderot [Rezension]. In: Kunstchronik 35. 1982, S. 363–372. D.h., die Erfahrung des Sehens wird in solchen Fällen wichtiger als die Identifikation des zu Sehenden. (Vgl. M. Imdahl, *Farbe*, S. 16.) Dabei eröffnet gerade das Selbstverständliche des Gegenstandes die Perspektive auf seine Entselbstverständlichung. Eine solche Kunsthaltung setzt sich u.a. in der Tendenz zur Hermetik in der Kunst unserer Zeit oder in Meditationsbildern wie den Werken Mark Rothkos fort. – Die *Wahrnehmung der eigenen Wahrnehmung*, die Hegel thematisiert, entspricht einer Forderung des modernen Betrachters: Wo wir kein Medium entdecken, durch dessen Brille wir sehen, fühlen wir uns hintergangen. Darauf reagiert die Kunst. Kunst ist für uns geradezu dadurch definiert, daß eine ungebrochene Illusionsstiftung (wie sie etwa die Werbung anzielt) vermieden wird. (Vgl. insbesondere H. Belting, *Das Ende der Kunstgeschichte*. Eine Revision nach zehn Jahren. München 1995, S. 85.)

Hegels Differenzierung zwischen einem systematischen und einem historischen Aspekt der Schönheit der Kunst führt in seinen Ästhetikvorlesungen, zusammenfassend gesagt, zu den folgenden grundsätzlichen Überlegungen: Er betrachtet zunächst einmal den Weg der Kunst aus der klassischen Mitte als notwendig und unhintergehbar. Kunst kann nicht mehr *eine* sein, sondern sie muß vielfältig sein. Sie darf aber, um Kunst zu sein, bei aller gebotenen Vielfalt ihrem Charakter einer Vermittlung von Geistigem und Sinnlichem mit Wahrheitsanspruch (der heute eingeschränkt ist) nicht widersprechen.

In dieser Bestimmung hat die Kunst, aber auch die Rede über Kunst, für Hegel ihre Grenzen, die nicht überschritten bzw. ignoriert werden dürfen, sofern die Kunst nicht aufgelöst werden soll. In dieser Bestimmung findet die Kunst aber zugleich ihren Funktionsrahmen. D.h. Hegel maßt sich – was ihm verschiedentlich vorgeworfen wird[55] – in der Tat ein Urteil darüber an zu sagen, wozu die Kunst dient: Der Künstler muß heute – wie eh und je – die Funktion der Formulierung von Weltdeutungsangebot*en* (heute eben im Plural, neben anderen innerhalb der Kunst selbst, aber auch neben anderen Weisen der menschlichen Selbstverständigung überhaupt) wahrnehmen.

---

[55] Vgl. z.B. H. Belting, *Das Ende der Kunstgeschichte*, S. 135.

Alain Patrick Olivier

Schweigen und Verwandtschaft: Hegels Stellung zu Beethoven*

Im Jahre 1770 wurden Friedrich Hölderlin, Georg Wilhelm Friedrich Hegel und Ludwig van Beethoven geboren. Alle drei versuchten, eine deutsche idealistische Antwort auf der Französischen Revolution zu geben, für welche sie sich zuerst begeisterten. In der Nachfolge von Kant, Schiller und Goethe versuchten sie, das Absolute der modernen Zeiten zu erfassen, die Menschheit neu zu denken. Im Gegensatz zu den Romantikern versuchten sie aber auch, das Erbe der Aufklärung zu bewahren. Die gemeinsame politische Einstellung der Revolution gegenüber entsprach der gemeinsamen Geisteshaltung: der Enthusiasmus für die neue Republik, der Abstand von der Terreur, die Begrüßung Bonapartes.

Zwischen Hegel und Hölderlin gab es eine enge Freundschaft, ein gemeinsames Studium und vermutlich eine Zusammenarbeit an der Redaktion des früheren Programms des deutschen Idealismus, das eigentlich auch für die Gesinnung des jungen Beethoven bezeichnend ist. Dann gab es die Entfernung, den einsamen Weg des wahnsinnigen Dichters und das Schweigen Hegels, der in seinen Vorlesungen nie den Namen seines Freundes erwähnt. Anders ist es mit Beethoven. Die beiden Menschen lernten sich nie kennen. Der Musiker las zwar Kant und Schelling, bestätigt wurde aber nicht, daß er je von Hegel gehört hätte. Von einem positiven Einfluß kann also nicht die Rede sein. Seinerseits schweigt Hegel bekanntlich in seinem Œuvre über Beethoven. Weder in Hothos Druckfassung noch in einer anderen Schrift ist der Name des Komponisten zu lesen. Von einer Verwandtschaft der Musik Beethovens mit der Philosophie Hegels zu sprechen, scheint daher sehr problematisch. Abgesehen von allen äußeren politischen und intellektuellen Gemeinsamkeiten gründet sie sich erst nur in einer ästhetischen Intuition, welche musikwissenschaftlich und philosophisch bewiesen werden müßte.

Es ist, als ob der Philosoph den größten Musiker seiner Zeit doch einfach ignoriert hätte, als ob er seinem eigenen enzyklopädischen Anspruch nicht treu gewesen wäre, alles Große anerkannt zu haben und seine Zeit im philosophischen Denken widergespiegelt zu haben. Dies wäre aber ein großer Mangel in seiner

---

* Hier werden alle Überlegungen zum Thema Hegel und Beethoven zusammengefaßt, welche an verschiedenen Stellen der Dissertation des Verfassers dargelegt wurden. Vgl. A.P. Olivier, *La philosophie hégélienne de la musique*. Phil. Diss. Paris und Hagen 1999.

ästhetischen Haltung, die auch zu einem möglichen Mißkredit seiner Philosophie der Musik beitragen könnte. Der junge Felix Mendelssohn-Bartholdy z.B. verstand bereits, eine solche Inkonsequenz in Hegels Vorlesung, die er im Wintersemester 1828–29 hörte, zu pointieren: „Aber toll ist es doch, daß Goethe und Thorwaldsen leben, daß Beethoven erst vor ein paar Jahren gestorben ist und daß H[egel] behauptet, die deutsche Kunst sei mausetot."[1]

Beethoven galt nämlich nicht nur als der bedeutendste Musiker der Zeit, sondern auch als derjenige, der die Musik zu einem der größten Schritte ihrer Geschichte veranlaßte: er habe nicht weniger getan, als ihr ihre Autonomie zu verschaffen. Im frühen 19. Jahrhundert bedeutete nämlich Autonomie für die Musik nichts anderes als reine Instrumentalmusik, wie auch Hegel es in seinen Vorlesungen annimmt. Wenn die Musik „selbständig" wird – Hegel benutzt den Terminus ‚Autonomie' nicht – dann wird sie eher Instrumentalmusik. (Die Heteronomie würde im Gegenteil darin bestehen, sich mit dem fremden Material des Wortes zu beschäftigen.) Die „selbständige Musik" unterscheidet sich von der „begleitenden Musik" wie die Instrumentalmusik von der Vokalmusik.

Beethoven war zwar nicht der Erfinder der Instrumentalmusik, aber bisher war diese eher eine untergeordnete Gattung gewesen. Sie galt als Begleitung für weltliche, zeremonielle und alltägliche Zwecke, wie als Tanzmusik, Tafelmusik, Feuerwerksmusik, Kirchenmusik, usw. Erst mit Beethoven erlangte sie ihre Würde und eine Bedeutung an sich, sie wurde als solche ohne irgendeinen anderen Zweck gespielt und gehört und erfüllte so das Kantischen Prinzip einer schönen Kunst. Bisher hatte die Vokalmusik den Vorrang, sei es in der Kirche als Messe, Oratorium oder im Theater als Oper[2]. Mit Beethoven wurde die Instrumentalmusik als die reinste und höchste Form der Musik angesehen. Mozart und Haydn waren seine Vorgänger, er brachte die Gattungen der Sonate, der Symphonie, des Streichquartetts zur Vollendung, wie E.T.A. Hoffmann, der große damaliger Denker der Instrumentalmusik, bereits in seiner berühmten Rezension von Beethovens c-moll Symphonie klar hervorhob: „Mozart und Hadyn, die Schöpfer der jetzigen Instrumentalmusik, zeigten uns zuerst die Kunst in ihrer vollen Glorie; wer sie da mit voller Liebe anschaute und eindrang in ihr innigstes Wesen, ist – Beethoven!"[3]

---

[1] F. Mendelssohn-Bartholdy, *Brief an seine Schwestern*. Neapel, 28. 5. 1831 (Reisebriefe, S. 155). In: Hegel in Berichten seiner Zeitgenossen. Hrsg. von G. Nicolin. Hamburg 1970, S. 430.

[2] Ein Komponist mußte durch seine Vokalwerke Anerkennung finden. Im Berlin des frühen 19. Jahrhunderts war immer noch Mozart mit dem *Don Juan*, Händel mit dem *Messias*, Haydn mit der *Schöpfung*, Gluck mit der *Iphigenie* und Bach mit der *Matthäus-Passion* verbunden. Mozarts Opern und sein *Requiem* sowie Haydns Oratorien fanden sofort Popularität, sie wurden sowohl im öffentlichen wie privaten Musikbetrieb überall gespielt und gesungen. (Hegel kannte auch alle Vokalwerke dieser Komponisten sehr gut und war ständiger Gast des Opernhauses.) Im Gegenteil wurden die Kammermusik und die Symphonien der Wiener Klassik selten gespielt und waren kaum bekannt: die 1788 in Wien komponierte g-moll Symphonie Mozarts z.B. wurde erst 1821 aufgeführt.

[3] E.T.A. Hoffmann, *Beethovens Instrumentalmusik*. In: Ders., Fantasiestücke in Callots Manier: Blätter aus dem Tagebuche eines reisenden Enthusiasten (= Gesammelte Werke in Einzelausgaben. Bd. 1). Berlin/Weimar 1994, S. 49.

Nicht nur die These vom Ende der Kunst wird mit Hegels Schweigen problematisch, sondern seine Stellung zur Musik überhaupt. Warum sind in den Vorlesungen alle für die Zeit bezeichnenden Komponisten erwähnt (Mozart, Weber, Rossini, Spontini, Auber) – und nicht ein einziges Mal Beethoven? Es stellt sich die Frage, ob Hegel die Musik Beethovens zur Kenntnis genommen hat, und wenn ja, warum er in seiner Ästhetik geschwiegen hat, ob dieses Schweigen mit einer begründeten philosophischen Haltung zu tun hat, oder ob es sich auf einem bloßen Geschmacksfehler reduzieren läßt.

Ob Hegel Musik Beethovens kannte, läßt sich anhand der Quellen nur schwer bestätigen. Bisher konnte man nicht mit Sicherheit sagen, ob er wenigstens ein Werk von Beethoven gehört hat. Im Auktionskatalog der nach Hegels Tod zerstreuten Bücher und Musikalien findet man zwar einen Beethoven-Titel, die Noten der „Variations pour le Piano sur plusieurs airs connus. N° 2. Berlin" (wahrscheinlich die Variationen über „Quant'e più bello" aus Paesiellos *La Molinara*). Es handelt sich aber nur um ein Jugendwerk des Komponisten ohne große Bedeutung, eher ein Studienstück für Hegels Kinder, die Klavierunterricht nahmen. Den einzigen Beleg habe ich im Bericht von Elisabeth Parthey, der Enkelin des großen Berliner Buchhändlers Nicolai gefunden, die in ihrem Tagebuch am 19.2.1822 notierte, daß ihr zukünftiger Mann Bernhard Klein Werke von Beethoven und von ihm in Anwesenheit von Hegel gespielt hat[4]. Der Pianist und Komponist nahm an den musikalischen Abenden der Buchhandlung Nicolai regelmäßig teil und machte diese Musikstunden zu großen Ereignissen des damaligen Berliner Musiklebens. Er spielte gern die Musik Beethovens und sogar *Fidelio* und die Symphonien am Klavier. Hegel verkehrte häufig in diesem Haus und muß daher Werke von Beethoven gehört haben.

Nicht nur bei seinem Verleger Parthey konnte aber Hegel die Musik Beethovens hören. Eigentlich wurde der Komponist bereits in den Jahren 1820 in den Berliner Salons als das größte musikalischer Genie der Zeit gefeiert. Als eifriger Gast der berühmten Häuser Varnhagen, Beer und Mendelssohn hatte er genug Gelegenheiten, die neuesten Werke zu hören. In der Öffentlichkeit fing man an, Beethovens Werke aufzuführen. Hegel war mit dem Konzertmeister der Berliner Hofkapelle Carl Möser befreundet, der ab 1813 sehr beliebte Abonnementkonzerte mit Kammermusik der Wiener Klassik veranstaltete und bald die großen Symphonien von Mozart und von Beethoven dirigierte. Ab 1820 dirigierte auch oft Gasparo Spontini die Symphonien Beethovens[5]. Den Generalmusikdirektor der Königlichen Bühne hatte Hegel bei manchen Diners kennengelernt, etwa bei dem Verleger Schlesinger oder im Palast des Fürsten Radziwill, der auch zu den brillantesten Musikkreisen der Hauptstadt gehörte[6]. Der junge Fe-

---

[4] Vgl. L. Parthey, *Tagebücher aus der Berliner Biedermeierzeit*. Hrsg. von B. Lepsius. Berlin/Leipzig 1926, S. 211.
[5] Spontini dirigierte zum ersten Mal in Berlin die a-moll Symphonie 1824 und die Pastorale 1825.
[6] Radziwill und Beethoven waren seit dem Berliner Aufenthalt des Komponisten 1796 befreundet. Beethoven widmete dem Freund die Ouvertüre C-Dur op. 115.

lix Mendelssohn-Bartholdy spielte z.B. 1826 zum ersten Mal in Berlin die Neunte Symphonie in einer Fassung für zwei Klaviere.

In Berlin stand Hegel in Verbindung mit vielen weiteren Figuren des Berliner Beethovenkreises. Amalie Sebald, die bei den Partheys immer anwesend war, gehört zu den möglichen Gestalten der geheimnisvollen „ewigen Geliebten" Beethovens. Vor allem war die Hofsängerin Anna Milder-Hauptmann Fidelio bei der Uraufführung von Beethovens einziger Oper in Wien und verkörperte die Titelrolle auch oftmals auf der Preußischen Königlichen Bühne. Die Sängerin wurde vom Komponisten sehr verehrt und noch mehr von dem Philosophen, mit dem sie auch vertraut war. Anna Milder-Hauptmann gab Hegel den Hinweis, in Wien die italienischen Sänger, angeblich aber nicht Beethovens Missa Solemnis oder die Neunte Symphonie, welche in diesem Jahr 1824 in Wien aufgeführt wurden, zu hören. Henriette Sontag, welche während ihres Berliner Aufenthalts oftmals als Gast bei den Hegels war, sang übrigens die Solopartie der Sopranistin in der Neunten Symphonie.

Dazu kommt auch die ideologische Seite der Berliner Beethoven-Pflege. Ludwig Rellstab in der *Vossischen Zeitung* trug dazu bei, die neue Musik Beethovens dem Publikum vertraut zu machen. Vor allem Adolf Bernhard Marx vermittelte mit seiner *Berliner allgemeine musikalische Zeitung* und später mit großen Abhandlungen über Beethoven ein sehr klares und wissenschaftliches Bild davon. Durch Adolf Bernhard Marx wurde der Komponist bereits vor seinem Tode zur Legende. Sein Ruhm war in Berlin sogar viel größer als in Wien, so daß Beethoven selber die preußische Hauptstadt als eine zweite Heimat sah. Eben in Berlin entstand der deutsche musikalische Mythos Beethoven in eben der Zeit, wo Hegel über die Musik las[7]. Drei Jahrgänge dieser Zeitschrift wurden nach Hegels Tod aus seinem Nachlaß verteilt sowie alle Bücher des jungen Musikwissenschaftlers, die zu dieser Zeit veröffentlicht worden waren. Bei den Mendelssohns und bei dem gemeinsamen Verleger Schlesinger – der übrigens auch der Verleger von Beethoven war – konnte Hegel ihn persönlich kennenlernen. Es ist ungewiß, ob Hegel selbst Aufsätze für die *Berliner allgemeine musikalische Zeitung* schrieb. Auffallend ist allerdings, daß manche seiner Hörer und Disziplen dazu Beiträge lieferten, wie Heinrich Gustav Hotho, Amadeus Wendt, Heinrich Dorn, Heinrich Stieglitz, Gustav Droysen, Gustav Andreas Lautier, Friedrich Förster. Das Berliner Beethoven-Bild war, wie sich hieraus bereits ersehen läßt, sehr vom Hegelianismus geprägt.

Unter diesen Umständen konnte Hegel die Bedeutung Beethovens nur schwer verkennen. Wenn man daher seine Stellung zu diesem Komponisten im Kontext seiner umfangreichen und vielseitigen Musikerfahrungen betrachtet, kann man nur schließen, daß der Philosoph die Musik Beethovens entschieden weder hören noch diskutieren wollte. Grundsätzlich blieb Hegel die Musik seiner Zeitgenossen nicht fremd, er begrüßte z.B. die Opern Rossinis und die Konzerten Paganinis, d.h. die früheren Manifestationen der italienischer Romantik. Die Opern Webers

---

[7] Vgl. E.E. Bauer, *Wie Beethoven auf den Sockel kam*. Die Entstehung eines musikalischen Mythos. Stuttgart/Weimar 1992.

und Spontinis mochte er nicht, doch kann man beweisen, daß er sie zumindest besuchte und auch ausdrücklich kritisierte. Im Falle Beethovens scheint es einfach nur die Absicht zu geben, diese Musik zu ignorieren. Allerdings muß man beachten, daß Hegel gegenüber der Instrumentalmusik überhaupt und nicht nur derjenigen ihres bedeutendsten Vertreters zurückhaltend war. Die Betrachtung seiner Musikerfahrungen zeigt deutlich, wie groß sein Enthusiasmus für die Oper – und besonders für die italienische Oper – war[8]. Es ist aber schwer, das Interesse für die Instrumentalmusik zu bestätigen. Man darf sich sogar fragen, ob Hegel trotz aller Gelegenheiten je eine Symphonie oder ein Streichquartett gehört hat[9].

Da sich die Stellung Hegels zu Beethoven mit seiner Stellung zur Instrumentalmusik im Allgemeinen verknüpfen läßt, geben die Vorlesungszeugnisse eine mögliche Erklärung des Schweigens. Die ästhetische Haltung Hegels ist nämlich immer theoretisch motiviert. Es gibt in der Regel keine Diskrepanz zwischen den Erfahrungen und dem philosophischen Standpunkt. Die Frage ist dann, ob Hegels Desinteresse an Beethoven theoretisch durch eine implizite Kritik motiviert ist, ob dem Geschmack Hegels, seiner Vorliebe für Rossini auch ein philosophischer Standpunkt entspricht. Wie die Begeisterung für die italienischen Sänger, für die Opern Glucks und Mozarts, für die alte katholische Kirchenmusik, so würde auch Hegels Erfahrung der Musik Beethovens in den Vorlesungen seinen impliziten Nachklang finden.

Insofern dürfte man in der Tat, wie Carl Dahlhaus, von einem „beredten Schweigen" Hegels sprechen[10]. In der damaligen Debatte zwischen Rossini und Beethoven ergreift Hegel entschieden für den italienischen Komponist Partei, der seiner Ästhetik des Gesangs und der Empfindung völlig entspricht. Der Dilettantismus von Hegels Standpunkt ist hinreichend in den Briefen und Vorlesungszeugnissen belegt. Daß er jedoch Beethoven nicht namentlich kritisiert, wie er z.B. Spontini und Weber kritisiert, ließe sich dadurch erklären, daß er sich doch als Laie im Gebiet der Instrumentalmusik empfand. Carl Dahlhaus interpretiert Hegels Schweigen sehr schlüssig, wenn er behauptet, daß Hegel nicht „Beethovens Größe, über die es in den 1820er Jahren kaum noch einen Meinungsstreit gab, verkannt hätte; aber er diagnostizierte sie, ins seltsamer Analogie zur Schönberg-Kritik vernünftiger Konservativer im 20. Jahrhundert, als eine Größe, die ins Verhängnis führte."[11]

Als Laie konnte Hegel die Musik Beethovens nur schwer verstehen. Beethovens Symphonien gehören heute zu den populärsten und selbstverständlichsten Stücken der Instrumentalmusik, und die Instrumentalmusik ist heutzutage auch

---

[8] Über die Beziehung zu Rossini vgl. A.P. Olivier, *Hégélianisme et Dilettantisme*. In: Cahiers de l'Amefa. Nr. 1. Saarbrücken 1999, S. 1–6.

[9] Den einzigen Beweis liefern die Vorlesungen, in denen Hegel sich über die Meisterschaft von Mozarts Konzerten oder Symphonien äußert.

[10] Vgl. C. Dahlhaus, *Hegel und die Musik seiner Zeit*. In: Kunsterfahrung und Kulturpolitik im Berlin Hegels. Hrsg. von O. Pöggeler und A. Gethmann-Siefert. Bonn 1983 (Hegel-Studien. Beiheft 22), S. 333 ff. Die Hypothesen des Musikwissenschaftlers stützen sich nur auf die Druckfassung der Ästhetik, sie wurden aber – im Unterschied zu anderen Deutungen von Hegels Musikästhetik – durch die Quellen bestätigt.

[11] A.a.O., S. 341.

die unmittelbarste Musikgattung. Abgesehen davon, daß die Unmittelbarkeit der Musik Beethovens noch heute sehr oft eine Täuschung ist (was wohlbekannt ist, ist deswegen nicht unbedingt bekannt), war sie für das zeitgenössische Publikum von großer Komplexität und Schwierigkeit. Man muß sich vorstellen, wie kühn, wie fremd, wie neu die Musik Beethovens damals geklungen hat, was für ein Rätsel sie für den Hörer war und sogar für die engsten Diszipeln des Komponisten. Der Berliner Musikredaktor Ludwig Rellstab, so enthusiastisch er sich auch für die neuen Symphonie zeigte, mußte zugestehen, daß er in keiner Weise zu einem Verständnis der letzten Quartette gelang. Beethoven selbst schrieb sowieso nicht für das unmittelbare Publikum, sondern absichtlich für eine bessere Nachwelt.

Was hätte also Hegel, der keine musikalische Ausbildung genossen hatte, von dieser Sprache verstehen können? Die Vorlesungen dokumentieren eine durch die Erfahrungen große Musikkultur, aber auch einen gewissen Mangel in der Auffassung der Musikkategorien, besonders was die Harmonie und die Form angeht, welche bei der Musik Beethovens besonders wichtig sind. Seine Verlegenheit thematisiert Hegel sogar explizit als Kritik der Instrumentalmusik. Einerseits begrüßt er die Erscheinung der absoluten Musik als notwendiges Moment in der Musikgeschichte, in welchem das Wesen dieser Kunst sich verwirklicht; der Prozeß der Autonomie macht die Instrumentalmusik zur Musikgattung überhaupt. Andererseits sieht Hegel in dieser Emanzipation die große Gefahr, daß die Kunst sich nur an den Kenner, an den Musikverständigen wendet und daher an allgemeinem Interesse verliert. „Indem die Musik auf diese Weise Vollkommenheit, Selbständigkeit erlangt hat, findet nur der theoretische Kenner volle Befriedigung; er kann den Gang bewundern [und] sieht, wie die Dissonanzen zusammenklingen und zur Harmonie herbeizuführen, aufzulösen [sind]. Wer sich dabei nicht beschäftigen kann, wird aber etwas betäubt, so läßt er seinen Vorstellungen und Phantasien freien Spielraum."[12]

Diese Kritik der Instrumentalmusik läßt sich ferner mit der sogenannten These vom Ende der Kunst verknüpfen, indem die Autonomie der Kunst zu ihrer Auflösung und Verfremdung beiträgt. Die Musik hört auf, den ganzen Menschen anzusprechen, sondern richtet sich nur dem Verstand der Kenner, welche abstrakt über die Kunst urteilen. Hegel diagnostiziert bereits in seiner Zeit – so Carl Dahlhaus – einen „Verlust, der im 20. Jahrhundert als Spaltung des Publi-

---

[12] Vgl. A.P. Olivier, *Das Musikkapitel aus Hegels Ästhetikvorlesung von 1826*. In: Hegel-Studien. Bd. 33. 1998, S. 9–52. Der Text der Vorlesung von 1826 wurde aus den überlieferten Nachschriften rekonstruiert. Das Musikkapitel aus den Vorlesungen von 1820/21 und von 1823 findet man in den bereits veröffentlichen Bänden dieser Vorlesungen. Vgl. G.W.F. Hegel, *Vorlesung über Ästhetik*. Berlin 1820/21. Eine Nachschrift. I. Textband. Hrsg. von H. Schneider. Frankfurt a. M./Berlin/Bern/New York/Paris/Wien 1995; ders., *Vorlesungen über die Philosophie der Kunst*. Berlin 1823. Nachgeschrieben von H.G. Hotho. Hrsg. von A. Gethmann-Siefert (=G.W.F. Hegel, Vorlesungen. Ausgewählte Nachschriften und Manuskripte. Bd. 2). Hamburg 1998. Das Musikkapitel von 1829 wurde vom Verf. nach der Nachschrift von Karol Libelt herausgegeben: *La musica. Extracto de los cursos de estética impartidos en Berlin en 1828/29*. In: Anuario Filosófico. Pamplona 1996, S. 195–232.

kums in Eingeweihte und Uninteressierte schroff zutage trat"[13]. Die Vollendung der Musik durch Beethoven erscheint daher gleichzeitig als der Indiz ihres Verfalls. Die Kunst intellektualisiert sich und bestätigt das Primat des Verstandes und der Vernunft, d.h. der Wissenschaft in der modernen Zeiten. Es bleibt der Musik als Instrumentalmusik nur der Formalismus übrig.

So nimmt Hegel Distanz nicht nur zum Phänomen der Musik Beethovens, sondern auch zur Musikästhetik seiner Zeit. Seine Kritik wirkt sogar wie eine Reaktion gegen den ästhetischen und philosophischen Standpunkt der Romantik. Mit Recht stellt daher Carl Dahlhaus einen Zusammenhang zwischen Hegels Kritik der Instrumentalmusik und E.T.A. Hoffmanns Apologie der Musik Beethovens her, die eigentlich als Manifest der romantischen Musikästhetik, wenn nicht der romantischen Weltanschauung gilt. Daß Hegels Theorie „eine versteckte Replik auf E.T.A. Hoffmann" wäre, läßt sich durch die Dokumente nicht beweisen, selbst wenn Hegel die *Phantasiestücke* gelesen hat, wo diese Kritik 1814, als Hoffmann noch in der Nähe Hegels in Berlin lebte, nachgedruckt wurde. Sicher ist aber, daß Hegel in seinen Vorlesungen doch den romantischen Standpunkt angreift, der hier bei Hoffmann seinen Ausdruck findet. Die Musik wird bei Hoffmann, Tieck, Novalis und dann auch Schopenhauer zum Organon der Wahrheit selbst. Es ist von einer ‚absoluten Musik' die Rede, indem die neue Instrumentalmusik den Weg zum Unsagbaren öffnet, zu einer höheren Wahrheit, die sich nicht in Wörtern sagen, aber durch die ätherischen Töne der Instrumente doch spüren läßt. Der Ton ist als Jenseits des Wortes begriffen, das Unaussprechliche als Wahrheit des Logos, was nicht nur in Hegels Ästhetik, sondern in Hegels Philosophie überhaupt in keiner Weise paßt.

Das Schweigen über Beethoven ließe sich dadurch interpretieren, daß Hegel Beethoven nicht direkt kritisieren wollte, weil er sich der Größe Beethovens bewußt war und weil er als Laie mit einem Musiker wie E.T.A. Hoffmann nur schwer polemisieren konnte. Allerdings entspricht dieses Schweigen in der Druckfassung der *Ästhetik* auch einer zweideutigen Haltung der Musik Beethovens gegenüber. An zwei Stellen der *Ästhetik* könnte man nicht nur einen verstecken Kommentar einer Werke Beethovens, sondern sogar auch eine positive Beurteilung seiner Musik entdecken, als hätte Hegel doch die Musik Beethovens innerlich verstanden.

Anhand der *Ästhetik* wurde gezeigt, daß Hegel die Musik unter Kategorien versteht, die eigentlich spezifisch für Beethovens Werke sind[14]. Vor allem hätte er die Prozessualität der Musik wahrgenommen und Termini benutzt, um sie zu beschreiben. In den musikalischen Ablaufen hätte er „dialektische Gegensätze" anerkannt. Zitiert wurde in diesem Zusammenhang z.B. die Stelle der Druckfassung, wo es heißt, die Musik sei „eine Totalität von Unterschieden, die in den mannigfaltigsten Arten unmittelbarer Zusammenstimmungen, wesentlicher Gegensätze, Widersprüche und Vermittlungen sich entzweien und verbinden

---

[13] C. Dahlhaus, *Hegels Satz vom Substanzverlust der Kunst*. In: Musik und Bildung. Mainz 1981, S. 160.
[14] Vgl. z.B. Z. Lissa, *Aufsätze zur Musikästhetik*. Berlin 1969, S. 39 ff.

können". Kann man den musikalischen Verlauf bei Beethoven besser beschreiben denn als einen dialektischen Prozeß, welcher die Einheit der Gegensätze in der Zeit als Identität, Differenz und Identität der Identität und der Differenz darstellt, als den Prozeß der logischen Idee selbst bei Hegel?

Allein, diese Stelle der Druckfassung kann durch die Quellen nicht bestätigt werden. Wenn man versucht, durch die Nachschriften zu rekonstruieren, was ein Stück Instrumentalmusik für Hegel bedeutete, und besonders eine Sonate im Sinne Beethovens, steht nur eine Stelle der Vorlesung von 1828–29 zur Verfügung, wo Hegel das Thema als Material der Musik beschreibt und etwas wie den Sonatensatz im Kopf zu haben scheint: „Die musikalische Ausbildung ist mehr ein Ausweiten, Entfernen und eine Zurückführung dieses Ausweitens zur Einheit; aber das Thema wird nicht deutlicher, nicht explizert; seine Bestimmung ist schon ausgesprochen im Thema und erschöpft; in den Gegensätzen wird es wiederholt; aber zur Verständnis wird nicht weiter beigetragen durch die Details."[15]

Allerdings bleibt Hegels Interpretation der Sonatenform im Stile Beethovens (zumindest der Wiener Klassik), wenn überhaupt, eher negativ. Er benutzt das entscheidende Wort ‚Gegensatz', ohne daß man exakt wissen könnte, was er damit genau meint. Vor allem unterscheidet er die Sonatenform überhaupt kaum von einer bloßen Variationsform. Alles scheint für ihn im ersten Abschnitt der Exposition als Thematik gegeben, so daß Durchführung und Reprise eher überflüssig scheinen. Was bei Beethoven gerade so wichtig und wesentlich wird, nämlich die Arbeit an der thematischen Substanz, wird einfach übersehen. Der prozessuale Charakter wird eben nicht in Anspruch genommen.

Ein unveröffentlichter Brief an seinen Hörer Felix Mendelssohn-Bartholdy bestätigt Hegels undialektischen Standpunkt, was die musikalische Form betrifft. Als der junge Komponist ihn nach dem Zusammenhang zwischen Logik und Musik fragt, antwortet Hegel, daß „die Logik der Musik eine Logik des Scheins und der Form ist, die dem Vergleich mit echten Schlüssen, die die reale Welt betreffen, nicht standhält"[16]. Als Logik des Seins kann die Musik nicht wirklich als dialektischer Prozeß bezeichnet werden, was auf die Logik des Wesens deuten würde und noch weniger als Logik des Begriffs, was sie eben auch bei Beethoven sein könnte. Außerdem bleibt die musikalische Logik leer und formell, während die spekulative Logik bei Hegel sich dadurch charakterisiert ist, daß sie immer mit einem objektiven Inhalt verbunden ist.

Die Einheit des musikalischen Stücks kommt daher nicht von der Art und Weise, wie die Thematik notwendig durchgeführt wird, sondern von einem rein willkürlichen subjektiven Gestus. Das Thema ist nur der Anlaß für ein freies Sichausdrücken der Subjektivität. Das könnte wohl für Beethoven gelten, ist aber eher für das spätere Virtuosentum eines Paganini bezeichnend. So ist auch Hegel in seiner Musiktheorie mit seinem subjektiven Geschmack völlig kohärent.

---

[15] *Die Ästhetik nach Hegels Vorlesung geschrieben von Heimann. Im Wintersemester 1828–1829* (Manuskript im Privatbesitz). Ms. 119.
[16] Hegel in einem unveröffentlichten Brief an Felix Mendelssohn-Bartholdy. Zitiert in: E. Werner, *Mendelssohn. Leben und Werk in neuer Sicht*. Zürich/Freiburg 1980, S. 102.

Die Beschreibung eines musikalischen Verlaufs in der Druckfassung, die so stark an die Musik Beethovens erinnert, läßt sich nicht anders denn als einen Eingriff Hothos in die Vorlesungen interpretieren. Der Schüler und Nachfolger Hegels an der Berliner Universität wäre dann ein „heimlicher Bewunderer"[17] der Musik Beethovens. Es ist, als ob Hotho die Musikästhetik Hegels von ihrer skandalösen Lücke und vor allem vor dem Vorwurf des Dilettantismus im schlechten Sinne zu retten versucht hätte. Die Kritik der Instrumentalmusik wird in der Druckfassung der *Ästhetik* vermindert und einige Bemerkungen und Beschreibungen tauchen auf, die dazu beitragen, der musiktheoretischen Schwäche Hegels entgegenzutreten.

Dadurch öffnet Hotho den Weg für eine positive Beethoven-Deutung im Sinne Hegels, ohne doch den romantischen Standpunkt einzunehmen. Er knüpft eigentlich an seinen Versuch an, Hegels Philosophie der Kunst als eine Kunstgeschichte zu interpretieren, deren Endpunkt die germanische Kunst bildet. Obwohl nicht romantisch, ist Hothos Auffassung doch national-protestantisch. Beethoven erscheint als der letzte Komponist in einer Entwicklung der Musik, die es in der Moderne nur mit deutschen Meistern zu tun hat: J.S. Bach, Händel, Gluck, Haydn, Mozart. Im Unterschied zu den deutschen Romantikern, die Hotho auch kritisiert (Carl Maria von Weber) und zu den Italienern und Franzosen, deren Bedeutung unterschätzt oder gar negiert wird (Spontini, Rossini, Auber), erscheint Beethoven als der letzte Klassiker unter den Komponisten. Eine solche Auffassung der Musikgeschichte als Nationalgeschichte findet man in keiner Weise beim Dilettanten Hegel, wohl aber bei manchen Hegelianern und vor allem bei Adolf Bernhard Marx.

Während die Vorlesungen nur auf einen sehr approximativen Gebrauch der musikalischen Termini hinweisen, werden die Überlegungen zur Harmonie in der Druckfassung durch Fachkategorien bereichert, die einen Zusammenhang zu Hegels Logik bauen.[18] Durch die Termini Konsonanz, Dissonanz, Tonika, Mediante, Dominante, Gegensatz, usw. wird die Natur der tonalen Harmonie deutlicher dargestellt sowie auch die Verknüpfung zwischen diesem musikalischen Material und dem logischen Prozeß. Die Rolle der Dissonanz wird in der Druckfassung besonders betont als notwendiges Moment der Entzweiung, des Gegensatzes, das wieder zur Einheit gebracht werden soll, als musikalisches Pendant zum religiösen und philosophischen Karfreitag. Vom kritischen Standpunkt aus gesehen ist diese These zweifelhaft, sie wirft aber die wichtige Frage des Zusammenhangs zwischen Musik und Philosophie und besonders zwischen dem bei Beethoven tonal-musikalischen und dem bei Hegel spekulativ-philosophischen Logos auf.

---

[17] A. Gethmann-Siefert, *Das moderne Gesamtkunstwerk: Die Oper*. In: Phänomen versus System. Zum Verhältnis von philosophischer Systematik und Kunsturteil in Hegels Berliner Vorlesungen über Ästhetik und Philosophie der Kunst. Hrsg. von A. Gethmann-Siefert. Bonn 1992 (Hegel-Studien. Beiheft 34), S. 165 f.

[18] Vgl. G.W.F. Hegel, *Hegels Vorlesungen über die Aesthetik*. In: Ders., Hegel's Werke. Vollständige Ausgabe durch einen Verein von Freunden des Verewigten. Bd. 10. Abt. 1–3. Hrsg. von H.G. Hotho. Berlin 1835–38. Bd. 10.3, S. 178.

Ob Hotho oder bereits Hegel diese Verwandtschaft begriffen hat, ist schwer festzustellen. Am wichtigsten ist zu beachten, wie die Musikwissenschaftler und nicht nur Hotho im Laufe des 19. Jahrhunderts eine Theorie der Musik und insbesondere der Musik Beethovens mit Hilfe der Hegelschen Kategorien gebaut haben, wobei die Verwandtschaft zwischen Hegel und Beethoven in vollem Licht erscheint. Auffallend ist aber, daß Hotho und die Musikwissenschaftler vielmehr zu Hegels Logik als zu seiner Musikästhetik greifen, um eine Theorie der Musik zu bauen. Hegels Dilettantismus und Laientum führte zu einem Mißkredit seiner Musikästhetik zugunsten der allgemeinen Thesen der Philosophie der Kunst und vor allem der Logik als Kern seiner Philosophie, als ob er als Laie nicht in der Lage wäre – was vielleicht tatsächlich der Fall war – diesen philosophischen Kern auf die Musikästhetik anzuwenden. Aus Mangel an Musikkenntnissen konnte er den Zusammenhang seines Systems zur Musiktheorie nicht sehen. Hotho und manche spätere Musikwissenschaftler haben versucht, etwas zu denken, was Hegel selbst wahrscheinlich nicht denken konnte.

Bereits bevor der Erscheinung der Druckfassung wurde 1827 die erste Hegelianische Musikästhetik systematisch von Hegels Hörer Gustav Andreas Lautier unternommen. Sie diente dann Moritz Hauptmann als Grundlage für seine Theorie der Musik *Die Natur der Harmonik und der Metrik* (1853), wo die Kategorien der Hegelschen Logik für eine idealistische Begründung der Musikwissenschaft gebraucht werden. Noch um 1900 mußte der nicht-mehr-Hegelianer Hugo Riemann die dialektische Natur der Musik anerkennen, so daß die *Elemente der Musikästhetik* als der gelungste Versuch gelten können, das Schema des Hegelschen Schlusses im konkreten Aufbau und Ablauf eines Musikstücks wiederzufinden.

In der Rezeption von Hegels Philosophie der Musik wird der Zusammenhang zwischen Beethovens Musik und Hegels Logik entscheidend, weil erst die spekulative Philosophie Kategorien vorschlägt, die dazu beitragen, das Werk Beethovens und ferner die ganze Musik zu analysieren, während die Musik und die Musiktheorie des 19. Jahrhunderts das System der Tonalität, wie er sich bei Beethoven kristallisiert, verabsolutiert. (Die Musik vor Bach war eher modal und chromatisch, wie noch Bach selber und Mozart, sie entfernt sich nach Beethoven wieder von der Tonalität bis zu einer endgültigen Relativität im 20. Jahrhundert.) Die Musiktheorie reflektiert und analysiert, was sie als den letzten Zustand der Musikgeschichte betrachtet. Sie bildet sich als Wissenschaft, weil sie keine wesentliche Änderung in der Musik nach Beethoven mehr erwartet. Die Eule der Minerva erscheint sozusagen in der Dämmerung der Musikkunst.

Die Tonalität an sich läßt sich mit Hegelschen Kategorien interpretieren, denn sie besteht in allen ihren Dimensionen als dreiteiliger zeitlicher Prozeß, wo der Gegensatz sich aufhebt in einer höheren Einheit. In der Natur des harmonischen Dreiklangs läßt er sich schon spüren, aber besonders in der Formel der tonalen Kadenz wird, wie Riemann es gezeigt hat, dieser Prozeß ganz klar. Die Kadenz wird dann selbst „den Typus aller musikalischer Form". Im Sonatensatz wird das dialektische Prinzip am deutlichsten und es ist um so wichtiger, daß diese Form als die höchste musikalische Form, welche zur Autonomie der

Instrumentalmusik beigetragen hat, betrachtet werden darf. Alle großen Werke der Instrumentalmusik und besonders bei Beethoven (Symphonien, Klaviersonaten, Streichquartette, usw.) folgen diesem Prinzip, das ihre Kohärenz ausmacht. Ernst Nobbe stellte hier wieder eine genaue Parallele zwischen der Sonatenform und dem Hegelschen logischen Begriff fest[19].

Bei Beethoven wird der Zusammenhang zu Hegel noch deutlicher, weil die Prozessualität der Musik, die das Dialektische ausmacht, noch stärker akzentuiert wird als bei ihren Vorgängern. Keiner konnte diesen Zusammenhang deutlicher machen als Theodor W. Adorno. In seinem Beethoven-Buch, das er nie zu Ende geschrieben hat, versuchte er „bis ins Detail" die Verwandtschaft zwischen Hegel und Beethoven zu schildern. „Die Beethovenarbeit muß zugleich die Philosophie der Musik geben, nämlich das Verhältnis der Musik und der begrifflichen Logik entscheidend bestimmen. Nur dann ist die Konfrontation mit der Hegelschen ‚Logik', und damit die Interpretation Beethovens, keine Analogie, sondern die Sache selbst."[20] Dazu dienen aber die *Wissenschaft der Logik* und die *Phänomenologie des Geistes* und nicht das Musikkapitel der Vorlesungen über Philosophie der Kunst. So werden die Hegelsche Kategorien, wie Arbeit des Begriffs, Synthesis von Urteil, Versöhnung, Vermittlung, Identität, Objekt-Subjekt-Dialektik, zu Termini einer Art Hermeneutik der Musik Beethovens.

Die Analyse Adornos macht auch deutlich – eben durch seine kritischen Bemerkungen – wie Hegel und Beethoven trotz aller Negativität doch zwei Manifestationen eines Denkens der Identität verkörpern. Wie das Negative, die Entzweiung, bei Hegel immer zur einer Lösung kommt, zu einer Versöhnung, die die verlorene Einheit wieder herstellt, so wird auch die Dissonanz bei Beethoven immer zur Auflösung gebracht, die Durchführung in der Sonate, die Vermittlung bleibt nur ein Moment, das sich in der Reprise aufhebt. Die gleiche idealistische Metaphysik, die ihre Grundlage im christlichen Karfreitagsprinzip findet, tritt hier zutage und widerlegt die reine Negativität, die Emanzipation der Dissonanz.

Die Verwandtschaft zwischen Hegel und Beethoven, obwohl von Hegel nicht thematisiert, gründet sich nicht auf Zufälligkeiten. Sie stellt die Frage einer Gemeinsamkeit, die sich nur in der historischen Substanz gründen kann. So wird aber auch der Hegelsche Begriff des Zeitgeistes exemplifiziert. Beethoven und Hegel stellen zwei Arten dar, den Weltgeist zu begreifen im Element der Musik bzw. der Philosophie. „Die bis ins Einzelne nachweisbare Verwandtschaft der Hegelschen Logik mit der Beethovenschen Verfahrensweise, die um so schwerer wiegt, als jeder Gedanke an Beeinflussung, wie sie etwa zwischen Schopenhauer und Wagner gilt, unbedingt ausscheidet, ist mehr als bloße Analogie: sie gründet in den geschichtlichen Konstellationen, die hier wie dort das Organon der Wahrheit bilden."[21]

---

[19] E. Nobbe, *Die Thematische Entwicklung der Sonatenform im Sinne der Hegel'schen Philosophie betrachtet.* Würzburg 1941.
[20] Th.W. Adorno, *Beethoven: Philosophie der Musik.* Fragmente und Texte. Hrsg. von R. Tiedemann. Frankfurt a. M. 1993, S. 31.
[21] Th.W. Adorno, *Gesammelte Schriften.* Hrsg. von R. Tiedemann. Frankfurt a.M. 1984. Bd. 18, S. 159.

Heute geht es nicht mehr darum wie am Anfang des Jahrhunderts den tonalen Logos und den spekulativen Logos zu verabsolutieren. Eben durch die Relativierung der beiden Systeme in der Geschichte erscheint auch ihre Parallelität und das gemeinsame idealistische Verfahren, die Zeit im Element der Musik bzw. der Philosophie zu denken. Bemerkenswert ist, daß eine entsprechende Verwandtschaft zwischen der Philosophie Adornos und der Musik Schönbergs im 20. Jahrhundert beweisbar wäre. Die negative Philosophie Adornos muß einen ebenso großen Abstand von der Hegelschen Philosophie nehmen wie die entsprechende atonale Musik seines Meisters Schönberg der Musik Beethoven gegenüber. Die Frage bleibt allerdings offen, ob wir diese parallele Beziehung zwischen Schönberg und Adorno als die notwendige Folge des idealistischen Standpunkts oder als Rückkehr zu dem, was Hegel ‚die jüdische Entzweiung' nennt, den Standpunkt des ‚unglücklichen Bewußtseins', betrachten müssen.

Am Beispiel des Verhältnisses von Hegel und Beethoven kommt nichts anderes in den Blick als die Beziehung zwischen Philosophie und Musik überhaupt. „In einem ähnlichen Sinn wie dem in welchem es nur die Hegelsche Philosophie gibt, gibt es in der Geschichte der abendländischen Musik nur Beethoven."[22] Die Verwandtschaft trägt aber nicht nur die Züge einer Identität, sondern eben auch einer Rivalität und Heterogenität. Vom Hegelschen Standpunkt ist es nämlich sehr schwer, die Musik als Organon der Wahrheit zu erkennen. Das „musikalische Denken" wird vielmehr als ein Denken begriffen, das nicht zum Begriff kommt, während Adorno dazu neigt, den Logos als eine bloße Annäherung an den musikalischen Wahrheitsgehalt zu erfassen.

Letztendlich stellt sich sogar die Ästhetik Beethovens als eine doch schon romantische Ästhetik des Unaussprechlichen und der Erhabenheit dar, die sich von der Rationalität der Hegelschen Philosophie, welche sich nur in der artikulierten Sprache sagen läßt, entfernt. Hegels Schweigen über Beethoven muß man zwar sicherlich als eine Lücke seiner Musikästhetik betrachten. Es wurde aber doch der Zusammenhang deutlich, daß die beiden Systeme sich im gleichen Maße ausschließen wie sie sich ähnlich sind. Die Lücke bestände insofern eher darin, daß Hegel – vielleicht aus Mangel an Fachkenntnissen – die Beziehung der Musik zur Philosophie nicht wirklich thematisiert hat und nicht bloß darin, daß er die Musik Beethoven nicht gekannt und genossen hat, oder daß er die Vokalästhetik Rossinis bevorzugt hat, was sich auch hinsichtlich des Systems der Ästhetik und der Philosophie überhaupt ebenfalls rechtfertigen läßt.

---

[22] Th.W. Adorno, *Beethoven: Philosophie der Musik*, S. 31.

III.

Die Aktualität der Hegelschen Ästhetik

Jean-Louis Vieillard-Baron

La « vérité de l'art » dans l'esthétique de Hegel et son influence sur la philosophie de l'art d'André Malraux

Le rapprochement et la comparaison des philosophies de l'art de Hegel et de Malraux peut paraître incongrue dans la mesure où André Malraux n'est pas à proprement parler un philosophe, et où ses ouvrages de réflexion sur l'art s'inscrivent dans le destin historique de l'hégélianisme, à savoir sur le chemin déclinant de l'idéalisme absolu de Hegel à l'historicisme contemporain. Malraux lui-même a constaté la division de l'héritage hégélien et la prédominance d'une idéologie marxiste qui fait valoir avant tout les conditions historiques de la production artistique comme clé de la compréhension de l'art. Il écrit que notre civilisation n'a pas renoncé, dans ses théories de l'art, ni à la théorie de la beauté, ni à la théorie de la vision, ni à la théorie de la nature, qui rendent incompréhensible notre rapport à l'art, « Ni, ce qui est beaucoup plus dangereux, à la *confusion* entre la production artistique et la création. Taine démodé, Hegel tiré en tous sens, Marx a pris la relève. »[1] Il est cependant frappant que Malraux, et Taine avant lui, soient les deux théoriciens français de l'art qui ont le plus été influencés par Hegel.

De Taine, il importe de dire quelques mots pour situer l'influence de l'esthétique de Hegel en France. Il a associé l'historicisme et le positivisme naturaliste dans sa grande *Philosophie de l'art*[2]; pour lui, l'idéal dans l'art n'est pas lié à une catégorie transcendante de beauté; c'est le caractère déterminant de chaque forme d'art à chaque époque; les différentes formes de l'art sont déterminées par la race, le moment et le milieu, ce que Taine étudie dans le cas de la peinture flamande ou de la peinture italienne. Le caractère déterminant de l'art est donc ce qui est essentiel en lui, non pas indépendamment de l'époque, mais par rapport à son époque. De même que chaque être vivant a un caractère principal auquel tous les autres éléments sont subordonnés, de même l'art d'une époque. Ainsi l'art classique français a pour caractère dominant le personnage du courtisan, poli, galant, beau parleur et fidèle au style noble et aux convenances monarchiques (p.39). Ce que Taine garde de Hegel est simplement la conception des

---
[1] *La tête d'obsidienne*. Paris 1974, p. 219 (cité ensuite TO).
[2] *Philosophie de l'art, leçons professées à l'école des Beaux-Arts*. 5 volumes. Paris 1865–1869. Réédition Paris 1985 (« Corpus des œuvres de philosophie en langue française »).

Kunstformen, et l'idée que l'on peut chercher à comprendre les œuvres d'art rationnellement. Contre Taine, mais avec beaucoup moins de succès, Charles Lévêque a fait valoir l'authentique théorie hégélienne de l'art comme expression sensible de l'Idée et analyse de la signification spirituelle des arts particuliers. Mais la philosophie de l'art d'André Malraux a une force beaucoup plus grande. Contre Taine, et plus en accord avec Hegel, il affirme que:

> L'œuvre d'art, qui appartient à son époque, n'appartient pas qu'à elle.[3]

L'art est donc ici lié à l'histoire, en ce qu'il relève d'un temps et d'une civilisation déterminée, mais il n'est pas réduit aux conditions historiques de la production de l'œuvre d'art.

Après cette rapide justification historique du rapprochement entre Hegel et Malraux, il importe d'expliquer la notion de *vérité de l'art*. Elle est une thèse forte des cours de Hegel; elle intervient constamment dans le chef d'œuvre de philosophie de l'art de Malraux, les trois volumes de *La métamorphose des dieux*[4]. L'art n'est pas séparable, ni pour Hegel, ni pour Malraux, d'une réflexion sur l'art qui en dégage la signification véritable, indépendamment de ce que les artistes eux-mêmes ont pu penser de leur art et de leurs œuvres. Il ne s'agit pas d'ignorer le rôle des artistes dans la création des œuvres, mais il s'agit de donner une interprétation philosophique des œuvres d'art elles-mêmes. L'art a donc une signification universelle que la réflexion philosophique peut dégager. Le grand intérêt actuel de l'esthétique de Hegel et de la théorie de Malraux est de tenir la voie moyenne entre la pure empiricité des analyses de détail et la pure systématicité de la théorie[5]. On a autrefois opposé la rigidité du système hégélien et la force de suggestion de certaines idées de Hegel, en particulier dans la *Phénoménologie de l'esprit*; mais l'étude plus serrée des écrits systématiques, la simple comparaison des deux éditions de l'*Encyclopédie des sciences philosophiques* de Berlin (1827 et 1830; volumes 19 et 20 de l'édition des *Gesammelte Werke*) montrent qu'il n'en est rien; les cours de Berlin, actuellement publiés, forcent à respecter la vivacité des analyses particulières faites par Hegel, et renouvelées constamment. L'analyse du nez grec, dans la présentation de la sculpture, est exemplaire à cet égard[6], mais on pourrait en dire autant de la signification spirituelle de la colonne comme support séparé, pensé comme un élément abstrait, mais nécessairement

---

[3] TO, p. 231.
[4] Les références seront données à la réédition illustrée de l'œuvre: *Le Surnaturel, L'Irréel, L'intemporel*. Paris 1974–1977. Nous y renvoyons par les abréviations suivantes: S, Ir, In, suivies de la page. Une première édition, sous le titre *La métamorphose des dieux*, avait eu lieu en 1955.
[5] Je me permets de renvoyer à mon étude sur *Spéculation et empiricité dans la Philosophie du droit de Hegel*. In: Le transcendantal et le spéculatif dans l'idéalisme allemand. Édité par Jean-Christophe Goddard. Paris 1998, p. 137–150.
[6] G.W.F. Hegel, *Vorlesungen über die Philosophie der Kunst*. Berlin 1823. Nachgeschrieben von Heinrich Gustav Hotho. Hrsg. von Annemarie Gethmann-Siefert (= G.W.F. Hegel, Vorlesungen. Ausgewählte Nachschriften und Manuskripte. Bd. 2). Hamburg 1998 (cité ensuite Hotho 1823), p. 241.

relié à d'autres colonnes par une architrave, et pensé comme élément fini, donc ayant besoin d'une terminaison qui se remarque (*eine sich bezeichnende Endigung*), à savoir la base et le chapiteau[7]. Les exemples pourraient être multipliés, chez Hegel comme chez Malraux, par exemple l'analyse de la statue florentine du Quattrocento, en particulier celle de la supériorité du Gattamelata de Donatello sur la statue romaine de Marc-Aurèle à cheval; la noblesse virile et la majesté du Gattamelata en font *un prophète devenu empereur*; c'est une figure profane, mais qui retrouve la transfiguration grecque de l'humain au divin[8].

1 Hegel et la vérité propre de l'art

La vérité de l'art, il est vrai, s'oppose d'abord à toute considération simplement historique des œuvres d'art. Cette vérité est d'abord une vérité religieuse et les rapports entre l'art et le sacré sont le premier point positif d'influence de Hegel sur Malraux. En revanche la thèse hégélienne de la vérité sensible de l'art comme expression de l'Idée de la beauté n'est pas retenue par Malraux, qui voit dans toute théorie (platonisante ou classique) de la beauté un obstacle à une compréhension véritable de l'art. De même le rapport entre éternité et historicité des formes d'art est admirablement posé par Hegel, et Malraux n'en retient que la dimension culturelle, ou plutôt civilisationnelle de l'art. Enfin, pour conclure cet exposé, on verra que les points essentiels, les plus fondamentaux de l'influence de Hegel sur Malraux, sont la conception de la vérité de l'art comme liberté de l'Esprit et sa conséquence, la démonstration vigoureuse de l'autonomie du monde de l'art et la liberté de l'Esprit absolu.

S'il y a une *vérité de l'art*, cette vérité n'est pas vérité d'un jugement; si le vrai est, en tant que sujet, négativité pure et simple, et, en tant que substance vivante, effectivité, il est le tout comme système animé d'un mouvement propre et circulaire:

> Es ist das Werden seiner selbst, der Kreis, der sein Ende als seinen Zweck voraussetzt und zum Anfange hat, und nur durch die Ausführung und sein Ende wirklich ist.[9]

Dès lors, la vérité de l'art signifie que le vrai s'exprime dans l'art sous la forme du phénomène sensible. La considération superficielle de l'art le réduit à n'être que l'objet de la satisfaction subjective. Inversement, la dernière phrase du cours de 1823, *Die Philosophie hat das Wahrhafte in der Kunst zu betrachten*[10], montre

---

[7] Hotho 1823, p. 224–225.
[8] Ir, p. 76–82.
[9] G.W.F. Hegel, Phänomenologie des Geistes. In: Ders., Gesammelte Werke. In Verbindung mit der Deutschen Forschungsgemeinschaft hrsg. von der Nordrhein-Westfälischen Akademie der Wissenschaften (cité ensuite GW). Bd. 9. Hrsg. von W. Bonsiepen und R. Heede, p. 18. («Il (le vrai) est le devenir de soi-même, le cercle, qui présuppose son terme comme son but et qui a ce terme pour commencement, et n'est effectivement réel que par sa réalisation détaillée et par son terme»).
[10] Hotho 1823, p. 312.

bien que la vérité de l'art est philosophique; il s'agit d'inclure l'art dans le cercle du savoir absolu, sans pour autant réduire l'art à une forme de connaissance. Si l'on reprend les termes de la Préface de la *Phénoménologie de l'esprit*, l'art fait partie de la vie de Dieu; en 1823, Hegel dit: *Die Kunst ist eine wesentliche Weise der Darstellung des Göttlichen, und diese Form müssen wir verstehen*[11]. Cette conclusion peut être rapportée au début du cours. Hegel montre à quel point l'art est digne d'une considération philosophique, en soulignant la spécificité de l'apparaître artistique. L'art est toujours un *Schein*, une apparence, mais cette apparence fait signe vers la pensée (*deutet durch sich selbst auf ein Höheres, auf den Gedanken hin*)[12]. L'analyse plus précise de l'Idée du beau, ou de l'Idéal, qui est en quelque sorte la théorie pure de l'art, avant la distinction des formes d'art et l'analyse des arts particuliers, montrera que la vérité de l'art ne va pas jusqu'à la pensée, mais s'arrête à la subjectivité individuelle. Hegel s'exprime alors très clairement sur la vérité propre à l'art.

> Die Kunst hat die Darstellung der Wahrheit des Daseins zum Gegenstand. [...] Die Wahrheit also hat nicht bloße Richtigkeit zu sein, sondern das Äußere muß mit einem Inneren zusammenstimmen, das an ihm selbst ein Wahres ist.[13]

La vérité de l'apparence devient vérité de l'existence où se réalise l'accord de l'extérieur et de l'intérieur (qui contient en lui-même un élément vrai). C'est, bien sûr, à partir de l'élément vrai intérieur que l'extériorité phénoménale est susceptible de devenir vraie dans l'art. Mais cette vérité étant limitée à l'être-là extérieur, elle ne peut progresser jusqu'à la pensée, mais s'arrête «au point médian de la subjectivité individuelle»[14]. Toute œuvre d'art a donc pour vérité celle que peut avoir une existence subjective individuelle; c'est qu'elle n'existe que sous cette forme, à la différence du concept philosophique.

2 L'insuffisance du point de vue historique et la connivence de l'art et du sacré

La thèse de la vérité de l'Idéal n'a pas influencé André Malraux, pour qui les seules vérités sont existentielles, et qui reste donc entièrement étranger à la conception spéculative du vrai exprimée par Hegel. Ce qui rapproche Malraux de Hegel est seulement le fait que l'histoire de l'art ne peut pas dégager ni enseigner

---

[11] L'art est une modalité essentielle de la présentation du divin, et il nous faut comprendre cette forme.
[12] Hotho 1823, p. 2–3.
[13] Ibid., p. 81. («L'art a pour objet la présentation de la vérité de l'être-là [...] La vérité ne doit donc pas être simple rectitude (ou correction), mais l'élément extérieur doit concorder avec un élément intérieur qui, en lui-même, est un élément vrai.»).
[14] Ibid. («*Das ist die Natur des Idealen überhaupt, das darin besteht, daß das äußerliche Dasein als dem Inneren gemäß und zu ihm zurückgeführt ist, aber nicht so, daß zum Gedanken als solchen fortgeschritten wird, sondern nur bis zum Mittelpunkt der individuellen Subjektivität.*»).

la vérité propre à l'art. Pour Hegel, on le sait, les historiens de l'art ne font que suivre un ordre chronologique sans rationalité, dans lequel ils énumèrent les œuvres sans chercher leur sens. L'objection de Malraux à la pure considération historique de l'art est similaire: la nécessité interne de la création artistique échappe à l'historien même le plus savant.

En revanche, Malraux admet que l'art soit d'abord une expression du divin. En fait Malraux divise l'art en trois grandes catégories; la première est celle du sacré, où l'art est subordonné à la vérité religieuse; la seconde est celle du génie, où l'art est l'imaginaire d'un artiste; la troisième est l'intemporalité des œuvres, à l'époque où les artistes ont conscience d'un monde de l'art séparé, et où les rapprochements entre des œuvres d'époques et de civilisations différentes deviennent possibles. Il faut un très long temps pour que l'art conquière son indépendance dans la mesure où son origine et sa destination sont premièrement le culte religieux. Quand Malraux étudie Rembrandt, génie individuel et œuvre singulière par excellence, il l'oppose aux maîtres de l'art religieux. «Pour les maîtres de Byzance, de Monreale, de Chartres, le sacré n'était pas une création individuelle; ni le Christ, un individu. C'est dans l'église byzantine, dans la cathédrale, dans la communauté chrétienne elle-même, qu'ils avaient trouvé le Christ de Vérité. Tout art sacré est destiné à un lieu d'adoration...»[15]. Les tableaux religieux de Rembrandt expriment une foi individuelle, une recherche inquiète. Or le mystère divin n'est pas de l'ordre de l'imaginaire individuel, ni du génie, dont l'esthétique commence avec les grands peintres de la Renaissance. La fonction religieuse de l'art est pensée par Malraux d'une façon voisine de celle dont Hegel pense la *Kunst-Religion* dans la *Phénoménologie de l'esprit*. La religion implique la sacralité de l'art, mais empêche l'autonomie de l'art. C'est pour nous que les œuvres de l'Inde, de la Grèce, du Moyen Age sont belles.

L'influence de Hegel est évidente dans la longue analyse de la statue grecque par Malraux : «Une statue, c'est un dieu ou un ex-voto devenu représentation et objet»[16]. Et cette assimilation implique l'éternité surnaturelle du peuple des statues, et l'idéalisation du corps humain par l'artiste. C'est une sacralisation de l'art fondée sur une désacralisation de la religion, par opposition aux œuvres purement religieuses de l'ancienne Égypte ou aux œuvres littéraires comme le livre d'Isaïe dans la Bible ou encore aux œuvres de la mosaïque byzantine.

À tous les pas d'une lecture attentive s'ouvrent des espaces de comparaison et de confrontation. L'interprétation de la statuaire grecque n'est pas exactement identique chez Malraux et chez Hegel. Tout d'abord, Hegel caractérise l'idéal grec par l'anthropomorphisme, qui n'est pas un défaut. Les dieux grecs sont des hommes parfaits. Le christianisme est plus anthropomorphique encore que la religion grecque, dit Hegel à plusieurs reprises: en lui, le Dieu transcendant s'est fait homme, c'est-à-dire a pris l'apparence d'un homme particulier[17]. De

---

[15] Ir, p. 265.
[16] S, p. 92.
[17] Hotho 1823, p. 158. («*Aber man kann gerade sagen: Die griechische Religion sei nicht für die Religion anthropomorphistisch genug, denn in der christlichen Religion ist der Gott ein ganz unmittelbar Einzelnes in allen Bedingungen des Daseins, kein bloßes Ideal.*»).

fait, c'est l'anthropomorphisme qui fait émerger l'art grec de l'art symbolique, gigantesque ou animal, de l'Égypte et de l'Inde. Ainsi l'art classique montrera des dieux à forme humaine, des statues dépassant le caractère individuel, mais ne renvoyant à rien d'autre qu'à elles-mêmes. Cette perfection de la statuaire grecque implique *sérénité et tristesse*. La sérénité est la paix de l'indifférence. Elle est liée à l'impersonnalité des statues qui sont sans regard. Elles ont un sérieux éternel, un calme inébranlable, qui diffère radicalement de la satisfaction que l'homme peut éprouver, y compris du contentement de soi. La tristesse des dieux grecs vient de ce que la paix ne doit pas être plaisir; les divinités bienheureuses se plaignent d'être heureuses; il y a en elles contradiction entre la grandeur et la particularité, entre la spiritualité et la réalité sensible. Grâce et douceur sont impossibles dans l'art grec parfait, car elles visent à procurer du plaisir. Or l'art classique est au-delà du plaisir; avec la grâce et la douceur se marque la fin du sérieux triste.

L'élément moral n'est pas extérieur à l'art grec. Car c'est la vision du monde qui permet à l'art d'avoir la place suprême. Sous son inspiration, le peuple grec a pris conscience de son propre esprit: il a donné à ses dieux des formes concrètes et sensibles. Les dieux grecs sont parfaitement adéquats à l'esprit grec, et ceci, dans leur forme artistique, en tant que statues visibles et tangibles. Ainsi «l'art a pu devenir en Grèce la plus haute expression de l'Absolu, et la religion grecque la religion de l'art même.» Mais ce n'est pas que la religion prenne l'art à son service (comme dans l'art symbolique); c'est au contraire l'art qui détermine la religion. «Poètes et artistes grecs sont devenus les créateurs de leurs dieux: les artistes ont donné à leur nation une représentation précise de l'action, de la vie, de la puissance divines»[18].

Hegel dit à la fois que l'art grec ne fait qu'un avec la religion grecque, et que le bel art corrompt la religion, *Beginnt die schöne Kunst, so verderbt sie die Religion*[19]. C'est ce second aspect qu'a retenu André Malraux, lorsqu'il montre que l'art grec est sécularisé par rapport à l'art sacré en général. Il retient l'idée que l'art est une vision du monde, *eine Weltdeutung*, mais il n'a pas compris le sens de l'anthropomorphisme véritable tel que Hegel le comprend. Pour lui, l'art, dans son développement chronologique, a «la signification que prend la présence d'une éternelle réponse à l'interrogation que pose à l'homme sa part d'éternité»[20]. Et, comme pour Hegel, l'art grec est l'occasion nécessaire d'une réflexion sur le polythéisme. Victor Hugo disait: «*Le polythéisme, c'est le rêve éveillé poursuivant l'homme*»; la présence des dieux dans le cosmos n'est pas une donnée uniquement grecque; mais en Grèce, elle est le signe d'une imbrication des dieux et des hommes. C'est là l'idée du *Geviert*, et de cette communauté de la Terre et du Ciel, des Divins et des Mortels, où Heidegger repense la division quaternaire du *Gorgias* de Platon (507 E–508 A) en termes hölderliniens[21].

---

[18] G.W.F. Hegel, *Cours d'esthétique*. Traduction J.-P. Lefebvre et V. von Schenck. Paris 1995. T.I., p. 135.
[19] Hotho 1823, p. 176.
[20] S, p. 35.
[21] Cf. O. Pöggeler, *La pensée de Heidegger*. Traduction française. Paris 1967, p. 336–338.

Les innombrables lectures de Malraux ne l'ont pourtant vraisemblablement pas tourné de ce côté. Ce que la Grèce atteste à ses yeux n'est pas précisément l'éternelle présence du polythéisme en l'homme, mais une sorte de confusion du sacré et du profane, qui n'a rien à avoir à ses yeux avec l'Incarnation chrétienne et l'union de Dieu et de l'homme dans l'Homme-Dieu. Ainsi Malraux affirme:

> Le mot anthropomorphisme n'explique rien, car la nature des dieux antiques repose sur une ambiguïté fondamentale: ils sont humanisés et ne sont pas humains; ils ne vivent ni dans le temps, ni dans l'éternité. [...] Le sentiment qui provoque la divinisation d'Aphrodite n'implique pas seulement une relation avec le cosmos; pour quiconque apporte une offrande, il implique, outre le désir de se concilier la déesse, le fait de la concevoir déesse au sens que ce mot doit à la Grèce.[22]

Si l'argumentation est différente de celle de Hegel, néanmoins, Malraux retient le caractère insignifiant de la critique du polythéisme grec sous prétexte d'anthropomorphisme. Mais Hegel surenchérit sur l'anthropomorphisme comme juste affirmation de l'union du divin et de l'humain, alors que Malraux montre au contraire le maintien du sentiment du divin chez les Grecs. En ce sens il serait plus proche du fameux texte de la *Phénoménologie de l'esprit* sur la statue de la jeune canéphore.

> Les statues sont maintenant des cadavres dont a fui l'âme vivifiante, de même que l'hymne n'est plus qu'une suite de mots dont toute croyance s'est enfuie. Les tables des banquets des dieux sont desservies [...] Elles sont donc désormais ce qu'elles sont pour nous, de *beaux fruits* arrachés de l'arbre, un destin amical nous en a fait l'offrande comme une jeune fille sait le faire de ces fruits [...] C'est pourquoi ce que nous faisons en jouissant de ces œuvres n'est pas une activité de service divin...[23]

La conception grecque du divin est impliquée dans les statues grecques, et notre regard est radicalement différent de celui que les Grecs anciens pouvaient porter sur elles. Hegel se place du point de vue de la différence entre un regard éthique et un regard religieux. Malraux n'envisage que le rapport entre art et religion, rapport d'identification pour les Grecs, rapport de différenciation pour nous modernes. Pour lui, le dieu grec est le résultat de la métamorphose du sacré grouillant de l'Orient et en particulier de l'Inde. Le dieu suscite l'admiration plus encore que la vénération; les dieux grecs sont des immortels, «et les héros *qui*

---

[22] S, p. 53.
[23] GW 9, p. 402 («Die Bildsäulen sind nun Leichname, denen die belebende Seele, so wie die Hymne Worte deren Glauben enflohen ist; die Tische der Götter ohne Speise und Trank [...] Sie sind nun das, was sie für uns sind, — vom Baume gebrochne schöne Früchte, ein freundliches Schicksal reichte sie uns dar, wie ein Mädchen jene Früchte präsentirt. [...] Unser Thun in ihrem Genusse ist daher nicht das gottesdienstliche...»).

rivalisent avec eux, ne peuvent naître que d'une âme oublieuse de l'Éternel.»[24] Le dieu n'est pas seulement admirable pour la beauté de sa forme mais encore par le fait que, sans être créateur, il ordonne les valeurs du monde grec. Hegel n'avait-il pas insisté, au §557 de l'*Encyclopédie*, sur la nécessité du dieu comme unité immédiate de la nature et de l'esprit, de l'être-là naturel, sous forme de l'extériorité sensible belle, et de la détermination spirituelle? Il y a donc, chez Malraux comme chez Hegel, une appréhension déterminée du caractère immédiat du dieu grec. Ici pointe cette idée que la signification philosophique de l'art dépasse le caractère immédiat de la forme belle réduite à elle-même. L'ambiguïté de l'art grec est sans doute significative de l'ambiguïté de l'art.

3 La vérité sensible de l'art comme expression de l'Idée de la beauté

La théorie hégélienne de l'art ne discrédite pas l'Idée de la beauté, même si cette Idée n'est pas pensée selon le caractère statique des canons objectifs de la beauté, tels que la pensée de la Renaissance et de l'âge classique ont pu les hériter de l'Antiquité grecque et latine. Ce que Hegel met en évidence avant tout est la vitalité (*Lebendigkeit*) de l'art. Cette vitalité dialectique ne s'oppose pas à l'Idée de la beauté. Il ne fait que critiquer une «philosophie abstraite du beau», autrement dit une théorie formelle et séparée de la beauté et de ses caractères. Parler de l'Idée de la beauté est pour Hegel l'inverse d'une telle théorie, car

> Die Idee ist Einheit des Begriffs und der Realität, die konkrete Übereinstimmung dieser beiden Seiten.[25]

On sait que Hegel s'oppose à toute conception du beau comme produit de la nature, et conçoit la beauté comme Idée qui utilise la nature et n'en retient que ce qui peut servir à l'œuvre belle. La conception de l'Idée du Beau chez Hegel est radicalement anti-platonicienne, puisqu'il s'agit pour lui de comprendre la présence de l'Idée dans le sensible, et de réhabiliter en quelque sorte l'apparence (*Schein*) comme le lieu d'existence de l'Idée. C'est le paraître sensible de l'Idée dans la beauté qui identifie la beauté et la vérité. Le beau est une vérité immédiate pour la conscience. On peut, comme l'a fait Annemarie Gethmann-Siefert, s'appuyer ici sur le cours de 1826, où Hegel «désigne de façon polémique la réalité ordinaire comme apparence, mais l'apparence de l'art comme la plus haute réalité effective.»[26]

Hegel associe à la thèse de la belle apparence de l'œuvre d'art la conception de l'art comme ***expression***, marquée par l'usage très fréquent de *ausdrücken*, de *aussprechen*. L'extériorité immédiate de l'œuvre d'art se distingue de l'extériorité

---

[24] S, p. 57.
[25] Hotho 1823, p. 47 («L'Idée est l'unité du concept et de la réalité, l'accord concret de ces deux côtés.»).
[26] A. Gethmann-Siefert, *Einführung in die Ästhetik*. München 1995, p. 210.

immédiate de la chose par le fait que la *natürliche Unmittelbarkeit* n'est que *signe de l'Idée* et non pas *immédiateté transfigurée en expression de l'Idée par l'esprit créateur*[27]. On doit bien noter que ceci est parfaitement clair pour Hegel dès Heidelberg, où Hegel apporte même la précision que dans la figure de la beauté, l'immédiateté naturelle est «libérée de sa contingence» (*von ihrer Zufälligkeit befreyt*) et «transfigurée» (*verklärt*) dans la figure de la beauté[28]. L'expression de l'Esprit absolu dans l'art est donc le passage de l'intériorité de l'Esprit dans l'extériorité immédiate; ce passage n'est pas seulement *Zerfallen* (chute et division), mais il est aussi «l'*intuition* concrète et la représentation concrète de l'Esprit absolu, en tant que représentation de l'*Idéal*» (à savoir de l'Idée de la beauté sous la forme sensible). On doit s'arrêter un peu sur la notion de représentation. Il pourrait sembler qu'*Anschauung* et *Vorstellung* sont ici des termes équivalents. Mais en réalité, si l'intuition renvoie directement au pouvoir d'appréhender dans le sensible un objet, la représentation renvoie à l'expression ou présentation de soi qui est l'œuvre de l'Esprit absolu. En effet, la représentation est «intuition rappelée à elle-même par son intériorisation» (*die erinnerte Anschauung*)[29]. Il est donc parfaitement normal que la forme de la beauté soit dite représentation de l'Esprit absolu. Mais les leçons de 1823 confirment absolument les différentes versions de l'*Encyclopédie*, en parlant de l'art comme *Vorstellung der Vorstellung*[30]: si nous voyons un lion vivant, nous en avons une intuition; si nous le reconnaissons comme un lion, nous en avons une représentation; mais si nous voyons un lion peint, nous avons la représentation de la représentation. Hegel joue sur les mots, car dans le premier emploi, *Vorstellung* désigne l'acte par lequel nous nous représentons perceptivement le tableau, et dans le second emploi, *Vorstellung* désigne alors le résultat du travail du peintre. La représentation de représentation vient de ce que, voyant un tableau de lion, nous avons conscience «que nous avons affaire à quelque chose de représenté qui provient de l'esprit humain»[31]. La critique que fait Hegel du sublime vient de ce qu'il rend la représentation inexpressive; le sublime est fondé sur l'inadéquation de la figure représentée à son contenu, de telle sorte que «les présentations symboliques sont bien sublimes, mais non pas belles»[32].

Pour Malraux, l'art est également présentation; ce qui nous importe n'est pas l'imaginaire de l'artiste, mais ce que cet imaginaire exprime et qui dépasse l'artiste. La dimension sensible de l'art est indispensable; c'est elle qui dure plus que le temps de la création. Sur ce point, Malraux fait remarquer que l'art ne peut

---

[27] GW. Bd. 20: *Enzyklopädie der philosophischen Wissenschaften im Grundrisse (1830)*. Hrsg. von W. Bonsiepen, H.-Ch. Lucas und U. Rameil. Hamburg 1989. §556.
[28] G.W.F. Hegel, *Enzyklopädie der philosophischen Wissenschaften im Grundrisse (1817)*. In: Ders., GW 13. Unter Mitarbeit von H.-C. Lucas und U. Rameil hrsg. von W. Bonsiepen und K. Grotsch. Hamburg 2000. §459. Sur le problème de la contingence, voir Bernard Mabille, *Hegel, l'épreuve de la contingence*. Paris 1999.
[29] GW 20, p. 445. §451.
[30] Hotho 1823, p. 211.
[31] Ibid. («dieser [der gemalte Löwe] zeigt uns, daß wir es mit einem vorgestellten, aus dem Menschengeist hervorgegangen zu tun haben.»).
[32] Hotho 1823, p. 136.

être considéré comme le fruit de la volonté d'expression de l'artiste. L'art signifie autre chose que cette volonté d'expression de soi du créateur. Ainsi l'art de l'Asie est le fruit d'une volonté d'accession plus que d'une volonté d'expression[33]. Dans les arts ordonnés à l'Absolu, «on manifeste l'inexprimable, on ne l'exprime pas», et l'ordre du monde apparaît hiératique. En ce sens le symbole joue un grand rôle dans l'esthétique de Malraux, mais pour lui, tout art sacré, l'art de l'Inde et de l'Égypte comme l'art de la chrétienté médiévale, est symbolique. Le christianisme peut demeurer sans que l'art soit chrétien. Ainsi l'art religieux du Bernin n'est pas un art sacré, il vise l'expression, non l'accession à Dieu. L'artiste reproduit ce que son imagination créatrice lui propose; et c'est tout différent. Ce qui est commun à toutes les formes d'art, c'est d'exprimer avant tout la lutte de l'homme contre le temps. Les formes d'art sont les modalités de cette lutte, déterminées par le poids de la civilisation à laquelle appartient l'artiste.

Mais Malraux considère négativement l'idée de la beauté, parce qu'il n'y voit qu'une théorie esthétique visant à objectiver les caractères du beau, alors que toute son entreprise est destinée à montrer la dimension subjective du Musée Imaginaire, ce Trésor intérieur personnel que chacun de ceux qui aiment l'art porte en lui. «La beauté impliquait une esthétique, le Musée Imaginaire appelle une problématique.»[34] Les artistes ont cru servir la beauté, se sont soumis à cet idéal, que Malraux appelle l'Irréel, mais ils accomplissaient une œuvre qui dépassait cette théorie. Et pour nous, aujourd'hui, notre sentiment de l'art ne correspond pas plus à l'idée du beau qu'à l'idée du plaisir[35]. En revanche, Malraux suit Hegel dans la réhabilitation de l'apparence artistique:

> L'apparence n'est pas plus l'illusion qu'elle n'est le rêve : car à l'illusion s'oppose un monde concret, au rêve, le monde de la veille; alors qu'à l'apparence s'oppose ce qui est au-delà de tout 'concret'. Et cet au-delà n'est pas seulement un concept dans lequel l'idée d'infini rejoint un absolu métaphysique.[36]

L'antiplatonisme de Malraux en matière esthétique est aussi fort que celui de Hegel. L'au-delà n'est pas un concept du suprasensible; il n'est pas une théorie, mais une modalité de la conscience croyante.

4 Éternité et historicité des formes d'art

La conception hégélienne de l'art est surtout très originale par la détermination des trois modalités de l'art que sont l'art symbolique, l'art classique et l'art romantique. C'est ici que le rapport entre l'empiricité historique et la systématicité dialectique de l'esprit absolu est le plus fécond. Pour Malraux comme pour Hegel, les grandes formes de l'art sont des visions du monde; elles représentent des

---

[33] In, p. 355.
[34] TO, p. 234.
[35] S, p. 1.
[36] S, p. 13.

modalités différentes d'expression sous la forme plastique de la conception du monde de leur temps. C'est pourquoi Malraux insiste beaucoup sur la différence entre l'art médiéval et l'art de la Renaissance. Les deux formes d'art sont liées au christianisme, mais pas de la même façon. L'art médiéval (qu'il soit byzantin ou roman ou gothique) est un art sacré comme celui de l'Égypte antique; l'art de la Renaissance est un art du génie, et non plus une expression simple de la foi représentée en peinture et en architecture. Entre ces deux formes d'art, Giotto fait la transition.

Cependant, la notion de *Kunstformen* implique un rapport entre l'éternité de l'art et son historicité.

Le concept d'éternité est traité par Hegel d'une façon originale; c'est ce qui perdure et reste constant. Y a-t-il éternité des œuvres d'art, y compris de celles qui ont historiquement disparu? Telle est la question que pose l'usage de ce concept difficile. L'historicité des œuvres d'art ne pose aucun problème puisqu'elles sont liées à une époque par l'intermédiaire d'un artiste (qu'il soit un ou plusieurs, connu ou inconnu). Il n'y a pas d'œuvre d'art sans artiste, et donc sans insertion déterminée dans une civilisation, qu'on sache ou non la date de l'œuvre. Les questions de datation et d'attribution agitent beaucoup les historiens de l'art. Elles n'inquiètent guère Hegel ni Malraux.

Hegel ne traite pas directement de l'éternité des œuvres d'art. Il pense l'art sous la catégorie de la libération de l'esprit. «Mais l'art du beau est seulement un degré de la libération, non la libération suprême elle-même»[37]. C'est à cette insuffisance de l'art qu'il faut rapporter son caractère passé. La question est alors de savoir si ce passé est métaphorique ou non. C'est la difficile question de l'art chrétien ou art romantique, qui montre la subsistance de l'art dans une configuration culturelle où l'art n'occupe plus la place centrale. La vérité de l'art n'est pas une vérité pure en-et-pour-soi; c'est une vérité phénoménale et donc bornée.

Le caractère passé de l'art ne semble pas fort différent du caractère passé de la philosophie de l'esprit objectif. Ce n'est qu'au crépuscule que l'oiseau de Minerve prend son vol. Ceci signifierait alors que l'art ne peut être pensé philosophiquement qu'*a posteriori*. Une analyse philosophique du sens ultime de l'art n'est possible que rétrospectivement. Le philosophe n'est pas à même de juger du présent de l'art contemporain; il ne peut comprendre que l'art du passé. La philosophie de l'art se décline au passé; elle ne saurait se confondre avec la critique d'art, qui prétend dire des choses intéressantes sur l'art contemporain et n'est en fait qu'un discours vide et partisan, partial. Elle n'a rien à voir avec une prospective sur l'art de demain. La tâche propre des créateurs est irréductible.

Le langage de Hegel est constamment ambigu. Il est ambigu de dire que «L'art du beau (comme sa religion caractéristique) a son avenir dans la religion vraie»[38]. De quelle *Zukunft* s'agit-il? Cette notion d'avenir ne peut avoir qu'un

---

[37] GW 20, p. 548. §562 («Aber die schöne Kunst ist nur eine Befreyungs-Stuffe, nicht die höchste Befreyung selbst.»).
[38] GW 20, p. 549. §563.

sens métaphorique, tant il est vrai que la création artistique désintéressée reste toujours aussi présente, et même prolifère tant à l'époque de Hegel qu'à la nôtre.

Ce que Malraux met en évidence sur ce sujet, c'est une critique de l'Éternité, considérée comme Transcendance, et une valorisation du présent subjectif de l'art à travers le Musée Imaginaire. À propos de l'œuvre d'art, il écrit:

> Son temps, qui est celui de la métamorphose, nous a rendu intelligible la vie de l'œuvre d'art: c'est lui qui l'a délivrée à la fois du présent, de l'éternité, de l'immortalité.[39]

Cette analyse demande explication. Tout grand style est soumis à la métamorphose, qui est la règle de la transformation historique de l'art; le concept de métamorphose est plus gœthéen qu'hégélien. La vitalité de l'art n'est pas dialectique pour Malraux, elle est métamorphique. L'art doit être délivré du présent (l'immédiat?), de l'éternité (le divin immuable), de l'immortalité (le ciel des fixes des génies).

Mais si toute œuvre d'art est un combat contre le temps, alors comment appeler ce dépassement du temps qu'elle opère, quand elle est réussie, c'est-à-dire quand elle est une victoire sur le temps? Malraux répond: l'intemporel. Cette idée que l'art échappe au temps par ses meilleures réalisations permet de comprendre à la fois l'historicité des formes d'art qui survivent à leur civilisation et se métamorphosent, et la possibilité de considérer les œuvres d'art comme constituant un monde à part, intemporel et marqué par la co-présence de ces œuvres. L'art sacré délivre l'homme du monde profane des apparences, et lui assure, par sa fonction rituelle, l'éternité. Quelle que soit à nos yeux sa valeur en tant qu'art, il ne se sait pas comme art, et place la vérité dans la religion. Quand le monde n'est plus ordonné par les dieux ou par Dieu, l'art n'exprime plus qu'une vision subjective du monde; il vise à l'immortalité par la beauté. Mais si l'artiste a conscience de son génie, il n'a pas pour autant conscience de l'art en tant qu'art autonome. La lutte contre le temps est donc lutte pour créer des chefs-d'œuvre impérissables. mais le temps propre à l'art, celui qui est victoire sur le temps, est celui de l'époque actuelle qui considère l'art comme intemporel.

Malraux ne partage pas l'avis réservé de Hegel quant aux possibilités de l'art de son temps. Ce qu'il envisage, c'est, grâce à la photo et au cinéma, une mutation radicale de l'art contemporain. L'intemporel est la nouvelle forme de l'art; mais elle n'est pas non plus éternelle. Les œuvres d'art sont des formes qui survivent au déclin des civilisations, mais l'appréhension philosophique du sens de l'art et des œuvres d'art n'est, elle aussi, qu'un moment dans le cortège des grandes civilisations. Il y a chez Malraux un relativisme théorique et esthétique que l'hégélianisme n'admettrait pas.

---

[39] TO, p. 231.

5 La vérité de l'art comme liberté de l'Esprit et l'autonomie du monde l'art

On peut dire que la conception hégélienne de l'art associe vérité et liberté; l'art est partie intégrante de l'esprit absolu en sa liberté. Ce thème de Hegel est repris et approfondi par Malraux.

Chez Hegel, la liberté est ce qui distingue l'art de l'artisanat ou de la technique. Dans la parure, l'art n'est pas libre, pas indépendant, dit l'introduction du cours de 1823[40]. Au contraire, l'objet d'une philosophie de l'art est de considérer *die freie Kunst*. L'idéal de l'art est caractérisé par l'adéquation de la forme et du contenu, ce qui ne se produit que dans la forme d'art classique grec, qui atteint le sommet de l'art, et marque par là la déficience propre à l'art. L'art romantique ou chrétien montre que l'Idée est plus libre que l'art lui-même, en ce sens que l'Idée s'y rend libre pour elle-même, et qu'elle prend alors la forme de la religion, où la piété est insensible à la beauté proprement dite, et préfère des images pieuses sans beauté à des chefs-d'œuvre de grands peintres.

La liberté de l'art est donc mesurée chez Hegel à l'aune de la liberté de l'Idée elle-même. De la même façon chez Malraux, la liberté de l'art est d'abord la liberté de l'homme en général face au Destin.

L'autonomie ou indépendance de l'art sont évidemment un point fort des analyses hégéliennes que Malraux va amplifier, puisque pour lui l'art est expression par excellence de la valeur en général. Ce n'est pas que Malraux nie l'existence d'autres valeurs de la vie humaine; en particulier, il admet, plus ou moins implicitement, une morale stoïcienne du devoir et de la maîtrise de soi et du courage. Mais l'art est, pour l'homme moderne, la seule ouverture vers l'au-delà. La religion de l'art a remplacé les religions instituées en Occident du moins.

Le monde de l'art est ce lieu de présence commune des œuvres les plus différentes entre elles. Il est le fruit d'une réflexion sur l'art et a été créé par des artistes qui n'avaient même pas l'idée de l'art[41]. Mais l'autonomie de l'art, indiquée par le fait qu'il constitue une sphère séparé du reste des activités humaines, n'a rien à voir avec la théorie esthétique de *l'art pour l'art*, qui a opposé certains artistes à ceux qui prétendaient au réalisme. Les artistes contemporains ont le tort de rejeter toute transcendance, y compris celle du monde de l'art dont ils sont les créateurs. Malraux reproche aux peintres de son temps de parler de la peinture comme s'ils étaient des «peintres en bâtiments»[42]; le formalisme de la couleur n'est pas plus acceptable que le formalisme du dessin. La peinture est affaire de sens visé et pas seulement de novation technique. C'est que la signification la plus profonde de l'art est d'être un Anti-Destin. Il y a donc chez Malraux une conception héroïque de l'art, mais il ne s'agit pas de l'héroïsme individuel des génies créateurs. L'héroïsme est ici collectif, c'est celui qui unit toutes les

---
[40] Hotho 1823, p. 4.
[41] S, p. 1–3.
[42] *Les voix du silence.* Paris 1951, p. 343.

protestations individuelles dans l'unité de l'art même. L'art ne peut plus être séparé aujourd'hui de la réflexion sur l'art; mais cette réflexion n'est pas le fait des artistes, qui expriment leur subjectivité. Ainsi, la réponse de Picasso à la question «Pourquoi crée-t-on?» : «Parce qu'on est malheureux». Cette réponse est comme un écho à la fausse question de Hölderlin : *Wozu Dichter in dürftiger Zeit?* Mais c'est le point de vue de l'artiste de faire de l'œuvre le fruit de son propre malheur ou du malheur de son époque. Le point de vue de la réflexion s'élève au-dessus de l'affectivité du génie, et il montre dans l'art le domaine de la véritable liberté, celui où la création est la plus indépendante. Cette valeur de l'art, notre époque l'a dissociée de toute valeur morale ou religieuse.

L'influence, si profonde, de l'esthétique de Hegel sur Malraux, aboutit, avec beaucoup de différences et d'oppositions, à une convergence de fond dans ce primat de la réflexion sur l'art par rapport à l'art lui-même. Ce n'est pas aux artistes de parler de leur art ni de le comprendre; c'est au philosophe de dégager la signification esthétique, philosophique, voire métaphysique de l'art; on peut donc à bon droit parler de la vérité de l'art.

Klaus Vieweg

Heiterer Leichtsinn und fröhlicher Scharfsinn – Zu Hegels Verständnis von Komik und Humor als Formen ästhetisch-poetischer Skepsis

> Die Sprache der Freiheit unserer Zeit ist der Humor, und sei es auch nur der Galgenhumor, denn diese Sprache setzt eine Überlegenheit voraus auch da, wo der Mensch, der sie spricht, unterlegen ist.
> Friedrich Dürrenmatt

Auf die ihn und die literarische Welt überraschende Botschaft der Verleihung des Literaturnobelpreises 1997 reagierte der italienische Satiriker und Komödienautor Dario Fo mit der Satz. „Ich bin bestürzt!". Ernsthaft bestürzt waren sicher einige Gralshüter der sogenannten hohen oder ernsten Literatur. Die Juroren hatten sich wohl in die Niederungen des Komödiantischen verirrt. In seinem Roman *Der Name der Rose* hat Umberto Eco ein eindrucksvolles literarisches Sinnbild der Geringschätzung, der Verachtung des Lachens geschaffen: den blinden Mönch Jorge, der fanatisch das Auffinden des zweiten Buches der Aristotelischen Poetik zu verhindern trachtet – Jesus habe nicht gelacht. In Jorges Gegenspieler William von Baskerville hingegen verbinden sich Scharfsinn und Heiterkeit, er ist ein Mann des freien Wissens und des befreienden Humors. Eine Bemerkung von Dario Fo soll hier als ein Ausgangspunkt der Überlegungen dienen: „Wir sind überzeugt, daß im Gelächter, im Grotesken der Satire der höchste Ausdruck des Zweifels liegt, die wichtigste Hilfe der Vernunft."[1]

Der erste Teil des Satzes erinnert an Friedrich Schlegel, der die romantische Ironie als „höchste und reinste Skepsis" charakterisiert hatte.[2] Im Hinblick auf die Rede von der ‚Hilfe für die Vernunft' sollen Facetten der Hegelschen Interpretation von Komik und Humor als Formen ästhetisch-literarischer Skepsis diskutiert werden. Der Erschließung der skeptischen Dimensionen dieser Formen wurde bisher kaum Beachtung geschenkt. Eine solche Untersuchung aus der Per-

---

[1] Zitiert nach R. Michaelis, *Der lachende Anarchist*. In: Die Zeit. Nr. 43 vom 17. Oktober 1997, S. 56.
[2] F. Schlegel, *Philosophische Lehrjahre 1796–1806*. In: Kritische Friedrich-Schlegel-Ausgabe. Hrsg. von E. Behler. Unter Mitwirkung von J.-J. Anstett und H. Eichner. Bd. XVIII. München/Paderborn/Wien 1963, S. 406. Nr. 1023.

spektive skeptischer Gedankenfiguren, eine Betrachtung in skeptischer Absicht erfolgt unter folgenden Gesichtspunkten:

Erstens sollen mit Hilfe eines Vergleiches der Hegelschen Interpretation des skeptischen Scharfsinns und des ‚heiteren Leichtsinns' Affinitäten und Differenzen beider Texttypen aufgewiesen werden. Zweitens könnten die Gründe dafür erhellt werden, warum Hegel gerade Komik, Komödie, heitere Satire, Humor und Ironie im Kontext der Frage nach dem Ende der romantischen Kunst erörtert.[3] Drittens wäre zu zeigen, daß und in welcher Weise die prominenten Vertreter der ästhetischen Skepsis direkt oder indirekt auf das Leitbild des Pyrrhonismus rekurrieren. Viertens könnte an diesem Beispiel des Skeptischen einsichtiger werden, warum Hegel in einer bestimmten Weise auf die Respektierung der Gattungsdifferenzen zwischen Philosophie und Poesie insistiert, aber auch die Übergänge, die Mischformen und das wechselseitige Aufeinanderverwiesensein thematisiert.

In den laut Hegel ‚mehr nach dem Gebiete des Gedankens' orientierten literarisch-poetischen Werken erscheine der spekulativ-philosophische Gedanke „in der Form der unmittelbaren Behauptung", somit nicht in konsequenter, angemessener Form.[4] In diesem Sinne sind Philosophieren und Poetisieren streng zu trennen. Das Geistreiche bei Montaigne falle „mehr ins Literarische" und könne nicht „zur eigentlichen Philosophie" gerechnet werden.[5] Auch Parmenides und andere hätten „in der Form der Dichtkunst philosophiert, und so die Grenze überschritten".[6] Darin klingt an, daß beide Textformen eine Symbiose des Propositional-Argumentativen und der Metaphorik darstellen, mit der jeweiligen Dominanz eines Moments. Hegel verweist ausdrücklich darauf, daß es in den Übergängen zwischen Philosophischem und Poetischem „Zwittergestalten" gibt.[7] Innerhalb der skeptischen Tradition repräsentieren insbesondere Timon sowie das spätrömische Duo Sextus Empiricus und Lukian eine Komplementarität von spekulativ-diskursiver und ästhetisch-poetischer Skepsis.[8] Der Pyrrhon-Schüler Timon erweist sich in seinen Sillen als ‚Grenzgänger' zwischen den Gattungen, als scharfsinniger Denker und als literarischer Spötter. Seine

---

[3] Vgl. dazu den in diesem Band enthaltenen Beitrag von Annemarie Gethmann-Siefert.

[4] G.W.F. Hegel, *Vorlesung über Ästhetik*. Berlin 1820/21. Eine Nachschrift. I. Textband. Hrsg. von H. Schneider. Frankfurt a.M./Berlin/Bern/New York/Paris/Wien 1995 (im folgenden Ascheberg 1820/21), S. 303.

[5] G.W.F. Hegel, *Vorlesungen über die Geschichte der Philosophie III*. In: Ders., Theorie-Werkausgabe in zwanzig Bänden. Hrsg. von E. Moldenhauer und K.M. Michel (im folgenden TWA). Bd. 20, S. 17.

[6] Ascheberg 1820/21, S. 303.

[7] G.W.F. Hegel, *Philosophie der Kunst oder Aesthetik*. Nach Hegel. Im Sommer 1826. (Mitschrift H. von Kehler). Hrsg. von A. Gethmann-Siefert und B. Collenberg-Plotnikov unter Mitwirkung von F. Iannelli und K. Berr. Studienbrief der FernUniversität Hagen und Buchpublikation München (in Vorb.) (im folgenden Kehler 1826). Ms. 244. Die Kehler-Mitschrift wird zitiert nach der Manuskriptseite (im folgenden Ms.). Mein Dank gilt an dieser Stelle A. Gethmann-Siefert und B. Collenberg-Plotnikov für die Möglichkeit der Einsichtnahme.

[8] Zum Gedanken der Komplementarität von Logik und Ästhetik vgl. G. Gabriel, *Ästhetischer „Witz" und logischer „Scharfsinn"*. Zum Verhältnis von wissenschaftlicher und ästhetischer Weltauffassung. Erlangen/Jena 1996.

„Schielenden Verse" karikieren auch die Philosophen. Sie werden als Nichtsnutze, als mit dogmatischen Einbildungen gefüllte Schläuche dem Lachen preisgegeben. Ein Grundmuster des Skeptischen tritt hier hervor – die antidogmatische Stoßrichtung. Mit dem Hinweis auf die Schattenseite dieser Schmähungen, viele seien „nicht sehr witzig", da sie die Negativität einseitig auf die bloße Destruktion in Gestalt des Beschimpfens reduzieren, deutet Hegel die Ambivalenz dieser Formen an.[9]

Auch Lukian verspottet mit Aristophanischem Witz und Humor und unter Nutzung der Gesprächskunst der griechischen Komödie die Metaphysiker. Aristoteles erscheint als Schmeichler und Scharlatan, die Stoiker gelten als Dogmatiker par excellence. Allerdings gab es eine Ausnahme: verschont wird Sextus Empiricus. In ähnlicher Weise spricht Nietzsche vom Skeptiker als dem einzigen ehrenwerten Typus unter den zwei- bis fünfdeutigen Volk der Philosophen.[10] Sextus und Lukian bilden für Hegel das Paradigma der Beziehung von logisch-scharfsinniger Skepsis und ‚heiterem Leichtsinn'. Mit der Kennzeichnung des ‚feinen Witzes' bei Lukian als des ‚heiteren Leichtsinns' wird wiederum auf die Doppelgesichtigkeit dieser Textart angespielt. Lukian warf selbst die Frage auf, ob es nicht allzu kühn sei, zwei einander ausschließende Gattungen – den philosophischen Dialog und die Komödie – zu einer neuen literarischen Form zu verschmelzen. Vielleicht müsse er für diese frevelhafte Verkupplung die Strafe des Zeus fürchten.[11] Auf der anderen Seite kann bei Sextus auf die rhetorische Tradition der Hypotyposen und der Tropen erinnert werden, an den starken Zug seiner Texte hin zum Literarischen. Insofern kann hier von einer Konvergenz beider Textarten gesprochen werden.

Hegel charakterisiert die spätrömische Welt als realen Skeptizismus und als Boden der Satire, diese Gestalt einer untergehenden Kultur sei eine Welt der Skepsis und der Satire. Wichtige Anregungen für diesen Befund kamen wohl von Edward Gibbon, dessen Beschreibungen zur Illustration der Hegelschen Sichtweise dienen können. Gibbon stellt einen Zusammenhang zwischen der Verschärfung des kaiserlichen Despotismus und dem – wie er es nennt – „ausschweifendstem Skeptizismus" her und betont speziell die „Beredtsamkeit Cicero's und dem „Witz Lukian's".[12] Ausdrücklich werden beide Fraktionen als skeptisch beschrieben. Die Ansteckung dieser skeptischen Schriften habe sich – so Gibbon zum umgreifenden Wirkung der Skepsis – „viel weiter ausgebreitet als bloß über die Leser derselben". Das gesamte Volk sei „mit Zweifeln und Bedenklichkeiten hinsichtlich der traditionellen Lehren" erfüllt worden. Die alten Gottheiten werden – so Gibbons Kennzeichnung der beiden Skepsis-Typen „*verworfen*" und „*verlacht*".

---

[9] G.W.F. Hegel, *Vorlesungen über die Geschichte der Philosophie II*. In: TWA. Bd. 19, S. 366.
[10] F. Nietzsche, *Ecce Homo*. In: Ders., Werke in drei Bänden. Hrsg. von K. Schlechta. München 1966. Bd. 2, S. 1087.
[11] G. Peters, *Literarisches Philosophieren mit dem Mythos „Prometheus"*. In: Literarische Philosophie – Philosophische Literatur. Hrsg. von R. Faber und B. Neumann. Würzburg 1999, S. 53.
[12] *Gibbon's Geschichte des allmäligen Sinkens und endlichen Unterganges des römischen Weltreiches*. Deutsch von J. Sporschil. (12 Bde.). Leipzig ⁴1862, S. 158, S. 216.

Der Historiker diagnostiziert schließlich auf der einen Seite eine „*Krankheit des Denkens*" und auf der anderen eine „*Krankheit des Geschmacks*".[13] Zudem wird bereits die Ambiguität der alten Skepsis angedeutet, der Kontrast zwischen der „*intellectuellen Freiheit*" und der „*kalten Gleichgültigkeit*" dieser Weltsicht.[14]

Der Schwerpunkt der folgenden Überlegungen liegt auf Hegels Behandlung des Komischen, des Witzes, des Humors, der lachenden Satire. Die „heitere Heiterkeit" (Nietzsche) gilt Hegel als das Höchste der romantischen Kunst überhaupt, als Gipfelpunkt moderner Kunst, als Gestalt, welche die Auflösung der romantischen Kunstform selbst repräsentiert. Im Komischen haben wir die Einheit von Idee und Gestalt in der Form ihrer Selbstaufhebung. Im Abschnitt „Die Auflösung der romantischen Kunstform", die am Abschluß der ersten systematischen Teile der Ästhetik steht, bilden die Darstellungen der Wirklichkeit in ihrer prosaischen Objektivität, der Zufälligkeit der äußeren Gestaltungen und der subjektive Humor als das Freiwerden der Subjektivität ihrer inneren Zufälligkeit nach die beiden Extremformen, die im sogenannten ‚objektiven Humor' aufgehoben werden. Der subjektive Humor spiele in der modernen Kunst eine große Rolle und gebe besonders bei vielen Dichtern den Grundtypus ihrer Werke ab.

Für den Vergleich der beiden Skepsis-Typen sollen besonders Hegels Äußerungen zu den von ihm in diesem Kontext besonders herausgehobenen Dichtern herangezogen werden – die Bemerkungen zu Laurence Sterne, Jean Paul und Theodor Gottlieb von Hippel, unter Einbeziehung der essentiellen Hinweise auf Aristophanes, Lukian, Cervantes, Shakespeare, Schiller und Goethe. Von den sich anbietenden ‚Referenzpunkten' – Negativität, Subjektivität, Stehen-Bleiben im Gegensatz, Ataraxia, Langeweile und Tadiosität – werden hier die beiden Erstgenannten näher betrachtet. Dabei können nur erste Grundlinien der ‚parallelen' Deutung von Negativität und Subjektivität skizziert werden.

1 Das Prinzip Negativität oder „Des Teufels Papiere"

> Ungefähr vor drei Wochen hab' ich, der Teufel,
> auf der Redoute einige Zweifel gegen meine
> eigne Existenz an den Tag zu legen gewagt
>
> Jean Paul

Als kardinales Moment des Skeptischen bestimmt Hegel das Festhalten der Negativität, des Selbstwiderstreites und der Selbstvernichtung des Endlichen – alles Endliche sei dies, sich selbst aufzuheben. Die echte Skepsis fixiere diese Selbstaufhebung endlicher Bestimmtheit. Dieses negative Verfahren lege die Nichtigkeit des Endlichen offen, es dementiere die Annahme des „Ist" der Welt. Der Skeptizismus erhebe ‚den ganzen Umfang der Wirklichkeit und Gewißheit in die Potenz der Ungewißheit'. Der nüchterne Scharfsinn pyrrhonischer Art klettert an der Strickleiter der Logik bis zur Isosthenie, bis zur Antinomie, bis zur

---
[13] Ebd.
[14] A.a.O., S. 59.

theoretischen Gleich-Gültigkeit. Und enthält sich dann konsequent des Urteils, was die Adiaphoria als praktische Gleichgültigkeit einschließt. Gleichgültigkeit bildet einen Grundtopos von Hegels Deutung der Skepsis.

Die negative Kraft komischer Metaphorik betreibt mit anderen, aber ähnlichen Mitteln das gleiche Geschäft. Mit dem Ätzgift des Lachens, mit dem ‚scharfen Spiritus der Satire' (Jean Paul) wird das endliche und scheinbar Sakrosankte destruiert. Don Quixote ist ein Sinnbild für den Untergang des Rittertums, der von einer respektlos-gleichgültigen Fliege hinterlassene und von Josef Schwejk festgestellte Dreck auf dem Porträt von Kaiser Franz Josef steht für den Fall des Habsburger Reiches. Beide, der scharfsinnige wie der metaphorische Skepticus, sind die Geschäftsführer der Negativität.

In den folgenden Darstellungen sollen jeweils drei Betrachtungsebenen verknüpft werden: Kernaussagen Hegels, Hinweise ausgewählte Werke der literarischen Skepsis und Interpretationen der heutigen Literaturwissenschaft.

Im Kontext des Themas der Auflösung der romantischen Kunstform akzentuiert Hegel eine Subjektivität, die mit dem Recht und der Macht ihres Witzes die Auflösung von allem bewirken könne. Der Witz repräsentiert in diesem Sinn die romantische Kunst selbst, eben die Einheit in der Form der Unangemessenheit und Gleichgültigkeit von Idee und Gestalt. Der wahre Witz sei die „geniale Verknüpfung der ihrem äußeren Anschein nach fremdartigen Vorstellungen nach der Seite einer unerwarteten Gleichheit."[15]. Dieses Ingenium gilt in Hegels Nürnberger Logik gar als eine Form des Urteils, als Analogon des Vernünftigen, das eine Bestimmung oder ein Verhältnis ausdrückt, wie es seiner unmittelbaren Vorstellung oder in sich selbst entgegengesetzt ist. Hegel konfrontiert den Witz explizit mit dem Scharfsinn, welcher auf die Beschaffenheit des Urteilens gehe, durch Reflexion feinere oder tiefere Beziehungen und Unterschiede festhalte.[16] Die Ähnlichkeiten, die der Witz zwischen Vorstellungen aufdeckt, so Jean Paul in seinen *Teufelspapieren*, sind eben so wahr als diejenigen, welche der Scharfsinn auskundschaftet.[17] Hegels Beschreibungen der echten, pyrrhonischen Skepsis konvergieren mit denen der Komik, des Humors, der heiteren Satire, der Komödie und der Ironie. In der Komik zeige sich die „in sich selbst auflösende und dadurch komische Welt der Ereignisse und Situationen"; alles was sich objektiv machen und eine feste Gestalt gewinnen will, zerfällt ‚durch diese Macht subjektiver Einfälle, Gedankenblitze, frappanter Auffassungsweisen'. Der Humor mache „alle Bestimmtheit wankend".[18] Die pyrrhonische Skepsis zeige von „allem Bestimmten und Endlichen, daß es ein Wankendes ist".[19]

---

[15] G.W.F. Hegel, *Philosophische Enzyklopädie für die Oberklasse (1808 ff.)*. In: TWA. Bd. 4: Nürnberger und Heidelberger Schriften 1808–1817, S. 55.
[16] Ebd.
[17] Jean Paul zitiert nach K. Wölfel, *Jean-Paul-Studien*. Frankfurt a.M. 1989, S. 275.
[18] G.W.F. Hegel, *Vorlesungen über die Ästhetik II*. In: TWA. Bd. 14 (im folgenden ÄII), S. 216 f., S. 229, S. 237.
[19] TWA 19, S. 359.

Im Humor streife die romantische Kunst „alle feste Beschränkung auf einen bestimmten Kreis des Inhalts von sich ab".[20] Das von Jean Paul präferierte weltvernichtende Lachen richtet sich gegen den Schrecken der Welt, das Spiel des Witzes nivelliere Alles und schaffe Gleichheit und Freiheit. Echter Humor – so der Dichter – erweise sich als die „vernichtende oder unendliche Idee".[21] Hegel spricht bekanntlich von der negativen oder vernichtenden Seite der Vernunft. Als Zentralprinzip der romantische Ironie, die nahe an das Prinzip des Komischen heranstreife, aber sich durch den Gehalt dessen, was zerstört werde, vom Aristophanisch-Komischen unterscheide, gilt die unendliche absolute Negativität, die Negation aller Bestimmtheit und Besonderheit.[22] Die Negativität der Philosophie sei mit dem ironischen Auflösen des Bestimmten ‚verwandt', nur fehle dem Ironischen der Maßstab der Entscheidung, was destruiert werden müsse und was nicht. Das Schlüsselwort *Gleichgültigkeit* findet sich in den Beschreibungen aller Formen des Witzes; in der fröhlichen Satire, im heiteren Leichtsinn vom Type Lukians sei „man *gleichgültig* gegen das äußere Dasein und dagegen gewandt, es als Negatives betrachtend", die romantische Innigkeit stehe „gleichgültig gegen das Äußere".[23] Im Pyrrhonismus mache sich der Geist „gleichgültig gegen alles, was die Wirklichkeit darbietet".[24] Welt als Gegebenheit wird bei Laurence Sterne nicht mehr anerkannt, von Hippels Ziel ist die Negation der Welt, bei Jean Paul verwandelt sich die Welt in Schein. Sie wird im Feuerwerk der Bilder annihiliert und in der Satire als Nichtige demaskiert. Der Witz ist – so Jean Paul – ein „Geister- und Götterläugner", er ist gleichgültig gegen die wahren Verhältnisse der Dinge, „er achtet und verachtet nichts, alles ist ihm gleich".[25] Jeder Stoff – so Hegel – darf dem romantischen Künstler gleichgültig sein, die Kunst werde ganz zu einem Scheinen. In einer Hinsicht sei für die holländische Malerei nicht der Inhalt und seine Realität wichtig, sondern das „in Rücksicht auf den Gegenstand ganz interesselose Scheinen".[26] Speziell in der romantischen Poesie verkehre sich die Welt in ein bedeutungsloses Zeichen, die Äußerlichkeit der Gestalten wird unwesentlich und vorübergehend. Dies impliziere zugleich ein „Hineinverlieren ins Geistige", die Selbstaufhebung der Kunst kündigt sich an.[27]

Die Metaphorik für die Negativität findet sich nicht nur bei den Dichtern, sondern ebenso eindrucksvoll bei den Philosophen. Sextus und Kant beschreiben die Skepsis als Kathartikon, als Abführmittel für jeden Dogmatismus, vom ‚Werfen des Endlichen in den leeren Abgrund' ist bei Kant und Hegel die Rede. Letzterer vergleicht die Skepsis mit dem Schrecken der Guillotine und spricht vom ‚spekulativen Karfreitag', der Teufel repräsentiere des Negative in der christlichen Religion.

---

[20] ÄII, S. 237.
[21] J. Paul, *Vorschule der Ästhetik*. In: Ders., Werke. Hrsg. von N. Miller. Abteilung 1. Bd. 5. München 1963, S. 129.
[22] G.W.F. Hegel, *Vorlesungen über die Ästhetik I*. In: TWA. Bd. 13 (im folgenden ÄI), S. 93.
[23] Ascheberg 1820/21, S. 160; ÄII, S. 290.
[24] G.W.F. Hegel, *Vorlesungen über die Philosophie der Geschichte*. In: TWA. Bd. 12, S. 385.
[25] J. Paul, *Vorschule der Ästhetik*. §54.
[26] ÄII, S. 235.
[27] ÄI, S. 113; TWA 15 (*Vorlesungen über die Ästhetik III*) (im folgenden ÄIII), S. 235.

Nietzsche sieht die große Blutsaugerin, die Spinne Skepsis am Werk.[28] Goethes Teufels ist ‚der Geist der stets verneint', der im Negativen sein eigentlich Element hat. Jean Paul verfaßt Teufelspapiere, wir müssen Teufel werden, um die Welt zum Teufel zu jagen. Im Teufel sieht er den ‚größten Humoristen und whimsical man'; die Satire gilt ihm als Höllenfeuer, als Brandstätte des Endlichen, als das Höllenfeuer für die ‚Zirkelschmidte', wie er die Philosophen verspottet.[29] Die nüchtern-scharfsinnigen Aporetiker wie die Vertreter der ‚Antinomie des reinen Witzes' sind Advokaten des Teufels, die den literarischen und spekulativen Karfreitag zelebrieren, hier die metaphysischen Ritter des Negativen (so Kierkegaard im Blick auf Solger), dort die ästhetisch-poetischen ‚Narren' der Negativität.

2 Subjektivität und die Welt der subjektiven Heiterkeit

> Im Humor ist es die Person des Künstlers, die
> eigne Subjektivität, die sich produziert
> Der Künstler zeigt nur sich selbst
> G. W. F. Hegel

Neben dem großen Scharfsinn und der klaren Kraft der Abstraktion zeichne sich Hegel zufolge die hohe, antike Skepsis durch das Prinzip der freien Subjektivität, der Freiheit von Selbstbewußtsein und Denken besonders aus. Die Skepsis sei „in dem Entschluß, *rein denken zu wollen*, durch Freiheit vollbracht, welche von allem abstrahiert und ihre reinen Abstraktionen, die Einfachheit des Denkens erfaßt", durch Ataraxie, welche mittels Vernunft erworben werde.[30] Insofern muß jeder Philosoph Pyrrhonist sein, frei von Vorurteilen, frei von unbegründeten Annahmen; vermeintliche Offenbarungen oder prophetische Versicherungen lehnt er prinzipiell ab. Die Achillesfersen des Dogmatischen muß er stets aufs Neue aufspüren und offenlegen. Er muß durch das Purgatorium dieses freien Denken hindurchgegangen sein, sich stets selbst dem Inferno der Skepsis aussetzen. Resistenz gegen die skeptischen Tropen gewinnt man Hegel zufolge nur mittels Inklusion der skeptischen Methode. Wie in Bezug auf die moderne Philosophie die Inklusion der pyrrhonischen Skepsis eingefordert wird, so hinsichtlich der modernen Kunst die Inklusion des echten Humors, der wahren Komik. Diese Dimension – die freie Imagination der Unendlichkeit der Kontraste – repräsentiert laut Hegel geradezu den Grundcharakter der romantischen Kunst,

---

[28] F. Nietzsche, *Jenseits von Gut und Böse*. In: Ders., Werke in drei Bänden. Hrsg. von K. Schlechta. München 1966. Bd. 2, S. 673.
[29] J. Paul, *Clavis Fichtiana seu Leigeberiana*. Zitiert nach: Transzendentalphilosophie und Spekulation. Der Streit um die Gestalt einer ersten Philosophie (1799–1807). Hrsg. von W. Jaeschke. Hamburg 1999, S. 94.
[30] G.W.F. Hegel, *Enzyklopädie der philosophischen Wissenschaften im Grundrisse (1830)*. In: Ders., Gesammelte Werke. In Verbindung mit der Deutschen Forschungsgemeinschaft hrsg. von der Rheinisch-Westfälischen Akademie der Wissenschaften. Bd. 20. Unter Mitarbeit von U. Rameil hrsg. von W. Bonsiepen und H. Ch. Lucas. Hamburg 1992, S. 117f.; TWA 19, S. 370.

zugleich wird damit der schmalen Grat beschrieben, auf dem die moderne Kunst wandeln muß.

Die selbstbewußte, geistige Innerlichkeit, die freie Geistigkeit prägt die romantische Kunstform. Als eine Seite der romantischen Ironie wird die freie Subjektivität des Ich akzentuiert. Seinem satanischen Widerpart Schlegel schreibt Hegel gerade „große Parrhesie" zu, dieser Freimut gelange sogar in die „Nähe des Standpunktes der Idee".[31] Dies tritt leider oft in den Hintergrund und es wird nur die zweite Seite, die Leer- und Hohlheit dieser Subjektivität registriert. Anläßlich Aristophanes und des Komischen in seiner Tradition konstatiert Hegel überschwänglich die „absolute Freiheit des Geistes", den „Sieg der Subjektivität in einer Welt der subjektiven Heiterkeit", die reine, heitere Lustigkeit. Die ‚komische Subjektivität' sei zum Herrscher über das geworden, was in der Welt erscheint'. Für die Erlangung dieses Moments der Subjektivität, des Freimutes, des unbefangenen Grundwohlseins, des geistigen Sauwohlseins wird die Lektüre des antiken Komödiendichters empfohlen, ja gefordert.[32]

In der Satire, auch in der Lukianschen Variante des ‚heiteren Leichtsinn', die oft schwatzhaft bei der bloßen Äußerlichkeit stehen bleibe, zeige sich der freie selbstbewußte Geist – „die geistige Welt für sich [werde] frei", sie habe sich „dem Sinnlichen entnommen und erscheint deshalb durch diese Zurückgezogenheit in sich als selbstbewußtes, sich nur seiner Innerlichkeit genügendes Subjekt.[33] In der Selbstgewißheit eines Don Quixote oder in den Narrheiten von Shakespeares Komödien werde in mehr prosaischer Art der Aristophanische Geist wiederhergestellt, die närrische Subjektivität in „vertiefterer Fülle und mit Innerlichkeit des Humors" – so Hegels Lobpreis der modernen Komik.[34] Der Humor bestehe im „Freiwerden der Subjektivität ihrer inneren Zufälligkeit nach". Der subjektiven Laune wird der volle Spielraum gegeben, die Partikularität des Künstlers tritt ins Zentrum.[35]. „Nichts als die Subjektivität des Selbstbewußtseins stellt sich dar", die „höchste Spitze des Selbstbewußtseins" sei erklommen.[36]

Das poetische Hauptinteresse sind die Schicksale eines bestimmten Individuums, die Zeichnung von Charakteren – der Humanus erweist sich auch so als der neue Heilige der Kunst. Alles scheinbar Feste, Objektive und Dogmatische (Inhalt und Form betreffend) wird abgeworfen. Romane verstehen sich als Biographien, als *Lebensläufe* – so der Titel des von Hegel als vorzüglichsten deutschen Humoristen geschätzten von Hippel. Der Dichter stellt ‚nur seine Gedanken und Überzeugungen vor', nur sich selbst als Subjekt dar.[37] Der Poet beschreibt seinen Charakter – ‚So bin ich selbst der einzige Inhalt meines Buches' – das Prinzip des Michel de Montaigne. Die positive Seite des alten Pyrrhonikers besteht laut Hegel ebenfalls in dieser *Freiheit des Charakters*. Der romantische

---

[31] ÄI, S. 92.
[32] ÄIII, S. 533, S. 554.
[33] ÄII, S. 122.
[34] ÄIII, S. 571–572.
[35] ÄII, S. 239.
[36] Ascheberg 1820/21, S. 306.
[37] ÄII, S. 119, S. 229.

Dichter spricht von sich selbst, er zeigt ausschließlich sich selbst. Werde dies von ihm gewußt, so repräsentiere dies die Auflösung der romantischen Kunstform. In der höchsten Zufälligkeit des Äußeren werde ‚das Objective hineingelegt' und diese ‚Eitelkeit' müsse durch Ironie befriedigt werden. Das Komische verlangt also das Selbstironisieren, in analoger Weise appliziert Hegel die Isosthenie auf die Isosthenie und realisiert die Gleichgültigkeit gegenüber der Gleichgültigkeit.

Hegel hebt neben Shakespeare besonders drei moderne Autoren als geniale Humoristen heraus – Sterne, von Hippel und Jean Paul. Sternes *Sentimental Journey* und *Tristram Shandy* gelten als die „besten humoristischen Werke".[38] Bei der Einschätzung von Sterne besteht eine erstaunliche Einmütigkeit zwischen Jean Paul, Goethe, Hegel und Nietzsche – die ‚humoristische Ironie' verbindet Goethe mit der Freiheit des Poetischen. Nietzsche preist Sterne als den „freiesten Schriftsteller aller Zeiten", in seinem ‚Überhumor' seien „*Tiefsinn und Posse verknäuelt*".[39] Hegel kennt die von Sterne herrührende literarische Tradition sehr gut. In den letzten Jahrzehnte des 18. Jahrhunderts herrschte in ganz Deutschland eine Sterne-Manie, die nach Goethes Auffassung teilweise in überzogenen Sentimentalismus umschlug. Die romantische Innerlichkeit kippe Hegel zufolge in „Schönseelischkeit" um. Dies markiert die Gefahr der ‚humoristischen Ironie', die sich nicht selbst ironisieren kann. Es droht die „Vertiefung in die gehaltlose Subjektivität der eigenen Persönlichkeit, die bloße Selbstanschauung als „vorgelogene Herrlichkeit des eigenen Gefühls".[40] Dem korrespondiert Hegels Kritik an der reinen Negativität und reinen Subjektivität des Skeptizismus: „Diese rein negative Haltung, die bloße Subjektivität und Scheinen bleiben will, hört eben damit auf, für das Wissen etwas zu sein; wer fest an der Eitelkeit, daß es ihm so scheine, er es so meine, hängenbleibt, seine Aussprüche durchaus für kein Objektives des Denkens und des Urteilens ausgeben wissen will, den muß man dabei lassen".[41]

Doch zurück zu Hegels Vertrautheit mit der von Sterne ausgelösten literarischen Bewegung. Hier sei nur auf seine Lektüre von Romanen verwiesen, die versuchten, in sehr differenzierter Weise an das Sternesche Muster anzuknüpfen: Zuerst muß *Sophiens Reise von Memel nach Sachsen* aus der Feder von Johann Timotheus Hermes genannt werden – ein Lieblingsbuch des Gymnasiasten Hegel. Dieser Aufklärungsroman, der zu damals zu den meistgelesensten Büchern in Deutschland zählte, erreicht zwar nicht die ‚poetische Höhe' oder den Humor seines Königsberger Studienkollegen von Hippel, bildete jedoch eine wichtige Voraussetzung für dessen *Lebensläufe*. Kuno Fischers Beurteilung von Sophiens Reise als eines ‚elenden und langweiligen Romans'[42] sieht nur eine Seite und verkennt die Einbindung in die deutsche Sterne-Tradition. Hegel kannte außer-

---
[38] Ascheberg 1820/21, S. 180.
[39] F. Nietzsche, *Menschliches, Allzumenschliches*. In: Ders., Werke in drei Bänden. Hrsg. von K. Schlechta. München 1966. Bd. 1, S. 780–781. (Hervorhebung vom Verf.).
[40] ÄI, S. 313.
[41] G.W.F. Hegel, *Verhältnis des Skeptizismus zur Philosophie*. In: TWA. Bd. 2: Jenaer Schriften 1801–1807, S. 249.
[42] K. Fischer, *Hegels Leben und Werke*. Heidelberg 1911. 1. Teil, S. 9.

dem Friedrich Nicolais *Sebaldus Nothanker*, August Lafontaines *Leben und Taten des Freiherrn Quinctius Heymeran von Flaming* sowie Werke von Marivaux, Zimmermann und – last not least – Friedrich Heinrich Jacobis *Woldemar*. Alle diese Romane repräsentieren trotz ihrer unterschiedlichen poetischen Kraft und Qualität eine neue Form des Erzählens. Allerdings werde – so Hegel Kritik – in manchen dieser Romänchen durch ‚Bizzarrerie' und Schein-Raffinement nur Effekt erhascht und der Inhalt durch Banalität und Gefühlsduselei ersetzt.

Demgegenüber versuche von Hippel dem Sterneschen Prinzip – witziger Dialog mit dem eigenen Ich – gerecht zu werden. Von Hippels Credo, das fast dem des Montaigne gleicht, bringt die neue literarische Subjektivität exakt auf den Punkt: „Ich schreibe für mich, ich halte ein Selbstgespräch zu meinem selbsteigenen Vergnügen und Mißvergnügen."[43] Sein von Hegel gepriesener Roman *Lebensläufe* beginnt konsequenterweise mit dem Wort „Ich". Dieser Roman genießt die besondere Wertschätzung des Philosophen, von seiner Tübinger bis zur Berliner Zeit. Mit Hölderlin, so berichtet es Karl Rosenkranz – las Hegel nicht nur die Werke von Platon, Kant und Jacobi, sondern ebenfalls „Hippels Lebensläufe in aufsteigender Linie".[44] 1795 verwendet Hegel in einem Brief an Schelling ein durchaus humoristische Stelle aus dem Roman zur Beschreibung seiner Seelenlage: „Ich rufe mir immer aus dem Lebensläufer zu: Strebt der Sonne entgegen, Freunde, damit das Heil des menschlichen Geschlechts bald reif werde! Was wollen die hindernden Blätter? Was die Äste? Schlagt Euch durch zur Sonne, und ermüdet ihr, auch gut! Desto besser läßt sich schlafen!"[45] In den Berliner Arbeiten feiert Hegel den Freund eines Kant und Hamann als den ‚vorzüglichsten deutschen Humoristen', die *Lebensläufe* gelten als „Werk des tiefsten Humors", als eines „der wenigen großen Originalwerke der deutschen Nation".[46] „Tiefe in der Poesie" sowie „wunderbare Individualität, Frische und Lebendigkeit" zeichne sein Werk aus, der ‚objektive Humor erblühe zur geistreichen Form'.[47]

Die neue Poesie zeigt die Wege des Ich als Wege im Ich, die Szenarien dieser Reisen, dieser einsamen Spaziergänge im Ich, dieser Wanderungen des Selbstbewußtsein auf seinem eigenen Terrain. Der Einfluß der ‚Sterne-Manier' auf den Denkweg des jungen Hegel wurde von der Forschung bisher unterschätzt, speziell die Relevanz für Inhalt und Textform der *Phänomenologie des Geistes*.[48] Besonders aufschlußreich ist hierzu eine Bemerkung von Michelet: Hegel pflegte diese Schrift „seine *Entdeckungsreise* zu nennen, indem hier die spekulative Methode,

---

[43] Th. G. von Hippel, zitiert nach: P. Michelsen, *Laurence Sterne und der deutsche Roman des 18. Jahrhunderts*, S. 271.
[44] K. Rosenkranz, *G.W.F. Hegel's Leben*. Berlin 1844, S. 40.
[45] Brief von Hegel an F.W.J. Schelling vom 16. 4. 1795. In: Briefe von und an Hegel. 4 Bde. Hrsg. von J. Hoffmeister und F. Nicolin. Bd. I: 1785–1812. Hamburg 1981, S. 24–25.
[46] G.W.F. Hegel, *Hamanns Schriften*. In: TWA. Bd. 11: Berliner Schriften 1818–1831, S. 336; ders., *Hegel's Vorlesungen über die Philosophie der Religion*. Theil 2. In: Hegel's Werke. Vollständige Ausgabe durch einen Verein von Freunden des Verewigten. Bd. XII. Berlin 1840, S. 493; Kehler 1826, Ms. 275.
[47] TWA 11, S. 279, S. 336.
[48] Für einen Hinweis auf das Verhältnis der *Lebensläufe* zur *Phänomenologie* danke ich Brigitte Hilmer (Basel).

das ihm eigentümlich in der Geschichte der Philosophie zukommende, in der Tat den ganzen Umkreis des menschlichen Wissens *bereist*".[49] Dargestellt wird die Wanderschaft des Wissens in seinem eigenen Reiche; mit Hermes und von Hippel könnte man die *Phänomenologie* als *Weltreise der Sophie, als Lebenslauf der Weisheit* beschreiben.

Zum bislang nur unzureichend ausgeleuchteten ‚skeptischen' Hintergrund für von Hippel gehören Montaigne, Hume, Hamann und Kant.[50] In seiner Abhandlung über die Sterne-Rezeption in Deutschland diagnostiziert Peter Michelsen den Trend zum „Ich-Bewußtsein unter Ausschaltung der Welt".[51] Jean Paul insisitiert auf den ‚ganz frei gewordenenen Geist', frei vom Joche der Welt und der Gegenstände. Für seinen Leipziger Lehrer Ernst Platner, der den jungen Richter stark beinflußte, galt ‚nichts anderes wahr als als das Dasein unserer sinnlichen und vernünftigen Vorstellungen, unserer subjektiven Überzeugungen'.[52] Im Mittelpunkt der Jean Paulschen Roman steht das satirische Ich, die verschiedenen Personen sind Perspektiven des Autors selbst. Es handele sich – so Kurt Wölfel – bei diesen Darstellungen des einzelnen Dichter-Ichs um eine „Rennbahn der Charaktere". Die Figuren sind Träger von Eigenschaften und oft von der ‚personalen Abstraktheit einer Vogelscheuche'.[53] Manche dieser Gemüter fallen laut Hegel „dem Formalismus anheim."[54]

In der Einschätzung von Witz und Humor bei Sterne, Richter und von Hippel knüpft Hegel – dies soll kurz belegt werden – indirekt an Schillers Aufsatz *Über naive und sentimentalische Dichtung* und direkt an Goethes *West-Östlichen Divan* und an. Diese kaum beachtete kritische Aufnahme der Gedanken Schillers und besonders der Goetheschen Jean Paul-Einschätzung im *Divan* ist von eminenter Bedeutung für Hegels Konzept vom objektiven Humor, vom Endpunkt der romantischen Kunst überhaupt.[55] Hegels Stichworte sind das Schwanken und der unaufgelöste Gegensatz. Im Kontext des Endes der romantischen Kunstform als der tieferen Entzweiung der in sich verharrenden Innerlichkeit, welche gebrochen oder gleichgültig gegen das Objektive bleibt, erörtert er das Schwanken von Humor, Komik und Ironie zwischen freier Subjektivität und Willkür und unterscheidet zwischen subjektivem und objektivem Humor. Wie die pyrrhonische Skepsis beim Gegensatz, bei der Isosthenie stehenbleibt, so wird hier beim Unbestimmten, in der Subjektivität des Dichters stehengeblieben, die Entgegensetzung halte bei der Form des Gegensatzes inne. Die Dissonanz, welche die

---

[49] K.L. Michelet. Zitiert nach: *Hegel in Berichten seiner Zeitgenossen*. Hrsg. von G. Nicolin. Hamburg 1970, S. 76.
[50] Diese Problematik soll an anderer Stelle ausführlich erörtert werden.
[51] P. Michelsen, *Laurence Sterne und der deutsche Roman des 18. Jahrhunderts*, S. 302.
[52] Zu E. Platner vgl. C.F. Stäudlin, *Geschichte und Geist des Skepticismus vorzüglich in Rücksicht auf Moral und Religion*. Bd. 1. Leipzig 1794, S. 26.
[53] K. Wölfel, *Jean Paul-Studien*, S. 30, S. 28.
[54] Kehler 1826, Ms. 275.
[55] Vgl. dazu A. Gethmann-Siefert, *Einleitung*. In: G.W.F. Hegel, Vorlesungen über die Philosophie der Kunst. Berlin 1823. Nachgeschrieben von Heinrich Gustav Hotho. Hrsg. von A. Gethmann-Siefert (= G.W.F. Hegel, Vorlesungen. Ausgewählte Nachschriften und Manuskripte. Bd. 2). Hamburg 1998, S. CCVIII–CCXIII.

Komik oder die Satire ausspricht, ist der Charakter der Komik oder der Satire selbst. Der Witz selbst repräsentiert die Disharmonie, er vergleicht das nicht Vergleichbare (Jean Paul), er vereint das Unvereinbare (K. Fischer).

Zu diesem möglichen Schwanken als Alternativität zwischen Genialität und poetischer Kraft einerseits sowie Substanzlosigkeit und Flachheit andererseits heißt es im *West-Östlichen Divan*: „Der Prosaist hingegen hat die Ellebogen gänzlich frei und ist für jede Verwegenheit verantwortlich, die er sich erlaubt; alles was den Geschmack verletzen könnte, kommt auf seine Rechnung. Da nun aber [...] einer solchen Dicht- und Schreibart das Schickliche vom Unschicklichen abzusondern unmöglich ist, so kommt hier alles auf das Individuum an, das ein solches Wagstück unternimmt." Ist es ein Mann wie Jean Paul, ein Mensch von Talent und Würde, so sei alles erlaubt und willkommen, ein so begabter Geist erschaffe die seltsamsten Bezüge, verknüpfe das Unverträglichste. Allerdings werde das Ganze der buntverschränkten Welt durch einen „geheimen ethischen Faden" zu einer gewissen Einheit geleitet.[56] Goethes Rede vom „Wagstück" und der Unmöglichkeit des Absonderns des Schicklichen vom Unschicklichen verweist auf die Gefahr des Sturzes in Platitüden oder „Karikaturen der Phantasie" und korrespondiert mit Hegels Beschreibung der Zufälligkeit: „Die Seite des äußeren Daseins ist der Zufälligkeit überantwortet und den Abenteuern der Phantasie preisgegeben."[57] Es kann wahre Komik und wahrer Humor entstehen, aber auch sein Gegenstück – die willkürliche Abenteuerlichkeit und matte Trivialität. In der Raupach-Rezension bemerkt Hegel, es ‚komme darauf an, *wie* das Zufällige hereingelassen wird'.[58] Den Absturz in das Zufällige moniert Hegel auch bei den Pyrrhoneern, die sich einfach an das zufällig Gegebene, die gerade geltenden Sitten und Traditionen halten, ohne diese zu bewerten.

Wohl wiederum im Anschluß an Montaigne verwenden Jean Paul, Hegel und Nietzsche in Bezug auf das ‚Wagstück' das Bild vom *steten Springen*. Nietzsche spricht bei Sterne von einer „Eichhörnchen-Seele", analog charakterisiert er die bewegliche Seite der argumentierenden Skepsis, die „ungeduldig von einem Ast zum andern springt".[59] Der Witz springe – so Jean Paul – er sei ‚unstet, er bleibe nie auf einer Fährte, weil er nach Ähnlichkeiten hascht, weil er gleichgültig gegen die wahren Verhältnisse der Dinge, bloß scheinbaren nachläuft'. Der ‚subjektiven Laune' wird nach Auffassung von Hegel voller Spielraum gegeben, die Sprüngen der subjektiven Laune finden Darstellung. „Das Subjekt gibt nur sich zu sehen, der Gehalt kann das Gleichgültigste sein."[60] Daraus erwächst eine große Gefahr: „Der Humor ist seiner subjektiven Natur nach zu sehr auf dem *Sprunge*, in Selbstgefälligkeit, subjektive Partikularität und trivialen Inhalt überzugehen,

---

[56] J.W. von Goethe, *West-Östlicher Divan*. In: Ders., Goethes Werke. Bd. 7. Weimar 1888, S. 111–114.
[57] ÄI, S. 113.
[58] G.W.F. Hegel, *Über die Bekehrten (Raupach-Rezension)*. In: TWA. Bd. 11, S. 75.
[59] F. Nietzsche, *Menschliches, Allzumenschliches*. In: Ders., Werke in drei Bänden. Hrsg. von K. Schlechta. München 1966. Bd. 1, S. 781–782; *Jenseits von Gut und Böse*. A.a.O. Bd. II S. 670.
[60] ÄI, S. 380, S. 382; Kehler 1826, Ms. 286; TWA 11, S. 336.

wenn er nicht von einer gut gearteten [...] großen Seele beherrscht wird." In der Kehler-Nachschrift heißt es: „Wenn der Gehalt keine Tiefe hat, so ist es nur eine Reihe von zufälligen Einfällen, Empfindungen."⁶¹ Nur dann, durch den ‚geheimen ethischen Faden' könne der Witz zur geistreichen Form erblühen, ein Muster hierfür sei Shakespeare. Obwohl es auch bei ihm nicht an Flachheiten fehle, überrage immer das Allgemeinmenschliche. Jean Paul erscheint bei Hegel als Beispiel für die Ambiguität des romantischen Witzes, des romantischen Humors, teilweise in kritischer Absetzung von Goethes Einschätzung. Zum einen überrasche und beeindrucke Richters Humor durch die Tiefe des Witzes, andererseits entstehe durch das frappierende und stete Springen ein kunterbuntes Durcheinanderwürfeln, worin selbst Heterogenstes verglichen werde – brasilianische Pflanzen und das alte Reichskammergericht. Diese Anhäufung kaum nachvollziehbarer Kombinationen führe – genau wie Skepsis und Ironie – zur Ermüdung, zur Tadiosität und Langeweile. „Es geschieht nichts so leicht, als daß humoristische fade, platt wird."⁶² Eine Metapher tötet die andere, ein Witz den anderen. Des wiederholten Singsangs werde man überdrüssig.⁶³ Jean Paul hat allerdings eine der von Hegel formulierten Bedingungen des gelungenen Witzes, des wahren Humors erfüllt: Er ironisierte seine eigenes poetisches Vorgehen: „aus allen Winkeln des Geistes kriechen verborgene Einfälle hervor, jede Ähnlichkeit, jede Stammutter einer Familie von Metaphern sammelt ihre unähnlichen Kinder um sich, und gleich einer vorhandenen Mäusefamilie hängt sich ein Bild an den Schwanz des andern."⁶⁴

Goethe hatte Jean Paul „wahre Orientalität" zugesprochen, Hegel zufolge kehre das Humoristische gleichsam zum Symbolischen zurück, wo Bedeutung und Gehalt gleichfalls auseinanderliegen.⁶⁵ In anderer Hinsicht streife der Humor, „wenn das Subjektive in sich ohne Kern und Halt eines von wahrhafter Objektivität erfüllten Gemütes ist" an den Sentimentalismus, wofür auch Jean Paul stehe.⁶⁶ In der Extremform der Dimension des Unschicklichen, durch das Schwingen des Pendels auf die eine Seite, verkehre sich der Witz (und somit die Kunst überhaupt) in ihr Gegenteil, in widerwärtige Plattheit, Dummheit und Primitivität. Dieses Pseudo-Komische von Witzlingen oder Heiterlingen, wie sie Nietzsche nennt, flimmert ausgerechnet unter dem Namen *Comedy* tagtäglich über die Fernsehschirme.

Hegel illustriert an Komik und Humor die Chancen und Gefahren der modernen Kunst, sie erscheint als ein ständiges riskantes Wagnis. Es geht um die Ambivalenz des Wagstückes Witz, der nichts als sich will und nur ums Spiel spielt, wie auch um das Doppelgesicht der Ironie, die ihr Geschäft des Spasses nur des Spasses wegen betreibt. Der wahre Humor, die wahre Komik benötige

---

⁶¹ Kehler 1826, Ms. 286.
⁶² Ebd.
⁶³ ÄII, S. 241.
⁶⁴ Jean Paul, zitiert nach P. Michelsen, *Laurence Sterne und der deutsche Roman des 18. Jahrhunderts*, S. 317
⁶⁵ J.W. von Goethe, *West-Östlicher Divan*; TWA 14, S. 230.
⁶⁶ ÄII, S. 230–231.

bei aller Leichtigkeit, bei allem erforderlichen Leicht-Sinn Tiefe und Reichtum des Geistes, um an der Zufälligkeit das Substantiell-Menschliche hervortreten zu lassen. Es handele sich dabei – so Hegel im Blick auf Sterne – um „ein ganz unbefangenes leichtes, unscheinbares Fortschlendern"[67] –, ‚or, if I should seem now and then to trifle upon the road – wenn ich dann und wann auf meinem Wege ein bisgen tändelte, wenn ich dann und wann am Wege verweile und spiele'.[68] Dieses Fortschlendern wie bei Sterne und Hippel gebe „in seiner Unbedeutendheit gerade den höchsten Begriff von Tiefe". Der innere Zusammenhang, der geheime Faden liege hier tiefer – ‚in dem Vereinzelten als solchem werde der Lichtpunkt des Geistes hervorgetrieben'.[69]

Dieser objektive Humor als die wahre Verinnigung im einzelnen Gegenstand kann – wie die moderne Kunst überhaupt – nur partiell sein, nur ein partielle Rolle spielen. In dieser Weise wird die Inklusion des Komischen vollzogen. Würde die komisch-humoristische Verinnigung erweitert und innerhalb der Objektivität vollständig durchgeführt, so führe dies zu einer objektiven Darstellung der Begebenheiten, die Kunst verlasse ihr eigentlichen Gebiet. Die ‚Poesie der Vorstellungen' wandelt sich in die ‚Prosa des Denkens'. Hegel markiert hier einen Übergangspunkt, an welchem sich die Poesie infolge des Verlustes der Dominanz des Anschaulich-Metaphorischen ins rein Geistige verliert. Die poetische Skepsis geht hier in die diskursive Skepsis über, bei Jean Paul verbindet sich das Satirische mit den argumentativen Aspekte des Skeptischen.

Als gelungene Vereinigung von geistreicher Freiheit und inniger Tiefe der Phantasie benennt Hegel Goethes Gedicht Wiederfinden aus dem *West-Östlichen Divan* – „ein reines Gefallen an den Gegenständen, ein unerschöpfliches Sich-Ergehen des Phantasie, eine Freiheit der Tändeleien" und dabei ‚eine Innigkeit und Frohheit, eine wahrhafte Heiterkeit', eine „sinnige Heiterkeit" – so an anderer Stelle.[70]

Moderne Subjektivität – so könnte Hegels Fazit lauten – verlangt die vollbrachte Skepsis, sonst hat mein keinen *Begriff* von dieser Subjektivität, sie verlangt aber ebenso das Lachen, den freien Humor, die gelungene Komik, sonst hat man keine rechte *Vorstellung* vom Freimut und dem geistigen Sauwohlsein. Das echt Skeptische als nüchterner Scharfsinn und heiterer Leichtsinn vermögen Schutz vor dogmatischer Erstarrung geben. Die Beschäftigung mit der heiteren literarischen Skepsis bei Lukian, Jean Paul oder Nestroy und die Lektüre von Poeten des Typs Aristophanes, Sterne oder Goethe kann auf der Suche nach dem echten Lachen helfen, ganz im Sinne von Umberto Ecos William von Baskerville.

---

[67] A.a.O., S. 231.
[68] L. Sterne, zit. nach P. Michelsen, *Laurence Sterne und der deutsche Roman des 18. Jahrhunderts*, S. 61–62.
[69] ÄII, S. 231.
[70] A.a.O., S. 241; TWA 11, S. 81.

Gabriella Baptist

Das Wesen der Poesie und die Zukunft des Denkens*

In Hegels *Vorlesungen über die Philosophie der Kunst* aus dem Sommersemester 1823 bildet die Poesie die höchste Stufe der in der Kunst möglichen Vergeistigung und der Befreiung aus den Zwängen des Sinnlichen, gerade dadurch „steigt die Kunst über sich selbst hinaus und wird zur Prosa, zum Gedanken".[1] Ich werde zunächst zu problematisieren versuchen, in welcher Weise die Poesie geeignet ist, zur Philosophie hinüberzudeuten und wie dadurch die Systematik des Absoluten eine symptomatische und bedeutende Vorwegnahme erlebt, was auch den Übergang durch die religiöse Erfahrung betrifft. Die enge Beziehung der Poesie zum Denken läßt in der Tat am besten die Frage nach dem doppelten Verhältnis aufwerfen, das sie zur Religion unterhält, und ermöglicht, am eindeutigsten die doppelte Stellung zu untersuchen, die entsprechend die Religion gegenüber der Kunst einnimmt: als ihr Voraus und als ihr Danach. Hegels Behandlung der Zentralität der zeichenhaften, bildlichen und sprachlichen Vorstellung im poetischen

---

* An dieser Stelle möchte ich mich herzlich bei Frau Susanne Roth für die Überprüfung des deutschen Manuskriptes bedanken.

[1] Vgl. G.W.F. Hegel, *Vorlesungen über die Philosophie der Kunst*. Berlin 1823. Nachgeschrieben von H.G. Hotho. Hrsg. von A. Gethmann-Siefert (= G.W.F. Hegel, Vorlesungen. Ausgewählte Nachschriften und Manuskripte. Bd. 2). Hamburg 1998 (im folgenden Hotho 1823), S. 44. Hier scheint sogar die religiöse Vorstellung in dem direkten Hinweis auf die Philosophie übersprungen zu sein. In der später von Hotho besorgten Druckfassung von Hegels *Vorlesungen über die Ästhetik* wird sogar von einer Auflösung der Kunst in der Poesie die Rede sein, welche sowohl auf die religiöse Vorstellung, als auch auf den wissenschaftlichen Denkstil verweist; vgl. G.W.F. Hegel, *Vorlesungen über die Ästhetik III*. In: Theorie-Werkausgabe in zwanzig Bänden. Hrsg. von E. Moldenhauer und K.M. Michel. Bd. 15. Frankfurt a.M. ²1990, S. 234: „Nur durch diesen Gang der Betrachtung ergibt sich dann auch die Poesie als diejenige besondere Kunst, an welcher zugleich die Kunst selbst sich aufzulösen beginnt und für das philosophische Erkennen ihren Übergangspunkt zur religiösen Vorstellung als solcher sowie zur Prosa des wissenschaftlichen Denkens erhält". Auf eine Auflösung der Kunst in der Komödie verweist auch die Ästhetikvorlesung vom Sommersemester 1826; vgl. G.W.F. Hegel, *Philosophie der Kunst oder Aesthetik*. Nach Hegel. Im Sommer 1826 (Mitschrift H. von Kehler. Ms. Universitätsbibliothek Jena). Hrsg. von A. Gethmann-Siefert und B. Collenberg-Plotnikov unter Mitwirkung von F. Iannelli und K. Berr. Studienbrief der FernUniversität Hagen und Buchpublikation München (in Vorb.) (im folgenden Kehler 1826), S. 442. Die Kehler-Nachschrift wird zitiert nach der Manuskriptseite (im folgenden Ms.). Ich bedanke mich herzlichst bei A. Gethmann-Siefert, B. Collenberg-Plotnikov, F. Iannelli und K. Berr, die mir freundlicherweise erlaubt haben, aus der von ihnen besorgten Transkription zu zitieren.

Schaffen wird – auch in ihrer Antizipationskraft gegenüber der Prosa der Wissenschaft – in einem zweiten Schritt zu betrachten sein, da gerade dadurch zur unendlichen Ausdehnung und zur Freiheit des Denkens hingeleitet werden soll.

1 Welche Vergangenheit, welche Zukunft?

Schon in der Jenaer Entwicklung war die Kunst in ihrer Nähe zur Spekulation thematisiert worden,[2] wohl war aber ihre Beziehung zur Religion noch nicht eindeutig umrissen, so schien z.B. in einem *Fragment zum Ende des Systems* aus dem Winter 1803/4 die geschichtlich verankerte religiöse Erfahrung des Heiligen oder des Märtyrers, sowie die Sehnsucht nach dem Jenseits der eigenen sündhaften Vergangenheit oder der rettenden gotthaften Zukunft als ein wesentlicher Inhalt der Kunst, aus der allerdings „nach der Form der Allgemeinheit", nach dem „Begriff" gerungen werden mußte.[3] Obwohl die Philosophie des Geistes von 1805/06 schon eindeutig zwischen Kunst, Religion und Wissenschaft unterschieden hatte,[4] war in der *Phänomenologie des Geistes* die Kunst-Religion in die religiöse Vorstellung eingebettet, dank der der Geist zu seinem Selbst gelang. Die Kunst trat aus der Religion des sittlichen Geistes hervor und war eng mit dem Kultus und der Gestaltung des Göttlichen, sowie mit der Andacht verbunden, so daß man eigentlich behaupten kann, die Religion stellte nicht nur die systematische Zukunft der Kunst in der Offenbarung, sondern auch ihren begrifflichen Hintergrund dar.[5] Besonders das sprachliche Kunstwerk, auch in Verbindung mit dem Thema der Vorstellung, fand in der *Phänomenologie* große Aufmerksamkeit, doch wurde der Poesie gar kein Platz eingeräumt, trotz dem dichterischen Siegel auf das absolute Wissen in der systematisch herausragenden Stelle am Schluß des Werkes und seiner Argumentation.[6] In der *Enzyklopädie* von 1817 wurde die Kunst einerseits weiter mit der Religion vermengt,[7] anderer-

---

[2] So z.B. in *Differenz des Fichteschen und Schellingschen Systems der Philosophie*. In: G.W.F. Hegel, Gesammelte Werke. In Verbindung mit der Deutschen Forschungsgemeinschaft hrsg. von der Rheinisch-Westfälischen Akademie der Wissenschaften (im folgenden GW). Band 4. Jenaer kritische Schriften. Hrsg. von H. Buchner und O. Pöggeler. Hamburg 1968, S. 75–76.

[3] G.W.F. Hegel, *Jenaer Systementwürfe I*. In: GW 6. Hrsg. von K. Düsing und H. Kimmerle. Hamburg 1975, S. 330–331, hier S. 331.

[4] G.W.F. Hegel, *Jenaer Systementwürfe III*. In: GW 8. Hrsg. von R.P. Horstmann und J.H. Trede. Hamburg 1976, S. 277–287. Allerdings wurde dort die Poesie in ihrer Vermittlungsfähigkeit zwischen der Gestaltungskraft des Plastischen und dem reinen Hören des Musikalischen behandelt, welches vielmehr geeignet schien, zum Himmel der Religion hinüberzuleiten; vgl. a.a.O., S. 278.

[5] Vgl. G.W.F. Hegel, *Phänomenologie des Geistes*. In: GW 9. Hrsg. von W. Bonsiepen und R. Heede. Hamburg 1980, S. 363 ff., 376 ff.

[6] Ebd., S. 388 ff. Das Kapitel über das absolute Wissen ist bekanntlich von der berühmten Variation eines Verses aus Schillers *Die Freundschaft* beendet, mit dem Hegel sein Werk abschließt; vgl. ebd., S. 434. Das Gedicht befindet sich in *Gedichte in der Reihenfolge ihres Erscheinens 1776–1799*. In: Schillers Werke. Nationalausgabe. Bd. 1. Hrsg. von J. Petersen und F. Beißner. Weimar 1943, S. 111.

[7] Vgl. schon die Einteilung des absoluten Geistes in „a. Die Religion der Kunst" in: G.W.F. Hegel, *Enzyklopädie der philosophischen Wissenschaften im Grundrisse (1817)*. In: GW 13.

seits wurde aber eindeutiger ihre Verbindung mit dem Denken hervorgehoben, etwa in der Charakterisierung der Gestalt als „*Zeichen* des Gedankens"[8] oder in der Hervorhebung der Fähigkeit der Anschauung, im Bilde durch den Gedanken durchdrungen zu werden und so die Schönheit als „vorbildliche[n] Gedanke" auftreten zu lassen.[9] Im Abschnitt „c. Die Philosophie" stand gerade die Poesie stellvertretend für die Unmittelbarkeit der in der Kunst wirkenden Anschauung des Wahren.[10] In der *Enzyklopädie* von 1827, trotz der Loslösung aus der Religion mindestens in den Einteilungstiteln, blieb die Kunst doch auf doppelte Weise mit der Religion und mit dem Denken verbunden: „sie [die Religion] liegt daher theils als eine Vergangenheit schon im Rücken der schönen Kunst [...], theils vorwärts derselben in der Zukunft".[11] Also die Kunst hätte die Religion sowohl hinter sich als auch vor sich: Indem die Kunst die religiöse Reflexion über das absolute Wesen voraussetzt, ist sie dann Übergang zum Denken, indem aber die offenbare Religion die wahrhafte Zukunft der Kunst darstellt, bleibt die Kunst bloß ein Zeichen der Idee.[12] Diese doppelte Beziehung der Kunst zur Religion und zum Denken wurde zwar aus der Edition von 1830 der *Enzyklopädie* gestrichen, doch galt die wahrhafte Religion sowohl als „Zukunft" der Kunst als auch ihrer eigentümlichen Religiosität; das bedeutet aber, daß in der schon mindestens seit der Jenaer Periode stabilisierten Aufeinanderfolge von der Anschauung des Schönen über die Offenbarung des Heiligen zum Begreifen des Wahren der erste Schritt des absoluten Geistes in seinem Herstellen im Kunstwerk eines absoluten Seins schon immer auch noch die Tiefe einer Vorstellung des absoluten Wesens behält, welche sie schon zum bildhaften Gedanken der absoluten Idee befähigt.[13]

Unter Mitarbeit von H.-Ch. Lucas und U. Rameil hrsg. von W. Bonsiepen und K. Grotsch. Hamburg 2000 (im folgenden Enz 1817), S. 241.

[8] Enz 1817, S. 241 (§459).
[9] Enz 1817, S. 242 (§460).
[10] Enz 1817, S. 245f. (§473).
[11] G.W.F. Hegel, *Enzyklopädie der philosophischen Wissenschaften im Grundrisse (1827).* In: GW 19. Hrsg. von W. Bonsiepen und H.-Ch. Lucas. Hamburg 1989 (im folgenden Enz 1827), S. 394 (§561). In der Edition von 1830 wird diese Stelle bedeutenderweise gestrichen; vgl. G.W.F. Hegel, *Enzyklopädie der philosophischen Wissenschaften im Grundrisse (1830).* In: GW 20. Hrsg. von W. Bonsiepen, H.-Ch. Lucas und U. Rameil. Hamburg 1992 (im folgenden Enz 1830), S. 546 (§561). Vgl. auch den §562 in der Edition von 1827 und die folgende Stelle: „Die im Rücken der schönen Kunst liegende Religion zerfällt in mehrere", welche auch 1830 gestrichen wird; vgl. Enz 1827, S. 394; Enz 1830, S. 546.
[12] Als „Zeichen der Idee" wird die Gestalt der Schönheit im §556 der Enzyklopädie von 1827 definiert; vgl. Enz 1827, S. 392; gleichfalls auch in Enz 1830, S. 543.
[13] Vgl. Enz 1827, S. 395 (§563): „Die schöne Kunst hat aber auch ihr Vorwärts in der Zukunft der wahrhaften Religion" sowie Enz 1830, S. 549 (§563): „Die schöne Kunst (wie deren eigenthümliche Religion) hat ihre Zukunft in der wahrhaften Religion". Bekanntlich schlagen die *Vorlesungen über die Philosophie der Weltgeschichte* die Reihenfolge der Vereinigungen des Objektiven und Subjektiven im absoluten Geiste anders vor, wobei an erster Stelle die Religion in der Andacht das Gefühl des Absoluten ermöglicht und zweitens die Kunst dank ihrer wirklichen Darstellung das Absolute anschaulich gestaltet und dadurch den Übergang zum Denken der Philosophie erlaubt. Vgl. hierzu G.W.F. Hegel, *Vorlesungen über die Philosophie der Weltgeschichte. I. Teilband – Einleitung: Die Vernunft in der Geschichte.* Hrsg. von J. Hoffmeister. Hamburg 1955, S. 124–125: „Die zweite Gestalt der Vereinigung des Objektiven und Subjektiven im Geiste ist die *Kunst*: sie tritt mehr in die

Vermutlich auch deswegen konnte sowohl 1827 als auch 1830 bei der Behandlung des philosophisch-theologischen Problems des Pantheismus in einer langen Anmerkung zum Verhältnis von Philosophie und Religion die morgenländische Mystik, etwa die Dichtung eines Dschelaleddin Rumi als beispielhaft gerade bei einem möglichen Übergang angegeben werden.[14]

Auch in der Hotho Nachschrift kommt besonders in der bewußtseinsmäßigen Kreativität der Poesie dieser doppelte Verweis der Kunst auf die Religion und auf das Denken zum Zuge: Fällt der Anfang der Kunst mit der Religion zusammen (so daß die ersten Kunstwerke eigentlich Mythologien sind),[15] ist die symbolische Religion die Voraussetzung für die neuen Inhalte der klassischen Kunst,[16] (so daß z.B. Homer die Rolle des Priesters beim Auslegen des Willens der Götter übernimmt),[17] heißt das aber auch, daß die Kunst die Religion verschiebt und verändert – die symbolische Religion, die schöne Welt der Götter, aber auch den Ernst der christlichen Andacht.[18] Man könnte zunächst hypothetisch annehmen, daß die Poesie am besten gerade diese doppelte Beziehung der Kunst zur Religion und zur Philosophie auszudrücken vermag, nach der sie zugleich eine Vergangenheit (des Denkens) und eine Zukunft (des Vorstellens) in der bildlichen und zeichenhaften Gegenwart des Wahren sein kann, welche in der dichtenden Sprache sich manifestiert.[19]

Wirklichkeit und Sinnlichkeit als die Religion; in ihrer würdigsten Haltung hat sie darzustellen; zwar nicht den Geist Gottes, aber die Gestalt des Gottes, dann Göttliches und Geistiges überhaupt. Das Göttliche soll durch sie anschaulich werden, sie stellt es der Phantasie und der Anschauung dar. – Das Wahre gelangt aber nicht nur zur Vorstellung und zum Gefühl wie in der Religion, und zur Anschauung wie in der Kunst, sondern auch zum denkenden Geist; dadurch erhalten wir die dritte Gestalt der Vereinigung, – die *Philosophie*. Diese ist insofern die höchste, freieste und weiseste Gestaltung". Zur expliziten Verbindung zwischen Poesie, als höchster Ausdruck der Kunst, und Idee vgl. auch die erste durch eine Nachschrift dokumentierte Ästhetikvorlesung Hegels in: G.W.F. Hegel: *Vorlesung über Ästhetik*. Berlin 1820/21. Eine Nachschrift. I. Textband. Hrsg. von H. Schneider. Frankfurt a.M./Berlin/Bern/New York/Paris/Wien 1995 (im folgenden Ascheberg 1820/21), S. 304. Die Form der Objektivität und diejenige der Subjektivität sind für Epos und Lyrik leitend, in der dramatischen Kunst als höchster Stufe der redenden Künste wird „der absolute Inhalt ausgedrückt" (a.a.O., S. 317–318).

[14] Vgl. Enz 1827, S. 410–411 (§573 Anm.); Enz 1830, S. 562–564 (§573 Anm.). Zur Rückwirkung der Berliner Auseinandersetzung mit dem geschichtlichen Phänomen der Kunst in den Vorlesungen auch auf die begriffliche Ordnung und Strukturierung des Systems des absoluten Geistes vgl. etwa A. Gethmann-Siefert, *Einführung in die Ästhetik*. München 1995, S. 207, Anm. 120.

[15] Vgl. Hotho 1823, S. 124: „Die Betrachtung des Anfangs der Kunst fällt sehr mit der Religion zusammen. Die ersten Kunstwerke sind Mythologien".

[16] Vgl. a.a.O., S. 160: „Dies ist das Allgemeine, daß die symbolische Religion vorausgehe der klassischen Kunst; die Religion ist der Inhalt der klassischen Kunst".

[17] Vgl. a.a.O., S. 174: „Ist Not, Bedürfnis, Unglück vorhanden, hat der Priester zu bedeuten, wie dem Unglück zu begegnen. Der Dichter ist der Ausleger, der Priester selbst".

[18] Vgl. a.a.O., S. 176: „Beginnt die schöne Kunst, so verderbt sie die Religion".

[19] H.-G. Gadamer betont die verwickelte Lage des Verhältnisses zwischen Kunst und Religion bei Hegel und die damit verbundene Notwendigkeit, den Übergang von der Poesie zur Philosophie und spekulativem Denken ausdrücklich auch auf diesem Hintergrund zu erörtern. Vgl. H.-G. Gadamer, *Die Stellung der Poesie im System der Hegelschen Ästhetik und die Frage des Vergangenheitscharakters der Kunst*. In: Welt und Wirkung von Hegels Ästhetik.

2   Das Schattenreich des Schönen, das Schattenreich des Gedankens

Wiederholt wird in Hothos Nachschrift aus den Vorlesungen von 1823 direkt oder indirekt auf Schillers Gedicht „Das Reich der Schatten" bzw. „Das Reich der Formen" oder „Das Ideal und das Leben" verwiesen.[20] Die Kunst selbst als „Schattenreich des Schönen" und ihre Welt als „Schattenwelt"[21] verweisen eigentlich – vielmehr als auf eine angeblich platonisierende Sicht der Kunst – auch und hauptsächlich auf jene Definition der Logik als „Reich der Schatten" und Welt der einfachen, von jeder Zufälligkeit, Willkür und sinnlicher Konkretion befreiten Wesenheiten, die Hegel in der *Wissenschaft der Logik* für die Kategorien und deren System gegeben hatte.[22] Begriffe, Ideen, aber auch Kunstwerke sind Schatten der Wahrheit, indem sie ihre Selbständigkeit vom Konkreten an einer gewissen geistigen Konkretion anzeigen.

Untersucht man die Stellen außerhalb der Philosophie der Kunst, in denen Gedichte zitiert werden, so muß man feststellen, daß sie oft systematisch sehr exponiert sind. So wird in der Logik des Begriffs von 1816, in den Präliminarien, gerade auf einen Dichter verwiesen, wenn die Frage nach der Wahrheit aufgeworfen wird; das Zitat aus dem *Messias* von Klopstock kann bestimmt nicht als eine bloße Verzierung angenommen werden, da seine Verbindung mit der Vorstellungswelt der offenbaren Religion offensichtlich ist.[23] In dem Manuskript zu den Vorlesungen über Religionsphilosophie von 1821, im dritten Teil über „Die vollendete oder offenbare Religion" wird z.B. wieder auf Schillers *Die Freundschaft* in einer leichten Variation des Abschlußzitats der *Phänomenologie* verwiesen: Es geht um das Problem eines „*Ist* der *Wahrheit*" als Objektivität an sich, dabei wird sogar auch noch auf Goethes *West-östlichen Divan* hingewiesen.[24] Bei der Klärung des Unterschiedes zwischen Religion und wissenschaftlicher Erkenntnis der Wahrheit in der Vorrede zur zweiten Ausgabe der *Enzyklopädie* wird

---

Hrsg. von A. Gethmann-Siefert und O. Pöggeler. Bonn 1986 (Hegel-Studien. Beiheft 27), S. 213–223, insbes. S. 219.

[20] Z.B. Hotho 1823, S. 81: „Das Schöne ist ein Schatten, der Geist, enthoben der Endlichkeit äußerer Zufälligkeiten, der Verkrüppelungen des Daseins des Begriffs". Hier wird eigentlich auf die in sich lebendige Abgeschiedenheit von der Äußerlichkeit verwiesen. Vgl. das Gedicht *Das Reich der Schatten*. In: Schillers Werke. Nationalausgabe. Bd. 1. *Gedichte in der Reihenfolge ihres Erscheinens 1776–1799*. Weimar 1943, S. 247–251. Vgl. auch *Das Reich der Formen* und *Das Ideal und das Leben*. In: Schillers Werke. Nationalausgabe. Bd. 2. Teil 1. *Gedichte in der Reihenfolge ihres Erscheinens 1799–1805 – der geplanten Ausgabe letzter Hand (Prachtausgabe) – aus dem Nachlaß*. Hrsg. von N. Oellers. Weimar 1983, S. 118, S. 164, S. 396–400.

[21] Hotho 1823, S. 21 und S. 39.

[22] G.W.F. Hegel, *Wissenschaft der Logik*. I: Die objektive Logik (1812/1813). In: GW 11. Hrsg. von F. Hogemann und W. Jaeschke. Hamburg 1978, S. 29.

[23] G.W.F. Hegel, *Wissenschaft der Logik*. II: Die subjektive Logik (1816). In: GW 12. Hrsg. von F. Hogemann und W. Jaeschke. Hamburg 1981, S. 5 (es wird aus dem siebten Buch aus dem *Messias* von F.G. Klopstock zitiert).

[24] G.W.F. Hegel, *Vorlesungsmanuskripte I (1816–1831)*. In: GW 17. Hrsg. von W. Jaeschke. Hamburg 1987, S. 253–254.

etwa Homer und sein Unterschied zwischen Sprache der Götter und Sprache der Menschen erwähnt.[25]

Diese wiederholte Berufung auf die Poesie in systematisch strategischen Stellen mag ein Licht auch auf die systematisierende Rolle der Poesie innerhalb des Systems der Künste aufwerfen, wobei sie sogar in hervorragender Weise den begrifflichen Hintergrund der Kunst auszudrücken vermag. Gerade diese Funktion wird angedeutet, wenn es betont wird, daß die Poesie „die allgemeine, die allumfassende Kunst" darstellt, welche „durch alle drei Kunstformen durch[geht]" und sich eine „unendliche Ausdehnung" gibt.[26] Die in der Poesie wirkende Vorstellung „ist geistiger Natur, und somit kommt ihr schon die Allgemeinheit zugute, die dem Denken angehört", da sie schon über das bloß Anschauliche hinaus ist.[27] Deswegen weißt die Poesie, sich zur „Objektivität in sich" zu vollenden, sie kann gleichzeitig sich als selbständig behaupten und aber auch durch alle andere Künste und Kunstformen hindurchdringen, denn, wie Hegel hervorhebt, „jeder Kunstform hängt sie an, bildet sich in jeder aus, und zwar selbständig für sich".[28]

3 Ein Beispiel des Denkens

Sicherlich gewinnt die Poesie eine herausragende Stellung im System der Kunst, wenn es um die anschauliche Gegebenheit der Wahrheit und um die Wahrheitsvermittlung in einem nicht-begrifflichen Medium reflektiert wird, d.h. wenn es um die Möglichkeit des Sinnlichen geht, Geistiges und Absolutes auszudrücken und, umgekehrt, des Geistigen und Absoluten, eine sinnliche Präsenz anzunehmen. Das Wort, die Rede und die Sprache, aber auch das Bild und das Imaginäre, die Vorstellung und die Phantasie sind die Elemente, welche mit ihrer Gestaltungskraft und Vermittlungsfähigkeit sich als fähig erweisen, zwischen dem Anschaulichen und dem Gedachten, dem Reellen und dem Begrifflichen als Zeichen zu vermitteln, in denen das Wahre zum Ausdruck kommt. Es sind dies alle Themen, die eigentlich in der Philosophie des subjektiven Geistes entwickelt,

---

[25] Enz 1827, S. 12: „Wie Homer von einigen Sternen sagt, daß sie zwei Namen haben, den einen in der Sprache der Götter, den anderen in der Sprache der übertägigen Menschen, so gibt es für jenen Gehalt zwei Sprachen, die eine des Gefühls, der Vorstellung und des verständigen, in endlichen Kategorien und einseitigen Abstractionen nistenden Denkens, die andere des concreten Begriffs".

[26] Hotho 1823, S. 44, S. 46.

[27] A.a.O., S. 272. Vgl. auch die zwischen Anschauung und Gedanken vermittelnde Rolle, die die Poesie dank der ihr eigenen bildlichen Vorstellung annimmt. So faßt Hotho Hegels Gedankengang am Rande: „Die Vorstellung überhaupt steht in der Mitte zwischen der Anschauung und dem reinen Gedanken und wird zur poetischen dadurch, daß sie das abstrakt Allgemeine des Gedankens in sinnlich konkreter, individueller und somit bildlicher Form darstellt" (a.a.O., S. 275). Vgl. auch a.a.O., S. 276: „Was den poetischen Ausdruck macht, dies gehört in diese Region, die den Übergang ausmacht von dem Vorstellen als solchen zum Denken". Zur Funktion der Kunst als „Mittelglied zwischen dem reinen Gedanken, der übersinnlichen Welt, und dem Unmittelbaren, der gegenwärtigen Empfindung", als „das bindende Mittelglied des Begriffs und der Natur", vgl. a.a.O., S. 5.

[28] A.a.O., S. 46.

Das Wesen der Poesie und die Zukunft des Denkens 317

und die besonders in der Psychologie thematisiert werden.²⁹ Besonders unter der vorstellenden Tätigkeit der Intelligenz, als etwa von Erinnerung, Phantasie oder Gedächtnis die Rede ist, gelten – etwa der *Enzyklopädie* von 1817 gemäß – Anschauung, Vorstellung und Einbildungskraft als wesentliche Formen des Denkens.³⁰ Zeichen, Bild und Sprache als selbständige Vorstellungen der Intelligenz sind die phantasievollen Produkte einer symbolisierenden, allegorisierenden und dichtenden Einbildungskraft, welche offensichtlich einen Grundraster der Philosophie der Kunst darstellt, an dem in den darauffolgenden Editionen der *Enzyklopädie* weiter gearbeitet wird.³¹

Von der Dichtung wird auch in der Hotho Nachschrift besonders der sprachliche Aspekt und das dadurch mögliche Zusammenspiel von Zeichen, Bild, Rede oder Schrift hervorgehoben. Die Vergeistigung des sinnlichen Elementes in der Poesie gilt z.B. gegenüber dem Tönen und Erklingen der Musik als eine Herabsetzung und Simplifizierung „zum bloßen, für sich gehaltlosen Zeichen", in dem eine in sich konkret gewordene Vorstellung sich kundgibt: „Der Ton, früher ein abstrakt bestimmungsloses Klingen, wird zum Wort – zum artikulierten, in sich bestimmten Ton, dessen Sinn ist, Vorstellungen, Gedanken auszudrücken, Zeichen eines geistigen Inneren zu werden".³² Andererseits muß die Dichtkunst aber auch gerade die geistige Äußerlichkeit bezeichnend aufnehmen und bildlich darstellen,³³ und diese Individualisierung konkretisiert sich hauptsächlich in der absoluten Subjektivität der Menschlichkeit und in der absoluten Objektivität der Gemeinschaft. Dafür gebraucht die Poesie auch alle Fakultäten, z.B. das Gedächtnis im mechanischen Rezitieren der Rapsoden, das Gefühl und die Empfindung aber auch das verständige Element der Musik im Gesang der Lyrik, den Willen der Intelligenz in der handlungsmäßigen Auseinandersetzung der dramatischen Poesie.³⁴

Dadurch, daß sie spricht, drückt die Poesie jeden Inhalt aus, die objektive und substantielle Welt der Sittlichkeit eines Volkes und einer bestimmten Zeit – oder sogar aller Völker und aller Zeiten –,³⁵ die subjektive Individualität

---

[29] Vermutlich nicht von ungefähr wird dort etwa von einem formellen Übergang in die Manifestation oder von einer formellen Hervorbringung des Geistes die Rede sein. Vgl. Enz 1817, S. 205 und S. 206 (§§365, 367); Enz 1827, S. 327–328 (§444); Enz 1830, S. 438–439 (§444).
[30] Obwohl ihr Inhalt noch nicht ein Gedanke ist; vgl. Enz 1817, S. 211ff. (§376, Anm.). In den Editionen von 1827 und 1830 wird sich die Unterteilung in „α) Anschauung", „β) Die Vorstellung" und „γ) Das Denken" stabilisieren; vgl. Enz 1827, S. 330 ff. (§§446 ff.); Enz 1830, S. 442 ff. (§§446 ff.).
[31] Vgl. Enz 1817, S. 213 (§377); Enz 1827, S. 335 (§456); Enz 1830, S. 450 (§456).
[32] Hotho 1823, S. 43. Vgl. auch a.a.O., S. 44: „Der Ton kann demnach ebensogut Buchstabe sein, denn das Sichtbare und Hörbare ist hier gemeinsam zum bloßen Zeichen des Geistes herabgesetzt". Vgl. auch ebd.: „Das Zeichen ist hier kein Symbol, sondern gänzlich gleichgültiges und wertloses Zeichen, über welches der Geist die bestimmende Macht ist".
[33] Vgl. a.a.O., S. 106.
[34] Vgl. a.a.O., S. 283 (zur mechanischen Rezitation der Rhapsoden); S. 297 (zur Zentralstelle der Empfindung und des Gemüts in der lyrischen Poesie); S. 286–287 und S. 298–299 (zur Zentralstelle des Willens im Drama, zur Handlung als Gegenstand des Dramas und zu deren Darstellung des Geistes als wollend).
[35] A.a.O., S. 204: „Die dramatische Dichtkunst z.B. neuerer Zeit geht alle Zeiten und Völker durch".

des Einzelnen, die geistige Objektivität der Tat, der Versöhnung und der Verzeihung einer Gemeinschaft.[36] Dadurch, daß sie spricht, durchzieht die Poesie alle Kunstformen und Künste und zeugt für die Pluralität und unerschöpfliche Vielfältigkeit der Kunst in ihrem Angebot von Deutungsmöglichkeiten:[37] Am Zeichen der Sprache hat die Poesie ihre Beziehung zum Symbol und zu seiner Mehrdeutigkeit, aber auch zur Bedeutung in ihrem Streben zum Geistigen;[38] am Zeichen und an der Bedeutung arbeitet die Poesie wie das Hinweisen der Architektur auf den Geist im Ausdruck der Substantialität.[39] Am Bildlichen findet die Poesie ihre Beziehung zur klassischen Kunst und zu der von ihr sichtbar gemachten Zentralität der menschlichen Gestalt, am Bildhaften der Poesie und an ihrem Inszenieren leuchtet die Individualität der geistigen Subjektivität wie in der Skulptur oder in der Malerei.[40] In dem sprachlichen Medium schließlich, in seinem Tönen und Klingen, in seiner Melodie,[41] in der Rythmik der Versifikation und im Reim, aber hauptsächlich in der bewußten Rede der Tragödie und der Komödie wird schließlich das Material der Sprache einerseits vom Stofflichen befreit, andererseits dem Bewußtsein weitergegeben.[42]

---

[36] In der Ästhetikvorlesung vom Sommersemester 1826 ist der Dichter der „Sprechende", „Schöpfer des Sprechens", der „dem Volk die Sprache gegeben" hat und dadurch „dem noch eingehüllten Vorstellen zum Bewußtsein" verhilft; vgl. Kehler 1826, Ms. 378–380. Vgl. auch ebd., Ms. 405: „Der Dichter ist Sprecher, hat es [den Inhalt] erst für die Vorstellung bearbeitet, hat den Inhalt erst vor die Vorstellung gebracht". Vgl. auch, wie beim Drama besonders die „Menschenstimme, die das Innere ausdrückt", hervorgehoben wird und wie dabei Dialog und Monolog als „gesprochene Rede" eine wesentliche Rolle spielen (Kehler 1826, Ms. 432). Vgl. auch a.a.O., Ms. 438 (zur dramatischen Poesie): „Die Macht der Rede muß hoch geehrt werden".

[37] Als ein Beispiel dieser Durchdringungsfähigkeit wird z.B. das Drama oder die Oper angegeben; vgl. Kehler 1826, Ms. 433: „Alle Künste sind [im Drama] vereinigt; der Mensch [ist] die lebendige Statue, Architektur [wird] durch Malerei vorgestellt oder [es gibt] reelle Architektur, Musik, Tanz, Pantomime, [jedes davon etwas,] das sich isolieren kann so gut wie die Musik: Wenn so das Drama nach allen Seiten Totalität wird, so haben wir das, [was] wir *Oper* nennen. Diese erscheint so als das vollkommen künstlerisch ausgebildete Drama".

[38] Vgl. Hotho 1823, S. 119–120, S. 140–142.

[39] Zur Verbindung zwischen dem Chor der Tragödie und der Architektur vgl. Ascheberg 1820/21, S. 324. Zum Chor als geistiger Architektur vgl. Hotho 1823, S. 303. Zum Zusammenhang zwischen der Szene des Dramas und dem Tempel, beide als architektonische Motive betrachtet, vgl. a.a.O., S. 299.

[40] Zum Zusammenhang zwischen bildlicher Form der poetischen Vorstellung und Individualität vgl. die zusammenfassenden Bemerkungen Hothos am Rande des Manuskriptes, Hotho 1823, S. 275 (vgl. hier die Anm. 27); im Text selber wird auf die bildliche Vorstellung der Poesie in ihrer Ähnlichkeit zur Malerei verwiesen. Die Charaktere der Tragödie werden als „plastisch" angenommen, die alte Darstellung bringt auf die Szene „Skulpturbilder" (Hotho 1823, S. 302, S. 299, vgl. auch S. 282). Eine Verbindung zwischen Skulptur und Epos wurde schon in der Ästhetikvorlesung vom Wintersemester 1820/21 hergestellt (vgl. Ascheberg 1820/21, S. 304 und S. 311). Nach der Kehler-Nachschrift ist im Drama „das plastische Skulpturwerk hergestellt, aber als lebendige, wirkende Individualität" (Kehler 1826, Ms. 429). Vgl. auch, wie das Verweilen der Poesie beim Bilde als ein Umweg der Vorstellung beim Übergang zum Denken präsentiert wird (Hotho 1823, S. 276–277).

[41] Vgl. Hotho 1823, S. 269: „Die Melodie ist erst das Poetische".

[42] Vgl. Hotho 1823, S. 229: „In der schweren Materie äußert sich der Geist nicht in seiner eigentümlichen Weise, sondern in Taten und Reden. Diese zeigen den Geist, wie er ist, sie sind sein wahrhaftes Sein. Solches aber vermag nur die Rede darzustellen".

4 Poesie und Sprache

Die erste Ästhetikvorlesung Hegels, die durch eine Nachschrift dokumentiert ist, unterscheidet systematisch in dem besonderen Teil zwischen bildenden Künsten und Künsten für die Vorstellung.[43] Architektur, Skulptur und Malerei, aber auch noch die Musik, sind Künste der sinnlichen Äußerung, dagegen sprechen die redenden Künste im Medium der Vorstellung vielmehr die geistige Innerlichkeit an.[44] Obwohl der Nachschreiber die interne Struktur der Argumentation mit einiger Unsicherheit wiedergibt,[45] trotzdem wird die Fähigkeit zur Totalität von der Seite der redenden Künste von Anfang an hervorgehoben, und dies wird gerade durch die Sprache als Mittel der Vorstellung und des Geistigen geleistet:[46] Die redende Kunst kann den höchsten Ideen und dem geistigen Interesse für das Wahre Ausdruck geben, weil sie in der Vorstellung die unendliche Ausdehnung des Allgemeinen erlangt.[47] Die Vorstellung als Mitte zwischen Anschauung und Gedanke, Reflexionsbestimmung und Vernunft verleiht der redenden Kunst ihren Entschränkungs- und Vermittlungscharakter.[48] Dafür erweist sich die Sprache als das geeignete Element, das der Intelligenz ein Allgemeines anzubieten vermag. In der Sprache ist der Geist bei sich, deswegen findet in der redenden Kunst und besonders in der Poesie der Triumph der geistigen Vorstellung statt, welche das theoretische Verhalten veranlaßt und sich als eine durch Studium und Bildung erlangte gedankenvolle Darstellung des Geistes erweist.[49]

---

[43] Vgl. Ascheberg 1820/21, S. 186.
[44] Vgl. a.a.O., S. 290. Die unendliche Ausdehnung des Reiches der Vorstellung als Ort der Innerlichkeit und Grund der Vollkommenheit der Poesie gegenüber den bildenden Künsten wird auch in der Mitschrift von Kehler aus dem Sommersemester 1826 gleich in den Präliminarien des Kapitels zur Poesie deutlich angegeben: „Poesie hat äußerlichen Inhalt auch, aber nicht fürs Ohr und Auge, sondern [für die] Vorstellung, und deswegen [ist hier] die Innerlichkeit unmittelbar mit sich vereinigt. Das Reich der Vorstellung gehört der Poesie an; ihr Element ist das reichste" (Kehler 1826, Ms. 374 f.).
[45] Der Herausgeber entscheidet sich, den Teil zu den redenden Künsten als vierte Partition des besonderen Teiles anzugeben, vielmehr scheint er aber als dessen zweiter Schritt zu gelten – den bildenden Künsten (Baukunst, Skulptur, Malerei und Musik als Übergang) entsprechend –, seinerseits, wie schon der erste Schritt, in drei Kapiteln geordnet (Epos, Lyrik, Drama).
[46] Vgl. Ascheberg 1820/21, S. 290–291: „*Die redende Kunst ist die Kunst in der Totalität.* [...] Das Element ist der Ton, in sofern er Bedeutung hat; diese ist die Vorstellung, in sofern ist er ein Zeichen. Das Element der redenden Kunst ist die *Sprache*. Die Vorstellung ist das Wesentliche, der Ton nur das Begleitende, deshalb ist das eigentliche Element die *Vorstellung*, diese subjektive Innerlichkeit, erfüllt vom Geistigen".
[47] Vgl. Ascheberg 1820/21, S. 291, S. 292.
[48] Vgl. a.a.O., S. 302: „*Bemerkung über die Natur der Vorstellung in dem Elemente der Dichtkunst*. Nicht die sinnliche Anschauung; nicht der reine Gedanke, nicht Reflexionsbestimmungen, auch nicht das Vernünftige (Spectulative); die *Vorstellung* ist in der Mitte".
[49] Vgl. Hotho 1823, S. 10–11, S. 279.

5 Auch eine Genese des Denkens?

Sind wir also mit der Poesie an einer Quelle des Denkens oder umgekehrt quellt die Poesie sozusagen aus dem Denken heraus, oder mindestens quellt sie am besten und am erfolgreichsten aus jener Bildung des Gedankens heraus, das dem Denken nahe steht? Gleich am Anfang bei der Behandlung des Epos verweist Hothos Nachschrift auf die epischen Töne der Vorsokratiker: „Wie das sittlich Wahre episch ausgesprochen ist, so ist auch die alte Philosophie episch gewesen. Die Fragmente der alten Philosophen sind im epischen Tone [abgefaßt ...]. Eben diese Philosopheme sprechen aus, was ist, sie haben den epischen Charakter".[50] Keine entsprechenden Bemerkungen begleiten die kurze Auseinandersetzung mit dem Lyrischen, dessen Gemütsverankerung und Gelegenheitsprägung sich sicherlich schwer mit den Aufgaben des Begreifens vereinigen lassen. Allerdings auch im Lyrischen, trotz dem Triumph der innersten Empfindungen, wirkt doch das Allgemeine und vermutlich deswegen kann in den Fragmenten der alten Philosophen auch noch eine lyrische Färbung anerkannt werden.[51] Die dramatische Poesie als „die vollkommenste Stufe der Poesie und der Kunst überhaupt"[52], mit ihrer Zentralität der Handlung und der Tat, des Wollens und des Wirkens, aber auch der Schuld, der Kollision und ihrer Auflösung findet in der bewußten Rede ihre eindeutigste Nähe zum Denken, diese wird aber nicht weiter aufgearbeitet im Sinne einer möglichen Entsprechung zu einem weiteren Schritt der Geschichte der Philosophie.[53] Gewiß ist die *Antigone* von Sophokles mit ihren beiden Seiten der sittlichen Substantialität als das „vollendeste[...] Kunstwerk" präsentiert, doch geht es im *Ödipus zu Kolonos* auch und hauptsächlich um ein

---

[50] A.a.O., S. 284–285. Kurz davor war auf die goldenen Sprüche des Pythagoras als ἔπη ausdrücklich verwiesen worden. Umgekehrt gelten Gedanken auch als mögliche Gegenstände des Epischen; vgl. a.a.O., S. 284. Vgl. auch Ascheberg 1820/21, S. 303, zu Parmenides und seinem Philosophieren in der Form der Dichtkunst, was „die Grenze [zwischen Vorstellung und Gedanke] überschritten" hätte.

[51] Vgl. Hotho 1823, S. 111: „Das Lyrische z.B., welches innerhalb der innersten Empfindungen verweilt, die zugleich die allgemeinsten sind, wird am freiesten sein von solchen Umständen, die sich auf ein äußerliches Dasein beziehen". Zum lyrischen Ton der Fragmente der Vorsokratiker vgl. a.a.O., S. 284–285.

[52] A.a.O., S. 298.

[53] Im Kolleg von 1819 der *Vorlesungen über die Geschichte der Philosophie* gelten die Dichter zusammen mit den Propheten als die Vermittler von Pilosophemen, welche noch in der Sprache der Vorstellung verkleidet sind. Vgl. G.W.F. Hegel, *Vorlesungen über die Geschichte der Philosophie. 1. Einleitung in die Geschichte der Philosophie. Orientalische Philosophie.* Hrsg. von P. Garniron und W. Jaeschke (= G.W.F. Hegel, Vorlesungen. Ausgewählte Nachschriften und Manuskripte. Bd. 6). Hamburg 1994, S. 128 (Kolleg 1819): „Diejenigen, welche den Völkern ihre Religion in der Sprache und Vorstellung ausgesprochen haben, das sind die Propheten und die Dichter gewesen (wie Homer und Hesiod nach Herodot der Griechen). Es gehört schon eine höhere Bildung dazu, daß das Volk seine Andacht nicht mehr einem Leblosen zuwendet und hierin eine dumpfe Empfindung hat; zu diesem Übergehen gehört eine weitere Bildung, wie sie die Propheten und Dichter haben. Auch daß die Kunstwerke wahrhaftig Kunstwerke sind, gehört schon einer vorgeschrittenen Periode an. Solche Bilder, Vorstellungen usf. enthalten Philosopheme".

Wissen als Rekonstruktion des Gegensatzes und dessen Verklärung[54] und in der klassischen Komödie von Aristophanes ist die absolute Freiheit des Gemütes im Erlangen der *Weisheit* der wahrhafte Ausgang nicht nur der dramatischen Poesie bzw. der Dichtkunst im Allgemeinen, sondern der Kunst überhaupt.[55] Man hat interpretatorisch behauptet, die wahrhafte, denkende Tragödie, die wahrhafte, denkende Komödie seien z.B. Sokrates Schicksal, Platons Dialoge oder die Wissenschaft Aristoteles, und das noch vor dem weiteren systematischen Übergang durch die Manifestation Gottes, die Lebensgeschichte Christi oder jeder heilenden göttlichen Komödie. Wenn bei Hegel allerdings keine offensichtlich ausgearbeiteten künstlerischen Hintergründe für die philosophische Wissenschaft zu verzeichnen sind, so sind wohl genügende philosophische Kulissen an den poetischen Künstlern zu vermerken, z.B. bei jenen wiederholt evozierten Schiller und Goethe, ebenso denkend und philosophisch antizipierend.[56]

6 Die Poesie als zusammenfassendes Ende und Ausgangspunkt

„Im Komischen hat die Kunst ihr Ende", so steht auf der letzten Seite der Hotho Nachschrift.[57] Die Vernichtung der Objektivität, welche in der Subjektivität der Komödie stattfindet, ist auch und hauptsächlich ein „*Wissen* dieser Vernichtung", deswegen zeigt es über sich hinaus.[58] Auch deshalb kann zum Schluß gefordert werden: „Wir bedürfen des Gedankens":[59] Das schöne Spiel der Kunst, das dank der Arbeit an der Sprache zum Wissen und zur Weisheit gelangt, kann nichts anderes als zur Theorie hinüberleiten. So gilt für die Poesie in hervorragender Weise, was von der Kunst im Allgemeinen behauptet wird: „Die Kunst ist Werk des denkenden Geistes. Sie produziert ein Allgemeines, ein Abstraktes.

---

[54] Hotho 1823, S. 307–308, Zitat S. 306. In den Ästhetikvorlesungen von 1820/21 wird die Antigone als „das vortrefflichste Kunstwerk" präsentiert, jedoch gilt Ödipus als beispielhaft und antizipierend für die zu erlangende Versöhnung im Individuo (Ascheberg 1820/21, S. 325 und S. 326).
[55] Hotho 1823, S. 310.
[56] An beiden zeitgenössischen Dichtern wird eine gewisse Antizipationsfähigkeit gegenüber der Philosophie anerkannt (vgl. etwa Ascheberg 1820/21, S. 300). Bedeutend ist auch die Schätzung Schillers, der als „Künstler [...] die Totalität der Idee gefühlt hat, ehe es die Philosophie tat" (Kehler 1826, Ms. 32, zit. nach A. Gethmann-Siefert, *Einleitung*. In: Hotho 1823, S. CXCIV). Vgl. auch, wie umgekehrt die höchsten Leistungen der beiden Dichter als Ergebnisse einer tiefen Bildung des Gedankens präsentiert werden: Wie schon die Tradition sich Homer als einen Greis vorgestellt hat, so zieht auch Hegel die spätere Produktion von Schiller und Goethe eindeutig vor (Hotho 1823, S. 9–11). Der Humor Jean Pauls könnte mit der klassischen Komödie Aristophanes parallelisiert werden, indem im Humoristischen auch eine Auflösung der Kunst in die Subjektivität des Künstlers geschieht, welche auf die Freiheit des absoluten Geistes hinweist (a.a.O., S. 201–204).
[57] A.a.O., S. 311.
[58] Ebd. (Hervorhebung vom Verfasser).
[59] A.a.O., S. 312.

Es ist dasselbe, wie es mit der Wissenschaft ist".[60] Gerade an der Allgemeinheit der Sprache ist der Geist in der Poesie frei, d.h. zum Begriff angelangt, da erst im sprachlichen Kunstwerk Begriffe zum Ausdruck kommen können.[61]

Welche Herausforderung entsteht aus den neuen Quellen zu Hegels Ästhetikvorlesungen? wird man sich am Ende noch fragen sollen. Sicherlich lesen wir heute Hegels Deutung der Poesie auch etwa auf dem Hintergrund von Heideggers Überlegungen zu der Wahrheit, der Dichtung und der Sprache oder in der Perspektive von Derridas Grammatologie.[62] So sind wir besonders für Aspekte der Hegelschen Reflexion empfindlich, die der zeitgenössischen Diskussion nahe stehen und die in der ‚klassischen' Edition der *Werke* teilweise versunken geblieben sind. An der Poesie ist nach Hegel die Gestaltung der Kunst paradigmatisch eine Bedeutung in sinnlicher Form, ein Ausdruck der freien Form des Begrifflichen und des Gedankens, wobei die doppelte Beziehung der Kunst zu ihrem ‚Voraus' und ‚Nachher', zum Sinnlichen und Geistigen am besten zum Ausdruck kommt: Gerade dadurch ist die Poesie für Hegel eine Kunst an der Grenze der Kunst, eine Kunst der Grenzen der Kunst, eine Kunst über die Grenzen der Kunst hinaus.[63] Gerade in ihrer Verknüpfung mit der Wahrheit (mit der religiösen und mit der gedanklichen) und in ihrer Verwurzelung im Material der Sprache (als Zeichen, Bedeutung, Bild, Vorstellung) hat die Poesie ihr Voraus und ihr Danach, deswegen ist sie gleichzeitig ein Anfang und ein Ende, unwiderruflich vergangen und inaugural zukünftig, das Alles der Kunst, der Künste, der Kunstformen und das Nichts ihres Grenzgängertums,[64] sozusagen der perfekte Kosmopolit, wofür Goethes *West-östlicher Divan* als Modell gelten kann, und aber auch der ortlose Asylant, wie Ödipus stets auf der Suche nach einem fremden Ort, selbst um zu sterben. An der Poesie ist die Kunst paradigmatisch an

---

[60] A.a.O., S. 230; vgl. auch S. 12: „Was wir hier sagen können, ist dieses, daß das Allgemeine des Bedürfnisses der Kunst kein anderes ist als das, was darin liegt, daß der Mensch denkender, bewußter ist". Vgl. auch S. 13: „Es ist also das allgemeine Bedürfnis des Kunstwerks im Gedanken des Menschen zu suchen, indem das Kunstwerk eine Art und Weise ist, dem Menschen, was er ist, vor ihn zu bringen. Er tut dies auch in der Wissenschaft etc., aber in der Kunst gleichfalls. [...] Das allgemeine Bedürfnis also ist dies Vernünftige, daß der Mensch als Bewußtsein sich äußert, sich verdoppelt, sich zur Anschauung für sich und Andere bringt. Das Kunstwerk ist demnach vom Menschen gemacht, damit das Bewußtsein sich selbst zum Gegenstande werde. Und dies ist die große Notwendigkeit der Vernünftigkeit des Menschen".

[61] A.a.O., S. 44: „Denn in ihr [in der Poesie] ist der Geist frei in sich selbst, hat sich vom bloß sinnlichen Material losgerissen und es zum Zeichen seiner heruntergesetzt". Bekanntlich ist wiederholt in Hegels Logik die Gleichsetzung von Begriff und Freiheit thematisiert.

[62] Stellvertretend seien hier erwähnt M. Heidegger, *Der Ursprung des Kunstwerkes*. In: Ders., Gesamtausgabe. Bd. 5: Holzwege. Hrsg. von F.-W. von Herrmann. Frankfurt a. M. [7]1994, S. 1–74 und J. Derrida, *Le puits et la pyramide*. Introduction à la sémiologie de Hegel. In: Ders., Marges de la philosophie. Paris 1972, S. 79–127.

[63] Vermutlich auch deswegen ist es unmöglich, eine genaue Grenze zwischen Poesie und Prosa, zwischen Dichtkunst und Denken zu ziehen; vgl. Hotho 1823, S. 272: „Die Frage ist nun, wodurch die Poesie sich von der Vorstellung der Prosa unterscheidet. Diese Frage ist für sich sehr abstrakt. Beide grenzen so ineinander, daß eine bestimmte Grenze zu ziehen unmöglich ist".

[64] In der Ascheberger Nachschrift geht die Kunst in der Komödie sogar bis „zur Selbstvernichtung" fort, im Drama findet „das eigentliche Aufhören der Kunst" statt (Ascheberg 1820/21, S. 306 und S. 329).

der Grenze und schon darüber hinaus: Das Ende der Kunst gehört in der Poesie aber noch der Kunst an.

Giovanna Pinna

Solgers Konzeption der Ironie

1.

Solgers Theorie der Ironie bildet ein kleines aber nicht unbeträchtliches Kapitel der Geschichte des dialektischen Denkens. Eine von Hegel als unvollendet und negativ bezeichnete Dialektik, deren Eigentümlichkeit darin besteht, zugleich strukturelles Prinzip und Schlußstein eines ästhetischen Systems zu sein.

Mit einer eher knappen Darstellung des Ironiebegriffes schließt Solger den komplexen dialogischen Weg seines Hauptwerks, des *Erwin* ab[1]. So grundlegend es sich auch in der Solgerschen Ästhetik erweist, läßt sich das Wort *Ironie* in seinem Werk erst 1815, zur Zeit der Fertigstellung des *Erwin*, nachweisen. Mit aller Wahrscheinlichkeit kam er zum Schluß, daß die Ironie die mögliche Lösung der aus den platonischen Prämissen seiner Ästhetik hervorgehenden Probleme darstellen konnte, am Ende einer langwierigen Auseinandersetzung mit Schellings Philosophie[2]. Auch die darauffolgenden Werke kreisen um diesen Gedanken.

Solgers ursprüngliches Interesse besteht darin, die Funktion des endlichen Daseins in der Konstitution des Kunstwerks auf eine Weise zu begründen, daß es nicht mehr als einfaches Ausdrucksmittel der Idee des Schönen gedacht wird, wie in Schellings Identitätslehre, sondern als echter dialektischer Gegensatz zum Universellen. Dadurch entsteht die Auffassung der Ironie als Bewußtsein der wesentlichen Negativität der Offenbarung von der absoluten Idee im Kunstwerk. Später wird die logische Form der Ironie zum Interpretationsmodell des Verhältnisses

---

[1] K.W.F. Solger, *Erwin. Vier Gespräche über das Schöne und die Kunst (1815)*. Nachdruck der Ausgabe Berlin 1907. Hrsg. und mit einem Nachwort und Anmerkungen von W. Henckmann. München 1971 (im folgenden Erwin).

[2] Obwohl Schelling in dem Gesamtwerk Solgers selten erwähnt wird, spielt sein Denken, mit dem Solger durch die Jenaer Vorlesungen über die Identitätsphilosophie im Jahre 1802 im Kontakt gekommen war, eine zentrale Rolle in dem Aufbau der Solgerschen Ästhetik (zur Jenaer Studiumperiode vgl. W. Henckmann, *Solgers Schellingstudium in Jena*. In: Hegel-Studien 13 (1978), S. 51–74). Eine Abgrenzung von den Grundsätzen Schellings, gerade der Nähe wegen, war für Solger sehr wichtig. So ist im *Erwin* der Wortführer des Schellingismus (Anselm, dessen Name auf Schellings *Bruno* hinweist) der Gesprächspartner, mit dem der Protagonist Adelbert/Solger am heftigsten diskutiert. In der kurzen aber bedeutenden Darstellung von Schellings Kunstphilosophie, in den *Vorlesungen über Ästhetik*, betont Solger die „Einseitigkeit des Kunstprinzips" und den Mangel an dialektischer „Ausbildung in der Behandlung des spekulativen Prinzips der Einheit des Subjektiven und Objektiven". (K.W.F. Solger, *Vorlesungen über Ästhetik*. Hrsg. von K.L. Heyse. Leipzig 1829. Repr. Nachdruck. Darmstadt 1980 [im folgenden Vorlesungen], S. 40 ff.).

von Dasein und Wesen nicht nur im Rahmen einer Kunsttheorie (als Gegensatz von Wesen und Erscheinung), sondern auch als Schwerpunkt einer existenzanalytisch nuancierten Metaphysik. Die Komplexität des Ansatzes rührt daher, daß in der Ironiekonzeption zwei verschiedene Motive in Berührung kommen und zwar die idealistisch-romantische Subjekttheorie und die metaphysische Frage nach der Beziehung des endlichen Wesens zu dem Göttlichen bzw. der Idee.

Mein Augenmerk wird hier auf die wichtigsten Momente der Theorie, d. h. auf die Entwicklung einer Phänomenologie des schöpferischen Bewußtseins, bzw. auf die dialektische Bedeutung der Ironie und ihre Beziehung zum Tragischen und zum Komischen gerichtet sein.

2.

Die systematische Voraussetzung der Ironieauffassung ist in der auf Schillers Lehre des schönen Scheins zurückgreifenden Bestimmung des Verhältnisses von Wesen und Erscheinung im Schönen zu finden, wie sie im zweiten Gespräch des *Erwin* vorkommt[3]. Untersucht wird hier anhand gegensätzlicher Bestimmungen wie Allgemeines/Besonderes und Erscheinung/Wesen, die die frühidealistischen Begriffspaare endlich/unendlich und objektiv/subjektiv ersetzen[4], die objektive Struktur des Schönen. So lautet die Definition des Schönen: „diese Einheit des Wesens und der Erscheinung in der Erscheinung, wenn sie zur Wahrnehmung kommt, ist die Schönheit. Dies ist eine Offenbarung Gottes in der wesentlichen Erscheinung der Dinge"[5]. Eine Definition, die von der von Schelling bis Hegel gültigen idealistischen Idee des Schönen prinzipiell nicht abweicht. Die Betonung fällt aber auf den sinnlich-reellen Bestandteil des Schönen, das ausschließlich in den warnehmbaren Beschaffenheiten eines erscheinenden Dinges existieren soll: Es weist auf eine Infragestellung des der idealistischen Metaphysik des Schönen zugrundeliegenden Gegensatzes hin. Vor allem versucht Solger sich von dem bei Schelling vorwaltenden Gegensatz Urbild-Abbild als Grundverhältnis des Schönheits- bzw. Kunstbegriffs zu befreien. Ist denn das schöne Ding nur Abbild einer intelligiblen Idee, argumentiert Solger, so wird sein sinnliches, reelles Dasein zu einem an sich wertlosen Ausdrucksmittel eines intellektuellen Inhalts reduziert. Konkrete Folge einer solchen Position wäre eine sich an einem leeren Idealisierungsprinzip orientierende Kunstauffassung, in welcher der Reichtum und die Komplexität des Sinnlich-Mannigfaltigen ganz außer Acht

---

[3] Erwin, S. 183 ff. Vgl. die entsprechende Stelle in Vorlesungen, S. 94 f. Zur Beziehung der Ironieauffassung Solgers sowie Friedrich Schlegels zur ästhetischen Problematik Schillers vgl. O. Walzel, *Methode?* Ironie bei Friedrich Schlegel und bei Solger. In: Helicon I (1939), S. 33–50.

[4] Der Wortgebrauch ist nicht neutral. Er zeigt den Übergang von der Subjekt-Problematik zu einem eher ontologisch orientierten Denkhorizont. Vgl dazu J. Heller, *Solgers Philosophie der ironischen Dialektik.* Berlin 1928, S. 56 sowie O. Walzel, *Allgemeines und Besonderes in Solgers Ästhetik.* In: Deutsche Vierteljahrsschrift für Literaturwissenschaft und Geistesgeschichte. Bd. XVII. Hrsg. von P. Kluckhohn und E. Rothacker. Halle/Saale 1939, S. 153–182.

[5] Erwin, S. 116.

bliebe. Grundlegend ist nach Solger die Annahme, daß „ein Besonderes, welches nichts anderes als der Ausdruck der Idee wäre, [...] ein undenkbares Unding sein würde, denn so müßte es aufhören, das Besondere oder Wirkliche zu sein"[6].

Die Position des Besonderen im Rahmen einer platonisierenden Metaphysik zu retten bereitet aber etliche Schwierigkeiten, da das Allgemeine als Prinzip des Besonderen angenommen wird. Der von Solger vorgeschlagene Ausweg ist im Prinzip auf eine an die Spinozistiche Substanz oder das Plotinische Eine erinnernde Definition des Allgemeinen als abstrakte Einheit oder als Sein begründet, die jedem Gegensatz und jeder Synthese vorangeht. An sich ist das absolute Allgemeine (das Sein) leere Form, und kann als solches nicht erkannt werden. Es wird zur essentiellen Wirklichkeit, zur Gegenwart nur durch das Sich-Beziehen zum Besonderen im Medium des Selbstbewußtsein. Das Absolute als Sein ist nach Solger, im Gegensatz zu Schelling, zwar Grund, aber nicht Identität, da „die Einheit mit sich selbst notwendig zugleich Einheit der Entgegengesetzen, oder als Gegensatz, welchem die Einheit zum Grunde liegt", ist[7]. Die Offenbarung des Absoluten ist also durch seine Selbstbeschränkung und die konsequente Aufhebung im Endlichen, d.h. durch sein Nichtigwerden im Besonderen bedingt. Andererseits ist aber das Besondere als reines Nichtsein oder Selbstnegation des absoluten Allgemeinen bloßer Schein. Erst aus der Synthese, die immer eine relative ist, entsteht ein Dasein, das für sich ist und in welchem die Gegensätze als Gegensätze erhalten bleiben. Das Sich-Offenbaren des Absoluten erweist sich folglich als Resultat einer doppelten Negation, die sich im Selbstbewußtsein als Anschauung der „Einheit der Einheit und ihrer Gegensätze" manifestiert. Das Kunstwerk ist die exemplarische Darstellung solcher Offenbarung in der sinnlichen Welt. Die konstitutive Negativität der Offenbarung, die den Inhalt der höheren Erkenntis bestimmt, erweist sich im ästhetischen Bereich als die von seinem prekären Hin-und Her-Schwanken zwischen Allgemeinem und Besonderem determinierte Hinfälligkeit des Schönen.

Im Rahmen der Untersuchung der spezifischen Konstitution des Schönen wird der Hauptgegensatz von Allgemeinem und Besonderem als Verhältnis von Wesen und Erscheinung umformuliert. Wenn man das Schöne als Erscheinung betrachtet, stellt sich die Frage, wie sie sich von dem Erscheinen der gemeinen Dinge unterscheidet. Die Idee erhebt zwar die schöne Erscheinung über die gemeine Existenz der Dinge, kann ihr aber weder ihre Dinglichkeit und Endlichkeit entziehen, noch ihr einen definitiven Ausgleichspunkt verleihen. Einerseits steht das Schöne als Erscheinung vom ihm zugrundeliegenden Wesen als ein Negatives: „indem es mitten in dem Gewühl der anderen, erscheinenden Gegenstände durch die ihm inwohnende Herrlichkeit des göttlichen Wesens erhöht wird, kann es sich doch nicht aus jener irdischen Verkettung befreien, sondern versinkt vor Gott mit der ganzen übrigen Erscheinung in Nichtigkeit"[8]. Andererseits läßt die Offenbarung des Wesens eine innere Zerspaltung in der Erscheinung entstehen, da in ihr das

---

[6] Erwin, S. 387.
[7] Zu Solgers Lehre vom Sein vgl. M. Frank, *Das Problem „Zeit" in der deutschen Romantik*. München 1972, S. 97–105.
[8] Erwin, S. 185.

Gemeine der Dingwelt enthalten ist, jedoch als etwas, wovon sie sich abgesondert hat. Man könnte sagen, je relevanter in der schönen Erscheinung die Einzelheit der sinnlichen Eigenschaften ist, um so mehr bezeigt sie die konstitutive Andersheit von den übrigen Dingen. Daraus ergibt sich die paradoxe Situation eines Daseins, das dank seiner Einheit mit der Idee als das „gerade Gegenteil seiner selbst, ja man könnte sagen, [als] sein eigenes Gespenst" gilt, denn negiert wird zuerst gerade das, wodurch allein das Sich-Offenbaren der Idee zustande kommen kann[9]. Der Widerspruch muß erhalten bleiben. Die unüberbrückbare Diskrepanz von Idee und Erscheinung ist eine konstitutive Eigenschaft des Schönen, das sich in einer stets prekären Lage zwischen zwei Welten befindet[10]. Die Fragilität der schönen Erscheinung hängt davon ab, daß sie nicht als eine „unendliche Kette von Beziehungen und Verknüpfungen", sondern als „die Idee in sich enthaltend", d.h. als Schönheit untergeht. Der wahre Widerspruch im Schönen besteht demzufolge nicht darin, daß es als wirkliche Erscheinung dem allgemeinen Schicksal der endlichen Dinge unterliegen muß, sondern darin, daß mit ihr „jedesmal eine ganze Gottbeseelte Welt dahinstirbt". Solche Selbstvernichtung der Idee ist das, was Solger die Tragödie vom Schönen nennt: „Das tragische Verhältnis im Schönen liegt darin, daß das Schöne, als Erscheinung, der göttlichen Idee als dem reinen Wesen entegengesetzt ist und widerspricht; daß, wenn sich Beides in einem Akt des Überganges vereinigen soll, notwendig das Schöne sich selbst als ein Nichtiges auflösen und vernichten muß; daß aber in demselben Moment dasselbe in seiner Vernichtung als Offenbarung des göttlichen Wirkens, der Idee erkannt wird"[11].

Das Motiv der schönen Erscheinung wird somit in einem doppelten Sinne quasi dramatisiert. Einerseits wird der Prozess, wodurch sich das allgemeine Wesen im erscheinenden Gegenstand offenbart, als ein Versinken der Idee in der Vergänglichkeit inszeniert, und dabei das daraus entstehende Trauergefühl im betrachtenden Bewußtsein hervorgehoben. Andererseits wird im Schönen eine extreme Zuspitzung des Zustandes der wirklichen Dinge, die „zwischen Lust und Trauer, Lachen und Weinen schwanken", festgestellt, und daraus folgt, daß das Schöne notwendigerweise als Komisches oder als Tragisches erscheinen muß. So erzielt Solger eine Verschiebung der begrifflichen Ebenen, wodurch der Grundkonflikt der Tragödie, von dem er jedes ethisch-moralische Element ausschließen will, auf das Wesen des Schönen übertragen wird, ein typisches Verfahren der romantischen Kunsttheorie, in welcher die reflexive Struktur des Kunstwerks zum wesentlichen Gehalt der Kunst avanciert[12].

---

[9] A.a.O., S. 188.
[10] Die von Solger formulierte Idee der Hinfälligkeit des Schönen hat O. Becker als Ausgangspunkt einer phänomenologischen Analyse des Schönheitsphänomens gebraucht in: Ders., *Von der Hinfälligkeit des Schönen und der Abenteuerlichkeit des Künstlers*. Eine phänomenologische Untersuchung im ästhetischen Phänomenbereich. In: Festschrift für Edmund Husserl. Halle 1929, S. 27–52.
[11] Vorlesungen, S. 94 f.
[12] Auf diesen Aspekt der romantischen Ästhetik ist I. Strohschneider-Kohrs, *Die romantische Ironie in Theorie und Gestaltung*. Tübingen 1977, S. 220 f. eingegangen. Das zeigt allerdings, wie stark die Übersetzungs- und Interpretationsarbeit an der antiken Tragödie die

3.

In den ersten beiden Gesprächen des *Erwin* war zwar von der Negativität und Vergänglichkeit des Schönen die Rede, nicht jedoch von der Ironie. Womit Solger in diesem Zusammenhang argumentierte ist auf der Ebene der objektiven Konstitution des Schönen im Kunstwerk einzustufen. Vor allem wurde die systematische Stellung des Schönen als spezifische Form der Offenbarung des Absoluten bzw. der Idee in Beziehung auf Religion, Philosophie und Moralität definiert.

Der Begriff der Ironie ist eigentlich mit einer bewußten Selbstposition des schöpferischen Ichs im Medium der Erscheinung verbunden. Den wesentlichen Schritt, der von der objektiven Bestimmung des Schönen zur Auffassung einer prinzipiell ironischen Bedeutung der Kunst führt, faßt Solger in einem Brief vom 11. Juli 1815 an seinen Bruder zusammen:

„Wie ist es möglich, daß in einer zeitlichen und als solche mangelhaften Erscheinung sich ein vollkommnes Wesen offenbaren könne? Denn daß hierin die Schönheit liege, das haben dunkel alle gefühlt und darum die widersprechendsten Dinge zu vereinigen gesucht. Die Lösung ist: durch ein vollkommenes Handeln, von einer gewissen bestimmten Art, welche die Kunst heißt; dieses ist nur in dem Moment, wo die Idee oder das Wesen die Stelle der Wirklichkeit einnimmt, und eben dadurch das Wirkliche für sich, die bloße Erscheinung als solche vernichtet wird. Dies ist der Standpunkt der Ironie"[13].

Zwei charakteristische Elemente der Solgerschen Ästhetik werden hier hervorgehoben: der Handlungscharakter der Kunst, deren Bestimmung auf dynamischen, auf die Subjektivität bezogenen Begriffen wie Tätigkeit und Übergang beruht, sowie das Bewußtsein der dialektisch-negativen Bewegung der Gegensätze im Kunstwerk. Für Solger ist die „Einheit des Wesens und der Erscheinung in der Erscheinung" nur durch einen synthetischen Akt des schöpferischen Selbstbewußtseins möglich, was zunächst das Naturschöne außer Spiel setzt und den ästhetischen Diskurs auf den subjektiven Ursprung des Kunstwerks, die ästhetische Einbildungskraft, konzentriert. Kunst ist als eine objektiv gewordene Tätigkeit des schöpferischen Subjekts zu verstehen, die *per analogiam* an die Schöpfungskraft Gottes verweist[14], wobei der wesentliche Unterschied darin besteht,

---

ästhetische Positionen Solgers beeinflußt hat. Nach dem 1804 anonym erschienenen *König Oedipus* übersetzte Solger Sophokles' Gesamtwerk (*Des Sophokles Tragödien*. Berlin 1808). Eine ausführliche Darstellung seiner lebenslangen Überlegungen über das Tragische sowohl in der antiken als in der modernen Literatur findet sich in seiner letzten Arbeit, der Rezension der *Vorlesungen über dramatische Kunst und Literatur* von A.W. Schlegel, die in den „Wiener Jahrbüchern" 1819 veröffentlicht wurde. Zu Solgers Auffassung des Tragischen und der Tragödie vgl. O. Walzel, *Tragik bei Solger*. In: Helicon III (1941), S. 27–49 sowie G. Pinna, *L'ironia metafisica. Filosofia e teoria estetica in K.W.F. Solger*. Genova 1994, S. 177–234.

[13] K.W.F. Solger, *Nachgelassene Schriften und Briefwechsel*. Hrsg. von L. Tieck und F. von Raumer. 2 Bde. Berlin 1826. Faksimiledruck mit einem Nachwort von H. Anton. Heidelberg 1973 (im folgenden Nachgelassene Schriften I,II). Bd. I, S. 360.

[14] Auf die Schwierigkeiten eines solchen Vergleichs sei hier nur hingewiesen. Zur Diskussion siehe die Abhandlung von Th. Danzel, *Über den gegenwärtigen Zustand der Philosophie der Kunst und ihre nächste Aufgabe*. In: Gesammelte Aufsätze. Hrsg. von O. Jahn. Leipzig

daß die produktive Kraft des Menschen aus einem Zustand des Zwiespalts zwischen Wesen und Dasein hervorspringt. Eine Theorie, die von Fichtes Begriff der Tathandlung stark beeinflußt ist und die frühromantische Diskussion um die intellektuelle Anschauung voraussetzt[15]. Bei Fichte ist „der Begriff des Handelns, der nur durch diese intellektuelle Anschauung des selbsttätigen Ich möglich wird", „der einzige, der beide Welten, die für uns da sind, vereinigt, die sinnliche und die intelligible"[16]. Die Rolle des Selbstbewußtseins bleibt bei Solger weithin unbestritten, Fichtes Ansatz wird jedoch aufgrund einer grundsätzlichen Priorität des Seins interpretiert. Ist die Anschauung „der Existenzialact, worin Erkennen und Sein erst dasind", so kann aber nicht als Identität oder, mit Solgers Worten ausgedrückt, als „Punkt der gegenseitigen Durchdringung" verstanden werden, was das Selbstbewußtsein als Tätigkeit „auslöschen" würde[17]. Die auf die intellektuelle beruhende ästhetische Anschauung bewirkt die Synthese im Sinnlichen des Sinnlichen mit dem Intelligiblen und bildet dem „Zustand des Erkennens in der Phantasie". In ihr ist aber, betont Solger, „Wechsel, Beziehung und Unterscheidung", da die Wahrnehmung der Differenz den eigentlichen Inhalt der intellektuellen Anschauung ausmacht. Die Phantasie ist eine praktisch-theoretische Art der höheren Erkenntnis, wobei mit ‚praktisch' nicht der Bereich der moralischen Freiheit, sondern vielmehr der des Schaffens, der Praxis im Sinne einer rationellen Bestimmung von wirklichen Gegenständen gemeint ist.

Die künstlerische Tätigkeit erscheint also als produzierende Kraft und Produkt zugleich, auf eine Weise, daß im Kunstwerk der dem Schöpfungsakt zugrundeliegende Erkenntnisprozess immer erkennbar sein soll. Der objektiven Konstitution des Kunstwerks als symbolische Darstellung der Idee entspricht auf der Seite der Subjektivität das Verfahren der ästhetischen Einbildungskraft. Ist denn das Symbol das Medium, wo sich Erscheinung und Wesen vereinigen, so erweist sich die ästhetische Einbildungskraft oder Phantasie als eine vermittelnde Kraft, die die Idee als wirklich und gleichzeitig als der gemeinen Wirklichkeit entgegengesetz auffaßt. Die dynamisch-dialektische Struktur des Verhältnisses von Idee und Wirklichkeit hat Solger als einen Übergang zwischen den Gegensätzen dargestellt[18]. Der Übergangsbegriff zielt darauf, Wirklichkeit und Idee auf der gleichen Ebene als lebendige Bestandteile der Kunst zu erhalten, d.h. das für die Kunst essentielle Wirkliche oder Besondere nicht dem Allgemeinen unterzuordnen. „Können wir den Akt fassen, durch welchen die Idee in die Wirklichkeit gestoßen wird, und gleichwohl nicht aufhört, Idee zu sein; so wäre

---

1855, S. 80 ff. sowie W. Henckmann, *Nachwort*. In: Erwin, S. 517 f. sowie U. Dannenhauer, *Heilsgewißheit und Resignation*. Solgers Theorie der absoluten Ironie. Frankfurt a.M. 1988, S. 62 ff.

[15] Solger hat sich mit dem Studium der *Wissenschaftslehre* intensiv beschäftigt und Fichtes Vorlesungen von 1804 und 1805 in Berlin besucht. Vgl. den Bericht vom Ende 1804 in *Nachgelassene Schriften* I, S. 131 f. Vgl. R. Lauth, *Über Fichtes Lehrtätigkeit in Berlin von Mitte 1799 bis Anfang 1805 und seine Zuhörerschaft*. In: Hegel Studien 15 (1980), S. 9–50.

[16] J.G. Fichte, *Zweite Einleitung in die Wissenschaftslehre*. In: Ders., Sämmtliche Werke. Hrsg. von J.H. Fichte. Bd. I. Berlin 1845, S. 467.

[17] Nachgelassene Schriften II, S. 273 f.

[18] Vgl. I. Strohschneider-Kohrs, *Die romantische Ironie in Theorie und Gestaltung*, S. 189 ff.

der Übergang das, was wir wirklich vor uns hätten, und die Extreme würden nur in diesem Übergang von uns aufgefaßt. Das Schöne kann also nur in einer Tätigkeit liegen, welche so aufgefaßt wird, daß wir die Gegensätze in dem Akt ihres Überganges erkennen"[19]. Solgers Anliegen besteht darin, das Verhältnis der produktiven Tätigkeit des Subjekts zu dem vom gemeinen Verstand schon synthetisierten wirklichen Dasein differenziert zu erfassen. Auf die verschiedenen Realisierungsmöglichkeiten eines solchen Verhältnisses beruht die historisch-systematische Klassifikation der Künste und der Kunstrichtungen. Er entwirft ein auf oppositionellen Begriffen gebautes System der schöpferischen Subjektivität, das er den Organismus der Phantasie nennt. Da Ironie als Gipfelpunkt oder als dialektische Synthese der entgegengesetzten Schöpfungsrichtungen zu verstehen ist, ist es nicht unnötig, die Grundzüge dieser Konstruktion darzustellen.

Bildungsprinzip des Systems der künstlerischen Subjektivität ist die Entzweiung, das notwendige Sich-Differenzierens der Einheit des Selbstbewußtsein, das den ersten Schritt des dialektischen Verlaufes bildet. Der je nach den Polen der Idee oder der Wirklichkeit sich orientierende künstlerische Geist äußert sich als Phantasie in engerem Sinne oder als Sinnlichkeit, ein Wort, das eine in den komplexen Verhältnissen der objektiven Welt involvierte Kraft bezeichnet. „Phantasie und Sinnlichkeit – heißt es in den *Vorlesungen über Ästhetik* – sind die Fäden, durch welche die Kunst mit der Wirklichkeit verknüpft ist, und die sich im Verstande vereinigen"[20]. So werden innerhalb des Phantasiebegriffes eine bildende und eine sinnende Phantasie unterschieden. In der ersten geht die Bewegung der Gegensätze vom Allgemeinen zum Besonderen so, daß die Anschauung der Idee unmittelbar in eine bestimmte endliche Gestalt verwandelt wird. Gemeint ist hier das Verfahren der klassischen, symbolischen Kunst. In der sinnenden Phantasie fängt der Schöpfungsprozess mit der Betrachtung des Wirklichen an, das reflexiv zum Allgemeinen zurückgeführt und von den gemeinen Verhältnissen (der Realität) isoliert wird. Das allegorische Kunstwerk erweist sich als das Resultat dieser Doppelbewegung, die nur mittelbar zur Position der allgemeinen Idee im Endlichen gelangt. Während im Akt des Bildens sich das Streben der Notwendigkeit in einem endlichen und doch unbedingten Dasein äußert, verwandelt im Gegenteil das Sinnen jedes Zufällige und Wirkliche in ein Wesentliches so, daß die in der unendlichen Mannigfaltigkeit der Naturerscheinungen zersplitterte Einheit der Idee ans Licht wieder gebracht wird. Durch diese Differenzierung des Phantasiebegriffs versucht Solger vor allem, die Reflexivität der Kunst der Modernen im Rahmen einer auf der Einheit von Allgemeinen und Besonderen begründeten Auffassung des Kunstschönen zu retten. Der Mangel an Durchsichtigkeit des modernen-allegorischen Kunstwerks wird daher durch eine größere Komplexität kompensiert.

Auf der Seite der Sinnlichkeit finden wir ebenfalls zwei entgegengesetzte Richtungen der schöpferischen Kraft. Die eine, etwas unglücklich ‚sinnliche Aus-

---

[19] Vorlesungen, S. 109.
[20] A.a.O., S. 241.

führung der Gestalt' genannt, wirkt durch die Begrenzung der äußeren Erfahrung. Die Handlung konzentriert sich in einem Punkt der Erscheinung so, daß die bestimmte Idee in einem besonderen Faktum erschöpft wird. Mit dieser Bestimmung der Sinnlichkeit hat Solger insbesondere die auf die spezifischen Darstellungsmöglichkeiten des menschlichen Körpers gerichtete Bildhauerei des Ellenismus, aber auch Goethes *Römische Elegien* im Sinn. Die andere ist die Empfindung, eine „Richtung nach innen", womit die sentimentale Anlage des Menschen ins Zentrum der Kunstproduktion gerückt wird. Leidenschaft und Reflexion sind die Kennzeichen dieser meist modernen Form der schöpferischen Tätigkeit, deren Wirkung im Roman zu sehen ist[21].

Aus der Perspektive der schöpferischen Tätigkeit erscheint die Ironie als der Höhepunkt des sogenannten Verstandes der Phantasie, d.h. des schöpferisch-rationellen Moment in der Konstitution des Kunstwerks. Der Verstand subsumiert in sich die vorhergehende Momente der Phantasietätigkeit, ohne sie jedoch aufzuheben. Er ist „für die Kunst dasselbe, was die Dialektik für die Philosophie: daher wir es auch künstlerische Dialektik nennen können"[22]. Solger bedient sich des Bildes der Ellypse, um die Art der von ihm bewirkten Synthese aufzuklären. Phantasie und Sinnlichkeit sind, heißt es im *Erwin*, die beiden Brennpunkte der ellyptischen Bahn des Verstandes, „indem er, was von der Idee ausstrahlt, durch wirkliche Besonderheit, was in der einzelnen Gestalt sich verbirgt, durch wesentliche Vollkommenheit in ewiger Umwandlung abschließt und vollendet"[23]. Das Bild des Doppelzentrums steht offensichtlich im Gegensatz zum Kreis als Figur der identischen Einheit und will die dialektische Spannung der Gegensätze in der paradoxen Einheitlichkeit des Kunstprodukts sichtbar machen. Der ironische Verstand zeigt, daß das Kunstwerk eine essentielle Einheit des Wesens und der Erscheinung bildet, die jedoch nicht als Identität der Gegensätze möglich ist. Vielmehr besteht sie in dem Bewußtsein der notwendigen Begrenzung des Wesens durch die Erscheinung, was ein dialektisches Verhältnis zwischen der konkreten Gestaltung des Werkes und ihrem Wahrheitsgehalt bestimmt. Ist die Ironie im ästhetischen Phänomen das höchste Resultat der Tätigkeit des Selbstbewußtseins, so erweist es sich als eine Widerspiegelung des Sich-beziehen des Seins zum Dasein, des Endlichen in einer wirklichen Gestalt. Sie ist eine Erkenntnis des Negativen, da die Selbstbegrenzung der Idee mit ihrer Negation als Allgemeine verbunden ist. So macht die Ironie „das Wesen der Kunst, die innere Bedeutung derselben aus; denn sie ist die Verfassung des Gemüthes, worin wir erkennen, daß unsere Wirklichkeit nicht sein würde, wenn sie nicht Offenbarung der Idee wäre, daß aber eben darum mit dieser Wirklichkeit auch die Idee et-

---

[21] Vgl. a.a.O., S. 204–214. Das Kriterium einer solchen systematischen Gliederung kann man im gewissen Sinne quantitativ nennen. Da alle „Richtungen" in der Tätigkeit der Phantasie mit einbegriffen sind, sind die Unterschiede auf das Vorwiegen einer Bestimmung über die anderen zurückzuführen. Das gilt auch für den Verstand, das dialektische Dritte in dieser Konstruktion, in welchem als Gegensätze Betrachtung und Witz angegeben werden. Für eine genauere Analyse von diesen Begriffen vgl. G. Pinna, *L'ironia metafisica*, S. 137–163.
[22] Vorlesungen, S. 187.
[23] Erwin, S. 383.

was Nichtiges wird und untergeht. Die Wirklichkeit gehört freilich nothwendig zur Existenz der Idee; aber damit ist zugleich immer die Aufhebung derselben verbunden"[24].

Gerade die Wahrnehmung der Präsenz der Idee in der Wirklichkeit bildet die Voraussetzung der Ironie als negativ-relativierenden Moment des Schöpfungsprozesses. Aus diesem Grund wird die Ironie mit der Begeisterung, die die unmittelbare Gewißheit der Gegenwart der Idee in der endlichen Gestalt darstellt, dialektisch verbunden[25]. Die wechselseitige Bestimmung von Begeisterung und Ironie klingt fast als eine systematische Variante des in der Theorie der Transzendentalpoesie von Schlegel formulierten „ewigen Wechsels von Selbstschöpfung und Selbstvernichtung"[26]. Eine Ähnlichkeit, die jenseits des teilweise verschiedenen Fragehorizonts und der sehr entfernten theoretischen Haltungen zeigt, daß der Gedanke der Selbstbegrenzung des Absoluten den fundamentalen Ansatz in der romantischen Konzeption der Ironie bzw. Dialektik darstellt.

Die hauptsächlich metaphysisch-dialektische Bedeutung der Ironie in Solgers Theorie der Kunst darf aber das lebendige Interesse des Philosophen für die Komplexität der Kunstphänomene nicht ausblenden. Mit seiner Ironieauffassung plädiert Solger für eine Kunst, die den intellektuellen Inhalt ihrer Zeit in sich bewußt aufnimmt und nur gering den irrationalen Kräften des romantischen Genies verpflichtet ist. Was er Ironie nennt, und vor allem in den Werken von Sophokles, Shakespeare, Goethe, aber auch in denen seines Freundes Tieck sieht, ist das im Kunstwerk vorherrschende Gefühl, daß die Vollendung der künstlerischen Form bzw. ihre Vorbildlichkeit gerade in ihrem Begrenztsein gegenüber der in ihr sich manifestierenden Idee besteht. Wo dieses Gefühl jedoch als explizite Äußerung einer selbstreflektierenden Schöpfungstätigkeit erscheint, wie in intellektuellen Werken der Moderne, ist die Ironie vielleicht sichtbarer, aber keineswegs tiefgreifender als in der objektiven Kunst der Antike.

4.

Tragödie und Ironie sind in Solgers Denken eng verbundene Begriffe: bringt einerseits die Anschauung des ironischen Widerspruchs im Kunstwerk ein tragisches Gefühl hervor, so erscheint andererseits die Ironie als die endgültige Bedeutung des tragischen Geschehens. Wie sind aber die tragische und die allgemeine Ironie zu unterscheiden? Wenn wir die Ironie als den Höhepunkt des schöpferischen Prozesses anschauen, erscheint sie als ein bestimmter Bewußtseinszustand, der durch sein Objektiv-Werden im wirklichen Dasein die dialektische Spannung zwischen Dasein und Wesen ans Licht bringt. In diesem Sinne kann Ironie als Konstitutionsgesetz des Kunstschönen definiert werden. Was sie offensichtlich macht, ist die Begrenzung, der sich die Idee unterwerfen muß, um ihr Licht in der Objektwelt ausbreiten zu können. Von der Seite der Subjekttätigkeit her be-

---

[24] Vorlesungen, S. 242 f.
[25] A.a.O., S. 127.
[26] Mit den Theorien des Athenaeums hat sich Solger nie direkt auseinandergesetzt.

trachtet erscheint das als eine skeptisch-distanzierende Haltung gegenüber dem Schöpfungsprodukt, die zu einer Relativierung der Absolutheit der Offenbarung führt. Die „Tragödie vom Schönen" wird durch das ironische Bewußtsein im Kunstwerk veranschaulicht. „Geht also die Idee durch den künstlerischen Verstand in die Besonderheit über, so drückt sie sich nicht allein ab, erscheint auch nicht bloß als zeitlich und vergänglich, sondern sie wird das gegenwärtige Wirkliche, und, da außer ihr nichts ist, die Nichtigkeit und das Vergehen selbst, und unermeßliche Trauer muß uns ergreifen, wenn wir das Herrlichste, durch sein notwendiges irdisches Dasein in das Nichts zerstieben sehen. Und doch können wir die Schuld davon auf nichts anderes wälzen, als auf das Vollkommene selbst in seiner Offenbarung für das zeitliche Erkennen; denn das bloß Irdische, wenn wir es allein wahrnehmen, hält sich zusammen durch Eingreifen ineinander, und nie abreißendes Entstehen und Vergehen"[27]. Die „unermeßliche Trauer", die wir vor der künstlerischen Darstellung der Idee empfinden, ist nichts anderes als das klare Bewußtsein der ironischen Bedeutung der Kunst, d.h. ihres notwendigen inneren Widerspruchs, nur von der Seite des Zuschauers aus betrachtet.

Die tragische Ironie ist eine objektive, man könnte sagen, eine Ironie der Welt. Hier betrifft die von dem ironischen Bewußtsein bewirkte Relativierung des Ideellen den Sinn der dramatischen Handlung selbst. Wirkt also die Kunstironie überhaupt auf der Ebene der metaphysischen Werkstruktur, so besteht die tragische Ironie vielmehr in einer Infragestellung des Sinnes des dramatischen Geschehens sowie in einer impliziten Negation der heroischen Absicht. Was mittels der tragischen Ironie in Frage gestellt wird, ist die Möglichkeit überhaupt das Absolute, sei es das antike Schicksal oder das Weltgesetz, mit den Menschenhandlungen versöhnen zu können. Für das endliche Dasein bleibt nach Solger letztendlich sein eigenes Fundament undurchschaubar. „Alles, womit wir rein über endliche Zwecke hinauszugehen glauben, ist eitle und leere Einbildung. Auch das Höchste ist für unser Handeln nur in begrenzter endlicher Gestaltung da. Und eben deswegen ist es an uns so nichtig wie das Geringste, und geht nothwendig mit uns und unserem nichtigen Sinne unter, denn in Wahrheit ist es nur da in Gott, und in diesem Untergang verklärt es sich als ein Göttliches, an welchem wir weder als endliche Wesen, noch als solche, die mit ihren Gedanken über das Endliche scheinbar hinausschweifen können, Theil haben würden, wenn es nicht eine unmittelbare Gegenwart dieses Göttlichen gäbe, die sich eben in dem verschwinden unserer Wirklichkeit offenbart"[28].

Tragik und Komik bilden nicht nur die komplementären Richtungen der dramatischen Kunstform, sondern sind die einzigen essentiellen Weisen, den ultimativen Sinn des menschlichen Lebens zu erfassen. „Wo der Dichter das allgemeine menschliche Geschick als ein Wesentliches auffaßt, als den Grund, der alle Wirklichkeit trägt, und in welchem sie als Wirklichkeit wieder verschwindet, indem nur jenes wesentliches Verhältnis der Menschheit überhaupt das Bestehende darin ist, da muß er notwendig tragisch sein. Wo er aber mit der Erscheinung oder

---
[27] Erwin, S. 387.
[28] Nachgelassene Schriften II, S. 515.

Wirklichkeit für sich zu tun hat und sich darauf richtet, wie in dieser sich das Wesentliche im menschichen Geschick selbst zu Schein und Spiel auflöst, und sich eben deshalb wieder in dieser Scheinwelt als gegenwärtig erhält, da wird er komisch"[29].

In der Ironie kommen das Tragische und das Komische in Berührung, da beide in sich ein identisches, nur perspektivisch umgekehrtes Verfahren des künstlerischen Bewußtseins involvieren. Noch mehr als im Tragischen erblickt Solger im Komischen die Gegenwart eines bis zur paradoxen Auflösung des Schönen tendierenden negativen Moments des Verhältnisses von Idee und endlichem Dasein. Das Komische grenzt an das Häßliche, es hat etwas vom Häßlichen an sich, dem jedoch das Entsetzliche entzogen wurde, und vor allem gemeinsam ist eine Abwesenheit der Idee, die sich im Häßlichen dominierend durchsetzt. Denn das Häßliche, heißt es im *Erwin*, besteht darin, daß „die gemeine Natur und das bloß Zufällige in den Dingen das Wesentliche verdrängen und sich an dessen Stelle setzen will"[30]. Im Gegenteil zeigt das Komische gerade im Negativen der Erscheinung die abwesende Idee als Grund der Erscheinungswelt. Darum enthüllt die nur scheinbar leichte komische Gestalt das Positive im Leben des Menschen, weil sie uns „das Beste, ja das Göttliche in der menschlichen Natur" zeigt, „wie es aufgegangen ist in diesem Leben der Zerstückelung, der Widersprüche, der Nichtigkeit, und eben deshalb erholen wir uns daran, weil es uns dadurch vertraut geworden und in unserer Sphäre verpflanzt ist"[31].

Den Sinn solcher Behauptungen, die Hegel in seiner Rezension der *Nachgelassenen Schriften* als Folge der mangelhaften Entwicklung des spekulativen Prinzips verurteilte, hat Solger an verschiedenen Textstellen geklärt: die Auflösung der widersprüchlichen Existenzverhältnisse in einem heiteren Spiel, in einer Erscheinung, die sich als Erscheinug zu erkennen gibt, setzt das klare Bewußtsein eines sich aufhebenden und als Maßstab der Zerrüttung des Endlichen sich erweisenden Ideals voraus. So muß das Komische *via negationis* auf einen positiven Werthorizont zurückweisen, der, anders als im Tragischen, nicht in einem unmittelbaren Bestimmungsverhältnis mit den Handlungen der Menschen steht. Fokussiert das Tragische den universellen Grund im Schicksal des Menschen und setzt es buchstäblich auf der Bühne den aus seinem Konflikt mit dem endlichen Dasein hervorhergenden Schmerz aus, so ist das Komische vollkommen zur gemeinen Wirklichkeit gerichtet, deren Inkonsistenz es vor der ihr zugrundeliegenden Idee durch das Lachen enthüllt.

---

[29] A.a.O., S. 570. Vgl. V. Verra, *Tragische und künstlerische Ironie bei K.W.F. Solger*. In: Philosophie und Poesie. Festschrift für Otto Pöggeler zum 60. Geburtstag. Hrsg. von A. Gethmann-Siefert. Stuttgart 1988. Bd. I, S. 235–254.
[30] Erwin, S. 180.
[31] Nachgelassene Schriften II, S. 516. Zu dieser Stelle vgl. G.W.F. Hegel, *Schriften und Entwürfe II (1826–1831)*. In: Ders., Gesammelte Werke. In Verbindung mit der Deutschen Forschungsgemeinschaft hrsg. von der Rheinisch-Westfälischen Akademie der Wissenschaften. Bd. 16. Unter Mitarbeit von Ch. Jamme hrsg. von F. Hogemann. Hamburg 2001, S. 116. Über die tragische Dialektik bei Solger hat sich Hegel auch in *Grundlinien der Philosophie des Rechts*. §40. Anm. ausgedrückt. Vgl. O. Pöggeler, *Hegels Kritik der Romantik*. 2. Aufl. München 1999.

Die Konzeption der Dialektik als Negation der Negation stellt den Versuch dar, eine allgemeinere methodische Form und eine metaphysische Bedeutung dem ursprünglich rein ästhetischen Ironiegedanke zu geben. Es handelt sich aber nicht um eine halbierte Hegelsche Dialektik, die bei der absoluten Negativität stehen geblieben ist, da aus ihren Prämissen her keine Aufhebung der Gegensätze im Sinne Hegels möglich ist. Ihr letes Resultat bildet die individuelle Erfahrung des Sich-Offenbarens des Absoluten als Negation des Nichtigen, als das Moment, „wo das Individuum sich selbst in seiner ganzen Allgemeinheit und abstrakte Einheit doch als Besonderheit schlechthin erkennt, und nur dadurch wird es erst wahres Individuum"[32]. Besteht die romantische Dialektik bei Friedrich Schlegel in der unendlichen Aufgabe der Neutralisierung entgegengesetzter Irrtümer[33], so findet sie im Gegenteil bei Solger jedesmal in einem Akt des Selbstbewustseins oder in einem Kunstwerk ihr Ende, da das endliche Dasein die einzige Existenzmöglichkeit des Absoluten darstellt.

---

[32] Nachgelassene Schriften I, S. 377.
[33] R. Bubner, *Zur dialektischen Bedeutung romantischer Ironie*. In: Die Aktualität der Frühromantik. Hrsg. von E. Behler und J. Hörisch. München/Paderborn/Wien 1987, S. 85–95.

José Mª Ripalda

Zum Ende der Kunst in der Postmoderne

Spätmoderne ist in Deutschland ein beliebteres Wort als Postmoderne, was gewiß seine Richtigkeit hat. Trotzdem gibt es in diesem Fall einigen Grund, das Wort „Postmoderne" zu gebrauchen. Denn es gibt, zunächst einmal, eine spätmoderne Kunst, die das Hegelsche Wort vom Ende der Kunst, oder eher von ihrem Vergangenheitscharakter, nicht ernst nimmt. Was diese spätmoderne Kunst angibt, ist vielmehr die öffentlich, sogar politisch bildende Wirkung zu haben, welche Schiller als politisches Programm der Emanzipation aufgestellt hatte. Auf diese Art interpretiere ich etwa die abstrakten Skulpturen, die überall in Spanien die Modernisierung ästhetisch irgendwie begleiten, verbrämen und letztendlich so etwas wie zu legitimieren versuchen. Übrigens handelt es sich normalerweise um angeberische Andeutungen einer unvorstellbaren neuen Transzendenz, insofern sie jenseits sowohl jeder Reflexion wie jeder Empfänglichkeit für das den abstrakten Ansprüchen der Macht und der „Demokratie" nicht Reduzierbare, Singuläre steht. Zur selben Gattung, sozusagen, gehört eine subventionierte neue Konzertmusik, welche hauptsächlich der weiteren Inszenierung eines gesellschaftlichen Oben und Unten zu dienen scheint; denn gäbe es nicht eine weitere Reproduktion der hohen Kultur auf allen Gebieten, würden wir nicht statt „Demokratie" das Ende der Eliten und die Regierung der Massen haben, wie fast die ganze europäische Aufklärung fürchtete? Die industrielle Produktion von Kunst möge der Massenkultur frönen; aber man meint, daß ein Rest über dem Gemeinen doch bleiben müsse.

Allerdings gibt es auch eine „Kunst", wenn man dieses vage Wort weiter ungeniert gebrauchen will, welche die Lesungen aus dem berühmten Diktum Hegels, wenngleich nicht genau auf der von ihm vorgesehenen Art und Weise, gezogen hat. Denn Hegels Überzeugung vom Vergangenheitscharakter der Kunst hat mehrere Gesichter. Zunächst einmal konnte der nüchterne, und ernüchterte, Hegel die begeisterte Schilderung der Aufgabe des Künstlers im Neunten der Briefe *Über die ästhetische Erziehung des Menschen* kaum mehr teilen. Andererseits konnten etwa die Nazarener in der Malerei, oder akademizistische Bildhauer wie Schadow, Thorwaldsen oder Rauch, die italienische Oper, ja sogar Schinkels Architektur keinen anderen Eindruck bewirken als den von Epigonen der Antike, wenngleich Hegel anscheinend nichts von Delacroix und Goya wußte, Kaspar David Friedrich ignorierte, über Beethoven schwieg und die romantische Oper von

Carl Maria von Weber verachtete.[1] Die Institution Museum, welche damals ihre ersten entschiedenen Schritte gab,[2] entrückte die Kunst über den Alltag ... in die Vergangenheit. Gleichzeitig bewegte jedoch sich die Kunst beim angehenden Industriezeitalter vom Olymp der Repräsentation zum gewöhnlichen Alltag. Schönheit, also, im Reservat nach dem Ende der schönen Kunst? Im Grunde wäre die Kunst die eine politische Gemeinschaft zu schaffen nicht vermag, bloß „ein Schattenreich". In diesem Sinne hatte Schiller im 26. *Brief* vom wesenlosen Reich der Einbildungskraft gesprochen; und im 4. *Brief* hatte er gesagt:

> Mit einer ganz andern Achtung, als diejenige ist, die der schöne Künstler gegen seine Materie vorgibt, muß der Staatskünstler sich der seinigen nahen, und nicht bloß subjektiv und für einen täuschenden Effekt in den Sinnen, sondern objektiv und für das innre Wesen muß er ihrer Eigentümlichkeit und Persönlichkeit schonen.

Gewiß sieht Hegel das Kunstwerk „vom Menschen gemacht, damit das Bewußtsein sich selbst zum Gegenstande werde."[3] Und heute mag uns die Behauptung interesant dünken, daß die Kunst an der bloßen „sinnlichen Oberfläche" geschehe, denn das Sinnliche „ist der rein sinnliche Schein und in näherer Form die Gestalt" (Hotho 1823, S. 21). „Es bleibt freilich immer eine Seite, wodurch das Kunstwerk uns immer fremd bleibt [...] Dies Fremdartige kann bleiben. Diese Seite aber macht das Sterbliche aus des Kunstwerks" (Hotho 1823, S. 116). Die feste Äußerlichkeit ist gerade was der Kunst, im Unterschied zum Natürlichen, die Wendigkeit gibt, vom Geist in der Materie zeugen zu können. Andererseits durchschaute Hegel die Illusion von „l'art pour l'art". Eine Kunst, die sich als schöner Schein von der Wirklichkeit trennen und ihrer Welt verschließen will, wird bald das Schicksal erleiden müssen, das etwa – wie Danto bemerkt hat – dem abstrakten Expressionismus der Nachkriegsamerika, das für die Sammlung gemacht wurde, ereilte.

Andererseits kann die nach Schiller und Hegel im klassischen Griechenland völlig vorhandene Gediegenheit, die dem Kunstwerk ihre Macht gab als Ideal, nicht mehr überzeugend durch die begriffliche Allgemeinheit eines objektiven Geistes ausgelegt werden. Das Beispiel des Pergamon Altars am Anfang der *Ästhetik des Widerstands* von Peter Weiss bestätigt einerseits Hegels These vom Kondensationscharakter des Kunstwerkes, denn in ihm „haben die Völker ihre höchsten Vorstellungen niedergelegt" (Hotho 1823, S. 4). „Die Mannigfaltigkeit

---

[1] Schillers *22. Brief* gibt vielleicht den Schlüssel zur, sagen wir, Ratlosigkeit Hegels Beethoven gegenüber. Beethovens Musik würde etwa an „höchster Veredlung" sowie an „der ruhigen Macht der Antike" fehlen und etwas zu viel subjektives Gefühl und Titanismus aufweisen? Am *Freischütz* konnte Hegel sicherlich weder die demonische Entfesselung der Kräfte, noch der ungebildete Jäger als Hauptdarsteller, noch die mystische Figur des Eremiten genehm sein.

[2] Vgl. B. Wyss, *Trauer der Vollendung. Zur Geburt der Kulturkritik.* Köln ³1997, S. 147.

[3] G.W.F. Hegel, Vorlesungen über die Philosophie der Kunst. Berlin 1823. Nachgeschrieben von H.G. Hotho. Hrsg. von A. Gethmann-Siefert (= G.W.F. Hegel, Vorlesungen. Ausgewählte Nachschriften und Manuskripte. Bd. 2). Hamburg 1998 (im folgenden Hotho 1823), S. 13.

nun in einen Ausdruck zusammenzufassen ... dies ist die nähere Bestimmung des Ideals, die ... Kunstschönheit" (Hotho 1823, S. 79). Andererseits zeugt dieses Beispiel nicht nur von einem Machtkampf bezüglich der Interpretationen – d. h., darüber hinaus, von einer radikalen Heterogeneität und Verstückelung der Bedeutungen – sondern, wie Wyss[4] in diesem Zusammenhang dargelegt hat, von der Verdrängung als beständiger Begleiterin des Künstlers, ja sogar von den in voraus unbestimmbaren, sogar unentscheidbaren Möglichkeiten der Sinndeutung die mit einem Kunstwerk je zusammenhängen können. (Hier sehen wir von der Bestimmung schon des Machbaren durch die jeweiligen Machtverhältnisse ab, wie es der Fall ist mit der blühenden Staffelmalerei der Ära Reagan oder der postmodernen Architektur.)

Der Vergangenheitscharakter der Kunst enthält auch andere Momente, die Hegel vielleicht nicht einbeziehen konnte. Daß die Kunst ein Teil des Reiches des Schönen sei (vgl. Hotho 1823, S. 1), ist eine Vorstellung, die nicht mehr ohne weiteres einleuchtet. Anfang des XX. Jahrhunderts machte Duchamp aus einer gewöhnlichen Klotasse ein Kunstobjekt, und zwar lediglich durch seine Ausstellung als solches. Die Äußerung des Geistes trägt also nicht unbedingt an ihr den Stempel der Dauerhaftigkeit (vgl. Hotho 1823, S. 11) noch den „der Unendlichkeit, der Rückkehr zu sich" (Hotho 1823, S. 80 f.). Statt „die Erscheinung der Lebendigkeit und vornehmlich der geistigen Lebendigkeit auch äußerlich in ihrer Freiheit darzustellen, die sinnliche Erscheinung dem Begriff gemäß zu machen, die Bedürftigkeit der Natur, die Erscheinung zur Wahrheit, zum Begriff zurückzuführen", tritt in die Kunst das von Hegel Ausgeschlossene ein, „alles, was wir zur Prosa des Lebens und des Bewußtseins rechnen, das Nicht-aus-sich-bestimmt-sein, sondern durch Anderes Gesetzt- und Bestimmtsein. Hierher gehört die ganze Endlichkeit der Zwecke", sowie „die Abhängigkeit auch mannigfach durch Gemüt und Natürlichkeit, durch Bedürfnis, durch Staat, durch Gesetz." (Hotho 1823, S. 77 ff.) Die Kunst bliebe gewiß eine Befreiung davon, aber eher in der Form einer horizontalen Verschiebung, einer Erschaffung von unvorgesehenen Kontexten. Und dann läßt sich die Kunst nicht mehr in die Grenzen des Ästhetischen einsperren. Oder die Philosophie muß sich unfähig gestehen, der Kunst Grenzen zu setzen.

Ich würde sogar dem Verdacht Ausdruck geben, daß in unseren wachsend gemischten Industriegesellschaften die eine Kunst und sogar die Kunst als Paradigma, vor allem in ihrer westlichen, modernistischen individuell übergeprägten Form, nicht mehr überzeugend sei, was Hegel allerdings doch irgendwie hätte, etwa in seine Überlegungen zur Ironie, einbeziehen können. Nach den wiederholten Versuchen der Avantgarden kann keine Kunstrichtung mehr privilegierter Ort der historischen Vernunft zu sein angeben. Es fehlt den Sinn für die innere historische Notwendigkeit einer vor anderen ausgezeichneten Kunstform, umso mehr als die Grenze zwischen Kunst und nicht Kunst künstlich institutionell aufrechterhalten werden muß. Die Philosophie hat den Griff auf die Kunst verloren, den sie noch zur Zeit der Avantgarden zu besitzen angab; höchstens kann sie,

---

[4] B. Wyss, *Trauer der Vollendung*, S. 337–350.

die Kunst mit ganz allgemeinen Betrachtungen begleiten oder, nach Jean Pauls Vorschlag, mit den beschränkten Vorschlägen, die einem endlichen Bewußtsein ohne Zugang zum Absoluten entsprechen.

Vielleicht ginge es so weit, daß selbst die Kondensationsfunktion der Kunst verschmelzte zusammen mit ihren immer undeutlicher werdenden Grenzen. Die demokratische Massenkunst bestimmt tendenziell immer mehr, wie in Hegels Athen, statt der musealen Behörden und Galerieexperten, was je als Kunstwerk fungieren kann. Als Christo den Reichstag umhüllte in einer seiner Großverpackungen, feierten die Berliner spontan um das Gebäude herum, ohne zu fragen ob es Kunst war oder nicht. In der demokratischen Konsumgesellschaft Produktion und Konsum von Kunst werden gleich aktiv, wobei diese Verschmelzung auch mit der Schwächung einer typisch männlichen, produktiven, ja schöpferischen Auffassung von der Kunst zusammengeht. In diesem Sinne interpretiere ich Joseph Beuys Behauptung, nach welcher alles im richtigen Kontext ein Kunstwerk sein kann, denn jede(r) *ist* Künstler(in) (was sehr verschieden ist vom vermeintlich populären „jeder kann zu einem Künstler werden" oder „ein Künstler sein").

Hegel sah ein, daß die Materialien die der Kunst je zu Angebot stehen, historisch begrenzt sind. Aber die Nähe der Kunst zur Religion und Philosophie ist nicht mehr einleuchtend (und Beuys Romantizismen, die seine Behauptung „jede(r) ist Künstler(in)" in Richtung Novalis versetzt, ist gerade was mich am wenigstens von seiner Kunst überzeugt). Es ist vor allem die Horizontalität des Kunstwerkes, seine Fähigkeit als Knotenpunkt Wirklichkeit zu erschließen – oder Freiheit vor der unmittelbaren Realität im Spiel zu verschaffen, wie Schiller im 21. *Brief zur ästhetischen Erziehung* ausführte –, die heute ihre Produktion außerhalb von vermeintlich heiligeren Räumen versetzt. Aber diese Fähigkeit ist dem Kunstwerk selbst nicht eingeschrieben, hängt von konkreten Gelegenheiten ab, sie ähnelt eher einem von außen gegebenen Gnadenzustand, der weder garantiert noch beständig zu sein hat. Auch die große Erzählung der Kunst, um mit Lyotard zu reden, ist zu Ende mit ihrem Witz, wenngleich sie, gerade in ihrem überspannten und unglaubwürdigen Form, ihre Funktion haben mag. Die Kunst ist überall, zwischen den Fernsehsendungen als Reklame oder Zwischenbild, sie steckt in den Karroserien der Autos, in den Comics, den Filmen und der Konsummusik. Und jedes neue Element, jede neue Beziehung kann das unerwartete geschehen lassen. Hitchcock wußte davon. Die Kunst gilt nicht mehr unbedingt als solche, auch nicht als schöne und nicht einmal als dem Naturschönen Entgegensetzbares. Nach Duchamp kann Kunst sein was in einem bestimmten Kontext als Kunst gelten kann und solange es als solches gilt.

Was mir hier als Frage vor allem vorschwebt, ist die nach dem objektiven Geist. Die Kunstwerke weisen über sie hinaus, aber wohin? Der letzte Versuch der abstrakten Expresionisten auf ein Jungsches Unbewußtes hinzuweisen, war sogar ein wenig lächerlich, denn es ging offensichtlich nur um das vermeintliche Unbewußte einiger Kunden des Cedar Bars am University Place im *down town* von New York. Gewiß, wie E. de Diego[5] treffend bemerkt hat, gingen die

---

[5] E. de Diego, *Tristísimo Warhol. Cadillacs, Piscinas y otros síndromes modernos.* Madrid 1999.

Verzweigungen aus und in diese Werke sehr weit, allein daß es unmöglich ist, sie unter dem Begriff zu vereinheitlichen, ja sogar sie in irgend welcher Eindeutigkeit zu schließen. Das trifft vor allem für die Zuweisung des Singulären zum Allgemeinen auf allen möglichen Niveaus der Abstraktion. Keine Dialektik vermag Lücken zu schließen, die man nicht einmal genau zu verzeichnen vermag.

IV.

Anhang

Die Autoren

Gabriella Baptist, geb. 1957, Studium der Philosophie in Rom, Zürich und Bochum, Promotion 1991, seit 2002 wissenschaftliche Mitarbeiterin am Institut für philosophische und pädagogische Wissenschaften der Universität Cagliari, dort Vertretung des Lehrstuhls für Moralphilosophie. Buchveröffentlichungen: Il problema della modalità nelle logiche di Hegel. Un itinerario tra il possibile e il necessario (1992), Tra finzione e fatticità. La possibilità facoltativa nel pensiero di Edmund Husserl (in Vorbereitung); Herausgeberin von: B. Waldenfels: Fenomenologia dell'estraneità (2002), Pensare l'alterità (2002).

Karsten Berr, geb. 1960, Studium der Landespflege, Studium der Philosophie und Soziologie, 1999–2001 Mitarbeit am Projekt der Deutschen Forschungsgemeinschaft „Ästhetik und spekulative Kunstgeschichte. Philosophische Grundlagen der Kunstgeschichte als historischer Wissenschaft im Hegelianismus" am Forschungsschwerpunkt zur Ästhetik des Deutschen Idealismus am Institut für Philosophie, der FernUniversität Hagen (Leitung: Prof. Dr. A. Gethmann-Siefert), Mitarbeiter am gen. Forschungsschwerpunkt, Vorbereitung einer Dissertation an der FernUniversität Hagen über die Konzeption des Naturschönen bei Hegel. Buchveröffentlichungen: Hegels Konzeption des Naturschönen (in Vorbereitung); Mitherausgeber von: Philosophische Dimensionen der Virtualität in einer globalen Mediengesellschaft (2001), Dimensionen praktizierender Philosophie (2003), Angewandte Ethik im Spannungsfeld von Begründung und Anwendung (2004); Georg Wilhelm Friedrich Hegel: Philosophie der Kunst. 1826 [Mitschrift P. von der Pfordten] (2004); Mitwirkung bei: Georg Wilhelm Friedrich Hegel: Philosophie der Kunst oder Ästhetik. Nach Hegel. Im Sommer 1826 [Mitschrift Hermann von Kehler] (2004).

Beate Bradl, Studium der Philosophie, Germanistik und Politologie, Promotion 1996, Lehraufträge am Philosophischen Seminar der Universität Heidelberg. Buchveröffentlichungen: Die Rationalität des Schönen bei Kant und Hegel (1998). Zur Zeit als Gymnasiallehrerin tätig.

Bernadette Collenberg-Plotnikov, geb. 1963, Studium der Kunstgeschichte, Romanistik und Philosophie, Promotion 1996, seit 1995 wissenschaftliche Mitarbeiterin bzw. Assistentin am Institut für Philosophie der FernUniversität Hagen, 1999–2001 wissenschaftliche Mitarbeiterin am Projekt der Deutschen Forschungsgemeinschaft „Ästhetik und spekulative Kunstgeschichte. Philosophische Grundlagen der Kunstgeschichte als historischer Wissenschaft im Hegelianismus" am Institut für Philosophie der FernUniversität Hagen (Leitung: Prof. Dr. A. Gethmann-Siefert), Mitbetreuerin des dortigen Forschungsschwerpunkts zur Ästhetik des Deutschen Idealismus. Buchveröffentlichungen: Klassizismus und Karikatur. Eine Konstellation der Kunst am Beginn der Moderne (1998); Herausgeberin von: Heinrich Gustav Hotho: Vorstudien für Leben und Kunst (2002), Heinrich Gustav Hotho: Vorlesungen über Ästhetik oder Philosophie des Schönen und der Kunst. Berlin 1833. Nachgeschrieben und durchgearbeitet von Immanuel Hegel (2004); Mitherausgeberin von: Georg Wilhelm Friedrich Hegel: Philosophie der Kunst oder Ästhetik. Nach Hegel. Im Sommer 1826 [Mitschrift Hermann von Kehler] (2004), Zwischen Philosophie und Kunstgeschichte (in Vorbereitung).

Lu De Vos, geb. 1953, Studium der Philosophie, Promotion 1982, Dozent für Philosophie an der Universität Leuven, Mitarbeiter am Forschungsschwerpunkt zur Ästhetik des Deutschen Idealismus am Institut für Philosophie der FernUniversität Hagen. Buchveröffentlichungen: Die absolute Idee (1983).

Klaus Düsing, geb. 1940, Studium in Köln und Zürich, Promotion 1967, Habilitation 1975, Professor für Philosophie in Bochum (1977–1980), in Siegen (1980–1983), in Köln ab 1983, dort Mitglied des Vorstands des Philosophischen Seminars und des Husserl-Archivs. Buchveröffentlichungen: Die Teleologie in Kants Weltbegriff (1968, 2. erw. Aufl. 1986), Das Problem der Subjektivität in Hegels Logik. Systematische und entwicklungsgeschichtliche Untersuchungen zum Prinzip des Idealismus und zur Dialektik (1976, 3. erw. Aufl. 1995), Hegel und die Geschichte der Philosophie. Ontologie und Dialektik in Antike und Neuzeit (1983), Schellings und Hegels erste absolute Metaphysik 1801/1802. Zusammenfassende Vorlesungsnachschriften und Interpretationen (1988), Selbstbewußtseinsmodelle. Moderne Kritiken und systematische Entwürfe zur konkreten Subjektivität (1997), Hegel e l'antichità classica. A cura e con una postfazione di S. Giamusso (2001), Subjektivität und Freiheit. Untersuchungen zum Idealismus von Kant bis Hegel (2002). Mitherausgeber von: Georg Wilhelm Friedrich Hegel: Das System der spekulativen Philosophie. Fragmente aus Vorlesungsmanuskripten zur Philosophie der Natur und des Geistes (hrsg. zus. mit Heinz Kimmerle) (Jenaer Systementwürfe I) (1975/1986).

Annemarie Gethmann-Siefert, geb. 1945, Studium der Philosophie, Kunstgeschichte und Theologie, Promotion 1973, Habilitation 1982, 1988 Apl. Professor an der Universität Bochum, seit 1991 Professorin für Philosophie an der FernUniversität Hagen. Buchveröffentlichungen: Das Verhältnis von Philosophie und Theologie im Denken Martin Heideggers (1975), Die Funktion der Kunst in der Geschichte. Untersuchungen zu Hegels Ästhetik (1984), Einführung in die philosophische Ästhetik (1995), Die Rolle der Kunst in Geschichte und Kultur. Eine Einführung in Hegels Ästhetik (2004); Herausgeberin von: Philosophie und Poesie (1988), Heidegger und die praktische Philosophie (1987, 2. Aufl. 1989), Phänomen versus System (1993), Kunst als Kulturgut. Die Bildersammlung der Brüder Boisserée – Ein Schritt in der Begründung des Museums (1995), Georg Wilhelm Friedrich Hegel: Vorlesungen über die Philosophie der Kunst. Berlin 1823. Nachgeschrieben von Heinrich Gustav Hotho. (1998); Mitherausgeberin von: Kunsterfahrung und Kulturpolitik im Berlin Hegels (1983), Welt und Wirkung von Hegels Ästhetik (1983), Philosophie und Technik (2000), Kultur

– Kunst – Öffentlichkeit. Philosophische Perspektiven auf praktische Probleme (2001), Die Philosophie und die Wissenschaften. Zum Werk Oskar Beckers (2002), Georg Wilhelm Friedrich Hegel: Philosophie der Kunst oder Ästhetik. Nach Hegel. Im Sommer 1826 [Mitschrift Hermann von Kehler] (2004), G. W. F. Hegel: Philosophie der Kunst oder Ästhetik. Berlin. Sommersemester 1826 (Mitschrift v.d. Pfordten) (2004), Zwischen Philosophie und Kunstgeschichte (in Vorbereitung).

Brigitte Hilmer, geb. 1958, Studium der Kunstgeschichte, Geschichte, des Spanischen, der Religionswissenschaft und Philosophie, Promotion 1995, 1991–2001 Assistentin am Philosophischen Seminar der Universität Basel, 2001/2002 Visiting Scholar der Columbia University in New York, 2003 Lehrbeauftragte an der Universität St. Gallen, Habilitandin und Lehrbeauftragte am Philosophischen Seminar der Universität Basel. Buchveröffentlichungen: Scheinen des Begriffs. Hegels Logik der Kunst (1997) Philosophischer Stil im Medium des Begriffs (in Vorbereitung), Philosophie des Geistigen Eigentums (in Vorbereitung).

Wolfram Hogrebe, geb. 1945, seit 1980 Professor für Philosophie an der Universität Düsseldorf, seit 1002 an der Universität Jena, seit 1996 an der Universität Bonn, Mitglied der Sächsischen Akademie der Wissenschaften zu Leipzig und der Akademie gemeinnütziger Wissenschaften zu Erfurt, seit 2000 Präsident der Allgemeinen Gesellschaft für Philosophie in Deutschland e. V.; Buchveröffentlichungen (u.a.): Kant und das Problem einer transzendentalen Semantik (1974), Archäologische Bedeutungspostulate (1977), Argumente und Zeugnisse (1985), Deutsche Philosophie im XIX. Jahrhundert (1987), Prädikation und Genesis (1989), Metaphysik und Mantik (1992), Sehnsucht und Erkenntnis (1994), Ahnung und Erkenntnis (1996), Orphische Bezüge (1997), Das Absolute (1998), Frege als Hermeneut (2001), The Real Unknown (2002); Herausgeber (u.a.) von: Subjektivität (1998), Grenzen und Grenzüberschreitungen (2002).

Francesca Iannelli geb. 1973, Studium der Philosophie, 1999–2001 Mitarbeit am Projekt der Deutschen Forschungsgemeinschaft „Ästhetik und spekulative Kunstgeschichte. Philosophische Grundlagen der Kunstgeschichte als historischer Wissenschaft im Hegelianismus" am Forschungsschwerpunkt zur Ästhetik des Deutschen Idealismus am Institut für Philosophie, der FernUniversität Hagen (Leitung: Prof. Dr. A. Gethmann-Siefert), Mitarbeiterin am gen. Forschungsschwerpunkt, Vorbereitung einer cotutellen Dissertation an der FernUniversität Hagen und der Università degli Studi Roma Tre, über „Die Bestimmung des Häßlichen in Hegels Vorlesungen zur Ästhetik und ihre Rezeption bei den Hegelianern". Buchveröffentlichungen: Die Bestimmung des Häßlichen in Hegels Vorlesungen zur Ästhetik und ihre Rezeption bei den Hegelianern (in Vorbereitung). Herausgeberin von: Heinrich Gustav Hotho: Aesthetick. Vorlesungen gehalten von Hotho im Sommer 1833. Nachgeschrieben von Friedrich Theodor Vischer (Hegel-Studien, Bd. 37; im Druck), Heinrich Gustav Hotho: Ueber Goethe als Dichter. Vorlesung von Pr. Hotho 1832/33. Nachgeschrieben von Friedrich Theodor Vischer (in Vorbereitung), Zwei Briefe Heinrich Gustav Hothos an Friedrich Theodor Vischer (1845 und 1855) sowie ein Brief Vischers an Kuno Fischer [1849] aus der Universitätsbibliothek Tübingen (in Vorbereitung); Mitwirkung bei: Georg Wilhelm Friedrich Hegel: Philosophie der Kunst oder Ästhetik. Nach Hegel. Im Sommer 1826 [Mitschrift Hermann von Kehler] (2004).

Walter Jaeschke, Promotion 1974, Habilitation 1986, seit 1998 Professor für Philosophie an der Universität Bochum und Direktor des dortigen Hegel-Archivs. Buchveröffentlichungen (u.a.): Die Suche nach den eschatologischen Wurzeln der Geschichtsphilosophie. Eine historische Kritik der Säkularisierungsthese (1976), Die Religionsphilosophie Hegels (1983), Die Vernunft in der Religion. Studien zur Grundlegung der Religionsphilosophie Hegels (1986), La Conciencia de la Modernidad: Hegel (1998); Herausgeber (u.a.) von: Sinnlichkeit und Rationalität. Der Umbruch in der Philosophie des 19. Jahrhunderts: Ludwig Feuerbach (1992), Georg Wilhelm Friedrich Hegel: Vorlesungen über die Philosophie der Religion I–III (1983–1985/1993–1995), ders.: Vorlesungen über die Geschichte der Philosophie I–IV (1986–1996), ders.: Vorlesungsmanuskripte I–II: 1816–1831 (1987–1995), Berliner Schriften: 1818–1831 (1997), Friedrich Schleiermacher: Vorlesungen über die Lehre vom Staat (1998), Friedrich Heinrich Jacobi: Schriften zum Streit um die göttlichen Dinge und ihre Offenbarung (2000), Reihe „Philosophisch-literarische Streitsachen"; Mitherausgeber (u.a.) von: Georg Wilhelm Friedrich Hegel: Wissenschaft der Logik I–II (1978/1985–1981), Buchstabe und Geist. Zur Überlieferung und Edition philosophischer Texte (1987), Ludwig Feuerbach: Entwürfe zu einer neuen Philosophie (1996), Ludwig Feuerbach und die Geschichte der Philosophie (1998), Friedrich Heinrich Jacobi: Werke (1998 ff.), Materialismus und Spiritualismus. Philosophie und Wissenschaften nach 1848 (2000).

Dietmar Köhler, geb. 1963, Studium der Philosophie und Germanistik, Promotion 1991, 1991–1996 wissenschaftlicher Mitarbeiter am Hegel-Archiv der Ruhr-Universität Bochum, seit 1996 Lehrbeauftragter für Philosophie an der Ruhr-Universität Bochum, 2002 Gastdozent an der Universtité Saint Joseph in Beirut. Buchveröffentlichungen: Martin Heidegger. Die Schematisierung des Seinssinnes als Thematik des dritten Abschnitts von „Sein und Zeit" (1993); Mitherausgeber von: Hegels Vorlesungen über die Philosophie der Weltgeschichte (1998), Klassiker Auslegen: G. W. F. Hegel: Phänomenologie des Geistes (1998), Verfassung und Revolution. Hegels Verfassungskonzeption und die Revolutionen der Neuzeit (2000).

Jeong-Im Kwon, geb. 1960, Studium der westlichen Kunst, Studium der Philosophie der Kunst, Studium der Philosophie, Kunstgeschichte und Koreanistik, Promotion 1998, seit 2003 Professorin für Kunsttheorie an der Kangwon-National-Universität Chunchoen (Süd-Korea), Mitarbeiterin am Forschungsschwerpunkt zur Ästhetik des Deutschen Idealismus am Institut für Philosophie der FernUniversität Hagen. Buchveröffentlichungen: Die Idee der Kunstphilosophie bei F.W.J. Schelling [koreanisch] (1985); Hegels Bestimmung der Kunst. Die Bedeutung der symbolischen Kunstform in Hegels Ästhetik (2001); Herausgeberin von: Georg Wilhelm Friedrich Hegel: Vorlesungen über die Philosophie der Kunst. Berlin 1823. Nachgeschrieben von Heinrich Gustav Hotho [koreanisch] (in Vorbereitung); Mitherausgeberin von: Georg Wilhelm Friedrich Hegel: Philosophie der Kunst oder Ästhetik. Berlin. Sommersemester 1826 (Mitschrift v.d. Pfordten) (2004)

Alain Patrick Olivier, geb. 1968, Studium der Philosophie, Promotion 1999. Kooperation u.a. mit dem Salzburger Musikfestival, der Opéra National de Paris sowie dem Musée du Louvre. Buchveröffentlichungen: Hegel et la musique. De l'expérience esthétique à la spéculation philosophique (2003); Herausgeber von: Georg Wilhelm Friedrich Hegel: La mùsica. Extracto de los cursos de estética en Berlin en 1828/1829, segùn el manuscrito de Karol Libelt (1996), Das Musikkapitel aus Hegels Ästhetikvorlesung von 1826 (1999).

Giovanna Pinna, geb. 1959, Studium der Philosophie, Promotion 1993, verschiedene Forschungsstipendien an den Universitäten Bochum (Hegel-Archiv) und München sowie an der Università Statale di Milano (post-doc), 1997–2001 Vertretung des Lehrstuhls für „Deutsche Literatur" an der Università della Calabria, 2001 Lehrbefugnis für das Fach „Deutsche Literatur" an der Universität Padua, seit 2002 außerordentliche Professorin für „Deutsche Literatur" an der Università della Calabria. Buchveröffentlichungen: L'ironia metafisica. Filosofia e teoria estetica in K. W. F. Solger (1994), Friedrich Schiller. I drammi e la concezione del tragico e della storia (1997); Herausgeberin von: Georg Wilhelm Friedrich Hegel: Due scritti berlinesi (1990), Karl Wilhelm Ferdinand Solger: Lezioni di estetica (1995), F. Schiller: La passeggiata. Scritti su poesia, natura e storia (2004), K. F. F. Soler: Vorlesungen über Ästhetik (in Vorbereitung).

Otto Pöggeler, Promotion 1955, Habilitation 1965, seit 1968 Direktor des Hegel-Archivs der Universität Bochum, emeritiert 1994, ordentliches Mitglied der Nordrhein-Westfälischen Akademie der Wissenschaften in Düsseldorf. Buchveröffentlichungen (u.a.): Hegels Kritik der Romantik (1956/1999), Philosophie und Politik bei Heidegger (1972, 2. erweiterte Aufl. 1974), Hegels Idee einer Phänomenologie des Geistes (1973, 2., durchges. und erweiterte Aufl. 1993), Heidegger und die hermeneutische Philosophie (1983), Der Denkweg Martin Heideggers (1963, 2. erweiterte Aufl. 1983, 3. erweiterte Aufl. 1990, 4. Aufl. 1994), Die Frage nach der Kunst. Von Hegel zu Heidegger (1984), Études hégéliennes (1985), Spur des Worts. Zur Lyrik Paul Celans (1986), Neue Wege mit Heidegger (1992), Schritte zu einer hermeneutischen Philosophie (1994), Heidegger in seiner Zeit (1999), Der Stein hinterm Aug. Studien zu Celans Gedichten (2000), Bild und Technik. Heidegger, Klee und die moderne Kunst (2002), Wort und Bild. Paul Celan und Gisèle Celan-Lestrange: Sprache und Literatur (2003); Herausgeber von: Hegel. Einführung in seine Philosophie (1977), Hegel in Berlin. Preußische Kulturpolitik und idealistische Ästhetik. Zum 150. Todestag des Philosophen (1981); Mitherausgeber von: Kunsterfahrung und Kulturpolitik im Berlin Hegels (1983).

José M. Ripalda, ordentlicher Professor für Philosophie an der spanischen Fernuniversität Madrid. Buchveröffentlichungen: The divided nation. The roots of a bourgeois thinker (1977), Fin del classicismo. A vueltas con Hegel (1991),

De angelis. Filosofía, mercado y postmodernidad (1995), Políticas postmodernas (1999), Los límites de la dialéctica (2003).

Erzsébet Rózsa, Professorin für Philosophie an der Universität Debrecen, Mitglied des Beirats der Internationalen Hegel-Gesellschaft, Vorbereitung des 20. Kongresses der IHG 1994 in Debrecen. Buchveröffentlichungen: Hegels Wirtschaftsphilosophie [ungarisch] (1993), Ágnes Heller – eine Philosophin der Phronesis [ungarisch] (1997), Vermittlung und Versöhnung. Die Aktualität von Hegels Denken für ein zusammenwachsendes Europa (2001; ungarisch 2003), Versöhnung und System. Zu Grundmotiven von Hegels praktischer Philosophie (in Vorbereitung), Einführung in Hegels Philosophie [ungarisch] (in Vorbereitung); Mitherausgeberin von: Texte zum Studium der Rechtsphilosophie von Hegel [ungarisch] (1984), Texte vom und zum jungen Hegel [ungarisch] (in Vorbereitung).

Jean-Louis Vieillard-Baron, geb. 1944, 1979–1989 Professor für Philosophie an der Universität Tours, seit 1989 an der Universität Poitiers, 1991–1996 Direktor des CRDHM (Centre de recherche sur Hegel et sur Marx, Unité de recherche associée au CNRS), seit 1997 Direktor des CRHIA (centre de recherche sur Hegel et l'idéalisme allemand, Équipe d'Accueil 2626). Buchveröffentlichungen (u.a.): Le Temps. Platon – Hegel – Heidegger (1978), Platon et l'idéalisme allemand 1770–1830 (1979), L'illusion historique et l'espérance céleste (1981), Platonisme et interprétation de Platon à l'époque moderne (1988), Bergson (1991, 2. Aufl. 1993), Qu'est-ce que l'éducation? (1994), Le problème du temps. Sept études (1995), Hegel et l'idéalisme allemand (1999), Bergson et le bergsonisme (1999), La philosophie française (2000), Henri Bergson: Bergson et l'éducation (2001), La religion et la cité (2001); Herausgeber von: Le dualisme de l'âme et du corps. Autour de Descartes (1991), De saint Thomas à Hegel (1994); Mitherausgeber von: Introduction à la philosophie de la religion (1989), Esthétique de Hegel (1997).

Klaus Vieweg, geb. 1953, Studium der Philosophie, Promotion 1980, Habilitation 1988, Hochschuldozent an der Universität Jena. Buchveröffentlichungen: (et al.) Philosophie des Remis – Der junge Hegel und das ‚Gespenst des Skeptizismus' (1999), Herausgeber / Mitherausgeber von: Hegels Jenaer Naturphilosophie (1998); Friedrich Wilhelm Joseph Schelling: Philosophie der Mythologie in drei Vorlesungsnachschriften 1837/1842 (1998); Franz Thomas Bratranek: Neue Bestimmung des Menschen (2001); Das „Kritische Journal der Philosophie" von Schelling und Hegel (2002); Skeptizismus und literarische Imagination (2003); Die Philosophie der Geschichte nach Hegel (1830/31) (2003); Gegen das ‚unphilosophische Unwesen'; Das Interesse des Denkens – Hegel aus heutiger Sicht (2003); J. F. E. Kirsten: Grundzüge der Kritik des neuesten Skeptizismus in der theoretischen Philosophie zum Gebrauch für Vorlesungen 1802 (in Vorbereitung).

Elisabeth Weisser-Lohmann, Studium der Philosophie, Geschichte und Germanistik, Promotion 1991, 1991–1995 wissenschaftliche Mitarbeiterin am Hegel-Archiv der Ruhr-Universität Bochum, betraut mit der Herausgabe des Bandes Hegels Rechtsphilosophie im Rahmen der Gesammelten Werkausgabe, seit

1995 wissenschaftliche Assistentin bzw. Mitarbeiterin am Institut für Philosophie, Lehrgebiet III, der FernUniversität Hagen, Betreuung des dortigen Forschungsschwerpunktes Rechts- und Geschichtsphilosophie im Deutschen Idealismus. Buchveröffentlichungen: Georg Lukács' Heidelberger Kunstphilosophie (1992); Herausgeberin von: Hegels Vorlesungen über die Philosophie der Weltgeschichte (1998); Georg Wilhelm Friedrich Hegel: Grundlinien der Philosophie des Rechts (in Vorbereitung); Mitherausgeberin von: Politik und Geschichte. Zu den Intentionen von G. W. F. Hegels Reformbill-Schrift (1995), Verfassung und Revolution. Hegels Verfassungskonzeption und die Revolutionen der Neuzeit (2000), Kultur – Kunst – Öffentlichkeit. Philosophische Perspektiven auf praktische Probleme (2001).